JN243755

暴力の人類史

スティーブン・ピンカー

幾島幸子・塩原通緒 訳

上

青土社

暴力の人類史　上巻　目次

第5章　長い平和　347

第6章　新しい平和　519

注　

下巻　目次

暴力の人類史　上巻

イヴァ、カール、エリック
ジャックとデイヴィッド
ヤエルとダニエル
　　そしてこの世界を受け継ぐ人たちへ

人間とはいったい、なんというキメラなのか。なんという新奇なもの、なんという怪物、なんという混沌、なんという矛盾、なんという驚異であることか。あらゆるものの審判者でありながら愚かなみみずでもあり、真理の保持者でありながら不確実と誤謬の巣窟でもあり、宇宙の栄光でありながら、その屑でもあるとは。

――ブレーズ・パスカル『パンセ』

はじめに

本書は、人間の歴史のなかで最も重大な出来事ともいえることをテーマにしている。信じられないような話だが——ほとんどの人は信じないに決まっているが——長い歳月のあいだに人間の暴力は減少し、今日、私たちは人類が地上に出現して以来、最も平和な時代に暮らしているかもしれないのだ。もっともその減少はなだらかに起きたわけではなく、もちろん暴力が完全にゼロになったわけでもない。また今後も減少しつづけるという保証もない。だが暴力が減少傾向にあること自体は間違いなく、これは数千年単位でも数十年単位でも、また戦争から子どもの体罰にいたるさまざまな種類の暴力についても見て取れる傾向である。

暴力が減少すれば、人間生活のあらゆる側面が影響を受ける。四六時中誘拐やレイプ、あるいは殺される危険と隣りあわせだったら、日々の生活はまるで違ったものになるし、芸術や学問、商業を支援する機関や施設がつくられるそばから略奪されたり焼かれたりすれば、それらの高度な発展はとうてい望めない。

暴力が歴史的にどのような変化をたどったかは、人間生活のありようのみならず、それに対する理解にも影響を及ぼす。長い歴史の間に人類が積み重ねてきた営為が良い結果、悪い結果のどちらをもたらしたのかについての認識は、私たちが物事に意味や目的を見出すうえでの基礎となる。なかでも「近代性」をどう理解するかという問題についてはそれがあてはまる。家族や部族、伝統、宗教といったものが、個人主義やコスモポリタニズム、理性、科学の力によって衰退したことをどう理解するかは、近代性の遺産を私たちがどう認識するか――言いかえればこの世界を犯罪やテロ、集団虐殺《ジェノサイド》、戦争の多発する悪夢と見るのか、それとも歴史的な基準からみて平和的共存がかつてないほど実現した時代だと見るのかによって大きく左右される。

暴力は増大しているか減少しているか、という問題は、私たちが人間の本性をどうとらえるかにも大きく影響する。多くの場合、生物学にもとづく人間性の理論は暴力についての運命論と結びつけられ、心は「空白の石版」だとする理論は進歩と結びつけられるが、それは話が逆だと私は考える。人類が初めて地上に出現し、歴史のプロセスが始まったときの自然状態を、私たちはどう理解すべきなのか。暴力が増大してきたと考えることは、人間は自らつくり上げた世界によって汚染され、おそらくは逆戻りできない状態に立ちいたっていることを示唆するし、他方、暴力が減少してきたと考えることは、人間は当初ひどい状態にあったが、文明の術策によって次第に高潔な方向へと変化し、その傾向は今後も続くと見られることを示唆するのである。

この本はたしかに分厚い。だが、分厚くならなければならない理由《わけ》がある。第一に、暴力が長い歴史の過程で実際に減少していることを――そんなことを主張すれば懐疑や不信、ときには怒りさえよび起こすことを承知のうえで――読者に確信させなければならない。人間の認知能力は、私たちが暴力的な時代に生きていると信じやすい傾向をもたらす。とりわけ「血が流れればトップニュースになる」をモットーにするメディアが、暴力的傾向を煽るような報道をすればなおさらだ。人間の心《マインド》は、ある出来事の起きる確率を、その例が容易に思いつくかどうかにもとづいて推定する傾向をもつ。当然ながら、老衰で死ぬ老人の姿より大虐殺の場面のほうがお茶の間に届くことが多く、記憶に焼きつきやすい。[☆1]暴力的な死を遂げる人の比率がどんなに小さくても、そうした事件の発生件数は、夜のテレビニュースを賑わすのに十分なだけ、つねに存在する。したがって人びとが抱く暴力の印象は、実際の割合とは切り離されたものになるのだ。

危険に対する私たちの感覚を歪めるもう一つの要因に、道徳の心理がある。何かの運動に人を引き込もうとするとき、世の中がどんどん悪くなっていると言っても、良いほうに向かっていると言う人はいない。また、たとえ良い知らせがあっても、人びとを自己満足に陥らせないためには知らせずにおくほうがいいと助言されることもしばしばある。現代のインテリ文化には、文明や近代性、西洋社会の美点を認めようとしない傾向も根強くある。だがおそらく、暴力が変わらず存在しつづけているという幻想の最大の原因は、そもそも暴力を減少させた要因の一つから発していると思われる。暴力的行為の減少は、暴力を容認したり賛美したりする態度の減退と並行して起きてきたが、態度の変化のほうが先立つ場合が多い。人類史における大量残虐行為の基準からすれば、テキサス州の殺人犯に対する薬物注射による死刑や、人種的マイノリティのメンバーを標的にしたフーリガンによる憎悪犯罪《ヘイトクライム》などは、いってみればごく軽いものだ。けれども今日的な視点から、私たちはそれを人間の行為がいかに低劣になるか――いかにその水準が上昇したかではなく――の兆候として見てしまうのである。

こうしたいくつもの先入観に抗して、本書ではさまざまな数字をデータから抜き出したり、グラフに示したりしつつ、読者を説得していかなければならない。個々のケースごとに、その数字がどこからきたものかを説明し、つじつまの合う形で解釈するよう努めるつもりだ。私が本書で取り組もうとしているのは、家庭内から地域、異なる部族や武装集団同士、さらには国家間にいたるまで、さまざまな規模における暴力の減少という問題である。もしそれぞれの規模における暴力の変遷の歴史が、独自の軌跡を描いているのであれば、別々の本を書かなければならなかったところだ。しかし私をくり返し驚かせたのは、あらゆる規模の暴力における世界的な傾向が、今日の視点から見て下降しているということだった。そのため、一冊の本のなかで多様なレベルにおける傾向を詳述し、それらがいつ、どのように、なぜ起きたかについての共通点を探ることが必要だと考えたのである。

すべてが偶然だというには、あまりにも多くの種類の暴力が同じ方向へと変化してきている。それには説明が必要だ。暴力の歴史を、悪に対する正義の闘いという道徳的物語として語るのはごく自然なことかもしれないが、私の出発点は違う。本書では、あることがなぜ起きたのか理由を究明するという、広い意味での科学的アプローチをとる。その結果、道徳的事業家たちの運動によって、一定の平和の促進がもたらされたことが判明するかもしれない。他方、もっとありふれた要因、たとえば科学技術や統治、通商、あるいは知識における変化が原因であることが明らかになるかもしれない。しかし同時に、暴力の減少は止めることのできない力であり、それによって人類は完璧な平和という最終地点に向かってまっしぐらに進んでいると考えることもできない。それは、さまざまな時代におけるさまざまな人間集団の行動に見られる統計的傾向の集合であり、したがって心理学と歴史の観点から、人間の心は変化する状況にいかに対処するのか、という問題として理解すべきものなのだ。

本書ではかなりの部分を割いて、暴力と非暴力の心理学について探っていく。ここで用いる心の理論は、認知科学、情動および認知神経科学、社会および進化心理学、そのほか私がこれまでの著書『心の仕組み』、

『人間の本性を考える』、『思考する言語』で探ってきた人間の本性に関する科学を融合したものである。この理論によれば、人間の心は脳で実行される認知能力と感情的能力の複雑なシステムであり、その基本的設計は進化のプロセスに負っている。これらの能力のなかには、人間をさまざまな種類の暴力へと向かわせるものもある一方、協力的で平和的な関係へと向かわせるものもある。エイブラハム・リンカーンは後者を「人間性の善なる天使《ベター・エンジェルズ・オブ・アワ・ネイチャー》」と呼び、本書のタイトルはそこから取った。暴力の減少を説明するために、本書では人間の文化的・物質的環境で起きたどのような変化が、平和を好む動機を優位に立たせたのかを検証していく。

さらに、人間の歴史が人間の心理学といかに密接に絡みあってきたかを示す必要がある。人間活動のあらゆる要素は他のすべての要素と結びついており、とりわけ暴力に関してはそうである。場所や時代にかかわりなく、より平和を好む社会は、より豊かで健全な社会でもあり、教育や統治も良好に行われ、女性も尊重され、交易も活発に行われる傾向がある。これらの美点のうちのどれが好循環の最初のきっかけをつくり、どれが便乗組かを見きわめるのはむずかしく、ともすれば「社会の暴力性が低減したから暴力が減った」などといった堂々めぐりの理屈でお茶を濁してしまいがちだ。社会科学では「内生」変数——ある体系の内部にある変数で、説明しようとする現象そのものから影響を受けることもある——と、「外生」変数——外部の力によって変動するもの——を区別している。外生的な力は、科学技術や人口動態、商業や統治のメカニズムの変動といった実際的な領域から発生する場合もあると同時に、新しい考え方が生まれて社会に広がり、一つのかたちとして確立する過程で、知的領域から発生することもある。こうした外生的な要因を見つけることによって、歴史的変化をもっとも満足のいくかたちで説明することができる。本書ではデータを最大限有効に使って、さまざまな歴史的時期に、人間の精神的能力を異なるかたちで形成し、その結果として暴力の減少を引き起こした外生的要因を見つけ出すことを試みたい。

以上のような問題を十分に検証するために議論を尽くした結果が、この分厚い本だ。これだけ分厚ければ、本書の主要な結論をここでざっと見たとしても本の価値を損なうことにはならないだろう。本書『暴力の人類史』は、六つの傾向、五つの内なる悪魔、四つの善なる天使、そして五つの歴史的な力についての物語である。


まず六つの動向（第2章〜第7章）について。人類の暴力性からの後退は数多くの変化や発展によって構成されているが、それらにある一定の一貫性をもたせるため、私はそれを六つの動向にまとめた。

第一の動向は、紀元前五〇〇〇年ごろから数千年単位で起きた変化だ。人類の進化史の大半を占める、狩猟・採集および栽培を基盤とする統治機構のない社会から、都市や統治機構をもつ農耕社会への移行がこれにあたる。この変化によって、人びとの生活を原始的な状態にとどめていた日常的な襲撃や争いが減少し、暴力的な死を遂げる人の数が五分の一ほどに減った。この変化を私は「平和化のプロセス」と呼んでいる。

二つ目は五〇〇年以上にわたって起きた変化で、ヨーロッパで最も顕著に見られたものだ。中世後半から二〇世紀の間に、ヨーロッパ諸国では殺人の発生率が一〇〜五〇分の一に減少した。ドイツの社会学者ノルベルト・エリアスはその古典的著書『文明化の過程』で、この驚くべき減少は、寄せ集め的に存在していた封建領土が大きな王国に統合され、中央集権的な統治と商業の社会基盤ができあがったことに起因するとしている。エリアスに倣って、私もこの動向を「文明化のプロセス」と名づけている。

三つ目の変化は数世紀というタイムスパンで起きたもので、その始まりは一七〜一八世紀の理性の時代とヨーロッパ啓蒙主義の時代にある（もっとも、その先例は古代ギリシャとルネサンスにあったし、同様の変化は世界各地に見られる）。この時代には初めて専制政治や奴隷制、拷問、迷信による殺人、残虐な刑罰、動物に対する残虐行為など、社会的に認められた暴力形態を廃止するための組織的運動が起こるとともに、初めて系統的な平和主義の動きが見られた。歴史学者はときに、この移行を「人道主義革命」と呼ぶ。

四つ目の大きな変化は第二次世界大戦後に起きた。戦後から現在までの三分の二世紀の間に、人類史における未曽有の進展が見られた。超大国、そして先進国の大部分が互いに戦争することをやめたのだ。歴史学者はこの喜ばしい状況を「長い平和」と呼んでいる。[☆2]

五つ目の動向も武力衝突に関するものだが、四つ目ほど堅固なものではない。ニュースをよく読んでいる人には信じがたいかもしれないが、一九八九年に冷戦が終結した後、あらゆる種類の組織的な紛争や戦闘――内戦、ジェノサイド、独裁政権による弾圧、テロ攻撃――は世界中で減少している。この歓迎すべき動向がまだ暫定的なものであることをふまえて、私はそれを「新しい平和」と呼ぶことにする。

六つ目の変化は、第二次大戦後、とりわけ一九四八年の世界人権宣言以後に見られるもので、少数民族、女性、子ども、同性愛者、そして動物などに向けられた小規模な暴力に対する嫌悪感の増大を指す。一九五〇年代末以降今日にいたるまで、公民権、女性の権利、子どもの権利、同性愛者の権利、動物の権利など、人権から派生したさまざまな権利を擁護する運動が次々と起きてきたことをふまえ、私はこれを「権利革命」と呼ぶことにする。

次に五つの内なる悪魔（第8章）について。人間には内的な攻撃衝動（死の本能あるいは血への渇望）があり、その衝動はしだいに高まるため一定期間ごとに放出する必要があるという、いわゆる暴力の「水圧モデル」を暗黙のうちに信じている人は少なくない。だが暴力の心理に関する現代科学の知見は、これとはかけ離れている。攻撃は何か単一の動機によって行われるものではなく、もちろん内的衝動の高まりによるものでもない。攻撃はいくつかの心理学的システムによって生み出され、それぞれが異なる環境誘因や内的論理、神経生物学的基盤、社会的分布をもつ。第8章ではその五つのシステムについて説明する。一つ目は捕食的または道具的暴力で、これは単純に何らかの目的のための実際的手段として行われる暴力である。二つ目はドミナンス、すなわち権威や名声、栄誉、権力などを求める衝動であり、人間関係におけるマッチョな態度という形をとることもあれば、人種的・民族的・宗教的あるいはナショナルな集団間での覇権争いという形をとることもある。三つ目のリベンジは、仕返しや懲罰、正義のための道徳的衝動を増幅させる。四つ目のサディズムは他人の苦しみから快楽を得ること。そして五つ目のイデオロギーは、ある人びとの間で共有される信念体系で、通常何らかのユートピア構想をともない、無制限の善を追求するために無制限の暴力を行使することが正当化される。

次に四つの善なる天使（第9章）について。人間は本来的に善ではない――同時に、本来的に悪でもない――が、暴力を回避し、協調や利他的行動へと向かおうとする動機は生まれながらに備わっている。まず第一の共感（とくに同情的関心という意味での）は、他人の痛みを感じ取り、他人と自分の利害を一致させようとする心の動きである。第二のセルフコントロールは、衝動にもとづいて行動した結果を予想し、その行動を抑えようとする心の動きを指す。第三の道徳感覚は、ある文化における人間同士の相互関係を規定する一連の規範やタブーを正当と認めるものであり、暴力を減少させる場合もある一方で、（その規範が部族的、権威主義的、または極度に厳格である場合はとくに）暴力を増大させることもしばしばある。そして第四の理性の機能は、私たちを偏狭な視点から抜け出させ、自分の生き方について省みることを促して、より良い状態になるにはどうすべきかを考えさせ、人間性のほかの「天使」たちを活用する方向へ私たちを導く。本書では、ホモサピエンスがその歴史のなかで最近、ゲノムの変化という生物学的な意味で、文字通り暴力性を減ずる方向に進化した可能性を検証している部分もある。だが本書の主眼はあくまで、真に環境的な変容——言いかえれば、固定した人間性とさまざまな形で絡み合ってきた歴史的状況における変化にある。

さらに、五つの歴史的な力（第10章）について。最後の章では、どのような外生的な力が平和を好む人間の動機を支持し、複数の面において暴力の減少を促進したかを検証することによって、人間の心理と歴史をふたたび結びつけることを試みる。第一の力はリヴァイアサン、すなわち合法的な力の行使を独占する国家と司法制度だ。この力は、搾取的攻撃への衝動を鎮め、復讐への衝動を抑制し、あらゆる当事者に自分は天使の側にいると信じ込ませる独善的な偏見を阻止する。第二の力は通商で、これはすべての人が勝つことのできるプラスサム・ゲームである。科学技術の進歩によって、商品やアイディアの交換がそれまでより遠距離間で、また規模の大きい取引相手同士で可能になるにつれて、「他の人びと」は死んでいるより生きているほうが価値が高くなるとともに、悪魔扱いしたり、非人間的に扱う対象にはなりにくくなる。第三の力は女性化。これは、さまざまな文化が女性の利益や価値を尊重する方向に向かってきたプロセスを指す。暴力はおおむね男性の気晴らしであるため、女性に力を与える社会は暴力を美化することを避ける傾向にあり、社会的な足場をもたない若い男たちの危険なサブカルチャーを生み出すことも少なくなる。第四の力はコスモポリタニズムだ。たとえば読み書き能力や移動性の向上、そしてマスメディアの発達により、人びとは自分とは異なる人びとの視点に立ち、そうした人びとを認める共感の領域を広げることができるようになる。そして第五の力は、理性のエスカレーターだ。知識や合理性を人間に関する事柄に適用する度合いが高まるにしたがって、人びとは暴力の連鎖がいかに不毛であるかを認識し、自分の利益を他人の利益より優先する考え方を改め、暴力を勝つための争いではなく、解決すべき問題であるととらえ直すことを余儀なくされる。

暴力が減少していることを認識すると、世界の見え方が変わってくる。過去の時代はそれほど無垢ではないし、現在はそれほど邪悪で暗くはない、と思えてくるのだ。そして私たちの祖先にとっては非現実的な夢でしかなかったささやかな共存の恵みを、ありがたいものとして評価するようになる――公園で遊ぶ肌の色の違う夫婦と子どもの姿しかり、軍の最高司令官をきつい冗談でこき下ろすコメディアンしかり、一触即発の危機を戦争へとエスカレートさせることなく、すみやかに身を引く国しかり。こうした変化は決して自己満足的なものではない。私たちが今日ある平和を享受できるのは、過去の世代の人びとが暴力の蔓延する状況に戦慄し、なんとかそれを減らそうと努力したからであり、だからこそ私たちは今日も残る暴力を減らすために努めなければならない。そうした努力が価値あるものだと確信するには、暴力の減少を認めることこそが最も有効だ。人の人に対する残虐行為は長い間、道徳的解釈の対象とされてきた。もし残虐行為が何かの力によって減少していることがわかれば、それを因果関係の問題として扱うことが可能になる。「なぜ戦争が起きるのか?」と問う代わりに、「なぜ平和があるのか?」と問うこともできる。人間がどんな間違いを犯してきたかばかりを問題にするのではなく、どんな正しい行いをしてきたかに焦点を当てることもできる。なぜなら人間は、たしかに正しいこともしてきたのであり、それが具体的に何なのかを知るのは良いことにちがいないからである。

＊

なぜ暴力の研究に取り組んでいるのか、これまで多くの人に質問された。はっきりさせておこう。人間の本性を研究する者にとって、暴力は当然の関心事であるからだ。暴力が減少していることを最初に教えてくれたのは、マーティン・デイリー、マーゴ・ウィルソン著『殺人』（邦訳『人が人を殺すとき』）という進化心理学の古典だった。著者らはこの本で、非国家社会では暴力的な死を遂げる人の割合が高く、中世から現在までの間に殺人件数は減少していることを検証している。私はこれまで何冊かの著書のなかで、こうした下降傾向とともに、奴隷制や専制政治、残虐な刑罰などが廃止されるという西洋の歴史における人道的発展を取り上げ、道徳的進歩は人間の心に対する生物学的アプローチとも、人間性の邪悪な側面を認めることとも矛盾しないという考えを支持してきた。[☆3] そして二〇〇七年に、ウェブサイト〈エッジ〉が毎年行っている質問――その年は「あなたは何について楽観していますか？」だった――に答えたときも、私は暴力の減少をあげた。すると思わぬ反響があり、歴史犯罪学や国際学の研究者から、私が理解していた以上に、暴力が歴史的に減少してきた事実を裏づける証拠が豊富にあることを教えられたのだった。[☆4] 正当に評価されていない、語るべき物語があることを私が確信したのは、彼らが提供してくれたデータのおかげだったのである。

まず最初に、これらの研究者に心からの感謝を捧げたい。アザール・ガット、ジョシュア・ゴールドスティーン、アンドリュー・マック、ジョン・ミューラー、ジョン・カーター・ウッドの各氏である。本書の著作に取りかかってからは、ピーター・ブレック、タラ・クーパー、ジャック・リーヴァイ、ジェームズ・ペイン、ランドルフ・ロスの各氏とのやりとりからも多くのものを得た。これらの研究者たちはアイデアや著作、データを惜しみなく提供し、私の専門とはかけ離れた研究領域を親身になって案内してくれた。

デイヴィッド・バス、マーティン・デイリー、レベッカ・ニューバーガー・ゴールドスタイン、デイヴィッド・ヘイグ、ジェームズ・ペイン、ロズリン・ピンカー、ジェニファー・シーリー・スケフィントン、ポリー・ウィースナーの各氏は第一稿のほぼ全体に目を通し、このうえなく有益な助言や批判をしてくれた。ピーター・ブレック、ダニエル・チロット、アラン・フィスク、ジョナサン・ゴッシャル、A・C・グレイリング、ナイオール・ファーガソン、グラム・ギャラード、ジョシュア・ゴールドスティーン、ジャック・ホーバン大佐、スティーヴン・ルブラン、ジャック・リーヴァイ、アンドリュー・マック、ジョン・ミューラー、チャールズ・セイフ、ジム・シダニウス、マイケル・スパギャット、リチャード・ランガム、ジョン・カーター・ウッドの各氏からも、特定の章に関して貴重な助言をいただいた。

ほかにも大勢の方々が私の質問に即座に応え、説明や示唆を与えてくれた。その結果は本書に取り入れられている。ジョン・アーチャー、スコット・アトラン、ダニエル・バットソン、ドナルド・ブラウン、ラース・エリック・シーダーマン、クリストファー・チャブリス、グレゴリー・コクラン、レダ・コスミデス、トーヴ・ダール、ロイド・ドゥモーズ、ジェーン・エスバーグ、アラン・フィスク、ダン・ガードナー、ピンチャス・ゴールドシュミット、キース・ゴードン中佐、レード・ヘイスティー、ブライアン・ヘイズ、ジュディス・リッチ・ハリス、ハロルド・ハーツォグ、ファビオ・イドロボ、トム・ジョーンズ、マリア・コニコヴァ、ロバート・カーツバン、ゲイリー・ラフリー、トム・レーラー、マイケル・メイシー、スティーヴン・マルビー、ミーガン・マーシャル、マイケル・マカロウ、ネイサン・ミアヴォルド、マーク・ニューマン、バーバラ・オークリー、ロバート・ピンカー、スーザン・ピンカー、ズィアド・オバーメイヤー、デイヴィッド・ピサロ、タージ・レイ、デイヴィッド・ローパイク、ブルース・ラセット、スコット・セーガン、ネッド・セイヒン、オーブリー・シャイハム、フランシス・X・シェン、ジョゼフ・シュスコ中佐、リチャード・シュウィーダー、トーマス・ソーウェル、ハヴァード・ストランド、イラヴェニル・スビア、レベッカ・サザーランド、フィリップ・テトロック、アンドレアス・フォロ・トレフセン、ジェームズ・タッカー、スタファン・ウルフストランド、ジェフリー・ワトゥマル、ロバート・ウィストン、マシュー・ホワイト、マイケル・ウィーゼンフェルド少将、デイヴィッド・ウォルブの各氏である。

ハーバード大学の多くの同僚や学生たちも、惜しむことなくその専門知識を提供してくれた。マーツァリン・バナジ、ロバート・ダーントン、アラン・ダーショウィッツ、ジェームズ・エンジェル、ナンシー・エトコフ、ドリュー・フォースト、ベンジャミン・フリードマン、ダニエル・ギルバート、エドウィン・グレーザー、オマー・スルタン・ハーク、マーク・ハウザー、ジェームズ・リー、ベイ・マカロック、リチャード・マクナリー、マイケル・ミッツェンマッチャー、オーランド・パターソン、リア・プライス、デイヴィッド・ランド、ロバート・サンプソン、スティーヴ・シャヴェル、ローレンス・サマーズ、カイル・トーマス、ジャスティン・ヴィンセント、フェリックス・ウォーネケン、ダニエル・ウェグナーの各氏である。

本書に収められているデータに関して協力してくれた研究者たちにも心より感謝している。ブライアン・アトウッドは数えきれない統計的分析とデータベース調査を、正確さと洞察力をもって完璧にやり遂げてくれた。ウィリアム・コワルスキーは世論調査の領域から関連のある結果を数多く見つけ出してくれた。Google の Bookworm プログラムや Google Ngram Viewer, Google Books データベースの開発にあたったジャン・バティスト・ミシェルは、戦争の規模の歴史的分布を示す独創的なモデルを考案してくれた。

ベネット・ヘイゼルトンは暴力の歴史に関する人びとの意識についての有益な調査を実施してくれた。エサー・スナイダーはグラフ作成と文献関連の調査に助力してくれた。イラヴェニル・スビアは明解なグラフや地図のデザインを手がけてくれただけでなく、長年にわたってアジアの文化や歴史について貴重な洞察を与えてくれた。

私のエージェントであるジョン・ブロックマンは、本書の執筆のきっかけとなった質問を投げかけた張本人であり、彼には第一稿に多くの有益なコメントをいただいた。ペンギン社の編集者ウェンディ・ウルフは第一稿を詳細にわたって分析してくれ、最終稿をまとめるうえで大変役立った。本書の完成までのあらゆる段階で助力を惜しまなかったジョンとウェンディ、そして英国ペンギン社のウィル・グッドラッドには、感謝してもしすぎることはない。

私の家族であるハリー、ロズリン、スーザン、マーティン、ロバート、クリスには、その愛情と励ましに心より感謝したい。誰よりも大きな感謝をレベッカ・ニューバーガー・ゴールドスタインに捧げる。彼女はこの本の内容とスタイルをより良いものにしてくれただけでなく、このプロジェクトの価値を信じて私を激励し、私の世界観を形づくるうえで誰よりも大きな影響を与えてくれた。私の姪と甥、そして義理の娘たちに本書を捧げる。彼らが、暴力の減少がさらに続く世界を享受できるように祈ってやまない。

第1章　異国

過去は異国である。あちらでは物事のやり方が違うのだ。
――L・P・ハートリー

もし過去が異国だとすれば、それは衝撃的なほど暴力的な異国であった。かつて生きることがどんなに危険だったか、日常生活に残虐性がどれほど深く織り込まれていたか、私たちはとかく忘れがちだ。文化的な記憶が過去の暴虐性を和らげ、〝異国〟からの土産は血なまぐさい来歴をすっかり漂白されている。十字架を身に着けた女性が、はるか昔にそれが拷問の道具として一般的に刑罰に使われていたことを思い起こすことはまずないし、身代わりを意味する「ウィッピング・ボーイ〔鞭を打たれる少年〕」という成句を使ったときに、悪さをした王子の代わりに無実の子どもを鞭打つという古い慣習に思いを馳せる人もいないだろう。私たちの周りには祖先たちの悪行の名残が山のようにあるが、それに気づく人はほとんどいない。人は旅することで心が広くなるが、それと同様、現実的な目をもって私たちの文化遺産を旅すれば、かつては物事のやり方がどんなに違っていたかに目を開かれることになるだろう。

9・11テロ攻撃やイラク戦争、ダルフール紛争で幕を開けた二一世紀において、いまの時代が並外れて平和だなどと言っても、妄想かとんでもなく不愉快な発言かと思われるのがオチかもしれない。人びとの会話や調査結果から、現代人の大部分がそんなことを頭から信じようとしないことは明らかだ。[☆1] 本書ではこの先、具体的な日時やデータを示しながらそれが事実であることを示していく。だがまず本章では、読者諸兄姉の態度を軟化させるべく、誰もが知っている過去の悪事をあげていく。これは単なる説得の練習でなく、科学者がしばしば行うサニティチェックのようなものだ。彼らは、自分たちがなんらかの方法論の欠陥を見逃したために、ありえないような結論に到達してしまったのではないことを確認するため、現実世界の現象からサンプルを取り出して整合性のチェックを行う。本章で取り上げるエピソードは、第2章以降のデータのサニティチェックにあたるものだ。

それではここから読者を、紀元前八〇〇〇年から一九七〇年代までの、過去という名の異国への旅に誘おう。ただしそれは、すでに私たちがその暴力性を心に刻みつけている戦争や残虐行為を巡り歩くグランドツアーではない。一見慣れ親しんだいくつもの史跡を回って歩き、その背後に実は悪が隠されていたことを見てこようというのである。過去とはもちろん、一つの国ではなく、多種多様な文化や習慣を包含している。だがそこに共通するのは古いものの衝撃だ。暴力的な状況が長い年月を越えて、二一世紀の欧米人の感性を仰天させるような形で持続し、しばしば容認されてきたということである。

人類前史

一九九一年、チロリアン・アルプスで山歩きしていた二人のハイカーが、解けかけた氷河の中に人間の死体を発見した。救助隊員はてっきりスキー事故の犠牲者だと思い、削岩機で死体を取り出したが、その過程で太ももと背負っていたリュックが損傷した。その後、考古学者が装備の中から新石器時代の銅の斧

を見つけたとき初めて、この男が五〇〇〇年前の人間だということがわかった。☆2
アイスマン「エッツィ」と名づけられたこの男は、またたくまに有名人になった。「タイム」誌の表紙を飾り、彼についての本やドキュメンタリー、記事も数多く生み出された。メル・ブルックスが世界一年寄りの男を演じるコメディ・スキット『二〇〇〇イヤー・オールド・マン』（「子どもは四万二〇〇〇人以上いるけど、誰一人訪ねちゃこないよ」）以来、数千歳の年齢の人間がこれほど過去について多くを語ったことはない。エッツィが生きたのはちょうど、先史時代のなかでも狩猟採集社会から農耕社会への移行期にあたり、初めて石器ではなく金属の道具が登場する重要な時代だった。斧とリュックのほかに、彼は矢筒に入った羽根つきの矢、木の柄のついた短剣、樹皮に包んだ燃えさし（火をおこすための精巧な道具の一部）も装備していた。頭には革の顎紐のついたクマ皮の帽子をかぶり、脚には動物の皮を縫いあわせたレギンスと、革と紐で作られ、草で断熱してある防水の雪靴というでたち。関節炎にかかった関節には入れ墨が見られ、鍼治療をした跡ではないかとも考えられる。また薬効成分を含むキノコも所持していた。
アイスマンが発見されてから一〇年後、放射線医のチームが驚くべき発見をした。エッツィの肩に矢尻が刺さっているのを見つけたのだ。当初、科学者たちは彼がクレバスに落ちて凍死したと推測したが、そうではなかった――彼は何者かに殺害されたのだ。その後、科学捜査班新石器時代チームが遺体を詳しく調べた結果、犯罪の概要が明るみに出た。エッツィの両手には治っていない切り傷があり、頭と胸にも外傷が見つかった。DNA鑑定の結果、持っていた矢の一本には別の二人の人間の血液が、短剣には三人目の人物の血液、外套には四人目の人物の血液が付着していることがわかった。推理の一つはこうだ。エッツィは仲間と近隣の部族を襲撃し、一人を矢で殺したあと、その矢を抜いて別の男を殺し、再び矢を抜き、傷ついた仲間を肩に背負った。ところがその後、敵の反撃に遭い、矢を受けて絶命したというわけである。

二〇世紀末に科学界の有名人となった数千年前の人間は、エッツィだけではない。一九九六年、ワシントン州ケネウィックのコロンビア川で行われた水上翼船レースを見物していた観客が、河畔に骨のようなものが埋まっているのを見つけた。その後考古学者がこの骨を発掘し、九四〇〇年前の人間の骨であることが判明した。[☆3] ケネウィックマンと命名されたこの古代人は、ほどなく法的および科学的な争いの的となり、大々的に報道されることになる。いくつかのネイティブ・アメリカンの部族がその骨の所有権と、それを自分たちの伝統に従って埋葬する権利があるとして訴えを起こした。しかし連邦裁判所は、九〇〇〇年も継続して存在した人間の文化はないとして、彼らの主張を退けた。一方、考古学者による科学的調査が始まると、ケネウィックマンは今日のネイティブ・アメリカンとは解剖学的にまったく違うという興味深い事実が明らかになった。ある報告によれば、彼はヨーロッパ人的な特徴をもっているといい、別の報告では日本の先住民であるアイヌと同じ特徴をもっているという。いずれかが正しいとすれば、アメリカ大陸には複数の移住者がいたことになり、ネイティブ・アメリカンがシベリアから渡ってきた単一の集団の子孫であることを示唆するＤＮＡ調査の結果とは矛盾する。

こうしてケネウィックマンはいくつもの理由から、科学的な好奇心旺盛な人びとの興味を大いにそそることになった。理由はもう一つある。ケネウィックマンの骨盤には石の槍先が刺さっていたのだ。骨盤の傷は部分的に治っていて致命傷ではなかったことがうかがえるものの、これはケネウィックマンが槍で攻撃を受けたことの動かぬ証拠となった。

以上は、先史時代の遺骨からその人物がどんな最期を遂げたかについての陰惨な情報が得られた、ほんの二つの有名な例にすぎない。ロンドンの大英博物館には、多くの訪問者の心を奪う「リンドウマン」が展示されている。リンドウマンは、一九八四年にイングランドの泥炭湿原でほぼ完璧なかたちで見つかった二〇〇〇年前の人間の遺体だ。[☆4]彼の子どものうち何人が彼の元を訪ねてきたかは不明だが、彼がどんな最期を遂げたかはわかっている。頭蓋骨は鈍器で砕かれ、首は縄で絞められて骨折し、喉にもかなり大きな切り傷があった。リンドウマンは儀式で生贄となったドルイド〔古代ケルト族の祭司〕で、三人の神を満足させるために三種類の方法で痛めつけられたのかもしれない。北ヨーロッパの泥炭地から発掘されたほかの男女の遺体のなかにも、首を絞められたり、殴打されたり、刺されたり、拷問を受けたりした跡のあるものが少なくない。

本書のための調べ物をしているとき、たった一ヵ月の間に、きわめて保存状態のいい人骨が発見されたという話に二回も出くわした。一つはイングランド北部のぬかるんだ穴の中で見つかった二〇〇〇年前の頭蓋骨である。考古学者が頭蓋骨の泥を落としていたところ、中で何かが動くのを感じ、下端の開口部から覗くと黄色い物質があるのが見えた。それはなんと脳味噌だった。驚くほど保存状態が良かったというだけでなく、この発見には別の注目すべき特徴があった。頭蓋骨は意図的に胴体から切り離されており、考古学者によれば、この遺体は人身供犠にされた人間のものではないかというのだ。[☆5]もう一つはドイツで発見された四六〇〇年前の墓で、そこには成人男女と二人の男の子の遺骨が埋葬されていた。DNA鑑定により、この四人は一つの家族の成員であることがわかった――科学者の知るかぎり最古の核家族である。四人は同時に埋葬されていた。考古学者によれば、これは一家が襲撃を受けて皆殺しにされたことを示唆しているという。[☆6]

古代の人びとが興味深い遺骨を後世に残すのに、殺害という手段を使わなければならなかったというのは、いったいどういうことなのか？　一部のケースは、化石化によって遺体が長期に保存されたという、罪のない説明で事足りるかもしれない。西暦一〇〇〇年頃に沼地に捨てられた――そして長期にわたって保存された——のは、宗教儀式で生贄にされた人の遺体だけだった、というわけだ。だが大部分の遺体については、殺害されたからこそ長く保存されたと考えられる理由は何もない。本書ではのちに、古代の遺体がどのような最期を遂げたかと、それがどのように今日まで保存されたかを区別できる法学的調査の結果について見ていく。ひとまずここでは、先史時代の人骨が、「過去」は人が身体的危害を受ける可能性のかなり高い場所だという明確な印象を伝えているといっておこう。

ホメロスのギリシャ

先史時代の暴力についての理解は、たまたまどの遺体がミイラにされたり化石化したかという偶然性に依存しているため、まったく不完全なものといわざるをえない。だが文字言語が使われるようになると、古代人がどのように物事を行っていたかについて、より的確な情報が得られる。

ホメロスの『イリアス』と『オデュッセイア』は西洋文学の最初期の傑作とされており、文化的教養の案内書の筆頭にあげられることも多い。トロイア戦争を題材にする物語の舞台は紀元前一二〇〇年ごろだが、実際に作られ、文字化されたのはずっとあとの紀元前八〇〇年から六五〇年の間である。したがって、作品にはその時代の東地中海地方の部族や首長たちの生活が反映されていると考えられている。☆7

今日私たちは、軍隊だけでなくある社会全体を標的にして戦う戦争の形態である総力戦が、近代に始まったものだとする解説をしばしば目にする。総力戦が行われるようになった理由として、国民国家の出現や普遍主義イデオロギー、そして遠距離間での殺害を可能にする技術などがあげられる。だが、もしホメロスの記述が正確であるとすれば（そして考古学、民族誌、歴史と一致するなら）、古代ギリシャの戦争も現代の戦争に劣らぬ総力戦だったといえる。ギリシア軍の総帥アガメムノンはスパルタ王メネラウスに、戦いのあり方についてこう説得する。

なんたる弱気か、メネラウスよ、どうしてそれほど敵の奴らに気を遣ってやるのだ。トロイエ人がおまえの家で、それほど結構なことをしてくれたとでもいうのか。いや、トロイエ人は一人たりとも、険しい死とわれらの手とを免れさせてはならぬ、母の胎内にある赤子といえども、男児であるからは見逃してはならぬ、彼らは一人残らず、弔いもなく跡も残さず、この世から根絶やしにしてやらねばならないのだ。[☆8]

文学者のジョナサン・ゴットシャルは著書『トロイアの略奪』のなかで、古代ギリシャの戦争の遂行方法について次のように述べている。

喫水の浅い高速の漕ぎ船が次々に海岸に着き、近隣の集落から救援隊がやってくるまもなく、海辺の集落が略奪される。通常、男たちは殺され、家畜やその他の運ぶことのできる資産は略奪され、女たちはさらわれて勝利者たちの元で性労働や肉体労働に就かされる。ホメロス時代の男たちは常に突然の暴力的な死を遂げる可能性と隣りあわせで生き、女たちはいつ男や子どもを失うかもしれない恐れと、水平線上に浮かぶ舟の影が、レイプされ奴隷になる新しい生活の前ぶれかもしれないという恐れを抱いて暮らしていた。[☆9]

私たちはまた、二〇世紀は戦争に機関銃や大砲、爆撃機などの遠距離武器が使われるようになったため、かつてないほど破壊的な時代だったという解説もよく目にする。兵士は面と向かって人を殺すことに対する自然の抑制から解放され、顔の見えない大量の敵を容赦なく殺すことが可能になったというのだ。この論法によれば、携帯武器は殺傷能力において現代のハイテク兵器とは比べものにならないということになる。だがホメロスは、彼の時代の戦士たちがどんなに大きなダメージを敵に負わせることができたかを活写している。ゴットシャルはそうした例の一つについてこう書いている。

冷たい青銅の槍の矛先が驚くほどやすやすと身体を突き刺したと思うと、粘り気のある中身が勢いよくほとばしり出た。震える槍の先端から脳味噌の一部があふれ出し、若い兵士は飛び出す内臓を両手で必死に押さえ、頭蓋骨から叩き出されたか切り取られたかした目玉が、土埃のなかでうつろに光を放つ。鋭い先端が若い男の肉体に新たな入口と出口をつくり出す——額の真ん中、こめかみ、両目の間、首の付け根、口や頬から反対側まで、あるいは脇腹、股間、臀部、手、へそ、背中、腹部、乳首、胸、鼻、耳、顎、どこからでも突き通す。……肉体と血の匂いを渇望する槍、矛、矢、刀、短剣、石。噴き出した血は霧となって空中を漂い、骨の破片が飛び散り、切断された脊椎から骨髄があふれ出る……。

戦闘が終わると、おびただしい数の傷口——重傷もあれば致命的なものもある——から流れ出る血が乾いた土をぬかるみに変え、草原の草はその重みで平らになる。重い二輪戦車や鋭い蹄をもつ雄馬、あるいはサンダルに踏みつけられて地面にめり込んだ兵士の遺体はもはや原形をとどめない。あたり一面に鎧や武器が散乱し、そこらじゅうに転がった死体は腐敗してどろどろに溶け、野犬や蛆虫、蠅の餌食となる。[10]

二一世紀にも、戦時下で女性がレイプされることはたしかにあったが、それが凶悪な戦争犯罪と見なされるようになって久しい。ほとんどの軍はレイプを未然に防ごうとするし、仮に起きれば否定したり隠したりしようとする。けれども『イリアス』に登場する英雄たちにとって、女性の肉体は正当な戦利品だった。彼らにとって女性は意のままに楽しみ、独占し、捨てられるものだったのだ。メネラウスがトロイア戦争を始めたのは、妻のヘレネが誘拐されたからであり、アガメムノンは女奴隷をその父親に返すことを拒んだためにギリシアに災いをもたらす。やがて娘を返すことを承諾した彼は、代わりにアキレウスの愛妾を横取りしてしまう。だがその後、埋めあわせのために二八人もの奴隷を渡す。「わたしは幾度も眠れぬ夜を過ごし、昼は血なまぐさい戦いに明け暮れた――それも奴らの抱く女を得るために敵と戦って」[11]。オデュッセウスは二〇年の不在ののちに妻のもとに戻り、誰もが自分が死んだと思っていたあいだに妻に求婚した男たちを皆殺しにしてしまう。さらにその男たちが、彼の家の妾たちと通じていたことがわかると、オデュッセウスは息子に命じて妾たちも殺させてしまう。

こうした大量殺人とレイプの物語は、現代の戦争ドキュメンタリーの基準からみても物騒きわまりない。ホメロスや彼の描いた人物たちは、たしかに戦争が浪費であることを嘆き悲しみはしつつも、ちょうど天気のように、それを避けられない人生の現実として受け入れている――誰もが話題にはするが、どうにかすることはできないものとして。オデュッセイアはこう言っている。「いやしくもゼウスはわれらに、若年の頃から老齢にいたるまで、一人一人が息の耐えるまで苦しい戦いを、あたかも糸だまを巻き上げるがごとく果たし終えよと定められたのだ」。男たちの創意や知恵は武器や戦略に効果的に利用され、戦争の世俗的な原因に対しては、なんの成果ももたらさなかった。彼らは悲惨な戦争を人間が解決すべき人間の問題ととらえずに、怒りっぽい神々の登場する空想物語をでっちあげ、自分たちの生み出した悲劇を神々の嫉妬や愚行のせいにしたのである。

ヘブライ語聖書

ホメロスの作品と同様、ヘブライ語聖書（旧約聖書）も紀元前一〇〇〇年代の後半を舞台にしつつ、実際に書かれたのはそれから五〇〇年以上のちのことだった。[☆12] しかしホメロスの作品とは違って、聖書は今日もそれを道徳的価値の源泉と見なす何十億もの人びとによって崇められている。「グッドブック」とも呼ばれる世界のベストセラー、聖書は三〇〇〇の言語に翻訳され、世界中のホテルのベッドサイドに備えられている。肩衣をかけた正統派ユダヤ教徒は聖書に口づけし、アメリカの法廷では証人が聖書に手を置いて宣誓する。大統領でさえ、就任式では聖書に手を置いて宣誓する。だがこれだけの崇敬の対象であるにもかかわらず、聖書は暴力を称賛する長い長い物語なのだ。

初めに神は天と地を創造した。次に主なる神は土の塵で人を形づくり、その鼻に命の息を吹き入れ、人は生きる者となった。さらに主なる神はアダムのあばら骨の一部を抜き取り、それで女をつくり上げた。アダムは女をエヴァ（命）と名づけた。彼女がすべて命あるものの母となったからだ。そしてアダムは妻エヴァを知り、彼女は身ごもってカインを産んだ。彼女はまたその弟アベルを産んだ。カインが弟アベルに言葉をかけ、二人が野原に着いたとき、カインは弟アベルを襲って殺した。世界の人口がたった四人だったのだから、これは殺人発生率でいえば二五％ということになり、今日の欧米諸国の殺人発生率のおよそ一〇〇〇倍にもなる。

人間たちの数が増えはじめるやいなや、神は彼らが罪深い者たちであるとして、集団虐殺《ジェノサイド》こそふさわしい処罰の方法であると心に決める。（ビル・コズビーのコメディ・コントにこんなのがある。箱舟を造っているのを不審に思った隣人から理由を尋ねられ、ノアはこう答える――「おまえさん、水の上をどのくらい歩けるかい？」）洪水が引いたあと、神はノアに道徳的教訓、すなわち復讐の掟を授ける――「人の血を流すものは、人によって自分の血を流される」と。

聖書に登場する次の主要人物はアブラハムだ。彼はユダヤ教徒、キリスト教徒、イスラム教徒のすべてにとって精神的な祖として崇められている。アブラハムにはロトという甥がいて、ロトはソドムに居を定める。ソドムでは男色やそれに匹敵する罪が横行していたため、神は天からナパーム弾ならぬ火を降らせて老若男女すべての住民を焼き殺す。ロトの妻も禁を破って後ろをふり向いたために殺されてしまう。

アブラハムは神によって道徳的試練を与えられる。神はアブラハムに、息子のイサクを山の上に連れて行って縛りつけ、喉を掻き切り、神への捧げ物として焼き尽くすように命じる。アブラハムは命じられたとおり息子を殺そうとするが、刃物を降り下ろそうとした瞬間、神の使いがその手を止めさせる。長い間、聖書の読者はなぜ神がこのような恐ろしい試練をアブラハムに与えたのか頭を悩ませてきた。ある解釈によれば、神が介入したのはアブラハムが試験に合格したからではなく、不合格だったからだという。だがそれは時代錯誤的な見方でしかない。当時は人間の生命への畏怖ではなく、神の権威に従うことこそが主要な徳だったのである。

イサクの息子ヤコブにはディナという娘がいる。ディナは誘拐されてレイプされるが、これは当時の慣習的な求婚の方法だったようだ。というのも、彼女をレイプした男の家族が、ディナを息子の嫁にもらいたいと申し出るからだ。ディナの兄たちは、その取引には重要な道徳原則が妨げになっていると主張する。その男は割礼を受けていないというのだ。そのうえで彼らはこう提案する――レイプした男の住む町の男性全員が割礼を受ければ、ディナを妻として与えようと。ところが割礼を受けた男たちが傷口から血を流して苦しんでいる間に、兄たちはその町に侵入して町中を略奪、破壊し、男たちを殺して女と子どもを連れ去った。ヤコブが近隣の部族が復讐のために攻撃してくるのではないかと心配すると、息子たちはその危険を冒す価値はあったと主張する――「私たちの妹が娼婦のように扱われてもかまわないのですか？」[☆13]やがて兄たちはまたしても家族の結束を重んじ、弟のヨセフを奴隷として売り飛ばしてしまう。

ヤコブは子孫を皆連れてエジプトへ移住する。だがイスラエル人の数が増えすぎたためにエジプト王《ファラオ》は彼らを奴隷にして酷使し、生まれた赤ん坊が男の子だったら一人残らず殺すように命じる。この大量乳児殺人を免れて成長したモーセは、ファラオにイスラエルの民をエジプトから去らせるよう求める。全知全能の神は、その気があればファラオの心を和らげることもできたはずだが、逆に彼の心を頑にし、それを理由にしてすべてのエジプト人に腫れ物を生じさせるなど、さまざまな災いをくだす。そして最後にはエジプト中で、最初に生まれた子どもをすべて殺してしまう（過越《パスオーバー》という言葉は、死の天使がイスラエル人の家を過ぎ越したことに由来する）。神はこの大量殺人のあと、再び大量殺人に手を染める。エジプトを後にしたイスラエル人をエジプト軍が追いかけてくると、紅海で彼らを溺死させてしまうのだ。

イスラエル人たちはシナイ山のふもとでモーセが神に授かった十戒を聞く。十戒は大いなる道徳律で、偶像をつくることや他人の家畜を欲しがることを禁じる一方、奴隷やレイプ、拷問、手足の切断、近隣部族の虐殺などは禁じていない。イスラエル人たちは、さらにモーセが神への冒瀆、同性愛、姦通、親への反抗、安息日の労働などは死刑に値する罪であるとした詳細な律法を授けられて戻るのを待っていたが、なかなかモーセは山から下りてこない。時間をもてあました彼らは、金の子牛の鋳像を造って崇めていた。これは大きな罪であり——ご推察のとおり——死刑に値する。神の命令に従い、モーセとその兄のアロンは三〇〇〇人のイスラエル人を殺害する。

その後、神は途切れなく動物の捧げ物が自らに与えられるようにイスラエル人に指示を与え、レビ記のうち七章はその細かい規定に費やされている。アロンと彼の二人の息子は儀式のために幕屋を用意するが、息子たちは香の捧げ方を間違ったために神に焼き殺されてしまう。

約束の地へと向かうイスラエルの民は、その途中でミディアン人に出会う。彼らは神に命じられたとおり男たちを皆殺しにし、町を焼き払い、家畜を分捕り、女と子どもを捕虜にした。彼らがモーセの元に戻ると、モーセは女たちを生かしておいたことに怒る。かつて一部の女たちがイスラエル人に、異教の神を崇拝するよう誘ったからだ。そこでモーセは兵士たちに虐殺を最後までやり遂げるように命じ、そうすれば意のままにレイプできる年頃の性奴隷をほうびに与えると言う。「ただちに、子どもたちのうち男の子は皆殺せ。男と寝て男を知っている女も皆殺せ。女のうち、まだ男と寝ず、男を知らない娘は、あなたたちのために生かしておくがよい[☆14]」。

申命記二〇～二一章で、神はイスラエルの民に、ある町が降伏することを受け入れない場合にどうすべきか、包括的方針を与える——男たちをことごとく剣にかけて撃ち、家畜、女、子どもたちすべてを分捕り品として奪い取るように、と。だが美しい女性を捕らえたからといって、もちろん事は簡単には運ばない。彼女にしてみれば自分の親兄弟を殺されたのだから、その男とすぐに愛を交わすような気分にはなれないはずだ。そんなことは先刻ご承知の神は、こう提案する。その女性に髪を下ろして爪を切らせ、一ヵ月間家の中に閉じ込めて泣きたいだけ泣かせればいい。そうしたのちに彼女のところに入ってレイプすればいいのだ、と。

神はそのほかの敵を名指しし（ヘト人、アモリ人、カナン人、ヘリジ人、ヒビ人、エブス人）、皆殺しを徹底するように命じる。「息のある者は、一人も生かしておいてはならない。……主が命じられたように必ず滅ぼし尽くさねばならない[☆15]」。

モーセの後継者ヨシュアはカナンの地に侵入し、エリコを略奪する。町の城壁が崩れ落ちると、兵士たちは町に突入し、「男も女も、若者も老人も、また牛、羊、ロバにいたるまで町にあるものはことごとく剣にかけて滅ぼし尽くした[☆16]」。さらにヨシュアは「山地、ネゲブ、シェフェラ、傾斜地を含む全域を征服し、その王たちを一人も残さず、息のある者をことごとく滅ぼし尽くした。イスラエルの神、主の命じられたとおりであった[☆17]」。

イスラエル人の歴史は次に、部族を率いた指導者、士師たちの時代に入る。士師のなかでもっとも有名なのはサムソンだ。彼は婚礼の宴の席で、賭けを清算するために三〇人の男を殺してその衣を剥ぎ取り、名をあげた。やがて彼は妻とその父を殺されたことへの報復として一〇〇〇人のペリシテ人を打ち殺し、収穫した穀物を燃やしてしまう。サムソンは捕まりそうになりながらも逃げおおせ、ロバの顎骨でまた一〇〇〇人を撃ち殺す。だがついに捕らえられ、目をえぐり出された彼は、9・11まがいの自爆攻撃に出る力を神に与えられる。その怪力で巨大な建物を突き崩し、中で彼らの神を称えていた三〇〇〇人の男女もろとも破壊してしまうのだ。

イスラエル最初の王サウルは、王国を築いたことで長年の恨みを晴らす機会を手にする。何世紀も前のこと、エジプトを出たイスラエル人の進路をアマレク人が妨害したため、神はイスラエルの民に「アマレクの記憶を完全に拭い去る」ように命じた。そこで士師サムエルはサウルをイスラエルの王に選んで油を注ぐと、こう告げる。「行け。アマレクを討ち、アマレクに属するものはいっさい滅ぼし尽くせ。男も女も、子どもも乳飲み子も、牛も羊も、ラクダもロバも撃ち殺せ。容赦してはならない」[18]。サウルはこの命令を実行するが、王アガグは殺さなかった。このことを知ったサムエルは激怒し、「主の御前にアガグを切り殺した」。

サウルのあとに王の座に就くのは義理の息子ダビデである。ダビデは南部のユダの部族を北部のイスラエルと統合、エルサレムに侵攻して首都に定め、統一イスラエル王国はその後数世紀にわたって続いた。ダビデを称える物語や歌、彫刻がつくられ、彼の使用した六芒星は三〇〇〇年にわたってイスラエルの民のシンボルとなっている。ダビデはまたイエス・キリストの先祖として、キリスト教徒からも崇敬されることになる。

だがヘブライ語聖書では、ダビデは竪琴を奏で、賛美歌を作るハンサムな詩人——心優しきイスラエルの歌い手——であるだけではない。ペリシテ最強の戦士ゴリアテを打ち倒して名をあげたダビデは、ゲリラの一団を雇ったり、同胞を武力で脅して富を奪い取ったり、ペリシテ人の傭兵として戦ったりする。人びとはこうしたダビデの成功を称え、女たちは「サウルは千を討ち、ダビデは万を討った」と歌う[19]。サウルはしだいにダビデを妬むようになり、彼の暗殺を企むが、ダビデはかろうじてそれを免れ、サウルの死後に王となる。

王となったあとも、ダビデは「万を討った」という苦労の末に勝ち取った名声を維持する。将軍ヨアブが軍隊を率いて「アンモン人の地を荒らし」たあと、ダビデは「そこにいた人びとを引き出し、のこぎり、鉄のつるはし、斧で切った（「切った」ではなく「働かせた」という解釈もあり、日本語の聖書はそちらの解釈をとっている）」[20]。とうとうダビデは神が悪だと見なすことに手を染める——人口調査を行うよう命じるのだ。神はこの罪を罰するために七万人のイスラエル人を死にいたらしめる。

王室ではセックスと暴力は、つねにワンセットだ。ダビデはある日、王宮の屋上を散歩していて裸の女性が水浴びしているのをのぞき見する。バト・シェバというその女性を気に入ったダビデは彼女の夫を戦闘に送り込んで戦死させ、彼女を妾の一人にする。その後、ダビデの子どもの一人が別の子どもを手ごめにし、それに激怒した三人目の子どもに殺される。復讐をはたしたアブサロムは軍を率いて父ダビデに反旗を翻し、王宮で父の側女一〇人とセックスする（いつものことだが、側女たちがそれについてどう思ったかはまったく語られていない）。ダビデ軍に追われて逃げる途中、アブサロムの髪が木に引っかかって宙づりになり、ダビデの将軍がその心臓に三本の槍を突き刺す。だがこれでも家族の諍いは終わらなかった。バト・シェバは年老いたダビデを言いくるめて、息子のソロモンを跡継ぎに指名させる。正統な後継者である兄のアドニヤがこれに抵抗すると、ソロモンは彼を殺害させるのだ。

ソロモン王は彼の前の王たちほど多くの人を殺さなかったが、代わりにエルサレムに神殿を建造し、旧約聖書のなかの「箴言」「コヘレトの言葉（伝道の書）」「雅歌」を執筆したことで知られる（もっとも後宮には七〇〇人の妻と三〇〇人の側女がいたので、すべての時間を執筆に費やしていたわけではないのは明らかだ）。何より彼は「ソロモンの知恵」と呼ばれるほど聡明だったことで知られる。あるとき同じ家で暮らす二人の遊女が数日前後して出産したが、一人の赤ん坊は死んでしまい、二人の女はともに残ったのは自分の子どもだと主張した。そこで王は剣で赤ん坊の体を切り裂いて半分ずつ分けるように命じる。すると一人の女が自分の主張を取り下げたので、ソロモンはその女に赤ん坊を渡した。「王の下した裁きを聞いて、イスラエルの人びとは皆、王を畏れ敬うようになった。神の知恵が王のうちにあって、正しい裁きを行うのを見たからである」[☆21]。

実によくできた話であるために、私たちはその舞台となっている世界の残酷さを忘れてしまいがちだ。しかし考えてもみてほしい。今日の家庭裁判所でどちらが母親かをめぐる裁判が行われたとして、もし判事がチェーンソーを取り出してその赤ん坊の体を切断すると脅したらどうだろうか。ソロモンはこう確信していた――二人のうちより人間的な心をもつ女性は自ずから正体をあらわし、もう一方の悪意に満ちた女性は目の前で赤子が惨殺されることを容認するはずだ、と。実際、そのとおりだった！　だがソロモンは、もし自分が間違っていた場合には虐殺を実行するしかないと覚悟してもいたはずだ。さもなければ自分の信頼性はすべて失われるしかない、と。そして女たちもまた、この聡明な王が残忍な殺人をやってのける能力があると信じていたにちがいない。

現代人の目から見ると、聖書に描かれた世界の残虐さは驚くばかりだ。奴隷、レイプ、近親間の殺人など日常茶飯事。武将は市民を無差別に殺しまくり、子どもでも容赦しない。女性は人身売買され、セックストイのように略奪される。神ヤハウェはささいな不服従を理由に、またはなんの理由もなしに何十万もの人びとを拷問したり虐殺したりする。こうした残虐行為は、決してまれなものでも目立たないものでもない。旧約聖書の主要な登場人物すべて――日曜学校で子どもたちがクレヨンで描く人物たち――が、そうした行為に関わっており、アダムとエヴァに始まってノア、アブラハムやイサクらの族長たち、モーセ、ヨシュア、士師たち、サウル、ダビデ、ソロモンやその先の人物にいたるまで、何千年にもわたって延々と続く物語の筋書に納まっているのだ。聖書学者のレイムンド・シュワガーによれば、ヘブライ語聖書には「国家や王、あるいは個人が他の人びとを攻撃したり殺したりしたことを明示的に記している箇所が六〇〇以上ある。……ヤハウェ自身が暴力的な罰の直接の執行人として登場する箇所がおよそ千、主が罪を犯した者をそれを罰する者の元に送る場面も数多くあるが、それ以外にヤハウェが人を殺すように明確に命令する箇所は百以上に及ぶ」[☆22]。残虐行為研究家を名乗るマシュー・ホワイトは歴史上の主要な戦争や大虐殺、ジェノサイドの推定死者数をデータベース化しているが、彼によれば聖書に数を明示してある大量殺人によって殺害された人はおよそ一二〇万人に達するという（ここには歴代誌下一三章に描かれているユダとイスラエルの戦いの死者五〇万人は含まれない。歴史的にありえない数字だからだという）。ここにノアの大洪水の犠牲者を足せば、さらに約二〇〇〇万人が上乗せされることになる[☆23]。

良いニュースはといえば、もちろん、これらがほとんど実際にあった出来事ではないことだ。ヤハウェが地球を水浸しにしたり、町という町を焼き尽くしたりした証拠がないだけでなく、族長たちも、出エジプトも、征服も、ユダヤ人国家も、すべてはフィクションであることはほぼ間違いない。エジプトの歴史文献に一〇〇万人の奴隷が国から出ていった（そんなことがあれば、エジプト人が気づかないはずがない）という記述を見つけた歴史学者はいないし、エリコやその近隣の都市の遺跡で、紀元前一二〇〇年前後に略奪された痕跡を発見した考古学者もいない。紀元前一〇〇〇年前後にユーフラテス川から紅海にいたるダビデの王国が存在したという話にしても、当時そのことに気づいた者は誰もいなかったようだ[☆24]。

現代の聖書学者によれば、聖書は今日のインターネットのWikiのようなものだという。五〇〇〇年以上の歳月をかけて異なる文体や方言、人物の名前、神の概念をもった人びとによって書かれたものであり、しかもおざなりな編集のせいで多くの矛盾や重複、不合理な結論などがあちこちに残っている。

ヘブライ語聖書のもっとも古い部分は、おそらく紀元前一〇世紀にまでさかのぼり、そこには中近東地域のさまざまな部族や遺跡の起源に関する神話や、近隣の文明の法典を作り変えたりしたものが含まれている。その内容は、おそらくカナンの南東周縁部の丘陵地帯で家畜を飼い、土地を耕作していた鉄器時代の部族にとって、辺境地帯に生きるための正義の行動規範としての役目を果たしていたのだろう。こうした部族はしだいに谷間や町に侵入しては、ときおり住民を襲撃するようになり、町の一つや二つを破壊したこともあったかもしれない。やがて彼らの神話はカナン全域の人びとに共有され、それが人びとを、共通の系譜や輝かしい歴史、外国の支配下に入ることを防ぐ一連のタブー、そして相互の殺しあいを取り締まる目に見えない執行人を介して一つにまとめていったのだ。聖書の草案が継続的な歴史的物語としてまとめ上げられたのは、紀元前七世紀終盤から六世紀半ばにかけて、バビロニア人がユダ王国を征服して住民を追放したころである。最終的な編集が完了したのは住民たちがユダに戻った紀元前五世紀だった。

旧約聖書の歴史的記述はフィクションである（あるいはせいぜいのところ、シェイクスピアの歴史物語のような創作的再構成である）とはいえ、紀元前五〇〇年前後の中近東の人びとの生活や価値観を知るための窓としての役目をはたしている。実際にイスラエル人がジェノサイドを行ったかどうかは別として、それを良い考えだと思っていたことは確かだし、女性がレイプされたり、性的対象として所有されない正当な権利をもつなどとは誰も考えなかったと思われる。聖書の執筆者たちは、奴隷制や、目つぶし、石打ち、手足切断などの残酷な刑罰に問題があるとは考えもしなかった。慣習や権威への盲目的な追従こそ重要であり、それに比べれば人間の命などなんの価値もなかったのである。

私がヘブライ語聖書の字句どおりの内容を点検することで、今日それを崇敬している何十億もの人びとを非難しようとしていると思われたとしたら、それは筋違いというものだ。いうまでもなく、熱心なユダヤ教徒やキリスト教徒の圧倒的大多数は、ジェノサイドやレイプ、ささいな違反行為をした者を石打ちの刑に処することなどを認めないまったく良識的な人たちであり､彼らが聖書を敬うのは､純粋に〝お守り〟としての意味においてなのだ。この数千年あるいは数世紀の間に、聖書は巧みに情報操作されたり、寓話化されたり、より暴力性の薄いテクスト（ユダヤ教ではタルムード、キリスト教では新約聖書）に取って代わられたり、さりげなく無視されたりしてきた。ポイントはまさにそこにある。暴力に対する感覚があまりにも大きく変わってしまったため、今日の敬虔な信者たちは聖書に対して、二つの姿勢を使い分けている。表向きは道徳性のシンボルとしての聖書に賛同する一方で、実際にはより現代的な原則にもとづくモラルを採用しているというわけだ。

ローマ帝国と初期キリスト教

キリスト教徒はユダヤ教徒のように旧約聖書の怒りに満ちた神を重視することなく、もっと新しい神の概念を重んじる。すなわち新約聖書（キリスト教聖書）で神の子イエス、「平和の君」イエスによって体現される神である。すべての息のある者をことごとく滅ぼすことから見れば、汝の敵を愛し、反対の頬を向けることは前進であるのは確かだ。けれども同時に、イエスは信者の忠誠を確保するためには暴力的な想像力を使うこともいとわなかった。マタイによる福音書一〇章一三〜三七節で、イエスはこう言っている。

わたしが来たのは地上に平和をもたらすためだ、と思ってはならない。平和ではなく、剣をもたらすために来たのだ。わたしは敵対させるために来たからである。人をその父に、娘を母に、嫁をしゅうとめに。こうして、自分の家族の者が敵となる。このわたしよりも父や母を愛する者は、わたしにふさわしくない。わたしよりも息子や娘を愛する者も、わたしにふさわしくない。

イエスが剣で何をしようと考えていたかは明らかではないが、彼が剣で誰かを突き刺したという証拠はない。

もちろんイエスが何を言い、何をしたかについての直接的な証拠などどこにもない。[☆25]イエスが言ったとされる言葉は彼の死後何十年も経ったあとで書かれたものであり、キリスト教聖書もヘブライ語聖書と同じく、矛盾や裏づけのない歴史、明らかなでっちあげなどだらけだ。だがヘブライ語聖書が紀元前五〇〇年前後の人びとの価値観を知る手がかりを与えてくれるのと同様、キリスト教聖書も紀元後最初の二〇〇年間の社会について多くを語っている。実際、その時代にはイエスの物語は唯一無二のものではなかった。神の子として処女の母親から冬至の日に生まれ、一二人の使徒をもち、春分の日に身代わりとして処刑され、冥界に送られるがやがて復活して歓喜とともに迎えられ、信者はその肉体の象徴を救済と永遠の命を得るために食べる……という異教の神話はいくつもあるのだ。[☆26]

イエスの物語の背景となるのはローマ帝国、すなわちユダ王国が征服されたのち次々とこの地を支配した国々のなかで最も新しい国である。紀元後最初の数世紀はパクス・ロマーナ（ローマの平和）の時代であるとはいえ、その平和はあくまで相対的なものとして理解する必要がある。ブリテン島の征服やエルサレムの第二神殿の破壊に続くユダヤ人の追放をはじめ、容赦ない拡大の時期にあたる。

ローマ帝国の最大のシンボルはコロッセオだ。コロッセオは今日もローマ観光のメッカであり、そのイラストは世界中の宅配ピザの箱を飾っている。この巨大スタジアムにはスーパーボウル並みの観客が詰めかけ、残酷な見世物を楽しんだ。柱にくくりつけられた裸の女性がレイプされ、猛獣に食いちぎられる。囚人の軍団同士が戦闘の真似をさせられ、互いに虐殺しあう。奴隷たちが、神話に出てくる身体切断や殺害の物語を実際に演じさせられる――たとえば、鎖で岩につながれたプロメテウス役の男に、訓練されたワシが襲いかかって内臓を引っぱり出す――などなど。剣闘士の試合はどちらかが死ぬまで続けられた。

私たちが今日、親指を上に向けたり下に向けたりするジェスチャーは、コロッセオの観客が優勢な剣闘士に最後のとどめを指すように合図したときのサインに由来しているのかもしれない。こうして苦しみの果てに死んでいった人の数は五〇万人にものぼり、それがまさにローマ市民に「パンと見世物」〔ローマの権力者が食べ物と娯楽を無償で与えて大衆を手なずけたことを詩人ユウェナリスが揶揄した表現〕を提供したのだった。壮大なるローマのこうした現実を知ると、今日の暴力的な娯楽文化を見る目も変わってくるというものだ（「エクストリームスポーツ」〔過激で危険度の高い新種のスポーツ〕や「延長戦でのサドンデス」などという呼び名はいうまでもなく）[☆27]。

ローマにおける死の手段としてもっとも有名なのは磔《はりつけ》（crucifixion）だ。この語は、耐えがたい苦しみを表す形容詞 excruciating の語源にもなっている。教会の祭壇の上方を見たことがある人は誰でも、十字架に釘で打ちつけられることの言語に絶する苦痛に、たとえ一瞬であっても思いを馳せたにちがいない。胃袋の強い人なら、一九八六年に「ジャーナル・オブ・ジ・アメリカン・メディカル・アソシエーション」誌に掲載された、イエス・キリストの死についての考古学的・歴史的資料にもとづく法医学的研究論文を読めば、さらに想像を膨らませることができる[☆28]。

ローマの磔刑は、まず裸にした受刑者を鞭打つところから始まる。使われたのは先の尖った石を編み込んだ短い革の鞭で、ローマ兵がそれで男の背中や尻、足を打つ。この論文によれば、「裂傷は骨格筋にまで達し、血を流して痙攣する細い筋肉の束が剥き出しになる」。次に、両腕が重さ四五キロほどもある十字架にくくりつけられ、男はそれを背負って支柱が立てられた場所に運んで行かなければならない。そこで彼は背中をずたずたに裂かれた体を起こされ、手首に釘を打ち込まれて十字架に磔にされる（手のひらに釘を打ち込むという説明がよくされるが、手のひらの肉では体重を支えることはできない）。次に十字架が支柱にかけられ、両足は支柱に――通常は支えのブロックなしに――釘付けにされる。両腕に全体重がかかり、肋骨はその重みで広げられるため、腕に力を入れるか、釘を打たれた両足を踏んばるかしないかぎり呼吸はむずかしくなる。三、四時間から長ければ三、四日間苦しみ抜いた末に、男は窒息か失血のために死亡する。処刑人は男を椅子に座らせることで拷問の時間を引き延ばすこともできるし、こん棒で両脚を叩きつぶし、死を早めることもできる。

私は自分が非人道的なものにはなじみがないと思いたい人間だが、それでもこのすさまじいまでのサディズムを考案した古代人の心の中をのぞいてみたい気持ちを抑えることはできない。仮に私がヒトラーの身柄を管理していて、どんな厳罰でも与えられる立場にあったとしても、とうていこのような拷問を課そうとは思わないだろう。まずは同情心からたじろいでしまうだろうし、こんな残虐行為に嬉々としてふけるような人間になりたくもない。そして、これまで世界に蓄積されてきた苦難を、これ以上――それに見あう恩恵なしに――増やすことになんの意味も見出せない（独裁者の出現を阻止するという実際的な目的でさえ、それを達成するには、独裁者は正義のもとに裁かれるという見込みを最大化するほうが、刑罰の残虐性を最大化するより有効だと私は考える）。それにもかかわらず過去という名の異国では、磔は一般的な刑罰だった。磔刑はペルシャで考案され、それをアレクサンドロス大王がヨーロッパに持ち帰り、地中海沿岸の王国に広まったのだ。イエスは煽動の罪に問われ、二人の盗賊とともに十字架にかけられる。この物語が喚起するよう意図されていた怒り、それは軽犯罪であっても磔刑に処されるということではなく、イエスが軽犯罪者のように扱われたことに対しての怒りだった。

もちろん、イエスが十字架にかけられたことは、決して軽く扱われることはなかった。十字架は古代世界全域に広まった運動のシンボルとなり、ローマ帝国に採用され、それから二〇〇〇年経ったいまでも世界でもっともよく知られたシンボルの座を保っている。それが思い起こさせる悲惨な死が、十字架をとりわけ強力なミームにしているのだ。だがここで、私たちにとってなじみのあるキリスト教から一歩外に出て、当時の人びとが磔刑にどんな意味を見出したのか、その心のありようについて考えてみよう。今日的な感覚から見れば、磔は単に忌まわしい拷問や処刑の手段の生々しい表象として、多少不気味ではあっても大規模な道徳運動がそのシンボルに採用するようなものではとうていない（たとえばホロコースト記念博物館のロゴにシャワーヘッドが使われたり、ルワンダ虐殺の生存者が鉈をシンボルにして宗教団体を組織したりしたらどうか、考えてみてほしい）。より端的にいえば、初期のキリスト教徒は磔刑からどんな教訓を得たのだろうか？　もし今日、独裁政権がこれほどの蛮行をくり返せば、人びとは抵抗運動を起こしたり、生き物に対してこうした拷問を二度と行うなと迫ったりするだろう。しかし初期のキリスト教徒たちが磔から得た教訓は、それとはまったく違っていた。イエスの処刑は「良い知らせ」であり、歴史のなかでもっともすばらしいエピソードに必要な一段階だったのだ。神は磔の実行を許すことで、世界に対して測り知れない恩恵を施した。限りなく強力で慈悲深く、賢明な神であっても、人間が犯した罪（とりわけ神に背いた男女の子孫であるという罪）に対する刑の執行を猶予するには、一人の男（ほかならぬ自分の息子）の手足を釘付けにして、ゆっくりと苦悶のうちに窒息死させるという以外に方法を考えつかなかったのである。人びとは、このサディスティックな殺人こそ神の慈悲の賜物だと認めることで、永遠の命を得ることができた。この一連のロジックを理解できなければ、彼らの肉体は永遠に焼き尽くされてしまうことになるのだった。

　この考え方によれば、拷問による死は想像を絶する恐怖ではなく、そこには良い面もある。それは救済への道であり、神の計画の一環なのだ。イエスと同じくキリスト教の聖者たちは創意工夫に富んださまざまな方法で拷問死を遂げ、そのことによって神に並ぶ地位を得た。千年以上にわたり、キリスト教の殉教史はこれらの殉教者たちの苦悩をさながらポルノのように露骨な表現で描写してきた。☆29

以下にあげるのは、殉教した聖者のうちよく知られた（死因は別として）ほんの数人にすぎない。イエスの使徒で初代ローマ教皇である聖ペトロは逆さに磔にされた。スコットランドの守護聖人、聖アンデレはX字型の十字架にかけられて絶命し、イギリス国旗の斜め十字はここに由来している。聖ラウレンティウスは生きたまま鉄網の上で火炙りにされたが、ほとんどのカナダ人はこの聖者の名前がセントローレンス川とセントローレンス湾、そしてモントリオールの二本の大通りの一本（サンローラン大通り）に使われていることは知っていても、彼がどのように死んだかは知らない。もう一本のサンカトリーヌ通りの名前の主、聖カタリナは車裂きの刑に処されて死んだ。これは人間の体を馬車の車輪にくくりつけ、大型のハンマーで手足を叩きつぶしてから車輪のスポークの間に絡め、支柱に載せて鳥の餌食にするという処刑法で、受刑者は出血とショックで徐々に死にいたる（カタリナの車輪は釘とともにオクスフォード大学セント・キャサリンズ・カレッジの盾の紋章にあしらわれている）。美しいカリフォルニアの町サンタバーバラの名前の由来となった聖バルバラは、足首を縛られて逆さ吊りにされたあと、兵士たちが鉄の爪でその体を切り裂き、胸を切り取り、傷口に焼きごてを当て、大釘を打ちつけたこん棒で頭を叩いた。そしてきわめつけはイングランド、パレスチナ、グルジア、十字軍、ボーイスカウトなどの守護聖人、聖ゲオルギウスだ。神は彼を何度も生き返らせたため、何度も違う拷問を受けて死にいたったという果報者だ。両足に重りをつけて鋭い刃物の上にまたがらせられ、火炙りにされ、両足を刃物で突き通され、大釘を打ちつけた車輪の下敷きにされ、六〇本の釘を頭に打ち込まれ、背中の脂肪をロウソクの火で溶かされ、最後にはのこぎりで真っ二つにされた。

こうした殉教者たちをのぞき見するかのような描写がなされたのは、拷問に対する憤激を喚起するためではなく、彼らの勇敢さに対する畏敬の念をよび起こすためだった。イエスの物語に見られるように、拷問はこのうえなくすばらしいものだった。この世での苦難は来世での至福として報われるのだから、聖人たちは苦しみを喜んで受け入れた。キリスト教詩人プルデンティウスは殉教者の一人についてこう書く。「母親はその場にいて、彼女の愛する息子の死のための準備の一部始終を見つめていたが、悲しむ様子はみじんもない。それどころか燃えるオリーブの薪の上で熱せられた鍋が音を立てながらわが子の体を焼いたり焦がしたりするたびに、喜びの表情を浮かべた」[☆30]。聖ラウレンティウスはのちにコメディアンの守護聖人となるが、それは彼が鉄網の上で、「こちら側はもう焼けたからひっくり返して食べてみるといい」と言ったとされるからだ。拷問官とはお笑いのツッコミであり、端役であって、彼らが悪者にされるのはわれらが英雄を拷問したからであり、決して拷問そのものが悪いと見なされるからではない。

初期のキリスト教徒たちはまた、拷問を当然の報いだとして称賛した。ほとんどの人は、西暦五九〇年にローマ教皇グレゴリウス一世が定めた七つの大罪というのを聞いたことがあるだろう。だがそれらの罪を犯した者に地獄で下される罰について知る人は、そう多くはない。

高慢　車裂きの刑
嫉妬　凍りつく水の中に入れる
大食　ネズミ、カエル、ヘビを無理やり食べさせる
色欲　地獄の責め苦を味わわせる
憤怒　生きたまま身体を切断

強欲　煮えたぎる油の入った大釜に入れる
怠惰　ヘビ穴に投げ込む[☆31]

これらの刑罰はもちろん無限に続けられる。

初期キリスト教は残虐性を是認したことにより、キリスト教ヨーロッパで千年以上にわたって行われた組織的拷問の先例をつくった。burn at the stake（火炙りの刑にする、人を激しく責める）、hold someone's feet to the fire（人に圧力をかけて従わせる）、break a butterfly on the wheel（なんでもないことに大骨を折る）、be racked with pain（痛みにひどく苦しむ）、be drawn and quartered（はらわたを取り四つ裂きにされる、手ひどい仕打ちを受ける）、disembowel（臓物を取り除く）、flay（皮を剥ぐ、厳しく批評する）、press（押しつぶす、無理強いする）、garrote（鉄環による絞首刑にする）、slow burn（ゆっくり燃やす、じわじわ怒りが募る）、the iron maiden（女性の形をした箱の内側に多数の釘が出ている拷問具。のちにイギリスのヘビーメタルバンドの名前に使われ、サッチャー元首相もこう呼ばれた）などの表現のいわれを知れば、中世から近代初期にかけて異教徒が受けた残虐な仕打ちの一部を理解できるというものだ。

スペイン異端審問時代、教会当局はキリスト教に改宗したユダヤ教徒（コンベルソ）のなかには隠れユダヤ教徒が多数いると見て、その背教行為を自白させるためにさまざまな拷問を行った。審問官はコンベルソたちの両手を後ろ手に縛り、手首を縛った縄で上から吊り下げては勢いよく下に落とすことを繰り返した（その結果、腱は断裂し肩は脱臼した）[☆32]。生きたまま火刑に処された者も少なくない。三位一体説を否定したミカエル・セルベトゥスや、地動説を擁護したジョルダノ・ブルーノ、聖書を英訳したウィリアム・ティンダルらはその犠牲となった。異端審問の最も有名な標的はおそらくガリレオだが、彼は拷問台《ラック》をはじめとする拷問具を見せられただけですみ、「宇宙の中心は太陽であって地球ではなく、太陽は不動で地球は動いていると主張し、そう信じたこと」を撤回する機会を与えられた。今日、拷問台が登場するのはせいぜい漫画のなかだけで、そこでは手足はゴムのように伸び、下手な駄ジャレのおまけがつく(痛みなくして得るものなし《ノー・ペイン、ノー・ゲイン》)。が、当時は笑い事ではなかった。ガリレオと同時代に生きたスコットランドの旅行作家ウィリアム・リスゴーは、異端審問で拷問台にかけられた体験を次のように書いている。

> レバーが前に倒されると、両膝が二枚の板にものすごい力で押しつけられる。膝の裏側の腱は裂け、膝の皿はグシャグシャに砕かれた。私の両目は大きく見開かれ、口は泡を吹き、歯は太鼓のバチを打ちあわせるようにカチカチと鳴った。唇は震え、猛烈なうめき声がそこから漏れた。腕からも手からも、裂けた腱や膝からも血が噴き出す。この苦痛の極限から解放されると、私は床に四つんばいにさせられ、審問官がせき立てるようにこう怒鳴りつづけた。「白状しろ！　白状しろ！」[☆33]。

多数のプロテスタントがこうした拷問にかけられたが、彼らはいったん支配する側に立つと、他人を拷問することに躍起となった。代表的なのは魔女狩りで、一五世紀から一八世紀にかけて、およそ一万人の女性が火炙りの刑に処された[☆34]。だが残虐行為の歴史のご多分に漏れず、のちの世になるとこの身の毛のよだつような所業も軽く扱われるようになる。今日の大衆文化において、魔女は拷問や処刑の犠牲者ではなく、いたずら好きな漫画の登場人物か、生意気で魅惑的な女性（漫画のブルーム・ヒルダ、アニメのウィッチ・ヘーゼル、『オズの魔法使い』の良い魔女グリンダ、『奥さまは魔女』のサマンサ、『チャームド』の魔女三姉妹などなど）として描かれるのが常だ。

キリスト教世界における組織的拷問は単なる惰性で続いてきた習慣ではなく、道徳的な理由づけがあった。イエス・キリストを救世主として受け入れないと地獄に落ちると心底から信じていれば、その真理を認めるまである人間を拷問するのは、相手の人生に最大の恩恵をもたらすことになる。数時間の苦痛に耐えれば、その後は永遠に救われるのだ。また、ある人間が他の人びとを堕落させる前にその人間を黙らせたり、見せしめにして罰するのは責任ある公衆衛生上の方策ということになる。聖アウグスティヌスはたとえを使って、このことをずばり突いている――良い父親は息子が毒ヘビを拾い上げないようにし、良い庭師は腐った枝を切り落として木全体が枯れないようにする、と。[☆35] この方法はイエス本人が明確にしていることだ。「わたしにつながっていない人がいれば、枝のように外に投げ捨てられて枯れる。そして集められ、火に投げ入れられて焼かれてしまう」。[☆36]

くり返すが、私はここでキリスト教徒が拷問や残酷な処刑を是認したことを非難しようというのではない。いうまでもなく、現代の最も敬虔なキリスト教徒は、きわめて寛容で人間的な人びとである。テレビを通じて派手な説教を繰り広げる伝道師でさえ、異教徒を生きたまま火炙りにせよとか、ユダヤ教徒を吊るし刑にせよなどとは言わない。彼らの信仰によれば、そうした処罰によってより大きな恩恵がもたらされるはずなのに、なぜそう言わないのか？　それは、今日の欧米社会に暮らす人びとが、自らの宗教的イデオロギーをほかの部分とは切り離しているからである。彼らが教会で神への忠誠を誓うとき、その信仰の内容は二〇〇〇年前とほとんど変わっていないが、現実に行動するときには、非暴力と寛容という現代の規範を尊重する。この慈愛に満ちた偽善を私たちは皆、感謝する必要がありそうだ。

中世の騎士

「聖人のように」という表現に見直しが必要だとすれば、「騎士のように」という表現もまたしかりである。とりわけアーサー王の時代の騎士と貴婦人たちの伝説は、西洋文化にきわめてロマンチックなイメージを提供してきた。ランスロットと王妃グィネヴィアの恋はロマンチック・ラブの原型であり、ガラハッド卿はもっとも高潔な騎士として称賛されてきた。アーサー王の宮廷キャメロットはブロードウェー・ミュージカルのタイトルになり、ジョン・F・ケネディが暗殺されたあと、元大統領がこのミュージカルのサントラ盤を愛聴していたという噂が流れると、人びとはケネディ政権時代を懐かしんで「キャメロット」と呼んだ。ケネディのお気に入りの歌詞は次の部分だったと言われる――「かつてこういう場所があったことを忘れてはならない／短いけれど輝けるある時期、キャメロットと呼ばれる場所があったことを」。

ところが実際には、騎士らしい生き方は忘れられてしまった。もっともそれは、騎士らしい生き方のイメージにとっては良いことだったのだが。六世紀を舞台にした中世の騎士の物語は一一世紀から一三世紀にかけて書かれたものだが、その実際の内容はブロードウェー・ミュージカルとは似て非なるものだ。中世研究家のリチャード・カウパーはアーサー王伝説をめぐる物語のなかでも最も有名な、一三世紀に書かれた『ランスロット』に過激な暴力シーンがどのくらい出てくるかを調べたところ、平均して四ページに一回の割で見つかったという。

数量化できる事例に限っていえば、少なくとも八つの頭蓋骨が割られ（目までの場合も、歯まで、顎までの場合もあり）、馬から落とされた男性八人が意図的に勝者の軍馬の巨大な蹄で踏みつぶされ（その結果、彼らは何度も苦しみ悶えながら失神した)、五人の首がはねられ、二人が肩から下を切り落とされ、三人の手が切り落とされ、三人の腕がそれぞれ異なる位置で切断され、一人の騎士が燃える炎の中に投げ込まれ、二人の騎士が突然の死を迎えた。一人の女性が騎士の手によって鉄帯で体を巻かれて苦痛にあえぎ、もう一人は神の手によって煮え湯の入った桶に何年も浸けられ、もう一人は投げられた槍があと少しで命中しそうになった。女性たちは頻繁に誘拐され、ある時点では四〇人がレイプされた。……

このようにすぐに数えられる所業のほか、三つの私闘が報告されている(一つの戦いではある陣営に一〇〇人の死者、別の陣営には毒による死者が五〇〇人出た)。……ある〔競技会〕では、ランスロットは最初に対決した相手を槍で刺し殺し、次に剣を抜いて「右へ左へと突きまくり、馬や騎士を一気にまとめて殺した。足や手、頭や腕、肩や腿が次々に切り落とされ、彼より身分の上の者は出会うそばから切り倒されて、あとには悲惨な光景が残るだけだった。彼が通り過ぎたあと、あたり一面は血の海となった[☆37]」。

こんな騎士たちが、いったいどうやって「ジェントルマン」であるとの評判を得たのだろうか? 『ランスロット』によれば、「許しを請う者は殺さないのがランスロットの流儀だったが、事前に殺すと誓いを立てていたり、殺すことが避けられない場合にはその限りではなかった[☆38]」。

定評のある貴婦人の扱いについていえば、ある騎士は王女を口説くのに、王女のために絶世の美女を見つけてレイプすると約束し、同じ王女に恋するライバルの騎士は、競技会で破った騎士たちの首を彼女のもとに送り届けることを約束する。たしかに騎士は貴婦人を守りはするが、それはほかの騎士に誘拐されないためにすぎなかった。『ランスロット』によれば、「ログレス王国の習慣によれば、貴婦人や乙女が一人で旅をするときには誰も恐れる必要はなかった。けれども騎士をともなって旅する場合には、別の騎士がその騎士と闘って勝てば、彼女を自分のものにすることができた。勝った者は貴婦人や処女をどう扱おうと、不名誉や非難を被ることはなかった[☆39]」。これは今日言われるような騎士道精神とはほど遠いと言っていいだろう。

近代初期のヨーロッパ

第3章では、中世ヨーロッパにおいて騎士たちが中央集権化された王国の君主の支配下に置かれると、社会情勢もやや落ち着くことを見ていく。だが国王と王妃が模範的な高潔さをもっていたかといえば、そんなことはない。

イギリス連邦諸国の学校では、英国史の重要な事件を教えるのにこんな歌がよく使われる。

ヘンリー八世、めとった妻は全部で六人
一人は死に、一人は生きて、二人は離婚、二人は首をはねられた

首をはねられた！　一五三六年、ヘンリー八世は姦通罪と反逆罪という濡れ衣を着せて、王妃アン・ブーリンを斬首刑に処した。理由はアンが男児を死産したこと、そしてヘンリーが侍女の一人に心を奪われたためだった。ヘンリーはその次の次の妃であるキャサリン・ハワードにも不義密通の疑いをかけ、斬首刑

にした（今でもロンドン塔では、彼女たちが斬首された処刑台を見ることができる）。ヘンリーは明らかに嫉妬深いタイプだった。彼はキャサリンのかつての恋人も、はらわたを取って四つ裂きにした。具体的にはまず首吊りにし、まだ息のあるうちに下ろして内臓をえぐり出し、性器を切り取り、首をはね落としてから胴体を四つに裂いたのだ。

ヘンリーの次に王位に就いたのは息子のエドワード、次はヘンリーの娘のメアリー、次がもう一人の娘エリザベスだった。メアリー一世が「ブラディ《残虐な》ー・メアリー」の異名をとったのは、ウォッカにトマトジュースを入れて飲んだからではなく、プロテスタント信者およそ三〇〇人を火炙りの刑に処したからだ。そして姉妹はともに、家庭内の諍いを解決するのに家族の伝統を忠実に守った。メアリーはエリザベスを牢屋に入れて従妹のレディ・ジェーン・グレイの処刑を命じ、エリザベスはもう一人の従妹であるスコットランド女王メアリーを処刑した。エリザベスはさらに一二三人の聖職者のはらわたを取って四つ裂きにし、それ以外にも自分に敵対する者に骨も砕けるほどきつい手錠をはめて拷問した。この手錠もロンドン塔に展示してある。今日のイギリス王室は不作法から不倫まで、いろいろ悪口を言われているが、ただの一回も親戚の誰かの首をはねたり、敵の誰かのはらわたを取って四つ裂きにしたことがないことは褒めるべきかもしれない。

命じた拷問は数知れないにもかかわらず、エリザベス一世はイングランド王のなかでも最も敬愛された国王の一人だ。彼女の治世は演劇をはじめさまざまな芸術が花開いた黄金時代と呼ばれている。シェイクスピアの悲劇に暴力的な場面が多く出てくることは周知の事実だが、彼の作品に描かれた残虐性のレベルは、暴力に慣れっこになった今日の大衆娯楽の観客でも衝撃を受けるほどだ。シェイクスピア作品のヒーローの一人であるヘンリー五世は百年戦争の際、あるフランスの村に降伏を迫る次のような最後通牒を出している。

いいか、一瞬ののちには向こう見ず無鉄砲な兵士たちが血に汚れた手をもって、泣き叫ぶ娘たちの前髪をつかんで凌辱し、父親たちの白髭をつかんでその老いた頭を壁にたたきつけ、赤子たちの裸のからだを手槍で串刺しにするだろう。☆40（小田嶋雄志訳）

『リア王』では、コーンウォール公がグロスター伯の目玉をくり抜き（「つぶれろ、ぶよぶよの目ん玉」）、その直後に彼の妻リーガンは両目から血を流しているグロスター伯に向かって「そいつを門の外に放り出しなさい、鼻を効かせてドーヴァーまで行かせなさい」と言って家の外に出るよう命じる。『ヴェニスの商人』の高利貸しシャイロックは、もし返済できなかった場合には胸の肉一ポンドを切り取ることを条件に金を貸す。『タイタス・アンドロニカス』では、二人の男が一人の男を殺し、その妻をレイプしたうえで彼女の舌と手足を切り取る。彼女の父親は娘を強姦した二人の男を殺して人肉パイにし、それを男たちの母親に食べさせたうえで彼女を殺す。さらに、強姦により処女を失ったことを理由に自分の娘も殺すが、やがて自分も殺され、彼を殺した男もまた殺される。

子ども向けに書かれた物語も残酷さでは負けてはいない、一八一二年、ヤーコプとヴィルヘルムのグリム兄弟は民話を集めた『グリム童話集』の第一巻を、一八一五年には第二巻を出版した。『グリム童話集』は聖書やシェイクスピアと並んで、西洋の古典のなかでもっとも尊重されてきたベストセラーである。毒気を抜かれたディズニーの子ども向けアニメには描かれていないが、実際のグリム童話は殺人や幼児殺し、カニバリズム、手足の切断、性的虐待など、文字通りぞっとするよう《グリム》な内容がてんこ盛りなのだ。ためしに、継母の登場するよく知られた三つの物語のあらすじを見てみよう。

・飢饉のために生活が苦しくなったヘンゼルとグレーテル兄妹の父親と継母は、二人を森に捨てて餓死させようとする。兄妹は森の中で魔女の住むお菓子の家を見つけるが、魔女はヘンゼルを小屋に閉じ込めて太らせ、食べてしまおうとする。幸いにもグレーテルが魔女をかまどの中に押し込んだために、「罰あたりな魔女は、あわれなざまに焼けただれて死にました」☆41。

・シンデレラの二人の異母姉は妹の小さな靴を履くために、母親の助言で爪先やかかとを切り落とす。だが血に気づいたハトが、シンデレラと王子の結婚式のあとに異母姉たちの目を突いてくり抜き、二人は「意地悪と悪意の罰として生涯を盲目で暮らさなければならなくなりました」。

・美しい白雪姫に嫉妬した継母の女王は、猟師に姫を森に連れて行って殺すように命じ、自分が食べるためにその肺と肝臓を持ち帰るように言う。姫が生き延びたことを知った女王は、さらに三回(二回は毒で、一回は窒息させて)彼女を殺そうとする。王子によって生き返った白雪姫と王子の婚礼に女王は押しかけるが、「鉄の靴が石炭の上で熱くなっていました。……女王は真っ赤に焼けた鉄の靴を履かされて、死ぬまで踊らされました」☆42。

このあと見ていくように、今日の子ども向け娯楽業界は暴力に対して極度に敏感になっていて、初期のマペット(『セサミストリート』などに登場する、中に指や手を入れて操る人形)のエピソードでさえ、子どもに見せるべきではないと考えられているほどだ。指人形といえば、ヨーロッパでもっとも人気を博した子ども向け娯楽の一つに人形劇「パンチ・アンド・ジュディ」がある。二〇世紀に入ってもかなりの間、イギリスの海辺の町では派手な装飾を凝らしたブースで、パンチとその妻ジュディがドタバタ喜劇を繰り広げてきた。文学者のハロルド・シェクターは「パンチ・アンド・ジュディ」の典型的なストーリーを次のように説明する。

パンチが隣人の犬を撫でようとすると、犬はパンチの異様に大きな鼻に噛みつく。パンチはなんとか犬を引き離すと飼い主のスカラムーシュを呼び出し、下品な言葉をかけたあと、相手の頭を殴って「スパッとはね飛ばしてしまう」。そのあとパンチは妻のジュディを呼んでキスを求めるが、ジュディはそれを断り、パンチの顔を思い切り殴る。しかたなくパンチは自分の赤ん坊を抱き、あやしはじめるが、折悪しく赤ん坊はおもらしをしてしまう。いつも家族思いのパンチではあるが、カッときて赤ん坊の頭を舞台の床に叩きつけ、死んだ赤ん坊を観客席に投げ飛ばす。再び登場したジュディは事の次第を知ると当然ながら怒り、パンチから棒を取り上げて夫に殴りかかる。パンチはジュディともみあった末に棒を取り返すと、妻を殴り殺し、勝利の歌を口ずさむ。

かみさんに悩まされることなんかない
自由になるのは簡単さ
縄か刃物でやっちまえ
さもなきゃ俺のように棒がありゃいい☆43

一七～一八世紀にその大半が作られたマザー・グースの童謡でさえ、今日の基準から見れば幼い子どもにふさわしいとはとうてい言いがたい。クックロビンは無残にも殺されるし、粗末な家に住むシングルマザーはたくさんの子どもに十分な食べ物を与えず、鞭で叩いて虐待する。監視の目もなく危険な用事を言いつかった二人の子どものうち、ジャックは頭に脳損傷の恐れのある怪我をするが、ジルがどうなったかはわからない。流れ者はおじいさんを階段の下へ投げ落とし、ジョージー・ポージーは未成年の少女たちにセクハラを行ってPTSDの症状に陥らせる。ハンプティ・ダンプティは塀から落ちて重症を負い、回復できないし、不注意な母親は赤ん坊を木の上に放置して、悲惨な結果を招く。使用人が洗濯物を干していると、黒ツグミが飛んできてわざと鼻を突ついて傷つけ、三匹の視覚障害のネズミは包丁で身体を切断される。そして、ベッドまでの道を照らすロウソクがやってくる、おまえの頭をチョン切る首切り役人がやってくる！　小児疾患の専門誌「アーカイブス・オブ・ディジーズ・イン・チャイルドフッド」の最近の号に掲載された論文に、さまざまな子ども向け娯楽のジャンルにおける暴力の頻度について調査した結果が報告されている。それによると、テレビ番組の暴力シーンの頻度は一時間あたり四・八回なのに対し、マザー・グースでは五二・二回だったという。☆44

ヨーロッパと初期のアメリカ合衆国における名誉

もしお手元にアメリカの一〇ドル紙幣があったら、そこに印刷されている人物の生と死にしばし思いを馳せていただきたい。アレクサンダー・ハミルトンはアメリカ史においてもっとも聡明な人物の一人だ。『ザ・フェデラリスト』の執筆者の一人であるハミルトンは、民主主義の哲学的基礎を明確化することに力を尽くした。また、アメリカの初代財務長官に就任し、近代市場経済を支える基本的制度を考案した。それ以外にも、革命戦争では三つの大隊を指揮し、憲法制定会議の創設に関わり、国軍を指揮したほか、

ニューヨーク州議会議員を務め、バンク・オブ・ニューヨークやニューヨークポスト紙を創業するなど多方面で活躍した。☆45

しかし一八〇四年、この才気あふれる男性は、今日の基準に照らせば驚くほど愚かなことをしでかす。ハミルトンは政敵アーロン・バー副大統領とのあいだで、長年悪口の言いあいをくり返してきたが、あるときハミルトンによるものとされるバーへの批判をハミルトンが否定しなかったために、バーはハミルトンに決闘を申し込んだ。少しばかりの分別さえあれば、ハミルトンは死を避けられたはずだし、ほかにも方法はいくつもあった。☆46決闘の慣習は当時すでに廃れつつあり、彼が在住するニューヨーク州では禁止されていた。ハミルトンはそれ以前に息子を決闘で亡くしており、バーの申し込みに応える書簡のなかでも、五つの理由をあげて決闘に反対している。それでも決闘を承諾したのは、「世界の男たちが名誉と名づけるもの」が、他の選択肢をとることを許さないからだと彼は述懐する。翌朝、ハミルトンは舟でハドソン川を渡り、ニュージャージー州パリセーズでバーとの決闘に臨んだ。バーは銃で人間を撃った最後の副大統領とはならなかったが、ディック・チェイニー〔副大統領だった二〇〇七年、狩猟中に仲間を散弾銃で誤射した〕より射撃の腕が良かったため、ハミルトンは翌日死亡した。

決闘に臨んだアメリカの政治家はハミルトンだけではなかった。一九世紀前半に合衆国上下両院の議員を務めたヘンリー・クレイもその一人だし、のちに第五代大統領となるジェームズ・モンローがジョン・アダムズとの決闘を思いとどまった唯一の理由は、アダムズが当時第二代大統領の職にあったことだった。アメリカ通貨に肖像が採用されたその他の人物のなかでは、二〇ドル札のアンドリュー・ジャクソン第七代大統領が決闘好きで知られ、それまでの決闘で使われたたくさんの銃弾をいつも持ち歩き、歩くたびに「ビー玉のようにジャラジャラ鳴った」という。五ドル札に印刷された「偉大な解放者」エイブラハム・

リンカーンでさえ決闘の申し込みを受け入れたが、最後のとどめは刺さないという条件つきだった。

正式な決闘はいうまでもなく、アメリカで始まったのではない。その起源はルネサンス期のヨーロッパにあり、貴族や従者たちによる暗殺や仇討ち、路上でのケンカなどを減らすための手段として始まったものだ。自分の名誉が損なわれたと感じた者は相手に決闘を申し込むことができ、一人の人間が死ぬことでそれ以上の暴力を抑え、敗れた側の一族や取り巻きたちに恨みの感情を残すこともなかった。だが随筆家のアーサー・クリスタルはこう書いている。「ジェントリー（地主階級）は……名誉を非常に重視していたため、気分を害されることがあれば、すべて名誉を汚されたと受け取った。二人のイングランド人男性は飼い犬同士がケンカをしたために決闘することになり、二人のイタリア人地主は、タッソとアリオストという二人の詩人の評価をめぐって口論したあげくに決闘になったが、一方が致命的な傷を負った時点で、その男は自分が評価していた詩人の作品を読んだことがないと告白した。そしてイギリスの詩人バイロンの大伯父ウィリアム（第五代バイロン男爵）は、ある男とのあいだでどちらの領地に狩猟の標的となる動物が多くいるかで言い争いになり、決闘の結果その相手を殺した」[☆47]。

決闘は教会が非難し、多くの国の政府が禁止したにもかかわらず、一八〜一九世紀まで続いた。サミュエル・ジョンソンは決闘について、「自分の家に押し入ろうとした者を撃ち殺してもかまわないのと同様、自分という人間に侵入してくる者がいれば、その相手を撃ってもかまわない」と擁護している。決闘に巻き込まれた著名人にはヴォルテール、ナポレオン、ウェリントン卿、ロバート・ピール〔イギリスの政治家で首相を二度務めた〕、トルストイ、プーシキン、そして数学者のエヴァリスト・ガロワなどがおり、最後の二人は決闘で命を落としている。決闘にいたる過程からクライマックス、そしてその結末は小説家にとっておあつらえ向きの題材であり、サー・ウォルター・スコット、アレクサンドル・デュマ、モーパッサン、ジョゼフ・コンラッド、トルストイ、プーシキン、チェーホフ、トーマス・マンらはそのドラマチックな効果を自らの作品に採り入れている。

決闘がたどった遍歴は、この先たびたび出会うことになる不思議な現象の代表的なものだ。何世紀にもわたって人間社会に埋め込まれていたにもかかわらず、あるとき突然消え失せてしまう、そういう類の暴力だったのである。ジェントルマンが決闘に同意するのは、金のためでも土地のためでも、女性のためでもなく、名誉のためだった。名誉とは、存在すると誰もが思っていると、誰もが思っているがゆえに存在する奇妙な〝商品〟である。名誉は人間性のある部分——たとえば名声への欲求や堅固な規範など——によって大きく膨らみ、人間性の別の部分——たとえばユーモア感覚——によってはじけるバブルのようなものだ。[☆48] 正式な決闘の制度は、英語圏では一九世紀半ばには衰退し、その後数十年の間にヨーロッパ全域で消滅した。歴史学者は、決闘の制度がなくなったのは法的に禁止されたり、道徳的な非難を受けたからというより、冷笑を買ったからだと見ている。「神妙な顔をしたジェントルマンたちが決闘に命をかけても若い世代の笑いものになるだけだったら、伝統によっていかに神聖化された慣習であっても、もはやもちこたえることはできない」[☆49]。今日、「一〇歩歩いたら、ふり向いて撃つ」と言っても、「名誉ある男たち」などより、アニメ『ルーニー・チューンズ』に登場するバッグス・バニーとその敵役ヨセミテ・サムがまず頭に浮かぶ人のほうが多いだろう。

二〇世紀

忘れられた暴力の歴史をたどる旅も現在に近づくにつれ、観光スポットには見覚えのあるものが増えてくる。それでも前世紀の文化的記憶の領域には、異国のものとしか思えない遺物がいくつも転がっている。たとえば軍隊文化を見てみよう。[☆50] ヨーロッパやアメリカ合衆国の古い都市には、その国の軍事力を誇示するようなモニュメントがあちこちに見られる。馬に乗った司令官の彫像や大きな男性のシンボルをもった筋骨隆々のギリシア戦士の彫刻、てっぺんに二輪戦車をあしらった凱旋門、刀や槍の形の鍛鉄でできたフェンス……。地下鉄の駅には勝利した戦闘の名前がつけられている。パリのメトロのアウステルリッツ駅しかり、ロンドンの地下鉄のウォータールー駅しかり。一世紀前の写真には、国民の祝日に派手な飾りのついた軍服姿でパレードしたり、豪勢なパーティで貴族たちと酒を酌み交わしたりする軍人の姿を見ることができる。歴史の長い国々のシンボルにも、弾丸や鋭く尖った武器、猛禽類、獰猛なネコ科の動物など攻撃的なイコンが多く使われている。平和主義で知られるマサチューセッツ州でさえ、その紋章には剣を握る切断された腕と、弓と矢を手にしたネイティブ・アメリカンの姿が描かれ、その下には「われわれは剣をもって平和を求めるが、平和は自由の下にしかない」という州の標語が書かれている。隣のニューハンプシャー州も負けてはいない。同州のライセンスプレートには「自由に生きよ、さもなくば死を」という標語が印字されている。

しかし今日の欧米社会では、公共の場所に軍事的勝利にちなんだ名前がつけられることはもはやない。戦争記念碑には馬にまたがる誇らしげな司令官ではなく、悲嘆に暮れる母親や疲弊した兵士の姿が描かれたり、戦死者の長いリストが掲げられていたりする。一般社会では、くすんだ色の制服を着た軍人の姿は目立たず、名声や信望を得ることもほとんどない。ロンドンのトラファルガー広場では最近、ネルソン提督の記念柱とライオン像とは反対側の空の台座の上に、軍事的イコンとはおよそかけ離れた彫刻が設置された——両手がなく両足も異常に短い妊婦（実在のアーティスト）の裸体の彫像である。第一次世界大戦の主戦場となったベルギー西部のイーペル（「フランドルの野に」という有名な詩にうたわれ、戦後ここにケシが咲き乱れたことから、一一月一一日の終戦記念日にはイギリス連邦諸国の人びとは赤いケシの花を身につける）ではつい最近、前線からの脱走・逃亡により銃殺されたおよそ千人の兵士の慰霊碑が建てられた。当時は唾棄すべき臆病者として見下された男たちの名誉が回復されたのである。そしてアメリカのもっとも新しい二つの州、アラスカとハワイの標語は、それぞれ「未来へ向かう北の大地」と「正義こそが大地の生命を永らえさせる」というものだ（もっともウィスコンシン州では「アメリカの乳製品産地」という標語に代わる新しい標語を募集したとき、「チーズを食べるか、さもなくば死を」というものがあったという）。

今日、平和主義をことのほか明確に打ち出しているドイツも、かつては軍事的価値観と深く結びついており、「チュートン（ゲルマン）民族の」という意味の Teutonic や「プロイセンの」という意味の Prussian という語には、厳格な軍国主義と同意語のような響きがある。一九六四年にも、トム・レーラー〔アメリカの数学者、シンガーソングライター。風刺的なピアノの弾き語りで知られる〕は、西ドイツが核保有国の仲間入りするかもしれないという多くの人が感じていた不安を、子守歌で表現した。怖がる赤ん坊をレーラーはこう言って安心させる——

昔ドイツ人は戦争が好きで意地悪だった、
でももう二度とそんなことにはならないさ。
一九一八年にあの人たちに教えてやったんだ。
それからはもう悪さはしてないいんだよ。

ドイツの報復主義に対する不安は、一九八九年にベルリンの壁が崩壊して東西ドイツ統一が打ち出されたときにも甦ることになる。今日なお、ドイツ社会には二つの大戦ではたした役割に対する罪悪感と、わずかでも軍事的な匂いのするものへの嫌悪感が隅々まで浸透している。テレビゲームでさえ暴力はタブーだし、アメリカのゲームメーカー、パーカー・ブラザーズ社が世界地図上で領地を奪いあうボードゲーム「リスク」のドイツ語版を発売しようとしたとき、ドイツ政府はその内容を検閲しようとした（最終的にルールが書き換えられ、プレーヤーは相手の領土を征服ではなく「解放」することになった）[☆51]。ドイツの平和主義は象徴的なものばかりではない。二〇〇三年には、アメリカ主導の多国籍軍によるイラク侵攻に反対するデモに五〇万人のドイツ人が参加した。当時のアメリカのドナルド・ラムズフェルド国防長官は、武力行使に反対するドイツを「古いヨーロッパ」だと揶揄したことで知られるが、戦火の絶えなかったヨーロッパ大陸の歴史を考えると、この発言はシェイクスピア作品は使い古された表現ばかりだと言った学生と同程度の歴史健忘症といえるかもしれない。

欧米社会の多くの人びとは、軍事的なシンボルに対する別の感覚の変化も経験している。一九四〇年代から五〇年代にかけて、究極の軍事兵器である原子爆弾が登場したとき、人びとはそれほど嫌悪感を示さなかった。広島と長崎で二〇万人以上の命が奪われ、さらに何億人もの命が脅かされていたにもかかわらずである。それどころか、世界は核爆弾に魅力さえ感じた！　ビキニというセクシーな女性の水着の名称は、第二次大戦後ミクロネシアのビキニ環礁で行われた水爆実験に由来する。デザイナーがこの水着を見た人の反応を、環礁をまるごと吹き飛ばすほどのすさまじい水爆の威力になぞらえたのだ。当時、裏庭に核シェルターをつくるとか、核攻撃に備えて机の下などにもぐり込む訓練が学校で行われるなどといった、馬鹿げた「民間防衛」策が広がったことも、核兵器は大したことではないとの幻想を助長する結果となった。今日でも、多くのアメリカの集合住宅や学校では、逆三角を三つ並べた核シェルターのサインが、地下に通じる階段の入口に錆びついた姿をさらしている。一九五〇年代の商標には、キノコ雲を使ったものがいくつもある――キャンディの「アトミック・ファイアーボール」や、ＭＩＴ（マサチューセッツ工科大学）の近くにあった家族経営の食料品店「アトミック・マーケット」、そして一九四六年にロサンゼルスにオープンしたレストラン「アトミック・カフェ」などだ。一九六二年にここから名前を借りた『アトミック・カフェ』というドキュメンタリー映画が制作され、そこでは世界が核兵器に対して奇怪なまでに無頓着であることが描かれていた。だがこの一九六〇年代初頭を境に、核兵器の本当の恐ろしさがようやく理解されるようになったのである。

私たちが経験したもう一つの大きな変化は、日常生活における力の誇示に対する許容度が低くなったことだ。数十年前までは、自分を侮辱した相手に拳を振り上げることは、その人間が立派な人格をもつことのあかしだった。[☆52] ところが今日、それは粗暴であることのあらわれ、衝動制御障害の兆候であって、その人物は怒りのコントロール・セラピーへの参加資格ありと見なされてしまう。

象徴的なのは一九五〇年に起きたある出来事だ。当時のアメリカ大統領ハリー・トルーマンの娘マーガレットは歌手の卵だったが、ワシントンポスト紙に彼女のデビュー公演をこきおろす批評が載った。トルーマンはその批評子宛てに、ホワイトハウスの便箋にこうしたためた手紙を送りつけた。「いつか貴殿と面会したいものです。その際には、新しい鼻と、目に当てる生の牛肉（目の周りのあざには生の肉を当てて治すという民間療法がある）をたっぷり、それに下半身用のサポーターをご用意ください」。作家であれば誰しも同様の衝動を抱いた覚えはあるだろう。だが今日では、批評家に暴行を加えると公然と脅すなどというのは無教養で粗野なことであり、もし権力の座にある者がそんなことをすれば不正で悪質な行為だと決めつけられる。だが当時、トルーマンはその父性的な騎士道精神の持ち主として尊敬されていたのだ。

「体重九七ポンド（四四キロ）の弱虫」とか「足で蹴った砂を顔にかけられる」といった表現に見覚えのある方なら、おそらく一九四〇年代の雑誌やコミック本に載っていたチャールズ・アトラスのボディビル・プログラムの広告をご存知だろう。漫画仕立てのこの広告の典型的な筋書きはこんな具合だ。ヒョロヒョロのやせ型の男性がガールフレンドと浜辺でデート中に、難癖をつけてきた相手に殴られる。落ち込んで家に引きこもり、椅子を蹴飛ばしたりしていた彼は、一〇セント切手に望みを託し、アトラスのボディビル・プログラムの教習本を手に入れる。はたせるかな、みごとなボディになった彼は浜辺で相手に仕返しし、美女との関係も修復する（図1－1）。

商品そのものでは、アトラスは時代を先取りしていた。ボディビルの人気は一九八〇年代に急上昇する。だがそれをいかに売り込むかという点では、彼は旧時代に属していた。今日のスポーツジムやエクササイズ関連の広告には、拳骨の一撃が男性の名誉を回復するなどというメッセージは見当たらない。そんなものはナルシスティックなイメージでしかなく、同性愛的な匂いさえつきまとう。盛り上がった胸筋や波打つ腹筋が強調されるのは、男女両方のアートっぽいクローズアップ写真でのことであり、そこでは筋肉は力を誇示するものではなく、美しいものとして称賛されるのだ。

男性同士の暴力に対する軽蔑よりさらに革命的なのは、女性への暴力に対する軽蔑である。ベビーブーマー世代には、一九五〇年代にテレビで放映された『ハネムーナーズ』というコメディドラマを懐かしく思い出す向きも多いことだろう。ジャッキー・グリーソン扮するでぶっちょのバス運転手ラルフが、あの手この手で一攫千金を企て、それを分別ある妻のアリスに馬鹿にされるというのが毎回のパターン。笑いを取るのは、ラルフが彼女の前で拳骨を振りかざして口にするお決まりの台詞、「いまに見てろ、アリス、

図１－１　ボディビル・プログラムの広告（1940年代）に見られる日常的な暴力

図１－２　コーヒーの広告（1952）に使われたドメスティックバイオレンス

いまに見てろ……その顔目がけてバシーン！」または「バーン、ブーン、月までぶっ飛ばしてやる！」だ。アリスはいつもそんな夫を笑い飛ばすが、それは妻を殴る男を軽蔑しているからではなく、ラルフにそうするだけの男らしさが欠けているからである。社会全体が女性への暴力に対して敏感になっている昨今、こんなドラマが主流のテレビ局で放映されることなどとうてい考えられない。では、一九五二年にライフ誌に掲載されたコーヒーの広告（図1－2）はどうだろう？

今日だったら、ドメスティックバイオレンスを冗談っぽく、色気を交えて扱ったこんな広告は、当然ながら発禁ものだ。でも当時は、この類のものはほかにもいくつもあった。一九五〇年代には妻が夫にお尻を叩かれているバン・ヒューゼンのシャツの広告もあったし、一九五三年のピツニーボウズの郵便料金計器の広告では、言うことをきかない秘書にいらだつ上司が、「女を殺したら必ず罪になるのか？」と叫んでいる。[☆53]

さらに世界最長のロングラン・ミュージカル『ファンタスティックス』には、「イット・ディペンズ・オン・ホワット・ユー・ペイ（誘惑ソング）」という、ギルバート・アンド・サリヴァン風の曲がある。二人の父親が、それぞれの息子と娘を結婚させるために誘拐劇を仕組もうとしてこう歌う。

　レイプといっても強引なものもあれば
　礼儀正しいものもある
　インディアンによるレイプもある
　なんて楽しい光景だろう
　馬に乗ってするレイプもありだ

珍しいし愉快だってみんな言うだろう
どんなレイプかよりどりみどり
いくら払うかで決まるのさ

ここでの「レイプ」は性的暴行ではなく誘拐を意味しているとはいえ、一九六〇年に初演されてから二〇〇二年に終演になるまでの間に、レイプをめぐる感覚は大きく変化した。作者のトム・ジョーンズ（ウェールズ出身の同姓同名の歌手とは別人）は私にこう語った。

時間が経つにつれ、だんだんこの言葉についての不安が募ってきました。徐々に、本当に徐々にですが、いろんなことがわかってきたのです。新聞の見出しや残酷な集団レイプのこと。それから「デートレイプ」についても。そこで「これは笑いごとじゃない」と思うようになった。たしかにこの歌詞で言っているのは「本物のレイプ」ではありません。でも観客が笑うのは、この言葉をおもしろおかしく使うことからくる衝撃のせいでもあるんです。

一九七〇年代初めにジョーンズは歌詞の書き換えを申し出るが、プロデューサーはこれを拒否する。ただし、「レイプ」という言葉の意味についての説明を補足することと、この語をくり返す回数を減らすことは許可した。二〇〇二年にミュージカルが終演を迎えたあと、ジョーンズは二〇〇六年の再演に向けて歌詞を初めから書き直し、今後『ファンタスティックス』が世界各地で上演される際には、この新バージョンを使うことを法的に義務づけることにした。☆54

最近まで、子どもたちもまた暴力の正当な標的とされてきた。親は子どものお尻をただ叩くだけではなく（今日では多くの国がその行為を法律で禁じている）、ヘアブラシやへらを使ったり、お尻をむき出しにして痛みと屈辱感を増大させもした。一九五〇年代まで、子ども向けの物語には、母親がいたずらをした子どもに向かって、「お父さんが帰ってきたらどうなるかわかってるわね」と言い、父親は帰宅するやベルトを外して子どもをしたたか叩く――というシーンがよく登場した。ほかにもよくある身体的な罰として、夕飯抜きでベッドに行かせるとか、石けん水でうがいさせる、などというのがあった。身内以外の大人の手に委ねられた子どもは、もっと残酷な仕打ちを受けた。つい最近まで、学校に通う子どもたちは今日なら「拷問」と呼ばれてもおかしくないような方法、いまならそんなことをした教師は刑務所送りになるような方法でしつけられていたのである。[☆55]

＊

今日、人びとはこの世界を他に類を見ないほど危険な場所だと考えている。日々のニュースを見たり読んだりしていると、テロ攻撃や文明の衝突、大量破壊兵器の使用などに対する恐れを増大させずにはいられない。だが一方で、私たちはほんの数十年前までニュースを賑わせていた危険の数々を忘れ、そのうちの多くのものが徐々に消え去ったことのありがたさに無関心になりがちだ。このあと本書では、一九六〇年代と七〇年代がいまの時代よりはるかに残酷で脅威に満ちていたことを、具体的な数字をあげて示していく。だがこの章を終えるまでは、冒頭で述べたように、統計ではなく印象主義的な記述に徹することにしよう。私が大学を卒業したのは一九七六年だが、大学を卒業した人のほとんどがそうであるように、私もその日を境に大人の社会に仲間入りすることになった卒業式での来賓のスピーチについては、何も記憶がない。というわけでここで一つ、来賓スピーチを創作してみることにしよう。一九七〇年代半ばに、世界情勢についてのエキスパートが次のような未来予測をしたと想像してみていただきたい。

学長先生、教職員の先生方、ご家族、友人、そして一九七六年度卒業生の皆さん、いままさに時代は大いなる困難のさなかにあります。けれども同時に、大いなるチャンスの時代でもあります。皆さんが教養ある男女として人生に一歩を踏み出すにあたり、皆さん一人ひとりがそれぞれのコミュニティに何かお返しをし、より良い未来のために力を尽くし、世界をもっと住みやすい場所にするために努力していただきたいと願っています。

さて前置きはこのくらいにして、今日はもっと興味深いことを皆さんにお話ししたいと思います。皆さんが卒業三五周年の同窓会に出席なさるころ、この世界がどんなふうになっているか、私の予測を聞いていただきたいのです。時代は新しい千年紀へと切り替わり、いまの皆さんには想像もつかないような世界が到来しているでしょう。技術の進歩のことを言っているのではありません。もちろん技術の発展によって、思いも及ばない影響がもたらされていることも確実ですが。けれども私が言いたいのは平和と人間の安全保障の進展ということであり、それは技術の進歩以上に想像を超えたものになるにちがいありません。

もちろん二〇一一年になっても、世界は依然として危険な場所であることに変わりはないでしょう。これから三五年の間にも今日のように戦争も、ジェノサイドもあるだろうし、それが予測もしなかった場所で起きることもあるでしょう。核兵器は依然として脅威でありつづけるでしょう。現在紛争の起きている地域では、やはり紛争が絶えないでしょう。けれどもこうした変わらない要素の上に、いまの時点では測り知れない変化が起きるのです。

何よりもまず、小さいころ核シェルターの中で身を縮めていた思い出以来、ずっと皆さんの生活に暗い影を落としてきた悪夢、すなわち第三次世界大戦が勃発して、核爆弾による地球最後の日がやってくるという悪夢は消えてなくなります。一〇年後にはソビエト連邦は西側諸国との和平を宣言し、冷戦は一発の銃弾も撃たれることなく終わりを迎えるのです。中国の軍事的脅威も消滅し、われわれの主要な貿易相手国となります。今後三五年の間に、核兵器が敵に向かって使用されることは一度もないでしょう。それどころか大国同士が戦争をすることもないのです。西ヨーロッパの平和は恒久化し、五年以内には東アジアで続いてきた戦闘も終わりを迎え、長い平和が訪れるでしょう。

良いニュースはまだまだあります。東ドイツは国境を開放し、歓喜した学生たちはベルリンの壁をハンマーで叩き壊します。鉄のカーテンは消滅し、中欧および東欧諸国はソ連の支配から解放されて自由民主主義国家となります。ソ連は一党独裁の共産主義体制を放棄するだけでなく、自ら崩壊するでしょう。それまで何十年、何百年とソ連の支配下にあった共和国は独立し、その多くは民主主義国家となります。しかもその大部分は、一滴の血も流すことなく民主化を達成するのです。

ファシズムもまたヨーロッパから姿を消し、さらには世界の大部分の地域からも姿を消します。ポルトガル、スペイン、ギリシアは自由民主主義国家となり、台湾、韓国、そして中南米のほとんどの国もそうなるでしょう。総統や大佐、軍事政権、〝バナナ共和国〟〔政情不安定な小国の侮蔑的呼称〕、そして年中行事のような軍事クーデターも、大部分の発展途上世界で影をひそめるでしょう。

中東でも驚くべきことが次々と起こります。つい数年前、イスラエルとアラブ諸国の間では二五年間で四回目になる戦争があったところです。中東戦争ではこれまでに五万人もの命が失われ、最近では超大国による核対決の危険さえ生じました。けれども今後三年以内には、エジプト大統領がイスラエルの国会でイスラエル首相と抱きあい、無期限の平和条約に署名するでしょう。ヨルダンもイスラエルとの間に永続的な平和条約を結び、シリアも間隔をおいてではありますがイスラエルとの和平交渉に臨み、少なくとも両国が戦争することはありません。

南アフリカのアパルトヘイト体制は廃止され、白人少数派が黒人多数派に権力を譲り渡します。その過程で内戦が起きたり、大量の血が流されたり、かつての抑圧者に対する暴力的な逆襲が起きたりすることはありません。

こうした変化の多くは、長い年月にわたる勇気ある苦闘の積み重ねによってもたらされますが、なかにはなんの前ぶれもなく起きて人びとを驚かせるものもあります。皆さんのなかにもし興味がある方があれば、こうした変化がなぜ起きるのかについて考えてみてください。最後に皆さんの学業達成をお祝いし、これからの人生が成功と満足で満たされることを心よりお祈りします。

さてこのような楽観論に終始する未来予測に、観衆はどんな反応を示しただろうか。おそらくは鼻先でせせら笑い、こいつはウッドストックでＬＳＤをやりすぎて、幻覚から覚めていないんじゃないかなどと言いあったにちがいない。しかしこのスピーチの内容はすべて、そのとおり現実になったのだ。

＊

一日で一都市を回るような観光旅行で、その国のことを理解できるなどということはありえない。したがってここまで人類の歴史を駆け足で見てきたからといって、過去の時代のほうが現在より暴力的だったことを読者に確信していただけたとは思っていない。旅行を終えて家に帰ったいま、読者の頭には多くの疑問が浮かんでいるはずだ。いまだって拷問は行われているのではないか？　二〇世紀は歴史上もっとも血なまぐさい世紀だったのではないか？　新しい形の戦争が古い戦争に取って代わっただけではないのか？　いま、私たちはテロの時代に生きているのではないのか？　一九一〇年に、もう戦争は時代遅れだと言われたのではないか？　食肉工場のように大量生産されるニワトリはどうなのか？　核テロリストがその気になれば、明日にでも大戦争が起きるのではないか？

どれもすばらしい質問である。次章からは、歴史的な研究や統計データの助けを借りて　これらの質問に答えていくつもりだ。そのためには、本章での「サニティチェック」が下準備となったことを願いたい。このチェックを行ったことで、今日の世界で私たちが直面する危険は多々あるものの、過去にあった危険はそれを上回ることが再認識できたのではないかと思う。この本の読者（そしてこのあと見ていくように、世界の大部分の地域に暮らす人びと）は、もはや誘拐されて性奴隷になることも、神の命じるジェノサイドに遭うことも、見世物や競技に出て命を落とすことも、評判のよくない考えを抱いた罰として十字架や柱や車輪にくくりつけられることも、男児を生まなかったために首をはねられることも、王族とデートしたために内臓をえぐり出されることも、自分の名誉を守るために決闘に巻き込まれることもない。そして浜辺でガールフレンドにいいところを見せるために拳骨で殴りあう必要もないし、文明や人間存在を消滅させてしまう核戦争の危機に怯える必要もないのだ。

第2章 平和化のプロセス

いいか、人生はつらく残忍で短いのさ。だけど穴居人になったときから、それはわかってたんだろ。
――「ニューヨーカー」誌のマンガ☆1

トマス・ホッブズとチャールズ・ダーウィンは二人とも悪い人間ではなかったはずだが、その名前ははなはだ不快な響きをもつにいたった。ホッブズやダーウィンの説が現実になった世界には、誰も住みたいとは思わない(マルサスやマキアヴェリ、オーウェルなどの説はいうまでもなく)。「適者生存」を唱えたダーウィン(ダーウィンはこの表現を使ったが、名づけたのは別人だ)と、「人間の一生は孤独で貧しく、つらく残忍で短い」と記したホッブズは、冷ややかな見方に立って人間の自然状態を総括した人間として、辞書に不滅の名前を残した。だが二人は暴力に関しては、その名前が示唆するものより深く、精緻で、究極的にはより人間的な洞察を与えてくれる。今日、人間の暴力について理解しようとすれば、まず第一にこの二人の分析を検討することから始めなければならない。

本章では暴力の起源について、論理的な意味と時系列的な意味の両面から探っていく。ダーウィンとホッブズの助けを借りつつ、暴力の適応的な論理について、そしてそれが人間の本性の一部として進化した暴力的衝動をどのように予測していたかについて見ていく。次に暴力の前史に目を向け、人類の進化史上どの時点で暴力があらわれたのか、文字に記録された歴史以前の千年間に、暴力はどの程度ありふれたものだったのか、そして暴力を最初に減少させたのはどのような歴史的発展だったのかについて考察する。

暴力の論理

ダーウィンは、生物がもつ特性が――身体的特性はもちろん、生物をさまざまな行動に走らせる基本的な心のあり方や動機も含めて――なぜあるのかを理論化した。『種の起源』が出版されてから一五〇年後の現在、ダーウィンの唱えた自然選択説は実験と実地調査の両方により十分に実証され、新たな科学や数学の領域からのアイデアによって増強されて、生物世界についての首尾一貫した理論を生み出すにいたっている。新しい領域には、遺伝学（自然選択を可能にする自己複製子について説明する）や、ゲーム理論（目的達成を目指すプレーヤーが、目的達成を目指すほかのプレーヤーを含む世界で、どんな運命をたどるかを明らかにする）などがある。☆2

生物はなぜほかの生物に危害を与えるように進化してしまったのだろうか？　答えは「適者生存」という言葉の響きから考えられるほど単純ではない。リチャード・ドーキンス著『利己的な遺伝子』は、現代における進化生物学と遺伝学、ゲーム理論の統合について明らかにしているが、このなかでドーキンスは、読者が深い考えもなく生物世界に感じている親近感から彼らを抜け出させようとする。ドーキンスは読者に、動物とは遺伝子（進化の過程で忠実に伝播してきた唯一の存在物）によって設計された「生存機械」だと考えたうえで、それらの生存機械がどのように進化するかを考えるように言う。

ある生存機械にとってみれば、（自分の子どもあるいは近縁個体ではない）他の生存機械は、岩や川や一塊の食べ物などのように、環境の一部である。それは邪魔であることもあれば、利用できることもある。ただし、岩や川との重要な違いは、それが往々にして反撃してくるということだ。なぜならそれらの生存機械もまた、未来のために自分の不死身の遺伝子を維持し、遺伝子を守るためには何ごともためらわぬ機械だからである。自然淘汰によって選ばれるのは、環境をもっとも有効に利用するように自分の生存機械を制御していく遺伝子だ。これには異種、同種を問わず他の生存機械を最もうまく利用するということも含まれている。[☆3]

タカが捕まえたムクドリをバラバラに引きちぎるところや、刺咬昆虫の群れが馬を襲うところ、あるいはエイズウイルスが患者をゆっくりと死にいたらしめるところを見たことがある人なら誰でも、生存機械がほかの生存機械を無情に利用することを自分の目で目撃したことになる。生物世界の大部分において、暴力はデフォルトだということに尽きる。それ以上の説明は不要だろう。犠牲者がほかの種に属している場合、攻撃する者を捕食者とか寄生者などと呼ぶが、犠牲者が同じ種に属している場合もある。幼児殺し、兄弟殺し、共食い《カニバリズム》、レイプ、致死的な戦闘などは、さまざまな種類の動物に見られることが実証されている。[☆4]

ドーキンスはさらに慎重に言葉を選びながら、それではなぜ自然が相互に殺しあう大乱闘の世界にならないのかについても説明している。まず第一に、動物は近縁関係にある個体に危害を与えることは少ないということがある。というのは、自分の親戚に危害を与えるように促す遺伝子は、その親戚の身体のなかに存在する自分自身のコピーに危害を与えてしまう確率が高いので、自然選択によって淘汰されることが多いからだ。さらに重要なのは、ほかの生命体が岩や川と違うのは、それが往々にして反撃してくる点だとドーキンスが指摘していることである。ある生命体が暴力的な傾向をもつように進化したということは、同じ種に属するほかの生命体も、平均すると同じように暴力的であるように進化しているということだ。もし自分と同種の個体を攻撃すれば、その相手は自分と同じくらい強くて好戦的で、持っている武器や防衛手段も同じである可能性が高い。つまり、自分と同種の個体を攻撃した場合には、自分も傷つく可能性が高いのだ。このことは、無差別的な襲撃を排除する強力な選択圧になる。また、人間にはもともと血への渇望や死の願望、殺人本能などといった破壊的衝動や欲求があり、一定以上たまると爆発するという説をはじめ、ほとんどの暴力に関する俗説もこれによって排除される。暴力を増大させる進化は必ず戦略的な意味をもつ。自然選択によって生命体が暴力を使うように進化するのは、予測されるメリットが予測されるコストを上回る状況に限られる。このことは、とりわけ知的能力の高い種にあてはまる。こうした生物は発達した脳をもつため、長い進化期間のあいだに平均化された確率ではなく、特定の状況におけるメリットとコストに敏感であるからだ。

同じ種に属する知的生物間でふるわれる暴力の論理となれば、やはりホッブズの出番である。『リヴァイアサン』（一六五一年）のなかで、彼はわずか百語にも満たない言葉で人に暴力をふるわせる誘因について分析しているが、これは今日のどのような暴力にもあてはまる。

それであるからわれわれは、人間の本性のなかに、三つの主要な争いの原因を見出す。第一は競争、第二は不信、第三は誇り《グローリー》である。第一は、人びとに利得を求めて侵入を行わせ、第二は安全を求めて、第三は評判を求めてそうさせる。第一は自分たちを他の人びとの人格、妻子、家畜の支配者とするために暴力を使用し、第二は自分たちを防衛するために、第三は言葉や笑い、違った意見など、自分たちを過小評価していることを示す些細なことのために、それらが直接に彼らの人格に向けられたか、間接に彼らの親戚、友人、国民、職業、名称に向けられたかを問わず、暴力を使用するのだ。☆5

ホッブズは競争を、自分の利益を追求する主体にとって避けられない結果だと見なした。今日、それが進化の過程に組み込まれていることは明らかに見て取れる。競争相手を押しのけて食べ物や水、望ましい縄張りなどを得ることができる生存機械は、その競争相手より多く繁殖する。その結果、世界はそうした競争にもっとも適合した生存機械であふれているのだ。

同様に、なぜ「妻」が男たちが競争して取りあう資源の一つとなるのかも明らかになっている。ほとんどの動物種では、メスはオスより子孫に対して多くの投資を行う。とりわけ哺乳類では、母親は自分の身体のなかで胎児を育て、生まれたあとも子どもに母乳を与える。オスは複数のメスと交尾することで自分の子孫の数を増やすことができる（しかもその間、他のオスは子どもをもてない）のに対し、メスは複数のオスと交尾しても子孫の数を増やすことはできない。その結果、メスの生殖能力はヒトを含む多くの種のオスたちが競争して手に入れようとする貴重な資源となるのだ。☆6ちなみにこれは、男が遺伝子によって支配されるロボットであるとか、男がレイプや争いをしても道徳的に許されるとか、女性は受動的な性的目的物にすぎないとか、人は可能なかぎりたくさん子どもをつくろうとするとか、人は自分の属する文化に影響されない、などということは——性選択理論には、よくこのような誤解がつきまとうが——まったく意味していない。☆7

争いの第二の要因は、不信だ。これはホッブズの時代には、「臆病」や「恥ずかしさ」というより、「恐れ」を意味する語だった。これは第一の要因の結果である。もし隣人が、自分を――たとえば殺すことによって――競争から除外しようとしていると疑うに足る理由があれば、自分自身を守るために相手に先制攻撃を加えようとしてもおかしくない。たとえふだんはハエ一匹殺さない人間であっても、ただそこに横になって相手に殺されてもかまわないと思わないかぎり、こうした衝動にかられる可能性はある。悲惨なのは、競争相手の側も――彼もまたハエ一匹殺さない人間だったとしても――まったく同じ推測をしたとしても不思議はないことだ。それどころか、こちらがもともと相手を攻撃する意図などないことを相手が知っていたとしても、相手はこちらが、相手の方が先に攻撃してくるのではないかとの恐れから、自分を制圧しようとするのではないかと恐れる正当な理由がある。このことはこちらにとって、その前に相手を攻撃するインセンティブ（誘因）になる……という具合にキリがない。政治学者のトーマス・シェリングは、銃を持った強盗と銃を持った住人とのたとえ話を使って、両者が互いに自分が撃たれる前に相手を撃とうとすることを説明している。このパラドクスはときに「ホッブズの罠」と呼ばれ、国際関係論の分野では安全保障のジレンマとも呼ばれる。☆8

　では知的な主体はどのようにしてホッブズの罠から抜け出すことができるのだろうか。もっとも明らかな方法は、抑止策をとることだ。先制攻撃はしないこと、相手から先制攻撃を受けても生き延びるだけの強さを身につけること、そして攻撃されたら同様の報復をすることである。信頼しうる抑止策は、競争相手が利得のために攻撃しようとするインセンティブを除去することができる。報復によって相手に課せられるコストが、予想される利得を相殺してしまうからだ。またそれは、相手が恐れから攻撃しようとするインセンティブも除去する。なぜなら、こちらが先制攻撃をしないと約束しているからであり、さらに重要なのは、抑止策をとったことで先制攻撃の必要性が減じられた結果、こちらが先制攻撃をかけるインセンティブそのものが減じられるからだ。もっとも抑止策のカギは、こちらが報復するという脅しの信頼度の高さにある。もし競争相手が、こちらが先制攻撃で簡単にやられてしまうと思っていれば、報復を恐れる理由は何もなくなってしまう。また相手が、いったん攻撃を加えてしまえば、こちらが報復しても無駄だと判断して合理的に報復を控えると考えた場合には、その合理的判断に乗じて、報復を心配せずに攻撃してくるかもしれない。したがって、こちらの弱さをいっさい疑わせず、あらゆる不法侵入に報復し、やられた分はすべて仕返しすることを明確に示した場合にのみ、抑止策は信頼できるものになるのだ。そしてここに、相手を過小評価するようなひと言や笑い、違った意見といったささいなことが、なぜ攻撃のインセンティブとなるかの説明がある。ホッブズはそれを「誇り《グローリー》」と呼んだが、より一般的にはそれは「名誉」と呼ばれる。最も正確にいえば、それは「信頼性」のことである。

抑止策は「恐怖の均衡」とも呼ばれ、冷戦時代には相互確証破壊（ＭＡＤ）とも呼ばれた。抑止策によってもたらされる平和はすべて脆弱なものにすぎない。なぜならそれは、暴力の脅しによってのみ暴力を減少させようとするものだからだ。どちらの側も、相手が暴力を使わずに無礼な態度をとったときには、暴力的な威嚇行為によってこちらに度胸があることを示さなければならない。そうすると、たった一回の暴力的行為が引き金となって、終わりのない報復の連鎖を招く可能性がある。第8章で見ていくとおり、人間の本性の主要な設計特性である自己奉仕バイアスによって、どちらの側も自分の暴力は正当化できる報復であり、相手の暴力は正当な理由のない一方的な攻撃だと見なしてしまうのだ。

ホッブズが行ったのは、無政府状態にある人間についての分析であり、その大著のタイトルは、そうした混乱状態を避けるための方法を示している。リヴァイアサンとは人民の意志を体現し、力の行使権を独

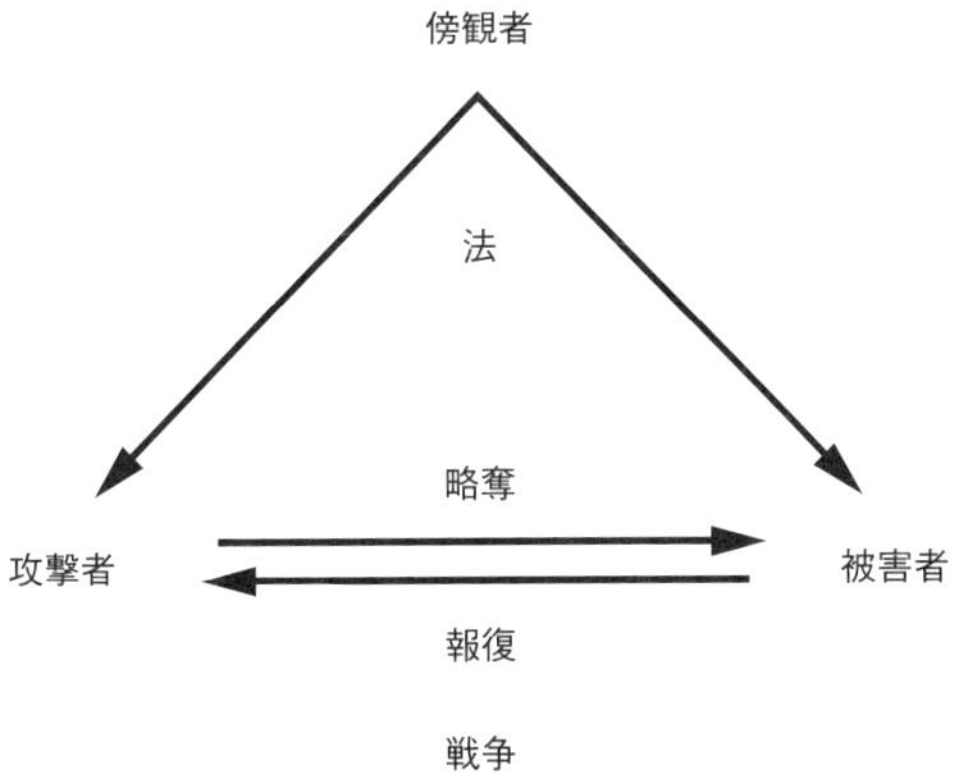

図2－1　暴力の三角形

占する君主制やその他の政府形態を指す。リヴァイアサンは攻撃者にペナルティを課すことによって侵犯のインセンティブを除去し、それによって先制攻撃に対する不安を和らげるとともに、すべての当事者が自らの決意を証明するために反撃即応態勢を維持することを不要にする。またリヴァイアサンは公平無私な第三者であるため、敵対する者同士が相手に対して抱くような（自分は雪のように純粋だが、敵は邪悪な心をもっている、などの）狂信的優越心によって、偏った見方に立つこともない。

　リヴァイアサンの論理は三角形の図にしてみるとわかりやすい（図2－1）。あらゆる暴力行為には攻撃者、被害者、傍観者という三者の利害関係者が存在し、それぞれが暴力に対する動機をもつ。攻撃者にとっての動機は被害者を餌食にすること、被害者にとっては報復すること、傍観者にとっては両者の戦闘による巻き添え被害を最小限にすることである。多くの場合、闘う者同士の暴力は戦争と呼ばれ、傍観者が戦う者に対して向ける暴力は法と呼ばれる。リヴァイアサンの理論をひと言でいえば、法は戦争にまさる方法だということだ。リヴァイアサンが最初に登場したのは、人類の歴史劇でいえば終わりに近い場面である。考古学者によれば、人類は文明が誕生するまでは無政府状態のなかで暮らしていた。およそ五〇〇〇年前、定住して農耕生活を営む人びとが最初に都市や国家を形成し、最初の政府が生まれたのだ。もしホッブズの説が正しければ、この移行にともなって、歴史上最初の大きな暴力の減少が導かれたはずである。文明の誕生以前、人類が「すべての人を畏怖させる共通の権力」なしに生活していたとき、彼らの生は武装した権限によって平和が与えられた（このプロセスを私は平和化のプロセスと呼んでいる）ときに比べて、もっと不快で、野蛮で、短命だったはずだ。ホッブズは「アメリカの多くの場所にいる野蛮な人びと」が暴力的な無政府状態のなかで暮らしていると述べているが、具体的にそれが誰のことなのかは特定していない。

情報の空白状態のなかでは、原始的な人間について誰がどんな推測をしようと勝手である。そしてほどなく、ホッブズとは正反対の説が登場する。この説を提唱したのはスイス生まれの哲学者ジャン・ジャック・ルソー（一七一二～七八）である。ルソーによれば、「原始的状態にある〔人間〕ほど穏やかな存在はない。……未開人の例を見ると……人類は永久にその状態にとどまるようにつくられたのであり、……それ以降の多くの段階を踏んできた進歩は……実は人類という種の老衰に向かってきたのだということを確証しているように思える」[☆9]。

ホッブズとルソーの哲学は、「不快で野蛮で短命」対「高貴な野蛮人」という単純な構図には収まらない、はるかに洗練されたものではあるのは確かだ。けれども二人が提唱した、人間の自然状態についての相反するステレオタイプが火をつけた論争は、今日もやむことなく続いている。拙著『人間の本性を考える――心は「空白の石版」か』のなかで、私はこの問題がいかにして感情的、道徳的、そして政治的な荷物をたくさん抱え込んでしまったかについて論じた。二〇世紀後半、ルソーのロマンチックな説が人間の本性に関する政治的に正しい理論であるとされたのは、一つには従来の「原始的」人間についての人種差別的な考え方に対する反動であり、もう一つは、そのほうが人間のありようについての見方として救いがあるとの確信からだった。もしホッブズが正しければ、戦争は不可避であるどころか望ましいものにすらなりかねないのだから、平和を求める人は誰しもホッブズの説は間違いだと主張すべきだと、多くの人類学者は考えた。これらの「平和の人類学者たち」（実際にはかなり攻撃的な人びとであり、民族学者のヨハン・ファン・デル・デネンは彼らを「平和と調和のマフィア」と呼んでいる）は、人類や他の動物は同種の仲間を殺すことを強く抑制されており、戦争は最近考案されたものにすぎず、先住民の部族間の交戦は儀式的で害のないものだと主張した——が、それもヨーロッパ植民地主義が登場するまでのことだった。☆10

「はじめに」で書いたとおり、私自身は、暴力に関する生物学理論は運命論的で、ロマンチックな説は楽観主義的だとする考えは、方向が逆だと考えるが、それは本章のテーマではない。前国家的状態にある人びとの暴力という点では、ホッブズとルソーの言うことはでたらめだ。二人とも文明以前の人間の生活については何ひとつ知らないからである。今日であれば、もう少しうまくできる。本章では人類史の最も初期における暴力に関する事実を検証していく。物語は人類が出現する前から始まり、まずはわれわれの親類にあたる霊長類の攻撃性を手がかりにして、人類の進化系統における暴力の出現について探っていく。人類が登場してからは、狩猟採集集団を形成し、無政府状態のなかで生活していた人びとと、なんらかの統治機構をもつ安定した国家に生活する人びととの違いに注目する。また、狩猟採集民がなぜ、何をめぐって戦ったのかについても見ていく。このことは、きわめて重要な問いを導く。無政府状態の集団間の交戦は、安定した国家で暮らす人びとの交戦に比べて破壊性が大きかったのか、小さかったのか？　これに答えるためには物語ではなく数字が必要だ。リヴァイアサンのもとで暮らす社会と、無政府状態のもとで暮らす社会では、暴力によって死亡する確率がどれほどだったのかを、可能なかぎり推測する。そして最後に、文明社会で生きることの長所と欠点について見ていく。

人類の祖先の暴力

暴力の歴史はどこまでさかのぼることができるのだろうか。ヒトの直系の祖先にあたる霊長類はとっくの昔に絶滅してしまったが、彼らがどんな生き物だったのかをしのばせる証拠が少なくとも一つは残っている——われわれと同じ祖先をもつチンパンジーだ。もちろん人類はチンパンジーから進化したのではないし、このあと見ていくように、チンパンジーがヒトと共通の祖先の特性を保持しているのか、それともチンパンジー固有の方向へとハンドルを切ったのかは明らかではない。だがいずれにしても、チンパンジーの攻撃性について知ることは、人類と共通する一定の特性をもつ霊長類において、暴力がどのように進化するかを知ることであり、そこから教えられることは大きい。また暴力的傾向が本能的なものではなく戦略的なものであり、そこで見込まれる利益が高く、リスクが低い状況においてのみ使われるものだという進化的予測が正しいのかを吟味することもできる。[☆11]

ナミチンパンジーは最大で一五〇頭ほどの群れをつくり、明確な縄張りをもって生活する。チンパンジーは果実や木の実を採集して食べるので、一〜一五頭の小さなグループに分かれて餌を探すことも多い。もしそのうちの一つが別の群れのグループと、互いの縄張りの境界周辺で出会うと、敵対的なやりとりが交わされる。両者が互角である場合には境界線をめぐって騒々しい争いが繰り広げられ、双方のチンパンジーたちは大声で吠えたり、はやし立てたり、枝を揺すったり、物を投げたり、相手に向かって突進したりする。こうしたやりとりが三〇分から一時間ぐらい続いたあと、たいがいは数の少ないほうのグループがすごすごと退散する。

このような攻撃的ディスプレイは、さまざまな動物に共通して見られる。かつて、こうしたディスプレイは、種の利益のために殺すことなしに争いを解決する儀式だと考えられていた。だが現在では、これは力と決意のディスプレイだと考えられている。交戦の帰結が目に見えていて、最後までやり抜けば両サイドに損傷が及ぶリスクがある場合、力の弱い側が戦いから降りられるようにするためのディスプレイだというわけだ。二頭の動物の力が拮抗している場合には、力を誇示すれば対決は本気の戦いへとエスカレートし、一方または両方が怪我をしたり殺されたりする可能性がある。[☆12] しかしチンパンジーのグループ同士の対決は本気の戦いに発展することはなく、このため人類学者はかつて、チンパンジーは基本的に平和な動物だと考えていた。

野生のチンパンジーを長期にわたって観察した最初の霊長類学者であるジェーン・グドールは、衝撃的な発見をした。[☆13] オスのチンパンジーのグループが、別の群れの小さなグループや単独の個体と出会ったとき、チンパンジーたちは怒りをあらわにしたり叫んだりせず、数でまさっていることを悪用するのだ。もし相手が性的に受容可能な成熟したメスであれば、そのメスにグルーミングして交尾しようとする。もし赤ん坊を連れていれば、そのメスを襲撃して赤ん坊を殺し、食べてしまうこともしばしばだ。また相手が単独のオスか、小さなグループから離れた個体であれば、残忍きわまりないかたちで攻撃する。二頭のオスが相手を押さえつけ、その間に別のオスたちが殴ったり、足の指や性器を噛み切ったり、胴体から肉を引きちぎったり、手足をひねり上げたり、血を飲んだり、気管を引き裂いたりするのだ。ある群れでは、チンパンジーたちが隣接する群れのオス全員を攻撃し、人間の世界だったら集団虐殺に値するような惨事が起きた。こうした攻撃の多くは偶然の出会いによってではなく、オスのグループが行う境界のパトロールがきっかけとなっている。オスはパトロールしながら静かに単独のオスを探し出し、狙いをつけるのだ。殺しあいは群れの内部でも起こる。オスの一団がライバルのオスを殺したり、強いメスがオスや別のメスの助けを借りて、自分より弱いメスの子どもを殺したりする。

チンパンジーが殺しあうことをグドールが最初に報告したとき、専門家の反応は懐疑的だった。きわめて珍しい現象で、病理的な兆候ではないか、あるいは観察しやすくするために霊長類学者が餌を与えたことの影響ではないか、と考えられたのだ。三〇年後の現在、殺しをともなう攻撃はチンパンジーの正常な行動レパートリーの一つであることに、もはや疑いの余地はない。霊長類学者の観察により、群れ同士の交戦で殺されたことが確認または推測された個体はおよそ五〇頭、群れの内部の争いでは二五頭以上にのぼる。殺しが報告された群れは少なくとも九つあり、そのなかには餌付けされたことのない群れも含まれている。なかにはオスの三分の一以上が死んだ群れもあった。[☆14]

チンパンジーの殺しあいには進化論的根拠があるのだろうか。かつてグドールの教えを受けた霊長類学者のリチャード・ランガムはチンパンジーの人口統計学や生態学に関して集計された豊富なデータを使って、さまざまな仮説を検証した。[☆15] その結果、彼は大きな進化的メリットと小さなメリットを、それぞれ一つずつ突きとめた。チンパンジーはライバルのオスとその子孫を殺すと、すぐに相手の縄張りに移動するか、数の優位を強みにしてさらにいくつかの戦いに勝利するかして、自分たちの縄張りを拡大する。これによってチンパンジーたちは、その縄張り内にある食べ物を自分たち――子どもや交尾するメスを含めて――だけで独占することができ、その結果としてメスの生む子どもの数が増える。群れにはときに、消滅した群れのメスが入ってくることもあり、これはオスにとって二つ目の繁殖上のメリットとなる。チンパンジーは直接、食べ物やメスをめぐって戦うわけではない。彼らの関心は自分の縄張りを支配することと、自分にとってのリスクを最小限にしてライバルを除去することができれば、そうすることだけだ。進化的メリットは間接的に、かつ長期的に見たときに生じるのである。
リスクに関していえば、チンパンジーは公平でない戦い——相手との間に少なくとも三対一以上の数の差がある——を選ぶことによって、リスクを最小限に抑えようとする。チンパンジーの採食パターンは、不運な犠牲者を生みやすい。というのも、果実のなる木は森の中にまばらにしか存在していないからだ。お腹をすかしたチンパンジーは小さなグループや、時によっては単独で餌を探さなければならず、ときとして誰の縄張りでもない中立地帯に足を踏み入れることがある。
では以上のようなことが、人間の暴力とどのように関係するのだろうか。およそ六〇〇万年前にチンパンジーとの共通の祖先が地上に存在していた時代以来、人類の進化系統が致死的な攻撃に関わってきた可能性が出てくる。しかしその一方で、別の可能性もある。人類とナミチンパンジー（*Pan troglodytes*）の共通の祖先は、ボノボ（*Pan paniscus*）という第三の種も後世に残した。ボノボは約二〇〇万年前、共通の祖先から枝分かれした。われわれ人間はチンパンジーだけでなく、このボノボとも近縁関係にあるが、ボノボは致死的な攻撃はいっさい行わない。実際、ボノボとナミチンパンジーの違いは大衆霊長類学ではもっともよく知られた事実の一つだ。ボノボは平和を愛する母系社会で、フリーセックス、草食性の「ヒッピー・チンパンジー」として有名になった。ニューヨークには「ボノボ」という名のベジタリアンレストランがあり、性科学者のドクター・スージーはボノボからヒントを得て「快楽を通じて平和を達成するボノボ・ウェイ」を提唱しているし、ニューヨークタイムズ紙のコラムニスト、モーリーン・ダウドはボノボこそが今日の男性のロールモデルだと主張している。[☆16]
霊長類学者のフランス・デ・ワールは、理論上は、人類とナミチンパンジー、ボノボの共通の祖先はナミチンパンジーよりボノボに近かった可能性もあると指摘している。[17] もしそうであれば、オスの軍団同士の暴力はヒトの進化史においては根の浅いものだということになる。ナミチンパンジーとヒトとはそれぞれ別個に致死的な襲撃を進化させた可能性が高く、人類の行う襲撃はヒトが種として進化させたのではなく、特定の文化において進化した可能性がある。もしそうなら、人類は集団で行う暴力に対する生得的傾向はもっていないことになり、そうした暴力から遠ざけるためのリヴァイアサン（あるいはその他の統治機関）は必要ないということになる。

人類が平和を愛するボノボのような祖先から進化したという考えには、二つの問題がある。一つは、ヒッピー・チンパンジーの物語に心を奪われて本質を見失う危険があることだ。ボノボは絶滅危惧種であり、コンゴ民主共和国の危険な地域の人の近づけない熱帯雨林に生息しているため、これまで知られていることの大部分は、捕獲され餌を十分に与えられた若いボノボの小集団を観察した結果にすぎない。もっと年長で数の多い、餌も不足しがちで行動の自由のある集団を系統的に調査すれば、得られる結果はもっと陰惨なものになるのではと考える霊長類学者は少なくない。[18] 野生のボノボは狩りをし、敵意をもって対決したり、ケンカして互いを傷つける（おそらく場合によっては相手を死にいたらせる）こともあることがわかっている。したがって、ボノボがナミチンパンジーより攻撃性が低いことは間違いないものの――相手を襲撃することはないし、群れ同士が平和裡に交流することもある――、だからといって、どんな場合も例外なく平和だというわけではない。

二つ目はより重要な問題だ。ナミチンパンジー、ボノボそして人類の共通の祖先はボノボに似ていた可能性より、ナミチンパンジーに似ていた可能性のほうがはるかに高い。[19] ボノボは行動だけでなく、身体構造も非常に変わった霊長類である。頭は子どものように小さく、体重も軽いためにオスとメスの性差が小さい。それ以外にも子どもっぽい特徴があり、そのためにナミチンパンジーだけでなく、ほかの大型類人猿（ゴリラやオランウータン）とも異なり、ヒトの祖先であるアウストラロピテクスとも違う。その独特の身体構造は、大型類人猿の系統樹に置いてみると、ボノボが幼形成熟《ネオテニー》によって一般的な類人猿の進化の経路から離れたことが示唆される。ネオテニーとは、ある生物の成長プログラムが、成熟した個体に幼体の特徴（ボノボの場合には頭蓋と脳の特徴）が残るように修正されるプロセスのことだ。ネオテニーは種の家畜化（たとえばイヌがオオカミから分岐するなど）にともなって見られることが多く、自然選択が動物の攻撃性を減少させる際の経路となる。ランガムは、ボノボの進化における主要な原動力は、オスの攻撃性の減少が選択されたことだと主張する。ボノボは大きな集団で食べ物を採り、単独で行動する狙われやすい個体はいないため、集団攻撃によって相手に報いる機会は生じないからではないかというのだ。このように見てくると、ボノボはかなりの変わり者であり、われわれ人間はナミチンパンジーのほうに近い動物から進化した可能性が高いと考えられる。

もし、ナミチンパンジーとヒトがそれぞれ別個に集団による暴力を発見したのだとしても、その偶然の一致から読み取れることはある。致死的な襲撃は、さまざまな大きさのグループに分かれる知的能力の高い種、関係のあるオスが同盟を形成し、互いの相対的な強さを評価できる種においては、進化的に有利である可能性があることを示唆しているのだ。本章のあとのほうでヒトの暴力について考察する際、ヒトとチンパンジーの間には危ういほどの共通点があることを見ていく。

チンパンジーとヒトの共通の祖先と原生人類との間の空白が化石によって埋められればいいのだが、チンパンジーの祖先の化石はいっさい残っていないし、人類の化石や遺物はあまりにも数が少なすぎて、たとえば武器や傷跡など、攻撃の直接的な証拠となるものは存在しない。古人類学者のなかには、オスの犬歯の大きさを測定したり（攻撃性の強い種ではまるで短剣のような犬歯が見つかっている）、オスとメスの体の大きさの違いを調べる（一夫多妻制の種では、オスは他のオスと戦うのに有利なように大型化する傾向がある）など、化石標本から暴力的な気質の兆候を見出そうとしている者もいる。[☆20] だが残念なことに、人類の祖先の小さい顎は霊長類の鼻口部のように大きく開かないため、彼らが攻撃的だったかどうかにかかわらず、大きな犬歯は実際には役立たない。さらに、その種の完全な骨格が数多く残っていないかぎり、性別を確実に見分けることも、オスとメスの体格の差を比べることも困難だ（これらの理由から、四四〇万年前に生息していた原始的人類アルディピテクス・ラミドゥス（ラミドゥス猿人）は、男女の体格差がなく、犬歯も小さいことから一夫一婦制で平和な種だったとする最近の学説に懐疑的な人類学者は少なくない）。[☆21] それより新しい時代の、数が豊富にあるヒトの化石からは、少なくとも二〇〇万年前以降、オスは――少なくとも現代人と同じくらいの比率で――メスより大きかったことが明らかになっている。これは、オス同士の暴力による競争がわれわれ人類の進化系統において、長い歴史をもつのではないかという嫌疑を補強するものだ。[☆22]

ヒトの社会の種類

私たちが属する種である「身体構造的に現代的なホモサピエンス」は、およそ二〇万年前に地球上に出現した。だが、芸術や儀式、衣服、複雑な道具、そしてさまざまな生態系で生活する能力をもった「行動的に現代的な」人類があらわれたのは、おそらく七五〇〇〇年前に近いころで、その後彼らはアフリカを出て世界中に広がって行った。この人類が出現したとき、人びとは平等で小規模の親族集団を形成し、移動しながら狩猟採集を行う生活を送り、文字言語や統治機構はもっていなかった。今日の人類の大多数は数百万という大規模な階層社会を形成し、農業生産物を食べ、国家という統治機構の下で生活している。この移行は新石器革命とも呼ばれ、およそ一万年前、肥沃な三日月地帯〔エジプトからパレスチナ、チグリス・ユーフラテス川、ペルシャ湾にいたる地域〕、中国、インド、西アフリカ、メソアメリカ〔メキシコ中部からコスタリカにいたる地域〕、アンデスなどの地域で農耕が始まったことにより起きたとされている。[23]

とすると、この一万年前という区切りを、狩猟採集の時代（われわれ人類が大部分の生物学的進化を遂げた時代であり、今日でも現存する狩猟採集民のあいだに垣間見られることがあるもの）と、それ以降の文明の時代という、人類の歴史の二つの重要な時期の境界だと見なしたくもなる。この境界線は、人類が生物学的に適応している生態的ニッチ（進化心理学者が「進化適応環境」と呼ぶもの）についての理論に登場するものだが、リヴァイアサン仮説に最も適合する区切りではない。

一つには、一万年前という転換点は農耕生活を営んだ最初の社会にしかあてはまらない。農業はその後、世界の他の地域でも発展し、これらの揺籃の地から徐々にその外側へと広がっていった。たとえばアイルランドに、中東から発生した農耕文化の波が及んだのは約六〇〇〇年前のことだ。[24]南北アメリカ、オーストラリア、アジア、アフリカの多くの地域には、狩猟採集民がつい数世紀前まで住んでいたし、もちろん今日でもわずかではあるが存在している。

さらに、人間社会を狩猟採集集団と農耕文明とに二分することはできない。[25]私たちにもっともなじみのある非国家社会の住民といえば、カラハリ砂漠のクン・サン族や北極圏のイヌイット族のような小集団で生活する狩猟採集民族だろう。だが、これらの人びとが狩猟採集民として生き延びてきたのは、彼らが地球上でほかの誰も住みたいと思わない遠隔地に居住するからにすぎない。したがって彼らは、無政府状態の私たちの祖先——もっと資源が豊富にある環境を好んだかもしれない——を代表するサンプルとはいえない。近年までは、狩猟採集民族であっても魚や獲物が豊富にいる谷や川を拠点にして、もっと豊かで複雑な、定住性の高い生活様式を保っている人びとがいた。トーテムポールやポトラッチと呼ばれる儀式で知られる、太平洋北西沿岸部の先住民族はその代表的な例だ。また、国家の手の及ばないアマゾンやニューギニアの奥地には、狩猟採集だけでなく、森の一部を伐採したり燃やしたりしてつくった小さな畑でバナナやサツマイモを栽培する狩猟原始農耕民もいる。彼らの生活は純粋な狩猟採集民ほど質素ではないが、定住生活を営むフルタイムの農耕民よりもずっと狩猟採集民に近い。

最初の農耕民が定住して穀物やマメ類を栽培し、家畜を飼育するようになると、その数は爆発的に増えた。すると労働の分業が始まり、他人が栽培した食べ物を食べる人びとも出てきた。しかし複雑な国家や統治機構がすぐに発展したわけではない。彼らはまず血縁や文化によって結びついた部族を形成し、こうした部族はときに首長制国家（中央集権的な指導者と常任の側近がいる）に統合されることもあった。これらの部族のなかには、家畜を連れてあちこち移動し、定住する農民と畜産物を交換する牧畜生活を営む者もあった。旧約聖書に出てくるイスラエル人はそうした牧畜を営む部族民で、士師の時代前後に首長制国家を形成していった。

農耕が始まってから真の国家が登場するまでには、およそ五〇〇〇年の歳月を必要とした。☆26 強力な首長制国家が、武装した従者を使って他の首長制国家や部族を支配下におくことにより権力をいっそう集権化し、職人や兵士などの専門化された階層の地位が確立されるというプロセスをへて、国家が成立したのである。新たに出現した国家は要塞や都市などの防御可能な施設を建設し、記録を残すための文字システムを発展させ、臣民から税や貢ぎ物を取り立て、社会秩序を維持するために法律を成文化した。隣国の資産を奪おうともくろむ小国は、隣国を防衛的な態勢に追いやり、大きな国家が小さな国家をのみ込むこともしばしばだった。
人類学者たちは、こうしたさまざまな種類の社会体制の亜型や中間的なケースが多々あることを指摘し、単純な社会がいわばエスカレーターに乗ったように、必然的により複雑な社会へと移行するわけではないと主張してきた。部族社会や首長制国家がいつまでもそのままの状態にとどまることもあり、一例をあげれば、バルカン半島のモンテネグロでは小部族が二〇世紀まで存続した。また、国家が崩壊して部族社会に取って代わられることもあり、ミケーネ文明が滅びたあとのギリシアの暗黒時代（ホメロスの叙事詩の舞台となった）や、ローマ帝国滅亡後のヨーロッパの暗黒時代などはその例である。今日でも、国家が崩壊したソマリアやスーダン、アフガニスタン、コンゴ民主共和国などは、基本的には首長制国家（首長は軍閥と呼ばれている）の状態にある。☆27
以上のような理由から、暴力の歴史的変化を知るために、暴力によって死んだ人の数を時系列的に調べることは無意味である。ある特定の民族や集団において暴力が減少したことがわかったとしても、それは社会組織の様式が変わったからであり、歴史的な時計がある時刻を知らせたからではない。変化は——もし起こるとすれば——いつでも起こりうるのだ。また、単純な移動生活を送る狩猟採集社会から複雑で定住型の狩猟採集社会をへて、農耕を行う部族社会や首長制国家へ、そして小規模国家、さらには大規模国家へと連なる連続体のなかで、暴力が滑らかな曲線を描いて減っていったと考えるのも間違っている。大きな移行が起きたのは、境界線内での暴力を減少させるという企図の兆しを示す最初の社会組織が出現したことにある。それは中央集権国家、リヴァイアサンにほかならない。
初期の国家がすべて（ホッブズが論じたように）、国民との協定によって結ばれた社会契約により権力を譲渡されたコモンウェルス（共和国）だったというわけではない。初期の国家はむしろ、強力なマフィアが地元民を敵対的な隣接住民から、あるいは相互の抗争から守ることと引き換えに資産を取り立てる〝保護恐喝〟のようなものだった。[☆28] それによって暴力が減少すれば、保護される側だけでなく権力者側にも同様のメリットがあった。農民が自分の家畜が互いに殺しあわないようにするのと同様、支配者もまた臣民が互いを襲撃したり、抗争に明け暮れたりしないようにする。そうした争いは臣民のあいだの単なる資産の入れ替えや仕返しにすぎなくても、支配者の観点からは損失以外の何ものでもないからだ。

＊

非国家社会における暴力という話題には長く、政治化された歴史がある。何世紀にもわたって、先住民族は凶暴な野蛮人だというのが社会通念だった。たとえばアメリカ独立宣言は、英国王が「われらが辺境の地に住む人びとに対し、年齢・性別・社会的地位にかかわりなく無差別に殺害することを戦い方の常とする、情け知らずの野蛮人《サベージ》であるインディアンをけしかけようとした」としている。

今日の私たちが読めば、この一節は時代遅れで嫌悪を催させるものだ。辞書には、先住民族を指すのにsavage（「森林の」を意味するsylvanと関連している）という語を使わないよう警告してあるし、ヨーロッパの植民地主義者によるネイティブ・アメリカンの虐殺について広く認識している現代人の目には、独立宣言に署名した人びとは自らの過ちを棚に上げて、他人の非難に終始しているように見える。すべての人間の尊厳と権利に対する配慮が当然となった今日では、無文字社会における暴力の発生率についてあまりに率直に語ることは、はばかられる。さらに、いわゆる「平和の人類学者」たちが、〔原始状態の人びとは平等で平和だったと考えた〕ルソー的な観点から、彼らのイメージチェンジを図ろうとしてきた。たとえばマーガレット・ミードは、ニューギニアのチャンブリ族は男性が化粧したり髪をカールしたりする、性役割が逆転した社会だと報告したが、彼らがこうした「女性的」とされる装飾をする権利を手に入れるために、敵対する部族のメンバーを殺さなければならないという事実は省略された[29]。これに同調しなかった人類学者は、それまで研究を行ってきた領域から村八分にされたり、学会の声明文で糾弾されたり、名誉棄損の訴訟を起こされたりし、なかには集団虐殺を行ったと非難される者まであった。[30]
たしかに現代の戦争と比べれば、部族間の戦いのほうがずっと実害は少ないという印象を抱くことはたやすい。隣接する集落に不満をもつ男たちが、時と場所を指定して相手方の男たちを呼び出す。両者は武器を発射しても届かないぐらいの距離をおいて向きあい、相手を罵ったり、馬鹿にしたり、いばり散らしたりと、言葉の応酬合戦が繰り広げられる。互いに相手からの攻撃をよけながら矢を放ったり槍を投げたりし、もし負傷者か死者が一人か二人でも出れば、戦闘はそこで終わりとなる。こうした騒々しい交戦風景を目撃した人たちは、未開人の戦いは儀式的・象徴的なものであり、文明の発展した社会における華々しい殺戮とはまったく異質のものだとの結論に達した。[31]歴史の経過とともに暴力は大幅に増加したという主張で知られる歴史学者のウィリアム・エクハートは、こう書いている。「個々の狩猟採集集団は二五人から五〇人ほどの規模で、戦争らしい戦争などとうていできなかった。戦うに十分な数の人間もいないし、武器もない。戦いの原因もほとんど見当たらないし、戦いのコストを支払うための余剰もなかった」。[32]
ほんの一五年ほど前から、ローレンス・キーリー、スティーヴン・ルブラン、アザー・ガット、ヨハン・ファン・デル・デネンらの政治的な思惑をもたない学者たちが大きなサンプルを対象に、非国家社会における交戦の頻度と損害に関する系統的な検証に取り組みはじめた。[33]原始的な交戦での実際の死者数から、一回の戦闘による損害が小さいのは見せかけにすぎないことがわかる。一つには、最初は小競りあいだったものが、やがて総力戦に発展し、戦場に累々と死体が横たわるという場合があることだ。また、数十人の小集団同士が日常的に対決をくり返せば、たとえ一回の戦闘の死者が一人か二人であっても、結果的に死亡率はきわめて高くなる可能性がある。

だがもっとも大きい問題は、二種類の暴力――戦闘と襲撃――の区別をしないことにある。これはチンパンジーの研究で、きわめて重要であることが明らかになった。大量の死者を出すのは騒々しい交戦ではなく、卑劣な襲撃のほうなのだ。[☆34]男たちの一団が夜明け前、敵対する集落に忍び込み、排尿のために最初に小屋から外に出てきた男に向けて矢を放つ。物音を聞いて出てきた他の男たちにも次々と矢が放たれる。さらに彼らは槍で小屋の壁を突き刺したり、入口や煙突目がけて矢を放ったり、小屋に火をつけたりする。村人がまだ目覚めたばかりで防御態勢をとれないうちに多くの人びとが殺され、男たちはあっという間に森の中に姿を消してしまう。

こうした奇襲攻撃では、村の住民が一人残らず殺されてしまうこともあれば、殺されるのは男だけで、女は連れ去られることもある。敵を大量に殺すもう一つの有効な方法に、待ち伏せ攻撃がある。森の中の狩猟ルート沿いに身を隠し、敵の男たちが通りかかるとすばやく襲って殺すというやり方だ。さらにもう一つ、裏切りという戦略もある。敵と和解したふりをして宴会に招き、あらかじめ決めておいた合図で、無防備になった客を襲うのだ。うっかり単独で縄張りに入ってきた者に対しては、見つけたらその場で殺す、というチンパンジーと同じ原則が適用される。

非国家社会の男たち（必ずといっていいほどそれは男である）は戦争を大真面目に考えている。[☆35]彼らの関心は戦術だけでなく武器にも向けられ、そこには化学兵器、生物兵器、そして対人武器が含まれる。矢尻には有毒生物から抽出した毒が塗られていたり、傷が化膿するように腐敗した組織が塗りつけられていたりする。矢尻を抜き取りにくくするために、矢尻が矢柄から外れるようになっているものもある。戦いに勝つと、相手側の戦士の頭部や頭皮、性器などを戦利品とすることもしばしばある。捕虜はとらず皆殺しにするのが原則だが、たまに一人を村まで引きずって帰り、死ぬまで拷問することもある。メイフラワー号に乗ってアメリカに渡った移民団のリーダーの一人、ウィリアム・ブラッドフォードは、マサチューセッツのネイティブ・アメリカンを観察し、次のように記している。「ただ殺して命を奪うだけでは満足しない［彼らは］これ以上ないというほどの残忍なやり方で相手を嬉々として拷問し、魚介の殻で生きた体をしたたかに叩いたり、手足や関節を切り落としてその断片を石炭の火で焼いたり、相手がまだ生きているうちに彼らから切り取った肉片をその目の前で食べたりするのだ」[☆36]。

ヨーロッパの植民地主義者が先住民族を野蛮人呼ばわりするのを読めば、私たちは怒りを覚えるし、彼らの偽善と人種主義を断罪するのは当然のことだ。とはいえ、先住民の残虐行為が作り話だったかといえば、そうではない。部族間の交戦における身の毛のよだつような暴力を目の当たりにし、その目撃談を持ち帰った者は少なくない。一九三〇年代にベネズエラの熱帯雨林に暮らすヤノマミ族に誘拐されたヘレナ・ヴァレロというブラジル人女性は、襲撃の様子を次のように書いている。

その間、あちこちから女たちが子どもとともにやってきた。別のカラウェタリ族の男が捕まえた女たちだ。……男たちが子どもを殺しはじめた。小さい子ども、大きい子ども、次々と殺していく。逃げようとする子どもがいると、男たちは取り押さえて地面に投げ出し、その体に弓を突き刺す。弓は体を貫通し、子どもの体は地面に釘づけになる。男たちは一番幼い赤ん坊の足をつかみ、その体を木の幹や岩に叩きつけた。……女たちは皆、嗚咽していた[☆37]。

一九世紀初頭、ウィリアム・バックリーというイギリスの囚人がオーストラリアの収容所から脱走し、その後三〇年にわたってワザールング族の社会で幸せに暮らした。バックリーはアボリジニ社会で体験したことを、戦いの方法も含めて報告している。

敵の居場所の近くまでくると、彼らは地面に横たわって待ち伏せした。あたりが静まり、男たちのほぼ全員が数人ずつ固まって眠りにつくのを見計らって、いっせいに襲いかかるのだ。その場で三人が殺され、何人かが負傷した。大慌てで逃げ出した敵の残した武器は、こちらのものとなった。男たちは負傷した者をブーメランで叩き殺し、三回、勝利の雄叫びをあげた。
帰ってきた男たちを見ると、女たちも大声をあげ、残忍な恍惚感に浸って踊った。持ち帰った死体を地面に投げ出すと、男たちはそれを棒で叩いた。誰も彼もが狂ったように興奮していた。☆38

こうしたエピソードを記録したのは何も先住民族と暮らしたヨーロッパ人だけではない。先住民自身による記述もある。イヌピアック・イヌイットのロバート・ナスルク・クリーヴランドは一九六五年、ある出来事をふり返って次のように書いている。

翌朝、ノアタック部落のイヌイットたちはコブックのキャンプを襲撃し、そこに残っていた女と子どもを一人残らず殺した。……殺したインディアンの女たち全員のワギナにインコニュー〔サケ科の魚〕を突っ込むと、彼らはキティティガーグヴァートとその赤ん坊をさらってノアタック川上流へと戻っていった。……あと少しで部落に着くというところで、彼らはキティティガーグヴァートを輪姦し、赤ん坊とも子どもも見殺しにすべくそこに置き去りにした。……

数週間後、カリブー（トナカイ）猟から戻ったコブックの男たちは、自分の妻や子どもたちの腐りかけた死体を発見し、復讐を誓った。一年か二年後、彼らはノアタック川上流を目指して北に向かった。やがて彼らはノアタックの大きな集団を見つけ、そっと後をつけた。ある朝、ノアタックのキャンプの男たちがカリブーの大きな群れを見つけ、後を追っていった。男たちがいなくなると、コブックの男たちはキャンプにいた女たち全員を殺した。それから彼女たちの性器を切り取って糸に通して吊るし、静かに自分たちの部落へと帰っていった。[☆39]

カニバリズムは長い間、原始的な残忍さの見本と見なされてきたが、文化人類学者のなかには、カニバリズムの報告は隣接する部族による「血の中傷」〔差別や虐殺の口実として、でっちあげられた事実無根の噂〕だと片づける者も少なくなかった。しかし近年の法医考古学の研究により、カニバリズムは先史時代に広範囲に行われていたことが明らかになった。人間の歯形がついた人骨や、動物の骨のように折ったり火を通したりして、食べ物のゴミとして捨てられたものなどが証拠として見つかっている。[☆40]こうした骨のなかには八〇万年前、ホモ・ハイデルベルゲンシス（現生人類とネアンデルタール人の共通の祖先）が進化の舞台に登場した頃のものもある。調理用の鍋や人間の排泄物からも、人間の血液に含まれるタンパク質の痕跡が見つかっている。先史時代には、カニバリズムの風習は人間の進化にも影響を及ぼすほど一般的だった可能性もある。ヒトのゲノムには、人肉を食べることによるプリオン疾患への感染を防御すると考えられる遺伝子が含まれているのだ。[☆41]以上のことはすべて、原始的な部族社会を目撃した人の記述と一致する。その一例として、マオリ族の戦士が、保存してある敵部族の首長の首に向かって話しかける様子を目撃した宣教師の文章をお読みいただきたい。

おまえは逃げたかったんだろう、な、そうだろう？　でも俺のこん棒が追いついたってわけさ。おまえの肉は焼かれ、俺の口に入った。おまえの父親はどこだ？　やつも焼いて食われた。おまえの兄貴は？　やつも食われた。おまえの女房は？　そいつは俺の女房になって、そこに座っている。おまえの子どもたちは？　やつらもそこにいる。背中に食べ物を背負って運んでるよ。俺の奴隷になったのさ。[42]

狩猟採集社会では部族同士が交戦する手段も動機も見つからないという理由から、彼らが平和な人びとだったというイメージは妥当だと考えた学者は少なくない。狩猟採集民の間には「戦いの原因はほとんど見当たらない」と主張したエクハートもその一人だ。だが、自然選択によって進化した生命体には、必ず争いの原因になるものが存在する（もちろんだからといって、彼らが必ず戦うということではない）。ホッブズは、とくに人間においては争いの主要な原因として利得、安全、信頼できる抑止力の三つをあげている。非国家社会の人びとは、この三つすべてをめぐって争う。[43]

狩猟採集民が相手を襲う目的の一つは、狩猟場や水場、川の土手や河口などの土地や、燧石、黒曜石、塩、黄土といった貴重な鉱物資源を手に入れることだ。家畜や貯蔵食料を奪うことが目的であることもある。女性をめぐって戦うこともしばしばだ。隣接する集落に、女性を誘拐するという明白な目的で襲撃をかけ、捕らえた女を輪姦したあげくに自分たちの妻にすることもある。また、別の目的で襲撃をかけ、戦利品として女性を連れて帰る場合もあるし、婚約が成立していたのに約束の時期に送られてこないとして、その女性を連れ去ることもある。さらに、若い男たちが戦利品や手柄など、自らの武勇のあかしを得ることを目的に襲撃することもある。それが成人の地位を得るための必要条件とされる社会では、とくにそうである。

非国家社会の人びとが相手を襲うのは、安全を求めるためであることもある。彼らは安全保障のジレンマ（ホッブズの罠）について十分認識していて、自分たちが敵に比べて少数だという不安があれば、近隣の村落と同盟を組むこともあるし、敵の同盟があまりに数が多いという不安があれば、先制攻撃をしかけることもある。アマゾンに住むあるヤノマミ族の男性は調査に訪れた文化人類学者にこう話したという。「もう戦いにはうんざりだ。もうこれ以上人を殺したくない。でもほかの連中は裏切り者で信用できないんだ」[☆44]。

だがほとんどの調査で、戦闘の理由として最も頻繁にあげられるのは復讐である。復讐は、攻撃にともなう長期的な予想コストを上げることによって、潜在的な敵に対する荒っぽい抑止力としての役目をはたす。『イリアス』でアキレウスは、世界のあらゆる文化に共通する人間心理の特徴として復讐心をあげ、「喉にとろけ込む蜜よりもはるかに甘く、人の胸の中に煙のごとく湧き立ってくる」と語っている。狩猟採集を行う部族社会では、盗み、姦通、破壊行為、密猟、女性の誘拐、悪化した取引関係、魔術の疑惑、過去の暴力行為などを理由に報復が行われる。ある比較文化調査によれば、命を奪われたら相手の命を奪うべきだという考えを明確に支持する社会が全体の九五パーセントを占めた[☆45]。部族社会の人びとは、胸の中に煙が湧き立つのを感じるだけでなく、敵もまたそう感じていることを知っているのだ。彼らが村落を襲った際、ときとして住人を一人残らず虐殺する理由はそこにある。一人でも生き残った者がいれば、仲間が殺されたことに対する報復が予想されるからだ。

国家と非国家社会における暴力発生率

非国家社会の暴力について検証していくと、狩猟採集民族は本質的に平和な人びとだというステレオタイプは崩れ去る。だが、いわゆる文明社会と比較した場合、どちらのほうが暴力の発生率が高いかはわからない。近代国家の歴史を見れば、おぞましい虐殺や残虐行為——とりわけあらゆる大陸の先住民族に対する——は掃いて捨てるほどあり、国家間の戦争による死者の数は八桁に及ぶ。文明社会への移行によって暴力が増大したか減少したかは、数字を見ないかぎり明らかにはならない。

絶対数でいえば、文明社会の破壊行為は原始社会とは比べものにならないのは当然だ。しかし比較のためには絶対数を使うのがいいのか、それとも相対数、つまり人口に対する比率を用いるべきなのだろうか？

これは、一〇〇人の人口の半分が殺されるのと、一〇億人の人口の一パーセントが殺されるのと、どちらが悪いかという、道徳的善悪の測りがたい問題を私たちに突きつける。一つの考え方はこうだ。一人の人間が拷問されたり殺されたりしたとき、その苦しみの度合いは、ほかに何人の人間が同じ運命に遭おうと変わらない。したがって私たちが同情を寄せ、分析の対象にすべきなのはこうした苦しみの合計だという考え方である。だが別の考え方もある。生きるということは取引であり、人は暴力や事故、病気などの理由で早死にしたり、苦しみながら死ぬ危険を冒しつつ生きている。したがってある特定の時代と場所で十分な生を謳歌する人の数は道徳的な善として数え、これに対して暴力の犠牲になって死ぬ人の数は道徳的な悪として数えなければならない。別の表現を使えば、「もし自分が、ある特定の時代に生きていた人の一人だったとしたら、自分が暴力の犠牲になる確率はどのくらいあったか？」ということだ。この二番目の論理にしたがえば、異なる社会間の暴力の有害性を比較する際には、暴力的行為の数ではなく、その発生比率に注目すべきだという帰結になる。

では、国家の出現を境界線として、狩猟採集民や狩猟原始耕作民などの部族社会（時代は問わない）を片方の側に、定住型の国家（こちらも時代は問わない）をもう片方の側に置いたとき、どうなるだろうか。近年、人類学的・歴史学的文献を徹底的に調査して非国家社会の暴力による死者数を数え上げる研究が、何人かの学者によって行われている。研究は二種類ある。一つは民族誌学者によるもので、長い年月にわたって研究している民族の人口統計データ（死者数を含む）を使ったものだ。[☆46] もう一つは法医考古学者によるもので、墓地や博物館の収蔵品を調べ上げて、そのなかから暴力死した人の数を数えるというものだ。[☆47]

すでに何百年、何千年も前に死んだ人間の死因を確定するには、どうしたらいいのだろうか？　先史時代の骨には、決定的な証拠が残されているものもあり、ケネウィックマンやエッツィのように、槍先や矢尻が骨に刺さっているというケースがこれにあたる。だが状況証拠からも、ほぼ確定できる場合がある。考古学者は先史時代の骨に、現代の人間が襲撃されたときに残るのと同じ損傷がないかを調べる。たとえば頭蓋骨の陥没、頭蓋骨や手足の骨に残る石器による傷跡、尺骨の受け止め骨折（攻撃されたときに身を守ろうとして腕を上げた際に受ける損傷）などだ。骨がまだ生きた体の中にあったときに受けた損傷と、死後に骨がむき出しになったときに受けた損傷は区別することができる。生きた体の骨が折れると、ガラスが割れたときのように、切断面は角度のある尖った形になるのに対し、死んだ骨はチョークのようにスパッと直角に折れるのだ。また切断面に、傷ついていない骨の表面とは違う変色パターンが見られる場合、その骨はおそらく周りの肉が腐食してなくなったあとに折れたと考えられる。そのほか、先史時代の暴力を裏づける証拠には要塞、盾、トマホーク〔北米先住民族が道具や武器として使う斧〕（狩猟には使えない）、そして人間同士の戦闘の様子を描いた洞窟の壁画（六〇〇〇年以上前のものもある）などがある。これらの証拠をすべて含めても、考古学的な手法による死者数の推定は通常、実際よりも少なくなる。死因のなかには、毒矢や、傷口からの感染、内臓や動脈の破裂など、骨にはなんの痕跡の残らないものがあるからだ。

研究者たちは暴力死した人の概数を数え上げると、それを二つの方法のいずれかによって比率に換算する。一つ目は、暴力によって引き起こされたすべての死が全体に占める割合を計算することだ。こうして出された比率は、「自然死ではなく、他人の手によって死ぬ人の割合はどのくらいか?」という質問に対する答えとなる。図2-2のグラフは、非国家社会の三つの例――先史時代の遺跡から発掘された骨、狩猟採集民、狩猟採集耕作民――と、さまざまな国家社会における統計を示している。これらを概観してみよう。

一番上のグループは、遺跡から発掘された骨に占める暴力死の割合を示す。[☆48] これらはアジア、アフリカ、ヨーロッパ、南北アメリカの狩猟採集民および狩猟採集耕作民の骨で、時代は紀元前一万四〇〇〇年から西暦一七七〇年に及ぶが、どのケースも国家社会の出現、あるいは国家社会との最初の継続的な接触のかなり前にあたる。暴力死による死亡率は〇から六〇パーセントまで幅があるが、平均は一五パーセントである。

次のグループは、主として狩猟と採集で生計を立てている現代または近年の八つの社会の統計だ。[☆49] 地域は南北アメリカ、フィリピン、オーストラリアである。戦闘による死亡率は四パーセントから三〇パーセントにわたり、平均は前のグループとほとん

◀図2-2　非国家社会と国家社会の戦争により死亡する人の割合
出典:先史時代の遺跡――Bowles, 2009; Keeley, 1996. 狩猟採集民――Bowles, 2009. 狩猟採集耕作民その他――Gat, 2006; Keeley, 1996. 古代メキシコ――Keeley, 1996. 20世紀世界の戦争およびジェノサイド(人為的飢饉を含む)――White, 2011. 1900～60年ヨーロッパ――Keeley, 1996, Wright, 1942, 1942/1964, 1942/1965; 注52参照. 17世紀ヨーロッパ――Keeley, 1996. 20世紀ヨーロッパおよびアメリカ――Keeley, 1996, Harris, 1975. 20世紀世界の戦闘死――Lacina & Gleditsch, 2005; Sarkees, 2000; 注54参照. 2005年アメリカの戦死――本文および注57参照. 2005年世界の戦闘死――本文および注58参照.

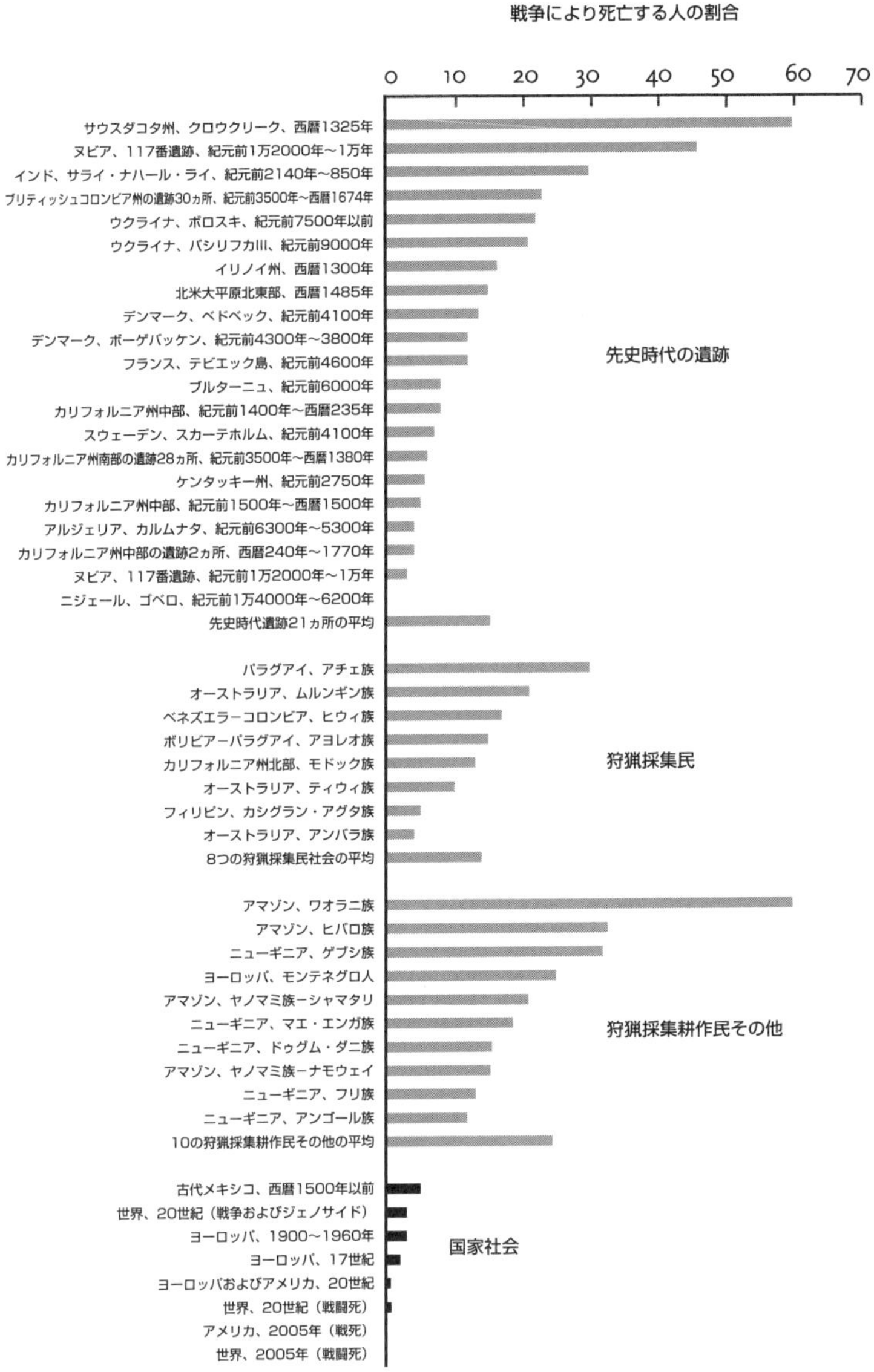
戦争により死亡する人の割合
0
10
20
30
40
50
60
70
サウスダコタ州、クロウクリーク、西暦1325年
ヌビア、117番遺跡、紀元前1万2000年～1万年
インド、サライ・ナハール・ライ、紀元前2140年～850年
ブリティッシュコロンビア州の遺跡30ヵ所、紀元前3500年～西暦1674年
ウクライナ、ボロスキ、紀元前7500年以前
ウクライナ、バシリフカIII、紀元前9000年
イリノイ州、西暦1300年
北米大平原北東部、西暦1485年
デンマーク、ベドベック、紀元前4100年
デンマーク、ボーゲバッケン、紀元前4300年～3800年
フランス、テビエック島、紀元前4600年
ブルターニュ、紀元前6000年
カリフォルニア州中部、紀元前1400年～西暦235年
スウェーデン、スカーテホルム、紀元前4100年
カリフォルニア州南部の遺跡28ヵ所、紀元前3500年～西暦1380年
ケンタッキー州、紀元前2750年
カリフォルニア州中部、紀元前1500年～西暦1500年
アルジェリア、カルムナタ、紀元前6300年～5300年
カリフォルニア州中部の遺跡2ヵ所、西暦240年～1770年
ヌビア、117番遺跡、紀元前1万2000年～1万年
ニジェール、ゴベロ、紀元前1万4000年～6200年
先史時代遺跡21ヵ所の平均
先史時代の遺跡
パラグアイ、アチェ族
オーストラリア、ムルンギン族
ベネズエラ－コロンビア、ヒウィ族
ボリビア－パラグアイ、アヨレオ族
カリフォルニア州北部、モドック族
オーストラリア、ティウィ族
フィリピン、カシグラン・アグタ族
オーストラリア、アンバラ族
8つの狩猟採集民社会の平均
狩猟採集民
アマゾン、ワオラニ族
アマゾン、ヒバロ族
ニューギニア、ゲブシ族
ヨーロッパ、モンテネグロ人
アマゾン、ヤノマミ族－シャマタリ
ニューギニア、マエ・エンガ族
ニューギニア、ドゥグム・ダニ族
アマゾン、ヤノマミ族－ナモウェイ
ニューギニア、フリ族
ニューギニア、アンゴール族
10の狩猟採集耕作民その他の平均
狩猟採集耕作民その他
古代メキシコ、西暦1500年以前
世界、20世紀（戦争およびジェノサイド）
ヨーロッパ、1900～1960年
ヨーロッパ、17世紀
ヨーロッパおよびアメリカ、20世紀
世界、20世紀（戦闘死）
アメリカ、2005年（戦死）
世界、2005年（戦闘死）
国家社会

ど変わらない一四パーセントとなっている。

三つ目のグループは狩猟、採集、そして原始農耕を混合して行う前国家社会の統計である。地域はニューギニアとアマゾン熱帯雨林だが、一つだけヨーロッパの最後の部族社会であるモンテネグロも含まれている。モンテネグロの戦闘による死亡率は、グループ全体の平均である二四・五パーセントに近い。[50]

最後は、国家社会における総計である。[51] 時代がもっとも早いのはコロンブス以前のメキシコの都市と帝国で、他人に殺害されて死んだ人の割合は五パーセントにのぼる。たしかに危険な場所だったことは間違いないが、前国家社会の平均から見れば、危険の度合いは三分の一から五分の一にすぎない。近代国家になると、何百という政治的単位があり、時期も何十世紀にも及び、暴力の下位区分も多岐にわたる（戦争、殺人、集団虐殺などなど）ため、一つの「正しい」推計を示すことは不可能だ。だが、なかでも最も暴力的な国々と世紀を選び、それに今日の世界におけるいくつかの推計を合わせることで、極力公平なものに近づけることはできる。第5章で見ていくとおり、過去五〇〇年のヨーロッパの歴史で最も暴力的な二つの世紀は、血で血を洗う宗教戦争がくり返された一七世紀と、二つの世界大戦が起きた二〇世紀である。歴史学者のクインシー・ライトは、戦争で命を落とした人の割合は一七世紀には二パーセント、二〇世紀前半には三パーセントだったと推定している。[52] 二〇世紀の後半四〇年間をこれに含めると、この数字はもっと低くなり、アメリカによる戦争の死者を含めても一パーセント未満になると推定される。[53]

近年、戦争の研究は二つの定量的データセットが発表されたことで、より正確さを増した（これについては第5章で説明する）。これらのデータは、二〇世紀に戦闘で死んだ人の数を約四〇〇〇万人と控えめに推定している[54]（「戦闘による死」とは、直接戦闘によって死んだ兵士と民間人を指す）。二〇世紀に死んだ人の総数を六〇億あまりと考え、人口統計学上の細かい点は脇に置くと、この世紀には世界人口のおよそ〇・

七パーセントが戦闘で死んだことになる。[55] 戦争に起因する飢饉や病気によって間接的に死んだ人も含めるべく、この数字を三〜四倍にしたとしても、国家社会と非国家社会との大きな差はまったく縮まらない。ではここに、ジェノサイドや粛清その他の人為的な災害による死者を加えたらどうなるか。第1章で紹介した残虐行為研究家のマシュー・ホワイトは、これらの人為的な原因によって死亡した人はおよそ一億八〇〇〇万人にのぼると見る。しかしこれを足しても、二〇世紀に暴力死した人の数は総死者数の三パーセントにしかならない。[56]

ではここで現在に目を転じてみよう。最新版の米国統計年鑑によれば、二〇〇五年に死亡したアメリカ人は二四四万八〇一七人である。イラクとアフガニスタンでの武力衝突がくり返されたこの年は、過去数十年でも戦死者の数がとりわけ多かった。二つの戦争によるアメリカ人の死者は九四五人に達した。これは、その年のアメリカ人の総死者数の〇・〇〇〇四パーセントにあたる。[57] ここに国内で殺害された一万八一二四人を加えても、〇・〇〇八パーセントにしかならない。それ以外の西欧諸国では、この比率はさらに低い。では世界全体ではどうか。人間の安全保障報告プロジェクトによれば、その年、政治的暴力（戦争、テロ、ジェノサイド、軍閥や民兵による殺害）が直接的原因となって命を落とした人は世界中で一万七四〇〇人にのぼる。これは総死者数の〇・〇〇〇三パーセントにあたる。[58] これは特定できる死者だけを数えた控えめな推定だが、もし記録に残されていない戦闘による死や、飢饉や病気による間接的な死も含めるために二〇倍にしても、依然としてその割合は一パーセントに満たない。

こう見てくると、グラフの大きな分かれ目は、統治機構をもたない集団や部族の社会と、統治機構をもつ国家との間にあるといえる。だがこれまで比較してきたのは、考古学的発掘結果の寄せ集めと民族学的調査にもとづく計算、そして現代の推計であり、なかにはきわめて大ざっぱな数字も含まれている。狩猟採集社会と文明社会の二つのデータセットを、人間と時代、そして方法をできるかぎり一致させて直接、比較することはできないだろうか。最近、経済学者のリチャード・ステッケルとジョン・ウォリスは、コロンブスが到達する以前に死んだ、カナダ南部から南米にいたる地域のネイティブ・アメリカンの遺骨九〇〇体を対象に調査を行った。[☆59] これらの遺骨を狩猟採集民と都市居住者（インカ、アステカ、マヤなどアンデス山脈やメソアメリカで栄えた文明社会の住人）に分けて比べたところ、狩猟採集民の遺骨の一三・四パーセントには暴力による外傷が見られた。これは、図2―2の狩猟採集社会の平均値に近い。これに対し、暴力的な外傷が見つかった都市居住者の割合は二・七パーセントで、これは今世紀以前の国家社会の数値に近い。このようにいくつかの要素を一定にして比較してみると、文明社会の人間が暴力死を遂げる確率は狩猟採集社会の五分の一にすぎないことがわかる。

次に暴力を定量化する二つ目の方法に移ろう。これは、戦闘によって死んだ人の数を死者全体に対する割合ではなく、生きている人に対する割合として計算するやり方だ。この場合、墓場から数字をはじき出すのはむずかしいが、それ以外の情報源からだと計算は簡単になる。必要なのは暴力死した人の数と総人口だけで、死んだ人の総数を調べる必要はないからだ。殺人の発生率は年間、人口一〇万人あたりの殺人件数で示すのが標準であり、本書でもこれを暴力の尺度として使っていくことにする。まず数字の感覚をつかんでおくために、人類の歴史のなかで最も安全な場所、二一世紀初頭の西ヨーロッパの殺人発生率は、一〇万人あたり年間約一件であることを念頭に置いていただきたい。[☆60] どんなに平穏な社会でも、酒場でのケンカで暴走する若い男や、夫の紅茶にヒ素を入れる年老いた妻の一人や二人はいるものだと考えれば、この数字はきわめて低いと言っていいだろう。現代の欧米諸国のなかでもっとも殺人の発生率が高いのはアメリカだ。最悪だった一九七〇年代から八〇年代にかけての殺人発生率は一〇万人あたり約一〇件にのぼり、デトロイトのような治安の悪さで知られる都市では、一〇万人あたり四五件前後にも達した。[61] このくらいの殺人発生率の社会で暮らしていると日常的に危険を肌で感じるし、もしこれが一〇万人あたり一〇〇件のレベルになれば、個人的な影響も出はじめる。仮に親戚や友人、近しい知人が一〇〇人いるとすれば、一〇年間のあいだにそのうちの一人は殺される計算になる。もし一〇万人あたり一〇〇〇人（つまり一パーセント）になれば、毎年誰か知っている人が殺されることになり、自分自身も生涯のうちに殺される確率が半分以上あることになる。

図2－3は、二七の非国家社会（狩猟採集社会と狩猟原始農耕社会の両方）と、九つの国家社会の戦争による死亡率をグラフにしたものだ。非国家社会の戦争による年間死亡率の平均は人口一〇万人あたり五二四人で、約〇・五パーセントにあたる。[62] 国家社会では、戦争が多かったメキシコ中部のアステカ帝国の死亡率が、そのおよそ半分となっている。その下には最大級の破壊的な戦争を遂行した四つの国家社会が並んでいる。革命戦争、ナポレオン戦争、普仏戦争と大きな戦争が立て続けに起きた一九世紀のフランスは、人口一〇万人あたり年間七〇人の戦死者を出した。二〇世紀には二つの世界大戦が起きたが、もっとも軍事的損害の大きかったのはドイツと日本、ロシア／ソビエト連邦であり、ロシア／ソ連ではそれ以外にも内戦などの軍事的衝突がたびたびあった。この三国の戦争による年間死亡率は、それぞれ一〇万人あたり一四四人、一二七人、一三五人だった。[63] 二〇世紀に二つの世界大戦のほか、フィリピン、韓国、ベトナム、イラクで戦争をしたアメリカは〝戦争屋〟の異名をとったが、そのアメリカの戦死者は年間一〇万人あたり三・七人と、他の大国に比べて低くなっている。[64] 仮に二〇世紀中に世界全体で、組織的暴力――戦争、ジェノサイド、粛清、そして人為的原因による飢饉――によって死んだ人をすべて数え上げたとしても、年間の死亡率は一〇万人あたり約六〇人である。[65] 二〇〇五年についていえば、アメリカ一国でも全

世界でも、数字はグラフでは見えないくらい小さい。[66]

したがってこの方法でも、国家は伝統的な集団や部族の社会に比べて、はるかに暴力の度合いが小さいことが明らかになる。現代の欧米諸国の戦争による死亡率は、最も戦争で荒廃した世紀でさえ、非国家社会の平均のおよそ四分の一であり、最も暴力的な社会の一〇分の一以下にすぎない。

＊

狩猟採集民族の間では戦争はありふれた出来事だが、だからといってすべての集団に共通するものではない。人間の本性にある暴力的な傾向が内的衝動によるものではなく、あくまで状況に対する戦略的な反応であるとしても、やはりそう考えるべきではない。二つの民族学的調査によれば、狩猟採集部族のうち六五～七〇パーセントは、少なくとも二年に一回は戦争をし、九〇パーセントが少なくとも一世代に一回は戦争をするという。そして残りのほぼすべてが、過去に戦争をした文化的記憶をもつ。[67] つまり、狩猟採集部族は頻繁に戦いはするが、長い期間にわたって戦争をしないでいることもできるということだ。図2－3を見ても、アンダマン島先住民とセマイ族という二つの部族は、戦闘による死亡率がきわめて低いことがわかる。だがその彼らにも興味深い話がある。

インド洋のベンガル湾南部に浮かぶアンダマン諸島の先住民の戦闘による年間の死亡率は、一〇万人あたり二〇人と、非国家社会の平均（一〇万人あたり五〇〇人以上）をはるかに下回る。だが彼らは、今日地球上に残っている狩猟採集民族のなかでも最も荒っぽい民族の一つ

◀図２－３　非国家社会と国家社会の戦争による死亡率
出典：非国家社会——Hewa and Goilala は Gat, 2006; その他は Keeley, 1996. 中央メキシコ，ドイツ，ロシア，フランス，日本——Keeley, 1996; 注 62 および 63 参照 . 20 世紀アメリカ——Leland & Oboroceanu, 2010; 注 64 参照 . 20 世紀世界——White, 2011; 注 65 参照 . 2005 年世界——Human Security Report Project, 2008; 注 57 および 58 参照 .

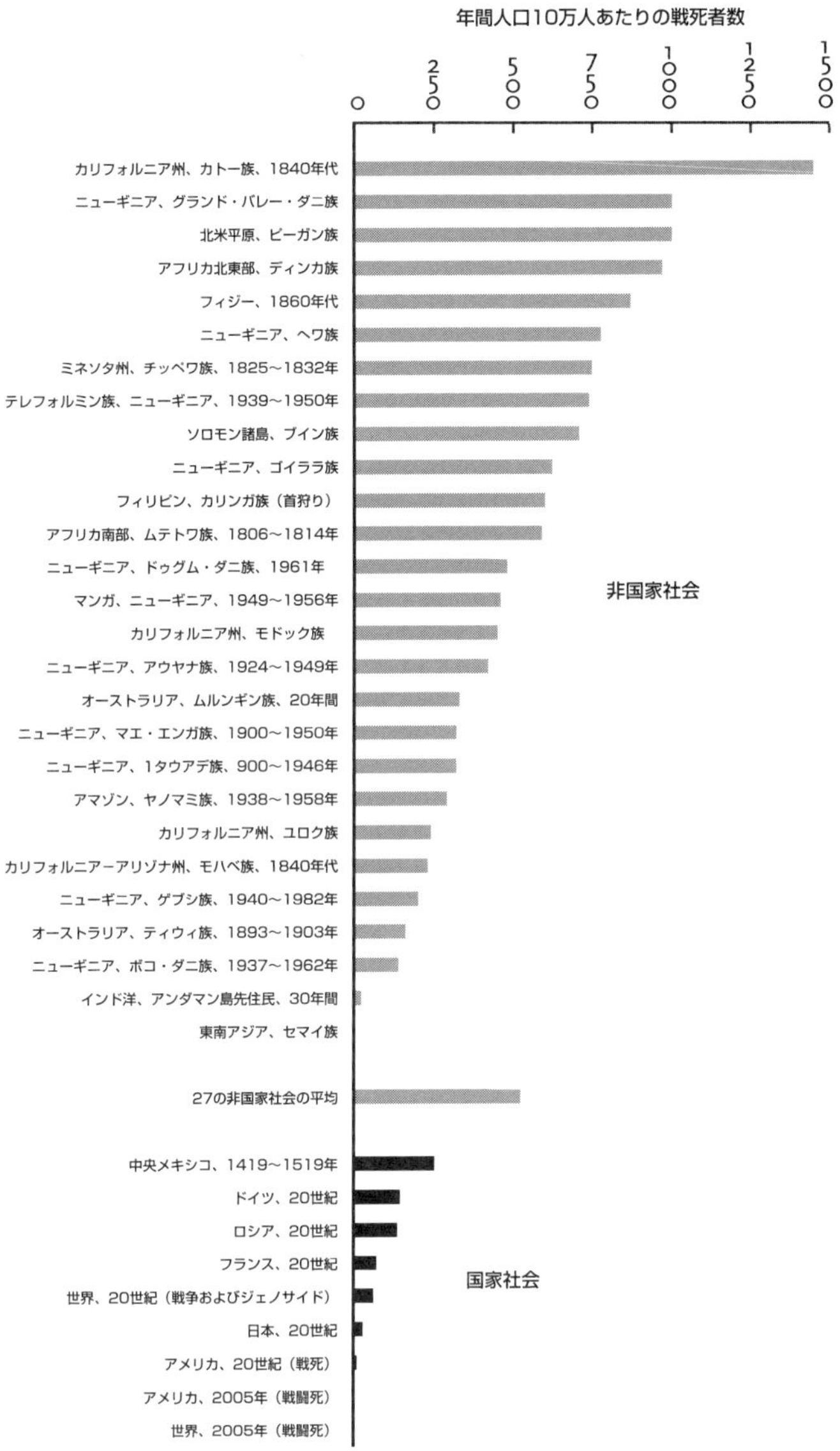

年間人口10万人あたりの戦死者数
0
250
500
750
1000
1250
1500
カリフォルニア州、カトー族、1840年代
ニューギニア、グランド・バレー・ダニ族
北米平原、ビーガン族
アフリカ北東部、ディンカ族
フィジー、1860年代
ニューギニア、ヘワ族
ミネソタ州、チッペワ族、1825〜1832年
テレフォルミン族、ニューギニア、1939〜1950年
ソロモン諸島、ブイン族
ニューギニア、ゴイララ族
フィリピン、カリンガ族（首狩り）
アフリカ南部、ムテトワ族、1806〜1814年
ニューギニア、ドゥグム・ダニ族、1961年
マンガ、ニューギニア、1949〜1956年
カリフォルニア州、モドック族
ニューギニア、アウヤナ族、1924〜1949年
オーストラリア、ムルンギン族、20年間
ニューギニア、マエ・エンガ族、1900〜1950年
ニューギニア、1タウアデ族、900〜1946年
アマゾン、ヤノマミ族、1938〜1958年
カリフォルニア州、ユロク族
カリフォルニアーアリゾナ州、モハベ族、1840年代
ニューギニア、ゲブシ族、1940〜1982年
オーストラリア、ティウィ族、1893〜1903年
ニューギニア、ボコ・ダニ族、1937〜1962年
インド洋、アンダマン島先住民、30年間
東南アジア、セマイ族
非国家社会
27の非国家社会の平均
中央メキシコ、1419〜1519年
ドイツ、20世紀
ロシア、20世紀
フランス、20世紀
世界、20世紀（戦争およびジェノサイド）
日本、20世紀
アメリカ、20世紀（戦死）
アメリカ、2005年（戦闘死）
世界、2005年（戦闘死）
国家社会

として知られている。二〇〇四年のスマトラ島沖地震・津波発生後、人道支援団体の職員が被害状況を確かめるため、ヘリコプターで同諸島に赴いたときのことだ。ヘリコプターに向かっていっせいに矢や槍が飛んできたのを見て、職員たちはアンダマン先住民が生存していることを知り安堵したという。二年後、二人のインド人漁師を乗せた漁船が、二人が酒に酔って寝ている間に同諸島の一つの島の浜に流れ着いた。漁師たちはすぐさま殺害され、遺体を回収するために現地に向かったヘリコプターも矢の一斉攻撃を浴びたという。☆68

他方、たしかに狩猟採集民族や狩猟原始農耕民族のなかには、セマイ族のように、戦争と呼べるような長期に及ぶ集団による殺戮行為に携わったことが、ただの一度も報告されていない人びともいる。平和の人類学者たちはこうした部族をきわめて重視し、彼らこそが人類進化の歴史における標準であり、組織的な暴力が始まったのは時代が下って、もっと豊かな原始農耕民族や遊牧民族が出現してからのことだと示唆した。本章の主眼は統治機構をもたない社会の住人と国家社会の住人を比較することにあり、この仮説は本章とは直接関係はない。だがいずれにせよ、狩猟採集民族が平和な人びとだったという仮説を疑う理由はいくつもある。図2−3は、狩猟採集社会の戦争による死亡率が、原始農耕民族や部族民の死亡率よりは低いものの、かなりの部分で重なっていることを示している。さらにすでに指摘したように、今日観察されている狩猟採集民族は、歴史的に代表的なサンプルとはいえない面がある。彼らが暮らすのは、誰も住みたがらないような乾燥した砂漠地帯や凍りついた不毛の地であり、そうした土地に定住したのは、目立つことなく生活でき、もし互いに腹の立つことがあれば相手から離れればすむからなのかもしれない。ファン・デル・デネンはこう書いている。「現代の『平和な』狩猟採集民族のほとんどは……平和な状態を維持するという永遠の課題を、みごとなまでの孤立という方法で解決している。他の民族との接触をす

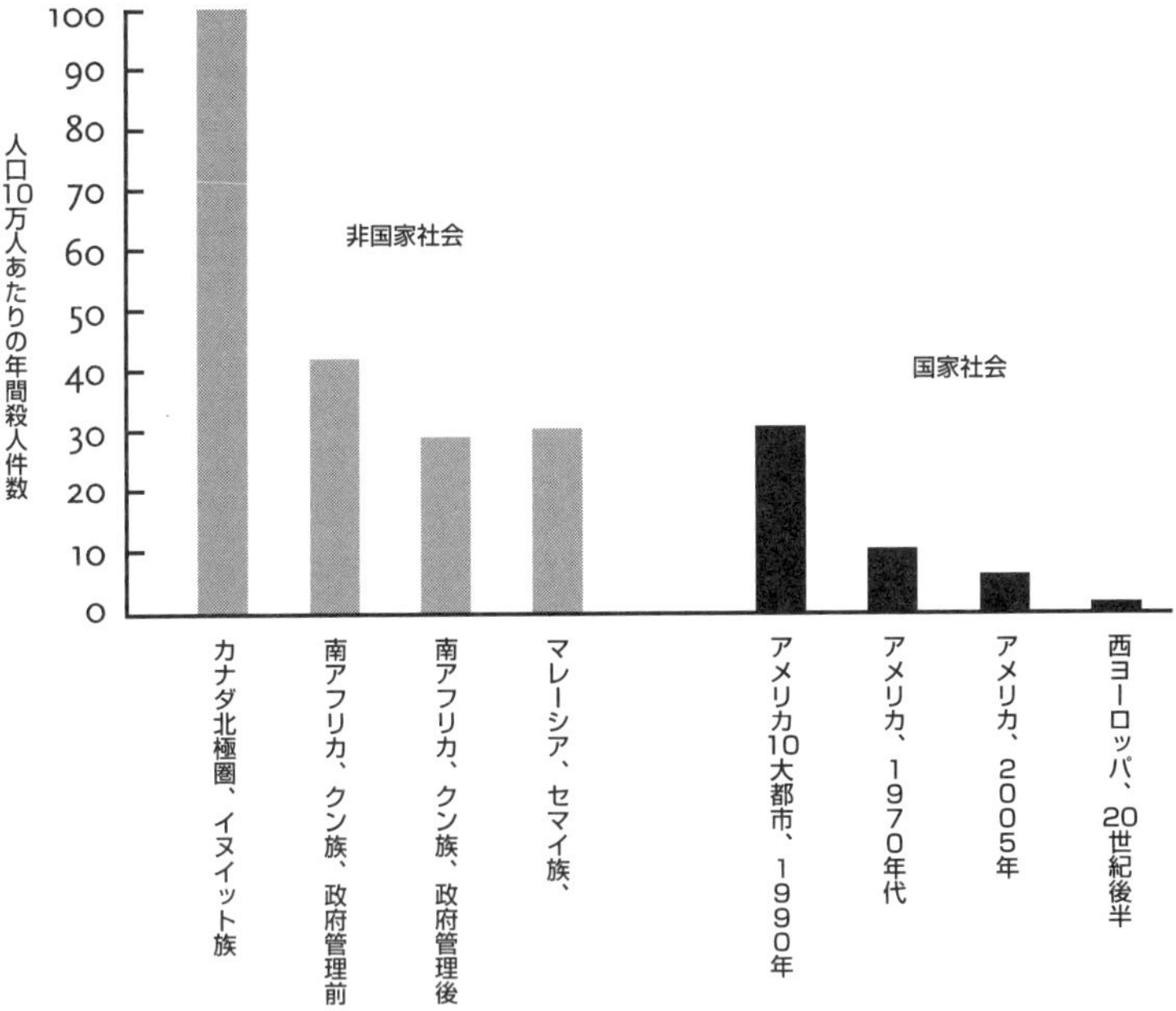

図2－4　暴力の少ない非国家社会と国家社会における殺人発生率の比較
出典：クン族および中央北極圏イヌイット族――Gat, 2006; Lee, 1982. セマイ族――Knauft, 1987. アメリカ10大都市――Zimring, 2007, p.140. アメリカ――FBI Uniform Crime Reports; 注73参照. 西ヨーロッパ（推定）――世界保健機関；701ページ第3章注66参照.

べて断絶するか、逃げたり隠れたりするか、さもなければ叩かれて従属させられたり、打ち負かされて手なずけられたり、力ずくで平和な状態にさせられたりしているのである」[69]。たとえば一九六〇年代に平和な狩猟採集民族の実例としてもてはやされたカラハリ砂漠のクン・サン族は、かつてはヨーロッパ入植者や隣接するバンツー族と、あるいは相互に交戦をくり返し、全面的な衝突による大量殺戮も数回にわたり行っている[70]。

選ばれた小規模社会における戦闘による死亡率の低さには、別の点でも誤解を招く恐れがある。こうした社会では戦争することは少ないとしても、殺人はしばしば発生しており、殺人による死亡率は現代の国家社会に匹敵する場合もあるのだ。図2－4では図2－3の一五倍の尺度で、さまざまな社会の殺人による死亡率をグラフで示した。まず非国家社会グループの一番右を見てみよう。セマイ族は『セマイ族――マレー半島の非暴力的な人びと』という本で紹介された狩猟と原始農耕を行う部族で、武力の使用を極力避ける人びとである。セマイ社会での殺人は多くはないが、そもそもセマイ族そのものが少ししかいないのだ。人類学者のブルース・クナウフトの計算によれば、セマイ族の殺人発生率は人口一〇万人あたり三〇件になり、これはアメリカでも治安の悪いことで知られる都市の、殺人がとくに多かった年と同レベルである[71]。同じように計算すると、『ハームレス・ピープル』という本で取り上げられたクン族や、『怒りを知らない人びと』という本で描かれた中部北極圏のイヌイット族（エスキモー）もまた、それほど平和な人びとではないことがわかる[72]。これらの無害で非暴力的で怒りを知らない人びとは、アメリカ人やヨーロッパ人よりはるかに高い頻度で殺しあう。それだけでなくクン族の殺人発生率は、彼らの居住区域がボツワナ政府の管理下に入って以降、三分の一も減少し、まさにリヴァイアサン説が予測するとおりの結果となった[73]。

政府の管理下に入ることで殺人が減少するのは、文化人類学者たちにとって当然すぎるほど当然のことであり、それをわざわざ数字にした学者はほとんど見当たらない。歴史書を読んでいるとよく出てくる「パクス何々」――パクス・ロマーナ、イスラミカ、モンゴリカ、ヒスパニカ、オトマニカ、シニカ、ブリタニカ、(ニューギニアにおける)パクス・オーストラリアーナ、(太平洋北西部における)パクス・カナディアーナ、(南アにおける)パクス・プレトリアーナなど――は、ある地域が効果的な政府の支配下に入ったことで襲撃や抗争、武力衝突などが減少することを指す。[☆74]帝国による征服や支配そのものが残虐である場合もあるものの、征服された側に蔓延していた暴力は、それを境にたしかに減じられるのである。この平和化のプロセスはいたるところで見られるため、文化人類学者はしばしばそれを研究にとっての邪魔だと見なす。政府の司法管轄下に入れば、抗争や戦闘の数が減るのはしごく当然のことであり、先住民社会における暴力の研究からは無条件に除外されてしまうのだ。その影響は先住民自身にもあらわれる。ニューギニア高地に住むアウヤナ族の一人は、パクス・オーストラリアーナの効果について、「政府がやってきてから生活はしやすくなった」と話す。「食べ物を食べるときに後ろを気にしなくてもよくなったし、朝起きて外便所に用を足しに行くときも、矢が飛んでくるんじゃないかと心配しなくてよくなったよ」。[☆75]

文化人類学者のカレン・エリクセンとヘザー・ホートンは、政府の存在によって致死的な復讐が回避されるようになることを定量的に示した。二人は一九二の伝統的社会を対象にしたこの研究で、植民地政府あるいは国家統治による平和化が行われていない場合(男性的な名誉が過大に重視される文化をもつ場合はとくに)、狩猟採集社会では一対一の復讐が、部族社会では親族対親族の流血の抗争がよく見られることを突きとめた。[☆76]これに対して、中央政府の支配下に入った社会や、資源基盤や継承パターンによって人びとが社会の安定により高い関心をもつ社会では、法廷や裁判所による裁定が下されることが多かった。

二〇世紀後半の悲しい皮肉は、発展途上世界の国々がヨーロッパの植民地支配から自由になったとき、再び戦闘の多い社会に逆戻りし、しかも近代兵器や組織化された武装集団、そして部族の長老の命令に従わない自由を手にした若者たちによってその激しさが増幅したことにあった。[☆77] 次章で見ていくとおり、この変化は歴史的な暴力の減少に逆行するものではあったが、同時にそれは、暴力の減少がリヴァイアサンによって促進されることを実証してもいるのだ。

文明とそれに対する不満

ではホッブズは正しかったということだろうか？　ある面では、たしかに正しかった。人間の本性にはホッブズの言うとおり、三つの主要な争いの原因がある。利得を求めて（略奪的な攻撃）、安全を求めて（先制攻撃）、評判を求めて（報復攻撃）という三つである。そして数字を見ても、人びとは相対的には、「彼らすべてを威圧しておく共通の権力なしに生活しているときには、戦争と呼ばれる状態にあり」、そうした状態では「継続的な恐怖と暴力による死の危険」のなかで生活しているといえる。

しかし一七世紀のイギリスという〝肘かけ椅子〟に座っていたホッブズの見解には、当然間違っていた面も多くある。非国家社会で生活する人びとは自分の親族や仲間と広範囲にわたって協力しており、その人生は「孤独」とはほど遠いし、「つらく残忍」であることも時たまのことにすぎない。数年ごとに襲撃されたり戦闘に巻き込まれたりすることはあっても、多くの時間を狩猟・採集はもちろん、皆で食べ物を囲んだり、歌ったり、物語を語ったり、子育てをしたり、病人の看病をしたり……などなど、人生に欠かせないことや楽しみのために費やす。前著の執筆中、私はヤノマミ族のことを、文化人類学者ナポレオン・

シャグノンの有名な本のタイトルをほのめかして、「獰猛な人びと」と書いた。すると原稿を読んでくれた文化人類学者の同僚が、余白にこう書き込んできたのだ――「赤ん坊も獰猛？　老女も獰猛？　彼らは食事のとき獰猛に食べる？」。

彼らの人生が「貧しい」かどうかについては、事はそう単純ではない。たしかに国家組織のない社会には、「便利な建築もなく、移動の道具および多くの力を必要とするものを動かす道具もなく、地表についての知識もなく、時間の計算もなく、学芸もなく文字もない」。隣接する集落の戦士たちが毎朝のように毒矢を放ち、女たちを誘拐し、小屋に火をつけてくるような状態では、これらのものを発展させることは困難だからだ。だが、狩猟・採集から定住型の農耕生活への移行は、最初の人びとにとって厳しい取引だった。日々畑を耕す重労働、主食はでんぷん質の多い穀物、そのうえ家畜や大勢の他人とひしめきあって暮らすことは、健康を害する原因になりかねない。ステッケルらが行った骨の研究によれば、狩猟採集民に比べて最初の都市居住者には、貧血や感染症、虫歯が多く見られ、身長は約六センチも低かった。☆78 聖書学者のなかには、エデンの園からの追放の物語は、狩猟採集生活から農耕生活への移行（「おまえは顔に汗を流してパンを得る」）の文化的記憶ではないかと考える者もある。☆79

では、なぜ私たちの祖先はエデンの園を出たのか？　多くの人びとにとって、選択の余地はなかった。食料の調達が人口の増加に追いつかないという「マルサスの罠」に陥り、自分の食べ物は自分でつくるしかなくなったのだ。国家が出現したのはそのあとのことであり、辺境地帯で狩猟採集を行っていた人びとはそこに吸収されるか、さもなければ自分たちの生き方を固守した。選択の余地があった人にとっても、エデンの園にはあまりに危険が多すぎたのだろう。虫歯や変なおできが少々できたり、身長が何センチか低いことなど、槍に刺されて死ぬ確率が五分の一に減ることに比べれば、大したことではなかったのだ。☆80

暴力死する確率が減って自然死する確率が増えたことには、別の代償もともなった。古代ローマの歴史家タキトゥスはこう書いている。「かつてわれわれは犯罪に苦しめられた。いまは法に苦しめられている」。第一章で見てきた聖書の物語は、最初の王たちが全体主義的な思想と残忍な刑罰によって臣民を威圧していたことを示唆している。考えてもみてほしい。怒りに満ちた神が人びとの一挙一動を監視し、専制的な法によって日々の生活が統制され、神への冒瀆を口にしたり戒律に従わなかったりすれば石打ちの刑に処され、権力をもつ王は女性を奪って自らの側女にすることも、赤ん坊の体を真っ二つに切断したり、盗人や異教の指導者を十字架に磔にすることも自由だった。これらの点では、聖書の記述は正確だ。国家の誕生について研究する社会科学者によれば、初期の国家は階層化された神権政治を行い、エリート階級は下層の人びとに残忍な平和を強要することで経済的特権を確保していたという。[☆81]

初期の社会における政治的複雑さと、専制主義や残忍性への依存度との相関関係について、三人の研究者が大量のサンプルを分析して定量化の試みを行っている。[☆82] 考古学者のキース・オッターバインは、中央集権化した社会のほうが、女性が戦闘で（連れ去られるのではなく）殺されたり、奴隷制が敷かれたり、人間が生贄にされたりする傾向が強いことを示した。社会学者のスティーヴン・スピッツァーは、複雑な社会のほうが冒瀆的行為や性的逸脱、背信行為、魔術といった犠牲者のない行為を犯罪と見なし、法に違反した者を拷問や手足切断、奴隷化、処刑などの残忍な刑罰を与える傾向が強いことを示した。そして歴史学者で文化人類学者のローラ・ベッツィグは、複雑な社会のほうが専制君主の支配下に入る傾向が強いことを示した。専制君主とは、対立が起きればやりたいようにできることが保証され、人を殺しても罪に問われず、意のままにできる多数の女性を側女にもつ指導者のことである。この意味での専制政治はバビロニア、古代イスラエル、古代ローマ、サモア、フィジー、クメール、アステカ、インカ、ナチェズ〔ミシシッピ川下流域に居住していたアメリカ先住民〕、アシャンティ〔現在のガーナ内陸部にあった王国〕をはじめとするアフリカ各地の王国に見られたと、ベッツィグは指摘している。

こう見てくると、暴力に関していえば、初期のリヴァイアサンは一つの問題を解決できたものの、別の問題をつくり出してしまった。人びとにとって、殺人や戦争の犠牲者になる確率は小さくなった反面、今度は暴君や聖職者や泥棒政治家たちに抑えつけられ、言いなりにさせられたのである。これにより、「平和化」という言葉には不吉な意味が付与される。平和がもたらされるだけでなく、強圧的な政府による絶対的支配が押しつけられることになるからだ。この二番目の問題を解決するまでには、さらに数千年の歳月を要することになる。しかも世界の大部分は、今日もなおこの問題を解決できずにいるのである。

第3章　文明化のプロセス

文明がどれほどまで本能の放棄の上に成り立っているかを見過ごすことは不可能である。

――ジグムント・フロイト

手づかみでない物の食べ方を覚えてからというもの、私はナイフを使って食べ物をフォークの上に載せてはならないというテーブルマナーのルールと格闘してきた。たしかに、フォークですくおうとしたときに動かずにいるだけの質量をもつ塊であれば、問題なく食べられるぐらいの器用さは私も持ちあわせている。だが、細かく刻んであったり、丸くて滑りやすい形をしていて、フォークで突つくたびに飛び跳ねたり、転がり回ったりするものは、私の貧弱な小脳ではとても太刀打ちできない。私は皿じゅうそいつを追いかけ回し――脱出速度に達して皿の外に飛び出し、テーブルクロスの上に着地しないように祈りながら――縁《へり》や傾斜を手がかりにしてなんとか敵を仕留めようとする。食事の相手が目をそらした隙を見はからって、禁じ手のナイフで敵の脱走を阻止しようとした瞬間、相手が視線を戻してマナー違反の現場を見られてしまったことも一度ならず。とにかく、物を切るという目的以外にナイフを使うことの屈辱と不作法と耐えがたい見苦しさを回避するために、必死で闘ってきたのだ。私に長い棒と支点を与えよ。そうすればで地球を動かして見せよう、とアルキメデスは言った。だがそのアルキメデスでさえ、テーブルマナーに従うかぎり、グリーンピースをナイフで動かしてフォークに載せることはできなかったのだ！

子ども時代、私はこの無意味な禁止に反論を試みたのを覚えている。自分のナイフを効率的かつまったく衛生的な方法で使うことが、どうしてそんなに悪いの？　マッシュポテトを手で食べようってわけじゃないんだから、と。だが、「だめなものはだめ」という親のひと言であえなく敗退し（それがすべての子どもの運命というものだ）、その後数十年にわたり、私は理解しがたい礼儀作法のルールに、ひそかに文句を言いつづけてきた。ところがある日、本書執筆のためのリサーチを行っている最中に、目からうろこが落ちた。それまでの謎が雲散霧消し、ナイフ使用禁止ルールに対する怒りを永久に収めることになったのである。この突然の悟りを得たのは、知る人ぞ知る偉大な思想家ノルベルト・エリアス（一八九七～一九九〇）のおかげだ。

エリアスはドイツのブレスラウ（現ポーランド、ブロツワフ）に生まれ、社会学と歴史学を学んだ。[☆1]一九三三年、ユダヤ人であるエリアスはドイツ国外に逃げたが、ドイツ人であるとの理由から一九四〇年にイギリスの収容所に入れられ、両親はともにホロコーストの犠牲となった。こうした悲劇に加えて、ナチズムはエリアスにもう一つの不運をもたらした。彼の最高傑作『文明化の過程』は一九三九年、ドイツで出版されたが、その時代にはとうていまともな研究とは見なされなかった。エリアスは大学（しかもほとんどが夜学）を転々と渡り歩くことになるが、その後心理療法士の資格を取り、イギリスのレスター大学で一九六二年に退職するまで教鞭をとった。一九六九年に『文明化の過程』が出版されたことで、無名の存在だったエリアスはようやく名を成すことになる。世間から重要な人物として認められたのは人生の最後のほんの一〇年間ほどにすぎない。そのきっかけは驚くべき事実が明るみに出たことにある。それはテーブルマナーの論理的根拠についてではなく〔civilizeには「文明化する」のほかに、「礼儀正しくさせる」という意味もある〕、殺人の歴史についての新事実だった。

一九八一年、アメリカの政治学者テッド・ロバート・ガーは古い裁判所と郡の記録を使って、イギリスの歴史のさまざまな時点における殺人件数の推定を三〇算出し、近現代のロンドンの記録と合わせてグラフに表した。[☆2] それを再現したのが図3－1で、縦の件数の目盛りは対数で表している（1から10まで、10から100まで、100から1000までが同じ長さになる）。計算方法は第2章と同じく、年間人口一〇万人あたりの殺人の件数である。対数目盛にしたのは、殺人件数の減り方がきわめて急激だからだ。グラフを見ればわかるとおり、一三世紀から二〇世紀にかけて、イギリスの異なる地域における殺人の件数は一〇分の一、五〇分の一、場合によっては一〇〇分の一に減少している。たとえば一四世紀のオクスフォードでは人口一〇万人あたり、年間一一〇件の殺人が発生したが、二〇世紀半ばのロンドンでは、人口一〇万人あたりの殺人発生率は年間一件にも満たない。

このグラフを見た人は、ほとんどがまさかという顔をする（私もその一人で、「はじめに」に書いたとおり、その驚きが本書の執筆のきっかけとなった）。この衝撃的な事実は、のどかな過去と頽廃した現在というステレオタイプをことごとく裏切る。インターネットで暴力についてのアンケート調査を行った際、回答者は二〇世紀イギリスの殺人件数は一四世紀に比べて一四パーセント増加していると予想した。ところが実際には九五パーセントも減少していたのだ。[☆3]

本章ではヨーロッパの中世から現在までのあいだに殺人が減少したことを中心に、その他の時代や地域における例や反例についても見ていく。章のタイトルはエリアスの本から取った。なぜなら彼は、暴力の減少について説明できる理論を提唱した唯一の有力な社会思想家だからだ。

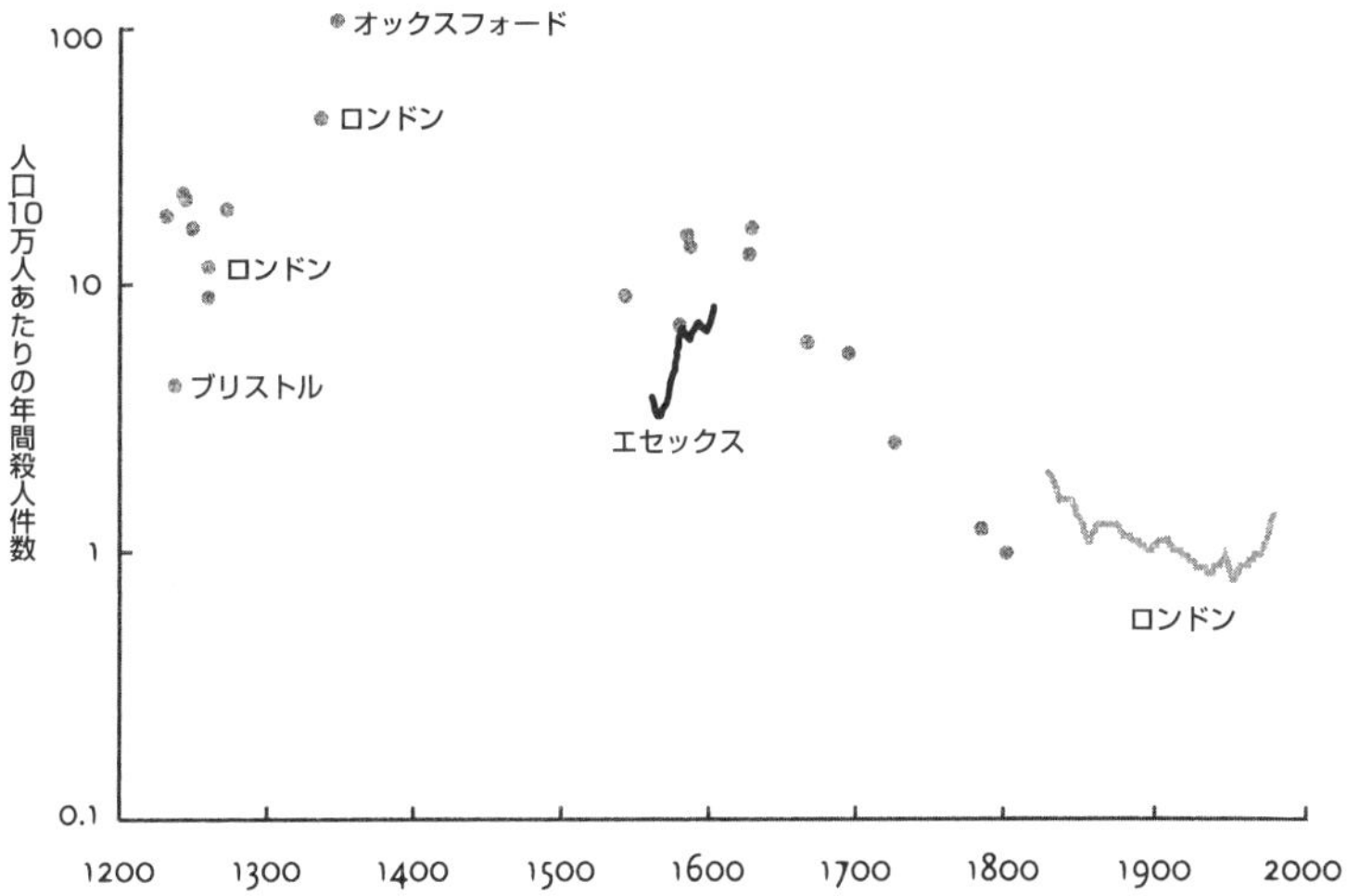

図３－１　イングランドにおける殺人発生率（1200～2000年），ガーによる1981年の推定．
出典：Gurr, 1981, pp.303-4, 313.

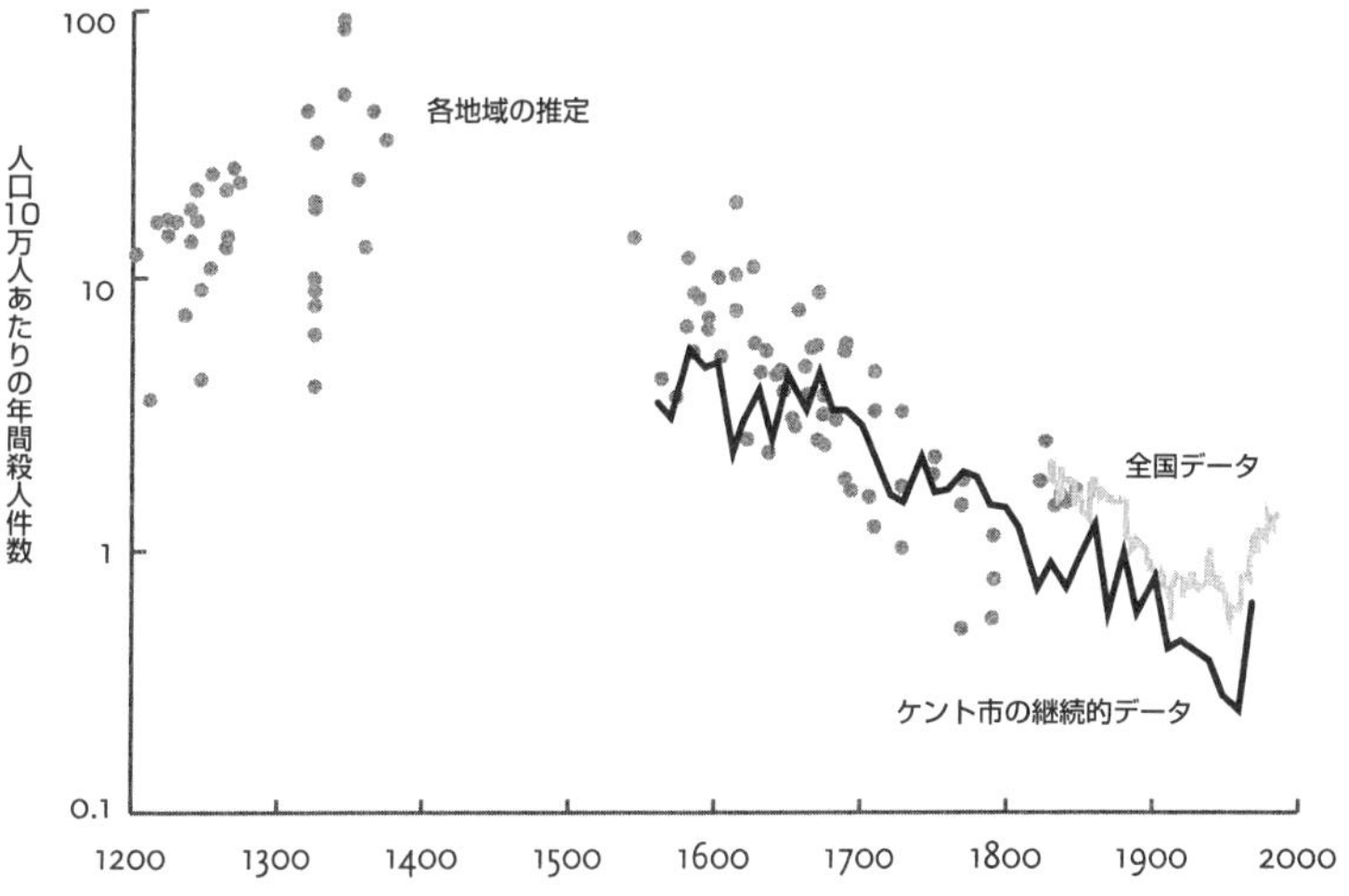

図３－２　イングランドにおける殺人発生率（1200～2000年）．
出典：Eisner, 2003.

ヨーロッパにおける殺人の減少

この驚くべき変化についての説明に入る前に、まずそれが本当に起きたことなのかを確認することにしよう。ガーがこのグラフを発表したあと、何人かの歴史犯罪学者が殺人の歴史についてより深い研究を行った。[☆4]そのなかの一人、犯罪学者のマニュエル・アイズナーは検視官による調査や裁判、地方の記録などをもとにして、数百年間にわたるイギリスの殺人件数の推定をガーよりはるかに多く算出した。[☆5]図3-2のグラフに示された点は、それぞれある町や管轄区域の殺人件数の推定を表している（同じく対数目盛を使用）。一九世紀以降、イギリス政府は全国の殺人事件の発生数を毎年記録しており、これはグレーの線で示してある。さらに、歴史学者のJ・S・コックバーンが一五六〇年から一九八五年まで継続して集めたケント市におけるデータを、アイズナーは黒い線でグラフに書き入れている。[☆6]

ここでもまた、年間殺人発生率の減少がはっきりと見て取れる。しかもその減り方はかなりのものだ。たとえば中世には人口一〇万人あたり四～一〇〇件の間にあった殺人件数は、一九五〇年代には人口一〇万人あたり〇・八件にまで減少している。中世の推定の多くは、一三五〇年前後の黒死病《ペスト》の大流行以前のものであり、したがって殺人件数の多さは大流行後に起きた社会的混乱のせいとは考えられない。

アイズナーは、これらの数字の信頼性についても十分に考えている。暴力性を測る尺度として殺人という犯罪が最もよく選ばれるのは、現在とはかけ離れた社会に暮らす人びとが犯罪をどう概念化していたかにかかわらず、死体はあくまで死体であり、常に誰（または何）がそれをもたらしたのか興味をそそるからだ。したがって殺人の記録は、強盗やレイプ、暴行などの記録より信頼できる暴力の指標であり、前者

と後者の間には通常（必ずではないが）相関関係が認められる。[☆7]

とはいえ、異なる時代の人びとがこうした殺人にどう対応したのかを考えることは、十分理にかなっている。彼らは現代のわれわれと同様、殺人を故意か偶発的なものか、どちらかを見きわめようとしたり、殺人を見過ごすのではなく訴追しようとしたのだろうか。昔の社会では、殺人はレイプや強盗、暴行と同じ割合で発生していたのか。暴行を受けた被害者が命を救われ、殺人の犠牲者とならずにすむ割合はどの程度あったのか。

幸い、これらの問いには答えがある。アイズナーが引用している複数の研究によれば、現代人に何百年も前の殺人事件の状況を提示し、それが故意のものかどうかを問うと、たいていは当時の人びとと同じ結論に達するという。また彼は、ほとんどの時代において、殺人の発生率と他の暴力的犯罪の発生率との間には確かな相関関係があることを示している。さらにアイズナーは、法医学や刑事司法制度領域における歴史的発達は、殺人件数の減少を必然的に過小評価するとも指摘する。殺人犯のなかで逮捕され、訴追され、有罪判決を受ける者の割合は、数百年前に比べて現代のほうがはるかに多いからだ。救命医療についていえば、二〇世紀以前の医者はやぶ医者で、犠牲者の命を救えるケースも救えないケースも同じくらいあった。それでも殺人件数の減少の大半は、一三〇〇年から一九〇〇年の間に起きている。[☆8]いずれにせよ、四分の一や半分に減少したのであれば、こうしたサンプル抽出に伴う〝雑音〟は、専門家にとって大きな頭痛のタネになるところだが、一〇分の一や五〇分の一に減少したという場合には、ほとんど問題にはならない。

ではイギリスの殺人件数の減少は、ヨーロッパのなかで特異なものだったのだろうか。アイズナーは殺人件数のデータが犯罪学者によって集積されている西ヨーロッパ諸国にも目を向けている。図3-3は、それらの国々でも状況は同様だったことを示している。北欧諸国では殺人発生率が減少するのが数世紀遅れ、イタリアの場合は本格的に減少しはじめたのは一九世紀になってからだ。だが二〇世紀には、西ヨーロッパにおける年間殺人件数は人口一〇万人あたり一件を中心とする狭い範囲に落ち着いている。

ヨーロッパにおける殺人発生率の減少をより広い観点から見るために、第2章で取り上げた非国家社会の殺人発生率と比較してみることにしよう。図3−4は、縦の対数目盛を千件にまで伸ばし、非国家社会での殺人件数をグラフ上に表した。これを見ると中世後半でさえ、西ヨーロッパは非国家社会やイヌイットの社会よりはるかに暴力性が低く、セマイやクン族のような狩猟採集民族とほぼ同レベルだったことがわかる。そして一四世紀以降、ヨーロッパの殺人発生率は着実に減少し、二〇世紀の最後の三分の一にやや上昇したにとどまっている。

ヨーロッパの殺人発生率が全体的に減少する一方で、殺人におけるいくつかのパターンは変わらずに維持されている。[☆9] 殺人（幼児殺しは除く）を犯した者の九二パーセントが男性であり、殺人を犯す年代は二〇代が最も多い。また一般に都市のほうが農村部よりも安全だという傾向は、一九六〇年代に都市部の殺人件数が上昇するまで続いた。だが変化したパターンもある。グラフの左寄りの古い時代には、社会の上層も下層も殺人を犯す比率は同じぐらいだった。ところが社会全体の殺人発生率が減少しはじめると、上層部での減少は下層部に比べてはるかに急激だった。これは重要な社会変化であり、この点についてはのちにまた述べることにする。[☆10]

もう一つの歴史的変化は、殺人のなかでも自分と縁戚関係にない者を殺害するケースのほうが、子どもや親、配偶者、きょうだいを殺害するケースよりもはるかに急激に減少したことだ。これは殺人の統計において一般的に見られるパターンで、ヴェルッコの法則とも呼ばれる。男性同士の暴力事件の発生率は、

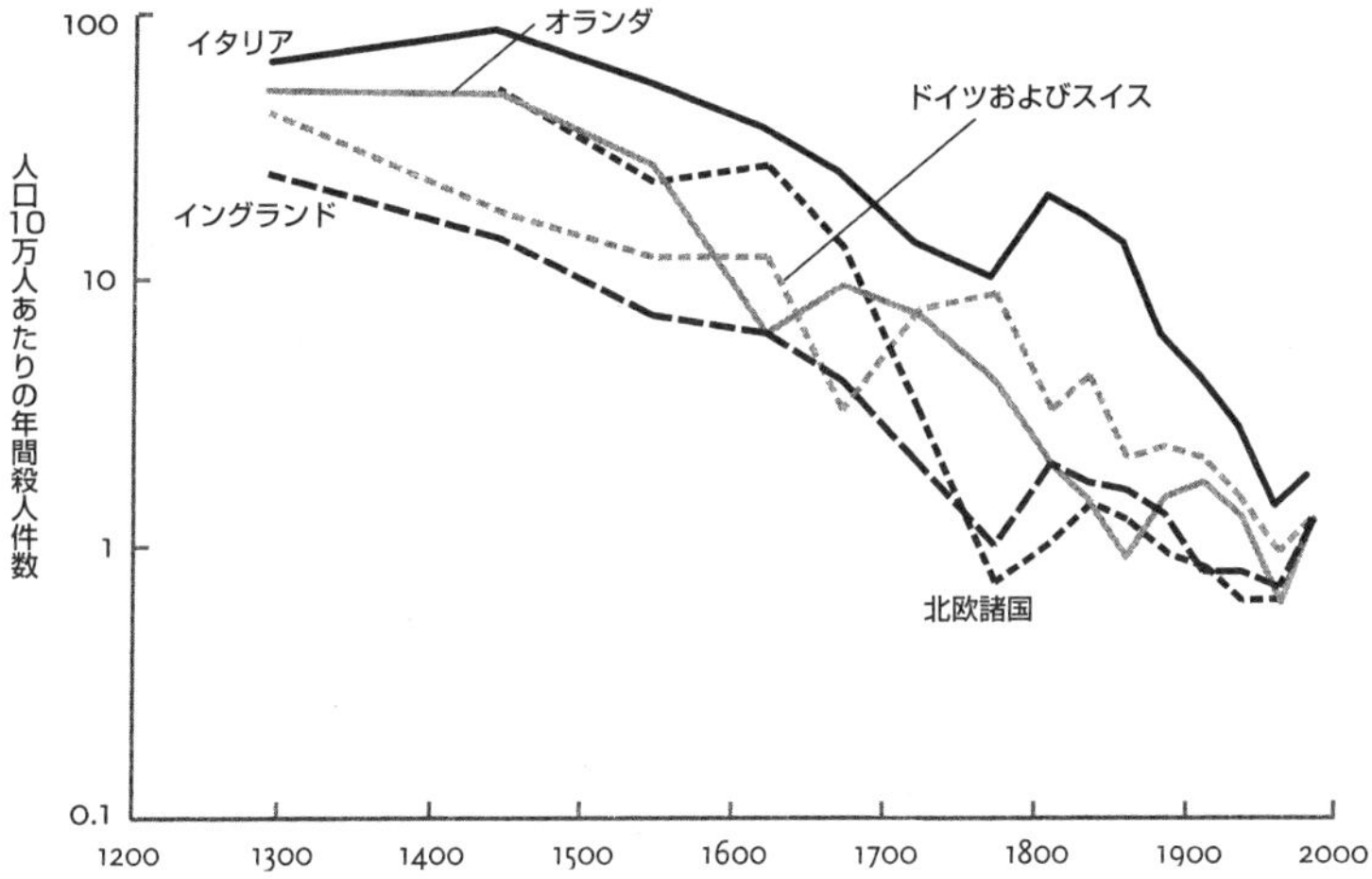

図3－3　西ヨーロッパの5つの国および地域における殺人発生率（1300～2000年）.
出典：Eisner, 2003, 表1.

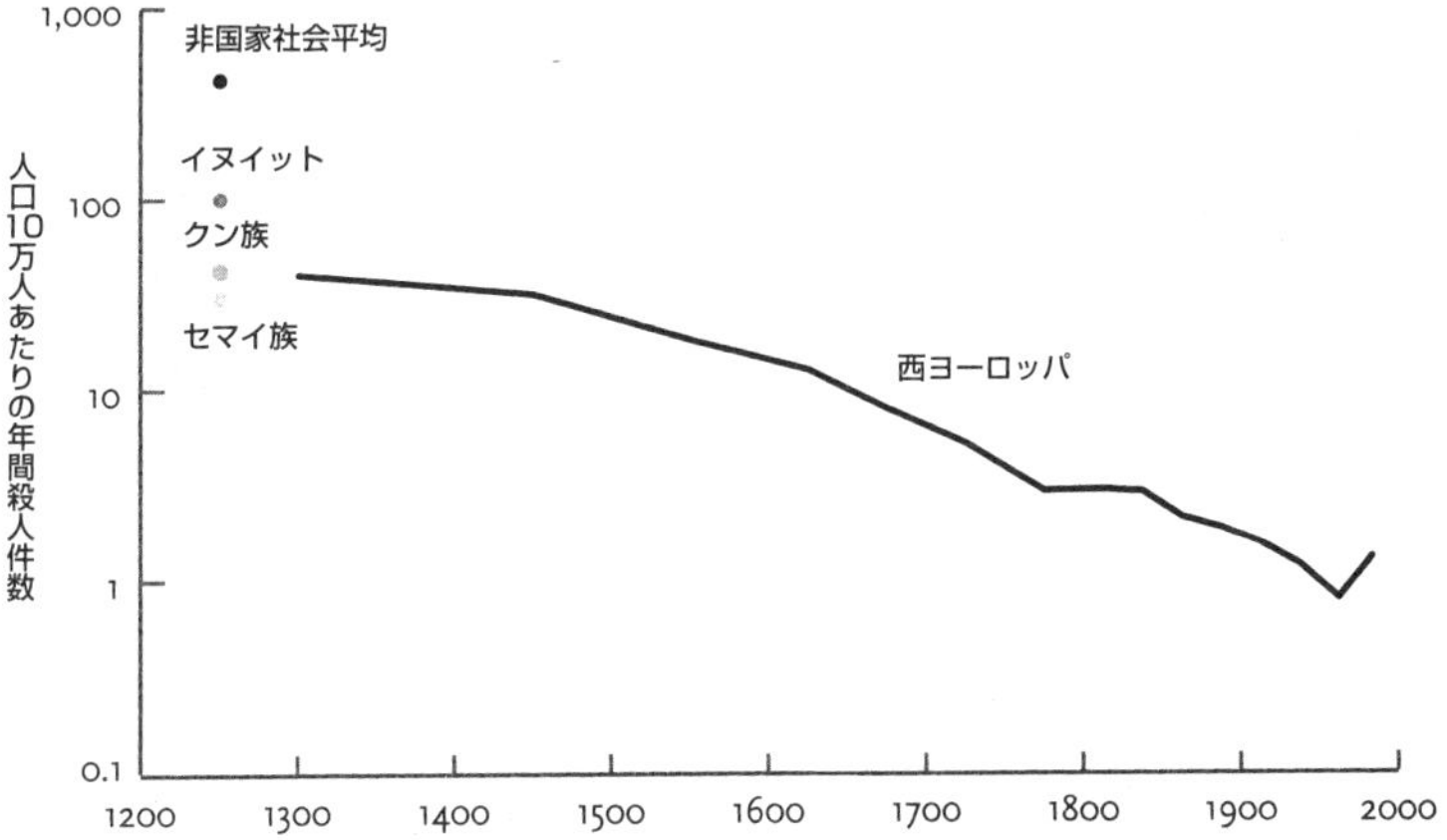

図3－4　西ヨーロッパ（1300～2000年）および非国家社会における殺人発生率.
出典：非国家社会（セマイ族，イヌイットおよびクン族を除く26の社会の幾何平均）――図2－3参照. ヨーロッパ――Eisner, 2003, 表1; 5地域の幾何平均；欠落データを補完した.

女性や親族を含む近縁間の暴力事件の発生率に比べて、時期や場所による変化が大きいというのだ。[☆11] マーティン・デイリーとマーゴ・ウィルソンはこのことについて、こう説明する。家族のあいだには深く根差した利害の葛藤（それは血縁同士に見られる遺伝的重複のパターンに内在する）があり、家族同士が互いに腹を立てる割合は時期や場所にかかわらず一定している。これに対して、男性の知人同士のマッチョな暴力を激化させるのは支配権争いで、それは環境による影響を受けやすいというのである。ある社会的環境において、男性が序列のなかでの自分の地位を維持するのに必要な暴力は、自分以外の男たちの暴力性をどう評価するかにかかっており、それが悪（または良）循環に陥ることで、暴力性が急激に増大したり減少したりする可能性があるのだ。この親族関係の心理学については第7章で、支配の心理学については第8章で詳しく探っていく。

ヨーロッパにおける殺人の減少の原因

では次に、ヨーロッパにおいて数百年間に起きた殺人件数の減少の意味について考えてみることにしよう。読者は都市の生活が、匿名性や密集、移民の多さ、異なる文化や階層が雑然と混じっていることなどから、暴力を多発させると思われるだろうか。資本主義や産業革命などによってもたらされる、痛みをともなう社会的変化についてはどうだろう？　都市ではなく、教会や伝統、神への畏れなどが重要な意味をもつ田舎町の暮らしのほうが、殺人や暴力事件の発生は少ないと思われるだろうか。もしそうお考えなら、考えを改める必要がある。ヨーロッパの都市化・国際化が進み、商業や産業が発展して世俗化が進むにしたがい、社会は安全になっていったのである。このことは、今なお有効な唯一の理論を提唱したノルベル

図３－５　『中世素描集』（1475 ～ 80 年）所収の絵「サトゥルヌス」の細部．
出典：Elias, 1939/2000, 付録２に複写されたもの；Graf zu Waldburg Wolfegg, 1988 参照．

ト・エリアスを思い起こさせる。

エリアスが文明化のプロセスについての理論を組み立てるときに用いたのは統計ではない。当時は、統計的数字などというものは手に入らなかった。代わりに彼は中世ヨーロッパの人びとの日常生活の感触に注目した。彼が調べたのは、たとえば一五世紀ドイツの日常生活を騎士の目を通して描いた『中世素描集』に収められている一連の絵などだ。[☆12]

ある絵の細部を示した図3-5を見ると、農民が馬の内臓を取り出し、豚が農民の露出した尻の臭いを嗅いでいる。近くの洞穴では男女が手足を枷にはめられ、その上方では男が絞首台に連れて行かれるところだ。絞首台にはすでに死体が吊り下がり、隣には車裂きの刑に処された男の死体をカラスが突ついている。だが車輪や絞首台はこの絵の中心ではなく、丘や木のように背景の一部として描かれているにすぎない。

図3-6は、騎士たちがある村を襲撃したときの様子を描いた別の絵の細部を示したものだ。左下では農民が兵士に頭を剣で突き刺され、その上では別の農民がシャツの裾をつかまれ、これを見た女が両手を上げて叫んでいる。右下では農民が礼拝堂の中で頭を刺され、その所持品は略奪されている。近くでは手を縛られた別の農民が、こん棒で殴られている。その上では馬に乗った何人かの男たちが農家に火を放ち、そのうちの一人は家畜を追い散らして農家のおかみさんを叩いている。

封建時代のヨーロッパの騎士は、今日の軍閥のようなものだ。国家は実効性をもたず、国王といえども貴族のなかで最も有力な人物でしかなく、常設軍もなければ国全体を指揮下に置いているわけでもなかった。国土の統治は封建領主や騎士などの貴族に任され、彼らはさまざまな大きさの領地を支配し、そこに住む農民から農作物や兵役を提供させた。騎士たちはホッブズ的な征服と先制攻撃、復讐の力学にもとづ

図3 － 6 『中世素描集』(1475 ～ 80 年) 所収の絵「マルス」の細部 .
出典：Elias, 1939/2000, 付録 2 に複写されたもの ; Graf zu Waldburg Wolfegg, 1988 参照 .

いて互いの領地を襲撃し、『中世素描集』の挿画が示すように殺しあいの相手は騎士にかぎらなかった。歴史学者のバーバラ・タックマンは著書『遠い鏡――悲惨な一四世紀』のなかで、当時の生活について次のように書いている。

こうした私闘において、騎士たちはすさまじいばかりの怒りに身を任せて敵を襲撃した。戦略はただ一つ、できるだけ多くの農民を殺したり重傷を負わせ、できるだけ多くの農産物やブドウ園、農機具、納屋その他の所有物を破壊することによって、敵の収入源を減らすことにあった。その結果、襲撃の主要な犠牲者は相互の農民となったのである。[☆13]

第1章で見たように、騎士たちは抑止力としての脅しの信頼性を維持するべく、流血の闘いをはじめとする男らしい武勇の誇示に勤しんだ。それは名誉、勇気、騎士道、誇り、勇猛などといった美辞麗句で飾り立てられ、のちの世になると、彼らがいかに血に飢えた略奪者であったかは忘れ去られてしまったのだ。こうした貴族間の私闘を背景にした人びとの日常生活もまた、別の意味で暴力的だった。先に見たように、当時の宗教的価値には血にまみれた十字架、永遠に続く拷問の脅威、手足を切断された聖者たちの露骨な描写などがつきまとった。職人たちは創意工夫を凝らして懲罰や処刑のためのサディスティックな装置をつくり出した。盗賊が出没するため旅は命がけだったし、人質を取って身代金を請求するのが大きなビジネスとなった。「帽子屋や仕立屋、羊飼いなどごく普通の人びとも、何かにつけてすぐに短剣を抜いた」とエリアスは書いている。[☆14] 聖職者も例外ではなかった。歴史学者のバーバラ・ハナウォルトは一四世紀イギリスについての次のような記述を引用している。

エドワード王の治世の五年目にあたる年の聖マルティネスの日の前の土曜日、ウェリントンのウィリアムというイルバートフト教区の牧師が書記のジョンに、ジョン・コブラーの家に行って一ペンスでロウソクを買ってくるように命じた。だが金を持っていなかったために手ぶらで帰ってきたジョンを見てウィリアムは激怒し、ドアを彼の頭に叩きつけた。ジョンの頭の前面は激しい衝撃を受けて割れ、中から脳味噌が流れ出し、彼はその場で息絶えた[☆15]。

当時の娯楽にも暴力は浸透していた。タックマンは、当時最も人気のあった二つのスポーツについて次のように説明している。「両手を後ろ手に縛られたプレーヤーが、柱に釘付けにされた猫に頭突きを食らわせ、どちらが先に猫を殺せるかを競う。プレーヤーは、殺気立った猫に爪で頬や目を引っかかれる危険と隣りあわせである。……もう一つは、大きな囲いの中で男たちが棍棒を持って豚を追いかけ回すというものだ[☆16]。豚はキーキー悲鳴をあげながら逃げ回り、最後には叩き殺されるのを、観客は大笑いしながら観戦する」。

私はこれまで数十年間の研究生活のなかで、不規則動詞の文法から多元宇宙の物理学に関するものまで、多岐にわたる学術論文を何千編と読んできた。そのなかで最も風変わりな雑誌論文は「面目を失うこと、保つこと――中世後期の都市における鼻と名誉」と題するものだった[☆17]。著者の歴史学者ヴァレンティン・グロブナーはこのなかで、中世ヨーロッパにおいて、ある人間が別の人間の鼻を切り取った記録を数十件紹介している。異端信仰や反逆、売春、肛門性交《ソドミー》などの罪に対する公式な処罰として行われる場合もあったが、多くは私的な復讐のためだった。一五二〇年、ニュルンベルクでの一件の顛末はこんな具合だ。ハンス・リゲルはハンス・フォン・エイブの妻と不倫の関係になった。嫉妬したフォン・エイブはなんの罪もないリゲルの妻の鼻を切り落とし、リゲルは姦通の罪で四週間の禁固刑に処されたが、フォン・エイブは処罰を免れた。鼻の切断はごく一般的に行われていたとグロブナーは書く。

中世後期の外科の教科書の執筆者たちはまた、鼻の傷害について特別の関心を向け、切り落とされた鼻がまた生えてくるかどうか、議論を戦わせた。この問題について、フランス王室の医師アンリ・ド・モンドヴィルは有名な著書『外科学』のなかで、明確に「ノー」と答えている。一五世紀の医学専門家のなかにはもっと楽観的な意見もあった。ハインリッヒ・フォン・フォルスプントは一四六〇年の薬物全書のなかで、鼻を切断された人のために「新しい鼻をつくる」処方箋があると確信をもって述べている。[☆18]

英語には cut off your nose to spite your face という奇妙なイディオムがあるが〔「自分の顔に意趣返しをするために鼻を切り落とす」が文字通りの意味。「腹立ちまぎれに自分の損になることをする」の意味で使われる〕、その由来はまさにここにある。中世後期には、誰かの鼻を切り落とすことは、典型的な意趣返しの行為だったのだ。

中世の人びとの生活について研究した学者は皆そうであるように、エリアスは当時の人間の気質が、今日の基準から見ると遠慮がなくて気性が激しく、子どもじみていると言ってもいいことに驚いている。

人びとがつねに獰猛な顔つきで眉間に皺を寄せ、好戦的な表情をしているというわけではない。……そうではなく、ついさっきまで冗談を言いあっていた同士が次の瞬間には互いを嘲り、売り言葉に買い言葉が行き交い、笑いの場が突然、激しい闘いの場に変貌するのである。彼らの敬虔さ、地獄に対する強い恐れ、罪の意識、忍耐力、はじけるような歓喜と陽気さ、突然の感情の爆発、抑制できない憎悪と復讐心など、私たちとは正反対に見える点の多くは、変わりやすい気分と同様、一つの同じ感情構造のさまざまな側面にすぎない。のちの世の人びとと比べて、当時の人びとは内なる衝動や感情を隠すことなく、率直かつ直接的に発散した。あらゆることが抑制され、緩和され、計算され、またタブーが自己抑制として衝動の構造に深く埋め込まれている私たちにとってのみ、彼らの敬虔さと交戦性、あるいは残酷さが相矛盾するものに見えるのである。[19]

タックマンも「中世の人びとの行動に顕著な幼児性と、あらゆる衝動を抑制する能力の欠如」について書いている。[20]『ローランドの歌』の訳者ドロシー・セイヤーズは序文で、こう書き添えている。「個人的あるいは国家レベルの大きな災難に際して、強い男は軽く唇を噛みしめ、黙って煙草を暖炉に投げ込むものだというのは、ごく最近の考え方である」[21]。

中世の人びとが子どもじみていたという指摘にはたしかに誇張があるが、感情表現がどの程度許されるかという社会規範は時代によって異なる。エリアスは『文明化の過程』の大きな部分を割いて、エチケットの手引書という一風変わったデータベースを基に、こうした時代による変化を検証している。今日、『エイミー・ヴァンダービルトの日常のエチケット』とか『ミス・マナーズの絶対に正しい礼儀作法ガイド』などといった本は、人前で恥をかかないための手軽なハウツー本だと見なされている。だがかつてこうした本は、道徳的な行いとはどうあるべきかをその時代の有力な思想家が教示する、大真面目な書籍だった。一五三〇年、偉大な人文学者で近代思想の先駆者の一人であるデジデリウス・エラスムスは『少年の礼儀作法について』と題されたエチケット本を出版、この本は以後二世紀にわたってヨーロッパ中でベストセラーとなった。ここに並べられたさまざまな「べからず」を通して、当時の人びとがどのように行動していたかを垣間見ることができる。

中世の人びとはひと言でいって、不作法きわまりなかった。礼儀作法書には次のように、身体から出る悪臭に関する助言が数多く収められている。

尿やその他の汚物によって階段や廊下、クローゼット、壁かけなどを汚さないこと・婦人の前で、あるいは邸宅の応接室の扉や窓の前で用を足さないこと・椅子の上で、放屁しようとしているように身体を前後に動かさないこと・服の下に手を入れて陰部を素手でさわらないこと・放尿あるいは排便の最中に人に挨拶しないこと・放屁するとき音を立てないこと・排便する前に人の前で服を下げようとしたり、排便後に服を元に戻したりしないこと・宿屋に誰かと一緒に泊まって同じベッドに寝たとき、近づきすぎてその相手の身体にさわったり、相手の足の間に自分の足を入れたりしないこと・シーツの上に何か汚らわしいものを見つけても、相手にそのことを指摘したり、その臭いものをつまみ上げて相手の鼻先に突き出し、「これがどんなに臭いか教えてもらおうじゃないか」などと言ったりしないこと。

鼻をかむことについての助言もある。

テーブルクロスや手の指、服の袖、帽子などで鼻をかまないこと・汚れたハンカチを他人に差し出さないこと・ハンカチを口にくわえたまま移動しないこと・鼻をかんだあとにハンカチを広げて、その中に真珠かルビーでも落ちていないか覗き込んだりするのも礼儀に反する。[☆22]

唾を吐くことについては、微妙な問題がある。

手を洗っているとき、洗面器に唾を吐かないこと・唾を吐くとき、それを踏まないように気をつける必要以上に遠くに吐かないこと・唾を吐くときは横を向いて、人にかからないようにすること・膿状のものが地面に落ちたら、人がそれを見て吐き気を催さないように踏みつけておくこと。[☆23] 人の上着に唾がついているのを見つけても、言わないでおくのが礼儀というもの。

そしてテーブルマナーに関してのアドバイスは数え切れないほどある。

真っ先に皿から食べ物を取らないこと・食べるときに、豚のように鼻を鳴らしたり口で音を立てたりしないこと・盛り皿から食べ物を取るとき、一番大きい肉が自分の前にくるように皿を回さないこと・いまから牢屋に連れて行かれる人みたいにガツガツ食べたり、ほっぺたがふいごのように膨らむまで食べ物を口に詰め込んだり、唇を鳴らして豚の鳴き声のような音を立てたりしないこと・盛り皿のソースに指を突っ込まないこと・口に入れたスプーンで盛り皿から食べ物を取らないこと・骨つき肉を食べたあとの骨を盛り皿に戻さないこと・ナイフやフォークをテーブルクロスで拭かないこと・口の中から出したものを皿の上に戻さないこと・自分がかじったものを人に食べさせようとしないこと・脂のついた指をなめたり、パンで拭いたり、上着で拭いたりしないこと・スープボウルの上に顔を近づけてスープを飲まないこと・骨や種、卵の殻、皮などを手に吐き出したり、床に捨てたりしないこと・食事中は鼻をほじらないこと・皿に口をつけて中身を飲まずに、スプーンを使うこと・スプーンからズルズル音を立ててスープを飲まないこと・食事の席でベルトをゆるめないこと・汚れた皿を指で拭かないこと・ソースを指で混ぜないこと・肉を鼻先まで持ち上げて匂いをかがないこと・ソーサにこぼれたコーヒーを飲まないこと。

現代人がこれを読んだら、呆れ返ってしまうことだろう。当時の人びとは、なんと粗野で礼儀を欠いた、未熟でまるで獣のような人間だったのだろうか、と。こんなのは親が三歳の子どもに向かって注意することであって、偉大な哲学者が読み書きのできる読者に向かって言うことではないではないか。けれどもエリアスが指摘するように、洗練や自制、作法といった習慣《セカンド・ネイチャー》は学習によって身につけなければならないものであり——だからこそ「第二の天性《セカンド・ネイチャー》」と呼ばれる——、そうした習慣はヨーロッパの近代史を通じて確立していったのである。

助言の量の多さについても、一言ふれておこう。三〇を超えるこれらのルールはすべて別個のものというわけではなく、いくつかのテーマのもとにまとめることができる。今日の人びとは、これらのルールを一つ残らず個別に教えられるわけではないし、どこかの母親がうっかりあるルールを教え忘れたからといって、成人した息子がテーブルクロスで鼻をかむということも、まずありえない。このリストにあるルールは（ここにはあげていない多くの他のルールも含め）、いくつかの原則から派生したものと見なすことができる。その原則とは、食欲をコントロールせよ、すぐに満足を求めるな、他人の感受性に配慮せよ、田舎者のようにふるまうな、自らの獣性を表に出すな、などだ。そしてこれに違反したときの罰は、内面的なもの――羞恥心――とされる。エリアスによれば、これらの礼儀作法の手引きには、衛生や健康に関わる記述はほとんど見られない。私たち現代人は、嫌悪感とは生物的汚染物質に対する無意識の防衛本能から生じたと認識している。[☆24] だが細菌や感染についての理解が進んだのは一九世紀に入ってかなりたってからのことだ。これらの礼儀作法書で明確にされているのは、「田舎者のようにふるまうな」あるいは「他人に不快感を与えるな」という原則だけである。

性的活動も、ヨーロッパの中世においては現代に比べてずっとおおっぴらに行われていた。人前で裸になることも多かったし、性行為を他人に気づかれないようにするための注意も、さほど厳重ではなかった。売春婦は公然と仕事をし、イギリスの都市の赤線地区は、しばしば「グロープカント通り」［grope は「まさぐる」、cunt は「女性器」の意味］と呼ばれた。男たちは自分の性的手柄を子どもに話し、夫婦の間に生まれた子どもと婚外子が一緒になることも多かった。近代への移行期、こうした性に開放的なあり方は粗野で好ましくないと見なされ、やがて容認できないものとなっていった。

この変遷は言葉にその痕跡を残している。農民を意味する語は、第二の意味として「下劣な」という意味合いを帯びていった。「粗野な男」を意味する boor（ドイツ語の Bauer やオランダ語の boer のように、もともとは「農民」という意味しかなかった）、「悪党」を意味する villain（語源はフランス語で「農奴」や「村人」を意味する vilein）、「野卑な」という意味の churlish（「農夫」「最下層の自由民」を意味する英語の *churl* から派生）、「下品な」という意味の ignoble（もともとは「貴族ではない」の意味）などである。問題のある行為や物質を表す語がタブーになった例も少なくない。イギリス人ののしり言葉には、かつては *My God!* や Jesus Christ! のように超自然的存在が使われたものだが、近代の初めには性的なものや排泄物が用いられはじめた。「アングロサクソンの四文字語《フォー・レター・ワーズ》」と呼ばれるこれらの表現は、もはや礼儀をわきまえた人びとの前では口にできなくなった。[☆25] 歴史学者のジェフリー・ヒューズは、「タンポポが pissabed（寝小便たれ）〔利尿作用があることから〕、アオサギが shitcrow、チョウゲンボウ（windhover）が windfucker と呼ばれた時代は、男性器の大きさを誇示した股袋とともに過ぎ去った」と述べている。[☆26] bastard（非嫡出子、ろくでなし）、cunt、arse（尻）whore（娼婦）といった語もまた、一般語からタブー語へと変化した。

新しい礼儀作法が定着するにつれて、それは暴力的な装具——とくに短剣《ナイフ》——にも適用されるようになった。中世にはほとんどの者が短剣を携帯しており、夕食の際に直火で焼いた動物の死骸から肉を切り取り、突き刺して口に運ぶのに使っていた。けれども大勢が集まる席に凶器を持ち込むことや、短剣を顔に向けることがよび起こすおぞましいイメージが、しだいに忌避されるようになった。エリアスは短剣の使い方に関する礼儀作法を多数引用している。

> 短剣で歯の掃除をしないこと・短剣を持ったまま食事するのはやめ、使うときだけ手に取ること・食べ物を短剣の先に刺して口に運ばないこと・パンは切らずに手でちぎること・人に短剣を渡すときは先端を手で持ち、柄の部分を相手に差し出すこと・短剣を持つときは杖のように手全体で握るのではなく、指で持つようにすること・短剣で人を指ささないこと。

食卓でのフォークの使用が一般的になったのはまさにこの移行期であり、人びとは短剣で食べ物を突き刺して口に入れる必要はなくなった。短剣を鞘から抜かなくてもいいようにテーブルには特別のナイフが用意され、そのデザインも先端が尖ったものではなく丸いものとなった。ナイフで切ってはいけないとされる食べ物もあった——魚、丸いもの、パンなどだ。break bread together（一緒にパンをちぎる→食事をともにする）という言い回しはここから生まれた。

中世の短剣にまつわるタブーのいくつかは、今日も残っている。ナイフを人に贈るときにはコインを一緒に渡し、贈られた側はそのコインを贈り主に返すという習わしもその一つだ。これによってナイフは、かたちのうえでは売ったことになる。ナイフが「友情を断ち切る」ことのないように、というのが表向きの理由だが、実際には相手が要求していないナイフを相手のほうに向けることにまつわる不吉さを、回避するためだと考えたほうがよさそうだ。これと似た習わしに、ナイフを直接相手に手渡すのは縁起が悪いというものがある。渡すときはいったんテーブルの上に置き、相手がそれを取るのがいいとされる。テーブルにセットされるナイフは先端が丸いものとなり、その切れ味も必要以上であってはならない。硬い肉を切るためにはステーキナイフがセットされ、魚料理には普通より切れ味の悪いナイフがセットされる。さらに、ナイフはどうしても必要なとき以外は使ってはならない。ナイフでケーキを食べたり、食べ物を口に運んだり、料理の材料をかき混ぜたりするのは御法度だ（「ナイフでものを混ぜると、いざこざが起きる」という迷信の由来もここにある）――そして、フォークに食べ物を載せるときにも使ってはならない。

なるほど、そうだったのか！

＊

つまりエリアスの説では、ヨーロッパで暴力が減少した原因を、人びとの心理面での変容という、より大きな変化にあるとしているのだ（彼の本の副題は「社会的および心因的発生要因の研究」である）。一一〜一二世紀に始まり、一七〜一八世紀にいたって成熟する数百年という長い期間をへて、ヨーロッパの人びとは自らの内的衝動を抑制し、自分の行為がもたらす長期的結果を予測し、他人の考えや感情に配慮する度合いを次第に高めていったのだとエリアスは主張する。言いかえれば、名誉の文化（いつでもやられたらやり返す）から、威厳の文化（自分の感情を抑制する）へと移行したのだ。こうした理念は、もともと礼儀作法の権威者が貴族階級に対し、粗野な農民階級との区別を明確にするために与えた助言に端を発するが、やがて幼い子どものしつけの過程に取り入れられ、最終的には習慣《セカンド・ネイチャー》として身に着くにいたった。またこれらの基準は上流階級から、懸命に彼らを真似しようとしていた中産階級へ、さらには下層階級へと伝わり、やがては社会全体に浸透することになったのだ。

エリアスはこの一連のプロセスを説明するのに、フロイトの精神の構造モデルを拝借している。フロイトによれば、幼い子どもは親の命令を内面化することによって良心（超自我）を形成し、子どもの自我はこれらの命令によって、自らの生物学的衝動（イド）を抑制できるというのだ。エリアスはフロイト理論のなかでもより特殊なもの（親殺し、死の本能、エディプス・コンプレックスなど）には言及しておらず、彼の心理学はまったくもって近代的なものだ。第9章では、心理学の専門用語でいうセルフコントロール（自己制御）、満足の遅延、浅い時間割引、一般的には「（一〇まで数えて）気分を落ち着かせる（count to ten）」「焦らず落ち着く（hold your horses）」「言いたいことを抑える（bite your tongue）」「いざという時のために備える（save for a rainy day）」「性欲を抑える（keep your pecker in your pocket）」などと表現される精神の機能について見ていく。[☆27]また心理学でいう共感《エンパシー》、直観心理学、視点取得、心の理論、一般的には「人の心を理解する（get into someone's head）」「人の視点でものを見る（see the world from someone's point of view)」「人の立場で考える（walk a mile in someone's moccasins)」「人の痛みがわかる（feel someone's pain)」などと表現される機能についても見ていく。エリアスは、この二つの善なる天使の科学的研究における先駆者だったのである。

エリアスを批判する人びとは、どんな社会にも性や排泄についての礼儀正しさの基準があり、それはおそらく清潔さや嫌悪、羞恥心などにまつわる人間の生まれもった感情から生じたものだと主張する。[☆28]社会がこれらの感情を道徳化する度合いは、個々の文化によって大きく異なる。中世ヨーロッパはたしかに礼儀作法の規範を欠いていたわけではないが、文化的な差異でいえば一番端のほうに位置していたようだ。

エリアスの名誉のために言っておくと、彼は近代初期のヨーロッパ人がセルフコントロールを「考案」したり「構築」したなどと、学者気取りで主張したりはなかった。近代初期のヨーロッパ人は、もともと人間の本性の一部だった精神的能力を――中世ヨーロッパ人はそれを十分活用しなかった――強化したのだと、エリアスは主張しているにすぎない。彼は自分の論点を理解させるために、くり返し「ゼロ点というのは存在しない」と述べている。[☆29]第9章で見ていくとおり、人間がセルフコントロール・ダイアルをどのように上げたり下げたりするかは、心理学の興味深いテーマなのだ。一つの考え方として、セルフコントロールは筋肉のようなものだというものがある。テーブルマナーという部分を鍛えればその効果は全体に及び、自分を侮辱した相手を殺したいという衝動が起きても、より効果的に抑えることができるようになるというわけだ。また、セルフコントロール・ダイアルがどの位置にセットされるかは、社会規範によって決まるという考え方もある。たとえば人にどこまで近寄ってもいいかとか、人前では肌をどのくらい隠さなければならないか、などだ。さらに三つ目の考え方として、セルフコントロールはその場その場でのコストと利益によって適応的に調整されるというものがある。つまるところ、セルフコントロールとは純然たる善ではないということだ。セルフコントロールが強すぎることの問題は、攻撃しようとする側に有利なように利用されることにある。相手は仕返ししても、もう意味がないと考え、報復の衝動を抑えるだろうと予測されてしまうのだ。しかし、もし反射的にやり返してくることが十分に予測され、その結果がひどいものになると見込まれれば、攻撃する側は最初からもっと敬意をもって接するはずだ。こうした場合、人は周囲の人間の危険度に合わせてダイアルを調整することになる。

＊

ここまで論を進めた時点で、文明化のプロセスの理論は不完全だということになる。なぜならこの理論では、説明しようとしている現象の内生的プロセスに根拠を見出そうとしているからだ。エリアス説によれば、暴力的行為の減少は、衝動性、名誉の重み、性的放縦、不作法、そして食卓での粗野なふるまいなどの減少と同時に起きたのだという。だがこれは、ただ多様な心理的プロセスが絡みあっているという状態にすぎない。暴力的な行為が減少したのは、人びとが暴力的な衝動を抑制できるようになったからだ、というのはほとんど説明になっていないし、人間の衝動性がまず低下し、その結果として暴力が減少した——その逆ではなく——というのも説得力を欠いている。

だがエリアスはそれだけでなく、そもそもの変化の引き金となった外生的な要因を二つ指摘している。第一の要因は、ヨーロッパの封建時代、男爵領や封土の寄せ集めのような無政府状態が何世紀も続いたあと、純粋なリヴァイアサン、すなわち国家体制が整ったことだ。中央主権的な君主国家が勢いを増して、好戦的な騎士たちを支配下に置き、王国の外側にも触手を伸ばしていった。軍事の歴史に詳しい法学者のクインシー・ライトによれば、一五世紀のヨーロッパには独立した政治的単位（主として男爵領や公国）

が五〇〇〇も存在していたが、一七世紀初めの三〇年戦争の時代には五〇〇に減り、一九世紀初めのナポレオン時代には二〇〇に、そして一九五三年には三〇以下になったという。[30]

政治的単位の合併は、一面では中堅の諸侯が周辺の諸侯を支配下に引き入れてさらに強力な諸侯になるという、自然の凝集のプロセスだといえる。だがこのプロセスは、軍事革命と歴史学者が呼ぶものによって加速された——火薬を用いる武器や常備軍、その他の高価な戦争技術が登場し、それを支えるには大規模な官僚機構と収入基盤がなくてはならなかったのだ。[31] 剣を差して馬にまたがった騎士や農民を寄せ集めた部隊など、本物の国家が戦場に送り出す大量の歩兵部隊や火器には、とうてい太刀打ちできなかった。社会学者のチャールズ・ティリーの言葉のように、「国家は戦争をつくり、戦争が国家をつくる」のである。[32]

騎士同士の縄張り争いは、権力を拡大しつつあった国王にとって厄介なものだった。どちらが勝つかにかかわらず、多くの農民が殺されて生産的能力が大きく損なわれてしまうからだ。国王の立場からすれば、収入源でもあり軍の要員ともなる農民の数が多いほうに越したことはなかったのだ。また、いったん和平工作——「国王の平和」と呼ばれた——に入れば、国王にはそれをうまくやり遂げなければならないインセンティブがあった。騎士にとって、武器を置いて国家に敵を抑止してもらうことにはリスクがともなう。武器を置くことは弱さのあかしだと敵に受け取られる可能性があるからだ。人びとが国家の平和維持能力への信頼を失い、襲撃や復讐合戦を再開しないよう、国家はその責任をきちんと果たさなければならなかったのである。

騎士や農民同士の争いは単に厄介なだけでなく、それによって奪われたものも大きかった。イングランドがノルマン人の支配下にあったとき、頭のいい人間が、裁きを国有化すれば膨大な利益があがることに気づいた。それまで何世紀にもわたって、イングランドの司法制度では殺人は不法行為として扱われ、犠牲者の家族は血の復讐の代わりに、殺人者の家族に贖罪金（wergild）を請求した（wergild は「人命金」という意味で、wer は werwolf（狼人間）の *wer* と同じ「人間」を意味する接頭辞）。だが一一〇〇年に王位に就いたヘンリー一世が、殺人は国家、そしてその換喩である国王に対する犯罪であるとの新たな定義を打ち出した。その結果、殺人事件はもはや〇×対△□ではなく、国王対〇×（あるいは後年、アメリカ合衆国では人民対〇×、またはミシガン州対〇×）となったのである。この方式のすばらしいところは、贖罪金（加害者の全財産に血縁者からかき集めた金を足したものということもしばしばだった）が被害者の家族ではなく、国王の懐に入るということだった。裁きを下すのは巡回裁判で、巡回裁判は定期的にある地区を訪れ、それまでに蓄積された事件を審理した。すべての殺人が確実に裁判にかけられるようにするため、殺人事件が起きるたびに国王の代理人である検視官が捜査にあたった。☆34

こうしてリヴァイアサン（国家）がいっさいを取り仕切るようになると、ゲームのルールも変わった。富を築くには、その地域で最も悪党の騎士になるのではなく、せっせと宮廷に詣でて王やその側近のご機嫌をとるのが早道になった。宮廷は基本的には政府の官僚機構であるからして、短気で血気盛んな危険人物に用はなく、必要なのはそれぞれの地方を運営する責任ある管理人だった。したがって、貴族たちの売り込みの方法も変わらざるをえなくなった。まずは礼儀作法を磨いて王の取り巻きたちの不興を買わないようにし、自分たちの要求に理解を示してもらうことが必要になったのだ。宮廷（court）にふさわしい礼儀作法は、courtly（優雅な、上品な）manners、あるいは courtesy（礼儀）と呼ばれるようになった。かんだ鼻水をどうするべきかも含めた礼儀作法書は、そもそも宮廷でどのようにふるまうべきかのマニュアルとして始まったものだったのだ。エリアスは、そうした礼儀作法が数百年の間に、宮廷に出入りする貴族階級から貴族階級と関係のあるエリート中産階級へと浸透し、やがては中産階級全体へと広がっていったことを跡づけている。エリアスは、国家権力の中央集権化と人びとの心理的な変化を結びつけた自らの理論を「戦士から廷臣へ」というひと言で総括している。

＊

中世に大きな変化を引き起こした第二の外生的な要因は、経済革命だった。封建制度の経済基盤は土地と、そこで労働する農民だった。不動産業者がよく言うように、土地ほど重要なものはない。土地に基盤を置く経済においては、自分の生活水準を上げようと思えば――さらにいえば、マルサス学説的な人口急増の下で生活水準を維持しようと思えば――第一の選択肢は隣の土地を奪い取ることだ。ゲーム理論の用語でいえば、土地をめぐる競争はゼロサムゲーム――一方にとって得になれば、他方にとっては損になるのだ。

中世経済のゼロサム的な性格は、一定の物理的な資源からさらに富をひねり出すための商慣行や技術革新に反対の立場をとるキリスト教イデオロギーによって強化された。タックマンは次のように説明する。

商業に対するキリスト教的な考え方によれば……金銭は邪悪であり、聖アウグスティヌスが言うように「商売は本来的に邪悪」である。商人が生活に必要最低限な額を上回る利益をあげることは強欲であり、利子をつけて金を貸し、金銭から利益を得ることは高利貸しの罪であり、卸売で買った商品をそのまま高い小売価格をつけて売ることは不道徳であり、教会法の咎めを受ける。ひと言でいえば、まさに聖ヒエロニムスの言葉のとおり、「商人である者は神のお気に召すことはほとんどない」ので

ある。[☆35]

私の祖父なら、イディッシュ語で〝Goyische kopp!〟（非ユダヤ教徒の頭）と言ったところだ。ユダヤ人は金貸しや仲買人として雇われもしたが、一方では迫害され追放されることも多かった。この時代の経済的後進性は、法律――物の価格は原材料費と、そこに加えられた労働の価値に対して「公正」なレベルに固定されなければならないことを定めた――というかたちをとって実行に移された。「誰も他人より得することのないようにするため、商法では道具や技術の革新、固定価格より安い値段での販売、人工光の下での夜間労働、追加の職人や既婚女性、未成年の雇用、そして製品の宣伝や他製品に不利益になるほど称賛することが禁止されていた」と、タックマンは書いている。[☆36] これがゼロサムゲームへの処方箋であり、結果として富を増やす方法は略奪以外になくなったのだ。

これに対して、双方のプレーヤーが同時に利益を得る選択肢があるのが、プラスサム・ゲームである。日常生活における古典的なプラスサム・ゲームは、生き物が互いに便宜を図るというものだ。この場合、双方ともわずかな代償を払うことで相手に大きな恩恵を与えることができる。霊長類が互いの背中のダニを取ってやるのもそうだし、狩で一人では食べきれないほど大きな獲物を仕留めたとき、他のハンターと分けあったり、子どもがトラブルに巻き込まれないように親同士が交代で面倒を見たりするのもその例である。第8章で見るとおり、進化心理学の主要な知見の一つは、人間同士の協力とそれを支える共感、信頼、感謝、罪悪感、怒りなどの社会的感情が自然選択されたのは、それらが人びとにプラスサム・ゲームを活発に行わせるからだというものである。[☆37]

経済生活における古典的なプラスサム・ゲームは、余剰分を売買することだ。自分で消費できる以上の穀物をもつ農家と、自分で消費できる以上の牛乳をもつ酪農家が互いの小麦と牛乳を交換すれば、双方ともにプラスになる。つまりは「みんなが得をする」という状態である。もちろん交換がプラスをもたらすには、分業が行われていなければならない。一方が小麦一ブッシェルを提供し、その見返りに小麦一ブッシェルを受け取ったのでは意味がない。近代経済学の基本的な知見によれば、分業こそが富の創出にとってもっとも重要だという。つまり、個々の分野の専門家が商品をより費用効率の高い形で生産することができ、そうやって生産した物を効率的に取引する手段をもつということだ。効率的な交換を可能にする社会基盤の一つは輸送機関である。これによって、たとえ遠距離でも生産者同士が余剰分を取引することが可能になる。さらに生産者が多種類の余剰物を、多くの生産者と多くの場所で交換するためには、貨幣、利子、仲介業者が必要となる。

また、プラスサム・ゲームでは暴力を引き起こすインセンティブも変化する。もし誰かと互いに便宜を図ったり、余剰分を取引したりする関係になれば、その相手が死なずに生きているほうが、自分にとって価値が大きいことになる。さらに、相手が何を望むかを知ろうとするインセンティブも生まれる。相手が望むものを提供すれば、それと引き換えに自分が望むものが手に入るからだ。知識人のなかには、聖アウグスティヌスや聖ヒエロニムスに倣って、ビジネスに関わる人間は利己的で強欲だとして見下す向きが少なくない。ところが実際には、自由市場は何よりも共感を重視する。[☆38] 有能なビジネスマンは顧客が満足することに心を砕く。そうしなければ競合相手に顧客を奪われてしまうし、顧客が多ければ多いほど、彼の懐は豊かになるからである。「穏やかな通商（doux commerce）」と呼ばれるにいたったこの考え方について、経済学者サミュエル・リカールは一七〇四年に、次のように説明している。

商取引は相互の有用性を介して［人びとを］結びつける。……商取引を通じて、人間は物事を熟考し、誠実な態度をとり、礼儀作法を身に着け、慎重で控えめな言動をとることを学ぶ。成功するには賢明で正直でなければならないことを理解し、そのため悪徳な行為を避け、あるいは少なくとも現在または将来、関わりをもつ人がこちらに不都合な判断を下すことのないよう、品位と誠実さを態度で示すことが必要である。☆39

ここで話は、第二の外生的な要因による変化に戻る。エリアスによれば、中世後期には技術的・経済的な低迷から抜け出そうとする機運が高まった。物々交換に代わって貨幣が使われるようになり、通貨が認識される国の領土が広がったことがそれに拍車をかけた。ローマ時代以降放置されていた道路の建設が再開され、商品を沿岸や航行可能な川沿いだけでなく、内陸の遠隔地にまで運べるようになった。敷石で舗装された道路からひづめを守る蹄鉄や、重い荷物を引いても苦しくない首当てが使われるようになり、馬による運搬がより効率的になった。荷車や磁石、時計、紡ぎ車、ペダル織機、風車、水車などが完成したのも中世後期である。さらにこうした技術を実行に移すのに必要な専門知識や技能が、拡大しつつある職人階層のなかで深められ、磨かれていった。こうした各方面での進歩が分業をさらに促進し、余剰を増加させ、交換の機構を円滑化していったのだ。その結果、人びとはプラスサム・ゲームの恩恵により多く接するようになり、略奪というゼロサム・ゲームの魅力は減少していった。与えられた機会をより有効に利用するために、人びとは将来への計画を立て、衝動を抑制し、他人の視点に立って物事を見るようになり、社会的ネットワークのなかで成功するのに必要な、その他の社会的・認知的スキルを実行するようになっていったのである。

文明化のプロセスの引き金となるこの二つの要因――リヴァイアサン（国家）と穏やかな通商――は、相互に関連している。プラスサムの協力による商取引はリヴァイアサンが指揮をとる大きなテントの中でもっとも繁栄する。国家は、経済協力の基盤となる公共財（貨幣や道路など）を提供するのに適しているだけでなく、プレーヤーが襲撃と取引のどちらが自分の得になるかを検討する際の判断に影響を及ぼすことができるのだ。たとえばある騎士にとって、隣人から穀物一〇ブッシェルを略奪することと、穀物五ブッシェルを買うことに同じ量の時間と労力がかかるとする。この場合、穀物を盗むほうが騎士にとって得になるわけだが、もし国家が盗みを働いた罰金として六ブッシェルの穀物を取り上げることが見込まれれば、略奪するより誠実に働くほうがいいという判断になる。このように、リヴァイアサンが提示するインセンティブは商取引をより魅力的なものにするが、一方の商取引もリヴァイアサンの仕事をやりやすくする。もし穀物を買うという誠実な選択肢をとることが不可能だったら、騎士が略奪を思い止まるようにするために、国家は一〇ブッシェルすべてを罰金として取り上げると脅さなければならなくなる。だが一〇ブッシェル出させるのは、五ブッシェル出させるよりむずかしい。もちろん現実には、国家の制裁措置は罰金という形でなく禁固刑などの身体的な刑罰かもしれないが、原理は同じである。合法的な選択肢のほうが魅力的であれば、罪を犯すことを思い止まらせることは、より容易になるのだ。

つまり、文明化を促進する二つの力は相互に強化しあうのであり、エリアスはこの二つを一つのプロセスの一部だと考えた。国家による管理の中央集権化と暴力の独占、職人ギルドと官僚制の発展、物々交換に取って代わる貨幣取引、技術の進歩、取引の拡大、遠く離れた人間同士の依存関係の増大などの要素がすべて有機的に絡みあい、全体を形づくっているというわけだ。そして、その全体のなかで成功するためには共感とセルフコントロールの能力を高める必要があり、やがてそれが――エリアスの言葉を借りれば

――第二の天性《セカンド・ネイチャー》になったというのである。

実際、「有機的」という比喩はさほど突飛なものではない。進化生物学者のジョン・メイナード・スミスとエオルシュ・サトマーリは、生命の歴史における大きな移行、すなわち遺伝子の出現に始まり、染色体、真核細胞、生命体、有性生殖生物、そして動物社会の出現へと連続して起きた移行は、文明化のプロセスに類似した進化力学によって引き起こされたと主張している。[☆40] 個々の移行において、利己的にも協力的にもなれる能力をもった存在物は、より大きな全体に組み込まれることができるときには協力的になる傾向をもつ。それらは特殊化し、互いに便益を交換し、ある者が他者を利用することで全体に不利益が生じるのを抑止する予防手段を生み出したというのだ。ジャーナリストのロバート・ライトも著書『ノンゼロ』(タイトルはプラスサム・ゲームを暗に示す)、同様のプロセスについて述べ、それを人間社会の歴史に適用している。[☆41] 本書の最終章では、暴力の減少についての重要な理論について詳しく見ていく。

＊

文明化のプロセスの理論は、科学的仮説の最も厳しい検証に合格した。そこで出された驚くべき予測が、まさに現実の結果となったのだ。『文明化の過程』が出版された一九三九年当時、殺人の統計などは手に入らなかったため、エリアスは人びとによって語られた歴史や古い礼儀作法書を参照して、その理論を構築した。その後、ガーやアイズナー、コックバーンらが殺人発生率の減少を示すグラフを発表して犯罪学の世界を驚かせたとき、それを予測する理論を唱えていたのはエリアスただ一人だったのだ。だが近年の暴力の傾向をふまえたとき、彼の理論はどの程度あてはまるのだろうか。

エリアス自身、祖国ドイツが第二次世界大戦中に取った、「文明化した＝礼儀正しい」とは言いがたいふるまいに悩まされ、自論の枠組みのなかで起きる「非文明化のプロセス」について説明しようと努めた。[42] エリアスはドイツ統一への歴史が断続的にしか進まなかった結果、正統な中央政府への信頼が損なわれたと主張し、ドイツのエリート層のあいだには軍国主義的な名誉の文化が根強く残っていること、国家による暴力の独占が共産主義やファシストの市民軍の台頭によって崩壊したこと、そしてその結果、よそ者と認識される集団（とくにユダヤ人）への共感が減少したことなどを論証している。エリアスがこうした分析によって自論を救ったというのは無理があるだろうが、そもそも説明など試みるべきでなかったのかもしれない。ナチス時代の恐怖は、軍閥間の抗争や市民同士の夕食の席での殺傷事件の急増にあったのではなく、それらとは規模も性質も原因もまったく違う暴力にあった。それどころかナチス政権下のドイツでは、一対一の殺人件数の減少傾向は続いていた（たとえば図3－19を参照）。[43] 第8章では、道徳感覚の棲み分けや、ある特定の信念が集団内の異なるセクター内に分布し実行に移されることが、文明化した社会においても、イデオロギーに突き動かされた戦争やジェノサイドを招きかねないことを見ていく。

アイズナーは、文明化のプロセスの理論を複雑化させるもう一つの要因を指摘している。ヨーロッパにおける暴力の減少と中央集権国家の台頭とは、必ずしも足並みをそろえて起きるわけではない。[44] ベルギーとオランダでは暴力の減少が顕著に見られたが、どちらにも強力な中央集権政府は存在しない。スウェーデンで暴力の減少傾向が見られるようになったのも、国家権力の拡大を受けてではなかった。反対に、イタリアは暴力の減少で他国に後れをとったが、その政府は強大な官僚制と警察権力をもっていた。また近代初期の君主国において残忍な刑罰が導入された結果、それがもっとも積極的に実施された地域でも暴力の減少は見られなかった。

犯罪学者のなかには、国家による平和化の効力の源泉は、ただ単に容赦ない強制力をもつことではなく、国民からどれだけ信頼を得られるかにあると見る者も少なくない。結局のところ、どんな国家もパブや農家の一軒一軒に情報提供者を置いて違法者がいないか監視することなどできないし、もしそうしようとする国があれば、それは恐怖によって支配する全体主義独裁政権であり、人びとがセルフコントロールと共感によって共存する文明化した社会ではない。リヴァイアサンが社会を文明化するためには、市民が法律や法執行機関をはじめとする社会的取り決めが正当なものだと受けとめ、国家が監視していないスキを狙って最悪の衝動に身を任せたりしないことが条件となる。☆45 これはエリアスの理論に反しはしないが、少々のひねりを加えることになる。法の支配を課すことによって、軍閥同士の流血の争いに終止符を打つことは可能であっても、さらに暴力の発生率を——近代ヨーロッパ社会並みのレベルにまで——減少させるには、ある一定の国民が自分たちに課せられた法の支配にしたがうという、より漠然としたプロセスが必要なのだ。

一方、自由至上主義者《リバタリアン》や無政府主義者《アナキスト》など、リヴァイアサンに懐疑的な人びとはこう指摘する。共同体の自由裁量に任せておけば、もめごとを法律や警察、裁判所などの政府の飾り物なしに、暴力を使わずに解決するための協力の規範を編み出す場合が多いのだ、と。メルヴィルの小説『白鯨』の主人公イシュメルは、法の手の届かないところにいるアメリカの捕鯨船員たちが、ある船が傷つけるか殺した鯨を別の船が捕ったときに生じる争いを、どのように解決してきたかについて、次のように説明している。

このような場合、成文法にせよ非成文法にせよ、あらゆる事態に適応しうる普遍的かつ妥当な法律がないとするならば、煩雑にして激烈な紛争が頻発することは避けがたい。

……〔オランダ以外の〕いかなる国も捕鯨に関する成文法をもたないのだが、アメリカ捕鯨業界には捕鯨に関する独自の立法組織と調停組織がある。……それらはきわめて簡潔なものゆえ、アン女王治下に鋳造された四分の一ペニー銅貨にも、銛のかかりにも刻むことができ、ペンダントにして首に飾ることもできる。

一、しとめ鯨はしとめた者に属する。

二、はなれ鯨は、誰にせよ最初にしとめた者に属する。

この種の非公式な規範は世界の多くの地域の漁師や農夫、牛飼いや羊飼いなどの間でつくられてきた。☆46 法学者のロバート・エリクソンは著書『法律なしで維持される秩序——隣人たちはどのように争いを解決したか』で、大昔からある牧畜民と農民との（しばしば激烈な）対立の、近代アメリカ版ともいうべきものを検証している。カリフォルニア州北部シャスタ郡では、伝統的な牧場主は本質的にカウボーイで、囲いのない広々とした草原で牛を放牧するのに対し、近代的な牧場主はフェンスで囲った牧場に水を引き、そこで牛を飼育するが、両者はともに牧草やアルファルファなどを栽培する農場主と共存している。時折はぐれた牛がフェンスを壊したり、農場の作物を食べたり、水路を糞尿で汚したり、道路をうろうろして車にはねられたりすることもある。同郡は、牛が引き起こした事故によるほとんどの損害に対して所有者が法的責任を問われない「開放放牧地」と、所有者の過失によるかどうかを問わず、厳しく責任を問われる「閉鎖放牧地」の二つに分けられている。エリクソンは、牛が引き起こした損害の被害者は、問題の解決に法制度を利用することをひどく嫌うことを突きとめた。それどころか、ほとんどの住民が——牧場主、農民、保険査定員、さらには弁護士や判事まで——適用される法律は完全に間違っているとの考えをもっていた。住民たちはいくつかの暗黙の規範を守ることで仲良く暮らしていたのだ。牛の所有者は、放牧地が開放であれ閉鎖であれ、自分の牛が引き起こした損害にはつねに責任を負うが、その損害が小規模で散発的である場合、所有者は何回分かを「まとめて」支払うことになっていた。住民たちは誰にどれだけの支払い義務があるか、長期にわたって記憶しており、負債は現金ではなく現物で支払われた（たとえば自分の牛が牧場主のフェンスを壊した場合、その牛飼いはのちに牧場主のはぐれ牛のうちの一頭に無料でエサをやる、といった具合）。支払い義務を怠ったりルールに違反したりする者には、罰として悪い噂が立てられ、時には遠回しの脅しがかけられたり、小規模な破壊行為が加えられたりすることもあった。第9章では、こうした規範の背後にある道徳心理――平等対等のカテゴリーに入る――について詳しく見ていく。[47]

暗黙の規範と同じくらい重要なのは、それを守る人びとが政府は不要だと思っていると考えるのは間違いだということだ。シャスタ郡の牧場主たちは、牛がフェンスを壊したときにはリヴァイアサンの出番ではないと思ったかもしれない。だが彼らも政府の保護を受けて生活しているのであり、非公式の制裁が必要以上にエスカレートしたり、ケンカや殺人、女性をめぐる争いごとなど、より大きな利害が絡んでくれば、政府が介入すべきであることを承知している。この先見ていくとおり、現在の彼らの平和的共存のレベルそのものが、この地域で起きた文明化のプロセスによってもたらされたものなのだ。一八五〇年代、カリフォルニア州北部の牧場経営者のあいだの殺人発生率は人口一〇万人あたり約四五件と、中世ヨーロッパ並みだった。[48]

考えるに、近代における暴力の減少が、文明化のプロセスの理論によって大部分説明できる理由は、それがヨーロッパにおける殺人発生率の著しい減少を予測したからだけではない。文明化のプロセスの理論は、近代において殺人発生率が人口一〇万人あたり一件にまで下がらない時代と場所についても、正しく予測しているからだ。こうした例外（例外があることが、法則であることのあかしだ）のうちの二つは、文明化のプロセスが十分に浸透しなかったゾーン――社会経済的階層の下層部分と、地球上でも人が近づきにくい苛酷な環境にある地域――であり、あとの二つは、文明化のプロセスが逆行したゾーン――発展途上地域と一九六〇年代である。これらの四つのゾーンを一つずつ訪れてみることにしよう。

暴力と階層

数の激減もさることながら、ヨーロッパの殺人件数の減少で最も驚くべきなのは、殺人を犯す人の社会経済的特徴の変化である。何世紀も前には、富める人たちも貧しい人たちと同様、あるいはそれ以上に暴力的だった。[☆49] ジェントルマンはつねに剣を携行し、侮辱されればためらいなく仕返しした。また外出にはボディガードを兼ねた召使いを連れて行くことが多かったため、侮辱や侮辱への報復が、貴族集団同士の市街での流血の争いに発展することもしばしばだった（『ロミオとジュリエット』の冒頭の場面のように）。経済学者のグレゴリー・クラークは、中世後期から産業革命までの時期に死亡したイギリスの貴族の記録を調査した。そのデータをグラフにしたのが図3－7だが、これを見ると、一四世紀から一五世紀にかけて暴力的な死を遂げた男性貴族の割合は、二六パーセントと驚くほど高かったことがわかる。これは図2－2のグラフの無文字社会の平均とほぼ等しい。この割合は一八世紀に入る頃には一桁になり、いうまでもなく現在ではほぼゼロに近い数字となっている。

殺人の発生率をパーセントで表した数字は今日でもきわめて高いが、一八世紀から一九世紀のかなりの部分にかけて、暴力は社会的地位の高い男性（たとえばアレクサンダー・ハミルトンやアーロン・バーなど）の生活とは切り離せなかった。ボズウェルはサミュエル・ジョンソンの――彼なら言葉で自分を守ることぐらい朝飯前だったはずなのだが――次のような言葉を引用している。「私が殴った相手はたくさんいるが、それ以外の連中は口をつぐむ機転を持ちあわせていた」[☆50]。上流階級の人びとはしだいに互いに力を行使することは控えるようになったが、自分より下の身分の人たちに力を行使する権利は、法の監視を受けつつも保持した。一八九五年の時点でも、イギリスで出版された『良き社会の習慣』という本には次のように書かれている。

身体的処罰以外の方法では道理を悟らせることができない人間というのは存在しており、私たちは時折ではあるがそうした人びとと対処する必要に迫られる。淑女が手に負えない無礼者、あるいは不正直でしつこい馬車の御者に侮辱されたり迷惑をかけられたりした場合には、したたかな一撃をお見舞いすればすべての問題が解決する。……したがって男性は紳士になろうと望んでいるかどうかを問わず、拳で相手を殴る術を身に着けるべきである。……ほんのいくつかルールがあるが、すべて常識で判断できることだ。前方に真っ直ぐ、いきなり腕を打ち出すこと。一方の腕で自分の身体をガードし、もう一方の腕で打つこと。紳士同士が戦うことは決してない。殴打の技《わざ》は、自分より低い階層の、頑強で無分別な者に対して使われるべきものである[☆51]。

ヨーロッパにおける暴力の減少は、まずエリート階級の暴力の減少から始まった。統計を見ると、今日の欧米諸国ではどこでも、殺人やその他の暴力犯罪を犯すのは圧倒的多数が最も下層の社会経済階級に属する者だ。この変化の背景にある一つの明らかな理由は、中世には人びとは力を行使することで高い地位を手に入れていたことがある。ジャーナリストのスティーヴン・セイラーは、二〇世紀初頭のイギリスで

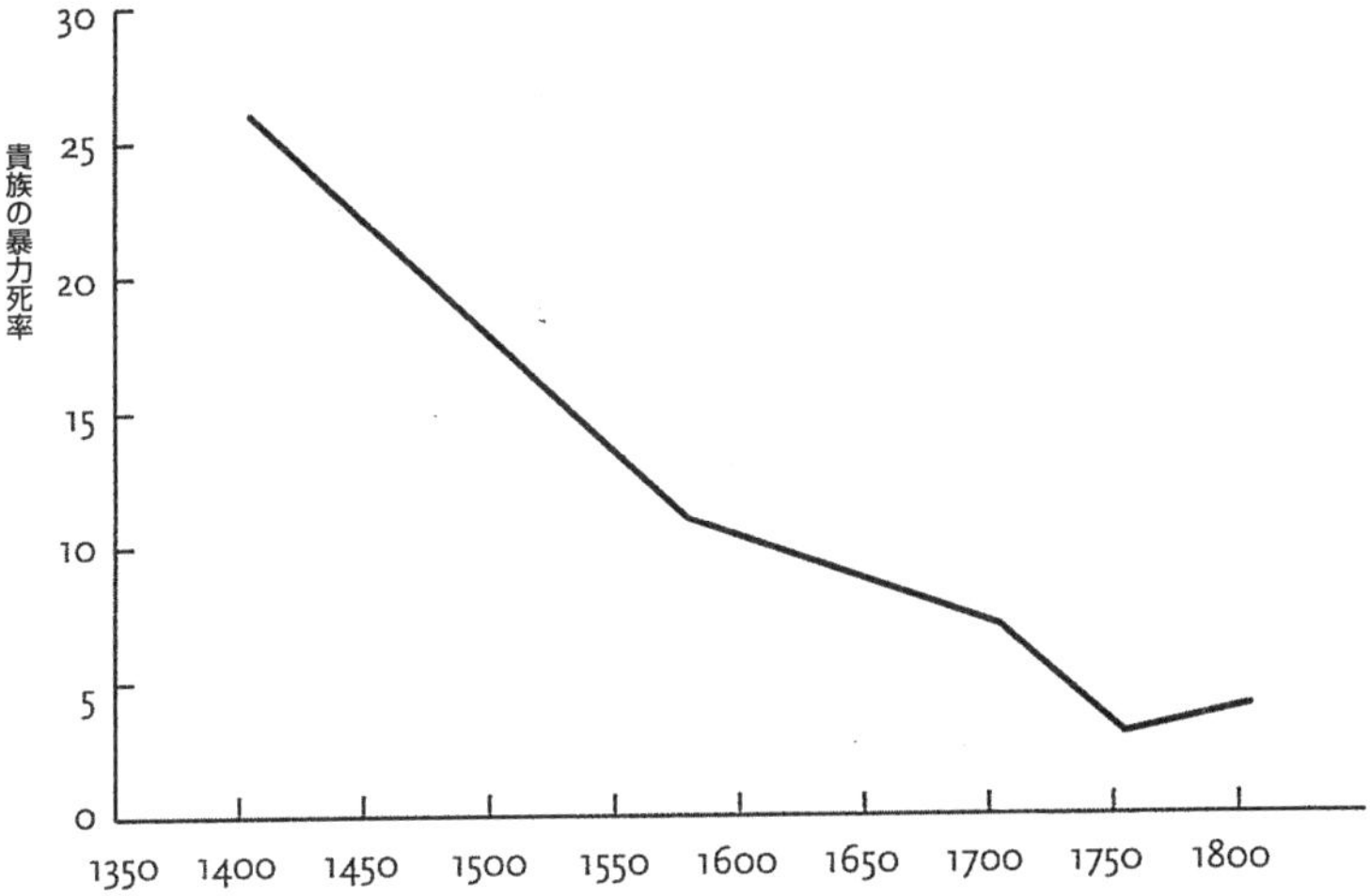

図3 − 7　イギリスにおける貴族男性の暴力による死亡率（1330 〜 1829 年）.
出典：Clark, 2007a, p.122; 複数年にわたるデータはその期間の中間点に示した .

交わされた、あるやりとりについてこう記している。「英国貴族院のある世襲議員が、最近広大な土地を手に入れて巨万の富を築いた者を貴族として認める決定をロイド・ジョージ首相が下したことに不満をもらした。この世襲議員は『あなたの祖先はどのようにして貴族になったのか？』と問われ、厳しい声でこう答えた。『戦斧です、戦斧ですよ！』」[☆52]。

上流階級の人びとが戦斧を捨て、従者にも武器を持たせず、無礼者や馬車の御者を殴ることもなくなると、中流階級もそれにならった。こうした変化はもちろん王宮によってではなく、文明化のプロセスによってもたらされた。工場や事業所に雇用されるには、礼儀作法を身に着けていることが条件となった。政治的プロセスが民主的になるにしたがい、人びとはさまざまな政府や社会の機関に一体感を抱くようになり、不満や苦情を処理する方法として裁判制度が利用されるようになった。そして一八二八年にはサー・ロバート・ピール内務大臣がロンドン警視庁を創設。警察官は彼の愛称ボビーにちなんで「ボ

ビーズ」と呼ばれるようになった。☆53

暴力が社会経済的階層の低さと関連づけられる一番の理由は、上流および中流階級は司法制度によって正義を追求しようとするのに対し、下層階級は暴力の専門家が「自力救済《セルフヘルプ》」と呼ぶ方法を用いることにある。セルフヘルプと言っても、『愛しすぎる女たち』とか『こころのチキンスープ』といった類の自己啓発とはなんの関係もない。これは自警主義、あるいは私的制裁と言いかえられるもので、誰の手も借りずに自らが裁きを下し、国家による介入がない時代に人びとが正義を確保するために用いた暴力的報復の手段に訴えることである。

法学者のドナルド・ブラックは有名な論文「犯罪と社会的規制」で、私たちが犯罪と呼ぶもののほとんどは、加害者の視点から見れば正義の追求だと主張する。☆54ブラックはまず、犯罪学者の間では長く知られている統計から話を始める。殺人のうち、実際的な目的――たとえば強盗がその家の主人を殺すとか、警官が逮捕する際に犯人を殺すとか、強盗やレイプの犯人が被害者の口を封じるために殺すとか――のためになされるものは、全体の一割程度ときわめて少ないというのだ。☆55殺人のもっとも一般的な動機は、侮辱されたことへの報復、家庭内の争議がエスカレートしたもの、恋人の裏切りや失恋、嫉妬、復讐、自己防衛など、道徳的なものだという。ブラックは、ヒューストンのあるデータベースから次のような事例を引用している。

妹たちに性的誘惑をかけた兄を非難する弟が、激しい口論のあげくに兄を殺害した事件、複数の請求書をめぐる夫婦ゲンカで妻に殺せるものなら殺してみろと言われ、夫が妻を本当に殺してしまった事件、もう一つは、夫が娘（妻の連れ子）と言い争い、娘を殴ったために妻が夫を殺害した事件、二一歳の息子が「ホモの連中とつるんでドラッグ浸りになっている」ことに腹を立てた母親が息子を殺した事件、さらに車の駐車をめぐる口論で暴力をふるわれ、それが原因で死亡した事件が二つある。

大部分の殺人事件は実質的には、ある一般市民が自ら判事、陪審員、そして執行人となった「死刑」であるとブラックは言う。私たちが暴力行為をどう認識するかは、暴力の三角形（図2－1参照）のどこに自分の視点を置くかによって決まる。たとえば妻の愛人に怪我をさせたために逮捕され、裁判にかけられた男性がいたとしよう。法律の視点から見れば、攻撃者は夫、被害者は社会となる（この解釈はたとえば先にふれた、「人民対○×」という裁判の呼び方にも見て取れる）。妻の愛人の視点から見れば、攻撃者は夫、被害者は自分であり、もし夫が無罪になるか、裁判が評決不能になるか、司法取引をするかすれば、結果的に復讐は禁止されたことになり、正義は失われる。また夫の視点から見れば、自分こそが（妻の不義の）被害者であり、攻撃者は愛人、正義はすでに貫かれている――だがいまや、彼は第二の攻撃行為の被害者となっている。攻撃者は国家、愛人はその共犯者である。ブラックはこう書く。

殺人を犯す者は……しばしば、自らの運命を当局の手に委ねているように見える。警察が到着するのをじっと待つ者も少なくないし、自分から通報する者もいる。……このような場合には、殺人を犯した者は見方によっては殉教者といえるかもしれない。ストライキ禁止法に違反する労働者や――彼らは刑務所に入れられることを覚悟のうえだ――その他の原理原則にもとづいて法律に違反する人びととは違って、殺人を犯す者は自分が正しいと思っており、その帰結としての処罰を甘んじて受け入れるのだ。☆56

こうした見方は、暴力に関する多くの定説を覆す。その一つは、暴力は道徳性や正義の欠如によって引き起こされるというものである。ところが実際には、暴力はしばしば道徳性と正義の過剰――少なくとも加害者の頭の中では――によって引き起こされる。もう一つの定説は、心理学者や公衆衛生の専門家が奉じている、暴力は一種の病気だというものだ。[☆57] だが、この公衆衛生版の暴力理論は、そもそも病気とは何かという基本的な定義――すなわち、ある個人に苦痛を引き起こす機能不全――を無視している。[☆58] 暴力をふるう人の大部分は、自分にはどこも悪いところなどないと主張する。何か問題があると思うのは被害者や傍観者のほうなのだ。暴力についての疑わしい定説の三つ目は、下層階級の人びとが暴力に走るのは、彼らが経済的に困窮している（たとえば子どもに食べさせるために食べ物を盗むなど）からか、社会に対する怒りをぶつけるためだというものだ。下層階級の人間がふるう暴力は、たしかに怒りの表明である場合が多いが、それは社会に向けられたものではなく、自分の車に傷をつけたり、人前で自分を侮辱したクソッタレに向けられているのだ。

犯罪学者マーク・クーニーは、ブラックの主張に触発された論文「上流階級における殺人件数の減少」のなかで、低い階層に属する者（貧しい人、教育を受けていない人、独身者、マイノリティグループに属する人など）の多くは事実上、国家のない状態に置かれていると説明している。なかには麻薬の売買やギャンブル、盗品の売買、売春など違法行為で生計を立てている者もあり、その場合には訴訟を起こしたり、商取引上の争いで自分たちの利益を守るために警察を呼んだりすることはできない。その点で、彼らはある一定の高い地位にある人びと――違法取引の元締めであるマフィアや麻薬売人の親玉、酒の密輸業者など――と同様に暴力行使の必要性をもっているといえる。

彼らが国家のない状態にあるもう一つの理由は、低い階層の人びとと司法制度が、しばしば相互に敵対する状況下にあることだ。ブラックとクーニーは、警察は低所得のアフリカ系アメリカ人に対する扱いにおいて、「無関心と敵意のあいだを行ったり来たりしているように……彼らの問題にはできるだけ関わらないようにしているが、いったん関わると手荒になる」と指摘する。[☆59]判事や検察官もまた「低い階層の人びと同士の争いには興味を示さない……傾向が見られ、なるべく早く決着をつけ、処罰においても十分に重視しない場合が多い」という。[☆60]ジャーナリストのヘザー・マクドナルドは、ハーレム警察の巡査部長の次のような話を引用している。

先週末、この界隈で知られたアホ野郎が車でガキをはねたんだ。その報復のために、そのガキの家族全員がそいつのアパートに押しかけた。被害者の姉ちゃんたちはアパートのドアを足で蹴破った。するとそのアホ野郎の母親が彼女たちをこっぴどく殴ったんで、姉ちゃんたちは口から血を出して床に倒れた。被害者の家族は相手の家族と一戦交えるつもりだったんだ。だからそいつらを不法侵入で告訴することもできたし、加害者の母親のほうも、相手の家族を殴り倒したことで第三級暴行罪に値する。そもそも全員が街のクズみたいなやつらなんだ。自分たちのやり方で仕返しするのが正義だと思ってる。俺はやつらにこう言ってやったよ。「全員、ムショに行くか、それともチャラにするか」って。でなけりゃ、刑務所に馬鹿なことをやった六人の死体が転がることになる。地区検察は怒りまくるだろうし、そもそも誰も裁判所に出頭なんかしないだろうよ。[☆61]

低い階層の人びとには、法律を利用せずにむしろそれと敵対し、自力救済による正義や社交儀礼という昔ながらの方法を選ぶ傾向が強く見られることは驚くにあたらない。巡査部長が担当地区で関わっている人びとについて発した上記のコメントに対し、犯罪学者ディーナ・ウィルキンソンが面接した若いアフリカ系アメリカ人たちの言い分はこうだ。

レジー――俺のネイバーフッド〔近隣地区〕を担当してるポリ公は、まったくここにはそぐわないやつらだよ。黒人のネイバーフッドを白人のポリ公に担当させたって、そこを守れるわけないし、役に立つはずもないだろう。そんなこと無理に決まってる。やつらは罪を犯してる黒人の顔しか見てないし、やつらにはみんな同じ顔に見える。罪を犯していない黒人も、罪を犯してるニガーに見えちまうんだ。だから全員がポリ公に嫌がらせをされるんだよ。

デクスター――ニガー〔警察〕がニガー〔若者〕をひどい目に遭わしてるんだからもう最悪だよ。自分たちが不正を働いてるんだから。ニガーども〔警官〕はヤクの取引スポットにやってきて俺のヤクを取り上げて、今度は自分たちでそのヤクを街で売るんだぜ。で、その誰かをハイにさせてるってわけだ。

クエンティン〔父親を撃った男について語って〕やつはうまいこと罪を逃れるかもしれない。そしたら俺はどうすりゃいい？……もし親父が死んで、あの男が捕まらなかったとしたら、俺はやつの家族に仕返ししてやる。ここでは当然のことさ。それがここの掟なんだよ。そいつをやっつけられなかったら、家族をやっつける。……みんなそう教えられて大人になるんだ。みんなリスペクトされたい、男

になりたいんだよ。☆62

言いかえれば、歴史的な文明化のプロセスは暴力を消し去ることはなかった。だがそれによって、暴力は社会経済的な底辺へと押しやられていったのである。

世界各地の暴力

文明化のプロセスは社会経済的な階層を下に向かって広がっただけでなく、地理的にもヨーロッパを震源地として外に向かって広がっていった。図3－3で見たように、暴力の減少はまずイギリスで見られ、すぐ次にドイツとオランダなどの低地帯が続いた。図3－8は、この外側への広がりを一九世紀と二一世紀初頭のヨーロッパの地図で示したものだ。

一八〇〇年代末、ヨーロッパは工業化が進んだ北部諸国（イギリス、フランス、ドイツ、デンマーク、オランダなど低地帯の国々）で暴力が最も減少し、その周辺のアイルランド、オーストリア・ハンガリー帝国、フィンランドでは、それよりやや暴力発生率が高く、その周りのスペイン、イタリア、ギリシャ、スラブ諸国ではさらに高かった。今日、暴力発生率の低い中心部は拡大して西および中央ヨーロッパ全域を含むが、東ヨーロッパに向かって暴力発生率が高くなり、バルカン半島の山間部も同様である。

個々の国のなかでも暴力の発生率は一様ではない。都市化したり農家が密集した中心部で暴力が鎮静化したあとも、辺境や山間部では長期にわたって暴力的な傾向が強く見られる。スコットランド高地では一八世紀まで、サルデーニャ島、シシリー島、およびモンテネグロをはじめとするバルカン諸国では二〇世紀まで、部族抗争が蔓延していた。[63]「はじめに」で取り上げた血なまぐさい二つの古典——ヘブライ語聖書とホメロスの叙事詩——が、ともに荒涼とした山や谷に暮らす人びとのものであるのは、決して偶然ではない。

では、世界のそれ以外の地域はどうなのだろう？　大部分のヨーロッパ諸国では、殺人の統計を一世紀かそれ以上にわたって記録しているが、他の大陸ではその限りではない。今日でも、国際刑事警察機構（インターポール）に報告される犯罪記録の統計は信頼できないことが多く、ありえない数字も時として含まれる。自国民同士が殺しあうのを防ぐことにどの程度成功したかを知ろうとするなど、余計なお世話だと考えている政府も少なくない。また発展途上世界の一部では、軍閥が内実は山賊行為にすぎない自分たちの活動を政治的解放運動のように見せかけているため、内戦の犠牲者なのか、組織犯罪による殺人被害者なのか、線引きが困難な場合もある。[64]

こうした限界も念頭に置いたうえで、今日の世界における殺人の発生率を概観してみることにしよう。最も信頼できるのはＷＨＯ（世界保健機関）のデータで、これは公衆衛生記録などの資料にもとづき、世界のできるだけ多くの国々における死因を推定したものだ。[65]これに加えて国連薬物犯罪事務所は、世界のすべての国について、高く推定した場合と低く推定した場合の数字を出している。図３－９は、同事務所の最新の報告に掲載されている二〇〇四年の数字を世界地図に示したものだ。[66]良いニュースは、このデータによる世界の国々の殺人件数の中央値は人口一〇万人あたり六件であることだ。またＷＨＯの統計によれば、二〇〇〇年の全世界の殺人件数は人口一〇万人あたり八・八人となっている。[67]この数字はともに、前国家社会における殺人件数が三桁、中世ヨーロッパの殺人件数が二桁であることから見れば大きな前進だといえる。

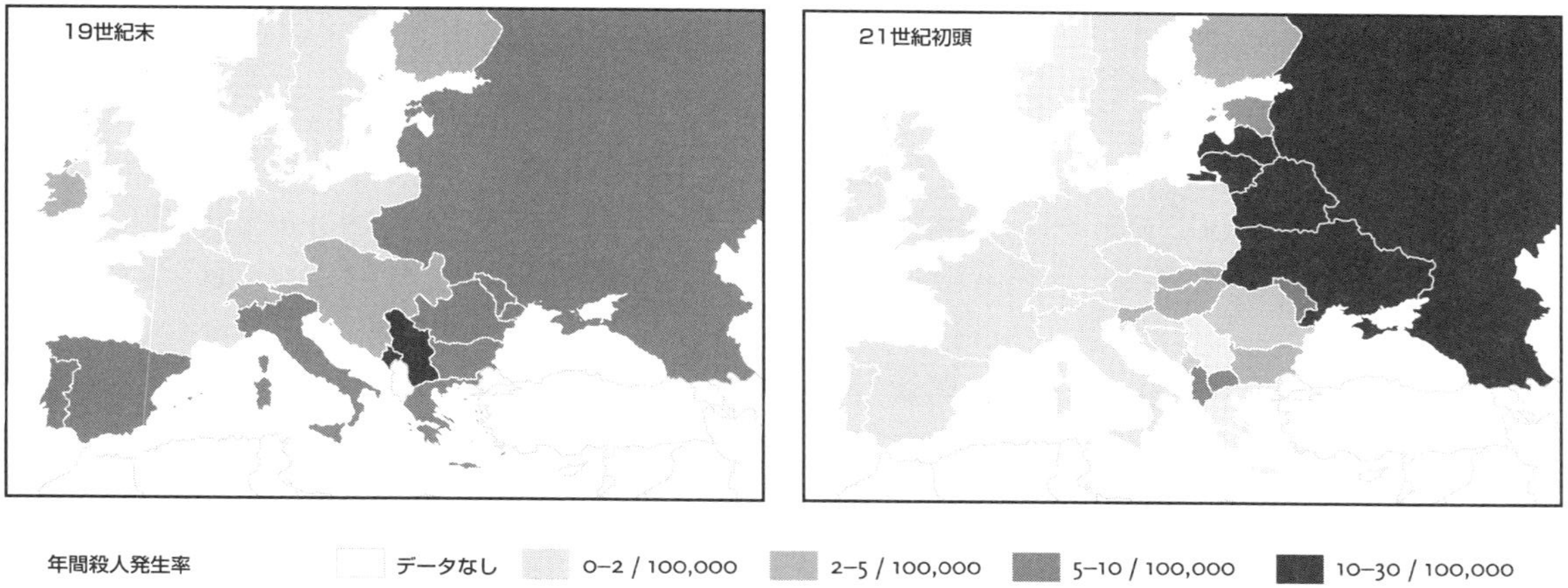

図3 － 8　ヨーロッパにおける殺人の地理的分布（19 世紀末および 21 世紀初頭）.
出典：19 世紀末（1880 ～ 1900 年）—Eisner, 2003. アイズナーの「10 万人あたり 5.1 人以上」の区分に該当するものは本人と相談し，5 － 10 および 10 － 30 に含めた． モンテネグロのデータはセルビアのデータにもとづく． 21 世紀初頭（主に 2004 年）—国連薬物犯罪事務所 2009 年；注 66 と同様データは選択的.

地図を見ればわかるとおり、西ヨーロッパと中央ヨーロッパは今日、世界中で最も暴力の少ない地域である。それ以外ではオーストラリア、ニュージーランド、フィジー、カナダ、モルディブ、バミューダ諸島など、かつての大英帝国に属していた国々では殺人の発生件数が確実に低い。ただし、かつてのイギリス植民地でこのパターンにはまらない国が一つあり、この一風変わった国については次の節で見ていくことにする。

アジアにも殺人件数が低い国がいくつかあり、とくに日本、シンガポール、香港といった西洋のモデルを採用した国ではその傾向が顕著に見られる。中国でも殺人件数は人口一〇万人あたり二・二件とかなり低い。この秘密主義の国のデータを額面どおり受け取るとしても、時系列的なデータが存在しないため、それが何千年も続いた中央集権的な統治のせいなのか、現政権の独裁主義的な性格によるものなのかを見きわめることはできない。イスラム国家の多くを含む独裁主義国家では、国民に対する監視が行われ、法に違反する者は確実にかつ厳しく処罰される。これらの「警察国家」では、暴力的犯罪の発生率が低い傾向にあるのは驚くにあたらない。しかしここで、中国もまた長期間にわたる文明化のプロセスをへてきたことを示す、きわめて興味深いエピソードがあるので紹介しておこう。エリアスによれば、ヨーロッパにおける暴力の減少と密接に関連するナイフのタブーは、中国ではさらに一歩進んだ形で見られたという。中国では何世紀にもわたって、包丁《ナイフ》はもっぱら料理人が使うものとされてきた。食べ物は調理場で一口大にカットしてから供されるため、食卓にナイフが用意されることはいっさいない。「ヨーロッパ人は野蛮人だ。彼らは剣を使って食事をする」という中国人の言葉を、エリアスは引用している。☆68

では他の地域はどうだろうか。犯罪学者のゲーリー・ラフリーと社会学者のオーランド・パターソンは、犯罪と民主化の関係を逆U字形のグラフで示している。民主主義が確立した国は、独裁体制が定着した国

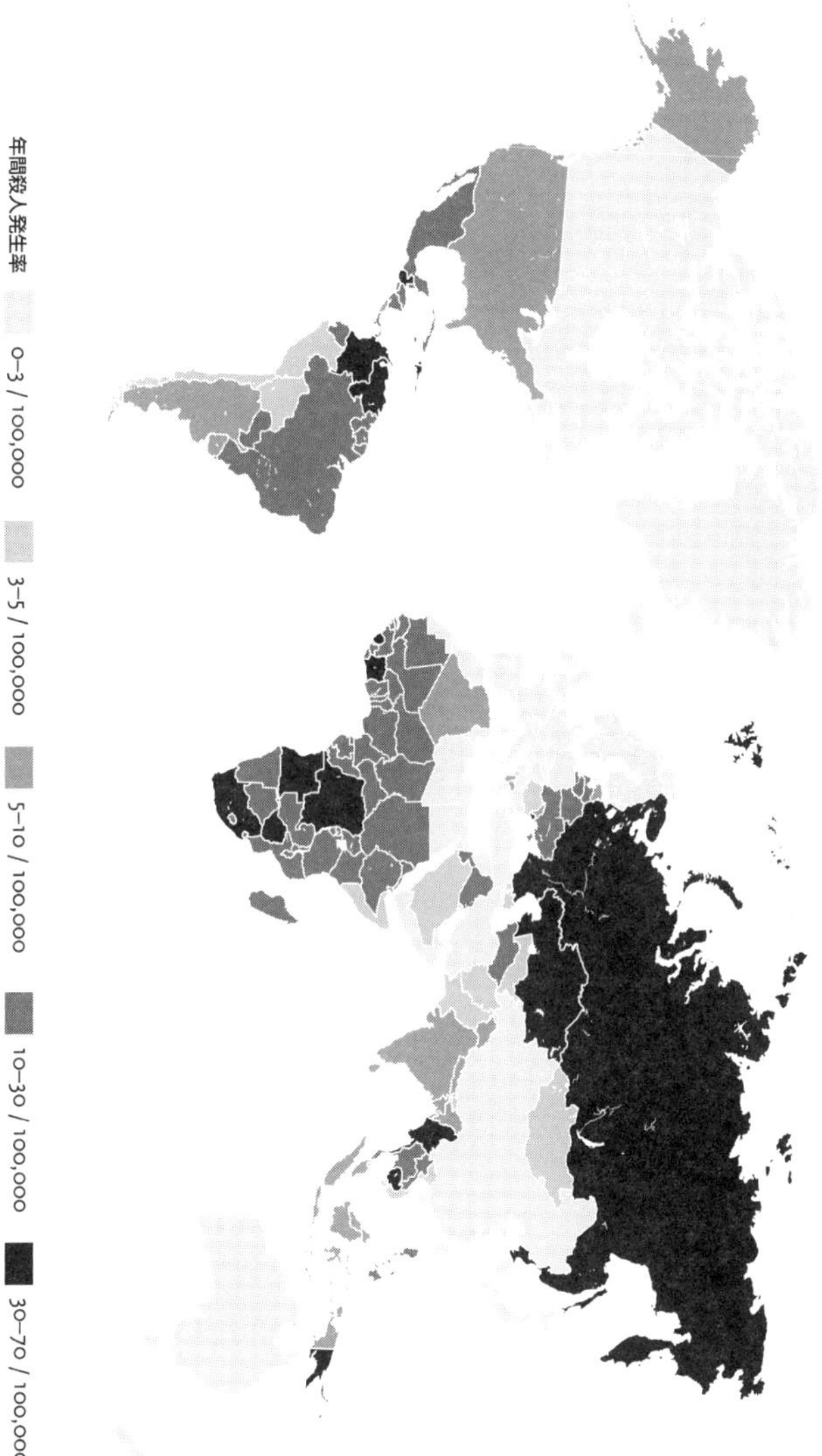

図3－9　世界における殺人の地理的分布（2004年）
出典：国連薬物犯罪事務所国際殺人統計2004; 注66参照．台湾の推計は中華民国（台湾）内政部統計処2000年．

と同様、比較的安全だが、新興民主主義やアノクラシー〔民主主義と独裁主義の中間的な政治体制〕の国々では、しばしば暴力的犯罪が蔓延し、内戦が起きることも多く、両者の区別が曖昧になることもある。[☆69] 今日の世界で最も犯罪率の高い国や地域は、ロシア、サハラ以南のアフリカ、そして中南米の一部だ。こうした国々の多くでは、警察や司法制度が腐敗しており、犯罪者と被害者の別なく賄賂を強要して、最も高額の賄賂を支払う者の側につくという事態が蔓延している。ジャマイカ(三三・七)やコロンビア(五二・七)のように、麻薬取引によって資金を得る民兵組織が法の手を逃れて暗躍している地域もある。麻薬取引が増加したこの四〇年間に、これらの国々の殺人件数は急増した。またロシア(二九・七)や南アフリカ(六九)のように、前政権の崩壊後、非文明化のプロセスが進んだといえる地域もある。

非文明化のプロセスはまた、部族社会から植民地支配下に入り、その後突然独立国家となった国々、たとえばサハラ以南のアフリカやパプアニューギニア(一五・二)にも見られる。文化人類学者のポリー・ウィースナーは「槍からM－16へ」と題する論文で、ニューギニア高地の民族であるエンガ族の社会における暴力の歴史的変遷について検証している。その冒頭で、ウィースナーは一九三九年代にこの地域で調査を行った文化人類学者のフィールドノートを次のように引用している。

いまわれわれがいるのは、世界とはいわずともニューギニアでもっとも美しい渓谷の一つ、ライ渓谷である。周り中、どこを見渡してもきちんと区画され手入れされた畑(ほとんどはサツマイモ畑だ)が広がり、モクマオウの林が繁っている。田園地帯を走る道路は傾斜がつけられて丁寧に造られており、小さな公園が……あちこちに点在し、あたり一帯がまるで巨大な植物園のようだ。

ウィースナーはこれと、二〇〇四年に自分自身が書いた日誌を比較する。

ライ渓谷は荒れ地同然の状態にある。エンガ族の言葉によれば、「鳥やヘビ、ネズミが手入れをしている」のだという。人家は燃えて灰になり、サツマイモ畑には雑草が生い茂り、木々は伐採されて残っているのはギザギザの切り株ばかり。高地の森林では戦闘が勢いを増し、散弾銃や高性能のライフルを持った「ランボー」たちが繰り広げる銃撃戦で、多くの人命が失われている。ほんの数年前には市場で賑わっていた道路脇はがらんとして、不気味な空虚さが漂っている。☆70

エンガ族は、平和な民族とはとうてい言えない人びとだった。エンガ族の部族の一つであるマエ・エンガ族の戦闘による死亡率は、図2-3に示されているが、年間人口一〇万人あたり三〇〇人が戦闘で死亡するという数字は、本章で最悪の数字と見なしてきたものをはるかにしのぐ。通常のホッブズ的な力学はすべてここにある――レイプや姦通、盗み（豚から土地まで）、侮辱的言動、そして言うまでもなく復讐に次ぐ復讐……。それでもエンガ族は戦闘がいかに無駄であるかを認識しており、一部の部族は戦闘を抑制するための措置をとって、それなりに成果もあがった。たとえば、ジュネーブ条約にも似た取り決めを行い、相手の身体をバラバラに切断したり、交渉人を殺害するなどの戦争犯罪を禁止したのである。また、ときとして他の集落や部族との間で破壊的な戦闘に巻き込まれることもあるものの、基本的には暴力を自分たちの集団内にとどめておくよう努めている。どんな人間社会にも、優位性（最終的には異性との性交の機会）を追求する若い男性と、自分の近親者や部族内の内紛によるダメージを最小限にとどめようとする年長の男性とのあいだに、利害の衝突が存在する。エンガ族の長老たちは血気盛んな若者に「独身男性カルト」に入ることを義務づけ、報復的行為に走る衝動を自制するよう奨励した。そこでは「人の血はなかなか洗い落とせない」とか「豚の死を仕組めば長生きできるが、人の死を仕組めば長生きできない」などといった諺の力も借りたという。[☆71] そして彼らの社会における他の文明化のプロセスと同様、そこには礼儀正しさと清潔さの規範がともなっていた。ウィースナーは私宛てのEメールで次のように書いている。

エンガ族の人たちは排便の際には雨合羽で身体を覆って、周りの人が（太陽も）を不快にさせないように気を配りますし、道路脇での立ち小便は途方もなく無礼なこととされています。料理する前には手を念入りに洗いますし、性器を隠すことについてもとても遠慮深いのですが、鼻水についてはあまり気にしないようです。

何より注目すべきなのは、エンガ族が一九三〇年代後半に始まった「パックス・オーストラリアーナ（オーストラリアの支配による平和）」に適応し、その後二〇年間に戦闘の数が激減したことだ。争いごとを解決するのに暴力に訴えず、戦場ではなく「法廷で争う」ようになったことで安堵したエンガ族も少なくなかった。

ところが一九七五年、パプアニューギニアが独立すると、ふたたびエンガ族の間では暴力が復活した。政府の役人たちが自分の部族のメンバーに土地や特権を与えたため、恩恵にあずかれない部族から脅しや報復を受けるようになったのだ。若者たちは独身男性カルトを出て学校教育を受けたが、結局そこで訓練されたような職業は彼らの社会には存在しないため、「ラスコル」という犯罪集団に加わる。そこは長老たちの押さえも規範による縛りもない無法地帯で、若者たちは酒や麻薬、ナイトクラブ、ギャンブルに溺れ、M－16やAK－47などの銃器を手にしてレイプや略奪、放火などの悪行をはたらき、中世ヨーロッパの騎士さながらの様相を呈した。対する国家の力は弱かった。警察は十分な訓練を受けておらず、銃は不足し、腐敗した官僚体制ではとうてい秩序を維持することはできなかった。一言でいえば、あまりにも急速な非植民地化によって生じた統治の空白が、パプアニューギニアを非文明化のプロセスへと駆り立て、同国の社会は伝統的規範も近代的な法執行機関も機能しない状態に陥ってしまったのだ。パプアニューギニア以外にも、発展途上世界の元植民地には同様の退廃が起きており、低い殺人件数へと向かう世界的な潮流のなかに生じた渦となっている。

　欧米人はとかく、無法状態にある地域における暴力は手に負えず、その状態は半永久的に続くと考えがちだ。しかし歴史をふり返ると、流血の暴力にうんざりした社会が、犯罪学で「文明化攻勢」と呼ばれる手段を講じるということがまま見られる。[☆72] 国家体制の確立や商業の振興のいわば副産物として、殺人件数が減少するのは意図されない現象だが、これに対して社会のあるセクター（多くは女性や長老、あるいは聖職者）が、「ランボー」や「ラスコル」の活動を封じ込め、文明化された生活を取り戻すために意図的に運動を起こすことがある。ウィースナーはパプアニューギニアのエンガ州で、二〇〇〇年代にこうした文明化攻勢が行われたことを報告している。[☆73] 教会の指導者がギャング生活にうつつを抜かしていた若者たちの関心をスポーツや音楽、祈りへとふり向け、報復の論理に代わって赦しの論理に目覚めさせようとしたのである。部族の長老たちは二〇〇七年に導入されたばかりの携帯電話を使って、もめごとの発生をすみやかに知らせあい、ケンカがエスカレートする前に現場に駆けつける態勢をつくりあげた。こうして自分たちの部族内の最も手に負えない煽動者を押え込み、ときとして残酷な公開処刑まで行った。ギャンブル、飲酒、売春を抑制するために共同自治体が設置され、ギャング世代よりもっと若い世代は、「ランボーの人生は短く、破綻する」ことを目の当たりにして、こうした取り組みを受け入れていった。ウィースナーによれば、数十年にわたり増加しつづけた殺人件数は、二〇〇〇年代の後半から二〇一〇年代にかけて顕著に減少したという。そしてこのあと見ていくように、文明化攻勢が功を奏したのはパプアニューギニアだけではなかった。

アメリカ合衆国における暴力

「暴力はチェリーパイと同じくらいアメリカ的だ」とは、ブラックパンサー党のスポークスマンだったH・ラップ・ブラウンの言葉だ。チェリーではなく別の果物が正解かもしれないが、これはアメリカ合衆国の一般化として統計的に妥当なものだといえる。アメリカの殺人件数は欧米の民主主義国の統計から飛び出してしまっている。イギリス、オランダ、ドイツといった、いわば同族の仲間とは離れてアルバニアやウルグアイのような猛者たちとつるんでおり、統計的には全世界の中央値に近いところに位置している。アメリカの殺人件数は、ヨーロッパやイギリス連邦の民主主義国のレベルよりはるかに高いだけでなく、図3-10に示されるとおり、二〇世紀の一〇〇年間をへても全体的には減少していない（二〇世紀のグラフについては、対数目盛ではなく均等目盛りを使うことにする）。

アメリカの殺人件数は一九三三年までじりじりと上昇し、一九三〇年代から四〇年代にかけて急激に減少、五〇年代は低いまま推移した。ところが六〇年代に入ると急上昇して、七〇年代から八〇年代にかけては高いまま推移し、一九九二年以降は急減しはじめた。一九六〇年代には、他の欧米民主主義国でもこの急上昇は例外なく見られたが、これについては次節で取り上げる。だが、二〇世紀初頭のアメリカの殺

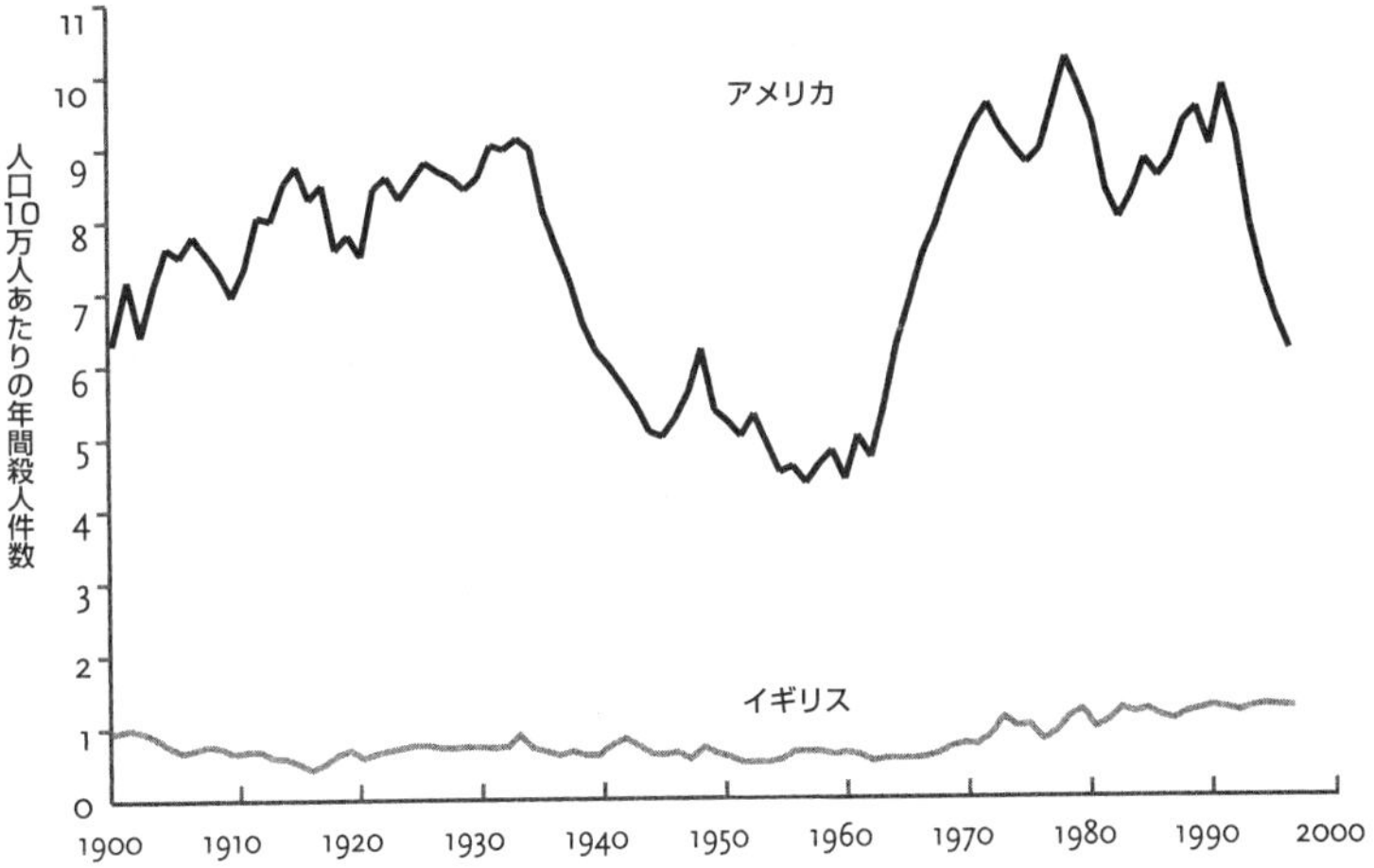

図3－10　アメリカおよびイギリスの殺人発生率（1900～2000年）.
出典：Monkkonen, 2001, pp.171, 185-88; Zahn & McCall, 1999, p.12も参照．Monkkonenのアメリカに関するデータは本章で引用し，図3－18に示したFBI Uniform Crime Reportsのデータと若干異なる．

人件数がイギリスに比べてこれほど高く、その差は決して縮まらなかったのはなぜなのだろうか。これは、信頼できる政府と良好な経済状況のもとでは文明化のプロセスが進行し、暴力の発生率は減少していくという一般論に対する反例なのだろうか。もしそうだとすれば、アメリカのどこが普通とは違うのか。新聞の評論ではよく、「なぜアメリカでは暴力事件が多発するのか？　それはアメリカが暴力的な文化的気質をもっているからだ」などというまやかしの説明を見かける。[☆74]このような循環論法から抜け出すにはどうしたらいいのだろうか。アメリカ人は、銃を振り回すのが好きなだけではない。すべての殺人事件から銃器によるものを差し引いて、縄やナイフ、それに鉛管、レンチ、ろうそく立てなどの鈍器を使った殺人だけに限っても、アメリカの殺人件数はヨーロッパより高いのである。[☆75]

ヨーロッパの人びとは昔から、アメリカは非文明国だと見なしてきた。たしかにそのとおりだが、それがすべてではない。アメリカの殺人件数を理解するためのカギは、the United States（合衆国）という国名がもともとはthese United Statesとでもいうべき複数形だったということにある。暴力に関するかぎり、合衆国は一つの国ではなく三つの国なのだ。図3－11の地図は五〇州における殺人件数を示したもので、色分けは図3－9の世界地図と同じ方式を用いている。

濃淡の色分けを見ると、合衆国の一部はヨーロッパとさほど大きな差はないことがわかる。その一部とは、ニューイングランド（適切な名称だ）諸州、中央から太平洋岸にいたる北部の州（ミネソタ、アイオワ、ノースダコタ、サウスダコタ、モンタナ、ワシントン、オレゴン）そしてユタ州である。ベルト状に並んだこれらの州は、同じ気候帯には属しておらず（オレゴン州とバーモント州の気候はまったく違う）、多くは東から西へと向かう、歴史的な移民のルートに相当する。人口一〇万人あたりの年間殺人件数が三件未満のこの平和なベルト地帯の南方では、南に下りていくにしたがって殺人件数は増加する。最も南に位置するアリゾナ州（七・四）やアラバマ州（八・九）では、ウルグアイ（五・三）やヨルダン（六・九）、グレナダ（四・九）と比べても殺人件数が高く、ルイジアナ州（一四・二）にいたっては、パプアニューギニア（一五・二）にも匹敵するほどの高さである。[☆76]

二つ目の対比は、地図上ではそれほど明確ではない。ルイジアナ州の殺人件数は他の南部諸州より高いが、ワシントンDC（黒い点のように見える）の殺人件数は三〇・八件と、桁外れに高く、中南米の最も危険な国々と同じレベルにある。これらの地帯が高率であるおもな理由はアフリカ系アメリカ人の住民の比率が高いことだ。現在のアメリカ合衆国内では黒人と白人の殺人件数に顕著な違いがある。一九七六年から二〇〇五年までの平均殺人件数は、白人のアメリカ人では一〇万人あたり年間四・八件であるのに対し、黒人のアメリカ人では実に三六・九件にのぼる。[☆77] これはただ単に、黒人のほうが逮捕され有罪になる確率

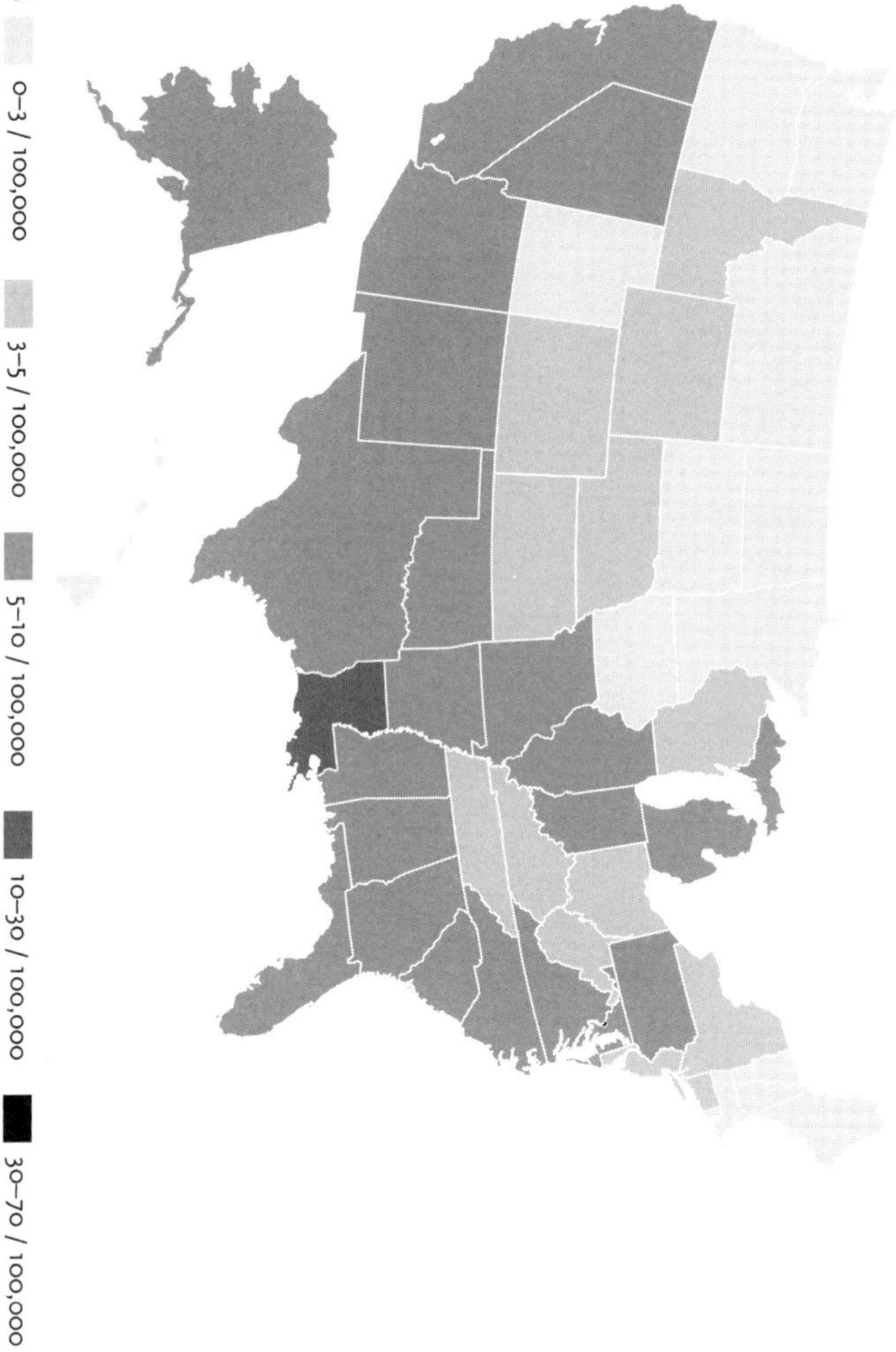

図3－11　アメリカにおける殺人の地理的分布（2007年）．
出典：FBI, 2007, 表4「地域，地区および州別のアメリカにおける犯罪2006～07年」．

が高いからではない——もしそうなら、人種間の差はレイシャルプロファイリング〔人種的偏見にもとづく捜査〕の結果かもしれないということになる。ところが被害者に加害者の人種を尋ねる匿名による調査や、黒人・白人両方を対象にした過去の暴力犯罪歴についての調査でも、これと同じ差が見て取れる。[☆78]なお、南部の州では北部の州より住民に占めるアフリカ系アメリカ人の割合が高いとはいえ、一つ目の南北の違いは人種の比率では説明できない。白人だけ見ても南部のほうが北部より暴力的であり、黒人の間でも南部のほうが北部より暴力的なのである。[☆79]

というわけで、北部のアメリカ人と白人のアメリカ人の暴力性は西ヨーロッパ諸国（殺人件数の中間値は一・四）に比べてやや高いものの、その差はアメリカ全体の地域差に比べるとはるかに小さい。少し詳しく調べてみると、アメリカでも国家主導による文明化のプロセスが起きていることがわかるが、地域によってその時期や程度は異なる。調査が必要な理由は、アメリカ合衆国が長い間、殺人の記録については立ち遅れていたことにある。ほとんどの殺人事件は連邦政府ではなく州ごとに起訴されるため、国全体の統計は一九三〇年代になるまで取られていなかった。加えて、最近まで「アメリカ合衆国」というのは、いわば移動標的のようなものだった。アラスカとハワイを除く四八州がそろったのは一九一二年のことだし、大量の移民が入ってきて人口構成が変化することもしばしばだった。こうした理由から、アメリカの暴力の歴史の研究は、短い期間、狭い地域を対象にせざるをえなかったのである。歴史学者のランドルフ・ロスは近著『アメリカの殺人』のなかで、アメリカで国家レベルの統計が取られる以前の三〇〇年にわたって、膨大な数の小規模なデータセットを集め、殺人件数の推移を検証している。推移はほとんどの場合、直線的に下降するのではなく急激に上下する傾向にあるものの、アメリカの異なる地域で開拓時代の無政府状態から――部分的にではあれ――国家による管理への変化が起き、文明化が進んでいったことが見て取れる。

図3－12は、ロスが示したニューイングランドのデータのグラフと、アイズナーが示したイングランドにおける殺人件数を重ねあわせたものだ。植民地時代のニューイングランドにおける殺人件数が飛び抜けて高いことについて、ロスはエリアスに近い立場からこう書く。「フロンティアで暴力が吹き荒れた時代には、成人人口一〇万人あたりの殺人件数が一〇〇件を超えたが、一六三七年、イギリスの入植者と彼らと同盟を組んだネイティブ・アメリカンによってニューイングランドの支配権が確立された結果、その時代は終わりを迎えた」。国家による支配の確立後、「オールド」イングランドとニューイングランドのグラフは不思議なほどぴたりと重なる。

アメリカ北東部のそれ以外の地域でも、三桁か二桁の後半だった殺人件数が、今日の世界で標準的な一桁にまで急減している。オランダの植民地、ニューネザーランド（現在のコネチカット州からデラウェア州にいたる地域）では、初めの数十年間に人口一〇万人あたりの殺人件数が六八件から一五件へと激減している（図3－13）。しかし一九世紀になって統計データが取られるようになると、オールドとニュー、両方のイングランドからの乖離が生じはじめる。ニューイングランドでも田園地帯が多く、人種的にもより均質なバーモント州とニューハンプシャー州では、一〇万人あたりの殺人件数一件未満の平和的な状態が維持されるのに対し、大都市ボストンでは一九世紀半ばに暴力性が増大し、かつてのニューネザーランドに属するニューヨークやフィラデルフィアなどの都市とほぼ重なりあう。

これらの北東部の都市のグラフが描くジグザグ形は、アメリカの文明化のプロセスに固有の特徴を浮き彫りにしている。最高点よりも低く、最低ラインよりはかなり高い、いわば並みの高さを示すこれらのグラフは、政府の管理下に入ることで年間の殺人件数を人口一〇万人あたり一〇〇件前後から一〇件前後へと引き下げられることを示している。だがヨーロッパではこの減少の勢いが人口一〇万人あたり一件前後に下がるまで続いたのに対し、アメリカでは五～一五件の間で下げ止まることが多く、今日の数字もこのあたりに落ち着いている。ロスによれば、実効性のある政府によって一〇〇件から一〇件前後へと平和化が進んだ段階で、さらに殺人件数が減少するかどうかは、住民が政府や法、社会秩序の正当性をどの程度受け入れるかにかかっているという。先に見たように、アイズナーもヨーロッパにおける文明化のプロセスについて同様の見解をもっていた。

アメリカ版文明化のプロセスに見られるもう一つの固有の特徴は、ロスが提示した小規模なデータセットのなかに、一九世紀半ばの数十年間に暴力が増加しているものが少なからず含まれているということだ。[☆80]南北戦争〔一八六一～六五〕へといたる時期から戦後にかけて、アメリカの多くの地域では社会的均衡が崩れ、北東部の都市にはアイルランドから多くの移民が流入した。アイルランドは（先に見たとおり）殺人件数の減少において、イングランドに後れをとっていた。一九世紀のアイルランド系アメリカ人は、二〇世紀のアフリカ系アメリカ人と同じく、隣人たちより好戦的だったのだ。そのおもな理由は、彼らも警察も相手を重要視していなかったことにある。[☆81]だが一九世紀後半になると、アメリカの都市警察は規模も拡大してプロとしての意識を高め、警棒片手に自分たちの正義を路上で行使するのではなく、刑事司法制度に奉仕するようになった。北部の大都市では、二〇世紀に入ってから白人の犯す殺人の件数が減少した。[☆82]

さらに一九世紀後半にも、決定的な変化があった。これまで本書で提示してきたグラフはアメリカの白人による殺人件数を示したものだが、図3－14は黒人が黒人に対して犯した殺人と、白人が白人に対して犯した殺人を区別できる二つの都市の殺人件数を示している。このグラフを見ると、アメリカの殺人件数

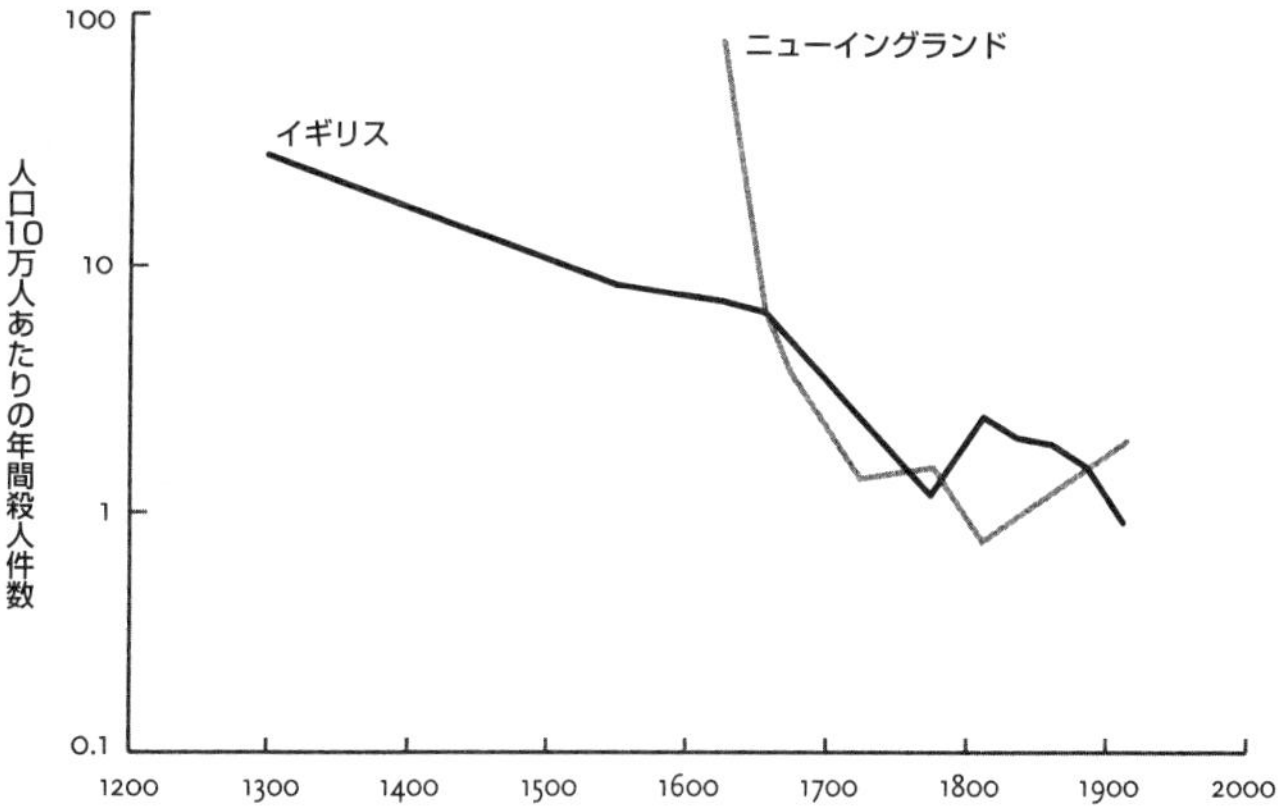

図3 － 12　イングランド（1300 ～ 1925 年）およびニューイングランド（1630 ～ 1914 年）における殺人発生率 .
出典：イングランド――Eisner, 2003. ニューイングランド――1630 ～ 37 年は Roth, 2001, p.55; 1650 ～ 1800 年は Roth, 2001, p.56; 1914 年は Roth, 2009, p.388. Roth の推定に 0.65 を乗じて成人人口あたりから人口あたりの比率に換算 ; Roth, 2009, p.495 参照 . 複数年にわたるデータは , その期間の中間点に示した .

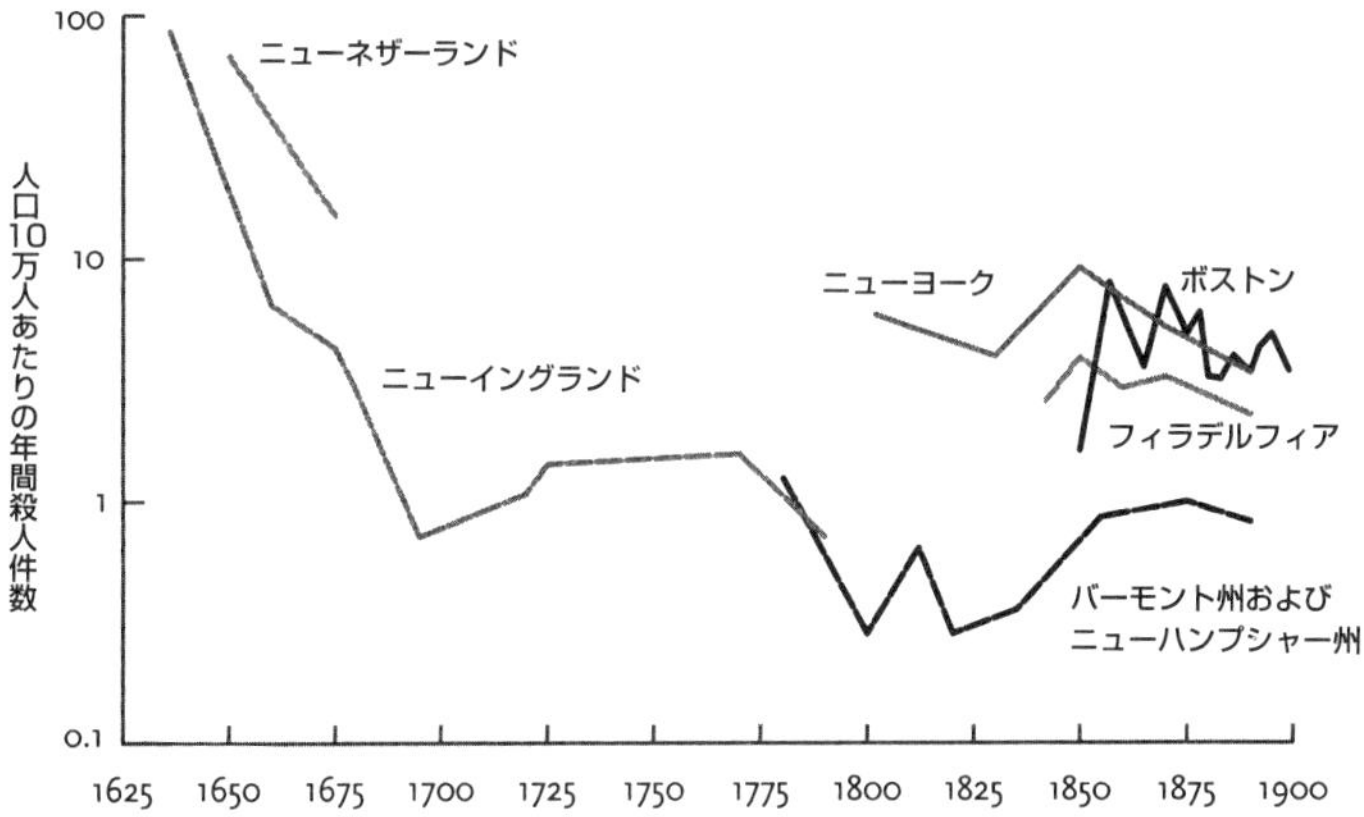

図3 － 13　アメリカ北東部における殺人発生率（1636 ～ 1900 年）.
出典：Roth, 2009 の白人のみのデータ . ニューイングランドは pp.38, 62. ニューネザーランドは pp.38, 50. ニューヨークは p.185. ニューハンプシャー州およびバーモント州は p.184. フィラデルフィアは p.185. 複数年にわたるデータは , その期間の中間点に示した . 推定に 0.65 を乗じて成人人口あたりから人口あたりの比率に換算 ; Roth, 2009, p.495 参照 .「血縁のない成人」の推定に 1.1 を乗じて成人全体の推定とほぼ釣りあうようにした .

に見られる人種の差は最初からあったのではないことがわかる。北東部の都市、ニューイングランド、中西部、そしてバージニア州では、一九世紀半ばまで黒人と白人の犯す殺人の件数にあまり差はなかった。ところがその後、人種間の差が開きはじめ、二〇世紀になって差はさらに広がった。アフリカ系アメリカ人の間の殺人件数は急上昇し、ニューヨークでは一八五〇年代に白人の三倍にのぼった殺人件数が、一〇〇年後にはほぼ一三倍にもなったのである。[☆83]その原因——経済的なものから居住地域の分離までさまざまある——を探るには、もう一冊本を書かなければならないほどだ。だが一つの原因は、すでに見たとおり、低所得のアフリカ系アメリカ人の社会には、実効性のある国家が存在しないということにある。彼らは自分の利益を守るのに法律ではなく、名誉の文化(「ストリートの掟」)に依存してきたのである。[☆84]

＊

イギリスによる入植がアメリカで最初に成功したのは、ニューイングランドとバージニアだった。図3-13と図3-15を見比べたとき、入植後の一〇〇年間にこの二つの入植地は似通った文明化のプロセスをたどったという印象を受けるかもしれない——が、それは縦軸の数字を読むまでのことだ。北東部のグラフの縦軸は0・1から100までなのに対し、南東部のグラフは1から1000までと、一〇倍の差があるのだ。黒人と白人の差とは異なり、南北の差はアメリカの歴史に深く根差している。チェサピーク植民地(メリーランド植民地とバージニア植民地)は当初、ニューイングランドよりも暴力的だったが、その後一〇万人あたりの殺人件数は年間一件~一〇件という穏健な範囲にまで下がり、一九世紀の大半はそのまま推移したのに対し、南部の他の地域では、グラフに示したジョージア州のプランテーション地帯のように、一〇~一〇〇件という低めの範囲で上下をくり返した。またジョージア州の奥地やテネシーとケンタッ

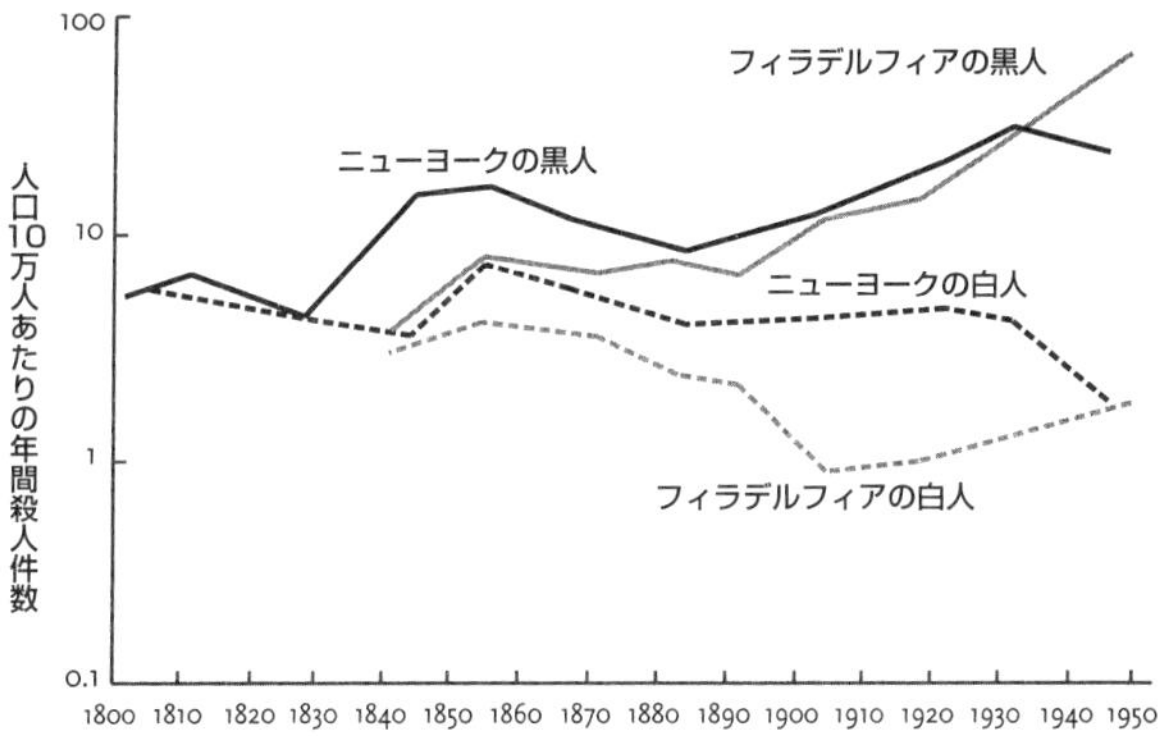

図3 − 14　ニューヨークおよびフィラデルフィアにおける黒人と白人の殺人発生率（1797 〜 1952 年）.
出典：ニューヨーク——1797 〜 1845 年は Roth, 2009, p.195,1856 〜 85 年は Roth, 2009, p.195 の平均および Gurr, 1989a, p.39,1905 〜 53 年は Gurr, 1989a, p.39. フィラデルフィア——1842 〜 94 年は Roth, 2009, p.195,1907 〜 28 年は Lane, 1989, p.72（15 年平均),1950 年代は Gurr, 1989a, pp.38-39. Roth の推定に 0.65 を乗じて成人人口あたりから人口あたりの比率に換算；Roth, 2009, p.495 参照。さらに Roth のフィラデルフィアについての推定に , 非血縁の被害者には 1.1, 起訴件数には 1.5 を乗じて , それぞれ全被害者と殺人件数に換算した（Roth, 2009, p.492）. 複数年にわたるデータは , その期間の中間点に示した .

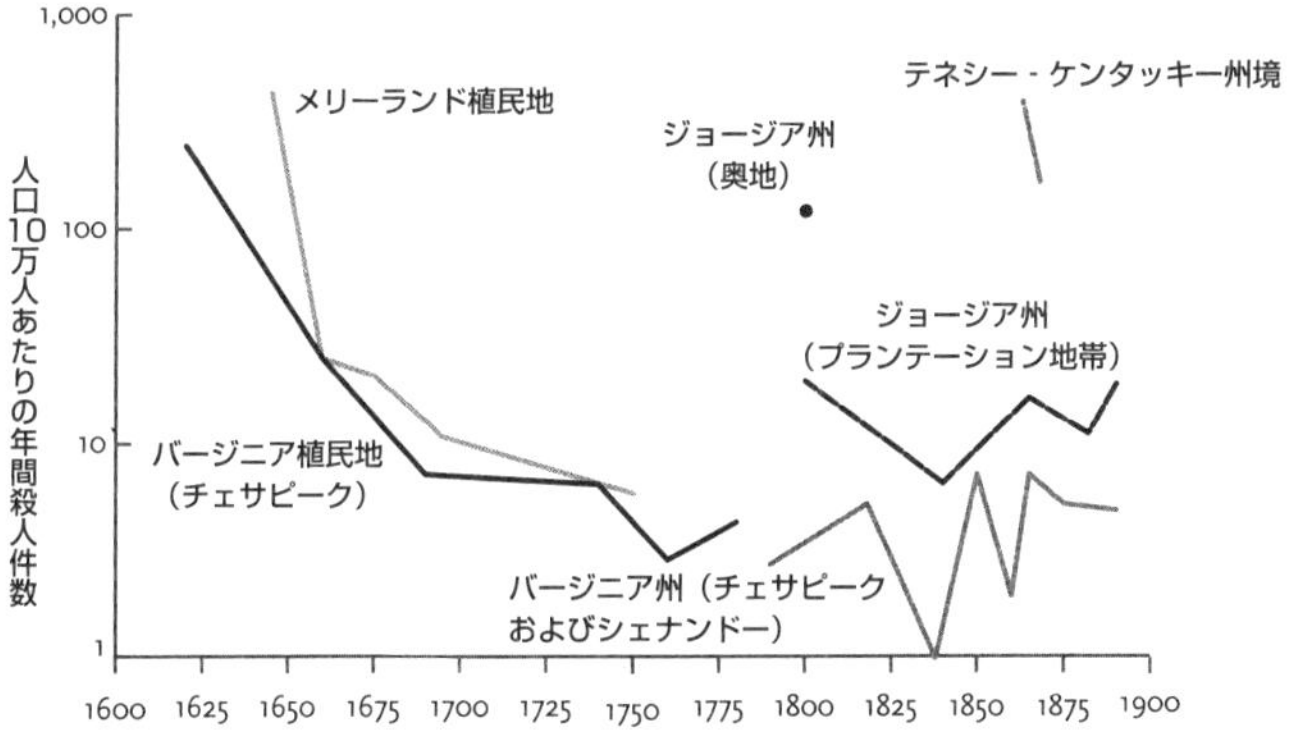

図3 − 15　アメリカ南東部の殺人発生率（1620 〜 1900 年）.
出典：Roth, 2009 の白人のみのデータ . バージニア植民地（チェサピーク）は pp.39, 84, バージニア州（チェサピークおよびシェナンドー）は p.201, ジョージア州は p.162, テネシー − ケンタッキー州境は p.336-37. 0 の対数は定義されていないため , 1838 年のバージニア州の 0 は 1 として示している . 推定に 0.65 を乗じて成人人口あたりから人口あたりの比率に換算；Roth, 2009, p.495 参照 .

キーの州境といった辺境地帯や山間部では、引き続き一〇〇件前後の非文明的な範囲にとどまり、一九世紀に入ってもしばらくその状態が続いた地域もある。

南部の暴力の歴史がこれほど長いのはなぜなのか？　最も包括的な答えは、アメリカ南部では政府の文明化機能がヨーロッパはいうまでもなく、アメリカ北東部のように深く浸透しなかったということだ。歴史学者のピーター・スピーレンバーグは、アメリカへの「民主主義の到来は早すぎた」と挑発的にも述べている。[☆85]ヨーロッパでは、まず国家が人民に武器を捨てさせて暴力を独占し、その後人民が国家の装置を引き継いだが、アメリカでは人民が、国家に武器を捨てさせられる前に政府を引き継いだ。人民は武器を保持し携帯する権利をもつという、有名な合衆国憲法修正第二条の条文は、まさにこのことを示している。言いかえればアメリカ人、とりわけ南部と西部のアメリカ人は、合法的な武力行使を政府に独占させる社会契約にきちんと署名したことは一度もないのだ。アメリカの歴史の大半を通じて、合法的な武力は民警団や自警団、リンチを行う群衆、私設警察、探偵社、私立探偵によって行使され、そして何より個人の特権として守られてきたのである。

この権力の分担は、アメリカ南部においてはつねに神聖視されてきたと歴史学者は指摘する。エリック・モンコネンの言葉を借りれば、一九世紀は「南部は意図的に政府の権限を弱くしており、刑務所のような施設の建設には消極的で、地域や個人の暴力は放置されていた」という。[☆86]殺人に関しても、それが「道理にかなう」と見なされれば重罪にはならなかった。「南部の農村部では……ほとんどの殺人は、被害者が加害者から逃げるために可能なかぎりすべてのことをしていないという点で、また殺人が個人的な争いの結果であり、あるいは加害者と被害者は互いを殺すことも辞さない種類の人間であるという点で、道理にかなったものだった」。[☆87]

自力救済《セルフヘルプ》による正義を重視することは、長いあいだ南部に伝承されてきた考え方である。人びとは、幼い頃からそう教え込まれて育つ。たくさんの銃弾をいつも持ち歩いていた決闘好きのアンドリュー・ジャクソン第七代大統領も、子ども時代に母親から、「誰かに中傷されたり、脅迫や暴行を受けても……裁判など起こすものではない。必ず自分で解決しなければいけない」と聞かされていた。[☆88] ダニエル・ブーンや「ワイルドフロンティアの王」デイヴィー・クロケットといった南部の山間に住むケンカっ早いアイドルたちはそれをひけらかしたし、ケンタッキー州とウェストバージニア州の州境の山奥で敵対したハットフィールド家とマッコイ家の典型的な抗争の原因もそこにあった。そして記録に残っているかぎりにおいて、南部の殺人件数を増大させただけでなく、今日もなお南部の人びとの心理に影響を及ぼしているのだ。[☆89]

自力救済による正義は、その人間の武勇と決意の信頼度にかかっており、今日にいたるまでアメリカの南部には信頼できる抑止力——名誉の文化とも呼ばれる——に対する執着が色濃く残っている。名誉の文化の本質は、略奪目的の暴力や道具的攻撃〔目的達成の手段としての攻撃〕を認めず、侮辱などのひどい扱いに対する報復のみを認めるという点にある。心理学者のリチャード・ニスベットとダヴ・コーエンは、こうした考え方が、いまなお南部の法律や政治、そして人びとの考え方に浸透していることを明らかにした。[☆90] 強盗にともなう殺人の件数は南部と北部で違いはなく、南部のほうが多いのは口論がエスカレートした結果の殺人だけであることを、二人は突きとめたのだ。南部の人びとは抽象的な意味の暴力は是認せず、自分の家庭や家族を守るという目的でのみ認めている。南部諸州の法律も、この倫理性を是認している。自分自身や財産を守るための殺人には寛容で、銃の購入に対する規制は緩やかで、学校での体罰（「パドリング」）を許容する。殺人罪には死刑を指定し、司法制度は死刑執行に積極的である。南部では他の地域と比べて、兵役を務め、陸軍士官学校で学び、外交に関してタカ派的な考え方をとる人が多い。

また、ニスベットとコーエンは創意工夫に富んだ一連の実験を行い、南部人の行動に名誉が大きな影を落としていることを明らかにした。そのうちのある実験は、全米の企業に職を求める偽の手紙を送り、その反応を見るというものだった。半分の手紙には、次のような告白が書かれていた。

お知らせしておかなければなければならないことが一つあります。正直にそのことを書いて、誤解のないようにしたいと思うからです。私は過失致死の重罪で有罪判決を受けています。それについての説明なしには応募書類をお送りいただくことはできないと考え、ご説明する次第です。あるとき、私の婚約者と深い関係になった男とケンカになりました。私は小さな町で暮らしており、ある晩、その男がバーで私が友人たちと飲んでいるところにやってきて、私の婚約者と性的関係にあると言ったのです。彼は私の顔を見てせせら笑い、男なら外へ出ろと挑発しました。私はまだ若く、皆の前で弱気なところを見せたくなかったので外へ出ました。すると男は裏通りに私を引き込み、襲いかかってきたのです。私を殴り倒し、瓶を手に取りました。そこで逃げようと思えば逃げられたし、裁判官も逃げるべきだったと言いましたが、プライドが許しませんでした。私は道路に転がっていたパイプを取り上げて男を叩きました。殺すつもりはなかったのですが、彼は数時間後に病院で死んでしまいました。そこで初めて、自分のしたことが間違っていたと気づいたのです。

残り半分の手紙もこれと似た内容だが、重罪の中身は殺人ではなく自動車窃盗の重罪で、妻と幼い子どもたちの生活費の足しにするために、愚かにも罪を犯してしまったと告白している。名誉殺人を犯したことを告白した手紙に対しては、南部と西部に拠点を置く企業のほうが北部の企業より応募書類を送ってきた割合が高く、返事の文章にも温かみがあった。たとえばある南部の小売店の経営者は、現時点では募集はないと断ったうえで、次のように書いてきた。

過去の問題については、誰でもあなたと同じような状況に陥る可能性はあると思います。それは単なる不幸な出来事であって、非難されるべきことではありません。あなたが正直に書かれたことは、あなたが誠実な人柄の持ち主であることを示しています。……あなたの将来に幸運が訪れることをお祈りしてやみません。あなたは仕事に対して前向きで積極的な姿勢をおもちです。これは企業が従業員に求める資質にほかなりません。落ち着かれましたら、当社の近くにいらした折にはぜひ当社にお立ち寄りください。[☆91]

北部の企業からは、このような思いやりのある返答は返ってこなかった。また自動車窃盗を犯したことを告白した手紙には、地域を問わず、どこからもそうした返答は返ってこなかった。実際、北部の企業は名誉殺人より自動車窃盗に対してより寛容であり、南部と西部の企業は自動車窃盗より名誉殺人に対してより寛容だった。

ニスベットとコーエンは、実験室でも南部の名誉の文化の存在を確かめる実験を行った。被験者は南部出身の猛者ではなく裕福な家庭に育ったミシガン大学の学生で、南部に少なくとも六年間住んだ経験のある者だった。学生たちは「人間の判断力のある側面における限られた反応時間の条件」(実験の真の目的を隠すためにわざと訳のわからない表現が使われた)に関する心理学実験に参加するという名目で集められた。実験室に向かう途中、学生たちは狭い廊下で書類をキャビネットにファイルしている人(実験の協力者)

の脇をすり抜けなければならない。半分の学生に対して、協力者はいらいらした様子で引き出しを閉め、「馬鹿野郎」とつぶやく。その後実験室では、実験者（どの学生が「馬鹿野郎」と言われたかは知らされていない）が学生を迎え入れ、その態度を観察し、質問表を渡し、唾液を採取する。実験の結果、北部出身の学生たちは侮辱的な言葉を一笑に付し、何ごともなく実験室に入った学生たちと変わらない態度を取った。ところが侮辱的な言葉をかけられた南部出身の学生たちは、明らかに不愉快な様子で実験室に入ってきた。質問表の答えには自尊感情の低さが現れており、血液中のテストステロンとストレスホルモンであるコルチゾールの量が多かった。彼らは実験者に対しても優位に立ったような態度を取り、握手の際には相手の手を固く握り、帰りに廊下で別の協力者とすれ違ったときにも、自分から道を譲ろうとはしなかった。[☆92]

なぜ北部ではなく南部に名誉の文化が発達したのか、そこには何か外生的な原因があるのだろうか？　奴隷経済を維持するのには一定の残酷さが必要だったというのも、もちろん一つの要因ではあろう。だが南部のなかでも、もっとも暴力的な傾向が強いのは辺境地帯であり、こうした地域には奴隷を使うプランテーションはなかった（図3－15参照）。ニスベットとコーエンは、イギリスによる合衆国植民地化の歴史を考察したデイヴィッド・ハッケット・フィッシャー著『アルビオンの種』に影響を受け、最初の入植者たちがヨーロッパのどの地域の出身だったかに注目している。北部の州に入植したのはイギリスのピューリタン、クエーカー、オランダ人、ドイツの農民であり、南部の入植者は主としてスコットランド系アイルランド人で、その多くは中央政府の目の届かないイギリス諸島周辺部の山間で暮らす羊飼いだった。ニスベットらによれば、この牧畜という職業が名誉の文化の外生的な原因である可能性があるという。牧畜民にとって、富の源泉は盗まれる可能性のある物的資産にあるだけでなく、その資産には――農民にとっての土地とは違って――足が生えていて、一瞬のうちにどこかに連れ去られてしまいかねない。このため

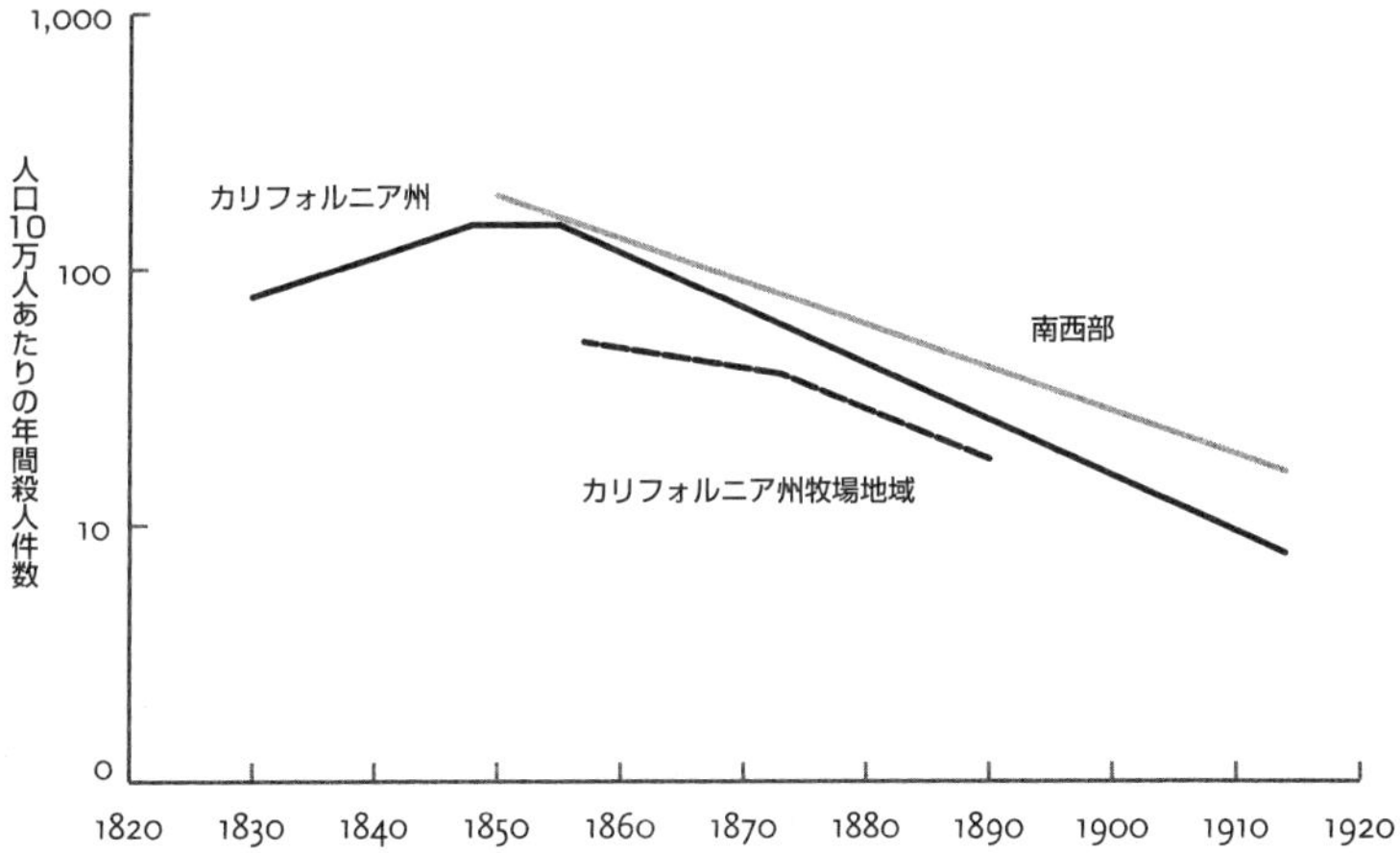

図3 − 16　アメリカ南西部およびカリフォルニア州の殺人発生率（1830 〜 1914 年）.
出典：Roth, 2009 の白人のみのデータ . カリフォルニア州（推定）は pp.183, 360, 404, カリフォルニア州牧場地域は p.355, 南西部 1850 年（推定）は p.354, 南西部 1914 年（アリゾナ州 , ネバダ州 , ニューメキシコ州）は p.404. 推定に 0.65 を乗じて成人人口あたりから人口あたりの比率に換算 ; Roth, 2009, p.495 参照 .

世界中の牧畜民には、すぐに激して暴力的な報復に出るという性癖が見られる。スコットランド系アイルランド人の入植者が名誉の文化をアメリカにもち込み、南部の山間部の辺境で牧畜を営むなかでこの文化を保ちつづけたというのが、ニスベットらの考えだ。今日の南部人はもはや羊飼いではないが、文化的慣行はそれをもたらした生態環境がなくなったあとも長く保たれる。南部人は今日もなお、家畜泥棒を抑止できるほどタフであるかのようにふるまうというのだ。

　この牧畜仮説が成立するためには、人びとがある職業的戦略を、それが機能しなくなったあとも何世紀にもわたって維持するという前提がなくてはならないが、もっと一般的な仮説に立てばそうした前提は必要ない。山間部に住む人びとが家畜の放牧を行うのは、多くの場合、山間の土地が農業に適さないからだし、そうした土地は国家が制圧し、平和化し、統治することがもっとも困難な地域であるため、しばしば無政府状態に置かれる。とすれば、自力救済による正義へと人びとを走らせる直接的な原因は、牧畜生活そのものではなく、無政府状態にある。先に見たように、一世紀以上にわたって牧畜生活を続けているカリフォルニア州シャスタ郡の牧場主たちは、家畜や資産に小規模な損害を受けた場合、何回分かを「まとめて」賠償を受けるのが通例で、名誉を守るために暴力に走ったりすることはない。また最近行われた、南部の複数の郡における暴力の発生率と牧畜への適性の関連を探る研究では、この二つの変数に相関関係は見出されなかった。[☆93]

とすれば、次のような仮定は十分に成り立つ――イギリスの辺境地帯からやってきた入植者たちはアメリカ南部の辺境地帯に定住したが、両方の土地は長期にわたって無法状態にあったため名誉の文化が醸成された、と。だがそのうえで、なぜそうした名誉の文化にこれほどの持続力があったのかを説明しなければならない。考えてみれば、南部諸州にも機能する刑事司法制度が定着してかなりの年月が経つ。名誉がいまだに力を保っているのは、もし誰かが大胆にも名誉を捨てると宣言すれば、それこそまわり中から臆病者と軽蔑され、いいカモにされてしまうのがオチだからかもしれない。

＊

アメリカ西部は南部に輪をかけて無政府状態にあり、それは二〇世紀に入ってもしばらく続いた。ハリウッドの西部劇の決まり文句「一番近い保安官事務所まで九〇マイル（約一四〇キロ）」は、管轄地域が数百万～一〇〇〇万平方キロ以上にもなることを考えれば当然の現実であり、その結果は、つねに存在する暴力という、もう一つの西部劇の決まり文句だった。ナボコフの小説『ロリータ』の主人公のハンバート・ハンバートは、ロリータを連れてアメリカ中を逃亡するあいだにアメリカの大衆文化の洗礼を受け、カウボーイ映画を観ては「雄牛も気絶するような拳骨での殴りあい」を楽しむのだ。

最後の西部劇は、マホガニー色の風景に、赤ら顔をして、青い目をした荒馬乗りたちに、ロアリング峡谷にやってきた乙にすました美人の学校教師、棒立ちになる馬、目を見張るような家畜の群れの大脱走、がたがた揺れる窓ガラスからぬっと突きつけられた拳銃、派手な殴りあいの喧嘩、どっと崩れ落ちる埃っぽい旧式の家具、武器として使われるテーブル、タイミングのいい宙返り、押さえつけられながらもまだこぼれた短刀を必死につかもうとしている手、うめき声、拳骨が顎をとらえる快音、腹に命中するキック、飛びかかるタックル、そしてヘラクレスみたいな男でも病院行きになりそうな激痛（いまなら私にもよくわかる）の直後に、何事もなく、赤銅色の顎にはちょうどお似合いのかすり傷が残っているだけの、軽く汗をかいたヒーローは、開拓地の素敵な花嫁を抱きしめるのである。[☆94]

歴史学者のデイヴィッド・コートライトは著書『暴力的な土地』で、ハリウッドの西部劇ではカウボーイの描き方はいささか美化されているとしても、暴力のレベルについては正確であることを明らかにしている。カウボーイの生活は苛酷で危険な仕事と、大酒とギャンブルと女とケンカにうつつを抜かす給料日のあいだを行き来するものだった。「カウボーイがアメリカ的体験のシンボルになるには、道徳的な外科手術が必要だった。危険をものともせず人びとを保護する、馬に乗ったカウボーイは記憶され、酔いつぶれて酒場の裏の堆肥の山で眠りこける、馬から降りたカウボーイは忘れ去られたのだ」。[☆95]

開拓時代のワイルドウエストでは、年間の殺人件数は東部の都市部や中西部の農村部の五〇〜数百倍に及んだ。カンザス州アビレーンでは人口一〇万人あたり五〇件、ドッジシティでは一〇〇件、テキサス州フォート・グリフィンでは二二九件、ウィチタでは一五〇〇件にものぼった。[☆96] 殺人の原因はホッブズの説そのままだ。刑事司法制度は資金不足で十分に機能せず、往々にして腐敗していた。「一八七七年には、テキサス州だけでも約五〇〇〇人が指名手配されたが、これは法執行機関の有効性を示しているとはおよそ言いがたい」とコートライトは書いている。[☆97] 馬泥棒や牛泥棒、追いはぎなどの盗賊を抑止するためには、自力救済《セルフヘルプ》による正義が唯一の方法だった。脅しによる抑止が保証されるためには、決断力についての良い評判が必要であり、それはいかなる犠牲を払っても守られなければならなかった。コロラド州のある墓標に刻まれた墓碑銘――「彼は嘘つきビル・スミスと呼ばれた」――には、そのことを如実に物語っている。[☆98] また、家畜輸送列車の車掌車でトランプゲームの最中に起きたケンカを目撃した者はケンカの原因をこう説明する。一人の男が「汚いカード《デック》でゲームしたくねえ」と言ったところ、その男とは敵対するグループのカウボーイが、それを「首《ネック》の汚いやつとはゲームしたくねえ」と言ったと聞き間違えた。硝煙が消えると、一人が死に、三人が血を流していたという。[☆99]

ホッブズ的な無政府状態に陥ったのは、カウボーイの世界だけではない。鉱山労働者や鉄道員、木こり、季節労働者などが住み着いた西部のさまざまな地域もそうだった。カリフォルニア・ゴールドラッシュのさなかの一八四九年、ある土地には所有権を主張する次のような警告が杭に貼り出してあった。

> 皆の者に告げる。峡谷から五〇フィートのところにあるこの土地は私の所有物であることはクリアクリーク地区法の示すところであり、散弾銃修正条項がこれを裏づけている。……この土地に不法侵入した者は、この法律の及ぶ限りにおいて罰せられる。これは冗談などではなく、法的に必要であれば私は自分の権利を主張するつもりだから、よく考えてこの警告を受け入れることだ。[☆100]

コートライトは当時の人口一〇万人あたりの殺人件数は年間八三件であることを引用し、こう指摘する。「ゴールドラッシュ時代のカリフォルニアが残酷で容赦ない場所であったことを示す証拠は、他にも数多くある。鉱山の飯場につけられた名前がそれを雄弁に物語っている――目玉くり抜き、殺し屋バー、喉切り峡谷、墓場アパートなどなど。首吊り町もあれば、地獄町もウィスキータウンもあり、ゴモラもあったが、おもしろいことにソドムはなかった」[☆101]。金の採掘がブームになった西部各地の町では、年間の殺人件数は軒並み高かった。ネバダ州オーロラでは人口一〇万人あたり八七件、コロラド州リードビルでは一〇五件、カリフォルニア州ボディーでは一一六件、そしてワイオミング州ベントンでは二万四〇〇〇件（ほぼ四人に一人の割合）という桁外れの数字となっている。

図3－16は、ロスが複数の時点での殺人件数を示した西部地域の数字をグラフにしたものである。カリフォルニアのグラフを見ると、ゴールドラッシュが始まった一八四九年頃に上昇が見られるが、その後南西部の州とともに文明化のプロセスの特徴があらわれる。すなわち、殺人件数が人口一〇万人あたり一〇〇～二〇〇件から五～一五件と一〇分の一以上減少するのだ（もっとも南部と同様、ヨーロッパやニューイングランドのように一～二件のレベルにまでは下がらないのだが）。さらにここにカリフォルニアの牧場地域のグラフも入れてあるが、エリクソンが調べた地域と同様、今日では規範による平和的共存が実現している地域でも、無法状態のもとで暴力が吹き荒れた時期が長く存在したことが読み取れる。

したがって、合衆国の少なくとも五つの地域――北東部、中部大西洋岸地域、南部沿岸地域、カリフォルニア、南西部――では、文明化のプロセスが見られたが、その時期と程度はそれぞれ異なっていた。アメリカ西部における暴力の減少は東部より二世紀遅れて始まり、一八九〇年の有名な「フロンティアの消滅」宣言へといたった。これは合衆国の無政府状態の終息を象徴するものだった。

＊

アメリカが拡大しつつあった時代、ワイルドウエストや、その他の暴力的な地帯——労働者の飯場、季節労働者の一時的集落《ホーボービレッジ》、チャイナタウン（映画『チャイナタウン』にも「忘れろ、ジェイク、チャイナタウンなんだよ」という台詞が出てくる）など——で騒乱が絶えなかった原因は、無政府状態だけにあったのではない。コートライトは、人口構成および進化心理学的な要因が相まって、これらの地域の暴力性をさらに激化させたと指摘している。これらの地域には、貧困にあえぐ農村や都市のスラムを脱出し、苛酷なフロンティアで成功を夢見た若い独身男性が数多く暮らしていた。暴力の研究が明らかにした最大の普遍的な特徴は、暴力の加害者の大部分が一五〜三〇歳の若い男性だということだ。[☆102] ほとんどの哺乳類ではオスはメスに比べてより競争心が強いだけでなく、ホモサピエンスの男性の場合、序列の地位を確保するには良い評判を得なければならない。そのためには生涯にわたる投資が必要であり、それは成人期の初期にスタートしなければならないのだ。

もっとも、男性の暴力はスライド式に調節される。男性はそのエネルギーを、女性を手に入れる機会をめぐって他の男性と競争することから、自分で女性に求愛すること、そして子孫に投資することまで、連続体上のいずれかの目盛りに合わせて調節することができるのだ。生物学者はこの連続体を、「ＣＡＤ（不良男）対ＤＡＤ（子育て男）」とも呼んでいる。[☆103] 男性の数が圧倒的に多い社会生態系においては、競争に勝ち、数少ない女性に求愛できる立場を得るためには序列の上位に立つことが必要条件であり、したがって個々の男性にとっては粗暴なＣＡＤに目盛りを合わせることが最適となる。また、女性の数がもっと多くても、一部の男性によって独占される可能性がある環境では、やはりＣＡＤであることが有利になる。こうした状況では、命をかけた賭けに出てもそれに見合う価値があるのだ。マーティン・デイリーとマーゴ・ウィルソンが書いているように、「完全な生殖の失敗に向かっていることが明らかになれば、いかなる生物も、なんらかのかたちで現在の生き方を改善するために——しばしば死の危険を賭しても——努めなければならない」からである。[☆104]他方、子育てに投資するDADが選択されるのは、男女が同じ数いて、モノガミー(一夫一婦制)である社会だ。そうした状況では、男性が暴力的な競争をしたところでなんら生殖的な利点はなく、それどころか大きな不利益が生じる。自分が死んでしまえば、子孫を守ることができなくなるからだ。

西部のフロンティアに暴力が横行したもう一つの生物学的理由は、社会生物学的というより神経生物学的なもの——すなわち酒がどこにでもあったことだ。アルコールは大脳、とくにセルフコントロールを司る前頭前野のシナプス伝達を阻害する(図8—3参照)。酒に酔った脳は、性的にも身体的にも、言葉の上でも抑制がきかなくなり、beer goggles(ビールゴーグル=ビールのせいでどんな女性も美人に見えること)、roaring drunk(大声でわめくほど酔う=泥酔した状態)、Dutch courage(オランダ製のジンを飲んで出す勇気=酒の勢い)などといった表現もそのために生まれた。もともと暴力的な傾向のある人は、アルコールが入ると暴力的な行動に出る確率が高いことを示す研究結果も少なくない。[☆105]

西部の暴力がやがて鎮まったのは、無情な保安官や厳しい判決を下す裁判官のせいばかりではない。[☆106]多くの女性たちが入ってきたことの影響も大きかった。ハリウッドの西部劇映画に出てくるような「渓谷の町に到着するとりすました美人の女性教師」には、歴史的リアリティがあるのだ。自然は男女の数の不均等を忌み嫌う。やがて東部の都市や農場の女性たちが、性的濃度勾配に沿って西へと流れ出した。未亡人、婚期を逸した独身女性、そして若い未婚女性たちが、結婚市場での成功を目指したのだ。当の孤独な男性たちばかりでなく、悪のはびこる西部の退廃に業を煮やした地方自治体の役人や民間組織の職員たちも、こぞってそれを奨励した。彼女たちは西部にやってくると、取引できる立場を利用して周囲の環境を自分たちの利害に合致するように作りかえていった。結婚と家庭生活と引き換えに男たちにケンカや酒浸りの生活をやめさせ、学校や教会を建てるよう説得し、酒場や売春宿、賭博場など、男の注意をそらす施設を閉鎖するよう働きかけた。男女が等しく所属する教会、規律の重要性を説く日曜日の朝の説教、禁酒の規範の美化などが、女性たちの文明化攻勢に制度的な力を与えた。今日、女性キリスト教禁酒連合（まさかりでバーを破壊した禁酒活動家キャリー・ネイションで有名）や救世軍（その聖歌の替え歌には次のような一節が含まれている――「クッキーにはイーストが入っているので絶対に食べません／一口食べれば、男はみな獣になってしまうのです」）といえば、笑いの的になるのがオチだ。しかし初期の禁酒運動の女性活動家たちは、男性優位の社会で酒の勢いを借りた流血の惨事が絶えないという、きわめて現実的な状況に立ち向かおうとしていたのである。

若い男性が、女性や結婚によって文明化されるなどというのは陳腐きわまりないと思われるかもしれないが、近代犯罪学ではごくあたりまえのことになっている。ボストンの低所得層出身の非行少年一〇〇〇人を四五年にわたって追跡調査した有名な研究によれば、その後の人生で犯罪を犯すかどうかを左右する要因が二つ見つかった。一つは安定した職に就くこと、もう一つは愛する女性と結婚して家族を養うことだった。結婚による影響はかなりのものだ。独身者の四分の三は成人後、さらに犯罪を犯すようになるが、結婚した者では三分の一にすぎなかった。この違いだけでは、結婚によって犯罪から遠ざかったのか、犯罪の常習者は結婚することが少ないのか、どちらかはわからない。だがこの研究で、社会学者のロバート・サンプソン、ジョン・ローブ、クリストファー・ワイマーの三人は、結婚が実際に男性たちを平和化する要因になったと見られることを示している。男性を結婚に向かわせる典型的な要因をすべて一定に保ったとき、結婚した男性はその直後から犯罪を犯す可能性が低くなることが明らかになったのだ。[☆107] ジョニー・キャッシュの歌の歌詞は、このことを的確に言い当てている――「なぜって君は俺のものだから、俺は線の上を歩く（＝正しい行動を取る）のさ」　アメリカ西部と南部田園地帯における文明化のプロセスについて吟味することは、今日のアメリカの政治的景観を理解するうえで役立つ。北部や東西沿岸地域の知識人の多くは、共和党支持層が銃の所持や死刑制度、小さな政府、キリスト教福音主義、「家族の価値」、性的厳格さなどを支持していることを理解できないと考え、一方の共和党支持者のほうも、民主党支持層が犯罪者や敵対国家に対して弱腰で、政府を信頼し、頭でっかちな世俗主義を支持し、性的放縦さに寛容であることを理解しがたいと感じている。私は、この「文化戦争」が、アメリカという国が二つの異なる文明化プロセスをたどった歴史の産物ではないかと考える。アメリカ北部はヨーロッパの延長であり、中世から始まった宮廷と商取引を原動力とする文明化プロセスを引き継いだ。これに対して南部と西部は、開拓時代に無政府状態にあった地域で生まれた名誉の文化を維持し、行き過ぎた部分は教会や家族、禁酒といった独自の文明化の推進力でバランスを保ってきたのだ。

一九六〇年代における非文明化

でも破壊するって話なら俺は仲間から外してくれ……入れてくれ
――ジョン・レノン「レボリューション1」

合衆国とヨーロッパがたどった歴史的経路には、時間的なずれや不一致があったのは事実だが、両者に同時に見られた共通の傾向が一つある。一九六〇年代に暴力の減少が増加に転じたのだ。[108] 図3-1から図3-4に示されているとおり、ヨーロッパの国々ではこの時期、殺人件数が一世紀も前に訣別した数字に跳ね上がった。また図3-10を見ると、アメリカでも一九六〇年代以降、殺人件数が急上昇している。大恐慌から第二次世界大戦、冷戦までの三〇年間に急速に減少したアメリカの殺人件数は、一九五七年に四件という少なさだったのに、一九八〇年には一〇・二件と二・五倍以上増加した。[109] この時期には殺人だけでなく、レイプ、暴行、強盗、窃盗など他の主要な犯罪の件数もすべて増加し、上昇傾向は――間にアップダウンはあったが――三〇年間続いた。犯罪の増加が著しかったのは都市、とりわけニューヨークで、同市は新しい犯罪のシンボルとなった。暴力犯罪の増加はあらゆる人種と男女両性に及んだが、なかでも黒人男性での間での殺人件数は激増し、一九八〇年代半ばには人口一〇万人あたり七二件にも達した。[110] 一九六〇年代から八〇年代にかけての暴力の激増は、アメリカの文化、政治情勢、そして日常生活を様変わりさせた。路上強盗はコメディアンの定番ネタとなり、セントラルパークといえば、命を落としかねない危険な場所として瞬時に笑いを取った。ニューヨーカーたちはアパートのドアにいくつもの掛け金や鍵をつけ、「ポリスロック」と呼ばれる防犯錠（スチール製の棒の片端を床に固定し、もう片方の端をドアに取り付けてつっかい棒にする）まで登場して人気を博した。私がいま住んでいるところからさほど遠くないボストンのダウンタウンの一角は、路上強盗や殺傷事件が頻発するため「コンバット・ゾーン」と呼ばれていた。ほかのアメリカの大都市では住民たちが大挙して周辺の郊外や準郊外、そしてゲーテッド・コミュニティ〔フェンスで囲われた近郊の住宅地〕に移り住み、小説や映画、テレビドラマはこぞって手に負えない都会のバイオレンスを背景にする物語――『殺人狂想曲』『タクシードライバー』『決闘の大地で』『ニューヨーク1997』『アパッチ砦・ブロンクス』『ヒルストリート・ブルース』『虚栄の篝火』などなど――

を制作した。女性たちは護身術のコースに通い、スキを見せない歩き方や、鍵や鉛筆、尖ったヒールを使った反撃の方法を学び、ミシュランマンのような着ぐるみを着たボランティア相手に、空手チョップや柔術の投げ技で襲撃者をやっつける練習に励んだ。一九七九年に活動を開始した非営利団体ガーディアン・エンジェルズは、赤いベレー帽の制服姿で公園や地下鉄などをパトロールし、一九八四年にはバーンハート・ゲッツという温厚なエンジニアが、ニューヨークの地下鉄車内で襲ってきた四人の若い男を銃で撃って国民的英雄となった。犯罪に対する恐怖から、数十年間にわたって保守派の政治家が当選する傾向が続いた。一九六八年にリチャード・ニクソンは「法と秩序の回復」を（選挙の争点であるベトナム戦争がかすむほど）声高にスローガンとして掲げ、一九八八年にはジョージ・H・W・ブッシュが、対立候補のマイケル・デュカキスがマサチューセッツ州知事時代にレイプ犯を含む服役囚の一時帰休制度を認めたとほのめかし、さらに多くの上院・下院議員が「犯罪を厳しく取り締まる」と公約して当選した。有権者の反応には大げさな面もあったが――殺人で命を落とすよりはるかに多くの人が自動車事故で死んでおり、バーで若い男と口論をしたりしなければなおさらだ――、暴力犯罪が増加しているという感覚は、単なる想像の産物ではなかったのである。

この一九六〇年代の暴力の復権は、あらゆる予想を裏切った。六〇年代は未曾有の経済成長期だった。ほぼ完全雇用に近い状態と現代人が懐古の念を覚える経済的平等、そして人種差別撤廃に向けた歴史的発展が達成され、政府の社会保障プログラムが充実し、医学の進歩によって銃やナイフで攻撃された被害者が生存できる確率も上がった。一九六二年の時点で、社会理論家はこうした恵まれた状況がさらに犯罪率の低い社会へと導くことを確信していた。だがその確信はことごとく裏切られたのだ。欧米社会が三〇年間にも及ぶ犯罪多発期へと突入した（現在もなお完全に元には戻っていない）のは、なぜだったのか。これは、長期間にわたる暴力の減少の間に地域的に起きたいくつかの反転現象のうちの一つであり、本書ではこの先、これらの現象について検証していく。もし私の分析が間違っていなければ、これまで私が暴力の現象を説明するのに指摘してきた歴史的変化は、こうした上昇期には逆転したはずである。

まず人口動態に目を向けるべきなのは明らかだ。犯罪率がもっとも低くなった一九四〇年代から五〇年代にかけては、まさに結婚の時代だった。アメリカではかつてないほど多くの人が結婚し、男たちは街から姿を消して郊外のマイホームへと収まった。[☆111] その結果の一つは暴力の減少だが、もう一つは出産ブームだった。一九四六年に生まれた最初のベビーブーマー世代は、一九六一年に犯罪を起こしやすい年代に入り、ベビーブームが頂点に達した一九五四年生まれの世代は一九六九年にその年代に入った。ということは、犯罪ブームがベビーブームの帰結であると考えるのが自然だが、残念ながらそれでは数が合わない。もし犯罪の増加が、単に犯罪を起こす一〇代から二〇代の若者の数が増加した結果だとすると、一九六〇年から七〇年まで一〇年間の犯罪増加率は一三パーセントになる計算で、実際の一三五パーセントにはとうてい及ばない。[☆112] 若者はただ単に数が増えただけでなく、それまでより暴力的になったのだ。

犯罪学者の間では、一九六〇年代の犯罪の増加は通常の社会経済的変数では説明がつかず、原因の大部分は文化規範の変化にあるとの見方が少なくない。もちろん、暴力的な文化のなかで生きている人は暴力的傾向が強いという循環論法に陥るのを避けるためには、文化的変化をもたらす外生的な原因を見つけることが必要だ。政治学者のジェームズ・Q・ウィルソンは、結局のところ人口動態は重要な引き金となると主張する。若者の絶対的な数ではなく、相対的な数が重要だというのだ。ウィルソンは人口統計学者ノーマン・ライダーを引用し、以下のように主張する。

「野蛮人の侵略は絶えることなく続き、彼らをなんとかして文明化し、社会の存続に必要なさまざまな機能の遂行に貢献させなければならない」。この場合の「侵略」とは、若者たちの新世代が成人を迎えることを意味する。どんな社会もこの途方もない社会化のプロセスに、おおむねうまく対処しているが、時折そのプロセスが量的な断絶によって文字通り、のみ込まれてしまうことがある。……一九五〇年には（一九六〇年においてもまだ）「侵略軍」（一四歳から二四歳まで）と「防衛軍」（二五歳から六四歳まで）の数は一対三だったのだが、一九七〇年には前者の数が急速に増えたため、その比率は一対二となった。これは一九一〇年以降、起きたことのない状況だった。[☆113]

ウィルソンのあとに行われた分析によれば、ウィルソンの説明だけでは十分とはいえないことが示された。一般に、ある年齢集団がそれ以前の世代より大きくなったからといって、より多くの犯罪を犯すことはないというのである。[☆114]けれども私は、一九六〇年代の犯罪の増加を世代間の非文明化プロセスと結びつけたウィルソンの考えは、いいところを突いているのではないかと思う。多くの点で、新しい世代は、ノルベルト・エリアスが記述した八世紀に起きた運動を押し返そうとしたのだ。

ベビーブーマーが他の世代と違っているのは（私自身もその一員だからよく知っているが、自分たちはほかとは違うというのがベビーブーマーの口癖だ）、同世代としての強烈な連帯感をもっていたことだ。その絆の強さは、さながら一つの民族集団が国家と言ってもいいほどで、一〇年後には「ウッドストック・ネーション」といういささか大仰な呼び名も頂戴した。彼らが数の力を実感できたのは、その上の世代より単に数が多いだけでなく、新しい電波メディアのおかげでもあった。ベビーブーマーはテレビのある環境で育った最初の世代であり、とくに三大ネットワーク時代だった当時、彼らはテレビを通じて同世代の人たちが自分と同じ体験をしていることを知り、また自分たちが知っていることを、同世代の人たちも知っていることを知っていた。この共有知識（経済学者や論理学者はそう呼ぶ）が、水平方向の連帯のネットワークを生じさせ、従来の親や権力者との上下の結びつき――若者をバラバラに孤立させ、年長者に追従することを余儀なくさせていた――を切り崩したのだ。[☆115] 社会の不満分子が集会に大同集結したときにだけ、自分たちの力を感じるのと似て、ベビーブーマーたちは「エド・サリバン・ショー」〔一九五〇～六〇年代に人気を集めたバラエティ番組〕に出演したローリング・ストーンズに、スタジオの若い観客がノリノリになって大喜びするのを見て、同時にアメリカ中の若者がノリノリになっていることを知り、自分たちがそれを知っていることを、アメリカ中の若者も知っていることを知っていたのである。

ベビーブーマーたちを結びつけた新しい連帯の技術は、もう一つあった。それは最初にソニーという無名の日本企業が売り出した、トランジスタラジオだった。今日の親は、一〇代の子どもがｉＰｏｄや携帯電話をやり過ぎると言って不満をもらすが、自分たちも若い頃にトランジスタラジオばかり聞いて親に怒られたことを忘れたのだろうか。一〇代の頃、深夜モントリオールの自分の部屋で、ニューヨークのラジオ局から飛んできた電波に周波数を合わせるときの、あの胸踊るような感覚を、私はいまでも忘れられない。モータウンやボブ・ディラン、ブリティッシュ・インベージョン〔六〇年代にザ・ビートルズなどのイギリスのロックバンドがアメリカで大人気を博したこと〕、サイケデリック文化……ボブ・ディランの歌の歌詞にあるように、「何かがここで起きている、でもミスター・ジョーンズ〔旧体制の人間を指す〕にはそれが何かわからない」ことを、ラジオを聴きながら感じ取っていたのだ。

文明社会にとっては――たとえそれが最良の時代であっても――一五歳から三〇歳までの若者を結びつける一体感の存在は脅威となりうる。だがこの非文明化のプロセスは、二〇世紀を通じて勢いを増してきた傾向によって拡大している。エリアスの流れをくむオランダの社会学者カス・ヴァウタースは、ヨーロッパにおける文明化のプロセスが一段落したあと、「脱形式化のプロセス」がそれに取って代わったと主張する。文明化のプロセスでは、規範や礼儀作法が上層階級から下へ向かって伝わったが、欧米諸国では民主化が進むにしたがって上層階級は道徳的手本としての信頼を失い、序列化されていた趣向や礼儀作法は平準化されていった。この脱形式化は人びとの服装に影響を及ぼし、帽子や手袋、ネクタイやドレスといったフォーマルウェアは影をひそめ、カジュアルなスポーツウェアに取って代わられた。影響は言葉にも及び、「ミスター」「ミセス」「ミス」をつけて相手を呼ぶ代わりに、人びとは互いをファーストネームで呼びあうようになった。これ以外にも、話し言葉やふるまいから形式的な部分が失われていった例はあげればキリがない[☆116]。マルクス兄弟の映画でマーガレット・デュモンが演じたような古風な上流階級の夫人は、もはや見習うべきお手本ではなく、嘲りの対象となってしまったのだ。

この脱形式化のプロセスによってじわじわと失われていったエリート階級の正当性は、さらにもう一つの打撃を受けることになる。一九五〇年代から六〇年代にかけて起きた公民権運動はアメリカ支配層の道徳的汚点を暴き出し、社会の他の部分にも批判の眼が向けられるにしたがって、さらにいくつもの汚点が明るみに出てきた。核戦争の脅威、貧困の蔓延、アメリカ先住民に対する差別的処遇、ベトナム戦争をはじめとする数々の反自由主義的な軍事介入、さらには環境破壊、女性や同性愛者に対する抑圧などである。欧米支配層にとって規定の敵であるマルクス主義は、第三世界の「解放」運動に浸透するなか威信を獲得し、伝統にとらわれない自由奔放なボヘミアンや、流行の先端を行く知識人のあいだに支持を拡大していった。一九六〇年代から九〇年代までの意識調査の結果からは、あらゆる社会制度に対する信頼の下落が見て取れる[☆117]。

階層社会の平準化や権力構造に対する厳しい審判はもはや止めようもなく、それは多くの面で望ましいことでもあった。けれども好ましくない副作用の一つは、何百年という年月をへて、労働者階級や下層階級より暴力性の低い貴族階級や中産階級のライフスタイルが定着したにもかかわらず、その威信が崩れてしまったことだ。かつては宮廷の価値観が下に向かって滴り落ちていったのに対し、いまやストリートの価値観が泡のように上に向かって昇くという現象が起きたのだ。のちにそれは「プロレタリア化」あるいは「逸脱行為の基準の引き下げ」と呼ばれた。☆118

こうした流れは文明化の大きな流れに――その時代の大衆文化に歓迎されるかたちで――逆らうものだった。この後戻りは、たしかにエリアスの言う文明化のプロセスの主要な原動力に起因するものではなかった。アメリカ西部や新たに独立した第三世界の国々のように、政府による支配が崩れて無政府状態に陥ったわけでもないし、商業や専門化にもとづく経済が封建主義や物々交換に取って代わられたわけでもない。エリアス理論における次の段階――より大きなセルフコントロールと相互依存への心理的変化――が、一九六〇年代に大人になったカウンターカルチャー世代によって絶え間ない攻撃にさらされたのだ。

第一の標的となったのは、文明化した／礼儀正しいふるまいを内面で司るセルフコントロールである。自然に身を任せること、自己表現、そして抑制への反逆が主要な美徳となったのだ。"If it feels good, do it"（気持ち良ければ、やっちゃえ！）」と書かれたピンバッチが流行し、左翼活動家ジェリー・ルービンの本のタイトルも『ドゥ・イット』だった。ファンクバンドのBTエクスプレスのヒット曲「ドゥ・イット」は、「やっちゃえよ、満足行くまで（それが何でもかまったことはないさ）」と歌う。身体が精神より上になり、ローリングストーンズのキース・リチャーズは「ロックンロールってのは首から下の音楽なんだ」とうそぶいた。青年期のほうが成人期より上になり、政治活動家のアビー・ホフマンは「三〇以上のやつは誰も信用するな」とけしかけ、ロックバンドのザ・フーはヒット曲「マイ・ジェネレーション」で「年取る前に死にてえよ」と歌った。健全さは見くびられ、精神病は――『素晴らしき男』『カッコーの巣の上で』『まぼろしの市街戦』『うるさい女たち』などの映画に見られるように――美化して描かれた。そしてドラッグがあったことは言うまでもない。

カウンターカルチャーにとってのもう一つの標的は、個々人は入り組んだ相互依存の網に組み込まれ、安定した経済や組織のなかで相互に義務を負うべきだという、従来の社会が描いた理想だった。この理想に真っ向から反するものをイメージするなら、それは「転がる石《ローリングストーン》」かもしれない。元々はブルース歌手マディ・ウォーターズの代表曲「ローリンストーン」のタイトルだったが、このイメージは時代の雰囲気とぴたりと合致し、人気ロックバンドだけでなく、音楽雑誌とボブ・ディランの有名な曲（この「ライク・ア・ローリングストーン」という曲で、ディランはホームレスに転落した上流階級の女性を嘲っている）という、この時代を象徴する三つのものの名前となるのだ。ハーバード大学心理学教授でもあったティモシー・リアリーが提唱したスローガン、「チューンイン、ターンオン、ドロップアウト〔見えない世界に波長を合わせ、ドラッグの力で精神を拡大し、既成社会から離脱せよ〕」は、サイケデリック・ムーブメントの合い言葉となった。仕事をするうえで自分の利害と他人のそれを調整することは、自分を売り渡すことだった。ディランは「マギーズ・ファーム」でこう歌う。

俺は一生懸命
俺らしくやっていこうとした
でもやつらはみんな

人を自分と同じにしたがるんだ
仕事しながら歌でも歌えとやつらは言うが、俺はもう飽き飽きだ
もうマギーの農場で働くのはごめんだ

エリアスは、セルフコントロールと自己を相互依存の網に組み込むことの要請は、歴史のなかで、時間を図る道具や時間に対する意識の発達となってあらわれてきたと書いている。「個人のなかに、その人の超自我というかたちで表された社会的時間に抵抗する傾向がきわめて多いのはこのためであり、時間を守ろうとすると自分自身との衝突が起きる人がきわめて多いのもこのためである」。☆119 一九六九年の映画『イージー・ライダー』の冒頭シーンでは、デニス・ホッパーとピーター・フォンダ扮する二人の若者が、バイクでアメリカを探す旅に出発するとき、腕時計を外して道路に投げ捨てる。その同じ年、ロックバンド、シカゴのファーストアルバム（当時のバンド名はシカゴ・トランジット・オーソリティだった）には、こんな歌詞の曲が含まれていた。「いま何時か、本当に知ってるやつなんているのか？　そんなこと本当に気にするやつがいるのか？　もしいたとしても、その理由は俺には見当もつかない」。私が一六歳だった頃には、こうした歌詞はすべて納得できた。だから自分のタイメックスも捨ててしまった。祖母は私が時計をしていないのを見つけると怪訝な顔をし、「時計をしなくちゃ立派な人間とは言えないよ」と言って、一九七〇年の大阪万博に行ったときに買ってきたセイコーの時計を引き出しから出してくると、私に差し出した。私はその時計をいまでも持っている。

セルフコントロールと社会的つながりとともに槍玉にあげられた三つ目の理想は、結婚と家族生活――その前の数十年間に粗暴な男たちを飼い慣らすのにきわめて有効だったもの――だった。男女は一夫一婦

の関係を築き、安全な環境で子どもを育てることに全力を注ぐべきだとする理念は、嘲笑の対象となった。そんな生き方は魂のない、物質主義的で大衆消費文化に組み込まれ、体制順応的で味気なく、面白味に欠けたものであり、人気テレビドラマ『オジー&ハリエット』のネルソン一家に代表されるような、郊外の不毛な生活そのものだというわけだった。

一九六〇年代にテーブルクロスで鼻をかんだ人がいたかどうかは記憶にないが、当時の大衆文化が、清潔さや礼儀正しさ、性的抑制の基準を嘲り、軽視することを歓迎したのは確かだ。ヒッピーは不潔で臭いという認識が一般的だったが、自分の経験からいえば、それは中傷というものだろう。だが彼らが伝統的な身だしなみの基準を拒否したことは疑いないし、ウッドストックには全裸の男女が泥まみれになっているというイメージが、いつまでもつきまとったのも事実である。礼儀正しさの伝統が破棄されたことは、当時のアルバムジャケットからも容易に見て取れる(図3−17)。ザ・フーのアルバム『セル・アウト』のジャケットでは、口からソースを垂らしたロジャー・ダルトリーがベイクドビーンズの〝お風呂〟に入っているし、ビートルズの『イエスタデイ・アンド・トゥデイ』には肉片とバラバラになった赤ん坊の人形が使われ(発売後すぐに回収された)、ローリングストーンズの『ベガーズバンケット』には不潔な公衆トイレの写真が使われている(却下された)。一九七一年のザ・フーの『フーズ・ネクスト』のジャケットには、立ち小便をし終わってズボンのチャックを上げる四人のメンバーが写っている。礼儀正しさへの嘲りは、有名なライブコンサートにまで及んだ。モントレー・ポップ・フェスティバルに出演したジミ・ヘンドリックスはステージの上のアンプとセックスするようなジェスチャーをしてみせた。

腕時計を投げ捨てたり、ベイクドビーンズのお風呂に入ったりしても、それは実際に暴力をふるうこととはほど遠いのは言うまでもない。一九六〇年代は平和と愛《ピース・アンド・ラブ》の時代ということになっていたし、そういう面もたしかにあった。だが自堕落な生き方を美化することは、しだいに暴力を大目に見ることにつながり、さらには暴力そのものへと変質していった。ザ・フーはコンサートの終わりに毎回、楽器を木っ端みじんに壊すことで知られていた。これだけなら、害のないパフォーマンスだと片づけることもできたかもしれない。だがドラマーのキース・ムーンは、何十というホテルの部屋を壊し、ステージの上でドラムを爆発させてピート・タウンゼントに聴力障害を負わせ、妻や愛人や娘を殴り、フェイセズのキーボード奏者が自分の元妻と交際していることに腹を立て、彼の手を傷つけると脅し、ボディガードを誤って轢いて死亡させ、あげくの果てに一九七八年、何度もくり返していた薬物の過剰摂取で自身も命を失った。

歌のなかでも、暴力があたかも反体制運動の一つの形態であるかのように称賛されることはあった。一九六四年、マーサ・リーヴズ率いるマーサ&ヴァンデラスはヒット曲「ダンシング・イン・ザ・ストリート」で「夏になって、路上で踊るには最高の季節がやってきた」と歌ったが、その四年後、ローリングストーンズは、路上でケンカするには最高の季節だと歌った。「サタニック・マジェスティ（悪魔の威光）」や「シンパシー・フォー・ザ・デビル（悪魔への共感）」を主張する彼らは、「ボストン絞殺魔」と呼ばれた連続強姦殺人犯に触発されて、演劇的な一〇分もの長い曲「ミッドナイト・ランブラー」を発表した。曲の最後の歌詞はこんな具合だ。「おまえのところの窓ガラスを全部叩き割ってやる／拳骨を突き出し、スチールのドアを突き破ってやる／おまえの……喉に……俺の……ナイフを……ぐさりと……突き刺してやるぞ！」。どんな凶悪犯や連続殺人犯でも勇ましい「反逆児」や「無法者」だと見なしたがるロックミュージシャンの気取りを風刺したのは、映画『スパイナル・タップ』だった。この映画に登場する架空のロックバンド、スパイナル・タップは、「切り裂きジャック」の生涯を基にしたロックミュージカルを作ろうと思いつくのだ（「生意気ジャック、おまえは悪い子だ！」）。

図3－17　清潔さや礼儀正しさへの嘲り（1960年代）

ウッドストックから四ヵ月も経たないうちに、ローリングストーンズはカリフォルニア州オルタモント・スピードウェイでフリーコンサートを開いた。主催者側は当時「カウンターカルチャーの無法者の兄弟」として美化されていた暴走族集団ヘルズ・エンジェルズを雇って、警備にあたらせた。コンサートの雰囲気——そしておそらくは一九六〇年代という時代の雰囲気——は、ウィキペディアの以下の記述にあらわれている。

> 体重一五〇キロ以上はありそうな巨漢のサーカスの芸人がＬＳＤでハイになり、全裸になって狂ったように群衆をかき分け、ステージに向かって行った。観客が次々となぎ倒されるのを見たエンジェルズのメンバーたちがステージから飛び降りると、その男を棍棒で殴り失神させた。〔引用元不明〕

その次に起きたことに引用元はもはや必要ない。というのも、その一部始終はドキュメンタリー・フィルム『ギミー・シェルター』に収められているからだ。ヘルズ・エンジェルズのメンバーがステージ上でジェファーソン・エアプレインのギタリストを殴り倒し、しだいに大きくなる騒ぎを静めようと、ミック・ジャガーが観客に冷静になるよう呼びかけるも効果なく、観客のなかにいた若い男が銃を取り出したのを見た別のヘルズ・エンジェルズのメンバーが、ナイフでその男を刺し殺したのだ。

＊

一九五〇年代にロックミュージックが突如として登場したとき、政治家や聖職者はそれが道徳を腐敗させ不法行為を助長するものだとして非難を浴びせた（オハイオ州クリーブランドにあるロックンロール・ミュージアムに行くと、頭の古い人びとが声高にロックを非難している笑えるビデオが見られる）。では私たちは、そうした人びとが正しかったと（ウグッ）認めるべきなのだろうか。一九六〇年代の大衆文化の価値観を、その時代の暴力犯罪の増加と結びつけることはできるのか？　もちろん、直接の結びつきはない。相関関係は因果関係ではなく、おそらくは第三の要因――文明化のプロセスの価値観に対する反発――が、大衆文化における変化と暴力行為の増加の両方を引き起こしたと考えられる。さらに、ベビーブーマーの圧倒的多数は暴力をふるうことなどいっさいなかった。それでも、人びとの考え方と大衆文化は互いに強化しあうことは確かであり、影響を受けやすい個人やサブカルチャーがなんらかの形でその影響力にさらされる可能性の高い辺縁部では、非文明化的な思考が実際の暴力の促進を引き起こすという因果の矢が生まれるのは、ありうることなのだ。

その因果の矢の一つは、刑事司法制度が自己にハンディキャップをつけることだ。ロックミュージシャンが公共政策に直接影響を及ぼすことはまずないが、作家や知識人は違う。そして時代精神にズブズブにはまり込んだ彼らは、放縦という新たな価値観を合理化しようとしはじめる。暴力的な階級闘争も、マルクス主義を使えばより良い世界を築くための方途に見えてくる。ヘルベルト・マルクーゼやポール・グッドマンといった影響力のある思想家たちは、マルクス主義やアナキズムを、性的・情緒的抑圧を政治的抑圧と結びつける新しいフロイト解釈と合体させ、抑制からの解放を革命闘争の一環として擁護しようとした。トラブルメーカーは反逆児や、規範をものともしない独立独歩の人間、あるいは人種差別や貧困の犠牲者、または親の育て方が悪かったためだと見なされることが多くなった。建物に落書きする破壊行為は「芸術」となり、泥棒は「階級闘争の戦士」、街のチンピラは「コミュニティリーダー」となった。「ラディカルシック〔急進的な思想をもてあそぶことがファッショナブルだと見なされること〕」に酔って、信じがたいほど馬鹿なことをする知識人も少なくなかった。有名大学の卒業生が軍の社交行事に爆弾をしかけたり、「急進派」が警備員を銃で撃って武装強盗に入ったあと、逃走用の車を運転したり。ニューヨークの知識人のなかには、マルクスがどうのこうのとまくし立てる精神病質者に乗せられて、刑務所からの釈放を求める運動に加わった者もいた。[☆120]

一九六〇年代初期の性革命から、一九七〇年代にフェミニズムが台頭するまでの時期、女性のセクシャリティを支配することは洗練された男性の必須条件と見なされた。性行為の強制や嫉妬にかられた暴力について自慢気に語ることは、大衆小説や映画、そしてビートルズの「ラン・フォー・ユア・ライフ〔浮気娘〕」やニール・ヤングの「ダウン・バイ・ザ・リヴァー」、ジミ・ヘンドリックスの「ヘイ・ジョー」、ロニー・ホーキンスの「フー・ドゥ・ユー・ラヴ?」などといったロック音楽の歌詞にもあらわれた。[☆121]政治的な文章のなかでは「革命的」だとして合理化されることさえあった。たとえば一九六八年にベストセラーとなった、ブラックパンサー党の幹部エルドリッジ・クリーヴァーの自伝『氷の上の魂』には、次のような一節がある。

レイプは反乱の行為である。私は自分が、白人の男の法律と彼らの価値体系を踏みにじっていること、そして彼らの女を汚していることに歓びを覚えた。この最後の点が、自分にとってもっとも満足できるものだったと思う。なぜなら私は、白人の男が黒人の女をさんざん利用してきた歴史的な事実に対して、強く憤っていたからだ。私にとってそれは復讐だったのだ。☆122

彼の反乱の行為によって汚された女性たちの利害は、なぜか彼の政治的原則にはいっさい折り込まれていないし、この本に寄せられた批評（ニューヨークタイムズ紙「明晰であり、真実を明らかにする、「ザ・ネーション」誌「注目すべき一冊……みごとな筆致」、「アトランティック・マンスリー」誌「知的で騒々しく、情熱的で雄弁な男性」）も同様だった。☆123

こうした犯罪行為の合理化が判事や議員たちの注意を引くに従い、彼らはこれらの悪人を刑務所に入れることに消極的な姿勢を強めていった。市民的自由を守るための改革の結果として、凶悪犯が「法律の細かい規定によって釈放される」ケースが――映画『ダーティハリー』で示唆されているほど――多くあったわけではないものの、犯罪率の上昇に対して法の執行が後退していたのは事実だった。合衆国では一九六二年から一九七九年までの間に、犯罪が逮捕にいたる割合は三二パーセントから一八パーセントへ、逮捕が収監へといたる割合は三二パーセントから一四パーセントへ、そして犯罪が収監へといたる割合は一〇パーセントから五分の一の二パーセントへと減少した。☆124

チンピラが街に戻ってきたことよりさらに悲惨だったのは、法執行機関とコミュニティの間の相互不一致と、その結果としての地域の暮らしの劣化と荒廃である。路上生活や街でのたむろ、物乞いなど治安に反する行為は非犯罪化され、公共物の破壊やスプレー缶による落書き、無賃乗車、立ち小便などは警察の取り締まりの対象から外された☆125。断続的に効果を現す抗精神病薬と、逸脱に対する考え方の変化のおかげで精神病院はがら空き状態となり、結果としてホームレスになる人の数が増えた。本来ならば、こうした不法行為に目を光らせる、地域社会に利害のある商店経営者や住民たちも、やがて公共物を破壊する者や物乞い、路上強盗らに屈伏し、郊外へと撤退していった。

一九六〇年代の非文明化のプロセスは、政策立案者だけでなく個人の選択にも影響を及ぼした。「マギーの農場」で働くのをやめた多くの若い男性は、堅実な家庭生活を営む代わりに男だけの集団をつくって、たむろするようになる。そこではおなじみの優位性をめぐる競争や侮辱的な言動、軽い攻撃行動、暴力的な報復などの連鎖が生じ、さらに性革命（男たちに結婚という責任をともなわない性的機会を豊富に与える）がこの怪しげな自由に追加される。彼らの一部は禁制薬物の取引で一儲けしようともくろむが、そこで所有権を行使するには自力救済《セルフヘルプ》による正義が唯一の道となる（一九八〇年代後半に熾烈な競争が繰り広げられたクラックコカイン市場は、少量で販売が可能なために参入が容易であり、一〇代のクラックディーラーが大量に出現した。おそらく一九八五年から九一年までの殺人発生率が二五パーセント増加したことの大きな要因はここにある）。禁制品の売買につきものの暴力に、麻薬そのものと昔ながらのアルコールの作用が加わって抑制のレベルが引き下げられ、何かあれば暴発する状況がつくられたのだ。

この非文明化の影響を誰よりも強く受けたのは、アフリカ系アメリカ人社会だった。彼らはスタート時点から二級市民という歴史的な不利益を負い、少なからぬ若者が堅実な生活と底辺の暮らしとの間で揺れ動いていたところに、新たな反体制的勢力が間違った方向に彼らを押しやったのだ。警察内に昔からある人種主義と、犯罪（被害者の割合はアフリカ系アメリカ人に偏っている）に対する司法当局の新たな寛大さとが相まって、彼らは白人のアメリカ人以上に、刑事司法制度による保護を頼りにすることはできなくなった。[126]刑事司法制度に対する不信は冷笑的な態度やときに被害妄想を招き、唯一の選択肢は自力救済《セルフヘルプ》による正義だと思い込むにいたるのである。[127]

こうした不利な状況に加え、一九六五年に出版された社会学者ダニエル・パトリック・モイニハンの有名な調査報告によって、アフリカ系アメリカ人の家庭生活の特性が初めて明らかにされた。『黒人の家族――国家的行動を必要とする問題』と題するこの報告書は、当初差別的だとして非難を浴びたが、やがてその正当性が認められた。[128]黒人の子どものかなりの部分(今日では過半数)が婚姻外で生まれ、多くの子どもが父親のいない家庭で育つ。一九六〇年代初頭にすでにあらわれていたこの傾向は、性革命によって、さらに妊娠した若い女性に、子どもの父親とではなく「国家と結婚」することを奨励する歪んだ福祉の仕組みによって増幅されたと考えられる。[129]父親のいない家庭で育った男の子は、役割モデルの欠如や親のしつけが不十分なことによって暴力的な傾向が強まるという説には賛成できないが(モイニハン自身も父親のいない家庭で育っている)、父親の不在が広く行き渡ることは、別の理由から暴力の増加に結びつく可能性がある。[130]多くの若い男性が、自分の子どもを育てる代わりに街をうろつき、互いに優位性を競いあう。男たちの激しやすさは、都市のスラム地区でも、西部開拓時代のカウボーイがたむろする酒場や鉱山の飯場となんら変わりない。ただ暴力沙汰が起きる原因は周りに女がいないからではなく、女性たちに男性を文明化した生活に引き込むだけの交渉力が欠けているからだったのだ。

一九九〇年代における再文明化

一九六〇年代に見られた犯罪率の上昇が、欧米社会における暴力の減少傾向の消滅を意味するとか、暴力は歴史的に見ると、時代ごとに発生率が上下する循環的傾向があることのあかしだと考えるのは間違っている。近年、合衆国の年間殺人件数が最悪を記録したのは一九八〇年の人口一〇万人あたり一〇・二件だったが、これは一四五〇年のヨーロッパにおける殺人件数の四分の一、伝統的なイヌイット社会の一〇分の一、非国家社会の平均の五〇分の一にすぎない（図3－4参照）。

しかもこの数字は上昇の頂点であって、何度もくり返されたわけではなく、その後起きることの前兆でもなかった。一九九二年には奇妙なことが起きる。殺人件数は前年からほぼ一〇パーセント減少し、その後七年間減りつづけて、一九九九年には一九六六年以来最低となる五・七件を記録した。もっと驚くべきことに、殺人件数はその後七年間横ばい状態だったあとさらに減少し、二〇一〇年には二〇〇六年の五・七件から四・八件にまで減った。図3－18の上の曲線は一九五〇年以降のアメリカの殺人件数の推移を示しており、二一世紀に入ってからの新たな減少傾向も見て取れる。

このグラフの下の曲線は、一九六一年以降のカナダの殺人件数を表しているが、カナダの殺人件数はアメリカの三分の一以下で推移している。理由の一つは、一九世紀に騎馬警察《マウンティー》が入植者より先に西部に到達していたため、暴力的な礼儀作法が磨かれずにすんだということにある。だがこの違いにもかかわらず、カナダの殺人件数の増減は南側の隣国と並行しており（一九六一年から二〇〇九年までの相関係数は〇・八五）、アメリカで四二パーセントの減少を見た一九九〇年代には三五パーセント減少している。[☆132]

このカナダと合衆国の相似形の曲線は、一九九〇年代に起きた大規模な犯罪の減少にまつわるいくつもの驚きの一つだ。この二国は経済動向も、刑事司法政策も違っているにもかかわらず、暴力は同じように減少している。同じことがほとんどの西欧諸国にもいえる。[☆133] 図3－19はヨーロッパの主要な国々における過去一〇〇年間の殺人件数の推移を表したものだが、同様の歴史的傾向がここにも見て取れる。一九六〇年代になるまで長期にわたって減少傾向が続いたあと、騒乱の時代だった六〇年代に上昇が始まり、ごく最近になってまた下降に転じている。これら主要な西欧諸国のすべてにおいて減少が見られる。しばらくの間イギリスは例外かと思われたが、二〇〇〇年代になるとやはり下降に転じた。

減少したのは殺人だけではない。他人に危害を与えるそれ以外の犯罪も同様だった。合衆国ではレイプや強盗、暴行、窃盗、侵入窃盗、自動車窃盗にいたるまで、主要な犯罪すべてにおいて件数が半減した。☆134その影響は統計だけでなく日常生活にも目に見える形であらわれた。アメリカの都市の中心部には観光客や若いエリートビジネスマンが戻ってきたし、犯罪は大統領選挙戦の主要な争点ではなくなった。

専門家は誰もこうした状況を予測していなかった。それどころか減少傾向に転じたあとも、一九六〇年代に始まった犯罪率の上昇がさらに悪化するという見方のほうが一般的だった。アメリカの政治学者ジェームズ・Q・ウィルソンは、一九九五年に発表した論文でこう書いている。

地平線の彼方には雲があり、その雲は風に乗ってまもなく私たちの頭上にまで運ばれてくる。ふたたび若年人口が増えはじめ、九〇年代の終わりには一四歳から一七歳までの若者が一〇〇万人増加することになる。この一〇〇万人の半数は男性であり、そのうちの六パーセントは高い率でくり返し犯罪を犯す――路上強盗や殺人、窃盗をはたらく若者が今より三万人も増えるのだ。これに備えなければならない。☆135

地平線の彼方の雲に同意する意見が、犯罪に詳しい専門家から次々と寄せられた。犯罪学者のジェームズ・アラン・フォックスは二〇〇五年までに犯罪の波が到来して「流血の事態」となり、「一九九五年が

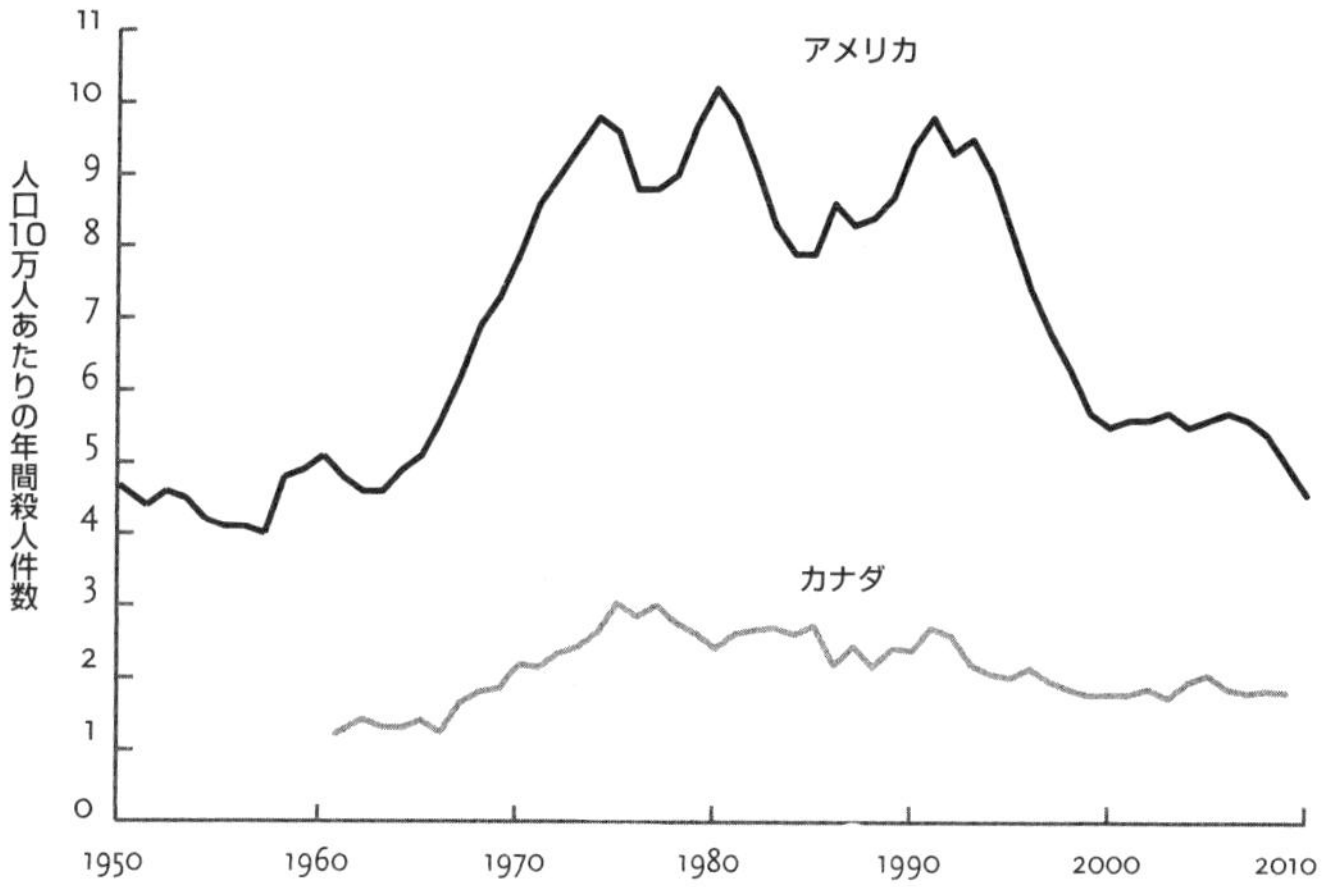

図3 − 18　アメリカ（1950 〜 2010 年）およびカナダ（1961 〜 2009 年）における殺人発生率 .
出典：アメリカ——FBI Uniform Crime Reports 1950-2010; アメリカ司法統計局 2009; FBI, 2010b, 2011; Fox & Zawitz, 2007. カナダ——1961 〜 2007 年は Statistics Canada, 2008,2008 年は Statistics Canada, 2010, 2009 年は K. Harris, "Canada's crime rate falls," Toronto Sun, Jul. 20, 2010.

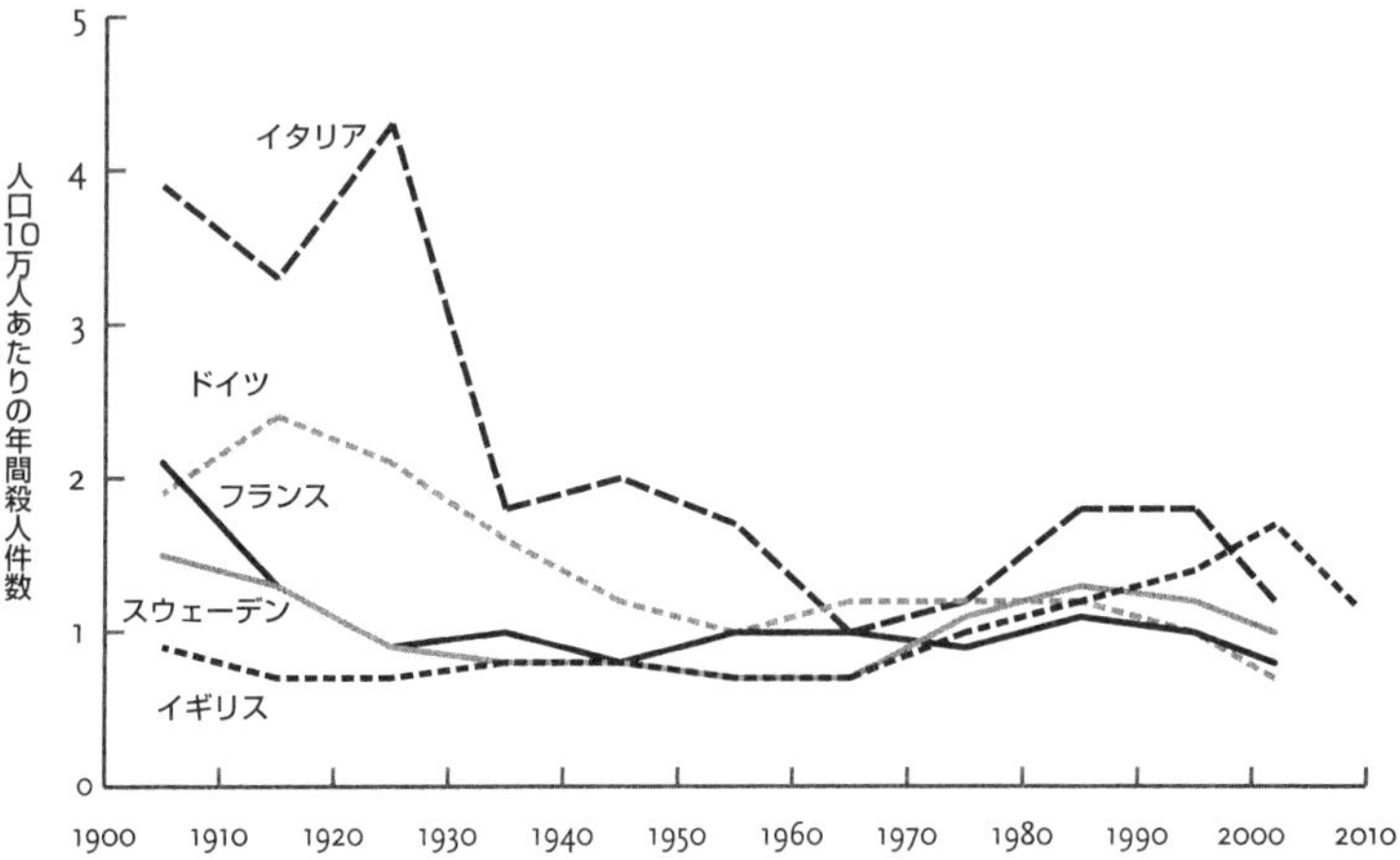

図3 − 19　西欧5ヵ国における殺人発生率（1900 〜 2009 年）.
出典：Eisner, 2008（イギリスを除く）, 2009 年は Walker et al., 2009 のデータ；イギリス国家統計局 2009 の人口推定 .

古き良き時代のように見えるだろう」と予測し[136]、政治学者のジョン・ディルリオは、二〇一〇年までに二五万人もの新種の「スーパープレデターが街にあふれ」[137]、「ブラッズやクリップスなどのギャング集団が相対的におとなしく見える」ような事態になると警告した。一九九一年にはロンドンのタイムズ紙の元編集長が「二〇〇〇年には、ニューヨークはバットマンのいないゴッサムシティのようになるかもしれない」と予測した。[138]

ニューヨークの伝説的市長フィオレロ・ラガーディアは、「私が間違うとすれば、それはみごとな間違いだ！」と言ったというが、まさにそのとおりだ（ウィルソンは潔く間違いを認め、「社会科学者は将来の予測などすべきではない。過去を予測するだけでも十分問題があるのだから」と述べている）。殺人専門家たちの間違いは、もっとも最近の人口動向を信頼しすぎたことにある。一九八〇年代後半のクラックによる暴力の急増には一〇代の若者が多数関わっており、一九九〇年代にはベビーブーマーの子どもにあたる一〇代の人口が増加することが見込まれていた。だが、犯罪を起こす傾向の高い集団全体（一〇代だけでなく二〇代も含む）として見ると、その数は一九九〇年代には減少したのである。[139]もっともこの正しい人口動向によっても、九〇年代の犯罪率の低下を説明することはできない。人口の年齢分布は徐々にしか変化しないにもかかわらず、一九九〇年代に犯罪率は七年連続で下降しつづけ、その後九年間はさらに低いレベルに落ち着いている。一九六〇年代に起きた犯罪率の急上昇と同様、各年齢集団における犯罪発生率の変化は、これらの集団の大きさによる影響をはるかに超えているのだ。

犯罪の動向の説明に使われるもう一つの有力な要因――経済――も、この場合にはほとんど役に立たない。たしかにアメリカの失業率は一九九〇年代に下がったが、カナダでは逆に上がっており、それでも暴力犯罪の発生件数はカナダでも減少しているからだ。[140]フランスとドイツでも失業率が上がったのに暴力犯罪が減少したが、アイルランドとイギリスでは失業率が下がったのにもかかわらず暴力犯罪が上昇した。[☆141]これは、一見して思うほど驚くことではない。犯罪学者のあいだでは、失業率と暴力犯罪のあいだには明確な相関関係は存在しないことは長く知られている[☆142]（失業率と窃盗犯罪にはなんらかの相関関係がある）。それどころか、二〇〇八年の世界金融危機から三年間、大恐慌以来最悪の景気後退が起きたときも、アメリカの殺人発生率は一四パーセント減少したのだ。これを受けて犯罪学者のデイヴィッド・ケネディは、取材に応えてこう述べている。「誰の頭にも刷り込まれている考え――経済が悪くなれば、犯罪率が上がる――は間違っている。そもそもそれが正しかったことなどないのだ[☆143]」。

数ある経済尺度のなかで、一般に犯罪と関係の深いのは失業より格差である。[☆144]だが所得分配の不平等さの指標であるジニ係数は、犯罪率が低下した一九九〇年から二〇〇〇年までの間に上昇しており、犯罪が急増していた一九六八年には、反対に最低の数字を記録している。[☆145]暴力犯罪の発生件数の変化を経済格差で説明することの問題は、それが異なる州や国の間での比較には有効である一方、一つの州や国のなかでの時間的変化には適合しないことだ。おそらく暴力犯罪の発生率の違いを生じさせる真の原因は経済格差そのものではなく、その州や国の統治や文化のもつ固定的な特性にあり、それが格差と暴力の両方に影響を与えるのだと考えられる[☆146]（たとえば貧富の差の大きい社会では、貧困地区に警察の保護が行き渡らないため、暴力事件の巣窟となる可能性があるなど）。

さらにもう一つの誤りとして、社会動向と時事問題に対する「国民感情」とを結びつけようとする識者の意見もあげられよう。9・11のテロ事件は政治・経済はもちろん国民感情にも途方もない混乱を引き起こしたが、だからといって殺人件数にはなんの影響も及ばなかったのである。

＊

一九九〇年代の暴力犯罪の減少は、暴力研究における奇妙な仮説の一つが生まれるきっかけをつくった。本書の執筆中、暴力の歴史的減少についての本を書いているという話をすると、何人もの人から、そのことはすでに説明がついていると指摘された。彼らによれば、暴力事件の発生件数が減ったのは、一九七三年にアメリカ最高裁が下した「ロー対ウェイド」裁判の判決によって妊娠中絶が合法化されたからだという。これにより、望まない妊娠をした女性や母親としての適性を欠く女性が中絶するようになったため、成長して犯罪を犯すような子どもが生まれずにすむようになったというのだ。二〇〇一年に経済学者のジョン・ドノヒューとスティーヴン・レヴィットがこの仮説を提唱したときの私の反応は、あまりに話ができすぎているというものだった。[147] 見過ごされていた単一の事象が大きな社会動向を説明するという仮説が降ってわいたように出てきて、その当時は一定のデータによって裏づけられたとしても、そうした仮説はほぼ確実に間違っている。だがレヴィットは、ジャーナリストのスティーヴン・ダブナーとの共著『フリーコノミクス』（邦訳『ヤバい経済学』）のなかでこの説を紹介し、同書がベストセラーになったおかげで、いまやかなりのアメリカ人が、一九九〇年代に犯罪率が低下したのは、一九七〇年代に犯罪者になることを運命づけられた胎児が中絶されたからだと信じている。

公平を期すために言っておくと、レヴィットは「ロー対ウェイド」判決は犯罪率低下の四つの原因のうちの一つにすぎないとしており、それを支持する相関的な統計を提示している。たとえば、一九七三年に[148]中絶を合法化したいくつかの州で、まず最初に犯罪率が低下しはじめたことを示す統計がそうだ。しかしこれらの統計は、仮説上の長く曖昧な因果の連鎖の両端（一方の端が中絶の合法化、もう一方が二〇年後の犯罪率の低下）に匹敵するもので、あいだをつなぐ鎖はすべて無視されている。その鎖とは、中絶合法化の結果として望まれない子どもの出産が減ったこと、望まれない子どもは犯罪者になる確率が高いこと、中絶の増加によって最初に数が減った世代が一九九〇年代の犯罪の減少の先陣を切ったこと、などである。だが全体的な相関関係にはほかの説明の仕方もあるし（たとえば、最初に中絶を合法化した大きいリベラルな州は、最初にクラックが流行して廃れた州でもある）、因果の連鎖の中間部分は根拠薄弱か、そもそも存在しないことが明らかになっている。[149]

まず第一に、このヤバい経済学理論では、女性が望まない妊娠をする割合は一九七三年以前も以後も変わらず、違うのはその子どもが生まれるかどうかだけだ、ということが前提となっている。だが中絶が合法化されたあと、夫婦や恋人たちは中絶を予備の避妊法だととらえ、それまで以上に無防備な性行為を行うことが増えたかもしれない。そもそも女性が望まない子どもを妊娠することが増えれば、その子どもを中絶したとしても、望まない子どもが誕生する比率は変わらないことになる。それどころか望まれない子どもの比率が増える可能性すらある。中絶というオプションがあることで気が大きくなり、気分が盛り上がったときに無防備な性行為に走ることが増えるうえに、妊娠がわかった時点で中絶に二の足を踏むということも考えられるからだ。一九七三年以降、もっとも脆弱なカテゴリーに入る女性（貧しい、独身、一〇代、アフリカ系アメリカ人）のもとに生まれた子どもの比率が、ヤバい経済学が予測したように減少はしなかったことは、これで一部説明がつくかもしれない。そうした子どもの比率は減るどころか、大幅に増加したのだ。[150]

犯罪者になる確率の高い集団内部の女性個人個人の違いについてはどうだろうか。この点について、ヤバい経済学の理論の考え方は逆のように思われる。予期せぬ妊娠をして子どもを育てる態勢にない女性たちのなかで、中絶という道を選ぶのはどちらかというと現実的で前向き、しっかりした考えをもつ女性であり、反対にそのまま妊娠を続けるのは、なりゆき任せで理路整然と物事を考えられない女性——あるいは、かわいい赤ん坊ばかり思い浮かべ、手に負えない悪ガキにまで想像力が及ばない未熟な女性である確率が高い。このことはいくつかの研究によって裏づけられている。[☆151] 妊娠した若い女性のなかで、中絶を選ぶ女性は流産したり妊娠を続けて出産する女性に比べて学校の成績が良く、生活保護を受けている率が低く、学校を卒業する率が高いのだ。したがって中絶という選択肢があったことが、結果として犯罪を犯す確率の高い世代を生んだかもしれない。なぜなら自制のきく成熟した若者に——遺伝子のせいにせよ環境のせいにせよ——成長する確率の高い子どもが、多く中絶されてしまうからだ。

また、ヤバい経済学における犯罪の心理的原因についての見解は、『ウェスト・サイド物語』で不良少年たちが歌う「クラプキ巡査どの」の歌詞そのままだ。不良グループの一人は自分の両親についてこう歌う——「親は子どもなんてほしくなかったのに、なぜか俺が生まれちまった。ガビーン！ だから俺はこんなワルなんだよ！」だがこの仮説にはほとんど説得力はない。たしかに望まれない子どもは大きくなって犯罪者になる確率は高いかもしれない。だがそれは、望まれない子どもであることが直接、犯罪行為を生むからではなく、そうした子どもを生む女性が犯罪の多い環境に暮らしているからだと考えられる。親の育て方と仲間集団による影響のどちらが大きいかに関する研究では、遺伝的影響を一定にした場合、必ず仲間集団の影響のほうが大きいという結果になる。[☆152]

さらに、一九七三年以降中絶がしやすくなったことが、犯罪を回避する世代を生み出したのだとすれば、犯罪率の低下は最も若い年齢層で始まり、彼らが年を重ねるにしたがって高い年齢層へと広がっていったはずだ。たとえば一九九三年に一六歳だった人たち（中絶が最も盛んに行われた一九七七年生まれ）は、一九八三年に一六歳だった人たち（中絶が非合法だった一九六七年生まれ）に比べて犯罪を犯す率が少ないはずだし、同様の理由で、一九九三年に二二歳だった人たちは「ロー対ウェイド」裁判より前の一九七一年生まれであるから、暴力犯罪を犯す確率が高いままでいるはずだ。二〇代の年齢層の犯罪率が低下するのは、一九九〇年代後半になって「ロー対ウェイド」裁判以降に生まれた最初の世代が二〇代に達してからのはずである。ところが実際に起きたのは、これとは反対のことだった。「ロー対ウェイド」裁判以後に生まれた最初の世代が一〇代後半に達した一九八〇年代末から九〇年代初めにかけて、彼らは殺人件数の減少に寄与するどころか、かつてないほどの殺人劇を繰り広げたのだ。暴力犯罪が減少に転じるのは、「ロー対ウェイド」裁判よりかなり前に生まれた彼らより年上の世代が銃やナイフを置いてからであり、それ以後、低い殺人件数が次第に下の年齢層へと徐々に浸透していったのである。[☆153]

＊

では最近の犯罪率低下は、どう説明できるのだろうか？　多くの社会科学者が説明を試みているが、せいぜいそれには複数の原因があるという結論にとどまっている。しかもあまりにも多くのことが同時に起きたため、それらが具体的に何なのかは誰も明確にしていない。[☆154]しかし私は二つの包括的な説明が可能だと考えている。第一に、リヴァイアサンがより大きく、賢明で効率的になったこと。第二に、一九六〇年代のカウンターカルチャーが逆転させようとした文明化のプロセスが、ふたたび前向きに進みはじめたことだ。それどころか、文明化のプロセスは新しい段階に入ったように見える。

一九九〇年代に入る頃には、アメリカ国民は路上強盗や公共物破壊、走行中の車からの銃撃などにほとほと嫌気がさし、国はいくつかの形で刑事司法制度の強化に踏み切った。なかでももっとも効果的だったのは、無骨きわまりない方法だった。より多くの犯罪者が、より長い期間、刑務所に収監されるようになったのだ。合衆国における収監率は一九二〇年代から六〇年代初頭までほぼ横ばいで、七〇年代初めには減少すらしたが、その後約五倍に膨れ上がった。今日では二〇〇万人以上の受刑者が刑務所に収監されており、アメリカの収監率は世界一高い。[☆155] これは全人口の〇・七五パーセントにあたり、若い男性、とくにアフリカ系アメリカ人に限ると、その割合はさらにずっと高くなる。[☆156] アメリカの収監率が上昇しはじめたのは一九八〇年代で、その背景には複数の理由があった。スリーストライクアウト法〔過去に二度有罪判決を受けた者が三度目の罪を犯すと、罪の軽重を問わず終身刑などの厳罰が科せられるという法律〕のような有罪判決の強制的な適用、刑務所建設ブーム（かつては近くに刑務所ができることに反対していた地域社会が、経済活性化を理由に建設を歓迎するようになった）、麻薬撲滅キャンペーン（コカインなど規制薬物をごく少量所持することも犯罪と見なされる）などである。

犯罪率低下を説明するほかの怪しげな仮説とは異なり、こうした厳罰化が犯罪率を引き下げることは──そのメカニズムには可動部分がほとんどないことから──ほぼ確実である。収監される者が増えれば、最も犯罪を犯す確率の高い人間が物理的に街から除去され、彼らが犯罪を犯すことが不可能になる（犯罪者の「無力化」）から、犯罪件数も減るというわけだ。とくに少ない数の人間が多くの犯罪を犯すという状況では、この収監数の増加が効果を上げる。たとえばフィラデルフィアの犯罪記録を調べた古典的な研究によれば、同市の若い男性人口の六パーセントが不法行為全体の半分以上を犯していた。[☆157] 犯罪を多く犯す人たちは、逮捕される機会に身をさらすことが多く、したがって刑務所に送られる可能性も高いのだ。さらに暴力犯罪を犯す者は、長期的な利益より瞬時に満足感を得ようとする傾向が強いため、ほかのかたちで問題を起こすことも多い。彼らは学校をドロップアウトしたり、仕事をやめたり、事故を起こしたり、ケンカしたり、軽窃盗や公共物破壊を行ったり、アルコールや薬物を乱用したりする確率が高い。[158] また麻薬使用者やその他の軽犯罪者の取り締まりが強化されれば、それと一緒に暴力犯罪を犯す確率の高い者も一定数引っかかるはずなので、街にいる暴力犯罪者の数はさらに減少する。

厳罰化はまた、間接的だがわかりやすいかたちで暴力犯罪を抑止する。刑期を終えて刑務所から出てきた者は、再度犯罪を犯すことに二の足を踏む可能性があるし、その人間を知る人も自分が罪を犯すことを思い止まる可能性がある。だが、厳罰化が（無力化ではなく）犯罪を思い止まらせる抑止力になることを立証するのは、口で言うほど簡単ではない。というのも、統計がかえってその邪魔をしてしまうからだ。犯罪率がほかより高い地域では、ほかより多くの人が刑務所送りになるため、収監することによって犯罪が減るのではなく、見かけのうえでは増加しているように思われてしまう。しかし、適切な工夫をすれば（たとえばある時期の厳罰化と、しばらく後の時期の犯罪率の低下とを関連づけるとか、刑務所の収容人数を減らすようにとの裁判所命令が出されたあとに犯罪率が上昇していないかを調べるなど）、抑止効果の有無を検証することは可能だ。レヴィットや他の犯罪統計学者たちの行った分析では、抑止効果があることが示唆されている。[159] むずかしい統計などより現実世界の出来事のほうが信頼できるという方のために、一九六九年にモントリオールで警察がストに入ったときのことを書いておこう。ストが始まってわずか数時間後に、治安の良さで知られたこの街では銀行強盗が六件、放火が一二件、略奪が一〇〇件、殺人事件が二件も起き、急きょ騎馬警察が出動するという顛末になったのだ。[160]

とはいえ厳罰化が犯罪の減少を導いたという議論にスキがないかといえば、大ありだ。[161] 一つには、収監率が上昇しはじめたのは一九八〇年代だが、犯罪が減少に転じたのは一〇年後のことだということ。もう一点は、カナダでは厳罰化は行われなかったにもかかわらず、犯罪率はアメリカ同様減少したということだ。これらの事実は、厳罰化が犯罪減少の重要な要因だという理論の反証にはならないが、さらに別の前提を立てなければならなくなる。たとえば、厳罰化の効果は長い年月をかけて徐々に出るものであり、それが臨界点に達すると国境を越えて周囲にも波及する、などである。

大量の犯罪者を刑務所に収容することには――たとえ暴力犯罪の減少に役立ったとしても――それ自体が引き起こす問題がある。最も暴力的な人たちが収監されてしまえば、さらに多くの犯罪者を刑務所に入れることは急速に収穫逓減のポイントに到達する。あとから収監される犯罪者の危険度はしだいに低くなり、そういう人たちが刑務所に入っても、犯罪率はさほど大きく減少しなくなるからだ。[162] また人間は通常、年を取るにつれて暴力性が低くなるので、ある時点を越えて犯罪者を収監しつづけることは、犯罪率の減少にはほとんど寄与しない。これらの理由から、収監率には最適な数値というものがある。だがアメリカの刑事司法制度がそれを見つけ出す可能性は低い。なぜなら選挙政治によって、厳罰化の流れは将来にわたってずっと続くからだ。判事が指名ではなく選挙で選ばれる地区ではなおさらである。候補者が刑務所送りになる人を減らし、刑期を減らすことを主張しようものなら、たちまち対立陣営から「犯罪に甘い」候補者というネガティブキャンペーンをテレビで流され、当選できない。その結果、合衆国の刑務所には本来収容すべき数をはるかに超えた人数が収監され、アフリカ系アメリカ人社会には、多数の男性が奪われるという過度の損害がもたらされている。

リヴァイアサンが一九九〇年代に有効性を増したもう一つの側面は、警察の増強である。[163] 一九九四年、当時のビル・クリントン大統領が保守派を逆手にとって、アメリカの警察の職員を一〇万人増員するという法律を成立させる妙策に出た。警察官が増員されたことで検挙される犯罪者が増えただけでなく、警察官の存在がそもそもの犯罪行為を抑止する効果をもたらしたのだ。パトカーの中で出動指令を待つのではなく、街頭パトロールをする警官が増えたことで、「偏平足《フラットフット》」という古いニックネームも復活した。ボストンのような都市では、警官のパトロールにもっとも悪質なトラブルメーカーの顔を知っている保護監察官が同行し、ささいな違法行為で再逮捕するという方式がとられた。☆164 ニューヨーク市警本部は地区ごとの犯罪記録を徹底的に追跡し、少しでも犯罪件数が上昇している地区があれば警部の責任を厳しく追及した。☆165 さらに、スプレー缶による落書き、ゴミの投棄、強引な物乞い、公共の場での飲酒や立ち小便、そして信号待ちで止まっている車のフロントグラスを汚いガラス拭きで拭いて金銭を要求するなどの迷惑犯罪も取り締まりの対象になったことにより、警察の活動が目に見える度合いはいっそう増した。その理論的根拠は、犯罪学者のジェームズ・Q・ウィルソンとジョージ・ケリングが一九八二年に発表した有名な「割れ窓理論」にある。秩序が保たれた環境では、警察や住民が秩序の維持のために尽力しているというサインになるが、荒らされて無秩序な状態が放置されていると、誰も注意を払っていないというサインになるというのだ。☆166

では警察の力がこのように大きく、賢くなることで、犯罪件数は実際に減少したのだろうか。この問題に関しての研究は、社会科学の常で変数があまりに多く混乱状態にあるというのが実態だが、それでも大局的に見れば、具体的に何が効果を及ぼしたかは特定できないものの、答えは「ある程度はイエス」である。いくつかの研究によって、新しい警察のやり方のなかの何かが犯罪の減少に寄与したことが示唆されているだけでなく、警察機能の改善に最大の努力が費やされた地区、ニューヨーク市が、他のどの地区よりも大きく犯罪を減少させたのだ。かつては都市腐敗のシンボルだったニューヨークが、いまやアメリカで最も安全な都市の一つとなり、犯罪率の低下が全米平均の二倍に上ったばかりか、他の地域では減少傾向が止まった二〇〇〇年代にも減少を続けた。☆167 犯罪学者のフランクリン・ジムリングが著書『アメリカの犯罪の大いなる減少』で述べているように、「警官の増員と取り締まりの強化、管理改革の組みあわせにより犯罪率が三五パーセント（［全米の］犯罪件数の半分）も減少したとすれば、都市警察の記録史上、群を抜く最大の犯罪防止が達成されたことになる」☆168。

では「割れ窓理論」に絞ってみると、どうなのか？　学者の大部分は「割れ窓理論」を認めようとしない。もし認めれば、犯罪の発生率は貧困や人種差別といった「根本的原因」ではなく、法と秩序によって決まるとする社会保守主義者（ルドルフ・ジュリアーニ・ニューヨーク元市長を含む）の見方が正しいことになってしまうからだ。また、この政策を実施した都市では同時に警官の数も大幅に増員したので、「割れ窓理論」が通常の相関法と両立することを証明するのはほとんど不可能といっていい☆169。ところが最近「サイエンス」誌に掲載された一連の独創的な研究が、科学における究極的な基準――実験的操作と適合対照群――を用いてこの理論の正しさを証明した。

オランダ北部の都市フローニンゲンで三人のオランダ人研究者が、行った実験はこうだ。多くの住民が自転車を駐輪する裏道を選び、そこに置いてある自転車一台一台のハンドルに広告チラシを貼りつけた。自転車に乗るにはこのチラシを剥がさなければならなかったが、自転車のカゴは実験者によってすべて外されており、自転車の持ち主はチラシをバッグにでも入れて持ち帰るか、道路に捨てるかするしかなかった。駐輪場所の上方には壁があり、落書き禁止と大きく書かれていた。実験はこの壁一杯に落書きをした状態と、落書きのない状態の両方で行われた。その結果、違法な落書きがしてある状態では、そうでない状態に比べて、二倍の数の人がチラシを道路に捨てた――まさに「割れ窓理論」のとおりの結果になったのだ。それ以外の研究でも、スーパーの駐車場のあちこちにカートが放置されている場合や、違法な爆竹を鳴らす音が聞こえる場合のほうが、地面にゴミを捨てる人が多いことが明らかになった。これはゴミを道に捨てるといった罪のない不法行為にとどまらない。別の実験では、郵便受けから飛び出した封筒（宛名書きしてある）に五ユーロ札が入っているのを見たときの通行人の反応が試された。郵便受けに落書きがしてあったり、周囲にゴミが散乱していた場合、通行人の四人に一人が封筒を盗んだが、郵便受けがきれいだった場合には、封筒を盗む人はその半分だった。研究者たちはこうした結果を受け、整然とした環境が責任感を助長するのは、抑止力によるというより（グローニンゲンではゴミを投げ捨てても罰せられることはほとんどない）、社会規範のサイン――「ここは人びとが規則に従う場所だ」――となるからだと主張する。[☆170]

＊

最終的には、一九九〇年代の犯罪率低下を理解するためには、規範の変化――これは、その三〇年前の犯罪率の上昇を説明するのにも有効だった――に注目しなければならないということだ。警察改革がアメリカ、とりわけニューヨークの暴力犯罪の急減に寄与したことはほぼ間違いないとはいえ、刑務所や警官をアメリカのように増強したわけではないカナダや西ヨーロッパでも、犯罪は（度合いこそ異なるが）減少した。頭の固い犯罪統計学者のなかにも、お手上げ状態となり、犯罪減少の主要な理由は数量化が困難な文化的・心理学的変化にあるとの結論にいたった者もある。[☆171]

一九九〇年代における暴力犯罪の大幅な減少は、再文明化のプロセスと呼ぶことのできる感性の変化の一環として位置づけられる。まず第一に、一九六〇年代に称揚された理念のいくつかは魅力を失った。共産主義の崩壊と、共産主義がもたらした経済的・人道主義的な大惨事への認識によって革命的暴力への幻想は崩れ去り、富の再分配という考え方にも疑念が向けられた。レイプや性的虐待に対する認識が高まり、

「快感を得るためのセックス」を良しとする風潮は自由ではなく、嫌悪をもたらすものになった。そして都市中心部の腐りきった暴力のありよう――走行中の車からの銃撃でよちよち歩きの子どもが犠牲になったり、一〇代の若者の葬儀が行われている教会にナイフを振り回す暴力団が侵入したり――は、もはや人種差別や貧困に苦しめられた結果だとして片づけられるものではなくなってしまったのだ。

その結果起きたのが、文明化攻勢の波である。第7章で見ていくとおり、一九六〇年代が残した一つのプラスの遺産は、公民権や女性の権利、子どもの権利、同性愛者の権利における革命であり、それはベビーブーマーが社会の中枢を担うようになった一九九〇年代に社会に定着しはじめた。彼らがレイプやDV、ヘイトクライム（憎悪犯罪）、同性愛バッシングなどを標的にしたことによって、法と秩序は反動的な理念ではなく、進歩的な理念として見直されることになった。そして彼らが家庭や職場、学校、街を社会的弱者にとって、より安全な場所にするために尽力した（たとえばフェミニストたちが「夜を取り戻せ」と抗議したように）結果、それらの場所はすべての人にとって、より安全な場所になったのである。

一九九〇年代の文明化攻勢のなかでも際立っていたのは、アフリカ系アメリカ人社会が自分たちの若い男性を再文明化するために起こしたものだった。一世紀前のアメリカ西部の平和化と同様、その精神的原動力の大部分は女性と教会が担っていた。[☆172] ボストンではレイ・ハモンド、ユージーン・リヴァーズ、ジェフリー・ブラウンの三人が率いる聖職者のグループが警察や社会福祉機関と手を組み、組織暴力の取り締まりに乗り出した。[☆173] 彼らはその地域についての知識を総動員して最も危険な暴力団の構成員が誰かを特定し、彼らに警察と地域全体が監視していることを――あるときは他の構成員たちと、あるときは彼らの母親や祖母と面会して――通告した。また地域のリーダーたちは報復の連鎖を止めるために、最近なんらかのもめごとで被害を受けた側の構成員に近づき、圧力をかけて仕返しをしないことを誓わせた。こうした介入が功を奏したのは、逮捕への恐れのせいだけでなく、外部から圧力がかけられたために面子を失わずに引き下がる「口実」ができたからだった。ケンカしている二人の男の間に、力の弱い人間が入って仲裁すると言うことを聞くのとよく似ている。一九九〇年代の「ボストンの奇跡」はこうした努力の結果であり、殺人件数はそれまでの五分の一に減少した。その後も多少の上下はあるものの、今日まで低いまま推移している[☆174]。

警察と裁判所は、刑罰を容赦ない抑止力と犯罪者の無力化として利用することから、文明化のプロセスの第二段階——人びとが認識する政府の力の正当性を強化すること——への転換を図ってきた。刑事司法制度がうまく機能しているとき、それは合理的な行為者が「ビッグ・ブラザー」によって四六時中監視されていることを承知し、もし不正な利益を得てもたちまち見つかって、それが帳消しになってしまうとわかっているからではない。そんな「スキナー箱」のような社会を目指そうとする民主主義国家はどこにも存在しない。見つかって罰せられるのは、あくまで犯罪行為の見本《サンプル》であり、その見本抽出《サンプリング》には、市民が体制全体が正当であると思えるだけの公正性がなければならない。その際カギになるのは、ある人（より重要なのはその人と敵対する人びと）が、その社会ではもし法律に違反すればつねに罰せられる可能性があると認識していることであり、そうであればすべての人に、略奪や先制攻撃、報復に対する抑制が内面化される。ところがアメリカの多くの自治体では、刑罰の与えられ方があまりにも気まぐれであったため、それが違法行為に対する予測可能な結果ではなく、突然降りかかってくる不運のように思われていた。保護観察審問をさぼる、薬物検査で陽性になっても咎められない、などあたりまえで、周りの仲間たちも同じようにうまくやっている。ところがある日突然、不運に見舞われると何年間も刑務所にぶち込まれるという具合だったのだ。

だが今日では、判事が警察や地域の指導者たちと協調して犯罪対策における戦術の見直しを図り、重罪に対して厳格だが予測できないかたちで刑罰を科すやり方から、より軽微な罪に対して軽いけれど確実な刑罰を科すやり方（たとえば、保護観察審問を欠席すると数日間の懲役が科せられる）へと移行している。[175]この移行は人間心理の二つの特性（これについては第9章で取り上げる）を活用している。一つは、人――とくに法律にふれる問題を起こしやすい人――は未来を軽視しがちであり、ずっと先にあるかもしれない仮想の罰より、目の前にある確実な罰のほうに反応する傾向が強いこと。[176]もう一つは、人は他人や制度との関係を道徳的観点から、生々しい支配をめぐる争いか、相互主義と公正さにもとづく契約かのどちらかに分類する。[177]「実行を伴う保護観察」プログラムを考案した判事のスティーヴン・アルムは、このプログラムが成功した理由を次のように述べている。「制度に一貫性がなく予測不可能で、刑罰が不規則に科せられると、罰を受けた者は『保護監察官に嫌われたから』とか『誰かが自分に偏見をもっているから』などと考える。法に違反したら誰でも平等に、まったく同じ扱いを受けるとは考えないのである[178]」。

暴力犯罪を減らすための文明化攻勢では、文明化のプロセスの内面的推進力となる共感とセルフコントロールの習慣を強化することも目標とされた。ボストンでの取り組みはマニフェストに一〇の目標があげられたことから「テン・ポイント同盟」と名づけられた。たとえば目標の一つは「黒人コミュニティ内部での若者の身体・言語両面での暴力を減少させるための文化的変革を促進し、それを求める運動を起こすこと。そのためには、われわれ黒人を――個人としても集団としても――制御する思考や行動について話しあい、内省することが必要である」。これと提携したプログラムの一つである「停戦作戦」〔銃器を使用した犯罪撲滅のための公的な取り組み〕は、「外的圧力にもとづく道徳性だけでは決して十分ではない[179]」というイマヌエル・カントの信条を実践するために、犯罪学者デイヴィッド・ケネディが提唱したものだ。

ジャーナリストのジョン・シーブルックはこの取り組みで行われた共感育成のためのイベントについて、次のように書いている。

> 私が参加した一つのイベントでは、なんとしても暴力団のメンバーを改心させようという明白な、布教活動かと思うほどの熱意が感じられた。アーサー・フェルプスという年長の元暴力団メンバー（皆から「ポップス」という愛称で呼ばれていた）が、三七歳の女性を乗せた車椅子を押して部屋の中央に進み出た。マーガレット・ロングという名のこの女性は、胸から下が動かない下半身麻痺だった。「一七年前、僕はこの人を銃で撃ちました」と、フェルプスはすすり泣きながら言った。「それ以来一日も、そのことが頭を離れたことはありません」。次にロングが大きな声で「私のトイレはこの袋です」と言い、車椅子のポケットに入っていた人口肛門袋を取り出して皆に見せると、若い男性参加者たちは怯えたような目でそれを見つめた。最後にアーロン・プリンズという道路工事作業員が登場し、「火事だ！　きみの家が燃えているぞ！　逃げないと命に関わるぞ！　立て！」と叫ぶと、参加者の四分の三はまるで紐で吊られた操り人形のように椅子から跳び上がった。[☆180]

さらに、一九九〇年代の文明化攻勢では責任感の価値が称賛され、暴力に明け暮れる生活がいかにつまらないものであるかが強調された。九〇年代に首都ワシントンで行われ、大々的に報道された二つの集会がある。一つは一九九五年に黒人イスラム指導者ルイス・ファラカン師が開催した「一〇〇万人行進」、もう一つは一九九七年に保守的なキリスト教団体「プロミス・キーパーズ」が主催した集会である。どちらの運動にも自民族中心主義や性差別、宗教的原理主義という芳しからぬ要素があったが、より大きな意味で再文明化のプロセスを体現していたことに歴史的意義を見出すことができる。政治学者のフランシス・フクヤマは一九九九年の著書『大崩壊』（邦訳『「大崩壊」の時代』）で、九〇年代には暴力犯罪の件数が減少するなかで、離婚や生活保護への依存度、一〇代の妊娠、学校中退、性感染症、一〇代の自動車事故や銃の事故といった社会的病理を示す指標の大部分も減少したと指摘している。☆181

*

この二〇年間進行している再文明化のプロセスは、中世以降、西洋世界で展開してきた動向の単なる再現ではない。というのはまず第一に、国家の確立と商業の発達の副産物として生じた最初の文明化のプロセスとは異なり、近年の犯罪の減少をもたらしたのは、主として人びとの幸福や満足を増進するために意図的に考案された文明化攻勢であること。そして第二に、かつてとは異なり、皮相的な文明化の象徴と、われわれが最も重視する共感やセルフコントロールの習慣とが明白に区別されていることである。

一九六〇年代の非文明化は、一九九〇年代にすべてが、覆されたわけではない。例外は大衆文化の世界だ。パンクやメタル、ゴス、グランジ、ギャングスタ、ヒップホップといった新しいポピュラー音楽のジャンルのミュージシャンの風貌を見ると、ローリング・ストーンズでさえ女性キリスト教禁酒同盟のメンバーに見えてしまうほどだ。ハリウッド映画はかつてないほど血なまぐさく、インターネットでは際限なくポルノが閲覧でき、まったく新しい暴力エンタテインメントの形態であるビデオゲームが人気を博している。しかし文化のなかにこうした退廃のサインが増殖しているにもかかわらず、現実生活での暴力は減少した。再文明化のプロセスは文化的時計を『オジー＆ハリエット』にまで戻すことなく、なんらかの方法で社会的機能不全の潮流を逆転してみせたのだ。つい先日の夜のこと、ボストンの地下鉄の混雑した車内に、黒い革の服に黒のブーツ、体にはタトゥー、耳や顔のあちこちにピアスを着けた、恐ろしげな顔をした若者が乗っていた。他の乗客はその若者から距離をおいていたのだが、彼は近くに立っていた老婦人を指してこう言ったのだ。「誰か、この人に席を譲るやつはいねえのか？　あんたのおばあちゃんだったらどうするんだ！」

一九九〇年代に大人になったジェネレーションX〔一九六〇〜七〇年代に生まれた世代〕を形容するときの決まり文句は、メディア通、皮肉、ポストモダンなどだった。何かのフリをしたり、流行を試したり、怪しげな文化ジャンルにどっぷり漬かったりはしつつも、必要以上にはのめり込まない――その点では、ロックミュージシャンの戯言を本格的な政治思想だと見なしたベビーブーマー世代の若い頃より洗練されていた。今日、こうした認識は欧米社会の大部分に浸透している。二〇〇〇年に『天国のボボたち』を出版したジャーナリストのデイヴィッド・ブルックスは、見かけは社会の周縁部で慣習にとらわれず自由に生きるボヘミアンを気取りつつ、実際には伝統的なライフスタイルを守っている人びとを「ブルジョワ・ボヘミアン（＝ボボ）」と名づけ、中流階層の少なからぬ部分がいまや「ボボ」になったと指摘している。

オランダの社会学者カス・ヴァウターースは晩年のノルベルト・エリアスとの対話からヒントを得て、現代は文明化のプロセスの新段階にあると示唆している。これは、前述した長期にわたる脱形式化のプロセスのことであり、最終的にはエリアスの言う「感情のコントロールをコントロールされたかたちで解除すること」、ボウタースの言う第三の天性へといたるものだ。[☆182] 人間の第一の天性が自然状態で生きるうえでの進化した動機から成り、第二の天性は文明化社会に根づいた習慣から成るとすれば、第三の天性はそうした習慣に対する意識的な内省――つまり、文化規範のどの側面が守る価値があり、どの側面がもはや無用であるかを見きわめる作業だといえよう。何世紀も前、私たちの祖先は自分たちを「文明化」するために、自然さや個性を示すものをすべて抑え込もうとしたのかもしれない。だが非暴力の規範が定着した現在、もはや時代遅れとなった抑制もある。この考えでいけば、女性が肌を露出したり、男性が公の場で口汚い言葉を発することは文化的退廃の兆候ではない。それは、いまの社会が十分文明化されていて、そんなことで嫌がらせを受けたり、相手に攻撃される心配がないことのあらわれなのだ。作家のロバート・ハワードはこう書いた。「文明化された男性は野蛮人より無礼である。なぜなら彼らは、不作法な態度をとっても頭を割られる心配はないとわかっているからだ」。ひょっとすると、ナイフでグリーンピースをフォークに載せてもいい時代が到来したのかもしれない。

第4章 人道主義革命

人に馬鹿げたことを信じさせられる連中は、人に残虐行為を働かせることもできる。
——ヴォルテール

世界には変わった博物館がいろいろある。カリフォルニア州バーリンゲームにあるペッツ博物館には、上部にキャラクターの頭がついた清涼菓子ペッツのディスペンサーが五〇〇種類以上展示されている。パリの下水道博物館は、観光客が列をつくるほどの人気だ。テキサス州マクリーンにあるデビルズロープ博物館は、「有刺鉄線のあらゆる側面を詳細にわたって」見せてくれるし、東京の目黒寄生虫館では、「恐怖心を感じることなく寄生虫について考え、すばらしい寄生虫の世界についてじっくり学ぶ」ことができる。きわめつきはアイスランドのフーザビークにあるペニス博物館で、ここには「アイスランドの海陸両方に生息するほぼすべての哺乳類のオスの性器一〇〇種類以上のコレクション」が展示されている。

だが私がどこよりもごめん被りたいのは、イタリアのサンジミニャーノにある中世犯罪拷問博物館だ。[☆1] 旅行口コミサイト「トリップアドバイザー」には次のようなレビューが掲載されている。「入場料は八ユーロ。一〇あまりの小さな展示室に一〇〇〜一五〇点の展示品という規模から見れば安くはないが、背筋がゾッとするようなものを好む人には必見。薄暗い照明の石壁の部屋に、拷問や処刑に使われた器具の本物や複製が並べられ、個々の展示品にはイタリア語、フランス語、英語で書かれた懇切丁寧な説明がついている。人体のどの開口部に使われたのか、手足のどの部分の切断に使われたのか、その器具を使ったのは誰で、被害者はどのように苦しみ、死んだのかまで、詳しく書かれている」。

この博物館に行けば、どんなに近代や現代の残虐行為について知り尽くした人でも衝撃を受ける展示品がいくつかは見つかるはずだ。スペイン異端審問で使われた拷問具「ユダのゆりかご」はその一つだ。裸にされた犠牲者は手足を縛られ、腹部に鉄のベルトを装着して吊るされたうえで、肛門か膣がちょうど四角錐の真上にくるように下ろされる。筋肉の緊張を緩めようものなら、尖った先端部が食い込んで皮膚組織が破られてしまう。「ニュルンベルクの処女」と呼ばれる拷問具は女性の形をした中が空洞の鉄製の人形で、中に犠牲者を閉じ込めると内側に取りつけられた針が刺さるというもの。だが、すぐに絶命しないよう、生命維持に必要な臓器は突き刺さないようになっている。足首から吊るされた犠牲者が、股から鋸で真っ二つに切断される様子を描いた一連の版画もあり、この処刑法はヨーロッパ各地で反逆や魔術、軍への不服従などの罪を犯した者に用いられていたと説明されている。「梨」という拷問具は先端に尖った金属の付いた洋梨型の木製の器具で、口や肛門、膣に差し込んでネジで徐々に拡張し、犠牲者を内部から破壊していく。これは肛門性交《ソドミー》、姦通、近親相姦、異端信仰、神への冒瀆、「悪魔との性的結合」などの罪に対する罰として使われた。「猫の足」または「スペイン式くすぐり器《スパニッシュ・ティックラー》」は、猫の爪のような鉤状の道具で、犠牲者の肉体を引き裂くのに使われた。「不名誉の仮面」は豚かロバの頭の形をした鉄製の仮面で、これを被せられた犠牲者は公共の場で恥をかかせられるとともに、鼻や口の部分に刃や突起物が押しつけられるため、泣いたり叫んだりできないようになっている。「異端者のフォーク」は両端がフォーク状に尖った鉄製の拷問具で、これを犠牲者の首の周りに装着すると片方の端は顎、もう片方の端は首の付け根に食い込む。疲れて顎を上げていられなくなると、たちまち両端が喉や首に突き刺さってしまう。

以上のような道具は、とくに稀少なものではない。中世の拷問具は右の博物館のほかにも、サン・マリノ、アムステルダム、ミュンヘン、プラハ、ミラノ、ロンドン塔などでも見ることができる。また文字どおり何百種類もの拷問の図を集めた『異端審問《インクイジション》』や『芸術における拷問《トーメント・イン・アート》』といった大型ビジュアル本も出版されている。図4-1に示したのもそうした本から取ったものだ。[☆2]

拷問はもちろん、過去のものではない。近代以降も警察国家で、あるいは民族浄化やジェノサイドの際に暴徒化した群衆によって行われ、民主国家でも尋問や対反乱活動において用いられてきた。なかでも悪名高いのは、9・11テロ攻撃後にジョージ・W・ブッシュ政権が行ったものである。だが、近年の拷問はあくまで散発的かつ秘密裏に行われ、発覚すれば世界中から非難を浴びるのが常であり、中世ヨーロッパで何世紀間も制度化されていた残虐きわまりない拷問とは比較にならない。中世の拷問は公然と行われ、否定されたり、遠回しに言われることもなかった。それは残忍な政権が政敵を脅すために、あるいは穏健な政権がテロリスト容疑者から情報を引き出すために使う単なる戦術でもなく、もはや人間とは見なされなくなった敵への憎悪の感情にかき立てられた群衆が興奮して行う行為でもなかった。拷問は当時の人びとの日常生活の一部となっていたのだ。拷問は年月をかけて洗練された、称賛すべき処罰の形態であり、芸術的・技術的創造性の発露であった。拷問具のなかには精巧につくられ、装飾を凝らしたものも少なくない。それは、たとえば叩くことのような単なる肉体的苦痛だけでなく、いわば内臓の恐怖を与えることを目的としていた。すなわち敏感な開口部を突き抜く、身体の外皮を傷つけ辱める、犠牲者に屈辱的な姿勢をとらせる、耐久力が弱まるにしたがって苦痛が増し、やがて外観の変形や死にいたるような状況に置く、などである。拷問を行うのはその時代における解剖学や生理学の第一人者であり、彼らは苦痛を最大

図4－1　中世および近代初期ヨーロッパにおける拷問
出典：鋸による切断――Held, 1986, p.47. 猫の足――Held, 1986, P. 107. 串刺し――Held, 1986, P. 141. 火炙り――Pinker, 2007a. ユダのゆりかご――Held, 1986, P. 51. 車裂きの刑 ――Puppi, 1990, p.39.

化し、痛みを感じなくさせる可能性のある神経の損傷を回避し、死にいたるまでできるだけ長く意識を保つために、その知識を総動員した。犠牲者が女性の場合、拷問には性的な要素が加わり、彼女たちは全裸にされ、しばしば胸や性器が標的となった。冗談めかして犠牲者の苦しみを軽んじる風潮もあった。フランスでは「ユダのゆりかご」は、犠牲者を眠らせないという意味で「夜警」と呼ばれた。犠牲者を生きたまま火炙りにする際に鉄製の雄牛の形をした容器に入れ、その悲鳴が牛の口から出てくるようにするやり方もあった。治安を乱した罪に問われた者にはフルートかトランペットの形をした「騒音を出す者の横笛《ノイズメイカーズ・ファイフ》」という拷問具が使われた。鉄の首輪で首に装着し両手の指を穴に固定すると、万力が指の骨や関節を押しつぶすというものだった。動物の形をしたり一風変わった名前をつけられた拷問具も少なくなかった。

中世キリスト教世界は残虐の文化だった。拷問はヨーロッパ大陸中のあらゆる国家や地方政府によって行われ、軽罪に対する処罰としての目つぶし、焼きごて、手や耳、鼻、舌などの切断の方法を規定した法律によって成文化されていた。処刑にはすさまじいまでのサディズムが発揮され、火炙り、車裂きの刑、四肢を馬につないで身体を引き裂く、直腸から串刺しにする、腹を裂いて引きずり出した腸を巻き取るなど、犠牲者が死ぬまでにできるだけ長く苦しませる方法がとられた。首吊りも、首を一発で折ることに比べると苦しみを長引かせることのできる処刑法だった。☆3 キリスト教会も異端審問や魔女狩り、宗教戦争では サディスティックな拷問を行った。一二五一年、イノセント四世という皮肉な名前のローマ教皇が拷問の使用を承認し、ドミニコ修道会の修道士たちは嬉々として拷問を行った。大型本『宗教裁判』によれば、ローマ教皇パウロ四世の在位中(一五五五~五九)、異端審問は「まさにとどまるところを知らなかった。自身がドミニコ会修道士であり、かつて大審問官でもあったパウロは熱狂的かつ熟練した拷問官であり、残虐な大量殺人の執行者だった。[4]

拷問は単に荒っぽい処罰法であっただけでなく、暴力をそれ以上の暴力をもって制するという粗雑きわまりない企てだった。当時、拷問台や処刑台に送られた者が犯した違法行為の多くは非暴力的なもので、今日では法的処罰の対象にならないものも少なくない——たとえば異端信仰、神への冒瀆、背教、政府批判、噂話、叱責、姦通、通常ではない性行為など。ローマ法の影響を受けた教会法と世俗法はともに、自白を引き出し、それによって容疑者を有罪にするために——人は苦痛を逃れるためにはどんなことでも言うという明白な事実を無視して——拷問を使った。したがって自白を確保するための拷問は、抑止や威嚇、あるいは共犯者の名前や武器の隠し場所などの明確な情報を引き出すために使われる拷問より、さらに無意味なものだった。ほかにも拷問には無意味な不合理性がつきまとった。火炙りになった犠牲者が奇跡的に助かることなく焼死すれば、それは有罪である証拠と見なされた。魔女の疑いをかけられた者は縄で縛って湖に投げ込まれたが、もし浮かんでくれば魔女である証拠だと見なされて首吊りの刑に処され、もし沈めば魔女ではないと考えられた。[5]

中世の拷問は、人の目の届かない地下牢の中で行われるものとはほど遠く、大衆娯楽の一形態であり、犠牲者が悲鳴をあげて苦しむのを大勢の人びとが大喜びで見物した。車裂きの刑に処され、絞首台に吊るされ、あるいは鉄の檻の中で餓死し腐敗した遺体は、日常の風景の一部だったのだ。（そうした檻のいくつかは今日も、ヨーロッパの建築物に吊るされている。ドイツ、ミュンスターの聖ランベルト教会はその一例だ。）拷問はしばしば参加型の娯楽にもなった。見物人も一緒になって、足かせをはめられた犠牲者をくすぐったり、殴ったり、手足を切断したり、石で叩いたり、泥や排泄物をなすりつけたり（時に窒息にいたることもあった）したのである。

組織的な残虐行為は、決してヨーロッパだけの専売特許ではなかった。何百万もの拷問が何百万という犠牲者に対して行われたことが、アッシリア、ペルシャ、セレウコス王朝、ローマ帝国、中国、ヒンドゥー文明、ポリネシア、アステカ、そして少なからぬアフリカの王国やアメリカ先住民の部族の記録に残されている。残忍な処刑や処罰は、イスラエル、ギリシャ、アラブ諸国、オスマントルコなどでも記録されている。第2章の終わりで指摘したように、初期の複雑な社会はすべて、犠牲者のない犯罪を犯した者に拷問や手足切断のような残酷な罰を課す、絶対的な神権国家だったのだ。[☆6]

*

本章では、歴史上起きた驚くべき変化（だからこそ私たちは今日、かつて行われた拷問や処刑に戦慄を覚えるのだ）について見ていく。近代の西洋世界およびそれ以外の世界の大部分では、死刑や体刑は事実上廃止され、政府が国民に対して暴力をふるう権力は大幅に縮小された。奴隷制は廃止され、人びとが残虐性を求めることもなくなった。これらはすべて一七世紀の理性の時代に始まり、一八世紀末の啓蒙主義の時代に頂点に達するという、歴史のごく短い期間に起きたことである。

この進歩——これが進歩でなかったとしたら何だろう？——を推進する力の一つは理念、すなわち制度化された暴力は最小限に抑えるか廃止すべきだという明確な議論だった。そしてもう一つは感性における変化だった。人びとは自分以外の人間の多くに同情の念を抱くようになり、他者の苦しみに無関心ではなくなったのだ。こうした動きのなかから新しい思想が形成された。それは生命と幸福を価値観の中心に置き、理性と明確な裏づけをもって制度を設計しようとするものだった。この新しい思想は人道主義または人権思想とも呼べるもので、それが突如、一八世紀後半の西洋世界に影響を及ぼしたことは人道主義革命と名づけるに値する出来事だった。

　今日、啓蒙主義への言及にはしばしば冷笑がともなう。左派の「批判理論」の思想家たちは、二〇世紀の惨劇を引き起こした責任は啓蒙主義にあると主張し、バチカンの保守派神学者やアメリカの右派知識人は啓蒙主義における寛大な世俗主義を排して、中世カトリック思想の「道徳的明確さ」を復活させるべきだと主張する。☆7　さらには穏健な世俗主義の論者たちも、啓蒙主義をさながら「ナーズの復讐」（体育会系の学生にいじめられたガリ勉《ナーズ》の新入生たちが復讐を果たすという内容の映画のタイトル）のようなものだと非難する――啓蒙主義者は、人類を尖った耳をした理性的な生き物だと頭から信じ込んでいるおめでたいやつらだというわけだ。こうした壮大な健忘症や忘恩が成り立つのは、第1章で見たように過ぎし日の残虐行為の背後にある現実が歳月とともに記憶の彼方へと押し流され、毒気を抜かれた慣用句やシンボルのなかにしか痕跡をとどめていないことによる。本章の冒頭の記述がいささかどぎつかったとしたら、それは読者に、啓蒙主義によって終止符を打たれた現実を思い起こしていただくためにほかならない。

　もちろん、どんな歴史的変化も晴天の霹靂のように起きるわけではない。人道的潮流は啓蒙主義の時代の前後数百年にわたって見られ、その範囲も西洋社会に限られたものではなく世界各地に及んだ。☆8　歴史学者リン・ハントは著書『人権を創造する』のなかで、歴史において人権がとりわけ顕著に肯定された時期は二つあると指摘する。一つは一七七六年のアメリカ独立宣言と一七八九年のフランス人権宣言が出された一八世紀後半、もう一つは一九四八年の世界人権宣言と、その後数十年間に次々と権利革命が起きた二〇世紀半ばである（第7章参照）。

　このあと見ていくように、これらの宣言は単なる耳に心地よい言葉を並べただけのものではない。人類史の大部分において生活のごく普通の側面だった野蛮な慣習の多くは、人道主義革命によって廃止への道筋がつけられた。だが、人道的感情の発達をもっとも顕著に物語る慣習の廃止が実現したのは、その時期よりかなり前のことであり、それは制度化された暴力の減少について理解するうえでの出発点にもなるものだ。

迷信による殺人——人身供犠、魔女狩り、血の中傷

制度化された暴力のなかでも最も暗愚なものは生贄、すなわち罪のない人間を拷問にかけて殺し、血に飢えた神への捧げ物とすることである。[☆9]

イサクが父アブラハムによって神への生贄にされる旧約聖書の物語は、紀元前一千年紀には人間の生贄は十分ありうることだったことを物語っている。イスラエル人は、自分たちの神が捧げ物に羊や牛だけを求め、人間の子どもは求めないことから、近隣の部族の神より道徳的に優れていると自慢した。だがいっさいその可能性はなかったかといえば、そうではない。というのもレビ紀一八章二一節に「自分の子を一人たりとも火の中を通らせてモレク神にささげ、あなたの神の名を汚してはならない」とあるように、イスラエル人は明らかに人間の子どもを生贄にすることを禁じるべきだと考えていたからだ。彼らの子孫はその後何世紀にもわたり、人びとがその慣習に逆戻りしないよう手段を講じなければならなかった。紀元前七世紀、ヨシュア王は生贄の儀式の場であったトフェトを汚し、「だれもモレクのために自分の息子、娘に火の中を通らせることのないようにした」[☆10]。バビロンから帰還後、ユダヤ人の間では人間を生贄にする慣習は消滅したが、その分派の一つでは理想として存続した。神が罪のない人間の拷問と犠牲を受け入れ、それと引き換えに残りの人類に悲惨な運命を負わせないようにする——そう信じるこの分派は、キリ

スト教と呼ばれる。

人間を神への生贄とする人身供犠は、あらゆる主要な文明の神話に登場する。旧約・新約聖書のほかにも、ギリシア神話ではアガメムノンがトロイヤを攻める船を出す際、必要な風を吹かせてもらうために娘のイピゲネイアを女神アルテミスに捧げるし、ローマではハンニバルが攻めてこないようにするために四人の奴隷を生き埋めにし、ウェールズのドルイド教の伝説では、要塞を築くための材料が消えるのを止めるために僧が子どもを生贄に捧げる。そして、何本もの腕それぞれに武器を持つヒンドゥー教の女神カーリーや、アステカの神ケツァルコトル（羽のある蛇）にも人身供犠に関する伝説が数多くある。

人身供犠は心を奪われるような神話のなかだけの話ではない。二〇〇〇年前、ローマの歴史家タキトゥスの『ゲルマニア』にはゲルマン人による生贄の儀式の目撃者の記述があるし、プルタルコスはカルタゴで幼児が生贄に供されていたと記している（今日、観光客は犠牲となった子どもの炭化した遺骨を見ることができる）。そのほかハワイ先住民、北欧民族、インカ民族、ケルト民族（沼地で見つかった遺骨の話をご記憶だろうか？）などの記録にも残っている。人身供犠はメキシコのアステカ族、インドの高地民族であるコンド族、西アフリカのアシャンティ、ベニン、ダホメ王国などでは文字どおり事業として行われ、犠牲者の数は何千人にものぼった。マシュー・ホワイトは、一四四〇年から一五二四年の間に人口一二〇万人のアステカ王国では、毎日およそ四〇人が生贄に供されていたと推定している。☆11

人身供犠には拷問がつきものだ。たとえばアステカでは燃え盛る火の中に下ろした犠牲者を生きているうちに引き上げ、胸を切り裂いて動いている心臓を取り出した（映画『インディ・ジョーンズ　魔宮の伝説』では、一九三〇年代のインドで生贄の体から心臓を取り出してカーリー神に捧げるという〝誤った〟シーンが出てくる）。ボルネオ島の先住民族ダヤク族は犠牲者の体に竹の針や刃で千ヵ所もの傷をつけ、徐々に出血させて死にいたらせた。アステカ族は生贄に供する人間を確保するために戦争をして捕虜をとり、コンド族は子どものときから生贄にするための人間を育てた。

罪のない人間を殺すことには、迷信による他の習慣が組みあわされることも多かった。神の崇高な領域を侵す人間の厚かましさを和らげるために、犠牲者の死体を要塞や宮殿、寺院などの基礎として埋める慣習は、ウェールズ、ドイツ、インド、日本、中国など世界各地にあった。もう一つの妙案は王が死ぬと従者や妾を生贄として一緒に埋葬することで、この慣習はシュメール、エジプト、中国、日本など多くの王国でそれぞれ独自に考案された。さらにインドには、夫が死ぬとその火葬の火の中に妻が身を投げて自殺するサティーという因習がある。中世以降一八二九年にこの風習が法律で禁止されるまで、およそ二〇万人の女性がこの無意味な死を遂げた。[☆12]

これらの人びとはいったい何を考えていたのだろうか？ 制度化された殺人の多くは――いかに許しがたいものとはいえ――少なくとも理解できる余地はある。権力者は敵を排除し、厄介者が問題を起こすのを阻止し、自らの能力を誇示するために人を殺した。しかし罪のない子どもを犠牲にしたり、生贄にするために戦争をして捕虜をとったり、生贄にする目的で子どもを育てたりすることなどは、権力の座を守るためのコスト効率のいい方法とはとうてい思えない。

政治学者のジェームズ・ペインは力の歴史に関する洞察に満ちた著書で、古代の人びとは自分の仲間で苦痛や死があまりにもありふれたものだったので、他の民族の生命を低く評価していたと示唆している。自分たちに利益をもたらす可能性があれば、どんなことでも――たとえ他人の生命を犠牲にしても――実行するにあたってのハードルを下げたというのだ。しかも古代人は――ほとんどの人がそうであるように――神を信じていたから、人間を生贄にすればそうした利益がもたらされると考えるのはたやすかった。ペインは言う。「原始世界はさまざまな危険や苦しみ、そして疫病や飢餓、戦争といったおぞましい驚きに満ちていた。彼らは当然、『こんな世界を創造したのはいったいどんな神様なんだ？』と問いかけ、それは人間が血を流し苦しむのを見るのが好きな残虐な存在にちがいないと考えたとしても不思議はなかった[☆13]」。そこで彼らはこう考えたのかもしれない——神様が毎日人間の血を必要としているなら、前向きにそれに応えようではないか。ならば自分ではない他人の血を捧げよう、と。

人身供犠は世界の一部の地域では、アイルランドの聖パトリックのように異教徒をキリスト教に改宗させた人びとや、アフリカやインドにおけるイギリスのような宗主国によって廃絶された。イギリス軍のインド総司令官チャールズ・ネイピアは、サティーの廃止に不満を示す地元民に向かってこう言い放ったという。「未亡人を焼死させることは君らの慣習だと言うんだな。いいだろう。われわれにも慣習がある。男が女を生きたまま燃やせば、その男の首の周りに縄を巻きつけて首吊りにするという慣習だ。火葬のための薪を組んだら、その隣には大工に絞首台を造らせよう。君らは君らの慣習どおりにしてもいいが、そのときにはわれわれもわれわれの慣習どおりのことをするからな[☆14]」。

とはいえ、ほとんどの地域では人身供犠は自然消滅した。イスラエルでは紀元前六〇〇年頃に行われなくなり、ギリシャ、ローマ帝国、中国、日本ではそれから数世紀後になくなった。成熟し教養ある国家のもつなんらかの要因によって、人びとはやがて人身供犠を考え直すようになるということだ。理由としてまず考えられるのは、知識階級の出現と歴史学の芽生え、そして近隣社会との接触が相まって、血に飢えた残虐な神という仮説が誤りであることが理解されるようになったという可能性だ。処女を火山に投げ込んでも、実際には病気を治したり、敵を打ち破ったり、望ましい天候の変化を起こすことはできないのだ、と。もう一つの可能性は（ペインはこちらを支持する）、人びとの生活がより豊かで予測可能なものになるにしたがって運命論的考え方は影をひそめ、他人の生命により大きな価値をおくようになったというものだ。二つの仮説はともに信憑性はあるが、どちらも証明はむずかしい。人身供犠が行われなくなったのと同時期に、科学的または経済的発展があったことを突きとめるのは困難だからだ。

人身供儀の慣習の廃止には、常に道徳的色合いがともなう。廃止を経験した人びとはそれが前進であることを自認し、旧弊に執着する愚かな異国人を嫌悪の目で見る。日本でのあるエピソードは、同情の念の拡大がこの慣習の廃止に寄与したことを物語っている。紀元前二年、垂仁天皇の弟が亡くなると、伝統にしたがってその側近たちは生きたまま墳墓の周りに埋められた。だが彼らはすぐには死なず、「夜な夜なうめいたり泣きわめいたりした」ために天皇をはじめとする人びとは苦悩した。四年後(原文は五年後となっている)に皇后が亡くなると、天皇はそれまでの慣習を改め、生きた人間の代わりに土でできた埴輪を埋めることにした。「人間の生命を犠牲にすることはあまりに高くつくため、天皇は神々をごまかした」とペインは書いている。[☆15]

*

無差別的に人間の身代わりを求める残忍な神というのは、不運を説明するのにいささか幼稚で粗雑な仮説だった。だがこれを卒業した人びとは依然として、良からぬことが起きるのは超自然的な原因によると考えようとした。違うのは、説明がより細かくなったことだ。なんらかの超自然的な力に狙われたのは同じでも、その力は一般的な神ではなく特定の個人だと考えられた。その個人は魔女である。

狩猟採集社会や部族社会において、魔術は復讐の最もありふれた動機だった。彼らの考えによれば、自然の死というものはなく、目に見える原因で説明できない死はすべて目に見えない原因――すなわち魔術

――によると考えられた。[☆16] でたらめな理由による残酷な殺人がこれほど多くの社会で認められていたというのは、現代人にとっては信じがたいことに思える。だが人間の認知に見られる特徴と、度重なる利害の衝突ということを考え合わせると、少しは理解できるようになる。ヒトの脳は自然界の隠された力――そのなかには誰の目にも見えないものも含まれる――を探り、明らかにするように進化してきた。[☆17] 立証不可能な領域であれこれと探りはじめれば、そこには創造性の入り込む余地は大いにある。また魔術行為に対する非難には、しばしば自分に都合のいい動機が紛れ込む。人類学の知見によれば、部族社会では気に入らない義理の親族が魔女として告発される場合がしばしばあった。そのほかにも、魔術行為の告発はライバルの鼻をへし折る（とくにその人間が実際に魔法の力をもつと自慢している場合）、地域での評判を勝ち取るために自分が誰よりも崇敬に値すると主張する、厄介者や変わり者の隣人を排除する（とくにその隣人に復讐してきそうな親戚がいない場合）などの目的でも行われた。[☆18]

さらに魔術行為の告発は、不運を誰か別の人間の責任に仕立て上げ、被った損失の一部を取り戻す目的でも行われる。これは、道路の割れ目につまずくとか、熱いコーヒーをこぼすといった偶発的な事故を近くにいる人のせいにして訴えるという、アメリカでよく聞く話とちょっと似ている。だが、おそらく最も強力な動機となるのは、敵が自分に陰謀を企み、証拠を残さずにそれを実行するのを抑止することだろう。陰謀を企んだ側は、自分がその襲撃と物理的なつながりはないと証明できても、「非物理的」なつながりがないことは絶対に証明できないのだ。マリオ・プーゾの小説『ゴッドファーザー』では、ドン・コルレオーネは「事故は個人的な侮辱だととらえる人には事故は起きない」という信条の持ち主だとされており、映画版では彼は他のギャングの首領たちに向かってこう言い放つ。「わしは迷信深い男だ。もし息子に不幸な事故が起こったら、もし雷に打たれたら、わしはこのなかの誰かのせいにするだろう」。

道徳的な非難はときとして道徳的な非難を行わない人への非難へとエスカレートし、それが次第に膨らんでとてつもない大衆の妄想や集団的狂気へと発展する可能性がある。[19] 一五世紀、二人のドミニコ会士が『魔女に与える鉄槌』という論文を発表した。歴史学者アンソニー・グラフトンはこれを「モンティ・パイソンと『我が闘争《マイン・カンプ》』との奇妙な形で融合したもの」と表現している。[20] この論文と旧約聖書の出エジプト紀二二章一八節の「魔法使いの女は、これを生かしておいてはならない」という記述を根拠に、フランスとドイツではその後二世紀間に魔女狩りの嵐が吹き荒れ、六万人から一〇万人が魔女とされ（うち八五パーセントは女性）、処刑された。[21] 処刑法は通常火炙りだったが、その前には拷問が与えられ、犠牲者たちは赤ん坊を食べた、船を難破させた、農作物をだめにした、安息日に箒に乗って空を飛んだ、悪魔と交わった、恋人である悪魔を猫や犬に変えた、普通の男性にペニスがなくなったと信じ込ませて性的不能に陥らせた、などの罪を犯したことを白状させられた。[22]

こうした魔術行為の告発に見られる心理は、それ以外の血の中傷へと形を変えていくこともある。たとえば中世ヨーロッパでたびたび流された噂――ユダヤ人が井戸に毒を入れたとか、キリスト教徒の子どもを殺してその血で過ぎ越しの祝いのパンをつくったなど――がそうだ。中世にはイングランド、フランス、ドイツ、オランダなどの低地帯諸国などヨーロッパ各地で多数のユダヤ人が殺害され、これらの地域にはユダヤ人がいなくなった。[23]

魔女狩りは常に、常識に対して弱みをもつ。客観的にいえば、女の人が箒に乗って空を飛んだり、人間を猫に変えたりすることなどありえないし、仮に人びとが互いに情報交換したり、俗説を疑ってかかることが許されれば、そんな事実は存在しないことを証明するのはさほど困難ではない。魔女狩りの背後にあるのは常識とは正反対のものだ。客観的にいえば、女の人が箒に乗って空を飛んだり、人間を猫に変えたりすることなどありえないし、仮に人びとが互いに情報交換したり、俗説を疑ってかかることが許されれば、そんな事実は存在しないことを証明するのはさほどむずかしいことではない。中世を通じて、明らかな事実——魔女などというものは存在しないのだから、誰かを魔術行為で処刑するのは道徳的に恥ずべきことだ——を指摘した聖職者や政治家は、少数だがいた（不幸なことに、彼ら自身が拷問室に送られることもあった）[☆24]。こうした声は理性の時代にはより目立つようになり、そのなかにはエラスムスやモンテーニュ、ホッブズといった影響力のある思想家もいた。

科学精神の影響を受け、自ら魔術仮説の真偽のほどを見定めようとした役人もいた。ミラノのある判事は自分のヤギを殺して召使のせいにし、拷問にかけたところ、召使は自分がやったと自白した。しかも再び拷問にかけられることを恐れて、自白を撤回することも拒んだ（今日ではこうした実験は、ヒト被験者保護の観点から許されないものだが）。判事はこの結果を受けて自分の法廷で拷問を行うことをやめた。もう一つの実験について、ジャーナリストのダニエル・マニックスは次のように書いている。

ドイツのブラウンシュヴァイク公爵は、自分の領地で異端審問官が用いる拷問法に衝撃を受け、有名な二人のイエズス会士に調査にあたらせた。二人は入念な調査ののちに公爵にこう言った。「審問官らは適正に任務をこなしています。他の魔女の自白によって罪への関与がわかった者だけを逮捕しているのですから」。

「では拷問室へ来なさい」と公爵は言った。二人の司祭が公爵の後についていくと、一人の女が引き伸ばし拷問台に縛りつけられていた。「この女に聞いてみよう」と公爵は言った。「おまえは自分が魔女だと自白した。ここに連れきた二人の男は魔術師ではないかと私は疑っているのだが、どうだね？

拷問官、もう少し引き伸ばせ」。

「やめて！」と女が悲鳴をあげた。「そのとおりです。安息日にこの男たちを何度も見かけました。ヤギやオオカミやほかの動物に姿を変えることができるんです」。

「ほかに何か知っていることはないのか？」公爵は女に詰問した。

「何人かの魔女がこの男たちの子を生みました。八人も生んだ女もいます。その子たちは頭がカエルで足はクモのようでした」。

公爵は仰天している二人のイエズス会士に向かって言った。「さて、あなた方も自白するまで拷問にかけましょうか[☆25]？」。

二人の司祭のうちの一人、フリードリヒ・シュペーはこの一件に心を動かされて一六三一年に本を執筆し、ドイツの大部分で魔術行為の告発が行われなくなったのはこの本のおかげだとされている。一七世紀には魔女の処刑は徐々に下火になり、ヨーロッパの数ヵ国では完全に廃止された。イングランドで魔女が首吊りにされた最後の年は一七一六年であり、ヨーロッパ全域で魔女だとされた女性が火炙りの刑に処されたのは一七四九年が最後だった。[☆26]
世界の大半の地域において、制度化された迷信による殺人――人身供犠であれ、血の中傷であれ、魔女狩りであれ――を終わらせた力は二つあった。その一つは知的な力である。すなわち、この世の出来事のなかには、たとえどんなに大きな個人的意味があっても、誰かの意図によるのではなく、非個人的な物理的力や単なる偶然によって起きるものがあるという認識だ。八〇年代に流行したバンパーステッカー「クソのようなことも起こる《シット・ハップンズ》（＝ついてないこともあるさ）」というのは、「汝の隣人を愛せよ」や「すべての人間は生まれながらに平等である」に匹敵する、大いなる道徳的発展の結果得られた原理なのである。もう一つの力は簡単には説明しにくいが、強さにおいては変わりない。つまり、人間の生命と幸福により大きな価値が置かれるようになったということだ。拷問が多くの人の利益のために一人の人間を傷つける、道義に反するものであることを証明するために、判事が自分の召使を拷問にかける実験を行ったという話に、私たちが戸惑いを感じるのはなぜだろうか。それは私たちが、他の人間に対して、たとえその人を知らなくても、同じ人間であるという事実によって同情するからである。そしてこの同情は、他の人間に苦痛を強いることを禁止する明快な基準へと拡大されていった。自分の不幸を他人のせいにしたがるという人間の本性は消えてなくなったわけではないが、そうした誘惑を暴力に結びつけることは次第に抑制されるようになってきた。このあと見ていくように、他人の幸福を重視するという価値観は、人道主義革命の時代に多くの野蛮な慣行が廃止される際の共通の要素となったのだ。

迷信による殺人——神への冒瀆、異端、背教に対する暴力

人身供犠と魔女狩りは、人びとが自らの想像力の産物に関わる目的を追求した結果生じる害悪のほんの二つの例にすぎない。ほかにも、精神異常者が妄想に駆られたあげくに殺人を犯す場合があり、その例には黙示録的な人種間戦争を予言したチャールズ・マンソンや、映画で見たジョディ・フォスターに一目惚れし、彼女の気を引こうとレーガン大統領狙撃を企んだジョン・ヒンクリーなどがいる。だが最大の害悪は、生身の人間の生命を軽んじる宗教的信念に由来するものだ。たとえば、現世での苦しみは来世で報われるとか、高層ビルに飛行機で突っ込めば、天国で七二人の処女が与えられるとかいったものである。第

1章で見たとおり、イエスを救世主として受け入れることによってのみ永遠の地獄から逃れられると信じる人にとっては、その信念を受け入れることを他人に強要し、それに疑いを差しはさむ者を黙らせることが道徳的要請となる。

立証不可能な信念をもつことのより大きな危険は、それを暴力的手段によって守りたいという誘惑が生まれることにある。人が自分の信念に固執するのは、その信念の正当性によって自らの能力が証明され、権力者であることを委ねられ、人びとを指揮する権限が正当化されるからだ。ある人の信念を疑うことは、その人の尊厳や地位、権力を疑うことなのだ。だがそうした信念が「信じること」によってのみ成り立っているとき、その信念は常に脆弱なものとなる。岩が上ではなく下に向かって落ちるという信念に腹を立てる人はいない。健全な人であれば誰でも、実際にそれを自分の目で見ることができるからだ。ところが人は原罪を背負って生まれてくるとか、神は三つの姿となってあらわれるとか、アリーは預言者ムハンマドに次いで二番目に神の啓示を受けたとかいう信念になると、そうはいかない。こうした信念にもとづいて生活している人びとが、そんな信念をもたない人――それどころか自分たちの考えに説得力をもって反論する人――がうまくやっているのを知れば、自分たちが馬鹿に見えてしまう恐れを感じる。信じることでのみ成り立つ信念を、懐疑的な人に向かって真実だといくら言ったところで説得できないから、信じる者は信じない者に怒りをもって反応しがちである。そして自分たちの生活に意味を与えているものとはかけ離れた、異質なものをすべて排除しようとしかねない。

中世から近代初期のキリスト教において処刑された異教徒や無信仰者の数は想像を超えるものであり、二〇世紀が際立って暴力的な時代だとする一般通念をみごとに裏切る。そうした聖なる虐殺の犠牲者の正確な数は誰にもわからないが、たとえば政治学者R・J・ランメルの著書『政府による死』や『政府による意図的殺人《デモサイド》の統計』、歴史学者マシュー・ホワイトの『恐ろしいことを集めたとても分厚い本』や彼のウェブサイト「大衆の不快感による死」などの資料から、およその数字を推定することはできる。[☆27]二人は、いままで統計がなかったものも含めて戦争や大量虐殺によって死んだ人の数をはじき出そうと試みた。それには、手に入る限りの資料を細かく調べ、その信頼性をサニティチェックを行ったりバイアスを見込むことによって評価し、中間値（多くの場合、信頼できる数字のなかで最小と最大の幾何平均）を選ぶという作業がともなった。以下に示すのはランメルの推定した数（ホワイトの推定より全般的に少ない）である。[☆28]

一〇九五年から一二九一年まで続いた十字軍は、聖地エルサレムをイスラム教徒であるトルコ族から奪回するための「正義の戦争」であり、これに参加した者には罪の償いの免除と天国への道が約束された。十字軍は遠征の途中、ユダヤ人も数多く殺害し、ニカイア、アンティオキア、エルサレム、コンスタンチノープルを包囲し略奪したあと、それらの土地に住むイスラム教徒とユダヤ人を皆殺しにした。ランメルは死者の数をおよそ一〇〇万人と推定しているが、当時の世界の人口は約四億人で、二〇世紀半ばの人口と比べると約六分の一だったから、十字軍の虐殺による死者数は今日であれば六〇〇〇万人ほどに匹敵する。これはナチスが殺害したユダヤ人の数とほぼ同じである。[☆29]

一三世紀、南フランスにカタリ派（アルビジョワ派）と呼ばれるキリスト教の異端の一派が広まった。善と悪の二神を信じる異端の信仰に危機感を抱いたローマ教皇は、フランス王と共謀してこの地域に軍を派遣し、およそ二〇万人の信者を殺害した。一二一〇年にブラムという町を陥落した際、軍は何百人もの相手方の兵士を捕虜にとり、その鼻と上唇を切り落とし、一人を残して全員の目をくり抜き、その一人を先頭にして一団をカバレの町に向かわせ、住民を恐怖に陥れて降伏させた。[☆30]今日、カタリ派の信者が一人もいないのは、このアルビジョワ十字軍によって全滅させられたからだ。歴史学者はこのエピソードをジェ

ノサイドの明白な事例として位置づけている。[☆31]
アルビジョワ派への迫害からほどなくして、ヨーロッパから異端者を根絶するための異端審問制度が確立された。一五世紀から一八世紀初頭にかけて、スペインの異端審問所ではカトリックに改宗したユダヤ教徒やイスラム教徒のなかで、かつての宗教的慣習への回帰が疑われる者を対象に審問が行われた。一六世紀のトレドの写本には、土曜日にきれいな下着を身に着けたのは隠れユダヤ教徒の証拠であるとして審問された女のことが描写されている。この女は引き伸ばし拷問台と水による拷問（詳細は省くが、水責めよりひどい）にかけられ、数日して体が回復したところで再び拷問されたが、その間彼女は必死で自分が何を自白すべきなのか考えつづけていた。[☆32]今日、ローマ教皇庁は異端審問で殺害されたのは数千人にすぎないと主張しているが、これには非宗教的機関に送られて処刑あるいは収監（緩慢な死刑宣告に等しい場合が多い）された者や、新世界の審問所に送られた者は含まれていない。ランメルはスペイン異端審問による死者数はおよそ三五万人と推定している。[☆33]
一六世紀の宗教改革後、カトリック教会はヨーロッパ北部でプロテスタントに改宗した膨大な数の人びと（その大部分は王子や国王が改宗したために、しかたなく改宗させられた）に対処しなければならなかった。[☆34]またプロテスタントの側も、新旧両派のいずれとも——ユダヤ教とはもちろんのこと——関係をもちたがらない分派と対処しなければならなかった。カトリック教義に異を唱えたことで異端として迫害されてきたプロテスタントは、自分たちが異教徒を迫害することなど考えもしなかっただろうと思うかもしれないが、事実は違う。マルティン・ルターは『ユダヤ人と彼らの嘘について』と題する六万五〇〇〇語のパンフレットのなかで、キリスト教徒は「拒絶され非難された民族」に対して何をすべきかについて次のように述べている。

第一に……彼らの礼拝所《シナゴーグ》や学校に火を放ち……燃えなかったものはすべて埋めるか土を被せ、たとえ石一個でもそのかけらでも決して見えないようにすること。……第二に、彼らの家も同じように燃やして破壊すること。……第三に、彼らの祈祷書やタルムード（ユダヤの聖典）、すなわち盲目的崇拝や嘘や呪い、神への冒瀆を教えるものはすべて取り上げること。……第四に、ラビが今後、生命や手足を失うことの苦痛について教えることを禁止すること。……第五に、ユダヤ人の道路通行権を全面的に廃止すること。……第六に、高利貸しを禁止すること。現金や金銀の宝物類はすべて取り上げ、保管すること。第七に、若くて頑健なユダヤ人の男女には殻竿や斧、鍬、鋤、または糸巻き棒や紡錘を持たせ、アダムの子どもたちがそうさせられたように（創世記三章〔一九節〕）、顔に汗を流してパンを得させること。なぜなら、神聖な民である彼らが暖炉の前で怠惰に時を過ごし、飽食にふけりながら、われわれ呪われたゴイム（非ユダヤ人）を顔に汗を流して働かせるなどということはあってはならないからだ。そのうえ彼らは、われわれを働かせることによってキリスト教徒を支配していると、冒瀆的な言葉で自慢しているのだ。他諸国の常識をわれわれも見習おうではないか……彼らをこの国から永遠に追放するのだ。☆35

ルターは、少なくともユダヤ人の大部分が生きることは許したが、再洗礼派《アナバプティスト》（今日のアーミッシュやメノナイトはこの流れを汲む）の人びとは、そんなお情けはかけてもらえなかった。幼児洗礼を否定し、成人後に自らの信仰を固めてから洗礼を受けるべきだと信じる彼らを、ルターは死刑にすべきだと宣言した。宗教改革のもう一人の大物であるジョン・カルヴァンも、神への冒瀆や異端について同様の考えをもっていた。

この罪は言葉だけで構成されているのだから、そのような厳罰を与える理由はないと主張する者もいる。だが犬には口輪をはめるのに、人が自由に口を開いて好きなことを言うのをそのままにしておいていいのだろうか？……神は、偽預言者は容赦なく石打ちにして殺しなさいとはっきり仰っている。神の名誉が危険にさらされているとき、私たちはあらゆる自然な感情を抑えつけなければならない。たとえ自分の命より大切な相手であっても、父親は子どもを、夫は妻を、あるいは友は友を許し、救おうとしてはならない。[☆36]

カルヴァンはまさにこの言葉どおり、三位一体説を批判した神学者ミシェル・セルヴェを火炙りの刑に処した。[☆37] イギリス国王ヘンリー八世はカトリック教会に反旗を翻した三人目の大物だが、彼の治世では一年に平均三・二五人が火刑に処された。[☆38]

一方には十字軍や異端審問を行った人びと、もう一方にはラビやアナバプティストやユニテリアンを殺そうとした人びとがいたのだから、一五二〇年から一六四八年にかけてヨーロッパで戦われた多くの宗教戦争が、きわめて陰惨で残酷かつ長いものだったことは驚くに値しない。これらの戦争は単に宗教だけではなく、領土や権力をめぐる争いでもあったが、宗教上の違いが激しい感情をいっそうかき立てたことは間違いない。軍事歴史学者のクインシー・ライトによれば、これらの宗教戦争とはユグノー戦争（一五六二〜九四）、オランダ独立戦争または八〇年戦争（一五六八〜一六四八）、三〇年戦争（一六一八〜四八）、清教徒革命（一六四二〜四八）、エリザベス一世によるアイルランド、スコットランド、スペインとの戦争

（一五八六～一六〇三）、カンブレー同盟戦争（一五〇八～一六）、カール五世によるメキシコ、ペルー、フランス、オスマン帝国との戦争（一五二一～五二）を指す。[☆39] これらの戦争の死者はすさまじい数にのぼる。三〇年戦争で今日のドイツの大部分は荒廃し、人口はほぼ三分の一に減った。ランメルは死者数を約五七五万人と見ており、これは当時の世界人口に対する比率でいえば第一次世界大戦の死者数の二倍以上にあたり、第二次世界大戦のヨーロッパでの死者数にほぼ匹敵するという。[☆40] 歴史学者のサイモン・シャーマによれば、清教徒革命の死者数はおよそ五〇万人で、これは世界人口との比率でいえば第一次世界大戦を超えるという。[☆41]

ヨーロッパ人が異なる宗教的信念をもつ人びとを殺すことをやめるようになったのは、一七世紀も後半になってからだった。一六四八年に三〇年戦争を終結させたウェストファリア条約では、領邦君主は自国の宗教をプロテスタントにするかカトリックにするかを決め、宗教的少数派も迫害を受けないことが定められた（ローマ教皇イノセント一〇世はこの内容に不服で、この条約は「根拠がなく、無効で不当、馬鹿げていて恥知らず、憎むべき、永遠になんの意味も効力もない」ものだと宣言した）。[☆42] スペインとポルトガルの異端審問は一七世紀に徐々に下火になり、一八世紀にはさらに下降線をたどって一八三四年と一八二一年にそれぞれ廃止された。[☆43] イギリスでは一六八八年の名誉革命後、宗教的な理由による殺人は行われなくなった。キリスト教の異なる宗派間での紛争は、今日も散発的に見られはするが（たとえばプロテスタントとカトリックが対立する北アイルランドや、カトリックと東方正教が対立するバルカン半島など）、その性格は神学的というより民族的・政治的な色彩が濃くなっている。ユダヤ人は一七九〇年代以降、合衆国を皮切りにフランス、オランダなどで非ユダヤ人と平等な法的地位を認められ、続く一世紀間にヨーロッパの大部分の地域で平等な地位を保証された。

自分と異なる宗派に属する同国人が永遠に地獄に堕ちようと、その悪い見本に他人を引き込んで道連れにしようと、いいではないか——ヨーロッパ人がやっとそう思い定めたのはなぜなのだろうか。長く続く宗教戦争にほとほと疲れ果てたのかもしれない。だが、ではなぜ疲れ果てるまでに一〇年や二〇年ではなく、三〇年かかったのかは明らかではない。考えられるのは、人びとが人命により大きな価値を見出すようになったということだ。この新しい認識には感情的な変化と知的・道徳的変化の両面がある。感情的変化は、人びとが他人の苦痛や喜びを自分のものとして感じるようになったこと。知的・道徳的変化は、魂を重視することから生を重視することへの変化である。魂の神聖さを説く教義は漠然とした高揚感をもたらしはしても、実際にはきわめて有害だといえる。地上での生は通り過ぎるだけの一時的な段階、存在にとってはごく小さな一部にすぎないとして、その価値を低く見るからだ。そして死は、思春期や中年の危機と同じような単なる通過儀礼となってしまう。

道徳的価値の中心が魂から地上での生へと徐々に移っていった背景には、懐疑主義と理性が優勢になったことがある。生と死の違いや苦痛の存在については誰も否定できないが、永遠の生命をもつ魂が肉体から離れたあとどうなるのかについて、なんらかの信念をもつには洗脳が必要である。一七世紀は理性の世紀と呼ばれ、この時代にはさまざまな論者が、信念は経験と論理によって正当化されることを主張しはじめた。そうした考えは、魂と救済についての教義を弱体化させ、人を力で強迫して(あるいは「ユダのゆりかご」に縛りつけて)信じられないことを無理やり信じさせるような政策を弱体化させる。

エラスムスをはじめとする懐疑主義の哲学者たちは、人間の知は本質的に脆弱なものだと主張した。目

*

にも錯視（水中のオールが折れているように見えたり、遠くの円筒状の塔が角柱に見えたりする）があるのだから、実質のない空想的なものについての信念が本当に正しいかどうか、疑うべきだというのである。[☆44]一五五三年のカルヴァンによるミシェル・セルヴェの火刑がきっかけとなり、宗教的迫害そのものに対して、広範囲にわたって厳しい目が向けられるようになった。[☆45]批判の先頭に立った一六世紀フランスの神学者セバスティアン・カステリョは、人が互いに相容れない信念についてゆるぎない確信をもつことがいかに馬鹿げているかを強調した。彼はまた、そうした信念にもとづいて行動すればおぞましい道徳的帰結へとつながるとして、次のように述べている。

カルヴァンは自分が正しいと言い、〔他の宗派も〕自分たちが正しいと言う。カルヴァンは他の宗派が間違っていると言い、彼らを非難しようとするが、彼らのほうも同じことを言う。誰が判断を下すべきなのか？　誰がカルヴァンをあらゆる宗派の審判者にし、彼だけに殺す権利を与えたのか。カルヴァンは神の言葉を代弁すると言うが、彼らもまたそう言うのだ。ある事柄が明らかな事実だというとき、誰にとってそうなのか？　カルヴァンにか？　もしそうだとすれば、なぜ彼は明白な真理に関する本をあれほど多く書いたのか？……不確実性ということを考えると、われわれは異教徒を、ただ単に自分と異なる考えをもつ者と定義しなければならない。もし異教徒を殺すということになれば、その論理的帰結は相手を殲滅する戦争しかない。双方が互いに自分こそが正しいと信じているからだ。カルヴァンはフランスや他のすべての国に侵攻し、都市をことごとく壊滅させ、赤ん坊を含む老若男女あらゆる人間と動物を皆殺しにしなければならない。[☆46]

こうした議論は一七世紀になると、バルーフ・スピノザ、ジョン・ミルトン（「真理と虚偽を戦わせよ……真理は強い」）、アイザック・ニュートン、ジョン・ロックらに受け継がれた。近代科学の出現によって、確固たる信念でもまったくの誤りである可能性があり、世界を動かしているは神の気まぐれではなく物理法則であることが証明された。カトリック教会は地動説を唱えたガリレオに拷問の脅しをかけ、生涯監視下に置いたが、地動説はやがて科学的に正しいことが判明する。迷信に対し、懐疑主義的な考え方が――時にユーモアや常識のスパイスを振りかけられ――異論を唱えることも次第に許容されるようになった。シェークスピアの『ヘンリー四世』第一部で、グレンダワーが「俺は地獄の底から悪霊を呼び出すこともできる」と豪語すると、ホットスパーがこう言い返す。「それぐらいなら俺にもできる、いや、誰だってできるだろう。だが君に呼ばれて出てくるかな？」。実験と観察を重視したことで知られるイギリスの哲学者フランシス・ベーコンは、次のようなエピソードについて書いている。あるとき一人の男が礼拝所に連れて行かれ、嵐に遭って難破しかけた船の船乗りたちが、神に祈ったおかげで難破を免れた様子を描いた絵を見せられた。これで神の御力がわかっただろうと言われた男はこう答えた。「はい、でも祈ったあとに船が沈んじまった船乗りの絵はどこにあるんですかい？」[☆47]。

残虐で異常な刑罰

迷信や教義《ドグマ》の誤りが暴かれたことにより、拷問を行う口実の一つは除去されたものの、世俗的な犯罪や悪事に対する処罰としての拷問は生き残った。古代から中世、近代初期までの時代において、残虐な刑罰はまったく合理的なものとして認められていた。刑罰の目的はそもそも、その人間に嫌な思いをさせて、本人や周りの人間に禁じられた行為をする気を起こさせないようにすることにある。この論理にしたがえば、刑罰は厳しければ厳しいほど、その目的は達成される。また、警察や司法制度が十分に機能していない国家においては、小さな刑罰でも大きな効果を上げさせる必要があった。記憶に焼きつくほど残虐な刑であれば、それを目撃した者も恐怖に怯えて従属するようになり、周囲にもその恐ろしさを伝えるからだ。

しかし、そうした残虐な刑罰の実際的な機能は、刑罰のもつ魅力の一部にすぎなかった。人びとは残虐な行為を——たとえ司法上の意味がなくても——喜んで見物した。たとえば動物を拷問することは健全な娯楽と考えられた。一六世紀のパリでは、ステージの上で三角巾に入れた猫を炎の中に下ろして燃やすのが大衆娯楽の一つだった。歴史学者のノーマン・デイヴィスによれば、「見物人たちは、王や女王を含め、猫が苦痛にうめきながら焦がされ、燃やされ、最後には真っ黒な炭になるのを、甲高い笑い声をあげながら見ていた」という。[☆48] そのほかにも、闘犬や牛追い、鶏闘、「犯罪を犯した」動物の公開処刑、そして鎖につないだ熊を猛犬に襲わせ、熊か犬のどちらかが死ぬまで闘わせる熊いじめなどが人気のある見世物だった。

積極的に楽しむとまではいかなくても、人びとは拷問に対して冷やかで無頓着な態度をとった。サミュエル・ペピーという、当時としては上品な人間の一人であったと思われる男性は、一六六〇年一〇月一三日付の日記に次のように書いている。

> チャーリングクロス通りまで、ハリソン少将の処刑を見に行く。ハリソンはその場で首吊りにされ、はらわたをえぐり出され四つ裂きにされたが、彼はそのような状況に置かれた者とは思えないほど陽気に見えた。その身体は切り刻まれ、頭部と心臓が観客たちに見せられると大きな歓声が上がった。

……そこから領主様の家に行き、カッタンス大尉とシェプリー氏を連れてサン・タバーンへ。牡蠣をごちそうする。☆49

ペピーはハリソンが「そのような状況に置かれた者とは思えないほど陽気に見えた」と冷やかな調子で書いているが、ハリソンはこのとき首を吊られ、内臓をえぐり出され、性器を切除され、内臓を人びとの目の前で燃やされ、その後首を切り落とされたのである。

ここまで大げさではない、「体刑」という婉曲表現で呼ばれる刑罰でさえ、残忍きわまる拷問にほかならなかった。今日、多くの歴史名所では観光客用に足かせやさらし台が置かれ、子どもたちが記念写真を撮っているが、以下に紹介するのは一八世紀のイギリスで実際にさらし台にかけられた二人の男について書かれたものだ。

一人は背が低くて頭を穴の中に入れることができなかった。それでも役人は無理やりその男の頭を穴に入れたので、哀れな男の足は地面から離れてぶら下がる格好になった。すると男の顔はみるみるどす黒くなり、鼻や目、耳からも血が流れ出た。それでも群衆は激しい怒りをもって男に物を投げつけた。役人が男をさらし台から外すと、すでに息絶えた哀れな男は台座の上に落ちた。もう一人の男も物を投げつけられて全身を痛めつけられ、ぐったりと崩れ落ちてもはや回復の見込みはなかった。☆50

鞭打ちという「体刑」もある。これはイギリスの水夫やアフリカ系アメリカ人奴隷が仕事を怠けたり横柄な態度をとったときに広く使われた罰である。鞭には皮膚を剥ぐ、肉を粉々にする、筋肉を切断して骨にまで達するなど、さまざまな目的に合わせて数え切れないほどのタイプがあった。インド総司令官チャーヒルズ・ネイピアは、一八世紀後半のイギリス軍では鞭打ち千回の刑も珍しくなかったとして次のように書いている。

犠牲者が三回も四回も病院から出されては、残っている鞭打ち刑を与えられるのを私は何度も見ている。一度にすべてをやれば死の危険が大きいからだ。まだ傷が癒えていない、新しい柔らかい皮膚に再び鞭が当てられるのを見るのはゾッとするほど恐ろしい。何百人という男が鞭打ちの刑を受けるのを見てきたが、皮膚が完全にずたずたになり剥けてしまったときにそれまでの大きな苦痛が和らぐのがわかる。一回目から三〇〇回までは身体を痙攣させ、悲鳴をあげることが多いが、そのあとは八〇〇回だろうと千回だろうと、うめき声もあげずにじっと耐えるのだ。彼らは死人のようにぐったりと横たわり、刑の執行人はまるで死んだ肉の塊に鞭を当てているように見える。☆51

keelhaul という語は「厳しく叱る」という意味でも使われるが、元々はかつてイギリス海軍で行われていた刑罰のことだ。水夫をロープにくくりつけて船の片側から水中に落とし、船底の下をくぐらせて反対側から引っ張り上げるというもので、船底に付着しているフジツボにこすれて皮膚がずたずたに裂けるか、さもなければ溺死してしまう。

一六世紀末までに、イングランドとオランダでは軽微な犯罪の罰として、拷問や四肢切断に代わって刑務所への収監が行われるようになった。だが、状況はさほど大きく改善されたわけではない。囚人は自分の食べ物や服、藁を自分で買わなければならず、もし本人にも家族にも払う能力がなければそれらは支給されない。また金を出さないと、内側にトゲの付いた鉄の首輪や、足を床に固定する鉄の棒を外してもらえないという慣行もあった。ネズミなどの害獣や害虫、暑さと寒さ、排泄物、腐った食べ物……これらは単に獄中生活を悲惨なものにしただけでなく、疫病を蔓延させ、刑務所を事実上の死の収容所にした。ろくに食べ物を与えられていない囚人たちが、起きている時間のほとんどを木のやすりがけや石割り、踏み車を踏むなどの労働を強制される刑務所も少なくなかった。[☆52]

＊

一八世紀は西洋世界にとって、制度化された残虐行為のターニングポイントとなった。イギリスでは改革論者やさまざまな委員会が、国内の刑務所の「残酷さ、野蛮さ、強要のひどさ」を批判し、[☆53]拷問をともなう処刑の生々しい報告は、一般の人びとの良心を痛めつけた。一七二六年に行われたキャサリン・ヘイズの処刑の様子はこう記述されている。「炎が身体に近づいてくると、彼女は枝の束を振り払おうとしたが、かえって散らしてしまう。処刑人は彼女の首に巻きつけられた縄を握って絞め殺そうとしたが、その手にも炎が近づいてきたため、縄を放してしまった。枝の束がどんどん火の中に投げ入れられ、三、四時間後には彼女は灰となり果てた[☆54]」。

車裂きの刑に処されることをbroken on the wheelと言うが、その平凡な字面を見ただけではこの処刑法の背筋も凍るような恐ろしさは伝わってこない。ある歴史記録によれば、犠牲者は「噴き出す血にまみれて悲鳴をあげながら身悶えする、まるで四本の触手をもつ海の化け物のような巨大な人形」と化し、「ぬめぬめした形のない生の肉が粉々になった骨の破片と混じりあっていた」という。[☆55]一七六二年、ジャン・カラスという六四歳のフランスのプロテスタントが、カトリックに改宗しようとした息子を阻止するために殺した罪に問われた(実際には息子が自殺したのを隠そうとしたのだった)[56]。共犯者の名前を自白させるために行われた尋問で、カラスは吊るし刑と水責めの拷問を受け、さらに車裂きの刑に処された。二時間に及ぶ苦悶の果てに、彼は赦免により首を締めて殺された。車輪の上で骨を砕かれながらも無実を叫ぶカラスの姿を目撃した人びとは、その凄惨な光景に激しく心を揺さぶられた。鉄の棒が降り下ろされるたびに、その音は「彼らの魂の奥底にまで響き、そこにいたすべての人びとの目からは滂沱の涙が――時すでに遅かったが――あふれ出た」[57]。ヴォルテールはこの問題を取り上げ、外国人は洗練された文学や女優たちの美しさによってのみフランスを評価し、実際には「極悪非道な古い慣習」にしたがう残酷な国家であることに気づかずにきたと、皮肉っぽく述べている[58]。

それ以外の著名著述家たちも残酷な刑罰を激しく批判するようになった。ヴォルテールのように、これらの慣習を野蛮、残酷、残忍、原始的、粗野な、極悪非道などという不名誉な形容詞を使って批判する者もあれば、モンテスキューのようにキリスト教徒の偽善――ローマ人や日本人、イスラム教徒によって残虐な仕打ちを受けたと嘆く一方で、自分たちも同じ残虐行為に手を染めている――を指摘する者もあった[59]。また、アメリカの医師で合衆国建国の父の一人であるベンジャミン・ラッシュのように、読者と刑罰の対象とされた人びとに共通する人間性に訴える者もあった。一七八七年、ラッシュはこう書いている。「われわれが嫌悪する男たち――あるいは女たち――も、われわれの友人や親族と同じ素材からつくられた精神と身体をもっているのだ」。さらに彼は続ける。もしわれわれが彼らの苦難に対してなんの感情も同情も抱かなければ、「同情の原理は……その役目を完全に失い、やがて人の胸から消え去ってしまうだろう」[60]。司法制度の目的は犯罪者を傷つけることではなく更生させることにあるのであり、「犯罪者を公開処罰によって矯正することは決してできない」と[61]。イギリスの法律家ウィリアム・イーデンは一七七一年、残酷な刑罰のもたらす悪しき影響についてこう書いている。「われわれは互いを垣根のカカシのように腐らせ、さらし台は人間の死体であふれている。はたしてこうした物と強制的に慣れ親しむことが、人びとのもつ感情を鈍化させ、愛情に満ちた先入観を失わせる以外の影響をもたらすのか、疑わざるをえない」[☆62]。

なかでも影響力の大きかったのはミラノの経済学者で法学者でもあったチェーザレ・ベッカリーアである。ベッカリーアが一七六四年に出版した『犯罪と刑罰』はベストセラーとなり、ヴォルテールやドゥニ・ディドロ、トーマス・ジェファーソン、ジョン・アダムズをはじめとする世界の主要な政治思想家に影響を与えた[☆63]。ベッカリアは、司法制度の目的は「最大多数の最大幸福」(ジェレミー・ベンサムが功利主義のスローガンとしてのちに採用した)を達成することにあるという原理から出発する。とすれば、唯一の正当な処罰は、人が自分に降りかかる害よりも大きい害を他人に及ぼすことを抑止することであり、刑罰はその犯罪の及ぼす害の大きさに比例したものでなければならない。なにやら得体の知れない宇宙的な正義の天秤にかけるのではなく、正当な動機システムを構築することが必要だというのだ。「もし社会に程度の異なる損害を与える二つの犯罪に同等の刑罰が科せられるのであれば、より大きい犯罪により大きな利益がともなう場合、大きい犯罪を犯すことを抑止するものは何もなくなる」とベッカリーアは書く。さらに彼は刑事司法に関して、刑罰の確実性と迅速性はその厳しさより重要であること、刑事裁判は公開で証拠にもとづいて行われるべきであること、そして死刑は抑止策としては不要であり、国家に与えられるべき権力ではないと主張した。

ベッカリーアの本を快く思わない人たちもいた。『犯罪と刑罰』はローマ教皇の禁書目録に入れられ、法学者で宗教学者のピエール＝フランソワ・ミュヤール・ド・ヴーグランはその内容に激しく反論した。ミュヤールは情に厚いベッカリアの感性をあざ笑い、時の試練を経た伝統ある制度を無謀にも台無しにするも

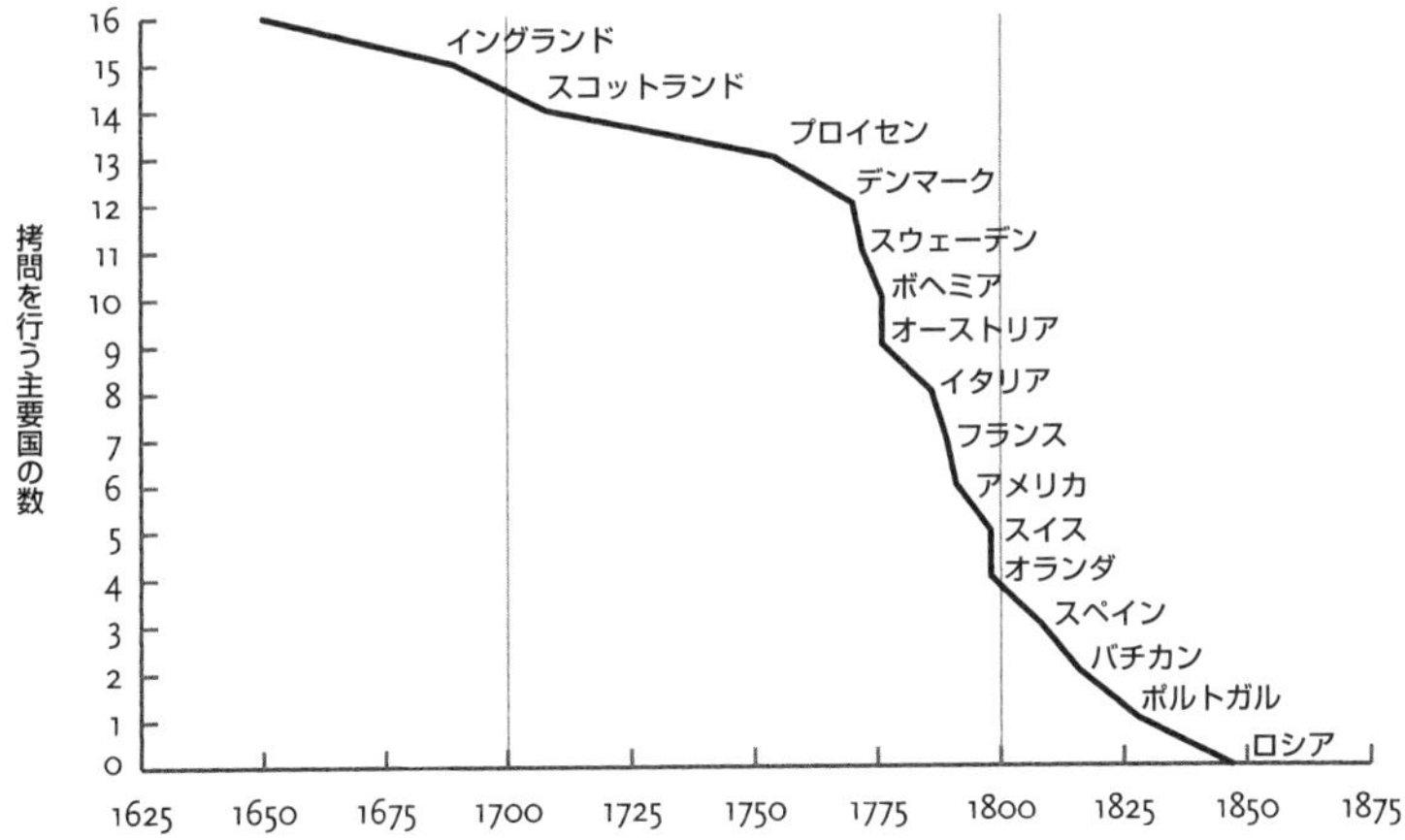

図4－2　司法における拷問廃止の推移.
出典：Hunt, 2007, pp.76, 179; Mannix, 1964, pp.137-38.

のだと非難、原罪をはじめとする人間の生来の堕落に対抗するには厳しい処罰が必要だと主張した。☆64

だが勝利を収めたのはベッカリーアの考えのほうであり、それから数十年以内に刑罰における拷問は、すべての主要な西洋諸国で廃止された。独立したばかりの合衆国でも、憲法修正第八条で「残酷で異常な刑罰」が禁止されたのはよく知られている。拷問は一律に禁止されたのではなく種類や時期が国によってまちまちであり、拷問の減少を正確に把握することは不可能だが、図4－2はヨーロッパの主要一五ヵ国と合衆国において司法における拷問の主要な形態が廃止された時期を示している。

このグラフや本章のほかのいくつかのグラフで、一八世紀の部分を線で区切ってあるのは、それが多くの人道的改革が着手された特筆すべき歴史の一時期であるからだ。そのなかには、動物虐待の禁止も含まれる。一七八九年、ジェレミー・ベンサムは次のように述べて動物の権利を主張したが、これは今日もなお動物愛護運動の基本的理念となっている。「動物にも理性があるか、動物も話すことができるか、などというのは問題ではない。動物も苦しむかということが問題なのだ」。イギリスでは一八〇〇年、議会に熊いじめを禁止する最初の法案が提出されて以降、一八二二年に家畜への虐待防止法が可決され、一八三五年には保護の対象が雄牛、熊、犬、猫にまで拡張された。[☆65] 啓蒙主義の時代に始まった多くの人道主義運動と同様、動物虐待禁止の運動は二〇世紀後半の権利革命の時代に第二の波を迎え、二〇〇五年、イギリス最後の合法的なブラッドスポーツ（動物に血を流させる競技）だった狐狩りがついに禁止されるにいたった。

死刑

イギリスが一七八三年に絞首刑を、フランスが一七九二年にギロチンを導入したとき、それは道徳的な進歩だった。犠牲者が瞬間的に無意識状態になるこれらの処刑法は、犠牲者の苦痛を長引かせる方法に比べてより人道的だからだ。だがたとえそうであっても、処刑は極限の暴力であることに変わりはない。人類史の大半にわたり、大半の国家がそれを軽々しく適用してきたことを考えればなおさらである。聖書の時代から中世、近代初期にいたるまで、数多くのささいな侮辱や違法行為――ソドミー、噂話、キャベツ泥棒、安息日の薪集め、親への口答え、王宮の庭の悪口などなど――が死刑に値する罪とされてきた。[☆66] ヘンリー八世の治世末期にはロンドンで毎週一〇件を超える死刑が行われていた。一八二二年の時点で、イギリスには密猟や通貨偽造から、ウサギ小屋盗み、木を切り倒すことまで、二二二の死刑に相当する罪があった。裁判にかけられる時間は平均八分半だったというから、無実の罪で絞首台に送られた者も少なくなかったのは明らかだ。[☆67] ランメルの推定によれば、イエス・キリストの時代から二〇世紀までに軽微な罪で死刑に処せられた人の数は一九〇〇万人にものぼるという。[☆68]

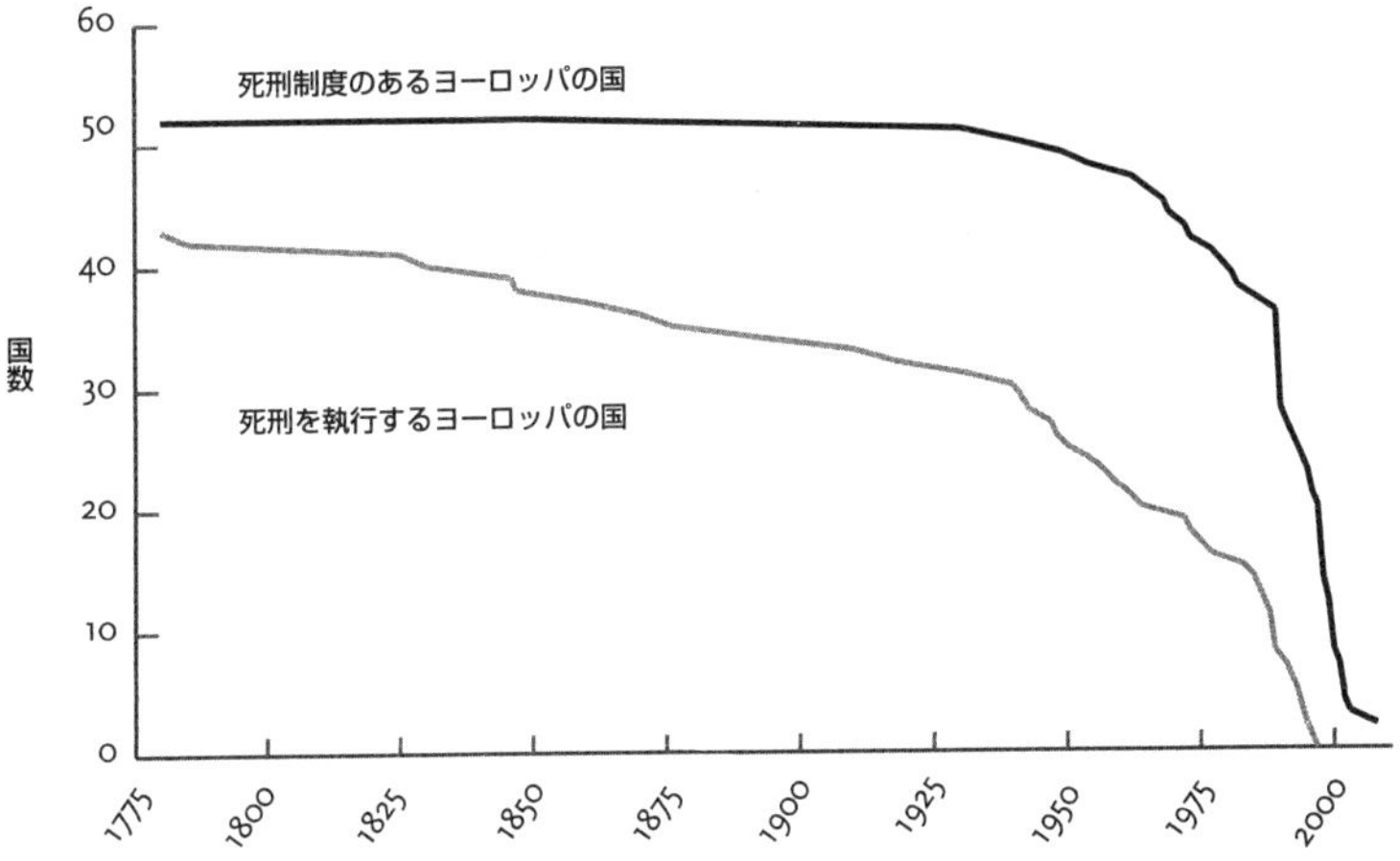

図4－3　ヨーロッパにおける死刑廃止の推移．
出典：フランス外務省，2007; Capital Punishment U.K., 2004; アムネスティ・インターナショナル，2010.

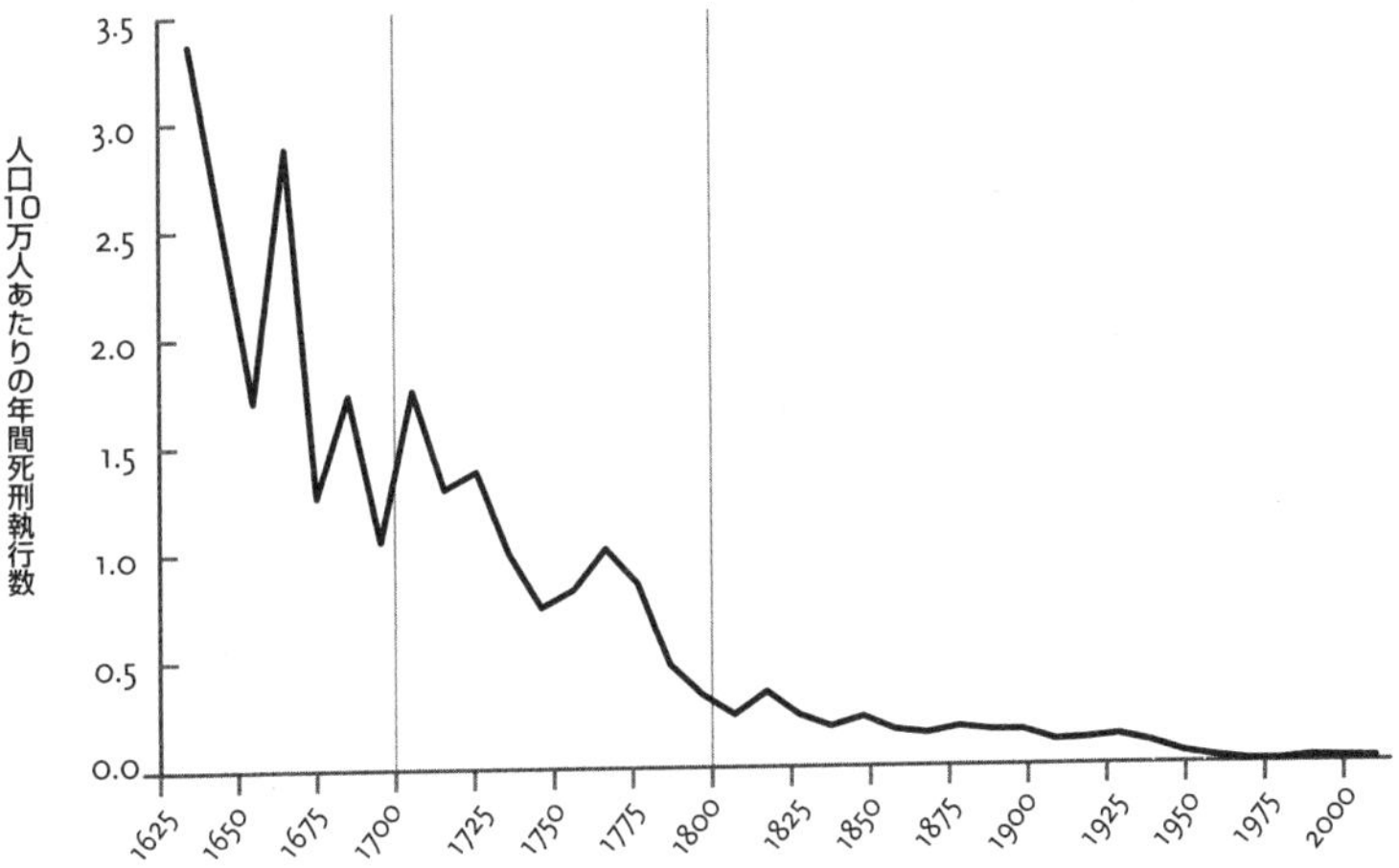

図4－4　合衆国における死刑執行数（1640～2010年）．
出典：Payne, 2004, p.130、Espy & Smykla, 2002にもとづく．2000年と2010年までの各10年間の数値はDeath Penalty Information Center, 2010b.

だが一八世紀も終わりに近づくと、死刑そのものに「死刑」が宣告される。イギリスでは、騒々しいお祭騒ぎだった公開絞首刑は一七八三年に廃止された。絞首刑に処された罪人の死体をさらし台にさらすことは一八三四年に廃止され、一八六一年にはそれまで二二二あった死刑に相当する罪は四にまで減った。[69]一九世紀には多くのヨーロッパ諸国で殺人と反逆罪以外の罪での死刑は廃止になり、やがてほとんどすべての西洋諸国で死刑は完全に廃止された。少々先回りしていえば、図4-3に示されるように、今日ヨーロッパに存在する五三ヵ国のうちロシアとベラルーシを除くすべての国で、通常の犯罪に対する死刑が廃止されている（反逆罪と重大な軍法違反についてのみ死刑を残している国がごくわずかだがある）。死刑を廃止する国が増大したのは第二次世界大戦後だが、それよりずっと前から実施されることは少なくなっていた。たとえばオランダが公式に死刑を廃止したのは一九八二年だが、死刑の執行そのものは一八六〇年を最後に行われていない。ある国が最後に死刑を執行してから公式に死刑を廃止するまでには、平均して五〇年の期間がかかっている。

今日、死刑は人権侵害であるという見方は広く定着している。二〇〇七年、国連総会は死刑の執行停止を求める決議（法的拘束力はもたない）を賛成一〇五、反対五四、棄権二九で採択した。一九九四年、一九九九年にも同様の決議案が出されたが採択にはいたらなかった。[70]決議に反対した国の一つは合衆国である。他のほとんどの暴力の形態と同様、合衆国は西側先進国のなかで「異常値」的な地位を占めている（もっとも全五〇州のうち北部を中心とする一七州では死刑は廃止され——うち二州は過去二年以内に廃止——、一八州は過去四五年間死刑が執行されていない）。[71]だが悪名高いアメリカの死刑でさえ、現実的というより象徴的な意味合いが強い。図4-4に示されたように、合衆国の人口に対する死刑執行数の比率は植民地時代以降大幅に減っており、西洋社会全体で他の多くの制度化された暴力が減少した時期にあたる一七世紀

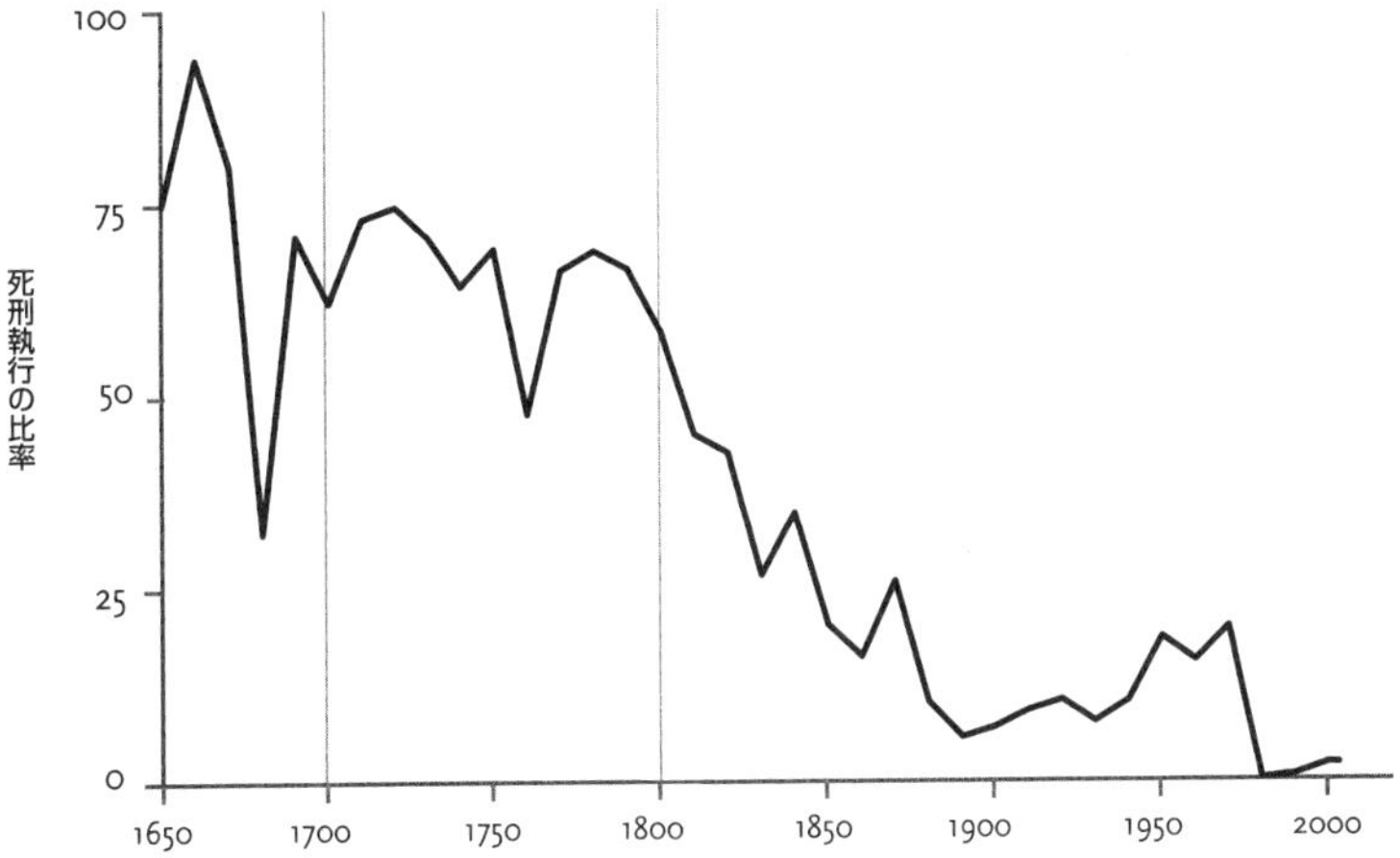

図4－5　合衆国における殺人以外の罪での死刑執行比率（1650 ～ 2002 年）．
出典：Espy & Smykla, 2002; Death Penalty Information Center, 2010a.

から一八世紀にかけて、最も急激に減っているのだ。

過去二〇年間に目に見えないほどかすかな増加が見られるのは、一九六〇年代から七〇年代、八〇年代にかけての殺人件数の増加に対して、犯罪の取り締まり強化策がとられたことの影響である。だが今日のアメリカでは「死刑宣告」も現実味を失いつつある。法的見直しによってほとんどの死刑執行は無期限に延期され、実際に死刑を執行されるのは殺人を犯した者の数十分の一パーセントにすぎないのだ。[☆72] しかも近年では一九九九年にピークに達して以来死刑の執行数は下降線をたどり、現在ではほぼ半数にまで減っている。[☆73]

死刑の執行数が減少するのと同時に、死刑に相当する犯罪の件数も減っている。かつて人は、窃盗やソドミー、強盗、獣姦、姦通、魔術行為、放火、出産隠し、強盗、奴隷の反乱、通貨偽造、馬泥棒などの罪で処刑された。図4－5はアメリカの植民地時代以降、殺人以外の罪で執行された死刑の比率の変化を示している。最近数十年間では、殺人以外で死刑が執行された唯一の罪は「殺人の共謀」である。二〇〇七年、アメリカの連邦最高裁は

「犠牲者の生命が失われなければ」、どのような犯罪にも死刑は適用されない（ただし、スパイ行為や反逆、テロなどいくつかの「国家に対する犯罪」には死刑が適用される場合もある）との判断を示した。[☆74]

処刑の方法も変化している。合衆国では火炙りの刑などの拷問をともなう処刑が廃止されて久しいだけでなく、より「人道的な」処刑法を求める試行錯誤が行われてきた。問題は、瞬時に死が訪れる効果的な方法（たとえば頭に銃弾を撃ち込む）であればあるほど、見る者には残酷に思える（生きた身体を殺すために暴力が加えられることが歴然としている）ということだ。そこで縄や銃弾などの形のはっきりしたものに代わって、ガスや電気といった目に見えないものが使われ、さらに全身麻酔をかけたうえに致死的な薬物を注入するという準医学的な方法がとられるようになった。だがこの方法でさえ、死刑囚にとってストレスが大きすぎるとの批判がなされている。ジェームズ・ペインは次のように書く。

立法者たちは改革に次ぐ改革を重ねて死刑を穏やかなものに変え、もはや元々の死刑の痕跡はほとんど消し去られた。恐ろしさも迅速さももはやなくなり、現在の限定的な適用状況では、確実性もなくなった（死刑が執行されるのは殺人二〇〇〇件中約一件のみである）。では合衆国に死刑制度が「ある」というのは、どんなことを意味するのだろう？　もし合衆国にかつてのような活気ある死刑制度があったとすれば、死刑執行数は年間およそ一万人にのぼり、そこにはまったく無実の者もかなりの数含まれるだろう。死刑囚は拷問をともなう形で処刑され、その様子はテレビで全米に放映されて子どもを含む全国民の目にさらされる（一日に二七人が処刑されるのだから、他の番組を放送しているヒマはほとんどない）。こうした状況を想像すれば、たとえ死刑の支持者でも背筋が寒くなるだろう。このことはまさに、人命を尊重する気持ちが徐々に発酵するように増大しつつあることを物語っている。[☆75]

一八世紀には、死刑の廃止が無謀な考えだったことは容易に想像できる。残虐な処刑の恐ろしさという抑止力がなければ、人びとは自己の利益や復讐のために人殺しもいとわなかっただろう。ところが今日明らかになったのは、死刑の廃止がこれまで何世紀も続いてきた殺人件数の減少を逆転させるどころか、さらなる減少をもたらしたということだ。しかも死刑がまったく行われていない現代西欧諸国の殺人件数は、世界で最も低い。これは、かつて社会を機能させるうえで不可欠だと考えられた制度化された暴力が、廃止されても実はなんの問題もないことが判明した数多い事例の一つなのである。

奴隷制

文明の歴史の大部分を通じて、奴隷制は例外ではなくごく一般的な習慣だった。旧約・新約聖書は奴隷制を支持し、プラトンとアリストテレスはそれを文明社会に欠かせない自然な制度として正当化している。アテネの民主政治を確立したとされるペリクレスの時代、人口の三五パーセントは奴隷だった。共和制ローマもしかり。奴隷は古代から戦争の主要な戦利品であり、国家をもたない人びとは人種を問わず奴隷にされる可能性が高かった。[☆76] 奴隷を意味する slave の語源はラテン語の Slav であり、その理由は「中世において多くのスラヴ人が奴隷にされた」からだと辞書には説明されている。国家と軍隊は人を奴隷にするための装置として使われないときには、奴隷化を防ぐための装置として使われた。有名なイギリスの愛国歌の歌詞を思い起こしてほしい——「統べよ、ブリタニア！　大海原を治めよ。ブリトンの民は断じて、断じて、断じて奴隷とはならじ」。アフリカ人はヨーロッパ人に奴隷にされるよりずっと前、ほかのアフリカ人や北アフリカ、中東のイスラム国家に奴隷にされた。これらの国のなかには、最近まで合法的な奴隷制が存続していた国もある（カタールでは一九五二年、サウジアラビアとイエメンでは一九六二年、モーリタニアでは一九八〇年になって奴隷制が廃止された）。☆77

戦争捕虜にとって、虐殺されることに比べれば奴隷にされるほうが多くの場合、ましな運命だったし、奴隷制が次第により緩やかな労働や雇用、兵役、職業ギルドといった形へ移行した社会も少なくなかった。だが奴隷制の定義には本来、暴力がつきまとうのであり（ある人間が奴隷労働に従事したとしても、身体的拘束を受けたり、罰せられたりすることなく、いつでも好きなときにやめられるのであれば、それは奴隷とは呼ばない）、その暴力は多くの場合、奴隷の日常生活の一部となる。旧約聖書出エジプト記二一章二〇－二一節にはこう書かれている。「人が自分の男奴隷あるいは女奴隷を棒で打ち、その場で死なせた場合は、必ず罰せられる。ただし、一両日でも生きていた場合は、罰せられない。それは自分の財産だからである」。自分の身体に対する所有権をもたない奴隷は、比較的ましな待遇を受けている場合でさえ、悪質な搾取の餌食になりやすかった。後宮《ハレム》の女性は常にレイプの被害者だったし、彼女たちを守る宦官たちは、刃物で睾丸を──黒人の宦官は性器全体を──切除して去勢され、その際傷口からの出血多量で死なないよう沸騰させたバターで傷を焼灼された。

アフリカの奴隷貿易の残酷さは、人類史のなかでも際立っている。一六世紀から一九世紀にかけて、少なくとも一五〇〇万人のアフリカ人が大西洋を航海する奴隷船で死亡した。奴隷たちは鎖でつながれ、息が詰まるような悪臭と汚物の充満する船倉に押し込められていた。ある記録によれば、「港に着くまで生き延びた者は言語を絶するほどの悲惨な姿を呈していた」という。☆78 さらにジャングルや砂漠を歩いて沿岸部や中東の奴隷市場に連れて行かれるまでの間にも、何百万人もの奴隷が死亡した。奴隷業者はさながら氷の売買のように奴隷を扱い、輸送の途中で商品の一部が失われることは織り込み済みだった。奴隷貿易では少なくとも一七〇〇万人、最大で六五〇〇万人ものアフリカ人が死亡したと考えられる。[☆79] 奴隷貿易は輸送中に奴隷の命を奪っただけでなく、途切れることなく奴隷を供給することによって、奴隷所有者が奴隷を死ぬまで酷使し、足りなくなれば新しい奴隷を補充できるようにした。たとえ比較的良好な健康状態を保つことができた場合でも、奴隷たちは鞭打たれての労働やレイプ、四肢切断、家族との別離、簡易死刑などの恐怖に怯えながら生活しなければならなかった。

奴隷所有者が奴隷に対して個人的に親密な感情を抱くようになり、自らの意思で奴隷を解放することも少なくなかった。また中世のヨーロッパのように、奴隷制が農奴制や小作制度へと移行する場合もあった。奴隷を拘束状態に置いておくより税金を課したほうが安上がりだったり、弱小の国家では奴隷所有者の財産権を行使できなかったりしたからだ。だが制度としての奴隷制に反対する大衆運動が起きたのは一八世紀になってからであり、その後奴隷制は急速にほぼ消滅に近い状態へと追いやられた。

なぜ人類は、奴隷制という究極的な労力節約装置を手放すにいたったのだろうか。歴史学者の間では長らく、奴隷制の廃止が経済的要因によるのか、人道的配慮によるのかをめぐって論争が続いてきた。ある時点では経済的要因説のほうが有力に思われた。一七七六年アダム・スミスは、有給雇用はプラスサム・ゲームであり、それゆえに奴隷制より効率的だと主張している。

奴隷による仕事は、一見彼らの生活資料しかかからないようでも、結局は最も高くつく。財産を取得できない者は、できるだけ多く食い、できるだけ少なく労働すること以外に、利害関心をもちえない。奴隷自身の生活資料を購買するのに足りる量以上の仕事は、彼自身の利害関心によってではなく、暴

力によってしか搾り取ることができないのである。[☆80]

政治学者ジョン・ミューラーはこう指摘する「スミスの見解は支持者を得たが、奴隷所有者のなかに支持者はいなかった。言いかえれば、スミスが間違っていたか、奴隷所有者にビジネスの才覚が欠けていたかのどちらかである[☆81]」。経済学者のなかには、ロバート・フォーゲルとスタンリー・エンガーマンのように、南北戦争以前の南部では、スミスの見解は少なくとも部分的に間違っていると主張した者もいる。当時の南部では、その時代にしてはかなり効率的な経済があったというのだ[☆82]。そして言うまでもなく、南部の奴隷制は徐々に費用効率の高い生産方法に取って代わられたわけではなく、戦争と法律によって廃止へと追い込まれなければならなかった。

奴隷制を廃止するのに武力と法を必要としたというのは、世界の他のほとんどの地域でも同様である。最も奴隷貿易が盛んな国の一つだったイギリスは、一八〇七年に奴隷貿易を非合法化し、一八三三年には大英帝国全域で奴隷制が廃止された。一八四〇年代には経済制裁と英国海軍のほぼ四分の一の力を借りて、他諸国に奴隷貿易への参加を停止するよう圧力をかけた[☆83]。

ほとんどの歴史学者は、このようにイギリスが奴隷制廃止を監視したのは人道的な理由によると結論づけている[☆84]。ロックは一六八九年に出版された『統治二論』のなかで、奴隷制は道徳的基盤を欠くものだとして批判している。彼自身やその門下生の多くが奴隷制度から利益を得ていたという偽善性はあったものの、彼らが自由、平等、そして普遍的価値としての人権を擁護したことはもはや誰にも止められない流れとなり、奴隷制を正当化することには抵抗や気まずさがともなうようになっていった。フランスのジャック＝ピエール・ブリッソーのように、人道的根拠から拷問を厳しく批判した啓蒙主義の文筆家のなかには、同じ論理で奴隷制に反対した者も少なくなかった。さらにクエーカー教徒がここに加わり、彼らは一七八七年、奴隷貿易廃止協会を設立して大きな影響力をふるった。さらに聖職者、学者、自由黒人、元奴隷、政治家なども反対運動に加わった[☆85]。

一方、奴隷制を擁護した政治家や聖職者も少なからずいた。聖書が奴隷を認めていたこと、アフリカの黒人は劣等人種であること、南部の生活様式は守る価値があること、解放された奴隷は自力では生きていけないというパターナリスティックな懸念などがその理由だった。だがこれらの理由も知的・道徳的両面からの吟味によって色あせていく。知的な観点からの主張は、一人の人間が別の人間を所有し、社会契約によって個々の利益を取り決める意思決定者の共同体から、その人間を恣意的に排除することは容認不可能であるというものだった。ジェファーソンはこう述べている。「人類の大多数は背中に鞍をつけて生まれたのではないし、恵まれた少数者が彼らの背に合法的にまたがれるよう、長靴をはき、拍車をつけて生まれてきたわけでもない[☆86]」。一方の道徳的な反感は、奴隷としての体験を一人称で語った記述によって促進された。そのなかには『アフリカ人、オラウダ・エクイアノの生涯』（一七八九）や『数奇なる奴隷の半生——フレデリック・ダグラス自伝』（一八四五）のような元奴隷による自伝もあった。さらに影響力が大きかったのは、ハリエット・ビーチャー・ストウの小説『アンクル・トムの小屋』（一八五二）だった。この作品では母子の悲痛な別離や、心優しいトムがほかの奴隷を鞭打つことを拒否したために暴行を受けて死亡するエピソードが描かれている。この本は三〇万部のベストセラーとなり、奴隷制廃止運動の触媒となった。南北戦争開戦後の一八六二年、エイブラハム・リンカーン大統領がストウと会見した際、「あなたのような小柄なご婦人が、この大きな戦争を起こしたのですね」と言ったという逸話が残っている。

一八六五年、アメリカの歴史上最も破壊的な戦争が終わり、奴隷制は憲法修正第一三条により廃止された。それより前に奴隷制を廃止していた国も少なくない。フランスはフランス革命後、第一共和制下の一七九四年に奴隷制が廃止されたが、一八〇二年ナポレオンがこれを復活、その後第二共和制下の一八四八年にふたたび廃止されるという複雑な経過をたどった。短期間のうちに世界の他の国々も後に続いた。百科事典などに記載されている奴隷制の廃止時期は、地域の区切り方や「廃止」をどう定義するかによって若干違いがあるが、そこにあらわれているパターンはすべて同じである。一八世紀末以降、奴隷制の廃止宣言が爆発的に増加したのだ。図4-6のグラフは、一五七五年以降、奴隷制を公式に廃止した国や植民地の数を示している。

奴隷制と近い関係にあるのが債務奴隷である。聖書の時代や古代以降、借りた金を返済できなかった者は奴隷にされたり、投獄されたり、処刑されたりしてきた。[☆87]「厳格な」「苛酷な」という意味の形容詞draconianの語源は古代ギリシアの立法官ドラコンだが、ドラコンは紀元前六二一年に債務返済不能になった者を奴隷とする法を制定した人物だ。『ヴェニスの商人』で、借金を期日までに返せなかったアントニオがシャイロックに肉を切り取られそうになるのもこの債務奴隷と関連する。一六世紀には債務不履行に陥っても奴隷にされたり処刑されることはなくなったが、債務者監獄は大勢の人であふれていた。無一文であるにもかかわらず食べ物は有料の場合もあり、債務者たちは監獄の窓から通行人に物乞いをしてなんとか生き延びるしかなかった。一九世紀初頭のアメリカでも、女性を含む何千人もの人びとが債務者監獄で悲惨な生活を送っていたが、その半数の借金は一〇ドルにも満たなかった。一八三〇年代になると、債務奴隷に反対する改革運動が起こり、奴隷制廃止運動がそうだったように人びとの理性と感情の両方に訴えた。議会の委員会では、「たとえどんな場合であれ、債権者に債務者の身体を支配する権力を与えること」は正義の原則に反するとの見解が出された。委員会はこうも表明している。「もしあらゆる弾圧の犠牲者が、

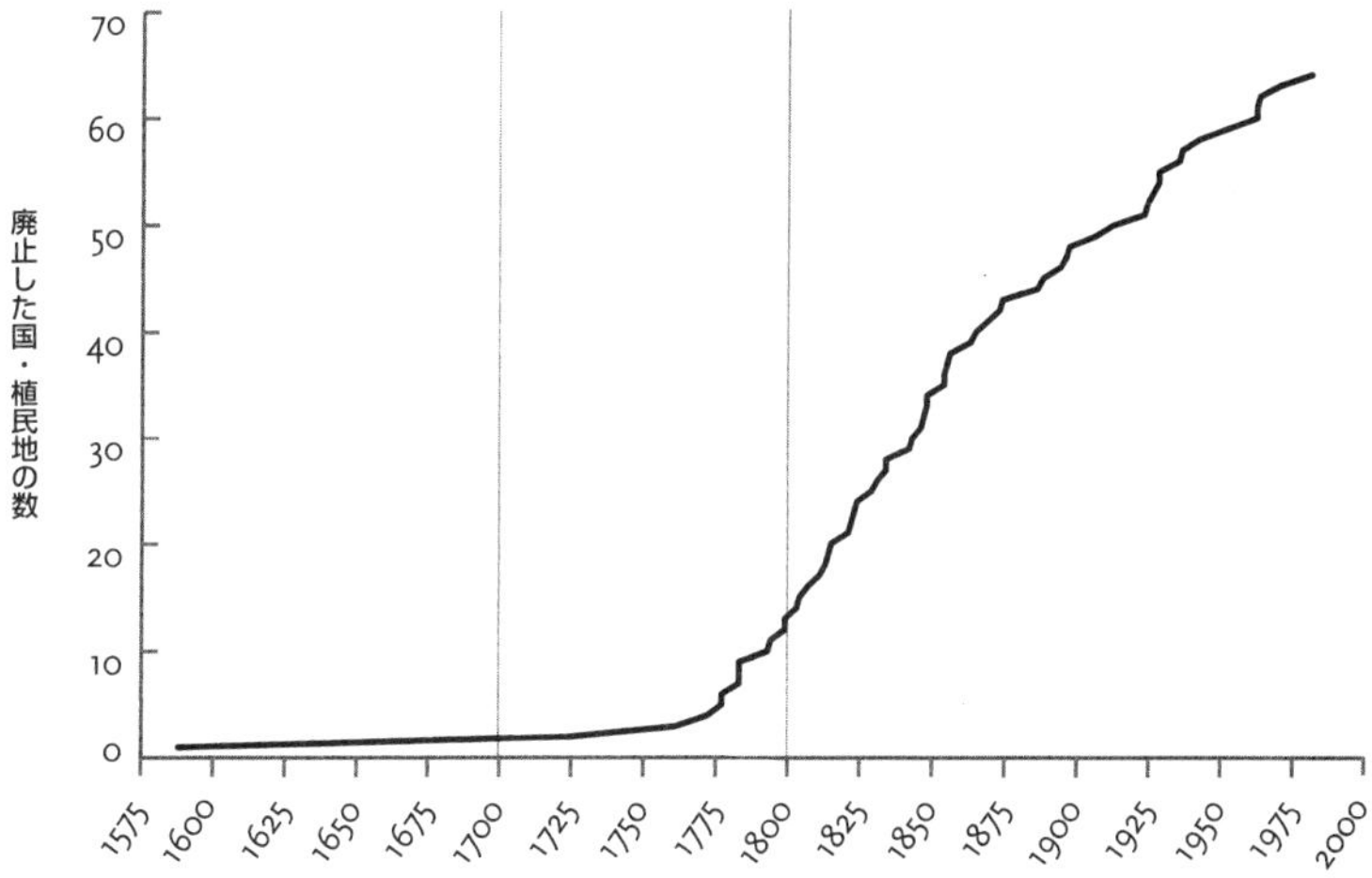

図4－6　奴隷制を廃止した国・植民地の推移.
出典：廃止に関する最も包括的なリストは“Abolition of slavery timeline,” Wikipedia, http://en.wikipedia.org/wiki/Abolition_of_slavery_timeline である（2009年8月18日に読み出し）.

その破滅的運命に関わった妻や子、友人たちとともに一つの集合体としてわれわれの目の前にあらわれたとしたら、それは全人類が恐怖で身震いするほどの光景となるだろう」[☆88]。債務奴隷は一八二〇年から四〇年の間にほとんどすべての南北アメリカの国家で、一八六〇年から七〇年の間にとんどのヨーロッパの国家で廃止された。

　ペインによれば、債務者に対する扱いの歴史は、生活のあらゆる領域で暴力が減少した不可解なプロセスの例証となるという。西洋社会では、債務者の扱いは奴隷化や処刑から投獄へ、そして資産の差し押さえへと変化してきた。だが、資産の差し押さえも暴力の一種だとペインは言う。「ジョンが食料品をつけで買い、その後支払いを拒否したとしても、彼は暴力を使っていない。だがもし食料品店の店主が訴訟を起こし、警察がジョンの車を押収するか銀行口座を差し押さえれば、実力行使を始めたのは店主と警察ということになる」[☆89]。それは——たとえ通常はそのように考えられなくても——暴力の一形態であり、この慣行もまた減少している。破産法における潮流は、債務者を罰したり、その財産を取り上げることから、債務者に新たな出発《フレッシュスタート》の機会を与えることへと変化しているのだ。いまや多くの州で、債務者の自宅や車、退職金口座、そして配偶者の資産は保護されるようになっており、個人や企業が破産を宣言すると多くの債務が帳消しになり、処罰も受けずにすむ。債務者監獄の時代に生きていた人びとなら、債務不履行に対してそんな寛大な扱いをすれば、借入金の返済によって成り立っている資本主義が崩壊してしまうと思ったにちがいない。だが商業エコシステムは、債務帳消しによって生じる喪失を埋め合わせる次善の策をいろいろと生み出した。信用調査、信用格付け、貸付金保険、クレジットカードなどをはじめとするもののおかげで、法的強制力の脅しによって借り手を抑止することができなくなってからも、経済生活は存続できるようになったのだ。暴力というカテゴリーが丸ごと消滅し、その代わりに同じ機能を果たすメカニズムが——誰もそうとは気づかないうちに——出現したのである。

もちろん、奴隷制やその他の奴隷的拘束の形態は地上から消えてなくなったわけではない。もっとも、安価な労働力や売春を目的にした人身売買をめぐる最近の報道のせいで、一八世紀から事情は何ひとつ変わっていないという、統計をきちんと読み取らず道徳的にも鈍感な発言が目につくのもたしかだ。まるで世界の数えるほどの地域で密かに行われている行為と、世界のあらゆる地域で政府公認のもと行われていた行為の間に違いがないといわんばかりである。さらにいえば今日の人身売買は、いかに悪質なものであれ、アフリカの奴隷貿易の残酷さや悲惨さとは比較にならない。二〇〇三年にＵＮＥＳＣＯの人身売買統計プロジェクトを立ち上げたデイヴィッド・ファインゴールドは今日の人身売買の温床について、次のように書いている。

人身売買を奴隷制——とりわけ大西洋の奴隷貿易——と同一視することは、根拠薄弱としか言いようがない。一八世紀から一九世紀にかけて、アフリカでは誘拐されたり戦争で捕虜になった者が奴隷にされ、船で新世界へ運ばれた。彼らは生涯、強制労働に就かされ、彼らやその子どもたちがそこから逃げることはとんど不可能だった。これに対して人身売買の場合、誘拐される者も一部はあるものの、大部分にとって……人身売買とは、移民が著しく悪い方向に行ってしまったものなのだ。ほとんどの人は物質的により良い、またはより刺激のある生活を求めて、自らの意思で——状況に追い込まれてという場合もあるが——祖国を出る。だがその途中、強制的で搾取的な状況に巻き込まれてしまう。だがこの状況が生涯続くことはまれであり、……人身売買された人びとが永続的あるいは子孫代々にいたるまで一つのカーストに属するということもない。[☆90]

さらにファインゴールドは、人権団体が報告し、ジャーナリストや非政府組織によってくり返し引用される人身売買の犠牲者数は通常、なんの根拠もないうえに人身売買防止・保護活動のために水増しされていると指摘する。けれどもそうした活動家たちでさえ、かつての時代から見れば目ざましい前進があったことは認めている。ワシントンDCに本部を置くNGO「フリー・ザ・スレイブズ」の代表ケヴィン・ベイルズによる次の文章は（冒頭の数の話は疑わしいものだが）、この問題を客観的にとらえている。「現時点での奴隷の数は過去最大ではあるものの、世界人口との比率でいえばおそらくこれまでで最小であろう。今日、私たちは法廷闘争で勝つ必要はない。世界各国に奴隷を禁ずる法律があるからだ。経済についての議論に勝つ必要もない。奴隷制に依存する経済はもはや存在しないからだ（一九世紀には、奴隷制を廃止すればすべての産業が崩壊しかねなかった）。そして道徳的議論で勝つ必要もない。もはや奴隷制を正当化しようなどという人は誰もいないからだ」[☆91]。

*

理性の時代と啓蒙主義の時代に、いくつもの制度化された暴力は突然の終わりを迎えた。だがしぶとく残ったものが二つあり、この二つはその後二世紀にわたって世界の多くの地域で吹き荒れることになる——専制と大国間の戦争である。この二つの制度化された暴力を弱めるための最初の組織的な運動は、誕生と同時に押さえつけられ、支配的になったのはごく最近のことにすぎない。だがそれらが、人道主義革命を構成する思考と完成の大きな変化のなかで生まれたことをふまえ、ここで取り上げることにする。

専制政治と政治的暴力

社会学者マックス・ウェーバーは、国家は正当な物理的暴力の行使を独占する人間共同体であると定義した。とすれば、国家は本質的に暴力の行使を目的とする共同体だということになる。この暴力は、犯罪者や侵入者が出たときの抑止策として備えておくのが理想なのだが、過去何千年間、ほとんどの国家はそうした抑制などまったくなく、思いのままに暴力をふるってきた。

歴史上最初に出現した複雑な国家はすべて、「その社会の支配者が臣民を独断的に殺害してもなんの罰も受けない権利を行使する」という意味において専制国家だった[☆92]。歴史学者のローラ・ベッツィグは、専制政治が存在した証拠がバビロニア、ユダヤ王国、ローマ帝国、サモア、フィジー、クメール、ナチェズ、アステカ、インカ、そしてアフリカの九つの王国の記録に見ることができることを示した。専制君主たちは贅沢に暮らし、膨大な数の女性から成るハーレムを所有することで、大いにその権力を進化論的に利用した。イギリスによるインド植民地支配初期のある報告には、次のようなくだりがある。「スーラトのムガル人の総督が主催した宴会の真っ最中……総督が突然怒り出し、踊り子の女性全員の首をその場ではねるように命じた。宴は中断し、イギリス人の客は呆然となった」[☆93]。客のイギリス人に呆然となる余裕があったのは、彼らの母国があまり遠くない過去に専制政治と訣別したからにすぎない。一六世紀前半に在位したヘンリー八世は気性が荒く、二人の妻をはじめ、妻の密通相手と疑われる者数人、トマス・モアやトマス・クロムウェルら多くの側近や助言者、聖書訳者ウィリアム・ティンデール、さらに何万人もの人びとを処刑した。

気まぐれで人を殺すことのできる専制君主の権力を背景にした物語は、世界中で語られている。賢い王として知られるソロモン王は、一人の赤ん坊をめぐって二人の女が自分の子だと言い張ったとき、赤ん坊を二つに切って分けるように提案した。『アラビアン・ナイト』に出てくるペルシャの王は毎日新しい花嫁を迎えては翌朝に殺していた。伝説によれば、インド、オリッサ州のナラシンハデーヴァ王は、一二〇〇人の職人に一二年の歳月をかけて寺院を建設するよう命じ、もしできなければ全員を処刑すると脅したという。そしてアメリカの人気絵本作家ドクター・スースの『ふしぎな500のぼうし』の主人公は、王様の前で帽子が脱げないためにあやうく首を切られそうになる。

剣を取る者は皆、剣で滅びる――とは聖書の言葉だが、人類史の大部分において政治的殺人（反逆者が指導者を殺してその地位を乗っ取る）は、権力交代の主要なメカニズムだった[☆94]。近代以降の暗殺が政治的な意思表明や歴史書に残ることを目的としたもの、あるいは狂乱状態に陥った者の仕業であるのとは異なり、政治的殺人とは、政治的支配層のメンバーがリーダーを殺害してその地位を奪い取り、それが正統な政権交代であると認められるのを期待することだ。旧約聖書に登場するサウル、ダビデ、ソロモンというイスラエル王国の王はすべて殺人計画の標的あるいは加害者であり、ユリウス・カエサルをはじめとする三四人のローマ皇帝（ローマが東西に分裂するまでに四九人の皇帝が在位した）は、近衛隊や高官、または親族の一員に殺された。犯罪学者マニュエル・アイズナーによれば、西暦六〇〇年から一八〇〇年までに君臨したヨーロッパの君主のおよそ八人に一人は在位期間中に殺害された。殺人者の大部分は貴族であり、その三分の一が王座を奪ったという。[☆95]

政治指導者たちは互いに殺しあうだけでなく、多数の市民に対して暴力行為をはたらく。拷問にかけたり、投獄したり、処刑したり、餓死させたり、古代エジプトのファラオのように死ぬまで建設労働につかせたりする。ランメルの推定によれば、二〇世紀に入る前までに政府が殺した人民の数は一億三三〇〇万人に上り、現在まで合計すると六億二五〇〇万人にも達する可能性があるという。[☆96]したがって、ある社会において住民間の襲撃や争いが抑制されたあとは、暴力を減少させる最大の機会は政府による暴力を減らすことにある。

一七世紀から一八世紀までに、多くの国では専制政治と政治的殺人が減少しはじめた。[☆97]中世から一八〇〇年までの間に、ヨーロッパ──とりわけ西ヨーロッパと北ヨーロッパ──における国王殺しは五分の一に減ったとアイズナーは推定する。イングランド議会と対立したステュアート朝の二人の国王の運命は、この変化を示す好例だ。一六四九年、チャールズ一世はクロムウェルにより処刑されたが（ピューリタン革命）、その息子のジェームズ二世は一六八八年に王位を追われたものの、血は流れなかった（名誉革命）。クーデターを企てたにもかかわらず、彼は亡命を余儀なくされるだけですんだのだ。そして一八世紀後半の独立戦争前夜、アメリカの革命家たちにとって「専制政治」とは、お茶への課税と派兵を意味するだけの言葉になった。

政府が次第に専制の度合いを薄めていったのと同時に、思想家たちも政府の暴力を必要最低限のレベルまで縮小するための原理を模索していた。まず初めに起きたのは概念の変革だった。人びとは政府を自明のもの――社会の基本的な構成部分、あるいは神による王国支配のフランチャイズ店舗――として考えるのではなく、一つの装置――人間が自分たちの集団的幸福を増大するために考案した技術の産物――であると考えはじめたのだ。もちろん政府が意図的に考案されたことは人類史を通じて一度もないし、歴史が記録されるよりはるか以前から政府は存在していた。したがってこうした考え方をとるには、想像力のかなりの飛躍を必要とした。ホッブズ、スピノザ、ロック、ルソー、さらに時代がくだってジェファーソン、ハミルトン、ジェームズ・マディソン、ジョン・アダムズなどの思想家たちは、自然状態における人間の生活がどのようなものだったかに思いを馳せ、合理的行為者の集団が自分たちの生活をより良くするためにどんなことを考え出すか、思考実験を行った。その結果得られるのは、当時の神権政治や世襲制の君主制とは似てもにつかないものになることは間違いなかった。自然状態に置かれた合理的行為者が、「朕は国家なり」の言葉に象徴されるような王権神授説や、国王の近縁にあたる一〇歳の子どもに王位を継承させることを選ぶという説得力あるシミュレーションは想像しがたい。彼らが選ぶ政府とは、人民の意のままに尽くす政府であるはずだ。ホッブズの言う「すべての人を威圧しておく」力とは、決して国家が自らの利益を追求するために市民を残忍に扱う権利を意味するのではない。それは、「人は他の人々も同意するならば、万物に対するこの権利を進んで放棄すべきである。そして自分が他の人々に対してもつ自由は、他の人々が自分に対してもつことを自分が進んで認めることができる範囲で満足すべきである」[☆98]という合意を実行するために市民から委任された権限にすぎないのだ。

もっともホッブズ自身、この問題を十分深く考えなかったと言ってもさしつかえないだろう。太古の昔、人びとは君主や委員会などといったものに一回かぎり権限を付与し、その後はそれが自分たちの利益を完璧に具現化してくれるので、異議申し立てをする理由はいっさい生じない――そうホッブズは考えたのだ。だが典型的なアメリカの連邦議会議員やイギリスの王族――総統や人民委員はもちろんのこと――を思い浮かべるだけで、これが惨事を引き起こすことは明々白々である。現実のリヴァイアサンは生身の人間であり、そこにはホモサピエンスであれば当然もっている強欲や愚かさがぎっしり詰まっている。ロックは権力の座にある人間が、「自らがつくった法に服従すべき義務から自分たちだけは逃れたり、法をつくるときにも執行するときにも、それを自分たちの私的な利益に合致させたりすることによって、社会と統治の目的に反し、共同体の他の人びとの利害と異なる利害をもつようになる」[☆99]誘惑にかられることを認識していた。ロックは政府の立法権と執行権を分離するとともに、市民が本来の権限を遂行していない政府を転覆させる力を保持すべきだと主張した。

こうした考え方は、ホッブズとロックの後継者たちによってさらに次の段階へと発展した。彼らは長年にわたる研究と議論をへて、アメリカの立憲政治の設計図をつくり出したのだ。彼らが最も頭を悩ませたのは、いかにして誤りを犯しがちな人間で構成される統治機構が、市民の権利を不当に取り上げることで誰よりも破壊的な捕食者になることなく、市民同士が互いを食い物にするのを防ぐのに十分な力を行使できるのか、という問題だった。[☆100]マディソンはこう書く。「人間がもし天使であるというならば、政府などもとより必要としないだろう。またもし、天使が人間を統治するというならば、政府に対する外部からのものであれ、内部からのものであれ、抑制など必要としないだろう」[☆101]。こうして「野望には、野望をもって対抗させなければならない」[☆102]ことを理由に、ロックが理想とした権力の分離が新しい政府の設計図に書き込まれたのである。その結果として確立されたのが行政、司法、立法の三権分立、中央政府と州政府とに権力を分散する連邦制度、そして政府が国民の願望に注意を払うようしむけ、秩序立った平和的な方法で権力を移譲するための定期的な選挙の実施だった。だが、おそらく最も重要なのは、政府に対して制限つきの任務——市民の合意を得たうえで、市民による生命、自由、幸福の追求を保証すること——が与えられたことと、政府が市民に対して暴力を行使するときに越えてはならない一連の線が、権利章典という形で規定されたことだろう。

もう一つアメリカの政治システムの新しい点は、プラスサムの協力がもたらす平和化の効力を明確に認識していたことだ。「穏やかな通商」の理想は、政府による市民同士の相互交換への過剰な介入を防ぐことを目的にした合衆国憲法の通商、契約、徴収の各条項に盛り込まれている。☆103

一八世紀に各国で試された民主主義の形態は、いってみれば複雑な新テクノロジーのバージョン 1.0 のようなものだった。イギリス版は妥協的なものだったのに対し、フランス版は容赦ない過激さをともなった。そしてアメリカ版の欠陥は、憲法草案を見直すジェファーソンの心中を推察したラッパーのアイス-Tの歌詞にズバリ言い当てられている——「どれどれ……言論の自由、信教の自由、報道の自由、黒人《ニガー》の所有は可能……上出来じゃないか！」。だがこうした初期の設計図の価値は、アップグレードが可能だという点にあった。これら初期の民主主義は、異端審問や残酷な刑罰、専制的支配などのない領域を切り拓いただけでなく、自らが拡大するための手段も含んでいたのだ。「われわれは、すべての人間は生まれながらに平等であることを自明の真理と信ずる」というアメリカ独立宣言の文言は——当時いかに偽善的であったにせよ——そこに組み込まれた権利拡張装置であり、八七年後に奴隷制を廃止するにあたっても、さらに一世紀後に他の形の人種差別を撤廃するにあたっても、この装置が発動したのだ。民主主義の理念はいったん世界に解き放たれると、その影響力は次第に世界の隅々にまで及んだ。そしてこのあと明らかにしていくように、政府それ自体の出現以来、最大の暴力削減技術の一つとなったのである。

大規模戦争

人類史の大部分にわたって、戦争はカエサルの簡潔な言葉――「来た、見た、勝った」――によって正当化されてきた。古来、政府は勝つこと、すなわち征服することに邁進してきたのだ。帝国は台頭し、衰退し、全人民が抹殺されたり奴隷化されたりしてきたが、それが悪いことだとは誰も考えなかった。「大王」「大帝」など「大」のつく歴史上の人物は、人間の幸福や知恵を拡大する偉大な芸術家でも学者でも医者でも発明家でもなく、広大な領土とそこに住む人びとを征服した独裁者にほかならない。もしヒトラーの幸運がもう少し長く続いていたら、おそらく彼は「大アドルフ」として歴史に名を残しただろう。今日でも、一般的な戦史には馬や装甲や火薬についての詳しい記述は多々あっても、そうした派手なショーの陰で膨大な数の人びとが殺されたり手足を失ったりしたことについては、きわめて曖昧な形でしか書かれていない。

だが他方、戦争に翻弄される男女一人ひとりの視点に立って、戦争の道徳的次元をとらえる見方も太古の昔から存在した。紀元前五世紀の中国で、儒教や道教のライバルにあたる墨家思想を創始した墨子は、次のように述べている。

人を一人殺せば死刑になる。もし一〇人殺せば死刑一〇回分の罪に相当し、一〇〇人殺せば死刑一〇〇回分に相当する。天下の支配者たちは皆、そのことを理解している。ところが他国を攻撃するという最大の罪に対しては、皆それを誉めたたえるのだ！……
もし少しの黒を見てそれは黒だと言う人間が、大きな黒を見たときに白だと言うならば、そのような人間は黒と白の区別もつかないことは明らかだ。……したがって小さな罪は罪として認めても、あらゆる罪のなかでも最大の罪──他国を攻撃すること──の卑劣さを理解できず、反対にそれを誉める者は、正義と悪の区別がつかないのである。☆104

東洋だけでなく西洋にも、平和の理想に敬意を表する預言者はいた。預言者イザヤは、「彼らは剣を打ち直して鋤とし、槍を打ち直して鎌とする。国は国に向かって剣を上げず、もはや戦うことを学ばない」☆105と希望を述べているし、イエスはこう説教する。「敵を愛し、あなたがたを憎む者に親切にしなさい。悪口を言う者に祝福を祈り、あなたがたを侮辱する者のために祈りなさい。あなたの頬を打つ者には、もう一方の頬をも向けなさい」☆106。キリスト教はもともと平和的運動として始まったのだが、紀元三一二年、ローマ皇帝コンスタンティヌスが天に燃える十字架と「この印とともに汝は勝つ」という文字を見てローマ帝国を軍事大国へと転換させて以来、事態は悪化していった。

その後の一〇〇〇年間にわたって、平和主義（あるいは戦争疲れ）の表明は断続的に行われたにもかかわらず、ほぼ恒常化した戦争状態を止めるにはまったく役立たなかった。エンサイクロペディア・ブリタニカによれば、中世の国際法の前提は次のようなものだった。「停戦または和平が合意されていない場合には、たとえ独立したキリスト教社会の間であっても、戦争が国際関係の基本的状態だった。(2)個々の安全通行権や協定による例外が設けられていないかぎり、統治者は外国人に対して完全なる裁量権が認められていると考えていた。(3)公海は無人地帯であり、誰が何をしてもよいとされていた」☆107。一五、一六、一七

世紀には、ヨーロッパ諸国の間で一年に三つの割で新たな戦争が起きた。☆108

戦争に反対する道徳的議論に反論の余地はない。一九七〇年代にヒットした反戦ソング「黒い戦争」で、エドウィン・スターはこう歌った。「戦争。フン！　戦争がなんの役に立つんだ？　なんの役にも立ちゃしない。戦争は何千人もの母親に涙を流させるだけ。息子たちが戦争に行き、命を落としたときには」。けれども歴史の大半を通じて、道徳的な戦争反対論はまったく流行らなかった。理由は二つある。

一つは相手の問題だ。ある国がもう「戦うことを学ばない」と決めても、近隣の国が戦うことをやめなければ、「鎌」では隣国の「槍」にはとうてい太刀打ちできず、他国の侵略を受けてしまうかもしれない。ローマに対するカルタゴしかり、イスラム教徒の侵略を受けたインド、カトリック教会から異端とされた南フランスのカタリ派（アルビジョワ派）、そして歴史の異なる時期にドイツとロシアの間に挟まれて苦境に陥った、さまざまな国しかりである。

平和主義もまた、一国の内部では軍国主義勢力に対してきわめて脆弱だ。ある国が戦争に巻き込まれたり、戦争突入の瀬戸際にあるとき、国の指導者はとかく平和主義者を臆病者や裏切り者と同一視しがちである。再洗礼派《アナバプティスト》をはじめ、平和主義を掲げた宗派が迫害された例は歴史を通じて枚挙にいとまがない。☆109

反戦感情が勢いを増すためには、同時に多くの有権者の間に伝播しなければならない。また、反戦的な考え方が単に個人の道徳的な決意や努力に左右されないためには、政治・経済制度に基くものでなければならない。平和主義が高潔ではあっても実効性をもたない感情から、実行可能な課題をもつ運動へと進化したのは、理性の時代と啓蒙主義の時代においてだった。

戦争の悪と不毛を人びとに切実に感じさせる一つの方法に、風刺のもつ力を利用することがある。道徳論で押し通せば笑いものにされかねず、理詰めで議論すれば口を封じられかねないが、風刺を使えば同じ論点をひそかに伝えることができる。風刺家は観衆（読者）をアウトサイダー（愚か者、異国人、旅行者など）の視点へと誘い込むことによって、自分たちの暮らす社会の偽善やそれを助長する人間性の弱点に気づかせるのだ。観衆に冗談が通じ、読者や観客がその作品に夢中になったらしめたもので、彼らは暗黙のうちに作者のしかけた規範の解体に同意したことになる。多くの言葉を弄して声高に規範を拒否する必要はないのだ。たとえばシェークスピア劇に登場する、大酒飲みで女たらしの太っちょ老騎士フォルスタッフは、人間の歴史を通じてあまりにも多くの暴力の源泉となってきた名誉という概念を、もののみごとに分析してみせる。『ヘンリー四世』で、ハル王子が「おまえの命は神様に借りているのだぞ」と言ってフォルスタッフに戦場に行くよう促すと、彼はこう独白する。

まだ返すときじゃないだろう。期限もこないうちに返すなんてまっぴらだ。催促もされないのになんだってこっちから進んで支払わなきゃならないんだ？　ま、そんなことはどうだっていい。いざとなりゃあ名誉が俺を突き進ませてくれるだろう。だが待てよ、いざとなってその名誉のおかげで俺が突き刺されでもしたらどうなる？　そうなったら名誉が足を元通りにしてくれるか？　まさか。腕は？　だめだ。傷の痛みをとってくれるか？　これもだめだ。じゃあ名誉には外科医の心得はないのか？　ない。名誉ってなんだ？　言葉だ。その名誉って言葉に何がある？　その名誉ってやつに？　空気だ。結構な損得勘定じゃないか！　その名誉をもってるのは誰だ？　こないだの水曜日に死んだやつだ。やつはそれにさわっているか？　いるもんか。聞こえているか？　いるもんか。じゃあ名誉って感じられないものか？　そうだ、死んじまった人間にはな。じゃあ生きてる人間には名誉も生きてるのか？　いるもんか。なんでだ？　世間の悪口屋が生かしておかんからだ。だから俺はそんなものはまっぴら

だと言うんだ。名誉なんて墓石の紋章にすぎん。以上で俺の教義問答はおしまいだ。[☆110]（小田嶋雄志訳）

悪口屋が生かしておかんのだ！　一世紀あまりのちの一七五九年、サミュエル・ジョンソンは随筆集『アイドラー』のなかで、フレンチ・インディアン戦争の最中にケベック・インディアンの首長が自らの民に向けて行った演説について書いている。首長は「ヨーロッパの戦争の技術と規則性」についてこう述べたという。

彼らは自分たちで法をつくり、それが大地と海の創造主から受け継いだものだと自慢げに語る。そしてその法によって、人間はその一生が終わりを迎えたとき幸福になるのだと言明する。ではなぜこの法は、われわれには伝えられないのか？　隠されているのは、この法が破られているからにほかならない。この法の第一の教えの一つは、人にしてほしくないことを他人にするべからず、というものだと私は聞いているが、いったい彼らがそれをインディアン居留地に説くことなど、どうしてできよう。

……

強奪の徒である彼らは今や互いに武器を取って戦い、自分たちの主張が戦争の決断であると見なす。殺戮に対して無関心に振る舞おうではないか。そしてすべてのヨーロッパ人の死が、この国を専制と強奪から解放することを思い起こそうではないか。ハゲワシ対子ウサギ、トラ対子ジカの対決なのだから。[☆111]

ジョナサン・スウィフトの『ガリヴァー旅行記』（一七二六年）は、まさしく視点の転換の訓練といってもいい。小人の国リリパットから巨人の国ブロブディンナグへの転換である。ガリヴァーがブロブディンナグの国王に祖国の近年の歴史について説明するくだりはこうだ。

この一〇〇年ほどに起きた歴史的事件について、国王はただただ驚くばかりだった。とめどなく連鎖する陰謀、暴動、殺人、虐殺、革命、追放。これはまさに強欲、派閥根性、偽善、不実、残忍、怒り、狂気、憎悪、嫉妬、色欲、野心が混じりあい、最悪の形で発露したものでしかない、と。……

おまえ自身を見てみれば（と、国王は続けた）人生の多くを旅に費やしているせいか、自国の腐敗ぶりにさほど染まっているようには見えない。だが、おまえの話に耳を傾け、その後無理やり引き出した答えから推察するに、おまえの仲間の大部分は、自然がこの世に生み出した、地べたを這いずりまわる忌まわしくもちっぽけな害獣のなかでも、最も有害な種だと結論づけざるをえないのだ、と。☆112

風刺はフランスにも登場した。自然哲学者ブレーズ・パスカル（一六二三〜六二年）の随想録『パンセ』には、次のような会話がある。「なぜ君は自分の利益のために私を殺そうとするのだ？　私は武器を持っていないのに」「なんだって？　君は水の向こう側に住んでいるのではないか。友よ、もし君がこちら側に住んでいたとしたら、僕は人殺しになるだろう。だが君は向こう側に住んでいるのだから、僕は勇士であり、これは正義なのだ」。☆113 フランスの啓蒙思想家ヴォルテールも、小説『カンディード』（一七五九）の主人公の言葉に痛烈な戦争への批判を忍び込ませている。たとえば戦争の次のような定義はその一例だ。「制服姿の暗殺者一〇〇万人がヨーロッパ大陸を端から端までうろつき回り、生活の糧を得るために規律をもって殺人と略奪をくり返すことだ」。

一八世紀には、戦争は偽善的で卑劣なものだと示唆する風刺と並んで、戦争は非理性的で回避できるものだと主張する理論も登場した。なかでも重要なものの一つは「穏やかな通商」と呼ばれるもので、参加者全員にとって利益となるプラスサムの取引のほうが、ゼロサムまたはマイナスサムの戦争より好ましいとする考え方である。[☆114]高度な数学モデルを基礎にしたゲーム理論が登場するまでには、まだ二〇〇年の歳月を要するが、この理論の要となる部分を言葉で表すと次のようになる。金と血を費やしてある国を侵略し、その富を略奪する必要がどこにあるのか？——金で買ったほうがずっと経済的だし、自分たちの富を相手に売ることもできるのに。サン・ピエール（一七一三年）、モンテスキュー（一七四八年）、アダム・スミス（一七七六年）、ジョージ・ワシントン（一七八八年）、そしてイマヌエル・カント（一七九五年）といった人びとは、自由貿易は国家間の物質的利益を結合し、それによって相互の安泰を重視する価値観を醸成するものだとして称揚した。カントはこう書いている。「商業の精神は戦争とは両立できないものであり、遅かれ早かれすべての民族はこの精神に支配されるようになる。……諸国は道徳性という動機によらずとも、この力によって高貴な平和を促進させざるをえなくなるのである」[☆115]。

クエーカー教徒は奴隷制に反対したときと同様、戦争に反対する運動を組織した。クエーカー教徒の掲げる非暴力思想は、神は一人ひとりの人間の生命を通じて語られるという信仰からきているが、そのことは彼らが禁欲的な反テクノロジー主義者ではなく、ロイズ銀行とバークレイズ銀行、ペンシルベニア植民地などを創設した有力なビジネスマンであることとなんら矛盾しない。[☆116]

この時代の最も注目すべき反戦の主張は、カントが一七九五年に発表した小冊子『永遠平和のために』でなされたものだ。[☆117]カントは決して夢想家ではなかった。冒頭で、彼はこのタイトルを、あるオランダの旅館の看板（そこには墓場の絵が描かれていた）から引用したと自虐的な調子で述べている。次に、カントは永遠平和を実現するための六つの予備条項、さらに三つの原則をあげる。予備条項とは、将来の戦争の原因を含む平和条約は結んではならない、国家は他の国家を所有してはならない、常備軍はすべて廃止しなければならない、国家は戦争のための費用を借金でまかなってはならない、国家は他の国家の内政に干渉してはならない、国家は他国との戦争において、将来の和平において相互の信頼を損なうような行為（暗殺、毒殺、暴動の煽動など）をしてはならない、の六つである。

より興味深いのは、その次にあげられる「確定条項」だ。カントは人間性に強い信頼を置いていたが、ほかの著作では「人間性という曲がった木からは、真にまっすぐなものはつくれない」と述べている。そこで彼はまず、ホッブズ的な前提から出発する。

ともに暮らす人間たちのうちで永遠平和は自然状態ではない。自然状態はむしろ戦争状態である。常に敵対行為が発生しているわけではないとしても、敵対行為の脅威が常に存在する状態である。だからこそ、平和は新たに創出すべきものである。敵対行為が存在していないという事実は、敵対行為がなされないという保証ではない。この保証はある人が隣人に対して行うものであり、これは法的な状態でなければ起こりえない。そしてある人が平和状態の保証を求めたのに、隣人がこの保証を与えない場合には、その隣人を敵として扱うことができるのである。

続いてカントは、永遠平和を達成するための三つの条件について説明する。第一の条件は国家は民主的でなければならない、というものだ。カント自身は共和的という言葉を使っているが、これは民主制という語が衆愚政治を連想させるからだという。カントが念頭に置いていたのは、自由と平等、そして法の支配の実現に力を尽くす国家である。民主的な国家は互いに戦争することは少ないとカントは言い、二つの理由をあげる。まず民主制とは、そもそも非暴力を中心にして構築することが意図された政治体制（「法概念の純粋な源泉から生まれたもの」）であることだ。民主的な政府は、国民の権利を守る目的でのみ権力を行使する。したがって民主制は、この原則を他の国家（自国民と同様、力による支配を受ける必要はない）との関係において具体化する傾向にあるとカントは考えたのである。

もう一つの理由は——こちらのほうがより重要だが——民主制は戦争を回避する傾向にあることだ。戦争することで利益を得るのは権力者であって、そのコストは国民が負担しなければならない。独裁制では、「戦争は世界の日常茶飯事の一つとなる。それは国家の元首が国家の一員ではなく、国家の所有者だからである。戦争を始めたところで、元首は食卓での楽しみも、狩猟のような娯楽も、離宮の建造や宮廷の祝典のような贅沢も、戦争のためにごくわずかでも損ねられることはない。だから元首は戦争を一種の娯楽のように考え、それほど重要ではない原因で開戦を決意するのだ」。だがもし国民に決断が任されれば、彼らは愚かな外国での冒険のためにその経費を自分の資産から支払ったり、無駄な血を流したりすべきかどうか、熟考するはずだというのである。

カントが提唱する第二の条件は、「国際法は自由な国家の連合に基礎をおくべきである」というもので、これをカントは「国際連盟」とも呼んでいる。国際的リヴァイアサンとでもいうべきこの連合は紛争が起きた際、どの国家も自分が常に正しいと主張しがちなところ、第三者的立場からの客観的な裁定を下す。個々の人間が、自分の自由の一部を国家に譲渡して社会契約に同意し、おぞましい無政府状態に陥ることを回避するのと同様、国家もそうするべきだというのだ。「他国との関係のもとにある国家が、戦争だけが支配する無法な状態から抜け出すには、理性的に考えるかぎり次の方法しか残されていない。すなわち国家も個々の人間と同じように、法の定めにしたがわない未開な状態における自由を放棄して、公的な強制法に服し、常に大きくなりながら、ついには地上のすべての民族を含むようになる国際国家を設立するほかに道はないのである」。

カントは、国際的な軍隊をもつ世界政府のようなものは想定していなかった。彼は国際法は自力執行力をもちうると考えていた。「このようにすべての国は、少なくとも言葉のうえでは法の概念に敬意を表明しているが、このことは人間のうちに、まだ眠り込んでいるとしても偉大な道徳的な素質があることを示すものであり、これが人間のうちにひそむ悪の原理を克服できること（悪の原理がひそむことを誰も否定できない）、そして他者も同じであると期待できることを告げるものである」。なにしろ『永遠平和のために』を書いたのは、「定言命法」（普遍的妥当性をもつ行為を無条件にせよとする命令）を提起したのと同じ人間なのだ。話がいささか夢想的になってきたが、カントはこの考えを民主主義の拡大に結びつけることで現実へと引き戻した。二つの国家が民主国家であれば、両国は互いに相手の国を支配する原則の妥当性を認識することができ、その国が神権政治（偏狭な信仰に基盤をおく）でも、専制政治（特定の一族や王朝、あるいはカリスマ的指導者に基盤をおく）でもないことが明確になる。言いかえれば、自国も隣国もともに統治方式の問題で同じ解決法にめぐりあい、自分たちと同じ形の政治体制をとっていると信じるに足る理由があれば、どちらも相手が攻撃してくるのではないか、先制自衛のために攻撃をしかけてくるのではないか、などという心配をしなくてもすみ、誰もがホッブズの罠から解放されるというわけだ。たとえば今日、スウェーデン人が隣国ノルウェーが世界制覇をもくろんでいるのではと心配して夜も眠れなくなったりすることは――その逆も――ない。

永遠平和のための第三の条件は「普遍的な歓待」あるいは「世界市民法」である。外国から訪れた者は軍隊をともなっていないかぎり、その国で安全に生活できる自由が与えられなければならない。国境を越えたやりとりや商業、その他の「平和的な関係」が人びとを結びつけて世界を一つの共同社会とし、「地球のどこかで法・権利の侵略が起こると、それはすべての場所で感じられる」ようになるというが、カントの考えだった。

風刺家たちによる戦争のこきおろしや、カントが提唱した戦争を減らすための実際的なアイデアは広範囲に浸透することはなく、その結果、西洋文明はその後一世紀半にわたる破滅的状況を回避することができなかったのはいうまでもない。だがこれから見ていくとおり、これらの先達がまいた種はやがて芽吹いて花開き、世界を戦争から遠ざけることへとつながった。それればかりか、彼らは直接的な影響も及ぼした。歴史学者によれば、一七〇〇年前後を境に、戦争に対する人びとの態度が変化しはじめたという。指導者たちは平和への愛を口にし、戦争したくてしたのではなく、そうせざるをえなかっただけだと主張した。[☆118]ジョン・ミューラーはこう書く。「ユリウス・カエサルのように『来た、見た、勝った』と単純かつ正直に宣言することは、もはや不可能になった。次第にこれは『来た、見た、こちらは何もしなかったら向こうが攻撃してきたので応戦した、勝った』へと変化していった。これを進歩と見ることもできよう[☆119]」。

もっと明確な進歩は、帝国の権力の魅力が衰えたことだった。一八世紀には、オランダ、スウェーデン、スペイン、デンマーク、ポルトガルといった、世界でも最も好戦的な国々が軍事的失敗を経験したあと、さらに危険な賭けに出て栄光を取り戻そうとするのではなく、侵略ゲームから降りてしまった。戦争や帝国などといったものは他の国に譲り、商業国家としての道を進みはじめたのである。[☆120]次章で見ていくように、その結果の一つが、大国同士の戦争が短くなって頻度も減り、参加する国の数も少なくなったことだ（もっとも軍隊組織の進歩により、いったん戦争が起きるとその損害はかつてより大きくなる）。[☆121]

だが最大の進歩はこのあとに起きる。過去六〇年間に大規模戦争は桁外れに減少した。このことは、カントの浮世離れした主張の正当性が、ようやく認められたことを意味するのかもしれない。「永遠の平和」とまでは行かずとも、「長い平和」であることはたしかであり、しかもその期間はどんどん長くなっている。偉大な啓蒙思想家たちが予測したとおり、このように平和が達成されたのは、戦争の評価が下がったことだけでなく、民主主義の普及や商業・貿易の拡大、そして国際組織の発展の結果なのだ。

人道主義革命の源泉

これまで見てきたように、何千年間も文明の一部として存在していた残酷な慣習の数々は、ほんの一世紀という短い期間に、突然姿を消した。魔女の殺害、囚人に対する拷問、異教徒の弾圧、社会規範にしたがわない者の処刑、外国人の奴隷化など、胸が悪くなるような残忍さをもって行われたこれらの残虐行為はごく短期間のあいだに、「あって当然」のものから「ありえない」ものへと変化した。ペインは、この変化を説明することの困難を次のように述べている。

力の行使が放棄されるにいたる道筋は多くの場合、まったく予想外であり、不可解とさえいえるものだ――あまりに不可解で、何か崇高な力がはたらいているのではないかと考えたくなるほどである。社会に深く根差した自己強化的な暴力的慣習が、まるで魔法のように克服されることを私たちは繰り返し目にしてきた。力の行使の削減という、この著しく有益な方策が、意図的に求められたのでも合意されたのでもなく、人類に徐々に課せられていったのはなぜかを説明しようと思えば、ただ「歴史」

のなせるわざだと言うしかない。[122]

この不可解で、意図的に求められたのではない前進の一例に、債務者の扱いがある。債務不履行者を罰するのに力を行使しない動向が長期にわたって見られるのだ（大部分の人はそれが動向であることに気づいていないのだが）。もう一つは、英語圏の国々で、民主主義の原理が明確化されるよりずっと前に政治的殺人が影をひそめたことである。こうした事例では、人びとの感性の漠然とした変化が、意図的に策定された改革の前提条件だったとも考えられる。権力を配分するのに殺人が良い方法だという考えを対抗勢力が放棄しないうちに、安定した民主主義が実施できるとはとうてい考えられないからだ。アフリカやイスラム国家の多くで民主主義がなかなか根づかない現実を見るにつけ、統治の基本的な仕組みをつくる前には、まず暴力をめぐる規範の変化がなければならないことを改めて思い知らされる。[123]

とはいえ、感性の変化だけでは不十分な場合もしばしばある。それが法令によって実施されて初めて、実際の行動を変化させることができるのだ。たとえば奴隷貿易が廃止されたのは、道徳的な要請に突き動かされた権力者たちが法律を可決し、武力と通商によってそれを裏づけた結果にほかならない。[124] ブラッドスポーツや公開処刑、残虐刑、債務者刑務所などが廃止されたのも、道徳的運動や、それによって始まった公の論議に影響を受けた立法者たちが行動を起こしたからである。

とすれば、人道主義革命がなぜ起きたかを説明するには、暗黙の規範と明確な道徳的議論のどちらなのかを考える必要はないことになる。この二つは相互に影響しあっているからだ。人びとの感性が変化するにつれて、ある慣行を問題視する思想家は人びとの前に姿を現すことが多くなり、その主張を聞いてもらう機会も増え、世の中に広く受け入れられる。そうした主張は権力を握る人びとに対して説得力をもつだけでなく、街角のバーや茶の間での議論にも入り込んで社会全体の感性に行き渡り、人びとの考えを変えていく。やがてその慣行が上意下達により違法化されて日常生活の周辺から消えてなくなると、人びとの想像力のなかで、それは現実的な選択肢のリストから外れていくのだ。今日ではオフィスや教室での喫煙が、よくあることから禁止されたことへ、そして考えられないことへと変化したのと同じように、奴隷制や公開処刑などの慣行は、十分な時間が経過してそれを記憶する人が一人も存在しなった時点で、もはや想像もできないこととなり、論議の対象ではなくなるのだ。

人道主義革命によって引き起こされた日常的な感性の変化のなかで、最も広範囲にわたるのは、他者や他の生き物の苦しみに対する反応である。今日、人びとに道徳的な汚れがまったくないかといえば、それとはほど遠い。高級品をやたらに欲しがったり、不適切な相手とのセックスを空想したり、人前で恥をかかせた相手を殺してやりたいと思ったりする。[☆125]だが、人の心にそもそも浮かんでこない罪深い欲望もある。今日では、猫を焼き殺すところを見物したいなどと思う人はまずいないし、それが人間となればなおさらである。この点では現代人は、自分以外の生き物に言語に絶する苦悶を与えることを認め、実行し、それを楽しみさえしていたほんの数世紀前の祖先たちとは異なっている。彼らはどんな感情を抱いていたのか？ なぜ今日、私たちは同じ感情を抱かないのか？

この問いに答えるには、サディズムの心理学を探究する第8章、そして共感について探る第9章まで待たなくてはならない。この時点でできることは、無節操な残虐行為に歯止めをかけた歴史的変化を検証することだ。これまでと同様、重要なのは人びとの感性や行動における変化に先立つ外生的な原因を見つけ出すことである。そうすることで、残虐行為がなくなったのは人びとの残忍性が減少したからだ、という堂々めぐりの議論に陥らずにすむ。人間の生活環境に起きた変化が人道主義革命のきっかけをつくったとすれば、それはどんな変化だったのだろうか？

＊

考えられる一つの答えは、文明化のプロセスである。前述したように、エリアスは近代への移行期において、人びとはそれまでよりセルフコントロールがきくようになっただけでなく、共感する能力も増大したと示唆している。それは何も人びとが道徳的に向上しようとした結果ではなく、農業や略奪より交換のネットワークへの依存を高めつつある社会で生き延び、繁栄するために役人や商人の考え方を理解する能力を磨こうとした結果なのだ。当然ながら、残虐を好むことと協調的な社会の価値観とは相矛盾する。もし相手が自分が八つ裂きになるのを見て喜ぶと思ったら、そんな隣人と協力して何かすることは簡単ではないだろう。また、文明化プロセスによって個人的な暴力が減少したことにより、厳しい刑罰の要求も減少した。今日、「厳罰化」の要求が犯罪率の増減と同調するのと同じである。

人権の歴史に詳しい歴史学者のリン・ハントは、文明化プロセスのもう一つの側面がプラスの影響を及ぼしたと指摘する。衛生観念や礼儀作法が向上したこと（手づかみで食べない、性行為はプライベートな場所でする、体液などの排泄物は人目にふれないように、衣服にもつけないようにする、など）である。ハントによれば、礼儀の観念が発達したことで、人間は自律的な存在だという感覚が増大したという。すなわち、一人ひとりの身体には生まれながらに完全性があり、その人の身体はその人の所有物であって社会の所有物ではないということだ。

私自身の感覚はもっと具体的な方向に向きがちなのだが、その私から見ると、清潔さが道徳的な感性に影響を及ぼしたとする、もっと単純な仮説がありそうだ。つまり、人は昔に比べて周りに不快感を与えなくなってきたということである。人間は不潔なものや体から排出される分泌液に嫌悪感を抱く生き物であり、現代人が悪臭のするホームレスの人を避けたがるように、昔の人も不潔な隣人に対しては接し方も冷淡だったのではないかと思われる。さらに悪いことに、人は生理的嫌悪は容易に道徳的嫌悪へと移行しがちで、不衛生なものイコール、下劣で軽蔑に値すると見なしてしまう。[126]二〇世紀の残虐行為を研究する学者たちは、ある集団が別の集団を制覇した途端、なぜいとも簡単に残忍な行為に走るのか、頭を悩ませてきた。哲学者のジョナサン・グローヴァーは、非人間化の悪循環ともいうべきものがあると指摘する。嫌われた少数集団《マイノリティ》は不潔な状態で生活することを強いられ、そのため人間以下の動物のような存在だと見なされる。すると支配者集団は彼らをさらに不当に扱うようになり、その結果、彼らはますます貶められ、抑圧者の心に残っていた良心の片鱗も消え去ってしまう、というのだ。[127]この非人間化の悪循環は、文明化プロセスの逆回しと言ってもいいかもしれない。歴史の進行とともに清潔さと人間の尊厳が増大し、やがて何世紀もの歳月をへて、他人の幸福に対する敬意も増大したことのまさに逆が、この非人間化の悪循環である。

だが残念ながら、文明化プロセスと人道主義革命とを時系列的に検証してみると、そこに因果関係があるとは考えられない。政府による統治や商業が台頭し、殺人件数が急激に減少して文明化プロセスが促進された数百年間にわたって、残忍な刑罰や君主の権力、異端者への暴力的な弾圧などに異議を唱える者は誰もいなかった。それどころか国家がより強大になるにしたがい、その残虐さもエスカレートしていった。ローマ法が多くの国で復活した中世、罰としてではなく自白を引き出す手段としての拷問が再び導入されたのは、その一例である。[128]つまり、一七世紀から一八世紀にかけて、何かほかの要因が人道的感覚を加速させたと考えられるのだ。

＊

そこで浮上するもう一つの説明は、生活水準が向上するにつれて人びとが他人に対してより同情的になった、というものだ。ペインは「人びとに金銭的な余裕が生まれると、食生活が向上して健康状態も良くなり、快適に暮らせるようになる。そうすると自分の命を大切にすると同時に、他人の命も大切にするようになる」のではないかという。☆129 歴史の大まかな流れとだいたい一致する。何千年もの間に、世界は人身供犠や残虐刑といった野蛮な慣習を捨て、人びとの暮らしは快適になり、寿命も延びた。先頭に立って残虐な慣行を廃止した国々（たとえば一七世紀のイングランドやオランダのように）は、その時代では富める国だった。そして今日でも、奴隷制や迷信による殺人など野蛮な習慣がいまだに根絶されないのは、貧しい国のほうである。

だが、生命の価値が昔は低かったとする仮説にも問題はある。ローマ帝国のように、豊かな国が残虐行為の温床だった例は少なくないし、今日でも手足切断や石打ちといった残忍な刑罰が行われているのは、裕福な中東の産油国なのだ。さらに大きな問題は、時期が合わないことである。図4－7は、経済歴史学者のグレゴリー・クラークが、一二〇〇年から二〇〇〇年までのイギリスにおける一人あたり所得の推移をグラフにしたもので、ここには西洋近代の豊かさの変化が示されている。

これを見ると、豊かさが右肩上がりに転じたのは一九世紀に産業革命が起きてからのことで、一八〇〇年以前はマルサスの人口論のとおりの現実が支配的だった。食糧生産が向上しても、結果として人口が増えるだけで、人びとの生活水準は貧しいまま変わらない。イギリスだけでなく世界中がそうだったのだ。一二〇〇年から一八〇〇年までの間、ヨーロッパのどの国においても経済的福祉を示す尺度（所得、一人

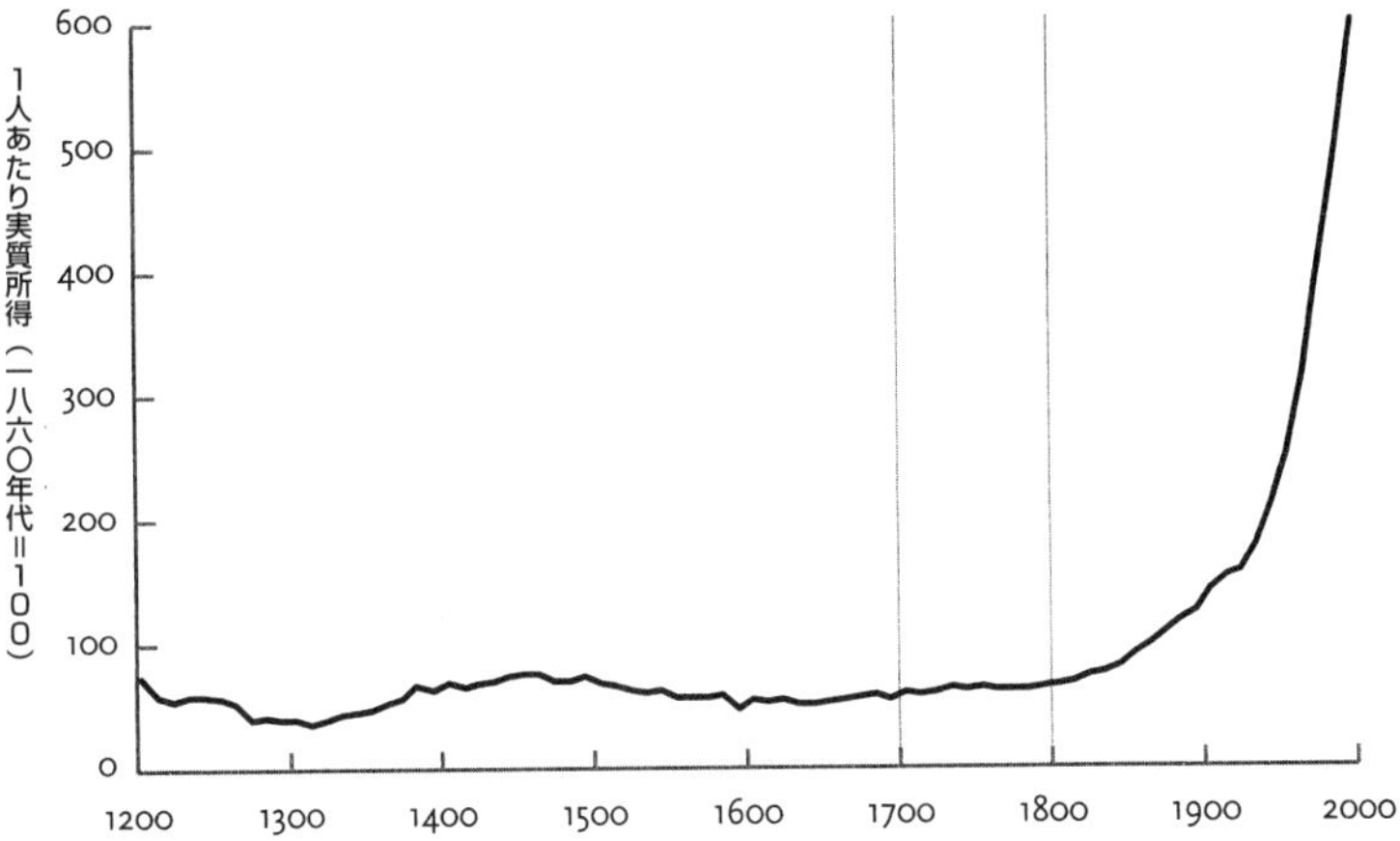

図4－7　イギリスにおける1人あたりの実質所得（1200～2000年）.
出典：Clark, 2007a, p.195.

あたり摂取カロリー、一人あたり摂取タンパク質、女性一人あたりの生存している子どもの数など）は、まったく上昇傾向を示していない。それどころか、その数値は狩猟採集社会の水準とたいして変わらないのだ。産業革命によってより効率的な製造技術が導入され、運河や鉄道といったインフラが建設されたことによって、初めてヨーロッパ諸国の経済は上昇に転じ、国民の生活も豊かになりはじめた。ところが人道的な変化は一七世紀に起きはじめ、一八世紀にはその最盛期を迎えているのだ。

もし仮に、豊かさと人道的な感性との間に相関関係があることが示せたとしても、その理由を特定することは簡単ではない。経済的に豊かになれば、空腹を満たし、雨風をしのげるようになるだけでなく、より良い政府をもつこともできるし、識字率も上がり、移動性も増すなど数々のメリットがあるからだ。また他方、貧しく悲惨な暮らしを強いられている人が他人を喜んで拷問にかけるかどうかは、必ずしも明らかではない。その反対の結果も十分に考えられる。苦痛や剥奪を身をもって体験していれば、同じ苦しみを他者に与えることをためらうはずである一方、快適な暮らしを享受している人びとは、他人の苦しみを現実的なものとは感じにくい。生命の価値が昔は低かったとする仮説については、最終章でふたたび取り上げるが、さしあたりは人びとをより同情的にしたそれ以外の外生的な変化について探ることにしよう。

＊

産業革命以前に他の分野に先立って生産が増大した技術が一つある。それは本の生産だ。一四五二年にグーテンベルクが活版印刷術を発明するまでは、本は一冊ずつ手書きで書き写さなければならなかった。これは単に時間がかかるだけでなく（二五〇ページ相当の本を書き写すのに三七人日かかった）、材料効率もエネルギー効率も悪い。手書き文字は活字より読みにくいから本は必然的に大きくなる。その結果、紙も多く使うし、製本や保管、輸送のための費用も高くつくのだ。グーテンベルクの発明から二〇〇年後には、出版は高度技術を用いた事業となり、印刷と製紙の生産性は二〇倍以上に増大した（図4－8）。これは産業革命中のイギリス経済全体の成長率を上回る速度だ。[130]

新しい効率的な印刷・製本技術の登場で、出版は爆発的に増加した。図4－9は、イギリスで一年間に出版される本の数が一七世紀に大幅に増加、一八世紀末には急上昇したことを示している。

さらに、本は単なる貴族や知識人たちのおもちゃではなかった。英文学者のスザンヌ・キーンによれば、「一八世紀にはロンドンでも地方の町でも移動図書館が広く普及し、その蔵書の大部分は小説だった[131]」という。多くの本が手軽に手に入るようになり、人びとの読書への意欲は高まった。学校全入制や標準テストが登場する以前の時代に識字率がどの程度だったかを推測するのは簡単ではないが、歴史学者は結婚の届け出や裁判の申請などの書類に署名することができた人の割合などから、識字率を推定するという方法をとっている。図4－10は、一七世紀前半から二〇世紀前半までのイギリスにおける男女の識字率の変化を示したグラフだが、これを見ると一七世紀中に識字率は二倍になり、一七世紀末には男性の半数以上が読み書きができたことがわかる。☆132

同じ時期、西ヨーロッパの他の地域でも識字率は上昇した。一八世紀後半にはフランス人の半数以上が字が読めるようになった。それ以外の国の推定識字率はもっとあとの時代にならないと出てこないが、それを見ると、一九世紀初頭にはデンマーク、フィンランド、ドイツ、アイスランド、スコットランド、スウェーデン、スイスなどの国でも男性の半数以上が読み書きができたことがうかがえる。☆133 多くの人が字が読めるようになっただけではなく、読み方も変化した。これを歴史学者のロルフ・エンゲルジングは読書革命と名づけている。☆134 それまでは読むものといえばもっぱら宗教的なものだったのが、世俗的なものも読むようになり、集団で読むのではなく個人で読書するようになった。また、暦や祈祷書、聖書など規範とされる文書をくり返し読むことから、パンフレットや新聞雑誌のような時事問題を扱う幅広い媒体を読むように変わったという。歴史学者のロバート・ダーントンはこう書く。「一八世紀後半は、明らかにターニングポイントだったと思われる。多くの読み物が幅広い人びとにとって手の届くものとなったこの時期、本を読む人の数が急激に増えた。やがて一九世紀を迎えると、製紙機械や蒸気機関による印刷機、ライノタイプが登場し、識字率が一〇〇パーセント近くまで向上することで、その数はさらに膨大なものへと増加するのである☆135」。

そしてもちろん、一七世紀から一八世紀にかけてのこの時期には読むべき事柄も増えた。科学革命によって、私たちの体験する日常は、極小から宇宙規模までの広大な連続体のほんのわずかな部分でしかないことが明らかになるとともに、人間は神が創造した世界の中心にいるのではなく、恒星の周りを回る巨大な岩の上に乗っているにすぎないことも明らかになった。ヨーロッパ人が南北アメリカ大陸やオセアニア、アフリカを探検し、インドやアジアへの航路が発見されたことで新世界が拓かれ、そこには自分たちとはまったく異なる生活様式をもつ人びとが存在することも明らかになった。

私の見るところ、この本をはじめとする印刷物の増加と識字能力の向上こそ、人道主義革命のきっかけとなった最大の外生的要因ではないかと思われる。世界は五感を通してとらえられ、情報は唯一のコンテンツプロバイダーである教会から与えられるだけだった、それまでの小さな村という部族社会から、さまざまな人や場所、多様な文化やアイデアが次々に通り過ぎる走馬灯のような体験へ。こうした精神の拡大が、人びとの感情や信念に人道主義的要素を吹き込んだのだ。それにはいくつかの理由があった。

共感と人間の生命への配慮

人間が他者に同情する能力は、別の生き物の存在によって反射的によび起こされるものではない。第9章で明らかにするように、どんな文化においても、人は親族や友人、赤ん坊に対しては同情的な反応を示すことができるのに対し、隣人や見知らぬ人、外国人など、より大きな集団に対しては冷淡になりがちだ。哲学者のピーター・シンガーは著書『拡大する輪』のなかで、長い歴史をへて、人間は自分と同じようにその利益を大事にする存在の範囲を徐々に広げてきたと論じている。☆136 ではこの共感の輪を大きくしたものは何だったのだろうか。その答えとして有望なのは識字能力の向上だ。

物を読むことは、視点取得の技術である。誰か他人の考えが自分の頭の中に入ったとき、人はその人の視点から世界を眺めている。自分が直接見たり聞いたりできないことを取り込むだけでなく、その人の頭

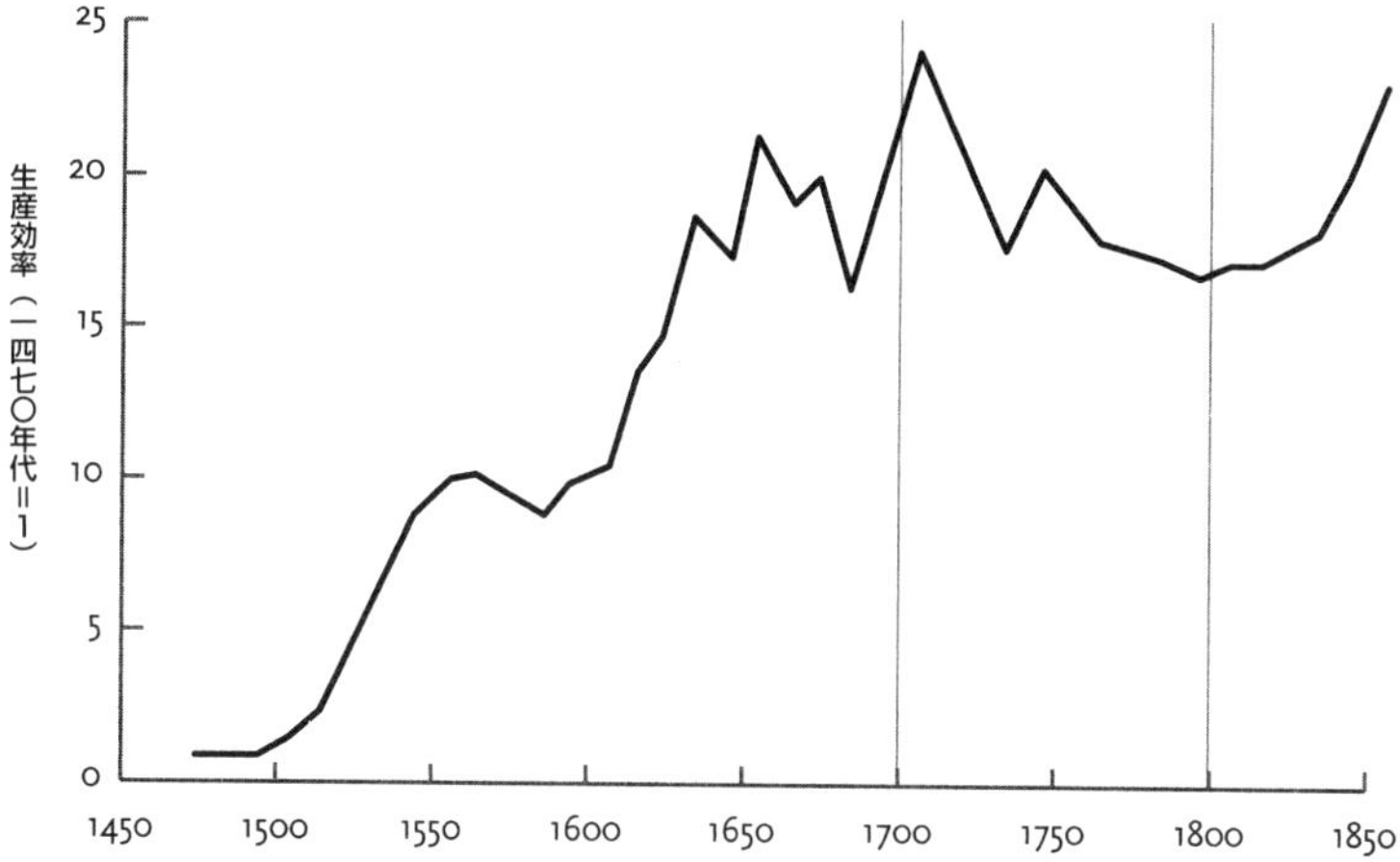

図4－8　イギリスにおける本の生産効率（1470 ～ 1860 年代）.
出典：Clark, 2007a, p.253.

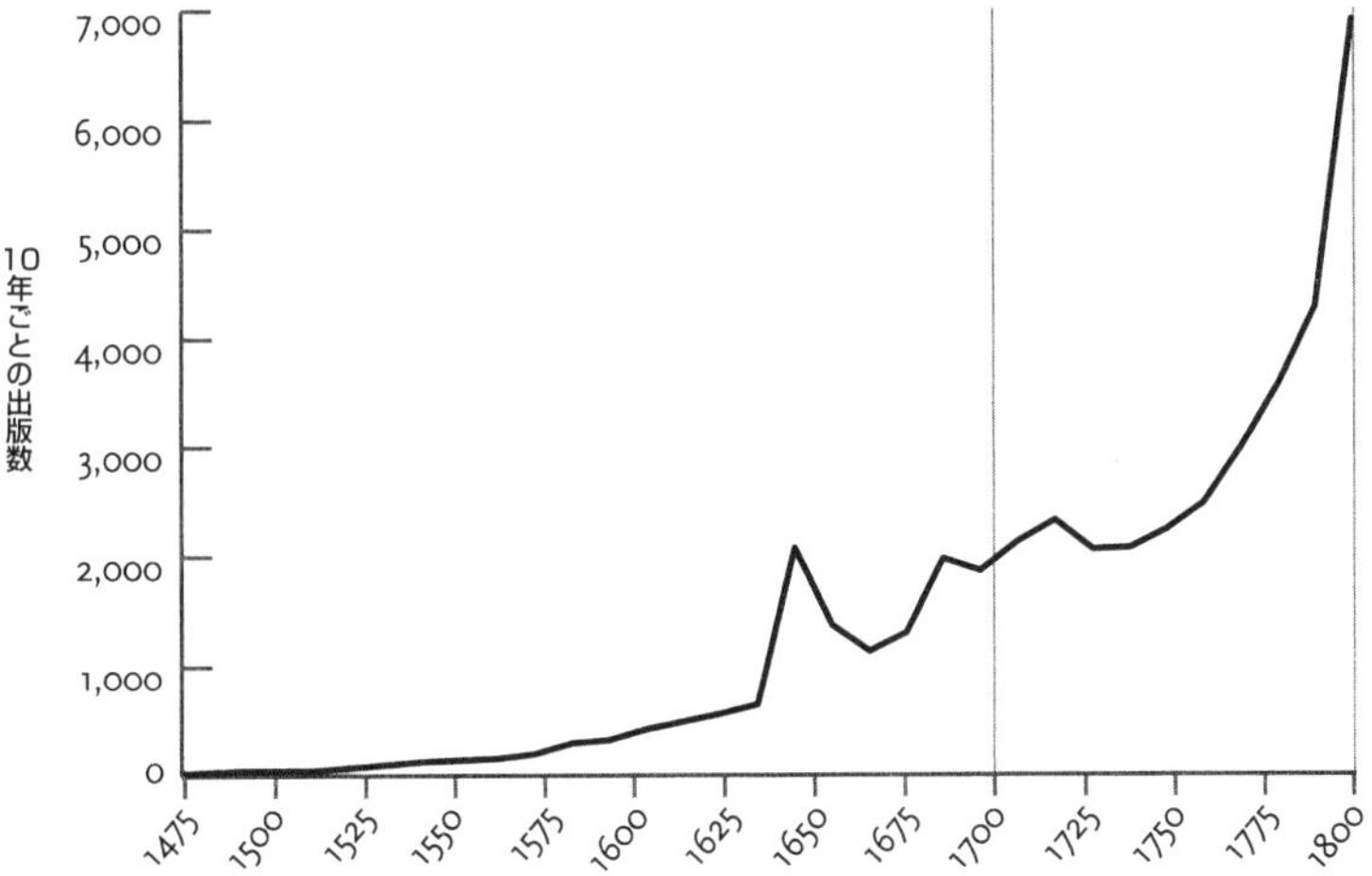

図4－9　イギリスにおける 10 年ごとの本の出版数（1475 ～ 1800 年）.
出 典：Simons, 2001; http://en.wikipedia.org/wiki/File:1477-1799_ESTC_titles_per_decade,_statistics.png.

の中に入り込んで一時的に彼（女）の反応や考え方を共有できるのだ。このあと明らかにするように、他者の視点に立って物事を見るという意味での「共感」は、他者に同情するという意味での「共感」と同じではないが、最初の共感は自然の経路をへて二番目の共感へとつながる可能性がある。他者の視点に立つことで、人はその人の主観的な現在進行形の意思の流れが、自分のそれとよく似てはいるが、まったく同じではないことを認識する。他者の書いた言葉を読む習慣をもつことによって、喜びや苦痛を含め、他者の頭の中に入ることが習慣づけられると考えるのは、さして無理なことではない。たとえ一瞬でも、さらし台に固定されて血の気を失ったり、燃える枝の束を必死で振り払おうとしていたり、二〇〇回目の鞭が降り下ろされて体を痙攣させたりしている人の立場に自分を置くことができれば、こうした残虐行為を誰かに対して行うべきかどうか、もう一度考え直す機会をもてるかもしれないのだ。

他者の視点に立つことによって、それまで信じていたことが変わりうる場合はほかにもある。自分の知らない、外国人や探検家、あるいは歴史家にしか見ることのできない世界に目を開かれることで、それまで疑問をもつことのなかった信念（「それが当たり前、そういうものと決まっている」）が、客観的な見方（「それはわれわれの仲間が今、たまたましたがっているやり方にすぎない」）へと変わる可能性がある。こうした自己意識をもつことが、その慣行をやめて別のやり方に変えられないかと問いかける第一歩となるのだ。また、長い歴史の間には、先にいる者があとになり、あとにいる者が先になる〔新約聖書マタイによる福音書の言葉〕場合もあることを知れば、「運命が違っていたら自分がそうなっていたかもしれない」ということに気づけるようにもなる。

物を読むことが、その人間を自分の置かれた狭い状況から抜け出させる力になるのは、何も事実にもとづく文章にかぎらない。風刺をきかせた文学作品は、読者を仮想的な世界へと誘い込んで、そこから自ら

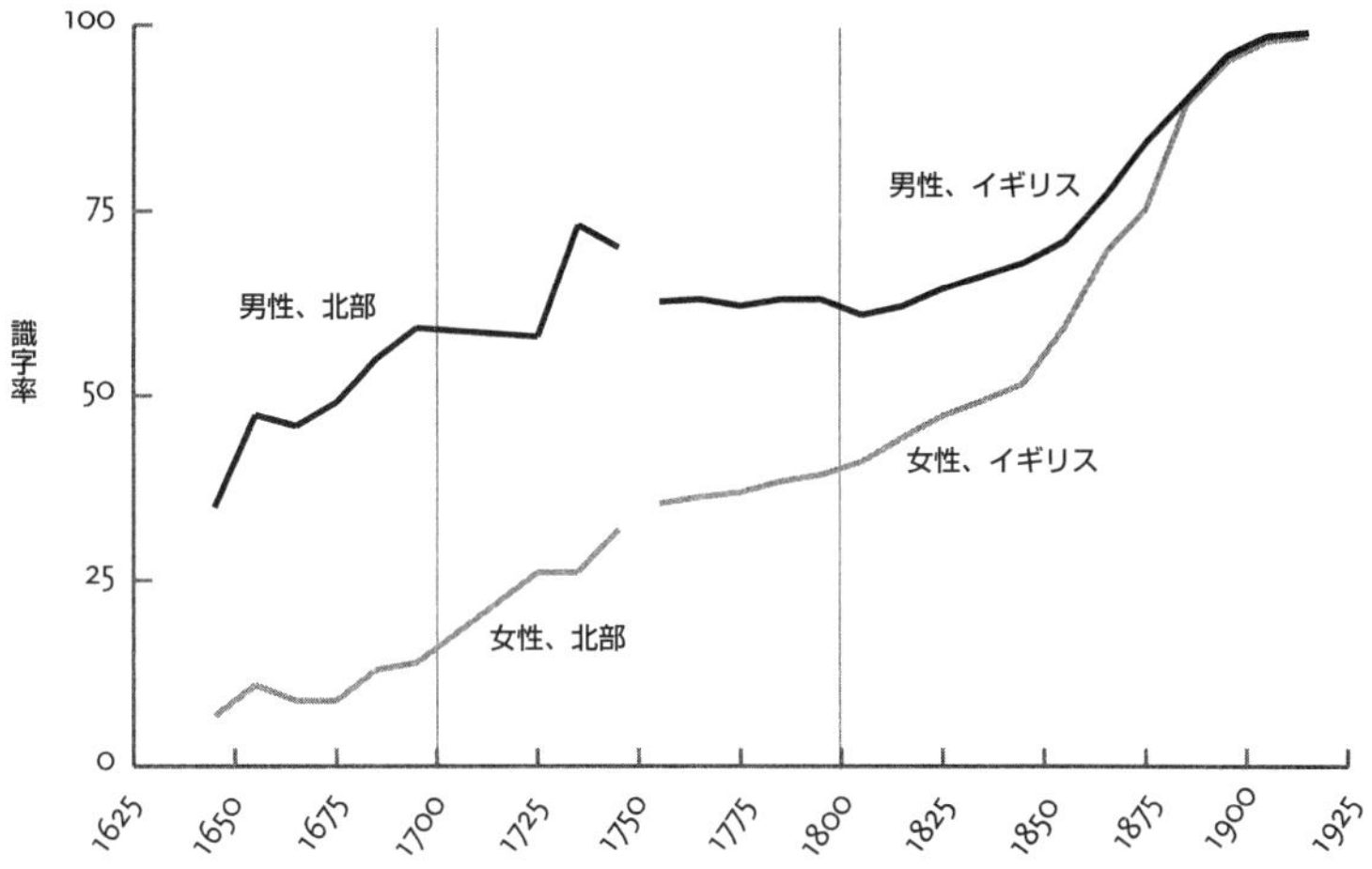

図4－10　イギリスにおける識字率（1625～1925年）.
出典：Clark, 2007a, p.179.

の愚かさを見つめさせるものであり、長々と説教したり熱弁をふるったりすることなく人びとの感性を変化させる効果的な方法となりうることは、すでに見たとおりである。

風刺ではなく、リアリズムにもとづくフィクションであっても、読者を自分とはまったく異なる人びとの思考や感情へと誘い込むことによって、共感の輪を拡大する力をもちうる。文学部の学生なら誰でも習うことだが、一八世紀の文学は小説の歴史上のターニングポイントだった。小説が大衆娯楽の一つとなったのがこの時期であり、一八世紀末にはイギリスとフランスで年間一〇〇冊近くの小説が出版されていた。[☆137] それまでの英雄や貴族、聖者たちの手柄や偉業を称える叙事詩とは異なり、小説は一般の人びとの願いや喪失を生き生きと描くものだった。

リン・ハントは人道主義革命の絶頂期にあたる一八世紀後半は、書簡形式の小説の全盛期でもあったという。この形式の小説では、物語は登場人物自身の言葉で語られ、その人物の考えや感情が、肉体のない語り手の距離をおいた視点からではなく、リアルタイムで呈示される。一八世紀半ば、女性主人公の名前をタイトルにしたメロドロマ風の三冊の小説が、異例のベストセラーとなった。サミュエル・リチャードソンの『パメラ』（一七四〇年）〔邦訳『パミラ、あるいは淑徳の報い』〕と『クラリッサ』（一七四八年）、そしてルソーの『ジュリ、あるいは新エロイーズ』（一七六一年）〔邦訳『新エロイーズ』〕の三冊である。大の男たちが自分とはなんの共通点もない平凡な女性（召使も含む）の禁断の愛や耐えがたい見合い結婚、そして残酷な運命に翻弄されるその人生を活字を通して体験し、涙を流した。ある退役軍人はルソーに宛てた手紙で次のように書く。

あなたのお書きになった彼女の物語に、私は我を忘れました。想像してみてもください。私が彼女の死にどれほどの涙を流したことか。……あれほど甘美な涙を流したことは生涯で初めてのことでした。物語を読むことが私にもたらした影響はあまりに大きく、その至高の瞬間に死んでも悔いはなかったとさえ思うほどです。☆138

啓蒙主義の哲学者たちは、こぞって小説のもつ力――読者が他者に感情移入し、同情を寄せるようにする力――を称賛した。ディドロはリチャードソンの追悼文でこう書いている。

読者は、たとえどんなに注意していても、いつのまにか彼の小説の登場人物になりきり、会話のなかに投げ込まれ、うなずいたり、非難したり、感嘆したり、いらだったり、憤ったりする。自分が涙を流していることに自分でも驚かずにいられなかったことは、幾度もある――まるで生まれて初めて芝居を見に連れて行かれた子どものように。「これは本当のことじゃないんだよ、つくり話なんだからね」。……彼の小説の登場人物は、ごく普通の社会の人間であり……彼が描く感情は、私自身が感じるものと重なりあうのだ。☆139

聖職者たちは当然ながらこれらの小説を非難し、そのうちの何冊かは禁書目録に入れられた。あるカトリックの神父はこう書いている。「これらの本を開いてみれば、その内容がほとんど例外なく神権と人間の正義を冒瀆し、子に対する親の権威を軽んじ、結婚や友情における聖なる結びつきを壊すものであることが明らかになるだろう」。☆140

ハントはここに因果関係を見出そうとする。自分とは異なる人物が登場する書簡形式の小説を読むことによって、他人の視点で物事を見る能力が鍛えられ、その結果、残酷な刑罰やその他の人権を侵害する行為に反対する気持ちが生まれるのではないかというのである。もっとも他の場合と同様、この説明はあくまで推論であり、それ以外の説明を排除することはむずかしい。もしかすると、人びとは別の理由から他者への共感能力を高め、その結果としてこれらの小説に夢中になったり、他者への虐待行為に敏感になったりしたとも考えられるのだ。

だが全面的な因果仮説を立てることも、なまじ夢物語ではないかもしれない。歴史的な事象の流れは、この仮説と一致する。出版技術の進歩、本の大量生産、識字能力の向上、そして小説の流行……これらはすべて、一八世紀に行われた主要な人道的改革に先行して起きているのだ。なかには、ベストセラーになった小説や回想録を読むことで、広範囲の読者が忘れ去られた犠牲者の苦しみにふれ、それが政策の変化につながった場合もある。合衆国で『アンクル・トムの小屋』が奴隷制廃止の気運を高めたのとほぼ同じ頃、チャールズ・ディケンズの『オリバー・ツイスト』（一八三八年）と『ニコラス・ニクルビー』（一八三九年）がイギリスの救貧院や孤児院における児童虐待に対して人びとの目を開き、リチャード・ヘンリー・デイナの『マストの前の二年間』（邦訳『帆船航海記』）（一八四〇年）やハーマン・メルヴィルの『白いジャケツ』（一八五〇年）が水夫への体罰の撲滅に一役買った。二〇世紀には、エーリッヒ・マリア・レマルクの『西部戦線異状なし』、ジョージ・オーウェルの『一九八四年』、アーサー・ケストラーの『真昼の暗闇』、アレクサンドル・ソルジェニーツィンの『イワン・デニーソヴィッチの一日』、ハーパー・リーの『ものまね鳥を殺すこと』（邦訳『アラバマ物語』）、エリ・ヴィーゼルの『夜』、カート・ヴォネガットの『スローターハウス5』、アレックス・ヘイリーの『ルーツ』、アンチー・ミンの『レッドアザレア』、アーザル・ナフィーシーの『テヘランでロリータを読む』、そしてアリス・ウォーカーの『喜びの秘密』（女性性器切除を題材にした小説）などが、もしそれらの作品がなければ見過ごされてしまったかもしれない人間の苦しみに対して、広く人びとの認識を喚起する役割をはたした。[☆141] 映画やテレビ番組は、さらに広範囲の人びとに浸透し、より直接的な体験を提供した。第9章では、虚構の物語が人びとに共感をよび起こし、行動へと促すことを裏づける実験について取り上げる。

共感を拡大する作用は小説一般に共通するものなのか、書簡形式の小説に特徴的なものなのかはさておき、読むという体験の拡大によって、人びとが自分の狭い視点から外に出てものごとを見る習慣が生まれ、人道主義革命の推進に貢献した可能性は十分にある。さらにもう一つ、読書体験の拡大は、道徳的価値や社会秩序についての新しい考え方が次々と生まれる環境づくりにも貢献したのである。

文芸共和国と啓蒙的人道主義

デイヴィッド・ロッジの一九八八年の小説『小さな世界』に登場する大学教授モリス・ザップは、もはやエリート大学は時代遅れだと言い、その理由をこう説明する。

現代社会では、情報の移動性は昔よりはるかに高まった。人間もそうだ。……この二〇年間に学究生活に革命をもたらしたものが三つある。……ジェット機による移動、直通電話、そしてゼロックスのコピー機だ。……電話とコピー機と学会に出るための出張費さえあれば、もう心配ない。本当に重要なただ一つの大学――つまりグローバルなキャンパスにつながることができるわけだから。☆142

たしかに一理あるが、どうやらザップは八〇年代の科学技術を強調しすぎたようだ。この小説が出てから二〇年後、これらの技術はEメール、デジタル化された文書、インターネットのサイト、ブログ、電話会議、スカイプ、そしてスマートフォンに取って代わられた。そしてこの小説が書かれる二〇〇年前にも、すでに当時あった技術――帆船、印刷された本、郵便――が情報や人の移動を可能にしていた。そしてその結果も同じだった。グローバルなキャンパス、公的領域、あるいは一七〜八世紀当時の呼び名でいえば、「文芸共和国《リパブリック・オブ・レターズ》」が生まれたのである。

二一世紀の読者がもし一八世紀の知的世界について詳しく調べたとしたら、インターネットさながらのその広がりに驚くにちがいない。新刊書は出版されればすぐに売り切れ、増刷される。ほどなく五、六ヵ国語に翻訳され、次々に書評が出て、人びとは手紙で話題にし、その本に関連した本が何冊も出版されるという具合なのだ。ロックやニュートンといった思想家たちは何万通もの手紙をやりとりし、ヴォルテールが書いた手紙は一万八〇〇〇通を超え、一五巻の本として出版されている。[☆143] もちろんこうしたやりとりは、今日の基準から見れば氷河期並みの時間——何週間、あるいは何ヵ月という場合もあった——をかけてなされたが、それでもさまざまなアイデアが人びとの話題にのぼり、批判され、融合し、洗練され、権力者の注意を引くことは十分にできた。その典型的な例はベッカリーアの『犯罪と刑罰』で、一七六四年に出版されるやセンセーションを巻き起こし、ヨーロッパ全域において残酷な刑罰が廃止されるきっかけをつくったのだ。

　十分な時間とそれを広める人があれば、アイデアの市場はただ単にアイデアを広めるだけでなく、その構成を変えることもできる。大きな価値のあることをゼロから考え出せる人というのはまずいない。ニュートン（謙虚とはほど遠かった）は一六七五年、ライバルの科学者のロバート・フックに宛てた手紙でこう書いた。「私が遠くまで見ることができたのは、巨人の肩の上に乗ったからだ」。人間の頭脳は、複雑なアイデアをひとつの塊にまとめたり、別のアイデアと組みあわせてもっと複雑な集合にしたり、その集合をさらに大きな装置へとまとめて、それをさらに別のアイデアと組みあわせたり……ということは得意なのだ。[☆144] だがそれをするには、途切れなくプラグインや部分組立品が供給されることが必要であり、それは他の頭脳とのネットワークなしにはありえない。

　地球規模のキャンパスは、単にアイデアの複雑性を増すだけでなく、その質を高めもする。周囲から遮断され、閉ざされた状態では、異様なアイデアや有毒なアイデアは腐敗する可能性がある。それには日光に当てて殺菌消毒するのが一番だ。他の頭脳による批判的な光線を浴びせかければ、悪しきアイデアを少なくともしおれさせ、枯れさせることができるかもしれない。文芸共和国においては、当然ながら迷信や教義《ドグマ》、伝説などの寿命は短くなり、犯罪のコントロールや国家の運営についてのまずいアイデアも短命に終わる。生きた人間に火をつけて、その燃え方で有罪かどうかを確かめるのは愚かな方法だし、悪魔と交わり、その悪魔を猫に変えたとして女性を処刑するのも同じくらい馬鹿げている。そして、自分が世襲による絶対君主でないかぎり、世襲による絶対君主制が最高の国家体制だと信じる人はまずいないだろう。

ロッジが一九八八年に描いた小さな世界の科学技術のうち、インターネットの登場によって陳腐化していないのはジェット機だけだ。このことは、直接顔を合わせてのコミュニケーションに代わるものはない場合もあることを再認識させてくれる。飛行機を使えば遠くにいる人びとが一カ所に集まることが可能になるが、都市に住む人はすでに一カ所にいる。だから都市は、古くからアイデアのるつぼとしての役割をはたしてきた。国際的な都市は、臨界量に達するほどの多様な頭脳が集結しうる場所であり、またそこには型破りの異端児が逃げ込める隙間もあちこちにある。理性の時代と啓蒙主義の時代は、都市化の時代でもあった。ロンドン、パリ、アムステルダムといった大都市は知的バザールのような様相を呈し、思想家たちはサロンやコーヒーハウス、書店などに集まってはその日の思索の結果をぶつけあい、論じあったのである。

なかでもアムステルダムは、多様なアイデアが闘わされる場として特別な役割をはたした。一七世紀のオランダ黄金時代に港町として繁栄をきわめたアムステルダムには、ヨーロッパ各国から商品やアイデア、人、カネが途切れることなく流れ込み、カトリック教徒や再洗礼派、プロテスタント各宗派、そして祖先がポルトガルから追放されたユダヤ人など、さまざまな宗派の人びとを受け入れた。多くの出版社がここを拠点にし、論議を呼ぶ内容の本が出版され、出版が禁止された国へも輸出された。アムステルダムの住人の一人であるスピノザは聖書を丁寧に分析し、キリスト教的な人格神の存在する余地のない理論をつくりあげた。これがもとで、彼は一六五六年、ユダヤ人共同体から破門される。異端審問の記憶もまだ新しい頃であり、ユダヤ教団は周囲のキリスト教徒たちから波風が立つのを恐れたのだ。[☆145] しかし人里離れた村に住んでいたのであればいざ知らず、スピノザにとってこれは悲劇でもなんでもなかった。彼はより寛容なオランダの都市ライデンへ、その後また別の都市へと転居し、どちらでも著述家や思想家、芸術家らのコミュニティに受け入れられた。ジョン・ロックは、イングランド王チャールズ二世に対する陰謀に加担したとの疑いがかけられ、一六八三年にオランダに亡命。ルネ・デカルトも、オランダやスウェーデンで転居をくり返した。

経済学者のエドワード・グレイサーは、自由民主主義の登場が都市の興隆を促したと指摘する。[☆146] 抑圧的な専制君主は、たとえ国民から嫌悪されたとしても権力の座にとどまることができる。その理由は、経済学者が「ただ乗り《フリーライダー》問題」と呼ぶ難問にある。独裁制においては、支配者とその取り巻きたちは権力を維持する強力な動機をもつが、国民の側には個人として独裁者を排除する動機をもつ者はいない。反乱を起こすためには独裁者の報復を受けるリスクをすべて負わなければならないが、いったん民主制が成立すれば、その恩恵は国民全員に行き渡る（つまり「ただ乗り」が可能になる）からだ。ところがるつぼとしての都市には、金融業者や法律家、著述家、出版業者、広い人脈をもつ商人などさまざまな職種の人間が集まっており、酒場やギルドの集会所で独裁者に対抗するために共謀することによって、互いに役割を分担したり、リスクを分散させることができる。こうした新しい民主主義が育まれた都市の例としては、古代アテネ、ルネサンス期のベネチア、独立革命期のボストンやフィラデルフィア、オランダなど低地帯諸国の都市などがあげられ、これらの都市では今日でも都市化と民主主義が両立する傾向が見られる。

情報と人の流れが体制を転覆させる破壊力をもつことは、どの時代の独裁者も――政治的か宗教的かを問わず――よくわかっていた。だからこそ、彼らは言論の自由や集会の自由を抑圧しようとしたし、民主主義国はそれを基本的人権として守ろうとしてきた。都市が台頭し、識字能力が向上する以前には、自由なアイデアが考案されたり、融合されることはなかなかむずかしかった。それと同様に、一七～一八世紀のコスモポリタニズムの台頭もまた、人道主義革命を部分的に後押しする役割をはたしたのである。

＊

人とアイデアが集まってきたからといって、もちろんそのアイデアがどのように発展していくかはわからない。「文芸共和国《リパブリック・オブ・レターズ》」と国際的な都市が出現したという事実だけでは、一八世紀に――拷問や奴隷制、専制政治、戦争を、かつてないほど巧妙に正当化する論理的根拠ではなく――人道主義的倫理があらわれたことを説明できるわけではないのだ。

私の個人的な見解では、この二つは密接に結びついていた。十分な大きさをもつ、自由で理性的な主体で構成される集団が、論理的整合性と世界からのフィードバックにしたがいつつ、社会をいかに統治すべきかについて話しあったとき、その合意点はある一定の方向に向かうはずである。分子生物学者は、DNAが四つの塩基で構成されていることを発見したが、彼らがどうしてそれを発見したのか、理由を説明する必要はない。彼らがきちんと研究を行っていること、そしてDNAが実際に四つの塩基で構成されている事実をふまえれば、最終的に彼らがそれ以外のものを発見したとはまず考えられないからだ。まったく同様に、啓蒙主義の思想家たちが、どうしてアフリカの奴隷制や残酷な刑罰、専制君主、魔女や異教徒の処刑などに反対するようになったのか、その理由は説明する必要はないとも考えられる。私欲のない、理性的で情報に通じた思想家たちが厳しく吟味すれば、これらの慣習を無期限に正当化しつづけることはできない。相互に密接に関係するアイデアが集まったアイデアの宇宙は、それ自体が外生的な力であり、ひとたび思想家の集合体がその世界に入れば、彼らはその物質的な環境がどうあろうと、ある一定の方向に向かわざるをえなくなる。この道徳的発見のプロセスこそ、人道主義革命を引き起こした重要な要因だと私は考えている。

さて、この説明の筋道をさらに一歩先に進めてみることにしよう。これほど多くの暴力的制度が、これほど短期間に消滅したのはなぜかといえば、それらを葬り去った論拠が、理性の時代と啓蒙主義の時代に登場した首尾一貫した哲学からくるものだったからである。ホッブズ、スピノザ、デカルト、ロック、デイヴィッド・ヒューム、メアリー・アステル、カント、ベッカリーア、スミス、メアリー・ウルストンクラフト、マディソン、ジェファーソン、ハミルトン、ジョン・ステュアート・ミルといった思想家たちのアイデアが融合して生まれたのが、「啓蒙主義的人道主義」と呼ぶことのできる世界観だった（これはときに「古典的自由主義」と呼ばれることもある。一九六〇年代に「自由主義」という語には新たな意味が加わったからである）。以下に、この思想の概要を見ていくことにしよう。これら啓蒙主義の思想家たちの見解を大づかみではあるが、多少なりとも首尾一貫した形でまとめたものだ。

まず出発点は懐疑的な姿勢にある。[☆147] 人類の愚行の歴史を見れば、そして私たち自身が幻想や誤謬に陥りやすい傾向をもつことをふり返れば、人間誰しも誤りを犯しがちであることは明らかだ。したがって何かを信じるには、十分に根拠のある理由を探し求める必要がある。信仰、啓示、伝統、教義、権威、熱狂をともなう主観的確信――これらはすべて誤りを招くもとであり、知識の源泉として否定すべきである。

ではいったい、確信できるものはあるのか？　デカルトは、それは私たち自身の意識だという。「私」は、自分が何を知りうるのか考えているという、まさにその事実によって、自分が意識をもっていることを知る。また私は、自分の意識が何種類かの経験から構成されていることも知ることができる。そこには外的世界や他者についての知覚、そしてさまざまな快楽や苦痛――感覚的なもの（食べ物、慰め、セックスなど）も、精神的なもの（愛情、知識、美意識など）も含む――についての知覚が含まれる。

人間は、理性にも身を捧げている。問いを投げかけ、考えられる答えのなかでどれが正しいかを判断し、他者を説得してそれらの答えの価値をわからせようとする――これらは論理的に考えるということであり、したがって理性の正当性を暗黙のうちに承認していることを意味する。人間はまた、数学や論理学の定理のように、理性を入念に適用した結果得られたものにも身を捧げている。

人間は物理的世界について、何かを論理的に証明することはできないが、それに関する一定の信念を信頼する資格はもっている。理性と観察を適用することによって、世界に関する暫定的な一般原則を発見すること、それを私たちは科学と呼んでいる。科学の進歩、そして科学が世界を説明し、操作することに目ざましい成功を収めてきたことは、宇宙についての知識――常に確率的であり、修正される可能性があるが――を得ることが可能であることを示している。ゆえに科学とは、私たちがどのように知識を得るべきかのパラダイムであり、その知識とは特定の科学の方法や制度ではなく、科学の価値体系を指す。いいかえればそれは、世界の成り立ちについて説明しようと努め、候補にあがった説明を客観的に評価し、自分たちの理解がいかなるときも暫定的で不確定なものであることを認識することなのだ。

理性が必要不可欠だということは、個々の人間が常に理性的で、情熱や幻想に影響されないことを意味するわけではない。それはただ単に、人間には論理的に思考する能力が̀あ̀る̀こと、そしてその能力を磨きあげ、公の場で公正に使おうとする人びとで構成される集団が、長期的に見ればより理にかなった結論へと達することができる、ということを意味するにすぎない。かつてリンカーンが言ったように、すべての人を一時的にだますことはできるし、一部の人をずっとだましつづけることもできる。けれども、すべての人をいつまでもだましつづけることはできないのである。

世界に関する、大いに信頼を置くことのできる信念の一つは、他の人びととの意識のあり方は自分たちの意識のあり方と同じである、というものだ。他の人びとも自分たちと同じものでできていて、同じような目的を追い求め、個々の人間に苦痛や快感を引き起こす事象に対して、快感と苦痛を示す外的サインをもって反応する、ということである。

これと同じ論理でいけば、表面的には多くの面(性別、人種、文化などなど)で違っていても、人間は根本的にはあまり変わらないということが推論できる。シェークスピアの『ベニスの商人』で、シャイロックは次のように問いかける。

ユダヤ人には目がないか? 手がないか? 五臓六腑が、四肢五体が、感覚、感情、情熱がないとでも言うのか? キリスト教徒とどこがちがう、同じものを食い、同じ刃物で傷つき、同じ病気にかかり、同じ薬でなおり、同じ冬の寒さ、夏の暑さを感じたりしないとでも言うのか? 針を刺しても血が出ない、くすぐっても笑わない、毒を飲ましても死なないとでも言うのか? だからおれたちは、ひどいめに遭わされても復讐しちゃあいかんとでも言うのか?(小田嶋雄志訳)

文化が異なっても、基本的な人間の反応は共通しているということには、非常に深い意味がある。一つは、普遍的な人間の本性が存在するということだ。快楽や苦痛の感じ方も、理論的思考の方法も同じであり、愚行（とりわけ復讐したいという願望）に陥りやすい性向も共通している。人間の本性は、世界に存在する他のすべてのものと同じく、調べ、研究する対象となりうる。そして私たちは自分の生き方を決める際、人間の本性について明らかになった事実を考慮することができる——たとえ自分自身の本能であっても、科学的研究によって疑問視されれば、それにしたがわないという選択肢もありうるのだ。

人間の心理に普遍的な共通性があることのもう一つの意味は、人間は互いにどんなに違っていても、原則的には意見の一致をみる可能性があるということだ。言いかえれば、私があなたの理性に訴え、私たちがともに——自分たちはともに論理的に思考する存在であるという、まさにその事実によって——信頼をおく論理の基準を適用しながら、あなたを説得しようと試みることは可能だということである。

理性の普遍性を認識することの意味は、きわめて重大だ。なぜならそれによって、道徳性のありかが規定されるからである。もし私が誰かに、私に影響を及ぼすことをするように（私の足を踏んでいる足をどけてほしい、面白半分に私を刺さないでほしい、溺れかかっている私の子どもを助けてほしい、など）求めるときには、自分の利害が相手の利害を上回る形で（たとえば、自分は相手の足を踏みつけたり、相手を刺したり、相手の子どもが溺れても放っておく権利を保持したままで）求めることはできない（でなければ、話をまともに聞いてもらえない）。自分の主張をする際には、自分が相手のことも同じように扱わなければならなくなるような形でする必要があるのだ。自分が自分であり、相手は自分ではないからというだけで、自分の利害だけが特別だといわんばかりにふるまうことはできない。それは、自分が立っているこの場所が、自分がたまたまここに立っているというだけの理由で、宇宙の中の特別な場所だと相手を説得できないのと同様である。[☆148]

誰かと私がこの道徳的理解に達する必要があるのは、相手と私の間で論理的に一貫した会話を可能にするためだけではなく、相手と私が同時に自分の利害を追求できる唯一の方法は、相互に利他的であることしかないからだ。相手と私が互いに余剰物を分けあい、互いの子どもが何か危険に巻き込まれたら助け、相互に殺しあうことをやめるほうが、余分の作物を——たとえ腐っても——ため込み、相手の子どもが溺れても放っておき、年がら年中争っているより、安泰に暮らすことができるのだ。たしかに、私が相手をだまして利己的な行為に走れば、多少は得をすることがあるかもしれない。けれども、相手の側にも同じことが成り立つわけで、もし互いに相手をうまく利用しようとすれば、最終的には互いが不幸になってしまう。中立な立場の観察者であれば誰でも（そして相手と私が理性的に話しあうことができれば）、相手と私が目指すべきなのは、両者がともに利他的であるような状態だと結論せざるをえないだろう。

したがって道徳性とは、復讐心に燃えた絶対的存在が独断的に定め、書物にまとめた一連の規則でもなければ、ある特定の文化や部族の慣習でもない。それはさまざまな物の見方や考え方の互換性の結果であり、世界がプラスサム・ゲームのために用意した機会なのだ。こうした道徳性の基礎は、世界の主要な地域で発見されている多様な形の「黄金律」に見られるものであり、スピノザの永遠性の観点、カントの定言命令、ホッブズやルソーの社会契約、そしてロックやジェファーソンのすべての人間は生まれながらに平等であるという自明の真理にも見ることができる。

普遍的な人間の本性が存在するという事実にもとづく知識、そして何人《なんぴと》も、自分の利害を他人のそれより優先することを正当化する根拠はもたないという道徳的原則から、統治はどうあるべきかについて多くのことを導き出すことができる。政府はあったほうが良い。というのも無政府状態に置かれれば、人びとは自己利益の追求や自己欺瞞にふけり、また他人のそうした欠点に対する不安を高じさせ、絶えず争いが起きることになるからだ。暴力を捨て（全員がそれに合意すればの話だが）、利害関係のない第三者に権力を付与すれば、人びとはより安泰に暮らすことができる。ところが、その第三者も天使ではなく人間の集団なのだから、その権力に対して他者の権力によるチェックを行い、統治される側の合意を得て統治させるようにしなければならない。統治者は市民に対して――より大規模な暴力を未然に防ぐために必要な最低限度を超えて――暴力を行使することは許されない。さらに統治者は、人びとが協調と自発的な交換によって繁栄できるようにする取り決めを作成・促進しなければならない。

こうした論理的思考の筋道は、人道主義と呼んでいい。なぜならそれは、人間の繁栄という、否定することのできない唯一の価値を認めているからだ。私は快楽と苦痛を経験し、それに対処するための目標を追い求める。ゆえに私は、感覚ある他の存在が同じことをする権利を合理的に否定することはできない。

これらがすべて平凡でわかりきったことに思えるとすれば、あなたは啓蒙主義の子どもであり、人道主義哲学を身に着けているということになる。歴史的な事実に照らせば、これは平凡でもわかりきったことでもない。啓蒙主義的人道主義は必ずしも無神論ではないものの（神を宇宙の自然と同一視する理神論と親和性をもつ）、イエス・キリストや聖典、儀式や宗教法、神の目的、不滅の魂、死後の世界、メシア時代などを使うこともなく、神が個々の人間に対応するという考え方もない。同時に、世俗的な価値の源泉であっても、人間の繁栄の増大に必要であることが示せなければ、却下されるものも少なくない。たとえば国家や人種、階級などの威信、男らしさや尊厳、ヒロイズム、栄光、名誉など盲目的に崇拝される美徳、そしてその他の神秘的な力や探求、運命、弁証法、闘争などである。

一八世紀から一九世紀にかけて行われた多様な人道的改革には、明示的であれ非明示的であれ、啓蒙主義的人道主義が下敷きになっていた――というのが私の主張だ。この哲学は最初の自由民主主義の策定において、明示的に用いられた。アメリカ独立宣言のなかの「自明の真理」として最も明白な形で示されている。その後、それは世界の他の地域へと広がり、それらの地域で独自に生まれた人道主義的な議論と融合した。[☆149] さらに第7章で見ていくように、現在の権利革命において再び勢いを得た。

とはいうものの、啓蒙主義的人道主義は最初から成果を上げたわけではない。野蛮な慣習をいくつも葬り去り、最初の自由民主主義国家形成の足がかりをつくりはしたが、その重要性は受け入れられるどころか、世界の大部分の地域で厳しい拒否反応に遭った。反対の動きは二つあったが、その一つは、本章で検証してきた啓蒙主義のもつ力と、前章で検証した文明のもつ力との間の緊張から生じた。もっともこれからみていくように、この二つを和解させるのはむずかしいことではない。もう一つの反対はより基本的なもので、より重大な結果をもたらした。

文明と啓蒙主義

啓蒙主義のすぐあとに起きたのがフランス革命である。民主主義の展望が開けたのも束の間、その後は国王殺し、クーデター、狂信者や暴徒、恐怖政治、先制攻撃戦争と続き、最後には誇大妄想に取りつかれた皇帝が正気とは思えない征服戦争を起こすことになった。フランス革命とその直後の時期には二五万人以上が命を落とし、革命戦争とナポレオン戦争ではさらに二〇〇万〜四〇〇〇万人が死んだ。この大惨事をふり返ったとき、前後関係があるのだから因果関係があると人々は考え、知識人は左派か右派かを問わず、啓蒙主義に責めを負わせたが、それも無理からぬことだった。知恵の木の実を食べたり、神の火を盗んだり、パンドラの箱を開けたりすれば、結末は当然こうなるのだ、というわけだった。

しかし、啓蒙主義がフランス革命後の恐怖政治やナポレオンの登場の原因となったという説は、控え目に言っても疑わしい。政治的殺人や虐殺、帝国主義的拡張のための戦争などは文明と同じぐらい長い歴史があるし、フランスを含むヨーロッパの君主国では長い間、それが日常茶飯事だった。革命派の人びとが思想的な感化を受けたフランスの哲学者の多くは取るに足らない知識人であり、ホッブズからデカルト、スピノザ、ロック、ヒューム、カントを結ぶ論理的思考の流れには属さない。これに対して、アメリカ独立革命はより啓蒙主義の潮流に近いところにあり、それが世界にもたらした自由民主主義は、その後二〇〇年以上にわたって存続している。本書の終わりのほうでは、暴力の歴史的な減少に関するデータが啓蒙主義的人道主義の正当性を示すものであることを主張し、右派と左派の両方の批判に反論するつもりである。だがここで、そうした批判者の一人であるアイルランド生まれのイギリスの哲学者エドマンド・バークに注目しておこう。というのも彼の議論は、暴力の減少に対するもう一つの主要な説明——文明化プロセス——を要請するからだ。二つの説明は、ともに共感の拡大とポジティブサムの協力のもつ平和化の効力を要請するという点では一致するが、人間の本性のどの面を強調するかという点で異なる。

バークは知的で非宗教的な保守主義の父ともいえる哲学者だが、その思想の基盤には、経済学者のトーマス・ソーウェルが人間の本性についての悲劇的なビジョンと呼んだものがある。☆150 これは、人間は永久に知識や知恵や美徳の限界から逃れることはできないとする見方である。人間は利己的で近視眼的であり、放っておけばホッブズの言う「万人の万人に対する闘争」状態に陥るというのだ。この地獄のような状態に陥らずにすむ唯一の方法は、文明社会の規範にしたがうなかで身に着けるセルフコントロールと社会的調和の習慣しかない。さまざまな社会習慣や宗教的伝統、性慣行、家族の結束、長く存在してきた政治制度（たとえ誰もその論理的根拠を明確にできなくても）——これらは、変えることのできない人間の本性の欠陥を回避する、時の試練をへた方策であり、人間を野蛮状態から抜け出させたときと同様、今日も欠くことのできないものだというのである。

バークによれば、基本原理に則って社会を設計できるほど賢明な人間はどこにも存在しない。社会は自然に発展する有機的なシステムであり、それを司る無数の相互作用や調整は、人間の頭脳ではとうてい理解することはできない。言葉でそのメカニズムをうまく表現できないからといって、それを無用なものとして廃棄し、時の流行の理論にしたがって再編しようとしてはならない。下手にいじくり回せば、意図していなかった結果を招き、暴力的な混乱へと後退するしかない、というのだ。

バークの理論は、明らかに行き過ぎである。拷問や魔女狩りや奴隷制は、長く存続してきた伝統だから反対運動など起こすべきではなかった、それらが突然廃止されれば社会は野蛮な状態に陥ってしまう、などと言うのは頭がどうかしている。野蛮なのはそれらの慣行のほうであり、これまで見てきたとおり、かつては不可欠だと思われた暴力的な慣行が消えてなくなっても、社会はそれを補うための方法を見つけ出すのだ。人道主義は発明の母たりうるのである。

だがバークの主張にも一理はある。日常的なやりとりにおいても、政府のふるまいにおいても、暗黙のうちに守られる礼儀正しい行動の規範は、ある種の改革を成功裏に実施するための必要条件になるということだ。これらの規範が発展することは、ペインが言及した不可解な「歴史的な力」にあたるのかもしれない。たとえば、民主主義の原理が明確化されるよりずっと前に政治的殺人が自然に減少したり、すでに減少していた慣行に廃絶運動が最後の一撃を加えたりといったことである。現代世界でも、迷信や軍閥、部族間の争いなどが根強く残っている発展途上国に自由民主主義を根づかせることがきわめて困難である理由は、これによって説明できるかもしれない。[☆151]

暴力の減少を説明するにあたって、文明と啓蒙主義は二者択一的な原因であるとはかぎらない。ある時代には、共感、セルフコントロール、協力といった暗黙の規範が先行し、平等、非暴力、人権といった論理的に明確化された原理があとに続くが、別の時代にはその逆になることもありうる。

この行ったり来たりの形をとったことが、アメリカ独立革命がフランス革命のように悲劇的なものにならずにすんだ理由なのかもしれない。アメリカ建国の父は啓蒙主義の産物であっただけでなく、イギリスの文明化プロセスの産物でもあり、自己制御と協力は彼らにとって自然な習慣となっていた。独立宣言は折り目正しくこう説明している。「人類一般の意見を慎み深く尊重するならば、その国民は自分たちが分離へと駆り立てられた理由について明言すべきである」。また、「永く存続してきた政府を些細で一時的な理由によって変革するべきでないことは、まさしく思慮分別の命ずるところである」とも。

だが彼らの慎み深さ思慮分別も、単なる体に染み込んだ習慣以上のものだった。建国の父たちは意識的に、人間の本性の限界について慎重に検討を重ねた（バークは、慎重な検討を行う人間の能力についてはきわめて悲観的だったが）。「政府自体が、人間性の最も偉大な反映でなくして何であろうか？」とマディソンは問うた。[☆152] 民主主義は人間の本性の悪――とりわけ自らの権力を乱用したいという権力者の衝動――に対抗し、打ち消さなければならないというのが、彼らの考えだった。人間の本性を認めるか否か、それがアメリカの革命家とフランスの革命家との主要な違いだったといっていいだろう。フランスの革命家たちは、人間はその欠陥を克服したという空想的な確信を抱いていた。一七九四年、恐怖政治を行ったマクシミリアン・ロベスピエールはこう書いている。「フランス国民は他の人類より二〇〇〇年先を行っているようだ。そのなかで生活していると、フランス人は他の人類とは異なる種だと見なしたくなる」。[☆153]

『人間の本性を考える――心は空白の石版か』で、私は人間の本性についての二つの両極端の見方――悲劇的なビジョンとユートピア的なビジョン――が、右派と左派の政治的イデオロギーの解離を決定づけていると論じた。☆154 さらに、現代科学の知見をふまえて人間の本性についてより良く理解することによって、この二つのイデオロギーより高度な政治への道筋が見えてくるとも示唆した。人間の心は「空白の石版」ではないし、どんな政治システムも指導者を神格化したり、市民をつくり変えたりすることを許されるべきではない。こうした限界があってもなお、人間の本性には論理的思考のための再帰的で自由な組みあわせのシステムを含んでおり、それによって自らの限界を認識することが可能なのだ。だからこそ、啓蒙主義的人道主義の原動力である合理性が、ある時代の人びとの論理的思考の間違いや欠陥によって否定されることは絶対にありえない。理性は常に一定の距離を置いて欠陥に注目し、そのルールを修正して、再び同じ欠陥に陥らないようにすることができるのだ。

血と土

啓蒙主義に異議を唱える二つ目の動きは、一八世紀後半から一九世紀初頭にかけて、イギリスではなくドイツを中心に展開した。イギリスの哲学者アイザイア・バーリンやヨーロッパの政治理論を専門とするグレーム・ガラードが、この思想潮流について研究している。☆155 源流はルソーにあり、ヨハン・ゲオルク・ハーマン、フリードリヒ・ヤコービ、ヨハン・ゴットフリート・ヘルダー、フリードリヒ・シェリングなどの哲学者や神学者、文学者たちがそれを発展させた。バークが、理性によって社会を安定させようとすれば意図されざる結果に陥るとして啓蒙主義を批判したのに対し、ここでは理性そのものの基盤が批判の対象となる。

彼らの主張によれば、啓蒙主義の第一の間違いは個人の意識から出発したことにある。文化や歴史から切り離された、論理的思考をする個人など啓蒙主義思想家たちの想像の産物でしかない。人間は抽象的な思考の主体——棒切れの上に脳味噌が乗っているような——ではなく、感情をもつ身体であり、自然の一部なのだ、と。

第二の間違いは、普遍的な人間の本性、そして普遍的に正当な論理的思考のシステムを事実として仮定したことにある。人間は文化に埋め込まれた存在であり、神話や象徴、物語などに意味を見出す。真理は誰もが見上げれば見られるような、天に浮かんだ命題にあるのではない。それは、ある特定の場所の歴史と結びついた物語や原型、すなわちそこに住む人びとの生活に意味を与えるもののなかにあるのだ。

この考え方にしたがえば、理性的な分析者が伝統的な信念や慣習を批判することは的外れでしかない。そうした信念にしたがって生きている人びとを真に理解する唯一の方法は、彼らの体験のなかに踏み込んでいくことである。たとえば聖書を正しく理解するには、古代ユダヤの丘陵地帯で暮らす羊飼いたちの体験を再現することが不可欠だ。すべての文化には重心（Schwerpunkt）があり、それをとらえることなしに、その文化の意味や価値を理解することは不可能だというのである。[☆156] コスモポリタニズムは美徳とはほど遠いものであり、「人間を最も人間らしく、その人らしくしているすべての要素を取り除いてしまう」[☆157]。普遍性、客観性、合理性はもう古い、今やロマン主義、生気論、本能、そして非合理性の時代だというのである。ヘルダーは、自らその形成に大きな影響を及ぼした「シュトルム・ウント・ドラング（嵐と衝動）」運動の精神をこう要約している。「私がここにいるのは考えるためではなく、存在し、感じ、生きるためだ！……心！　ぬくもり！　血！　人間性！　生命！」[☆158]

したがって反啓蒙主義運動に連なる人びとが目標を追求するとき、それは客観的な真理や美徳であるという理由からではなく、人間の創造力の唯一無二の産物だという理由による。創造力の源は、ロマン主義の画家や作家たちが主張したように、その人自身の真の自己にある場合もあるし、何か超越的な存在――宇宙精神、聖なる炎――にある場合もある。バーリンは次のように説明する。

他の人びとはここでもまた、創造的な自己を超個人的な「有機体」と重ね合わせた。その有機体とは、彼らが自らをその構成要素あるいは成員であると見なすもの――国家、教会、文化、階層、あるいは歴史それ自体――であり、彼らは現世での自分自身はその偉大なる力から生じたと考えている。攻撃的なナショナリズム、階級や文化、人種の利害との自己同定、あるいは未来を志向する歴史のダイナミズムの波とともに前進する力(こうした歴史のダイナミズムは、もし利己的な利益の計算やその他の動機から行えば忌み嫌われ、軽蔑されるかもしれない行動を、説明すると同時に正当化もする)……この一連の政治的・道徳的概念は、啓蒙主義の中心的命題に対する断固とした拒絶にもとづく自己実現の原則を数多くの形で表現したものである。啓蒙主義によれば、何が真実であり、何が正しく、善で、美しいかは、客観的な発見と解釈の方法を正しく適用すればあらゆる人間にとって有効であることが証明可能であり、その客観的な方法は誰でも自由に使い、確かめることができるという。[159]

反啓蒙主義はまた、暴力が解決すべき問題であるという前提も否定した。闘争や流血は自然の秩序に本来的についてまわるものであり、それを除去しようとすれば、同時に生きるものから生命力を奪い、人類の運命を狂わせることになるというのである。ヘルダーはこう書く。「人間は調和を欲するが、自然は人類という種にとってより良い形を知っている――自然は争いを欲するのだ」。[160]「牙と爪を血に染めし自然」(テニスンの詩の一節)のなかでの闘争を美化することは、一九世紀の美術や文学作品に広く見られるテーマだった。その後、これは科学的な外観をまとった「社会ダーウィニズム」という形に発展するのだが、ダーウィンと関連づけることは時代錯誤であり不当でもある。ダーウィンの『種の起源』が出版されたのは一八五九年で、この闘争を美化する思想が広く支持されるようになってからずっとあとのことだ。しかもダーウィン自身は、自由主義的な人間主義者だった。[☆161]

反啓蒙主義から派生し、一九世紀に勢いを増したのがロマン主義である。ロマン主義運動の一部は美術に大きな影響を与え、卓越した音楽や詩を生みもしたが、他方では政治的イデオロギーとなって、暴力の減少傾向を大幅に逆転させるというおぞましい結果も導いた。そうしたイデオロギーの一つは、「血と土」と呼ばれる好戦的ナショナリズムで、これはある民族集団とその民族が生まれた土地は独自の道徳的資質をもつ有機的統一体であり、その偉大さと栄光は個々の構成員の生命や幸福より尊いとする考え方である。次にあげられるのはロマン主義的軍国主義と呼ばれるもので、ジョン・ミューラーの説明によれば「戦争は気高く、心を高揚させ、高潔で、輝かしく、英雄的で、美しく、神聖な、胸踊る興奮と感動をもたらす」ものだとする考え方である。[☆162] 三つ目にはマルクス主義的社会主義があげられる。これは、歴史とは階級間の輝かしい闘争であり、最終的には資本家階級が敗北し労働者階級による支配が確立されるとする考え方である。そして四つ目にあげられるのが国家社会主義である。これによれば、歴史とは人種間の輝かしい闘争であり、最終的には劣等人種が敗北し、アーリア人種による支配が確立されるのだという。

人道主義革命は、暴力の減少における歴史的転換点であり、人間がなしとげた最も誇るべき成果の一つである。迷信による殺人や残酷な刑罰、十分な根拠のない処刑、人を財産と見なす奴隷制などは完全に地上から消滅したわけではないものの、ごく例外的なものになった。そして文明の曙以来、人類を苦しめてきた圧政や大規模な戦争にも翳りが見えはじめた。これらの変化の背後にあった啓蒙主義的人道主義の哲学が、西洋世界に足がかりを得たのだ――しかしそれも、さらに暴力的なイデオロギーが悲劇的なかたちで忍び寄ってくるまでのことだった。

第5章　長い平和

戦争は人類の歴史と同じぐらい古いが、平和は近代になって発明された。
――ヘンリー・メイン

一九五〇年代初め、イギリスの二人の著名な学者が戦争の歴史をふり返り、将来の世界がどうなるか予測を立てた。一人は、おそらく二〇世紀のもっとも著名な歴史学者であるアーノルド・トインビー(一八八九〜一九七五)。彼は二つの世界大戦中に英外務省に勤務し、政府の代表として講和条約締結に関わる一方で、二六の文明の興亡を綴った全一二巻の金字塔的著作『歴史の研究』を執筆していた。その彼が一九五〇年の時点でとらえた歴史のパターンは、決して楽観的なものではなかった。

近年の西洋史において、戦争は起きるたびに激しさを増している。そして今日、一九三九年から一九四五年までの大戦が、その増大傾向の頂点ではなかったことは、すでに明らかである。[☆1]

執筆時期が第二次世界大戦中、そして冷戦と核時代の幕開けの頃だったことを考えれば、彼が暗い予測をしたのも無理からぬことだ。ほかにも同様に悲観的な見方をした著名な評論家は少なくなかったし、その後三〇年間、人類滅亡の日は近いとの予測は絶えることがなかった。[☆2]

もう一人の学者のプロフィールはユニークだ。ルイス・フライ・リチャードソン（一八八一～一九五三）は物理学者であり、気象学者、心理学者、応用数学者でもあった。気象予報のための数値計算を考案したことで有名だが、それを処理できるコンピューターが登場したのは何十年もあとのことである。[☆3]リチャードソンの未来予測は、トインビーのような世界の大文明についての膨大な知識にもとづくものではなく、一〇〇年以上の期間に起きた何百もの武力衝突のデータの統計的分析によっている。彼の予測はトインビーより慎重であり、かつ楽観的だ。

今世紀に二つの世界大戦が起きたことから、世界はより好戦的になったと漠然と思ってしまいがちだ。だがこうした見方は、論理的によく吟味する必要がある。もしかすると三度目の世界大戦が起きずに、平和な時期が長く続くのではないだろうか。[☆4]

リチャードソンは、世界規模の核戦争が必ず起きるという当時の一般的な認識を、漠然とした印象を排し、統計にもとづくことで否定しようとした。それから半世紀上経ったいま、卓越した歴史学者ではなく、無名の物理学者のほうが正しかったことを私たちは知っている。

本章では、大国同士が戦争しても、その傾向は増大してさらなる頂点へ向かうことはない――という意外な良い知らせを見抜いたリチャードソンの慧眼の背景について、詳しく見ていきたい。またこの二〇年間、世界の注目は大国同士の戦争から別の種類の衝突――小国間の戦争、内戦、ジェノサイド、テロ――

へとシフトしているが、それらについては次章で取り上げることにする。

統計と物語

二〇世紀は、暴力が歴史的に見て減少しているという見方そのものに対する侮辱ともいえる世紀だった。一般に史上最悪の暴力的世紀といわれる二〇世紀の前半には、世界大戦、内戦、ジェノサイドが相次ぎ、これをマシュー・ホワイトは「ヘモクリズム（血の洪水）」と呼んだ。[☆5] ヘモクリズムは犠牲者の数において測り知れない悲劇であっただけではなく、歴史の進展についての人間の理解にも激変をもたらした。科学と理性による進歩という啓蒙主義的な希望に代わって、暗く悲観的な診断が次々と下された——「死の本能」の再燃だ、近代は試練に立たされた、西洋文明に対する告発だ、人類は科学と技術を手にするために悪魔に魂を売り渡した、などなど。[☆6]

だが一世紀は五〇年では終わらず、一〇〇年ある。二〇世紀後半には、大国間の戦争が史上例を見ないほど長く回避され、歴史学者ジョン・ガディスはこれを「長い平和」と名づけた。そして驚くべきことに、やがて冷戦も下火になり消えてしまった。[☆7] この、さながら多重人格のようなひねくれた世紀を、いったいどう理解したらいいのだろうか。そしてそこから、今世紀の世界の戦争と平和について、どのような見通しが得られるのだろうか。

歴史学者トインビーと物理学者リチャードソンの予測は相反しているが、両者は歴史の流れに関して相補的な見方に立っている。伝統的には、歴史とは過去を物語ることだ。けれども、同じ過ちをくり返さないために過去を思い出せという哲学者ジョージ・サンタヤーナの言葉にしたがうなら、過去にどんなパターンがあったかを見きわめ、現在私たちが直面する難題で何が一般化できるのかを知る必要がある。一定数の観察結果から一般化できるパターンを導き出すのは、科学者のお手の物だ。したがって科学におけるパターン抽出の方法には、歴史データにも応用できるものがあるはずだ。

たとえば仮に、第二次世界大戦が歴史上もっとも破壊的な出来事だったとしよう（あるいは二つの世界大戦とそれに関連するジェノサイドをひと続きの歴史的出来事ととらえるのであれば、ヘモクリズム全体が、としてもいいのだが）。そう仮定したとき、戦争と平和の長期的傾向について何がわかるだろうか。

答えは――何もわからない。歴史上最も破壊的な出来事というのは、いずれかの世紀で起きていなければならないし、それを非常に異なる数多くの長期的傾向のなかにはめ込むこともできるのだ。トインビーは、第二次世界大戦を図5－1の左のグラフのような昇り階段の一段としてとらえていたが、右のグラフのような、戦争は周期的に起きるというごく一般的な見方も、悲観的という意味ではほとんど変わらない。暗い予測のご多分にもれず、どちらのモデルもブラックユーモアを生み出した。一つは、オフィスビルの屋上から転落した男の話で、階を通過するごとにそこで仕事している人たちに「いまのところ大丈夫だよ！」と叫びながら落ちていったというもの。もう一つは、七面鳥が感謝祭の前夜、三六四日間も農夫との間に平和な日々が続いたことは実に幸運だったと言った、というものだ。[☆8]

だが歴史のプロセスは、本当に重力の法則や天体の周期のように確定的なものなのだろうか。数学的には、有限の数の点を通る曲線は無限に存在する。まさに図5－2の二つのグラフは、同じ出来事をまったく異なる物語のなかに位置づけている。

左のグラフは、第二次世界大戦は統計的に見て「まぐれ」のようなものだという極端な可能性を示している。増大傾向の一段階でもなければ未来の前兆でもなく、何かの傾向の一部でもない。一見すると理屈に合わない。なんの脈絡もなくさまざまな出来事が起きた結果として、たった一〇年の間に、ヒトラー、ムッソリーニ、スターリン、大日本帝国による残虐な侵略、ホロコースト、スターリンによる粛清、旧ソ連の強制収容所、二回の原爆投下といったあまたの大惨事（第一次世界大戦や、その前の二〇年間に起きた戦争やジェノサイドは言うまでもなく）が集中するわけがあるだろうか？　また、歴史書に出てくるような通常の戦争では、死者数は何十、何百、何千という単位であり、一〇〇〇万単位の人が死ぬことはまれにしかない。もし戦争がまったくなんの脈絡もなく勃発するものならば、五五〇〇万人もの死者が出る戦争が起きる可能性は、天文学的な確率になるはずではないか？　リチャードソンは、この直観的な考えはどちらも認知的錯覚であることを示した。いったん鉄のサイコロが転がりはじめたら（第一次世界大戦前夜のドイツ帝国宰相テオバルト・フォン・ベートマン＝ホルベークの言葉）、運が悪ければ私たちの想像力をはるかに超える悪い事態が起こりうるのだ。

他方、図5－2の右のグラフは、第二次世界大戦を悲観的ではない――それどころか楽観的ともいえる――物語のなかに位置づけている。第二次世界大戦は、ギザギザに上下しながらも次第に下降する途中にそこだけ突出したピーク、つまり大戦争が歴史的に消えていく長い過程のなかでの、断末魔の叫びではないかというのだ。夢物語のように聞こえるが、案外そうでもないことを、これから見ていきたい。

戦争の長期的な変動曲線は、実際には、複数の傾向が重なりあったもののようだ。戦争以外の複雑な事象、たとえば気象のパターンは、季節という周期的リズムや日々のランダムな変動、地球温暖化という長期的傾向など、いくつかの曲線が複合したものであることを、私たちはよく知っている。本章の目的は、国家間の戦争の長期的傾向とは何かを解明することだが、それは次の要素で構成されていることを明らかにしていきたい。

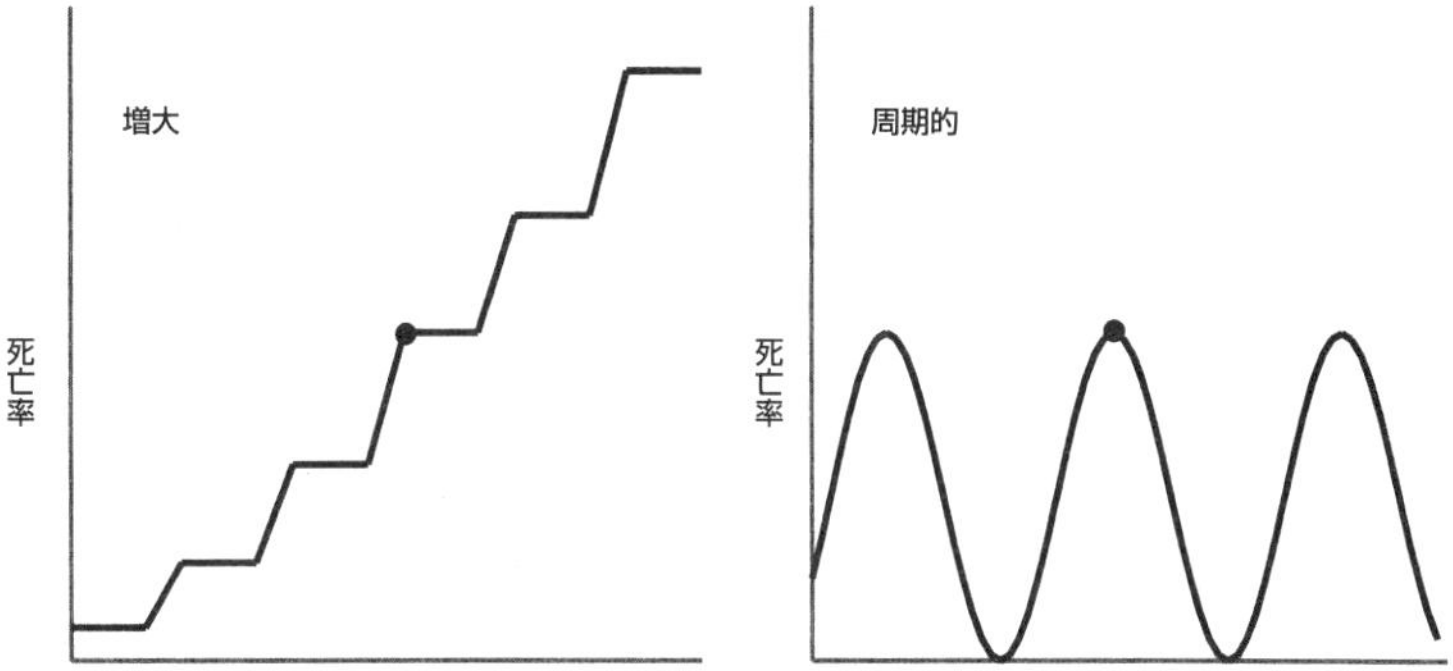

図５－１　戦争の歴史的傾向についての２つの悲観的可能性.

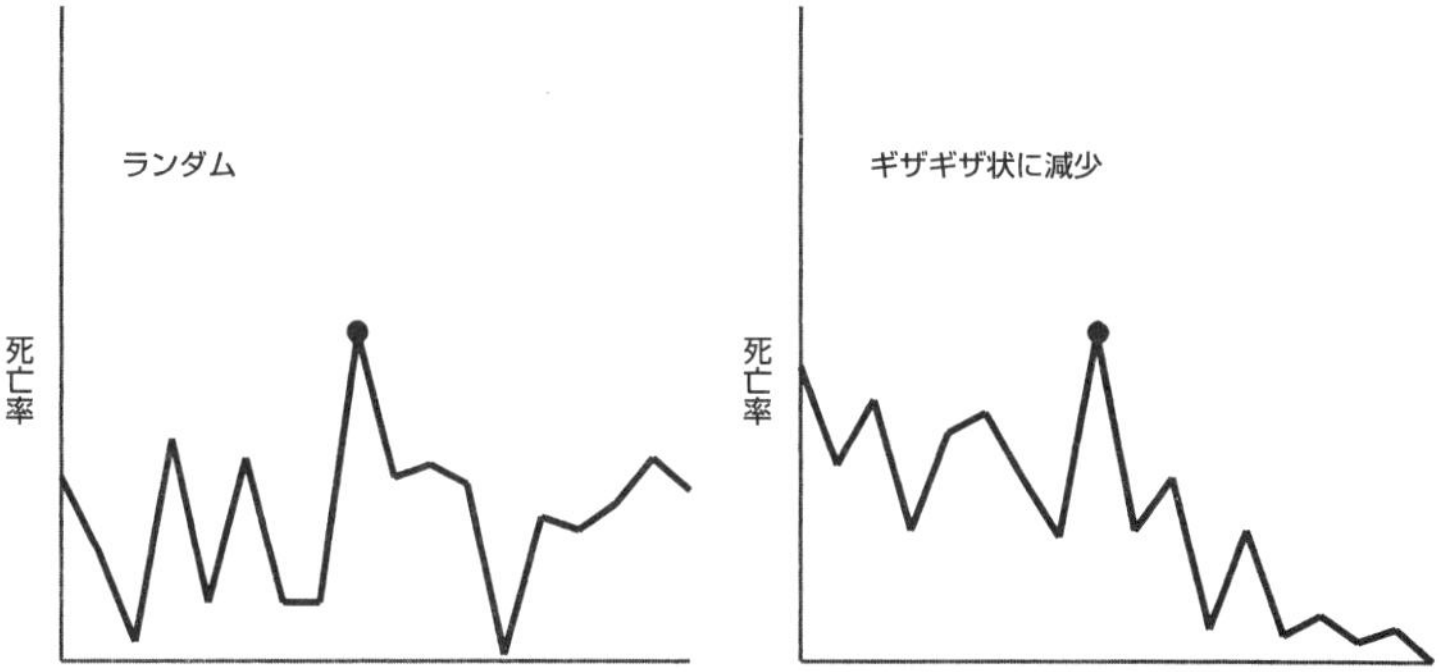

図５－２　戦争の歴史的傾向についてのやや楽観的な２つの可能性.

・周期性はない
・ランダムな傾向が強い
・戦争の破壊力は激化している（ただし近年は逆転）
・それ以外のすべての戦争の側面は減少。したがって国家間戦争も減少している

つまり、二〇世紀は終わりのない堕落への道だったわけではない。それどころか、二〇世紀の持続的な倫理的傾向は、啓蒙主義から生まれた暴力を嫌うヒューマニズムによって形づくられていた。このヒューマニズムは、強大化する破壊的権力と結びついた反啓蒙主義イデオロギーによって、いっとき影が薄くなったが、第二次世界大戦後にふたたび勢いを盛り返したのだ。

以上のような結論を導くために、ここでは戦争の長期的変動を理解するうえで二つの手法を組みあわせることにする。一つはリチャードソンとその後継者による統計的手法、もう一つは従来の歴史学者や政治学者による物語という手法だ。統計的アプローチが必要なのは、トインビーのような誤謬――複雑な統計的現象に大きなパターンがあると妄想し、それを確信をもって未来にあてはめるという、あまりに人間的な過ち――に陥らないためだ。だが統計のない物語が盲目であるとすれば、物語のない統計は空疎である。歴史は、方程式がつくったスクリーンセーバーの美しい曲線とは違う。そこに描かれる曲線は、人間の意思決定や武器の威力などの現実の事象が抽象化されたものだ。したがって、グラフ上にあらわれた階段や傾斜やギザギザが、指導者や兵士、あるいは銃剣や爆弾のふるまいとどう関連するかを説明しなければならない。本章では途中で、統計から物語へと重点が移るが、戦争の長期的変動という複雑なものを理解す

るには、どちらも欠かすことはできない。

二〇世紀は本当に最悪だったのか？

「二〇世紀は歴史上、もっとも血なまぐさい世紀だった」という言葉は、無神論からダーウィン、政府、科学、資本主義、共産主義、進歩の理想、はては男という性まで、実に多岐にわたる悪役を非難するときの決まり文句のように使われてきた。だが本当にそうだったのだろうか。その根拠として、二〇世紀以外の数値データや、他の世紀におけるヘモクリズムについての言及が用いられることはめったにない。実際には、二〇世紀に暴力の犠牲になった人の数を正確に知ることはできないし、ましてやそれ以前の世紀はいわずもがなであり、どの世紀が最悪なのかは知りようがないのだ。だが、この説は二つの理由から錯覚だと考えられる。

第一に、二〇世紀にはそれ以前に比べて暴力による死者が多かったのは確かだが、人口も多かったのだ。一九五〇年の世界の人口は二五億人だが、それは一八〇〇年の世界人口のおよそ二・五倍、一六〇〇年の四・五倍、一三〇〇年の七倍、紀元一年の一五倍にあたる。したがって、たとえば一六〇〇年と二〇世紀半ばの暴力の度合いを比較するには、一六〇〇年の死者数を四・五倍にしなければならない。☆9

第二は、歴史的近視眼、つまり現在から見て近い時代ほど事実を詳細に知ることができるということだ。これは人びとが一般的に抱く考えだけでなく、専門家の歴史観にも影響を与える。認知心理学者エイモス・トヴェルスキーとダニエル・カーネマンは、人間には「想起ヒューリスティック（利用可能性ヒューリスティック）」と呼ばれる直観的な判断プロセスがあることを明らかにした。人は想起しやすい事柄や事象ほど、起きる頻度が高いと思ってしまうというのである。[☆10] たとえば、飛行機の墜落事故とかサメの襲撃、テロ爆撃など、新聞の見出しを飾るような事故や事件の起きる可能性を実際より大きく評価し、感電死や転落死、溺死など、あまり注目されない事故の起きる可能性を実際より低く評価しやすい。[☆11] したがって、どの時代の殺害件数が多かったかを考えるときも、統計的な数字を調べないかぎり、一番近い時代の、一番よく研究され、一番多く説教の材料に使われた戦争を過大評価しがちである。私は以前、歴史記憶に関するインターネット調査で、一〇〇〇人の回答者に五分間で思いつくかぎりの戦争を書き出してもらったことがある。はたして回答は、世界大戦やアメリカの関与した戦争など、現在に近い戦争に大きく偏っていた。このあと見ていくように、それ以前のほうが戦争ははるかに多く起きたのだが、回答者が想起したのは最近の戦争のほうだったのである。

以上の二点——想起ヒューリスティックによるバイアスと、二〇世紀における人口の爆発的増加——を修正するために、多くの歴史書を参照し、その時代ごとの世界人口で死者数を調整すると、二〇世紀に比肩するような戦争や虐殺が過去にいくつもあったことが明らかになる。次ページの表は、マシュー・ホワイトが作成した「人類が犯した（約）二〇の大罪」というリストを借用したものである。[☆12] 死者数は、多くの歴史書や百科事典に記載された数字の中央値または最頻値にもとづく。戦闘による死だけではなく飢餓や病気による民間人の死も含まれているが、そうした間接的な死は近年にしろ大昔にしろ、戦場の死傷者よりずっと多い。表の右二列は筆者がつけ加えたもので、当時と二〇世紀中盤の世界人口との比較で調整し、順位をつけ直している。

さて、まず読者はこのリストに掲載された事件をすべてご存じだっただろうか（私は知らなかった）。また第一次世界大戦以前に、それより多くの犠牲者を出した五つの戦争と四つの残虐行為があったことを、

順位	事由	世紀	死者数	死者数：20世紀中盤の人口に換算	人口調整後の順位
1	第二次世界大戦	20	5500万人	5500万人	9
2	毛沢東（主に政策が原因の飢饉）	20	4000万人	4000万人	11
3	モンゴル帝国の征服	13	4000万人	2億7800万人	2
4	安史の乱	8	3600万人	4億2900万人	1
5	明朝滅亡	17	2500万人	1億1200万人	4
6	太平天国の乱	19	2000万人	4000万人	10
7	アメリカンインディアン撲滅	15-19	2000万人	9200万人	7
8	ヨシフ・スターリン	20	2000万人	2000万人	15
9	中東奴隷貿易	7-19	1900万人	1億3200万人	3
10	大西洋奴隷貿易	15-19	1800万人	8300万人	8
11	ティムール(タメルラン)	14-15	1700万人	1億人	6
12	英領インド（大半は防げたはずの飢饉）	19	1700万人	3500万人	12
13	第一次世界大戦	20	1500万人	1500万人	16
14	ロシア内戦	20	900万人	900万人	20
15	ローマ滅亡	3-5	800万人	1億500万人	5
16	コンゴ自由国	19-20	800万人	1200万人	18
17	三〇年戦争	17	700万人	3200万人	13
18	ロシア動乱時代	16-17	500万人	2300万人	14
19	ナポレオン戦争	19	400万人	1100万人	19
20	中国の国共内戦	20	300万人	300万人	21
21	ユグノー戦争	16	300万人	1400万人	17

ご存じだっただろうか。そして、人類が犯した（われわれが知る範囲での）二一の大罪のうち、二〇世紀以前の出来事が一四件もあることに驚いた方が多いのではないだろうか。しかもそれは絶対数で見た場合である。人口比で調整すると、上位一〇位のうち二〇世紀に起きた残虐行為はたったの一件だ。人口比で見た史上最悪の残虐行為は、中国唐時代の八年間にわたった安禄山の乱および内戦（安史の乱）である。人口調査によればこの戦乱で唐の人口の三分の二が失われたとあり、これは当時の世界人口の六分の一にあたる。[13]

もちろん、こうした数字をすべて額面どおりに受け入れることはできない。飢饉や伝染病による死者数まで戦争や反乱、あるいは暴君のせいにした資料もあるし、数学が未発達で今日のような集計や記録管理ができなかった面もある。だが一方で、歴史の物語を見れば、ずっと昔でも大量殺戮は十分に可能だったことは確実だ。技術的に未発達であっても、殺傷能力には関係ない。現代のルワンダやカンボジアでは、ナタや飢餓といったローテクな方法でおびただしい数の人が命を落としたことは周知の事実である。しかも太古の昔でも、殺害の手段はそれほどローテクとはかぎらない。通常、兵器にはその時代の最先端のテクノロジーが使われるからだ。軍事歴史学者のジョン・キーガンによると、紀元前二〇〇〇年紀末には、遊牧民族は二輪馬車の戦車で侵略先の文明国に、死を雨のように降らせていた。「非武装の歩兵集団を一〇〇ヤードから二〇〇ヤードの距離で包囲し、戦車チーム（一人が馬車を走らせ、一人が弓を射る）は一分につき六人を射抜くことができたと思われる。戦車一〇台で一〇分間戦えば、五〇〇人以上の死傷者が出たはずだ。これは当時の小規模な軍団としては、ソンムの戦い〔第一次世界大戦で一〇〇万人の死者を出した〕の犠牲者数に匹敵する」[14]

このスピーディな大量虐殺の方法を完成させたのが、スキタイ人、フン族、モンゴル人、テュルク人、マジャール人、タタール人、ムガール人、満州族などの大草原《ステップ》の騎馬軍団だった。彼らは二〇〇〇年もの間、精巧な合成弓（薄板と動物の腱と角を貼りあわせたもの）を駆使して略奪や襲撃を行い、死体の山を累々と築いていった。彼らは上位二一位のリストのうち三位、五位、一一位、一五位に関係し、人口調整後のランキングでも上位六位のうち四件を占めている。一三世紀のモンゴル人によるイスラム世界への侵攻では、中央アジアの都市メルブだけでも一三〇〇万人が虐殺され、バグダッドでは住民八〇万人が犠牲になった。モンゴル史研究者J・J・サンダースはこう述べている。

モンゴル人が行った虐殺の残忍さは、言語に絶する忌まわしいものだ。陥落した町の住人は城壁の外の平原に集められ、モンゴルの騎兵は彼らを戦闘用の斧で、一〇人、二〇人、五〇人と殺していく。命令を忠実にはたした証として、死体から耳を切り取り、袋に入れて上官のもとへ持っていき、数を勘定した。虐殺の数日後、騎兵隊はふたたび町に戻り、生き残った者が穴倉などに隠れていないかどうか捜索した。そして発見すると、引きずり出して殺した。[☆15]

モンゴル帝国初代皇帝チンギス・ハンにとって、人生の快楽とは次のようなものだった。「男にとって最大の歓びは、敵を征服し駆逐することだ。彼らの馬に乗り、財産を奪い、彼らの愛する者が涙を流すのを見ること、彼らの妻や娘を抱くことだ」[☆16]。それがただの大言壮語ではなかったことを、現代の遺伝学は証明している。今日、かつてのモンゴル帝国の版図に住む男性の八パーセントは、チンギス・ハンの時代にまで遡る同一のY染色体をもっており、このことは、それらの男性がチンギス・ハンやその息子たち、そして彼らに抱かれた多数の女性たちの子孫であることを示している可能性が高い。[☆17] これに勝る手柄をあげるのはかなりむずかしそうだが、モンゴル帝国の再興を試みたテュルク人のティムール（別称タメルラン）は健闘している。ティムールは西アジアの都市を征服するたびに何万人もの捕虜を殺害し、記念として頭蓋骨で尖塔を立てた。あるシリア人は、一五〇〇〇個の頭蓋骨でできた塔を二八も目撃したという。[☆18]

またこのリストを見ると、一九世紀は平和だったが、二〇世紀に組織的暴力が飛躍的にエスカレートしたという、これまでの一般通念が誤りであることがわかる。第一に、それが成り立つには、一九世紀初頭に甚大な被害を出したナポレオン戦争を除外しなければならない。第二に、ナポレオン戦争後に一時的な平和が続いたのはヨーロッパだけの話であり、ほかの地域に目を向ければ、いたるところでヘモクリズムがあった。中国の太平天国の乱（おそらく史上最悪の内戦である宗教的反乱）、アフリカの奴隷貿易、アジア・アフリカ・南太平洋における帝国主義戦争、そしてリスト入りしていない二つの大殺戮――アメリカの南北戦争（死者六五万人）、一八一六年から一八二七年にかけて一〇〇万から二〇〇万人の死者を出したズールー王国のヒトラー、シャカ王によるアフリカ南部征服など。まだ忘れている大陸があるだろうか。そう、南米大陸だ。南米大陸でも数多くの戦争が起こったが、なかでも死者四〇万人を出し、パラグアイの人口の六〇パーセント以上が失われた三国同盟戦争は、比率からいえば近代における最も破壊的な戦争である。

もちろん、極端なケースをリストアップしただけでは全体的傾向をつかむことはできない。二〇世紀以前の大戦争や大虐殺はまだまだたくさんある。だが、二〇世紀までにはたくさんの世紀があったことも事実だ。図5－3は、ホワイトのリストを上位二一位から上位一〇〇位にまで拡大し、その当時の世界人口に対する犠牲者の比率を出して、紀元前五〇〇年から西暦二〇〇〇年までの分布状況を表したものである。

ここから二つのパターンが見て取れる。一つは、犠牲者が世界人口の一〇〇〇分の一以上にのぼるような非常に激しい戦争や残虐行為は、二五〇〇年間にかなり均等に分布していること。もう一つは、データ

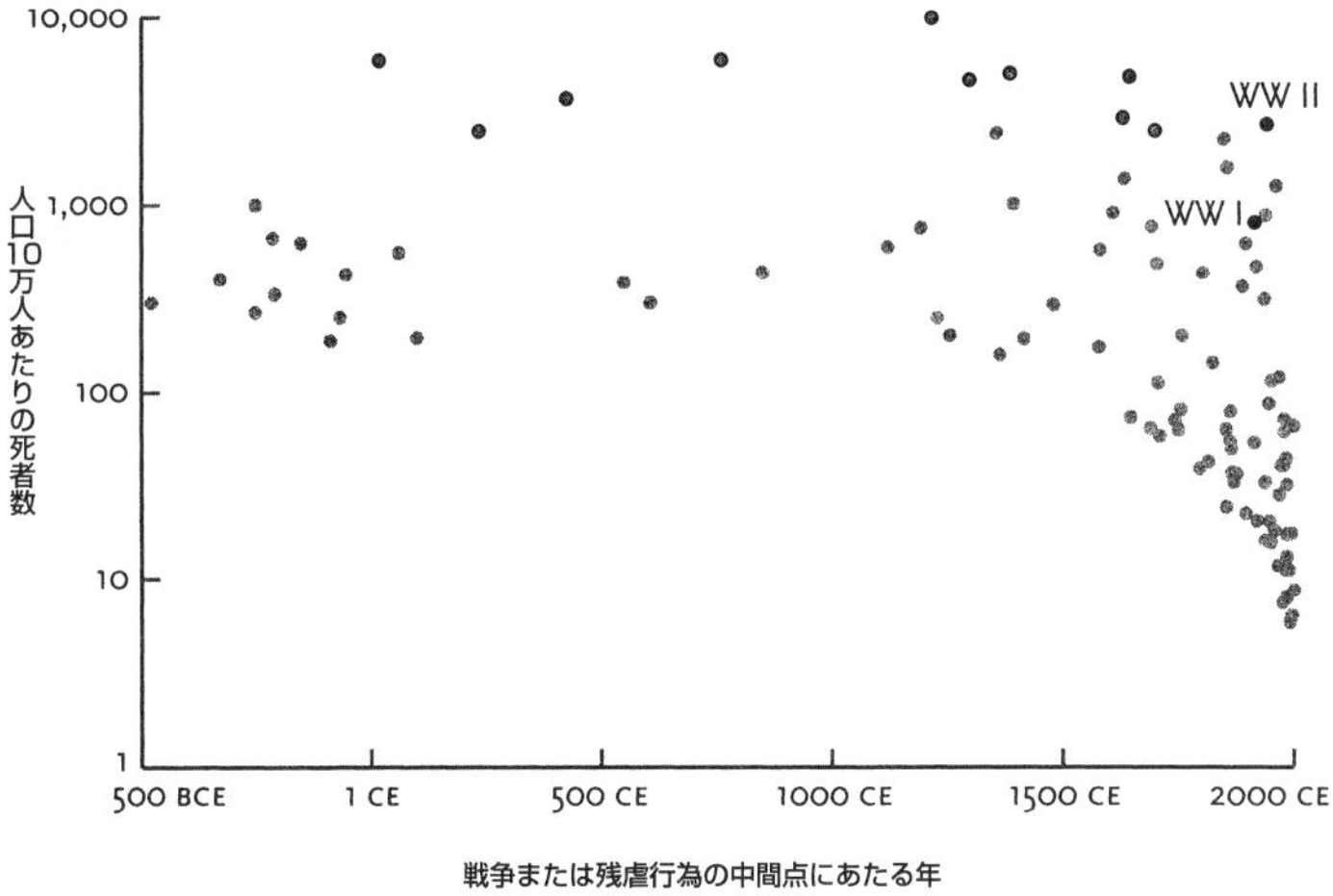

図５－３　人類史上最悪の 100 の戦争と残虐行為 .
出典：White（近刊）のデータを，リスト上の出来事の期間の中間点における世界人口（McEvedy & Jones, 1978）を基準にして調整 . 戦争または残虐行為の継続期間を基準とした推定値ではない .

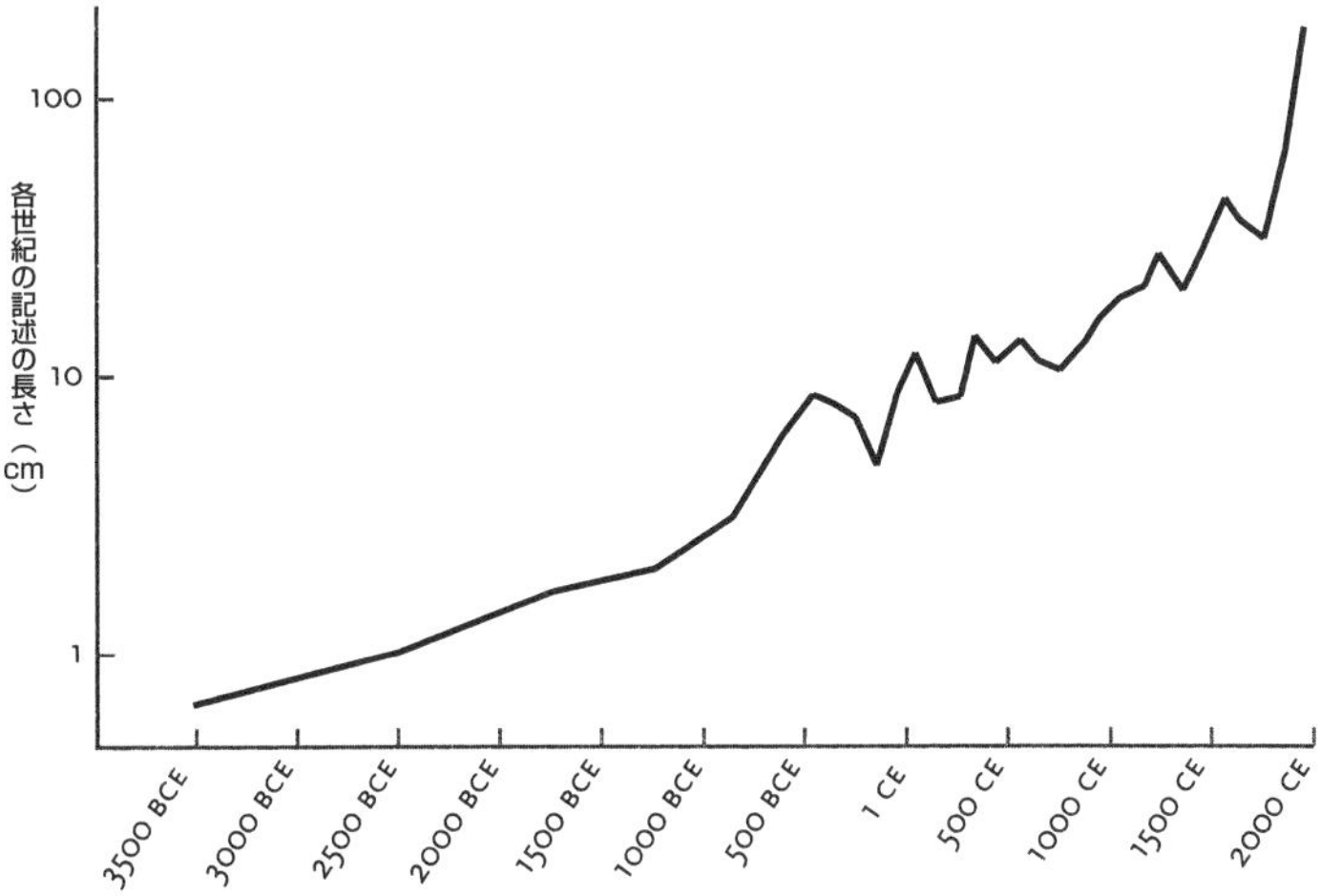

図５－４　歴史的近視眼：ある歴史年鑑における各世紀の記述の長さ .
出典：Taagepra & Colby, 1979, p.911.

群は右下に向かって収束し、現在に近いほど紛争の規模は小さくなっていることだ。このじょうご状のパターンを、どう説明したらいいのだろうか。遠い祖先たちは小さな虐殺は差し控え、大虐殺だけに熱中したということはありそうにない。ホワイトの説明のほうがずっと可能性が高い。

過去二〇〇年の犠牲者数が非常に多く見える理由はただ一つ、その時代の記録が多く残されているからだといえる。私の長年にわたる研究のなかでも、それまで知られていなかった二〇世紀の大量虐殺を新たに発見したということは、久しくない。だが古い資料をひもとくたびに、遠い昔にどこかで殺された何十万もの忘れられた人びとの記録が見つかる。その昔、誰かが死者数を記録したのだろうが、その出来事は忘却の闇に消えてしまったのだ。現代になって何人かの歴史学者がそれを発見したとしても、彼らの歴史認識にそぐわないために無視されてしまう。ガス室もマシンガンもない時代に、そんなに多くの人は殺せないという思い込みから、自分の認識に反する証拠を信頼できないものとして切り捨ててしまうのである。[19]

そして当然ながら、当時記録されながらも見落とされたり無視されたりする虐殺があるだけでなく、そもそも記録すらされなかった出来事も数多くあるはずだ。

こうした歴史的近視眼を矯正しないかぎり、歴史学者でさえ誤解を招くような結論を出すことがある。ウィリアム・エックハートは紀元前三〇〇〇年にまで遡る戦争のリストをつくり、年代と死者数の関係をグラフにした。[20] そのグラフによると、戦争による死亡率は五〇〇〇年間で増加しているが、一六世紀以降に増加の勢いが増し、二〇世紀に急上昇する。[21] だがそのホッケースティック状の曲線が錯覚であることはほぼ確実だ。ジェームズ・ペインが指摘するように、歴史的近視眼を矯正しないまま、歴史が進むにつれて戦争は増えていると主張する研究は、「AP通信のほうが一六世紀の修道僧より、世界の戦争について総合的な情報を把握している」ことを示しているにすぎない。[☆22] ペインは、エックハートが用いた資料の一つであるクインシー・ライトの大著『戦争の研究』を引いて、これが単なる仮説ではなく事実であることを示している。同書は一四〇〇年から一九四〇年までに起きた戦争を扱っているが、ライトは一八七五年から一九四〇年までの戦争の開始月と終了月を九九パーセント確定できたのに対し、一四八〇年から一六五〇年までの戦争については一三パーセントしか確定できなかった。遠い過去の記録は近い過去の記録よりもはるかに不完全であることが、ここに歴然とあらわれている。[☆23]

歴史学者レイン・タゲペラは、この歴史的近視眼を別の方法で定量化してみせた。歴史暦を取り出し、各世紀についての記述が占める面積を定規で実際に測ったのだ。[☆24] その結果を対数目盛で示したのが図5－4のグラフである（対数目盛では、指数関数的変化は直線のように見える）。このグラフから、二五〇〇年前まで遡ると記述は指数関数的に激減し、さらに三〇〇〇年遡るとやや傾斜は緩やかになるものの、やはり指数関数的に減少していることがわかる。

もし当時の歴史記録者が見過ごした、いくつかの小さな戦争が含まれていないというだけであれば、死者数を過小評価したことにはならないという考えもあるかもしれない。ほとんどの戦死は、誰も見逃すはずのない大きな戦争で起きているのだから、と。しかし数え落としは、単に死者数が曖昧だからだけではなく、バイアスのせいだとも考えられる。キーガンは著書で「軍事的地平」について指摘している。[☆25] この地平より下には襲撃、奇襲、小衝突、縄張り争い、抗争、略奪など、歴史学者が「原始的な」戦闘行為だとして切り捨ててしまうものが存在し、地平の上には征服や占領などの組織的軍事行動――戦争マニアが戦闘服で再演したりミニチュアの兵隊でディスプレイをしたりするような典型的な戦争――が存在するというのだ。バーバラ・タックマンが取り上げた一四世紀の「私闘」を思い起こしてほしい。怒りに燃えた騎士が、相手の騎士の支配する農民を片っ端から殺す。こうした虐殺は多くの場合、○○戦争などと呼ばれることもなく、したがって歴史に名を残すこともない。軍事的地平以下の衝突を実数より少なく数えることは、理論的にはその時代全体の死者数の計算を狂わせる。無政府状態にあった封建社会や辺境地、部族社会などでは、リヴァイアサンが確立したあとの国家間の衝突に比べて、軍事的地平以下の戦闘にあてはまるものが多く起きていたとすれば、昔の社会が実際よりも暴力が少ないように見えるのは、当然だといえよう。

したがって、人口規模や想起ヒューリスティックによるバイアス、歴史的近視眼などを調整すると、「二〇世紀は歴史上、最も血なまぐさい世紀」だとはとうてい言えない。まずこのドグマを排することが、戦争の歴史的変動を理解するための最初の一歩となる。その次は、戦争が歴史のなかでどのように分布しているのかを詳しく見ることだ。そこにはさらに驚くべき発見が待ち受けている。

殺しあいのケンカの統計（その1）――戦争の時期

イギリスの数学者ルイス・リチャードソンは、彼が平和の数値的分析に取り組むことになった理由には、二つの先入観があったと書いている。まず彼はクエーカー教徒であり、「戦争においては道徳的悪のほうが道徳的善を上回るが、目立つのは後者のほうだ」と考えていたこと。[☆26] また一人の科学者としては、戦争についての道徳的考察は腐るほどあるが、知識は十分ではないと考えていた。「怒りを抱くのは容易だし感情的な満足が得られるので、それに反する事実に耳をふさぎがちになる。もし読者が私を、『すべてを理解することはすべてを許すこと』という誤った信条によって倫理を放棄したと抗議するなら、倫理的判断を一時的に保留しているだけだと答えよう。過剰に非難するのは、理解が足りないことを意味しているのだから[☆27]」

リチャードソンは百科事典や世界各地の歴史書を隅から隅まで読み、一八二〇年から一九五二年までに終結した「殺しあいのケンカ」三一五件のデータを集めた。だが、彼はいくつかの難題に直面した。第一に、たいていの歴史書は数値に関して大雑把であること。また、戦争は途中で分かれたり、合体したり、断続的だったりするので、戦争の数え方は必ずしも明確でないことだ。第二次世界大戦は一つの戦争なのか、それともヨーロッパと太平洋で起きた二つの戦争なのか。一つの戦争とした場合、その始まりは従来言われてきた一九三九年ではなく、日本の中国侵略が本格化した一九三七年、もっといえば満州事変の勃発した一九三一年ではないのか。「個別のものとしての戦争の概念は、事実にそぐわない……そこには物としての実体性がない」と彼は述べている[☆28]。

だが実体性のなさは科学者にとっておなじみのことであり、リチャードソンは二つの数学的手法を使ってそれに対処した。とらえどころのない戦争の「正確な定義」を追求するのではなく、個々のケースよりも平均を重視したのだ。まず、一つと数えるべきか二つと数えるべきかはっきりしない衝突については、交互に一つにまとめたり二つに分けたりした。長期的には誤差は相殺されるという考え方である（末尾が5で終わる数を半々に繰り上げたり繰り下げたりするのと同じ原理）。また天文学で天体の明るさを「等級」で表す際の慣例にならって、戦死者数を常用対数で表した。対数目盛では、ある程度までの計測の誤差は通常の目盛ほど問題にならない。たとえば、ある戦争の犠牲者が一〇万人なのか二〇万人なのかは、等級で表すと5と5・3の差にすぎない。そこでリチャードソンは対数を用いて戦争の等級を分類した──2・5〜3・5（死者数三一六人〜三一六二人）、3・5〜4・5（死者数三一六三人から三一六二二人）というように。対数目盛のもう一つのメリットは、小さな縄張り争いから世界大戦まで幅広い規模のケンカを、一つの尺度で表示できることである。

それ以外にも、どのような種類のケンカを含めるか、どのような死を集計するか、どのくらいの規模までを含めるかなど、問題はいろいろあった。歴史的事件をデータベースに加える際の基準を「事前の殺意」があること、としていたリチャードソンは、あらゆる種類と規模の戦争、反乱、謀反、死者を出した暴動、ジェノサイドを含めた。何をもって「戦争」というのかという議論をする代わりに、彼が自らの研究を「殺しあいのケンカ」の分析と名づけた理由はここにある。死者として扱ったのは、戦場で死亡した兵士や、計画的に殺害されたり巻き添えで死亡した民間人、病気や遺棄によって死亡した兵士であり、病気や遺棄による民間人の死は、殺意よりも過失が原因とするのが適切であるとの考えから、含まれていない。

リチャードソンは、四人以上三一五人以下の死者を出した抗争や襲撃、小衝突（0・5〜2・5等級）の歴史的記録に大きな空白があることを嘆いている。これは犯罪学的記録に残すには人数が多すぎるが、歴史学的記録に残すには人数が少なすぎる領域なのだ。彼はこの軍事的地平以下のケンカの問題について、イギリスの歴史学者レジナルド・クープランドの東アフリカ奴隷貿易史に関する記述を引用しながら、次のように述べている。

「おもな供給源は、目をつけた地域での組織化された奴隷狩りで、そこが『掘り尽くされる』と徐々に内陸に移動していった。アラブ人自身が襲撃する場合もあったかもしれないが、通常、どこかの部族の長にほかの部族を襲うようにそそのかし、武装奴隷や銃を貸し与えて確実に勝てるようにした。その結果、当然ながら部族間の抗争が増加し、しまいには『国全体が火の海』になった」

このおぞましい慣行を、どのように分類したらいいのだろうか。アラブ人と黒人との間で二〇〇〇年にわたって続き、一八八〇年に集結した一つの巨大な戦争ととらえるべきだろうか。もしそうなら、歴史上のどの戦争よりも多くの死者を出しているかもしれない。しかしクープランドの記述を読むと、奴隷狩りとは、アラブのキャラバンと黒人の部族あるいは村とのあいだで起きた、1、2、もしくは3等級の小規模な「殺しあいのケンカ」の無数の集合と見なすほうが妥当なようだ。詳細な統計は入手不可能である。[☆29]

南米の革命八〇件、ロシアの農民反乱五五六件、中国の武力衝突四七七件についても、同じく統計は入手不可能であったため、リチャードソンはこれらの事件の存在を知りつつも、統計から除外せざるをえなかった。[☆30]

一方でリチャードソンは、0等級という目盛を設けて、一人の死者を出したケンカである殺人事件を統計に加えた（10の〇乗は1になる）。彼は『ヴェニスの商人』のポーシャであればこう反論するだろうと想定する――「殺人と戦争を混同すべきではない。殺人は忌まわしい自己中心的な犯罪だけれど、戦争は英雄的で愛国的な行為なのです」。これに対して彼はこう答える。「でも両方とも殺しあいのケンカではないですか。一人殺すのが悪で、一万人殺すのは栄誉だというのおかしいとは思わないのですか？」[☆31]

こうしてリチャードソンは、まだコンピューターという便利な道具のない時代に、三一五のケンカを分析して人間の暴力の歴史の俯瞰図を描くとともに、歴史学者のさまざまな仮説や彼自身の先入観を検証した。[☆32] データに照らしあわせた結果、大部分の仮説は否定された。その一つは、言語が共通だからといって戦争になりにくいわけではないこと（大部分の内戦、一九世紀の南米諸国間の戦争がよい例だ）。エスペラント（「希望する人」の意）の名に託された希望も、もはやこれまでだ。経済指標もほとんどあてにならない。たとえば富める国が貧しい国を攻撃するという（またはその逆の）パターンが系統的に見られるわけではない。また一般に、軍拡競争が戦争を誘発することもなかった。

それでも検証に耐えた一般論が、いくつかはあった。たとえば、長期間安定した政府をもつ国では戦争が起きにくいこと。異なる民族同士が同一国内で内戦を起こすより、国境をはさんで戦争をする場合のほうが多いこと。また、一般には戦争は隣国と戦うことが多いが、広大な領土をもつ大国にとっては、ほぼすべての国が隣国となるため、どんな国とも戦争になる可能性が高い。さらに、ある特定の文化（とくに軍国主義的イデオロギー）をもつ国は戦争を起こしやすい、などである。

しかし、なんといってもリチャードソンの発見で重要なのは、戦争の統計的パターンだ。彼の発見のうち三つは揺るぎなく、深い意味をもつにもかかわらず、過小評価されている。その発見を理解するために、少々寄り道をして確率のパラドクスについて見ておきたい。

＊

たとえばあなたの住んでいる場所では、一年中いつでも落雷の可能性があるとしよう。落雷はランダムにどの日でも同じ確率で発生し、その頻度は一ヵ月に一度の割合だとする。さて月曜日の今日、あなたの家に雷が落ちた。次に落雷がある可能性が最も高いのはいつだろうか？

答えは「明日」の火曜日である。たしかに確率はさほど高くはない。およそ0・03（月に一回）だ。では次の落雷が明後日の水曜日になる確率はどうだろうか。そうなるためには二つの条件が必要だ。まず水曜日に雷が落ちることで、確率は0・03。もう一つは前日の火曜日に雷が落ちないこと――さもないと「次」は水曜ではなく火曜になってしまう。この確率の計算式は、火曜日に雷が落ちない確率(0・97つまり1マイナス0・03)×水曜日に雷が落ちる確率(0・03)となり、計算結果は0・0291で火曜日に落ちる可能性より少し低くなる。では木曜日ならどうだろうか。それには火曜にも水曜にも雷は落ちず、木曜に落ちることが必要だ。すると0・97×0・97×0・03で、確率は0・0282となる。金曜日はどうか。0・97×0・97×0・97×0・03で0・0274。このように一日進むごとに、確率は下がっていく。「次に落雷がある日」になるには、それまで雷の落ちない日がずっと続く必要があり、日数が多くなるほど、その可能性は低くなるからだ。厳密な言い方をすれば、確率は指数関数的に低下する。次の落雷が今日から三〇日後に起きる確率は、0・97の29乗×0・03で、1パーセントをほんの少し上回るだけだ。

だが、これを正しく理解している人はほとんどいない。私はインターネットで一〇〇人にこれと同じ質問を――「次に」の文字を見落とさないように、わざわざイタリック体にして――してみた。結果は、「どの日も確率は変わらない」と答えた人が六七人だった。これは直観的には正しいように見えるが、誤っている。もし次に落雷がある日になる確率がどの日でも同じなら、一〇〇〇年後でも一ヵ月後でも変わらないということになる。つまり落雷がない日が一〇〇〇年続く可能性と、一ヵ月続く可能性が同じということになってしまう。残りの回答者のうち一九人は、最も確率が高いのは一ヵ月後と答えた。「明日」と正しく推測できたのは、一〇〇人中たった五人だった。

この落雷の話は、統計学でいうポアソン過程の一例である。一九世紀フランスの数学者で物理学者のシメオン＝ドニ・ポアソンにちなんで、こう名づけられた。ポアソン過程では、事象は連続的に、ランダムに、ほかの事象とは独立して発生する。落雷でいえば、空の神ジュピターがサイコロを振って1のぞろ目が出たら雷を落とし、次の瞬間にはさっきのことはまったく忘れて、ふたたびサイコロを振るようなものだ。先に見たように、ポアソン過程では事象と事象の間隔は、指数関数的に分布する。短い間隔は数多くあるが、間隔が長くなればなるほどその数は少なくなる。つまりランダムに起きる事象は、クラスター（集団、群れ）をなしているように見えるのだ（均等に間隔をあけるには、ランダムでない過程が必要になる）。

人間の頭脳は、この確率の法則をなかなか理解できない。私は大学院生のとき聴覚実験室で研究をしていて、「ビーッ」という音が聞こえたらすぐにキーを押すという実験をしたことがある。音はランダムに鳴るよう――ポアソン過程に従って――設定されていた。ところが同じ大学院生の被験者たちは、それがわかっているにもかかわらず、実験が始まるとすぐにブースから飛び出してきてこう言うのだ。「ランダム事象発生器の故障じゃないか。音がバラバラじゃなくて、ひと続きになって聞こえてくる。こんな感じなんだ――『ブーブーブーブーブー……ブー……ブーブー……ブッブッブーブー』って」。ランダムとはそのように聞こえるものであることを、彼らは理解していなかったのだ。

この認知的錯覚を最初に指摘したのは、数学者のウィリアム・フェラーである。一九六八年に出版された確率論の古典的教科書で、彼は「熟練していない者の目には、ランダムネスは規則性やクラスター化傾向のように見える」と書いている。[☆33] 次に、このクラスター錯覚の例をいくつかあげよう。

●ロンドン大空襲　フェラーは、第二次世界大戦中のロンドン大空襲を例にあげている。ロンドン市民は、二、三の地区がドイツのV2ロケットを何度も被弾している一方で、他の地区はまったく被害がないことから、ある特定の地区が狙い撃ちされたのだと信じ込んだ。ところが統計学者がロンドンの地図を碁盤の目のように区切って被弾回数を数えたところ、その分布はポワソン過程にしたがっていることがわかった。つまり爆弾はランダムに落とされていたのだ。このエピソードは、トマス・ピンチョンの一九七三年の小説『重力の虹』にも描かれている。小説に登場する統計学者ロジャー・メキシコは、爆撃の分布を正しく予測したが、場所は特定しなかった。ところが人びとがどこに逃げたらいいか助言を求めて押し寄せてくるので、彼は自分は霊能者でないと言って追い払わなければならなくなる。

●ギャンブラーの誤謬　偶然が左右するゲームで同じ結果が出続けたとき（ルーレットの赤、サイコロの目の合計が七になることが続くなど）、次は違う結果が出るはずと思い込んでしまうこと。この誤謬に陥って、大金を賭けたあげく財産を失う人は少なくない。トヴェルスキーとカーネマンの研究では、人はコイン投げで「裏裏表表裏表裏裏裏裏」と出た場合、直観的に認められるより長く同じ面が続くために、本当でも仕組まれたと思い、反対に同じ面が長く続かないように「表裏表裏裏表裏表表裏」と仕組まれたものを公正だと思うことが示された。[☆34]

●誕生日のパラドクス　二三人以上の人が集まれば、同じ誕生日の人が一組いる確率は半分以上あると聞くと、たいていの人は驚く。五七人いれば、確率は九九パーセントになる。誕生日の候補は三六六しかないので、何か謎の力が働いてバラバラに引き離されないかぎり、いくつかの誕生日は重なるほうが自然なのだ。

●星座　私のお気に入りの例は、生物学者スティーヴン・ジェイ・グールドがニュージーランドのワイトモにある有名なヒカリムシ（キノコバエの幼虫）の洞窟で発見したものだ。[☆35]洞窟の暗い天井にはヒカリムシの小さな光の点が輝き、さながらプラネタリウムのよう。ただ違うのは、そこに「星座」がないことだ。グールドはその理由をこう説明する。ヒカリムシは大食いで、つかめる距離にあるものは何でも食べてしまう。そこで彼らは天井で場所取りをするとき、互いにある程度の間隔を置く。したがってランダムに空に散らばっているように見える星と比べると、間隔にムラがない。しかしパターンに飢えた人間の脳にとっては、オヒツジやオウシや双子の形に見えるまさにその星こそが、これまで何千年にもわたり驚異的なものとして存在してきたのだ。グールドの同僚の物理学者エドワード・パーセルは、コンピューターのプログラミングでランダムな点の配列を二種類描き、グールドの直観を裏づけた。一方はバーチャルな星で、一切の制約なしに画面に散らばっている。もう一方はバーチャルなヒカリムシで、個々の幼虫の周りには他の幼虫が侵入できないよう、「立入禁止区域」が設けられている。図5−5の左右の図のどちらがどちらか、読者にはおそらく見当がつくだろう。ところどころ固まったり、糸のようになったり、何もない空間があったりする（あるいは動物にもヌードにも聖母マリアにも見えるかもしれない）左の図が、空の星と同じようにランダムに点を配置したもので、一見でたらめに並んでいるように見える右の図が、ヒカリムシと同じように秩序だった間隔をあけて点を配置したものである。

●リチャードソンのデータ　最後にあげる例は、われらがルイス・フライ・リチャードソンの提示した、自然に発生する現象についての実際のデータだ。図5−6のグラフは継続期間の異なる事象を線分で表したもので、横軸は時間、縦軸は規模を示している。リチャードソンは、これらの事象がランダムに開始し終了する、ポワソン過程であることを示した。ここからなんらかのパターンを読み取る人もいるかもしれない――たとえばグラフの左上部には何もないとか、右上部にはほかから外れた二本の線分が浮かんでいるとか。けれども、読者はもうそんな〝幻〟には惑わされないはずだ。実際、リチャードソンはこの分布には最初から終わりまで、統計的意味のある傾向は見られないことを明らかにした。外れにある二本を親指で隠せば、全体がランダムな印象としてとらえられる。

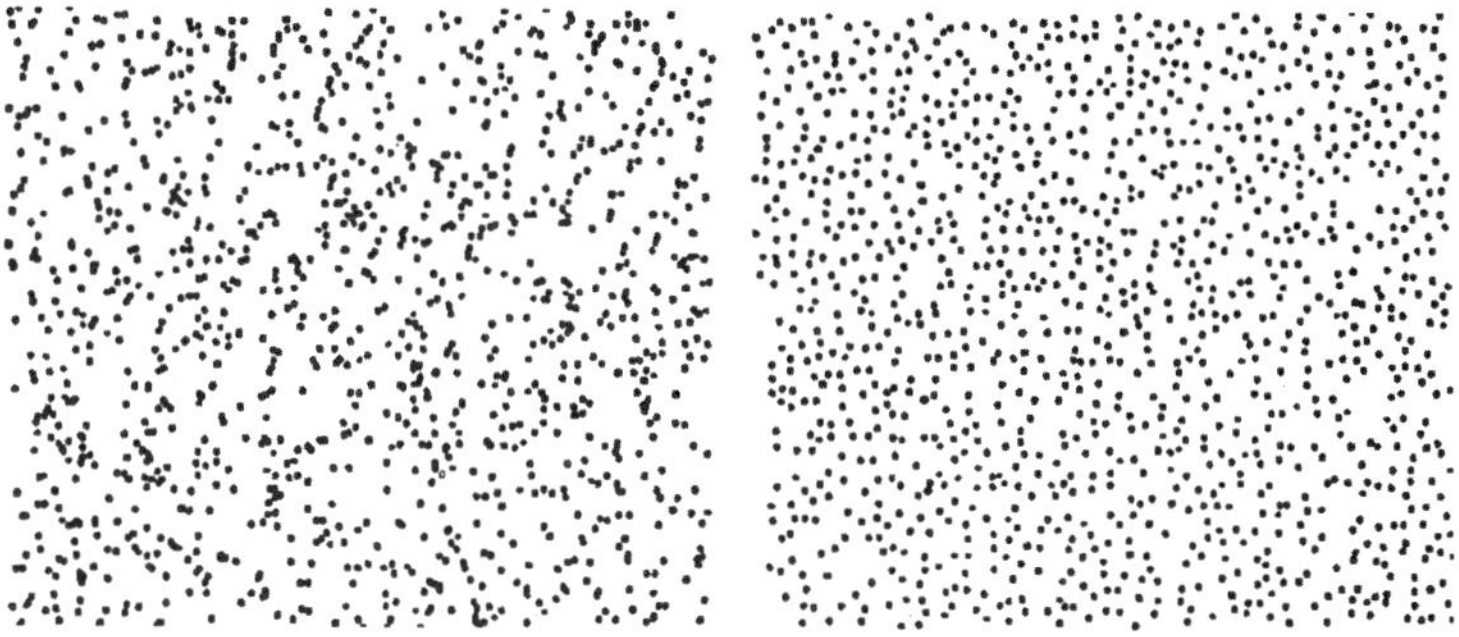

図5－5　ランダムなパターンと非ランダムなパターン．
出典：Ed Purcell による表示．Gould, 1991, pp.266-67 より．

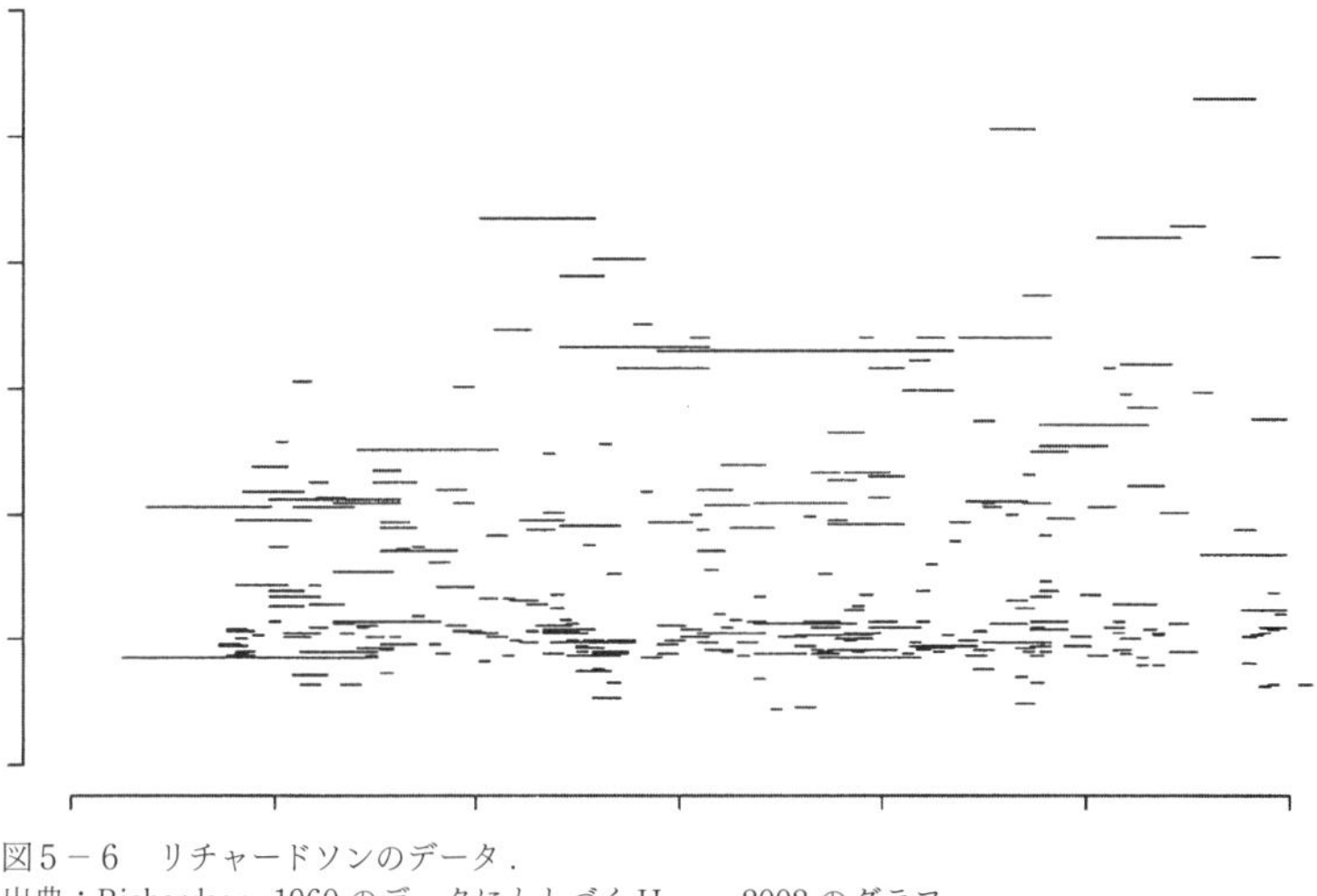

図5－6　リチャードソンのデータ．
出典：Richardson, 1960 のデータにもとづく Hayes, 2002 のグラフ．

これが何のグラフか、読者にはおそらく察しがつくだろう。それぞれの線分は戦争を表している。横軸は一八〇〇年から一九五〇年までを二五年単位で区切り、縦軸は戦争の規模を、死者数一〇〇人から一億人までを対数目盛で表している。右上部の二つの線分は、第一次世界大戦と第二次世界大戦である。

戦争がいつ起きるかについてのリチャードソンの重要な発見は、戦争がランダムに勃発するということだ。軍神マースの鉄のサイコロが1のぞろ目を出すたびに、ある二つの国が戦争を始める。マースが次にサイコロを振るときには、もう前のことは覚えていない。その結果、戦争開始の間隔は指数関数的に分布し、短い間隔が多く、長い間隔は少なくなる。

戦争がポワソン的傾向をもつことは、錯覚上のクラスターに星座を見出そうとする物語としての歴史観を揺るがし、人類の歴史に壮大なパターンや周期や弁証法を読み取ろうとする仮説を混乱させる。凄惨な戦争があったからといって、世界が戦争にうんざりして平和な休息期間が訪れるわけではないけれど、好戦的な二つの国が咳をすると、たちまち伝染病のように戦争が地球全体に広がるというわけでもない。また、平和が長く続くと戦争への欲望が増大し、やがて突然、激しく爆発するということもない。軍神マースはただひたすらサイコロを振りつづけるだけなのだ。ほかにもリチャードソンと同時代またはその後に、戦争のデータについての研究が六つほど行われたが、結論はすべて同じだった。☆36

リチャードソンは戦争の勃発だけでなく、終結もランダムであることを発見した。平和の女神パークスのサイコロが6のぞろ目を出すたびに、交戦中の国々は武器を置く。リチャードソンは、小規模な戦争（3等級）が勃発すると、その戦争が終結する確率は毎年、半々より少し低い確率（四三パーセント）であることを突きとめた。これは、大部分の戦争は二年と少し続くということを意味するのだろうか。ここでうなずいた人は、これまでの話をよく聞いていなかったことになる。集結する確率が毎年一定ならば、一年で終わる可能性が最も高く、二年では少し低くなり、三年、四年と長引くにつれて、さらに低くなる。これは、もっと大規模な戦争(4〜7等級)にもあてはまる。こうした戦争が一年以内に終結する確率は二三・五パーセントだ。戦争の継続期間は指数関数的に分布しており、最も多いのは最も短い戦争である。[☆37]つまり、戦争をしている国は「攻撃性を捨て去る」までは正気に返れないわけではないし、戦争の「勢い」を「使い果たす」までは戦争は終わらないということもない。戦争が始まったとたん、戦争に抗するさまざまな力——平和主義や不安、大敗北など——が組みあわさり、戦争を終わらせようと圧力をかけてくるのだ。[☆38]

では、もし戦争がランダムに始まりランダムに終わるのなら、その歴史的傾向を追求することは無意味なのだろうか。そんなことはない。ポワソン過程における「ランダムネス」は、連続的な事象のあいだにはなんら関係は存在しないことを示している。事象発生器はサイコロと同様、記憶をもたないのだ。だがこれは、大きな時間の流れのなかで、確率はつねに一定であることを意味するわけではない。軍神マースの気が変わって、1のぞろ目が出たときではなく、サイコロの目の合計が3や6、あるいは7になったときに戦争を起こすようにするかもしれない。だが長い年月の間にこうした確率の変化があったとしても、ランダムであることに変わりはない——すなわち、ある戦争の勃発が、ほかの戦争が勃発する可能性を高くしたり、低くしたりはしないという事実は変わらないのだ。そのように確率の変化するポワソン過程を、非定常的ポワソン過程と呼ぶ。したがって、戦争の起きる確率が一定の歴史的な時間をへて減少するという可能性はあるのだ。それは、変数が減少する非定常的ポワソン過程で生じる。

同じように、戦争はポワソン過程であり、かつ周期性もあるということも数学的には可能だ。軍神マースが戦争の確率を三パーセントから六パーセントに変え、ふたたび三パーセントに戻すというのは理論的にありうる。だが実際には、非定常的ポワソン過程の周期と、定常的ポワソン過程の錯覚上のクラスターを見分けるのは容易ではない。いくつかクラスターがあることに目を欺かれ、システム全体が周期性をもつように思えてしまう場合がある（いわゆるビジネスサイクルも実際には一定の間隔をもつ純粋な周期ではなく、経済活動の予測不可能な変動の連続にすぎない）。時系列データの周期性を検証する優れた統計的手法はいくつかあるが、それが最も有効なのは、期間が、見つけようとしている周期よりはるかに長い場合である。期間が長ければ、推定される周期の多くがあてはまる余地ができるからだ。正しいと確信できる結論を得るには、別のデータで同じ分析を行ってみることも役に立つ。そうすれば、実際は特定のデータのランダムなクラスターにすぎないものに、周期を「オーバーフィット（過剰適合）」してしまう可能性はなくなる。リチャードソンは、3、4、5等級の戦争（それ以上の規模の戦争は検証するには数が少なすぎた）について、考えられる周期をいくつも試したが、どれもあてはまらなかった。彼以外の研究者のなかには、もっと長い期間のデータを使い、五年、一五年、二〇年、二四年、三〇年、五〇年、六〇年、一二〇年、二〇〇年の周期があると報告した者もいる。しかし根拠の薄い候補をたくさんあげるぐらいなら、意味のある周期はないと結論づけたほうが安全だ。戦争を定量的に研究する歴史学者の大部分が支持する結論も、まさにそれである。[39] 戦争の統計学的研究のもう一人のパイオニア、社会学者のピティリム・ソローキンはこう述べている。「歴史は、厳密な周期性や『鉄則』や『普遍的均一性』にこだわる人びとが考えるほど単調でも創造性を欠くものでもなく、一定時間に同じ数回転するエンジンのように味気なく機械的なものでもないと思われる[40]」

＊

では二〇世紀のヘモクリズム（血の洪水）は、単なるまぐれのようなものだったのだろうか（そう考えるだけでも、犠牲者をひどく侮辱してしまいそうだが）。しかし殺しあいのケンカの統計は、そのような極端な結論を強いるものではない。きわめて長い時間軸においては、ランダムネスは確率の変化と共存しうるし、一九三〇年代には明らかに、いくつかの確率がほかの時代の確率とは異なっていたはずだ。「優等人種」であるアーリア人の居住地を得るためだとしてポーランド侵攻を正当化したナチのイデオロギーは、「劣等人種」であるユダヤ人の殲滅を正当化したイデオロギーと表裏一体であり、好戦的国家主義は、ドイツ、イタリア、日本の共通項だった。そしてナチズムと共産主義のイデオロギーの背後には、反啓蒙主義的理想主義という共通の分母があった。また、たとえ長期的には戦争はランダムに分布するとしても、たまには例外もある。たとえば第一次世界大戦が勃発したことは、おそらくヨーロッパに第二次世界大戦のような戦争が起きる確率を高めたと考えられる。

だが統計学的に——とりわけクラスター錯覚を意識しながら——考えると、私たちはえてして歴史に物語としての一貫性があることを誇張しがちであることに気づく。つまり起きた出来事を、周期や増大傾向、衝突必至《コリジョン・コース》のなりゆきなど、さまざまな歴史の力によって、起こるべくして起きたと考えてしまいがちなのだ。しかし、たとえすべての可能性がそろっても、6等級や7等級規模の死者を出す大きな戦争が勃発するには、きわめて偶発的な事象（もし歴史のテープを巻き戻して再生することができたら、今度は起きるとはかぎらないような）が必要だったかもしれないのである。

ホワイトは一九九九年に、「二〇世紀で最も重要な人物は誰か？」という「よくある質問」を取り上げ、それはガヴリロ・プリンツィプだと答えている。いったいどこの誰？と聞きたくなるが、プリンツィプは一九四一年、サラエボでオーストリア＝ハンガリー帝国の皇太子フランツ・フェルディナンド大公を暗殺した、一九歳のセルビア民族主義者である。ボスニア公式訪問中の大公が、銃撃されるほどの距離までプリンツィプに近づいたのは、一連のミスや偶然が重なった結果だった。ホワイトはプリンツィプを選んだ理由を次のように説明している。

この男はたった一人で、最終的には八〇〇〇万人の死へといたる連鎖反応に火をつけた。アルベルト・アインシュタインもかなうまい！

たった数発の銃弾で、このテロリストは第一次世界大戦を引き起こした。それによって四つの君主国が滅び、その権力の空白をロシアでは共産党、ドイツではナチスが埋めて、やがては第二次世界大戦で死闘を演じることになったのである。……

プリンツィプの重要性など大したことはない、当時の世界の緊張関係からいって、遅かれ早かれ大戦は避けられなかったという反論もあるだろう。だがそれを言うなら、NATOとワルシャワ条約機構との戦争も避けられなかったはずだ。この一件で導火線に火がつかなければ、大戦は回避できただろうし、大戦がなければレーニンもヒトラーもアイゼンハワーもいなかっただろう。☆41

リチャード・ネッド・ルボウのような、事実に反するシナリオを好むほかの歴史学者も、似たような発言をしている。☆42 第二次世界大戦については、歴史学者のF・H・ヒンズリーがこう書いている。「第二次世界大戦の原因はアドルフ・ヒトラーの性格とその野心にあったという点で、歴史学者の見解はほぼ一致している」。キーガンも同意見だ。いわく、「戦争が本当にしたかったヨーロッパ人はただ一人、アドルフ・ヒトラーだけだ」☆43。政治学者ジョン・ミューラーは、次のように結論づけている。

これらの発言が示唆するのは、ヨーロッパをふたたび世界大戦に導くような推進力も、戦争が必要になるような重要な歴史的条件もなく、ヨーロッパの主要国家は戦争に向かうコリジョン・コースには乗っていなかったということだ。言いかえれば、もしアドルフ・ヒトラーが政治ではなく芸術の道に進んでいたら、第一次世界大戦従軍中の一九一八年にイギリス軍の毒ガスをもう少したくさん吸っていたら、一九二三年のミュンヘン一揆での行進中、隣の兵士ではなく彼が銃弾に倒れていたら、一九三〇年の自動車事故で命を落としていたら、ドイツで指導者の地位に就いていなければ、あるいは一九三九年九月（あるいは一九四〇年五月）以前に退陣していたら、ヨーロッパ最大の戦争は起こらなかったはずだということである。[☆44]

ナチスによるジェノサイドも同様である。次章で見るように、ジェノサイドを研究する歴史学者のほとんどは、社会学者ミルトン・ヒメルファーブが一九八四年に発表した論文のタイトル、「ヒトラーなしにはホロコーストはない」に同意する。[☆45]

確率とは視点の問題だ。十分近いところまでズームインすれば、個々の事象には決定的要因がある。コイン投げでさえ、初期条件や物理法則によって結果が予測できるし、熟練したマジシャンならその法則を利用して毎回、表を出すこともできる。[☆46]だが多くの事象が視野に入るようにズームアウトすると、膨大な数の要因が時に相殺し、ときに同一方向に向かった結果を見ることになる。物理学者で哲学者のアンリ・ポワンカレの説明によれば、私たちが決定論的な世界に偶然の作用を見るのは、ささいな原因がたくさん積み重なって重大な結果をもたらすか、誰も気づかない小さな原因が誰の目にも明らかな重大な結果をもたらすか、いずれかの場合だという。[☆47] 組織的暴力を例にとれば、まず戦争をしたい人間がいて、その人間は好機がくるのを待つ。好機はやってくることもあれば、こないこともある。敵の側が交戦を決断することもあれば、撤退を決断することもある。弾丸が飛び、爆弾が破裂する。人が死ぬ……。これらの事象は個別に見れば、神経科学や物理学や生理学の法則で決まるかもしれない。だが総体として見ると、そこに関わる多数の原因がシャッフルされて、時として極端な組みあわせを生むことがある。二〇世紀前半、世界はあらゆるイデオロギー的・政治的・社会的潮流によって危機にさらされたうえに、一連の極度の悪運にも見舞われたのだ。

＊

さて、ここで問題なのだが、戦争が起きる確率は時代とともに増えたのだろうか、減ったのだろうか、それとも変化していないのだろうか。リチャードソンのデータは、増加しているように見える偏りがある。データの期間はナポレオン戦争直後から始まるので、この史上有数の破壊的戦争が含まれていない一方、史上最悪の破壊的戦争である第二次世界大戦の直後で終わっている。リチャードソンはその後数十年続く「長い平和」を見ないまま世を去ったが、優秀な数学者である彼は、統計学的にはそれもありうることを理解していた。そして両端の極端な事象に惑わされずに、時系列での傾向を検証する独創的な方法を考え出したのである。もっとも単純なのは、戦争を等級別に分けてそれぞれの傾向を調べるという方法だったが、3から7までのどの等級にも意味ある傾向は見つからなかった。あるとすれば、若干の減少が見られたことだ。「人類の好戦性は一八二〇年以降、低下していることが示唆されるが、決定的な証拠はない。入手できる最善の観察結果によれば、戦争の数は時代が進むにつれてわずかだが減少している。……ただしそれは偶然の変動のなかで明らかに突出するほどのものではない」[48]。まだヨーロッパとアジアで戦争が終わってまもない時期に書かれたことを考えると、ここには一人の偉大な科学者が、思いつきや一般通念よりも事実と理性を優先させようとしたことが明白に示されている。

このあと見ていくように、他のデータを使った戦争の頻度の分析も、同じ結論を指し示している[49]。だが戦争は頻度だけの問題ではない。規模の大小にも重要な意味がある。人類の好戦的な傾向は減じてきているというリチャードソンの推論は、世界大戦を、統計が意味をもたないほど小さな二つの微小集合に分けたことによるものだ、と考えたとしても無理はないだろう。彼が行ったほかの分析では、第二次世界大戦であろうが、たとえば死者一〇〇〇人の一九五二年のボリビア革命だろうが、すべての戦争を同じように数えている。リチャードソンの息子はリチャードソンに、大きい戦争と小さい戦争に分けてデータを見ると、両者は反対の傾向を示すことを指摘した――小規模な戦争の頻度がかなり減少している一方、大規模な戦争は数は少ないものの、頻度はやや増加している、と。別の言い方をすれば、一八二〇年から一九五三年までのあいだに戦争の頻度は減ったが、死者数は増えているというのだ。リチャードソンはそれを検証し、統計的意味があることを突きとめた[50]。次節では、これもまた明察だったことを明らかにする。ほかのデータによる分析でも、一九四五年までは、ヨーロッパおよび他の主要国家間の戦争は概して数は減少しているものの、死者数は増加したことが示されたのだ。

では、人類の好戦性は増大したのか、それとも減少したのだろうか。「好戦的」という語には二つの意味があるので、答えは一つではない。国家がどのくらい戦争を起こしやすいかを指すこともあるし、戦争になったときどのくらい死者が出るかを指すこともある。たとえば二つの郡があって、人口はどちらも同じだったとする。一方の郡には、森に火をつけて喜ぶ一〇代の放火魔が一〇〇人いるとしよう。だが森はまばらなので、たとえ火事が起きても大きな被害が出る前に鎮火できる。もう一方の郡の放火魔は二人しかいないが、森と森がつながっているので、小さな火災でも山火事のように広がりやすい。さて、森林火災の問題が深刻なのはどちらの郡だろうか？　どちらとも言えるだろう。無謀な犯罪の件数という点では前者のほうが深刻だが、重大な被害が起きるリスクという点では後者のほうが深刻だ。小さな火災が頻発する郡と、件数は少なくても大きな火災が起きる郡とでは、どちらが全体的損害が大きいかは明白ではない。こうした問いを解明するため、時間の統計から規模の統計へと目を転じることにしよう。

殺しあいのケンカの統計（その2）――戦争の規模

リチャードソンは殺しあいのケンカの統計について、もう一つ大きな発見をしている。それに気づいたのは、死者数一〇〇〇人のケンカは何件か、死者数一万人は何件か、死者数一〇万人は……と、等級別にケンカの件数を数えていたときだった。小規模な戦争が多く、大規模な戦争が少ないことはさしたる驚きではなかったが、彼が驚いたのは、その関係がきわめて整然としていたことだった。各等級のケンカの件数と、ケンカごとの死者数の関係を対数目盛のグラフにしたのが、図5－7である。

物理学のようなハードサイエンスの学者は、データが完璧な直線になることを見慣れている。たとえば気体の体積と温度の関係のグラフなどのように。だが現実の歴史から収集した雑然としたデータが、そのように行儀よく納まろうとは誰が思うだろうか。人類史上最大の戦争から南米の小国のクーデターまで、時代でいえば産業革命の夜明けからコンピューター時代の幕開けまでの、種々雑多な殺しあいのケンカを寄せ集めたデータが美しい斜めの線を描くとは、驚き以外の何ものでもない。

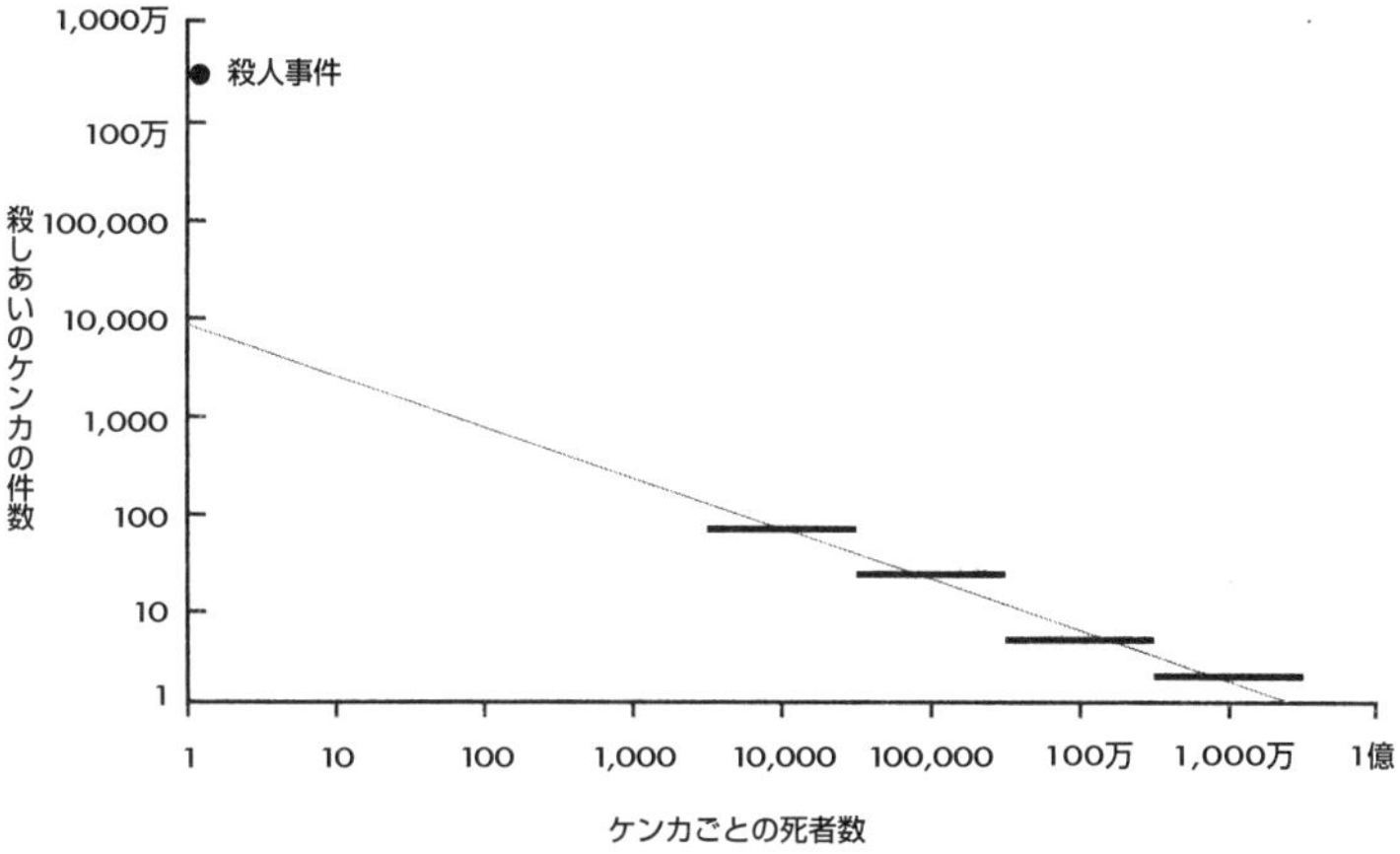

図5－7　等級別に見た殺しあいのケンカの件数（1820 ～ 1952 年）
出典：Richardson, 1960, p.149 のデータにもとづく Weiss, 1963, p.103 を編集したグラフ．1820 ～ 1952 は戦争が終了した年を示す．

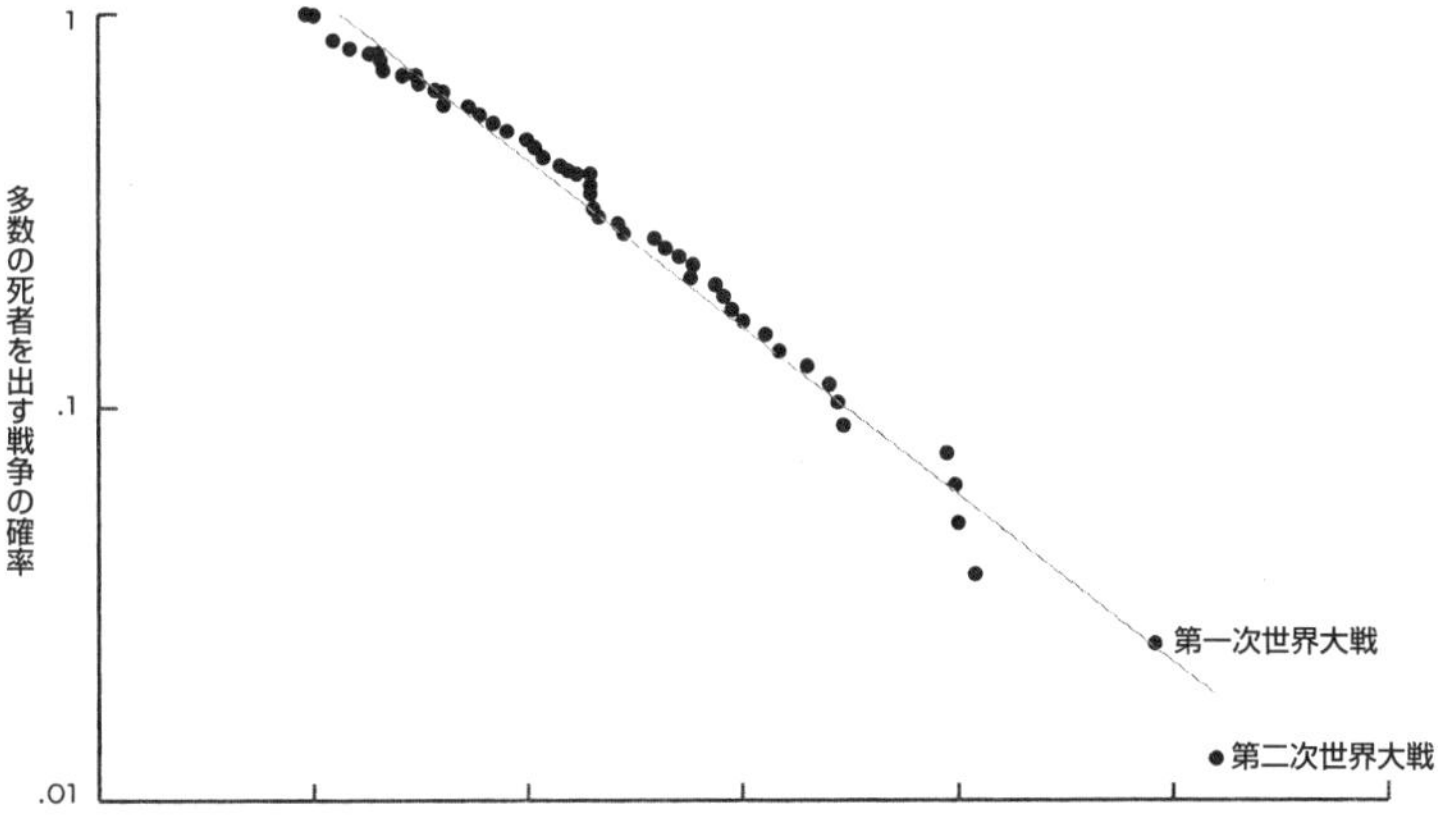

図5－8　等級別に見た戦争の確率（1820 ～ 1997 年）
出典：Cederman, 2003, p.136.

ある事象の頻度の対数がその規模の対数と比例し、両対数グラフで表すとほぼ直線を描くようなデータを、「べき分布」あるいは「べき乗則」と呼ぶ。[☆51]「べき」とは累乗のことで、対数から元の数字に戻すと、ある事象がデータにあらわれる確率はその事象の規模の累乗（両対数グラフでは直線の傾きとなる）プラス定数に比例する。このケースでは、べき指数はマイナス一・五で、これは死者数が一〇倍に増えるたびに、その規模の戦争が起きる頻度が約三分の一になることを意味している。リチャードソンは、殺人事件を0等級のケンカと見なして戦争と同じグラフにプロットしたが、これも質的には全体的なパターンに従っていると指摘する。殺人事件は、もっとも小規模な戦争よりもはるかに破壊力は小さいが、発生件数ははるかに多いというのだ。しかし、グラフを見ておわかりのように、殺人事件をあらわす点が、グラフの直線と縦軸との交点よりもずっと高い位置にポツンと離れている。したがって、殺しあいのケンカはすべて一つの連続体に納まるという彼の主張は、いささか調子に乗りすぎだと言われてもしかたがない。それでもリチャードソンは、果敢にも殺人事件を表す点と戦争の直線を急カーブでつなぎ、一〇人未満、一〇人単位、一〇〇人単位の死者を出したケンカの数（犯罪学と歴史学の狭間で軍事的地平下に埋もれた小衝突で、記録には残っていない）を挿入できるようにした。だがひとまず殺人事件や小衝突は脇に置いて、いまは戦争の問題に集中することにしよう。

　では、リチャードソンは単にデータのサンプルに恵まれていただけだったという可能性はあるのだろうか。五〇年後、政治学者ラース・エリック・シダーマンは、「戦争の相関関係プロジェクト」による大規模な戦死者データにもとづき、新たな数値でグラフを作成した。[☆52]一八二〇年から一九九七年までに起きた九七の国家間戦争をプロットしたのが図5-8のグラフである。やはり、データの分布は両対数グラフで直線を描いている。（シダーマンのプロットの方法は少々異なるが、ここでの目的には影響しない）。[☆53]

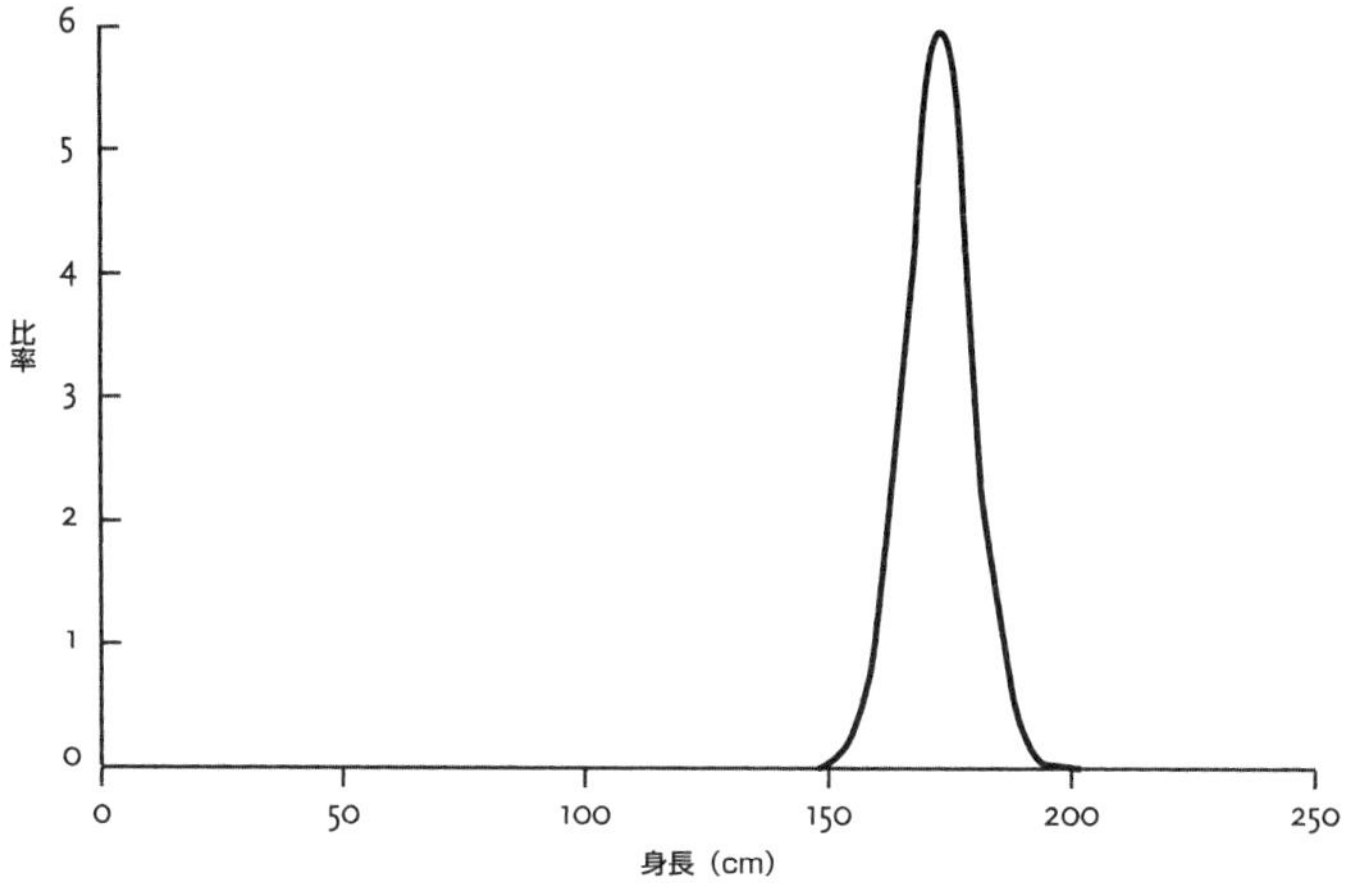

図5－9　アメリカ人男性の身長（正規分布または釣鐘型分布）
出典：Newman, 2005, p.324.

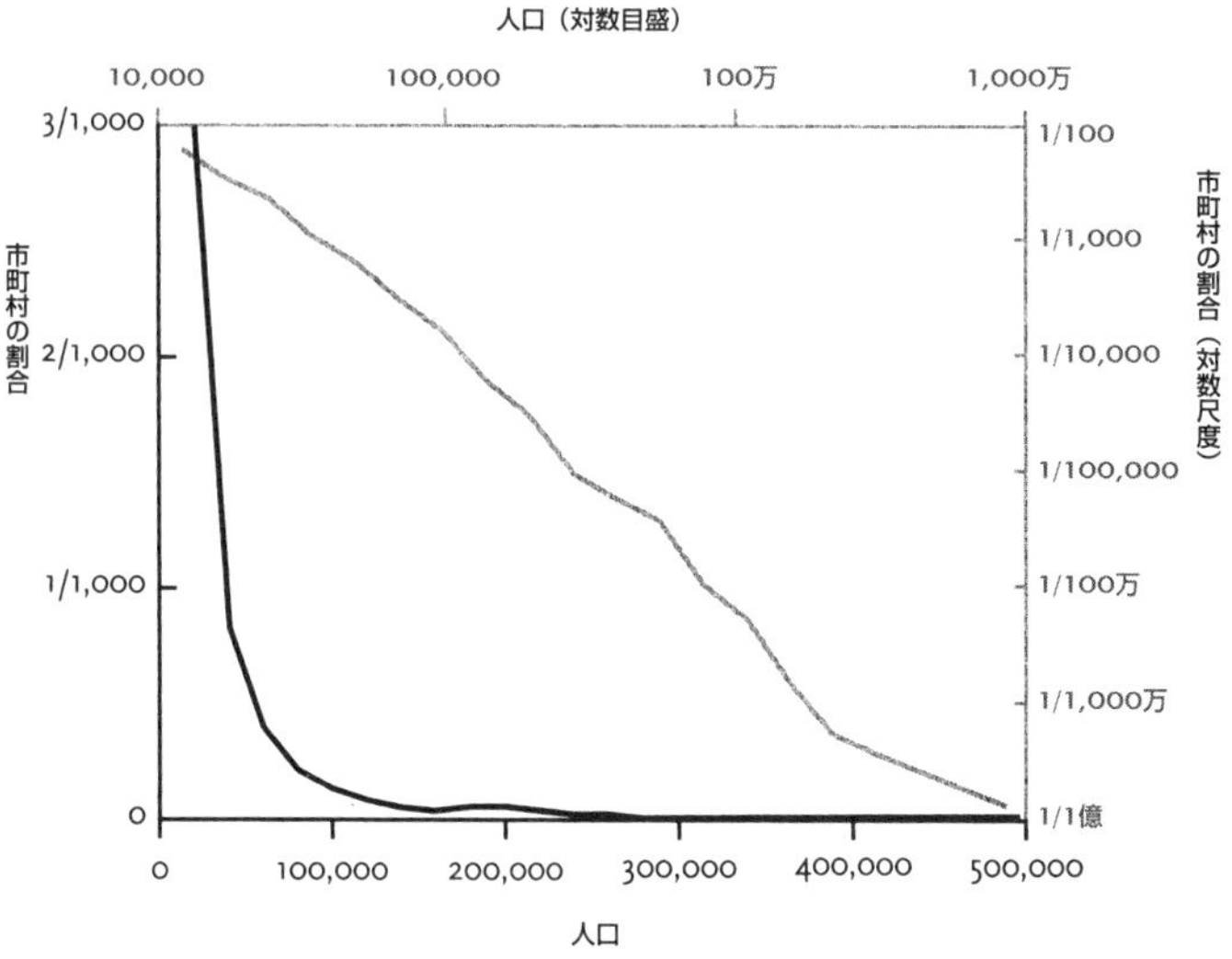

図5－10　線形目盛と対数目盛による市町村の規模（べき分布）
出典：Newman, 2005, p.324 を編集したグラフ．

科学者がべき分布に興味をもつ理由は二つある。[☆54] 第一に、なんの共通性もないと思われる事象の測定結果に、べき分布が頻繁にあらわれるということだ。最も初期に発見されたべき分布の一つは、一九三〇年代に言語学者G・K・ジップが作成した、英語の語の使用頻度に関するグラフである。[☆55] 大きなコーパス（言語資料）を使って語の使用回数を調べると、一〇余りの語がきわめて頻繁に（一パーセント以上、つまり一〇〇語に一語以上の頻度で）使用されている。the（七パーセント）、be（四パーセント）、of（四パーセント）、and（三パーセント）、a（二パーセント）などがこれにあたる。[☆56] 次に約三〇〇〇語（confidence、junior、afraid など）が中程度の頻度で（一万語に一回前後）使われ、一万語（embitter、memorialize、titular など）が一〇〇万語に一回使用される。そして一〇〇万語に一回をはるかに下回る頻度で使われる語が数十万語ある（kankedort、apotropaic、deliquensce など）。

もう一つ、例をあげよう。一九〇六年にイタリアの経済学者ヴィルフレド・パレートは、イタリア人の所得分布がべき分布であることを発見した。大富豪はほんの一握りだが、赤貧状態にある人はそれよりずっと多いのだ。こうした発見がなされて以降、都市の人口からよくある名前、ウェブサイトの人気、科学論文の引用数、本やCDの売り上げ、生物分類群の種の数、さらには月のクレーターの大きさまで、さまざまな領域でべき分布があてはまる事象があることがわかってきた。[☆57]

べき分布が興味を惹く理由の第二は、同じ値に見える範囲が広くあることである。なぜそのことが注目に値するのかを理解するために、正規分布、ガウス分布、釣鐘型曲線など、もっとなじみのある分布と比較してみよう。人の身長や高速道路を走る車の速度を測定すると、大半の数値は平均前後に集中し、釣鐘のような曲線を描きながら左右に裾野が広がる。[☆58] 図５－９はアメリカ人男性の身長の分布で、一七八センチメートル前後が非常に多く、一六八センチメートルや一八八センチメートルの人はやや少なく、一五二センチメートルや二〇三センチメートルになるとかなり少ないことがわかる。ギネスブックに登録された一番低い身長五八センチメートルよりも低い人や、一番高い身長二七二センチメートルより高い人はいない。世界一のノッポは世界一のチビの四・七倍の身長があるが、身長六メートルの人に出会う可能性は間違いなくゼロだ。

だが、このように標準値を頂点とする山にも、左右対称にもならず、こぢんまりした範囲にも納まらない事象もある。たとえば市町村の規模がいい例だ。「アメリカの典型的な市町村の規模はどのくらいか？」という質問に答えるのはむずかしい。ニューヨークの人口は八〇〇万人だが、「町」と見なされる最も小さな自治体は、ギネスブックによるとバージニア州ダフィールドで、人口はたったの五二人。最大の市町村は最小の市町村の一万五〇〇〇倍ということになり、男性の身長の場合は五倍以下だったのとは大違いだ。

それだけでなく、市町村の規模の分布は釣鐘型にはならない。図5－10の黒線のように、左端にピークがあり、右に向かって長く尾を引く（ロングテール）L字型になる。このグラフの黒の横軸は、通常の均等目盛で市町村の人口を表し（人口一〇万、二〇万……）、黒の縦軸はそれぞれの規模の市町村の割合を表している。アメリカの市町村の〇・〇〇三パーセントが人口二万で、〇・〇〇二パーセントが人口三万、〇・〇〇一パーセントが人口四万というように、人口の多い市町村ほど全体に占める割合は小さくなる[☆59]。さて、グラフの上側と右側のグレーの軸は対数目盛で、値そのものではなく桁数（〇の数）を等間隔にとっている。グレーの横軸には人口の規模を一万、一〇万、一〇〇万という目盛で表し、縦軸にはそれぞれの人口規模の市町村の割合を〇・〇一パーセント、〇・〇〇一パーセント、〇・〇〇〇一パーセントという目盛で表している。このグレーの軸でグラフを描き直すと、興味深いことが起きる――L字型の曲線が直線へと鮮やかに変化するのだ。これが、まさにべき分布の特徴である。

ここで話は戦争の問題に戻る。戦争の規模と発生確率はべき分布になるので、べき分布の数学的特質が、戦争の性質や戦争が起きるメカニズムを理解するために役立つかもしれない。まず第一に、戦争のデータのべき分布には有限の平均値もない。つまり「典型的な戦争」などというものは存在しない。言いかえれば、戦争は犠牲者の数がある一定の値に達するまで続いて、その後は自然に収束するなどということは、たとえ一般論としてもありえないのだ。

次に、べき分布はスケールフリーである。両対数グラフに描かれた線は、上に動かしても下に動かしても、つねに直線のままだ。数学的にいうと、ある部分を拡大しても縮小しても分布の見え方は変わらない。たとえば、二キロバイトのコンピューターファイルの普及度が一キロバイトのファイルの普及度の四分の一だとしよう。もしグラフから離れて、もっと高い値域まで見える範囲を広げても、やはり同じことがあてはまる。二メガバイトのファイルの普及度は一メガバイトのファイルの四分の一だし、二テラバイトのファイルの普及度は一テラバイトのファイルの四分の一になるのだ。これを戦争にあてはめるとどうなるか？　たとえば、死者一〇〇〇人の小規模な戦争が死者一万人の中規模な戦争に発展する可能性はどのぐらいだろうか。それは死者一万人の中規模な戦争が死者一〇万人の大規模な戦争に発展する確率、あるいは死者一〇万人の大規模な戦争が死者一〇〇万人の歴史的な戦争に発展する確率、あるいは歴史的な戦争が世界大戦へと移行する確率と同じなのである。

さらに、べき分布には裾の部分が厚い「ファットテール」という特徴がある。これは、極端な値が無視できないほど多く存在するということだ。身長六メートルの人や高速道路を時速八〇〇キロで走る車に出会う可能性はほとんどありえないが、人口一四〇〇万人の都市や一〇年間連続でベストセラーに入る本、地球から裸眼で確認できるような巨大な月のクレーター、あるいは五五〇〇万人の死者を出す戦争というのは、ひょっとするとあるかもしれない。

このようにべき分布では、規模をグンと大きくしても頻度は急には下がらず、ゆるやかに減る。言いかえれば、極値が出現する確率はきわめて低いが、天文学的な低さではない。この違いは重要だ。身長六メートルの人に出会う可能性は天文学的確率であり、ないと命を賭けて言ってもいい。けれども人口二〇〇〇万人の都市や、二〇年間連続のベストセラーが出現する可能性はきわめて小さくはあるが、それが現実になると想像することは十分できる。戦争の場合、それが何を意味するかは改めて指摘するまでもないだろう。一億人の犠牲者を出す戦争が起きる可能性はきわめてまれだし、一〇億人となればさらに可能性は低い。しかしこの核兵器の時代には、身の毛のよだつような想像と、べき分布の数学は同じ結論を指している――その可能性は決して天文学的に低いわけではないのだと。

さて、これまで戦争の原因について――あたかも軍隊が、何かの方程式にしたがって戦場に送り込まれるかのように――観念的・抽象的に論じてきた。だが本当に理解しなくてはならないのは、なぜ戦争はべき分布になるのか、ということだ。どのような心理学的・政治的・技術的要因が組みあわさって、このようなパターンが生じるのだろうか。現時点では、はっきりとした答えは出せない。べき分布を生むメカニズムはあまりにも多様だし、戦争のデータは正確さを欠くため、どの要因が作用しているのかを見きわめることはできないのだ。

それでも、殺しあいのケンカの分布がスケールフリーという性質をもつことから得られる洞察がある。[☆60] 直観的に考えられるのは、規模は関係ないということだ。ある連合体が威嚇するか、退却するか、はったりをかけるか、交戦するか、エスカレートするか、戦いつづけるか、降伏するかは、その連合体がストリートギャングであれ、民兵であれ、大国の軍隊であれ、同じ人間心理とゲーム理論のダイナミクスに支配される。それはおそらくヒトが社会的動物で、寄り集まって連合体をつくり、連合体がさらに寄り集まってもっと大きな連合体をつくるからだろう。とはいえ連合体はその規模にかかわらず、たった一個の派閥や一人の人間（ギャングやマフィアのボスであれ、軍閥のリーダーであれ、王や皇帝であれ）によって戦争へと追い込まれる可能性があるのだ。

ではこの規模は関係ないという直観は、実際にべき分布をなす武力衝突のモデルにどのように組み入れられるのだろうか。[☆61] もっとも単純なのは、連合体の規模そのものがべき分布であり、戦いはその数に比例して起き、その規模に応じた損害を被ると仮定することだ。人間の集団、たとえば市町村がべき分布になることは承知のとおりだし、その理由もわかっている。べき分布を発生させる最も一般的な要因は、優先的選択である。つまり、大きいものほど新しいメンバーを多く呼び寄せるということだ。優先的選択は「富める者はますます富む」という優位性累積のメカニズムであり、ビリー・ホリデーの歌にもなったマタイによる福音書二五章二九節の言葉、「持っている人はさらに与えられて豊かになるが、持っていない人は持っているものまでも取り上げられる」にちなんで、「マタイ効果」とも呼ばれる。人気のあるウェブサイトはますますアクセス数が増えて人気が上がり、よく売れる本はベストセラーリスト入りして、ますます買う人が増える。そして人口の多い都市には仕事のチャンスや文化的機会が数多くあるので、ますます人が集まる（一度パリを見てしまったら、もう田舎につなぎとめてはおけない）というわけだ。

リチャードソンも、このような単純な説明を考えたのだが、それでは計算が合わないことに気づいた。[☆62] もし殺しあいのケンカが市町村の規模と同じパターンを描くのであれば、ケンカの規模が一〇分の一になるごとに回数は一〇倍になるはずだが、現実には四倍にも満たない。さらにいえば、ここ数百年の間に起きた戦争は、市町村間ではなく国家間の衝突であり、国家はべき分布ではなく対数正規分布（歪んだ釣鐘型）になる。

もう一つのメカニズムとして考えられるのは、複雑系の科学によって示唆されるものだ。複雑系の科学とは、異なる構成要素から成るにもかかわらず、類似したパターンに組織化される構造を支配する法則を探る科学である。複雑系の研究者の多くは、自己組織化臨界と呼ばれるパターンを示すシステムに注目する。「臨界」とはラクダの背骨を折る最後の一本のワラ、つまり耐えられる限界のことであり、臨界に達すると、ほんの小さな入力でいきなり大きな出力が出る。「自己組織化」臨界とは、ラクダのたとえで言えば、折れた背骨が治って、さまざまな大きさのワラによってちょうど折れる強度にまで戻った状態にあたる。あるいは、砂山に上から少しずつ砂を落としていくことにたとえてもいい。砂を落としていくと、時折大小さまざまな崩落が起きるが、この崩落は、べき分布になる。崩落が起きて砂山の傾斜がなだらかになると崩落は止まるが、新たに砂が落ちてきて傾斜がきつくなると、また崩落が発生する。地震や山火事も同様だ。火事で森が焼けると、木があちこちにでたらめに生えはじめ、クラスター（集団）を形成する。するとクラスターとクラスターがつながり、新たな火事の種となるのだ。何人かの政治学者がコンピューターを使って、戦争を山火事になぞらえてモデル化したシミュレーションを開発した。[☆63] このモデルでは、何本かの木が固まって生えているところ同士がつながって、林になるように、国家は近隣の国を征服してより大きな国家をつくる。森にタバコが投げ込まれると、ボヤですむこともあれば、大火災になることもあるのと同様、シミュレーション上の国家に安定を揺るがすような事件が起きると、小さな衝突ですむこともあれば、世界大戦に発展することもある。

このシミュレーションでは、戦争による破壊の規模は、おもに戦争当事者とその同盟国の領土の規模によって決まる。だが現実世界では、破壊の規模は相手が先に倒れるまで戦いつづけようとする両者の意思にも左右される。南北戦争、第一次世界大戦、ベトナム戦争、イラン・イラク戦争など、近代史でもとりわけ多くの犠牲を出した戦争は、敵が先に崩壊することを期待して人と物資をつぎ込みつづけた消耗戦だった。

　ゲーム理論を最初に進化に応用した生物学者ジョン・メイナード・スミスは、こうした対立を「持久戦」ゲームとしてモデル化した。[☆64] 持久戦では、ライバルである二者が価値ある資源をめぐって争い、互いに相手より長く持ちこたえようと粘るのだが、その間にコストがどんどん積み上がっていく。元のシナリオでは、この二者は縄張り争いをする動物で、互いに相手が根負けして退散するまで威嚇しつづける。その際のコストとは、本来なら獲物を捕まえたり交尾相手を追いかけたりするのに使えたはずの時間とエネルギーである。持久戦ゲームは数学的にいえば、オークション――最高値で入札した者が勝つが、負けた側も入札額を支払わなければならない――のようなものだ。そしてもちろん戦争にも、このアナロジーがあてはまる。その際のコストは兵士の命である。

　持久戦は、「囚人のジレンマ」、「コモンズの悲劇」、「ドル・オークション」などのゲーム理論の逆説的シナリオの一つである。これは当事者が合理的に自分の利益を追求した結果、全員で知恵を出しあい、拘束力のある集団的合意に達した場合よりも損をするというものだ。持久戦においては両者が、ネットオークション「イーベイ」の参加者へのアドバイス――競売品にどれだけの価値があるかを判断し、その額を入札の限度とする――に従えばいいと考える人もいるかもしれない。しかし問題は、相手もその作戦を取る可能性があるということだ。相手は、あなたより一ドルだけ高く入札すれば（あるいはあと少しだけこらえれば、あと一度だけ増兵すれば）勝つ。相手はあなたが考えていた価値よりほんのわずか高い額で欲しいものを手に入れるのに対し、あなたは同じ額を失ううえに何も得られない。そこで、何としてもその事態に陥るまいとして、「相手より一ドルだけ多く入札する」という戦略に出る。だが相手も同じである。その結果がどうなるかは察しがつく。敗者も代価を払うという持久戦のひねくれた論理のせいで、その品物の価値以上の出費になっても入札をやめられなくなってしまうのだ。もはや勝つことはできないのだが、それでも負けたくない。ゲーム理論ではこの状況を「共倒れ」と呼んでいる。ローマ軍に勝ったはいいが、自らも壊滅的被害をこうむった古代ギリシャの王ピュロスにちなんで「ピュロスの勝利」とも呼ばれており、その軍事的なアナロジーは意味深長である。

持久戦ゲーム（コストは時間）で考えられる戦略の一つは、各プレーヤーが粘る時間の長さをランダムに決め、その時間の長さの平均を、その資源にあると認める価値と等価値にするというものだ。長期的に見れば、各プレーヤーは出費に見合う十分な価値を手に入れることになるが、粘る時間がランダムなので、どちらのプレーヤーもいつ相手が引き下がるのか予測がつかず、したがって確実に相手より長く粘ることはできない。言いかえれば、サイコロを二個振って目の合計が（たとえば）4になったら勝負を降り、それ以外ならもう一度サイコロを振るというルールに従うことだ。これはポワソン過程と同じで、もうおわかりのように、粘り時間は指数分布になる。争いはどちらかが勝負を降りたときに終わるので、争いの継続時間も指数分布になる。コストが時間ではなく、兵士の命である戦争モデルに話を戻すと、もし現実の持久戦がゲーム理論の「持久戦」と同じように行われ、他のすべての条件も同じであれば、持久戦の規模は指数分布になるということだ。

ご承知のように、実際の戦争はべき分布であり、指数分布に比べて裾の部分が厚い（激しい戦争が数多くある）。だが指数分布は、もし反対方向に向いた別の指数関数的プロセスによって数値が調整されれば、べき分布へと変わる可能性がある。持久戦ゲームには、まさにそのような特性がある。持久戦ゲームにおいて、もし一方がなんらかのサイン（たとえば顔をピクピクさせる、青ざめるなど）を出し、次の瞬間に降参するつもりであることがばれれば、相手はそれを利用して少しだけ粘る時間を伸ばし、確実に勝利することができるかもしれない。リチャード・ドーキンスが指摘したように、しばしば持久戦を行う種は、ポーカーフェイスを進化させると考えられる。

とすれば、生き物がそれとは逆のサイン、つまりもうすぐ降伏するサインではなく、戦いつづける意思を示すサインを利用することもありうる。「一歩も引かないぞ」という挑戦的なポーズをとることにより、相手方に、共倒れするまで戦うより撤退して損害を減らすほうが合理的だと思わせることができるかもしれない。だが、ここで「ポーズ」と呼んだのには理由がある。たとえ臆病者でも腕組みして相手をにらみつけるぐらいのことはできるし、相手方もやれるものならやってみろと開き直るかもしれない。そのサインになんらかの犠牲がともなう場合（ろうそくの炎に手をかざすとか、ナイフで腕を傷つけるとか）にのみ、本気であることが伝わるのだ。（当然ながら、犠牲を払うに値するのは、獲得しようとしているものが自分にとって非常に価値がある場合か、戦いが激化したときに勝つ自信がある場合だけである）。

持久戦では、長い時間をかけて戦いが進展する間に、リーダーがどのくらいのコストを許容するか、その度合いが変化するケースも考えられる。「戦死した兵士たちの死を無駄にしないために戦いつづける」というスローガンのもと、しだいに強硬になっていくのだ。こうした思考は損失回避、サンクコスト（埋没費用）の誤謬、あるいは深みにはまる、などと呼ばれ、明らかに非合理的であるにもかかわらず、それは人間の意思決定に驚くほど広く浸透している。[☆65] 配偶者からDVを受けているにもかかわらず、長年結婚しているから今さら別れられないとか、つまらない映画なのに、チケット代を払ったから最後まで見てしまうとか。あるいはギャンブルで負けを挽回しようとして二倍の額を賭けるとか、無駄な公共事業だとわかっていても、すでに大金をつぎ込んだので投資しつづけるとか。なぜ人間がサンクコストに弱いのか、心理学的には十分に解明されていないが、一般にはこう説明される。それによって人は、「私はいったん決めたことを簡単に撤回するような、軟弱で愚かで優柔不断な人間ではない」と表明している――言ってみればそれは公約のようなものだと。持久戦のような意思力の勝負において、損失回避の思考はコストはかかるが、それゆえに確実なサインとなりうる。それによって自分は降りるつもりはないことを相手に知らせ、あと一ラウンドだけ粘ろうとする相手の戦略を先手を打って阻止することができるのである。

先にふれたように、リチャードソンのデータは、戦死者が多いほど戦争は長引くことを示唆している。小規模な戦争のほうが大規模な戦争よりも、翌年までに終結する確率が高いのだ。[☆66] 国家間の戦争に関する膨大なデータを集めた「戦争の関連要因プロジェクト」からも、同様の「立場固定（行動のエスカレーション）」が見て取れる。戦争が長期間にわたるほど、死者数というコストが増大するだけでなく、期間だけから予想されるよりも高いコストがかかってしまうということだ。[☆67] ここで統計から実際の戦争に目を転じてみると、このメカニズムがはたらいていることは明らかだ。歴史的にもっとも多くの血が流れた戦争の多くでは、一方または双方の指導者が、明らかに非合理的な損失回避戦略を突き進んだことがその原因になっている。ヒトラーは、第二次世界大戦の最後の数ヵ月間、敗北が明白であるにもかかわらず、狂気にかられたように戦いつづけた。日本もしかり。リンドン・ジョンソンがベトナム戦争を拡大しつづけた頃、ピート・シーガーが歌ったプロテストソングには、当時の人びとがこの破壊的戦争をどうとらえていたかが凝縮されている。「ぼくらは腰まで泥まみれ／でも大馬鹿者は言った、進め」

システム生物学者ジャン＝バティスト・ミシェルは、持久戦における行動のエスカレーションが、べき分布になると指摘している。その場合、前提として必要なのは、指導者の決断は過去の行動に定比例してエスカレートしつづけるということだけだ――たとえば毎回、それまでに従軍した兵士の一〇パーセントの規模で増兵するというように。このことは、有名な心理学の法則であるウェーバーの法則とも一致する。ウェーバーの法則とは、観察者が刺激の強さの増加を知覚するには、増分がもとの刺激の強さに対して一定の比率になっていなければならないというものだ。（一〇個の電球のついた部屋で一一個目をつけると前より明るくなったことに気づくが、一〇〇個の電球のついた部屋で一〇一個目をつけても気づかない。明るさの変化が知覚されるには電球を一〇個増やさなければならない）。リチャードソンは、この法則が人命の損失にもあてはまることを発見し、こう書いている。「平時にイギリスの潜水艦シーティスが沈没して多くの犠牲者が出たとき、新聞は何日にもわたって哀悼の記事を載せたが、その後、この潜水艦が戦闘中に沈没して同じように多くの犠牲者が出たときには、ごく素っ気ない扱いだった。この違いは、増分が知覚されるかどうかは、もとの量との比によって決まるというウェーバー・フェヒナーの法則の一例と考えられよう」[☆68]。心理学者ポール・スロヴィックは最近、このことを裏づける複数の実験について概説している[☆69]。「一人の死は悲劇だが、一〇〇万人の死は統計にすぎない」というよく知られた言葉（スターリンのものと誤解されているが正しくはアイヒマンのもの）は、数は間違っているものの、人間心理の現実をよくとらえている。

もし戦争のエスカレーションが過去の行動と比例するなら（そして戦場に送られた兵士が一定の比率で戦死するなら）、戦争が長引くにつれて、損失はまるで複利がつくように指数関数的に増大する。そして、もし戦争が持久戦であるなら、戦争の持続期間もまた指数分布になる。ある変数が、指数分布になるもう一つの変数の指数関数であるとき、その変数はべき分布になるという数学の法則を思い出してほしい[☆70]。私自身の推測によれば、戦争の規模がべき分布になる理由は、エスカレーションと持久戦を組みあわせること

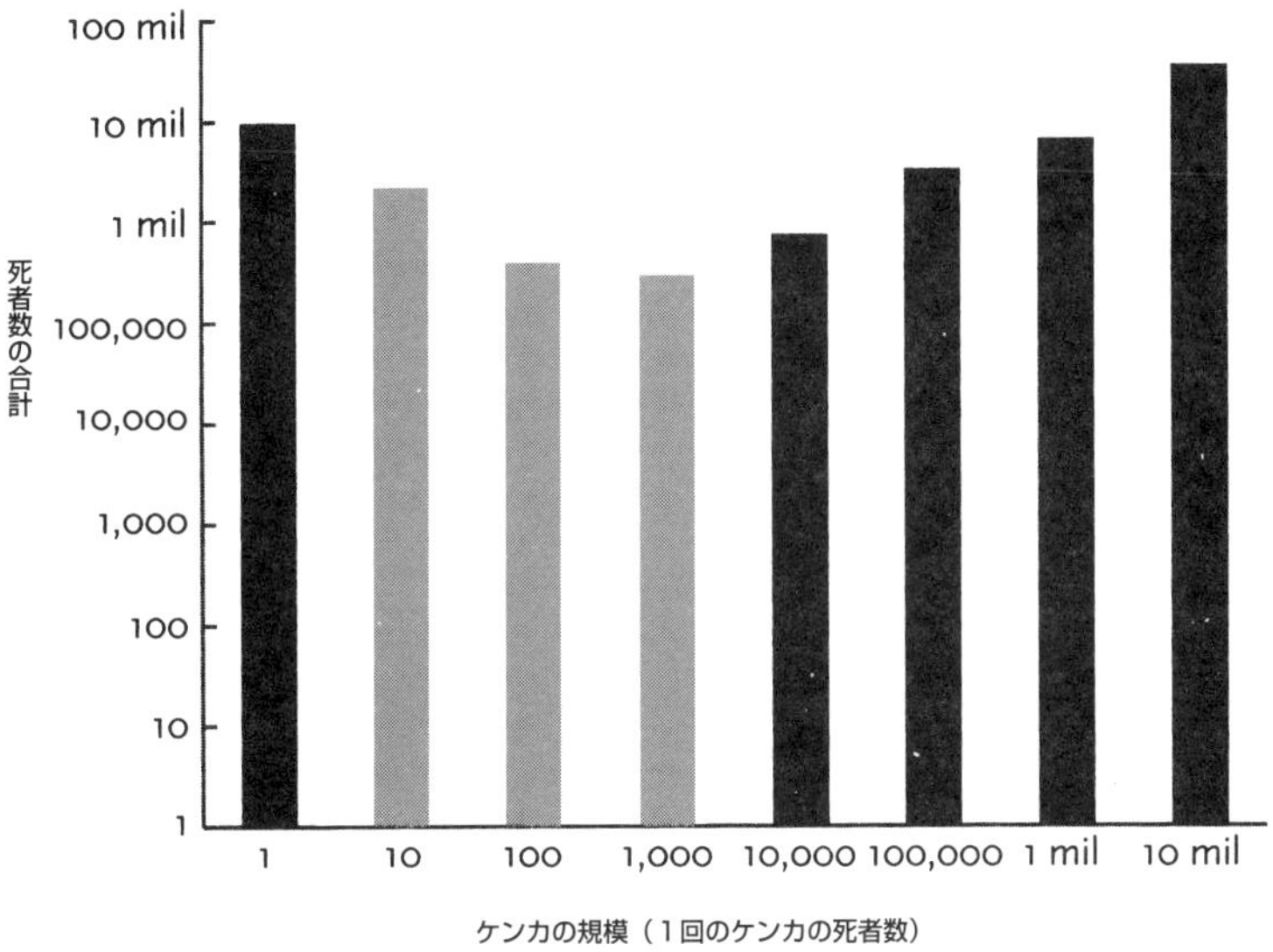

図5－11　規模別に見たケンカによる死者数の合計．
出典：Richardson, 1960 のデータにもとづく Hayes, 2002 のグラフ．

で、もっともうまく説明できるのではないかと考えられる。

戦争がなぜべき分布になるのか、その理由は正確にはわからなくても、べき分布の特徴（スケールフリーとファットテール）が意味するのは、戦争には規模に関係のない、なんらかの根源的なプロセスが存在するということである。もともとの規模の大小にかかわらず、武装した連合体はつねに少しだけ大きくなり、戦争はつねに少しだけ長くなり、損失はつねに少しだけ増大する可能性があるのだ。

＊

殺しあいのケンカの統計に関するもう一つの明らかな問いは、多くの小規模な戦争と少しの大規模な戦争とでは、どちらが多くの犠牲者を出すか、ということである。べき分布そのものからは答えは得られない。規模の異なる戦争の死者数の合計が、すべて同じになるようなデータというものを思い浮かべることは可能だ。死者数一〇〇〇万人の戦争が一件、死者数一〇〇万人の戦争が一〇件、死者数一〇万人の戦争が一〇〇件……そして死者一人の殺人事件が一〇〇〇万件という具合に。だが実際は、指数が一より大きい分布（戦争はこれに該当する）は裾を引いた形になる。指数が一より大きいべき分布は、80：20の法則（パレートの法則）にしたがうと言われることもある。80：20の法則とは、たとえば全人口の二〇パーセントにあたる富裕層が、富の八〇パーセントを支配するといったことを指す。厳密に80：20ではなくても、このような偏りをもつべき分布は少なくない。たとえば全体の二〇パーセントを占める人気ウェブサイトに、全体の約三分の二のアクセス数が集まるというのは、その一例だ。[71]

リチャードソンはすべての殺しあいのケンカについて、規模別に死者数を合計したが、コンピューター科学者ブライアン・ヘイズは、それをヒストグラムにプロットした（図5－11）。グレーで示されているのは、死者三人から三一六二人までの小規模なケンカによる死者の合計で、実際のデータにもとづいたものではない。この領域は犯罪学と歴史学のはざまにあり、リチャードソンが用いた資料からはデータを得られなかったため、殺人事件と小規模な戦争とのあいだがなだらかな曲線を描くように仮想の数値を挿入したものだ。[72]たが、この部分があってもなくても、両端にピークがあり真ん中が凹んだグラフの形は注目に値する。致死的暴力のうち最も破壊力が大きいのは（少なくとも一八二〇年から一九五二年の間では）殺人事件と世界大戦であり、それ以外のケンカによる死者は、はるかに少ないのである。このことは、その後の六〇年間でも変わらない。アメリカでは朝鮮戦争で三万七〇〇〇人、ベトナム戦争では五万八〇〇〇人の兵士が死亡したが、それ以外の戦争の死者はずっと少ない。一方、アメリカでは毎年平均一万七〇〇〇人が殺害され、一九五〇年以降の累積はほぼ一〇〇万人になる。[73]同じように世界全体としても、殺人事件による死者は、戦争関連の死者――たとえ飢餓や病気などの間接的な死を含めても――を上回るのだ。[74]

さらにリチャードソンは、殺人事件から世界大戦まで、あらゆる規模の殺しあいのケンカが死亡原因全体に占める割合を推定したところ、結果は一・六パーセントと出た。彼はこう書く。「これは、殺しあいのケンカが人びとの大きな関心を惹くことから想像するより小さな数字である。戦争賛美者にとっては、戦争より病気のほうがはるかに多くの命を奪うのだという、都合のいい言い訳になるかもしれない」[75]。いまにいたるまで、状況は大差のまま変わっていない。[76]

二つの世界大戦による死者は、一三〇年間に起きたすべての戦争による死者の七七パーセントを占めるというのは、驚くべき発見である。戦争は、べき分布によく見られる80：20の法則にさえしたがわず、80：2の法則にしたがう――死者のうち約八〇パーセントが、たった二、パ、ー、セ、ン、ト、の戦争で命を落としているのだ。[77] この著しく偏った比率が教えているのは、世界が戦争による死をなくそうとするなら、まず大戦争を防ぐべきということである。

またこの比率は、一貫性のある歴史物語への希求と、殺しあいのケンカの統計とを一致させることの困難も浮き彫りにしている。二〇世紀を理解しようとするとき、そこによくできたストーリーを見出そうとする願望は、二つの統計上の錯覚によって増幅される。一つは、ランダムな間隔で発生する事象に意味のあるクラスターを見ようとする傾向、もう一つは極端値を、釣鐘型の正規分布のように天文学的に低い確率でしか起きないととらえ、極端な事象の背景にはきわめて特殊な事情があるはずだと思い込む傾向である。こうした考え方では、現代史の二つの最悪の出来事が、起こりにくいことであるとはいえ、天文学的に低い確率ではなかったことを受け入れにくくなる。時代の緊張によって勃発の可能性が高まったことはあったとしても、両大戦は必然的に起きたわけではない。だがいったん始まってしまえば、最初の規模がどうであれ、つねにエスカレートしていく可能性があった。ある意味で二つの世界大戦は、幅広い破壊の規模にわたる統計的分布のゾッとするほど不運なサンプルだったのだ。

大国の戦争の推移

リチャードソンは戦争の統計について、二つの大まかな結論に達していた。第一は戦争のタイミングがランダムであること、第二は戦争の規模はべき分布になることだ。しかし彼は、二つの重要な変数――戦争が起きる確率と戦争がもたらす被害の量――が時間の経過にしたがってどう変化するかについては、多くを解明できなかった。戦争の回数は減少しているが、死者数は増加しているという彼の考察は、一八二〇年から一九五〇年までに限られたものであり、データとして用いた戦争のリストにムラがあったために限界がある。では今日、長期にわたる戦争の推移について、どれだけのことがわかっているのだろうか。

有史以来の世界各地のあらゆる戦争に関する完全なデータなど存在しないし、仮にあってもそれを解釈するのはむずかしい。それぞれの国や社会は歴史の流れのなかで過程で激変を遂げ、しかもそれらの変化は一様でないため、全世界の死者を一つの統計であらわした場合、あまりにも状況の異なる国や社会が一緒くたになってしまう。だが政治学者ジャック・レヴィは、とりわけ重要な地域と時代を切り取ってデータを収集し、そこにおける戦争の推移を明確に示すことに成功した。

レヴィがデータを取った時代は、一四〇〇年代末以降である。これはちょうど火薬、羅針盤、活版印刷の三つの発明によって「近代」が幕を開けた時期であり、また中世の封建制度、荘園制度に代わって主権

図5－12　大国間の戦争が起きた年数の割合（1500～2000年）.
出典：Levy & Thompson, 2011 を編集したグラフ. データは25年間の合計.

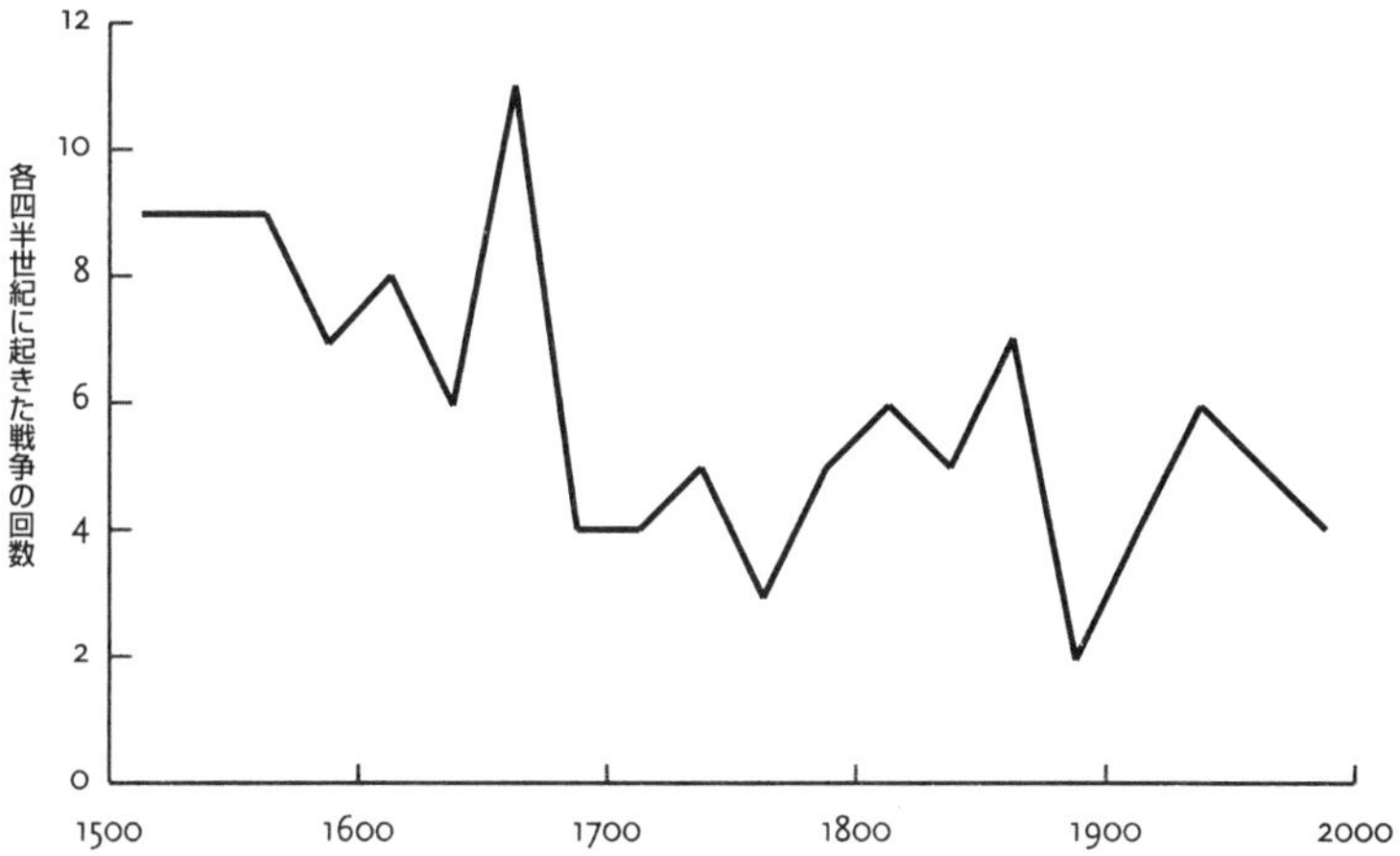

図5－13　大国が関与した戦争の頻度（1500～2000年）.
出典：Levy, 1983. ただし最後の点は Correlates of War Inter-State War Dataset, 1816-1997, Sarkees, 2000 に, 1997-1999 については PRIO Battle Deaths Dataset 1946-2008, Lacina & Gleditsch, 2005 にもとづく. データは25年間の合計.

国家が出現してきた時期でもある。

　レヴィが注目したのは、ある一定の時期に世界に影響を及ぼす力をもった一握りの国々――いわゆる「大国システム」に属する国々だ。レヴィは、これらごく少数の重量級の〝ゴリラ〟たちが、世界を揺るがす破壊行為の大部分につねに関与していることを突きとめた。[☆78]大国は、ライトによる全世界の五〇〇年間の戦争データの約七〇パーセントに関与し、そのうち四ヵ国はヨーロッパの戦争の五分の一以上に加担している。[☆79]（今日でもそれは変わらない。フランス、イギリス、アメリカ、ロシア（ソ連）は第二次世界大戦以降、ほかのどの国よりも国際紛争に関わっている）。[☆80]この仲間に入ったり出たりする国は、そこに入っているときのほうがはるかに多くの戦争に加担している。大国に焦点を絞るもう一つのメリットは、これらの国々が関わる戦争は大きな痕跡を残すので、必ず記録に残るという点だ。

　戦争の規模がいびつなべき分布であることから予測できるように、大国間の戦争（とくに一度に数ヵ国の大国を巻き込む戦争）は、記録された戦死者数のかなりの部分を占める。[☆81]アフリカの諺（どの部族に由来するかについては諸説ある）にあるように「ゾウがケンカをすると、草が痛めつけられる」。ゾウたちに鎖をつけて制御する宗主国は存在せず、彼らはホッブズ的な無政府状態のなかでつねに互いを警戒しあっているのだ。

　レヴィは大国の定義を厳密に設定し、一四九五年から一九七五年までの期間にそれに該当する国々を選び出した。大部分はヨーロッパの大国である。フランスとイギリス（イングランド）は全期間にわたって該当し、ハプスブルグ朝は一九一八年まで、スペインは一八〇八年まで、オランダとスウェーデンは一七世紀から一八世紀初期にかけて、ロシア（ソ連）は一七二一年以降、プロシア（ドイツ）は一七四〇年以降、イタリアは一八六一年から一九四三年までの期間が該当する。ヨーロッパ以外では、一六九九年までのオ

図5－14　大国が関与した戦争の継続期間（1500～2000年）.
出典：Levy, 1983. ただし最後の点は Correlates of War Inter-State War Dataset, 1816-1997, Sarkees, 2000 に，1997-1999 については PRIO Battle Deaths Dataset 1946-2008, Lacina & Gleditsch, 2005 にもとづく．データは 25 年間の合計．

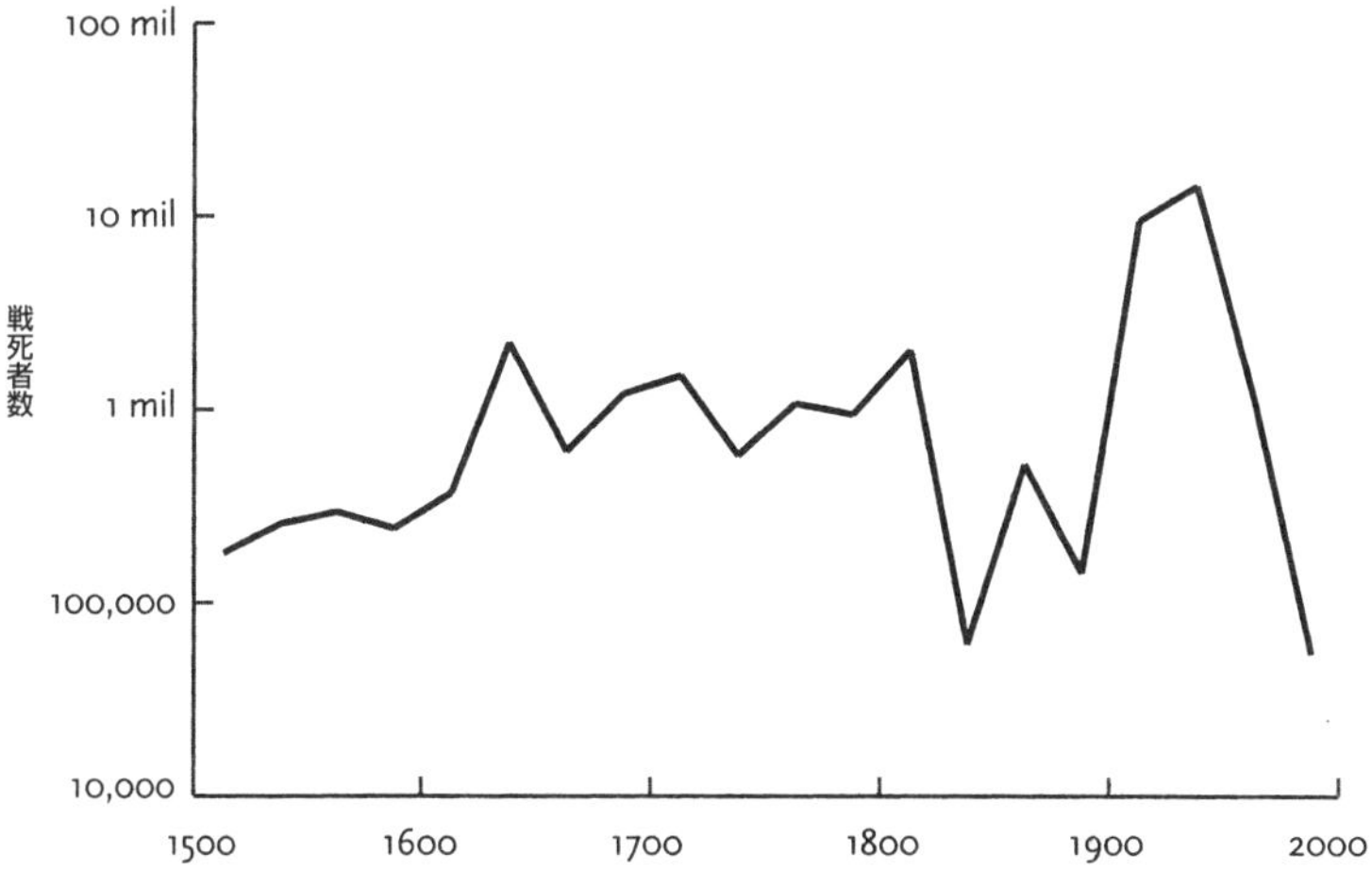

図5－15　大国が関与した戦争の死者数（1500～2000年）.
出典：Levy, 1983. ただし最後の点は Correlates of War Inter-State War Dataset, 1816-1997, Sarkees, 2000 に，1997-1999 については PRIO Battle Deaths Dataset 1946-2008, Lacina & Gleditsch, 2005 にもとづく．データは 25 年間の合計．

スマン帝国、一八九八年以降のアメリカ、一九〇五年から一九四五年までの日本、一九四九年以降の中国などが該当する。レヴィは戦死者が年間一〇〇〇人以上で（「戦争の関連要因プロジェクト」など多くのデータで用いられる標準的な基準）、少なくとも一方に大国が関与した国家同士の衝突、という条件を満たす戦争のデータをまとめた。植民地戦争と内戦は除外したが、大国が内戦に干渉して反政府側につき、大国とその国の政府の戦いになったケースは例外として含めた。私は「戦争の関連要因プロジェクト」を参照し、レヴィの助言のもとで彼のデータを四分の一世紀延長し、二〇〇〇年までのデータをグラフにした。[☆82]

まず巨人の衝突、双方に少なくとも一ヵ国の大国が関与した戦争から見ていこう。このなかにはレヴィが「全面戦争」と呼ぶものが含まれており、それらは「世界大戦」とも呼ぶことができる――少なくとも第一次世界大戦がそう呼ばれるに値するものだった（戦闘が世界各地で展開したからではなく、世界の大国のほとんどを巻き込んだ）のと同じ意味で。このカテゴリーには、三〇年戦争（一六一八～四八年、大国七ヵ国のうち六ヵ国が参戦）、ルイ一四世のオランダ戦争（一六七二～七八年、七ヵ国中六ヵ国が参戦）、アウクスブルク同盟戦争（一六八八～九七年、七ヵ国中五ヵ国が参戦）、スペイン継承戦争（一七〇一～一三年、六ヵ国中五ヵ国が参戦）、オーストリア継承戦争（一七三九～四八年、六ヵ国すべてが参戦）、七年戦争（一七五五～六三年、六ヵ国すべてが参戦）、フランス革命とナポレオン戦争（一七九二～一八一五年、六ヵ国すべてが参戦）、そして二つの世界大戦が含まれる。二ヵ国以上の大国が対立した戦争は、このほかに五〇以上ある。

各時代に大国間の戦争が及ぼした影響の大小を示す指標の一つは、人びとが戦争を耐え忍んだ（具体的には破壊や犠牲、優先順位の変化などに耐えた）期間の長さだ。図5－12は、四半世紀ごとに大国間の戦争が行われていた年数の割合を表したもので、初期の二つの四半世紀（一五五〇～七五年、一六二五～五〇年）では、値が最高値に達している。これは二五年間ずっと大国同士の戦争が続いたことを意味する。この時

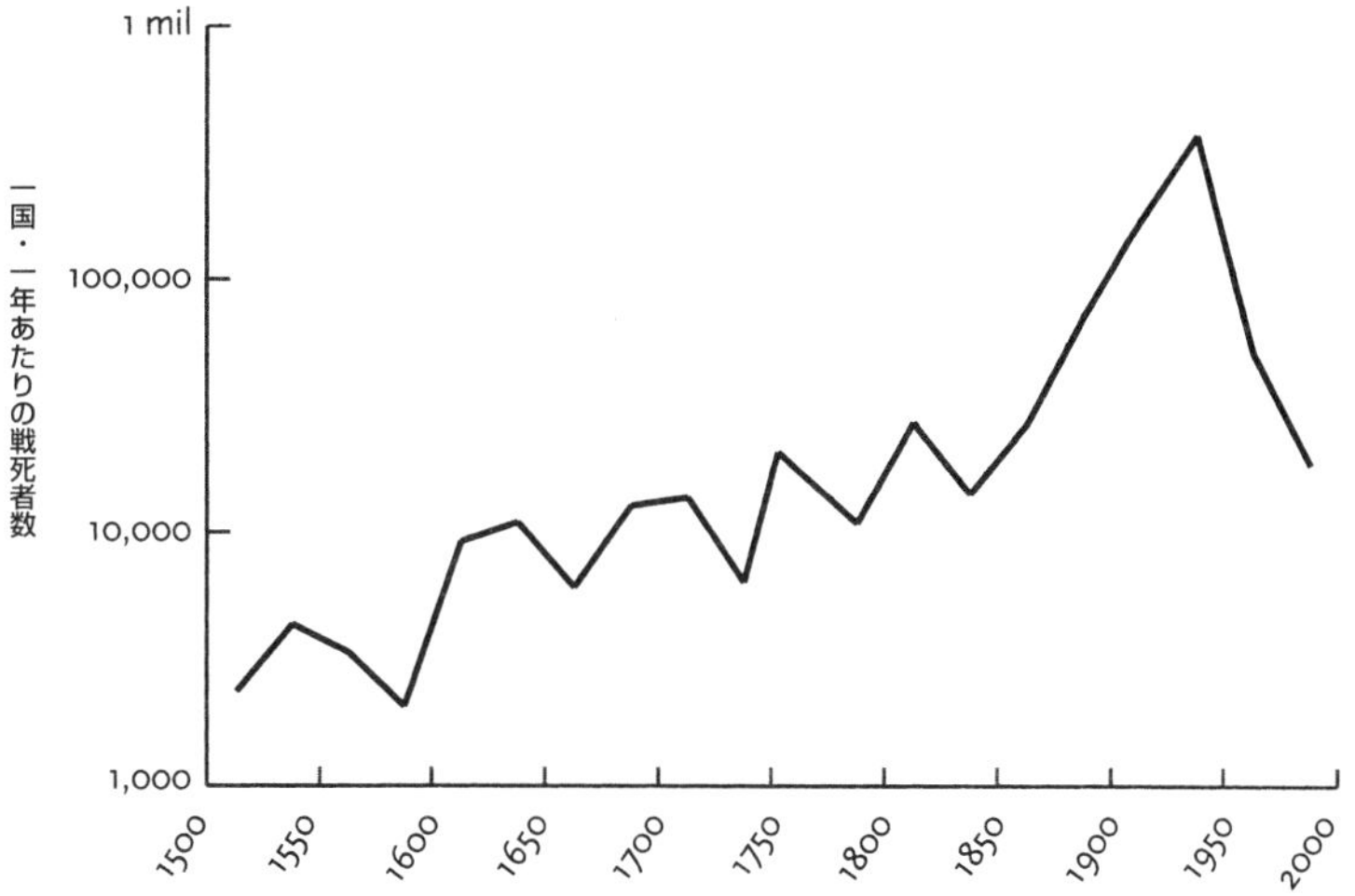

図5－16　大国が関与した戦争の死者数の濃度．
Levy, 1983 のグラフ．ただし最後の点は Correlates of War Inter-State War Dataset, 1816-1997, Sarkees, 2000 に，1997-1999 については PRIO Battle Deaths Dataset 1946-2008, Lacina & Gleditsch, 2005 にもとづく．データは 25 年間の合計．

期、ヨーロッパでは第一次ユグノー戦争や三〇年戦争など戦慄すべき宗教戦争が起きていた。だがその後、グラフは明らかに下降線をたどる。フランス革命とナポレオン戦争、二つの世界大戦があった四半世紀で一時的な揺り戻しはあったものの、時代が進むにつれて大国間の戦争期間は減少していき、グラフの右下部分では「長い平和」の最初の兆しが見られる。一九五〇年から一九七五年までの四半世紀には大国間の戦争が一つあるが（一九五〇〜一九五三年の朝鮮戦争では、アメリカと中国が敵として戦った）、それ以降は一つもない。

　次にもう少し幅広く戦争を眺めてみよう。一方の側は大国だが、もう一方の側は大国以外の国を含めるという条件にすると、一〇〇余りの戦争がある。[☆83] このより大きいデータを使うと、先のグラフの「戦争が行われた年数」という尺度を二つの側面にばらして考えることができる。まず一つ目は頻度。図5－13は、各四半世紀における戦争の回数の推移を表したものだ。ここでも五〇〇年の間に減少が見られ、大国はだんだん戦争をしなくなっている。二〇世紀最後の四半世紀には、レヴィの基準に該当する戦争は四つしかない。二つの中越戦争（一九七九、一九八七年）、イラクのクウェート侵攻を受けて勃発した湾岸戦争（一九九一年）、NATOによるユーゴスラビア空爆（コソボ紛争）（一九九九年）である。

二つ目は継続期間だ。図5－14は、戦争の平均的な継続期間の推移を表している。全体としては減少傾向にあるが、一七世紀半ばに突起がある。ただしこれは、三〇年戦争を単純に三〇年間続いた戦争と解釈したからではない。レヴィは歴史学者の通例にしたがい、三〇年戦争を四つの地域的戦争に分割している。それでもなお、この時代の宗教戦争は恐ろしく長引いたのである。しかしそれ以降、大国は戦争が始まったとたんに終結させようとするようになり、二〇世紀最後の四半期に大国が関わった四つの戦争は、平均九七日しか継続していない。☆84

破壊性についてはどうだろうか。図5－15は、少なくとも一国の大国が関与した戦争の戦死者数を対数目盛で表したものだ。犠牲者の数は一五〇〇年から一九世紀初頭まで増加を続けたあと、一時急減したが、二〇世紀に入ると二つの世界大戦によってふたたび急増し、二〇世紀後半にまた急降下している。五〇〇年間のほとんどを通じて、戦争が起きるたびに——おそらくは軍事技術の発達や軍事組織の強化によって——破壊性が増加してきたという印象を受ける。もしそうであるなら、戦争の数は減るが破壊性は高まるという傾向は、時間枠を五倍にした場合でも、リチャードソンの予想と一致することになる。

図5－15では戦争の頻度と規模が組みあわされているため、それを証明することはできないのだが、レヴィは彼が「濃度」と呼ぶ尺度を用いることで、破壊性だけを取り出すことができるという。濃度とは、戦闘がもたらす一国・一年あたりの死者数であり、それをグラフにしたのが図5－16である。このグラフ

では、一九世紀後半の戦争の減少によって隠されることなく、第二次世界大戦までは大国の戦争による死者数がつねに増加しつづけたことが明らかに見て取れる。二〇世紀後半で注目すべきなのは、それまで四五〇〇年間続いた上昇傾向が突如反転し、大国の戦争の数も、個々の戦争の死者数も、ともに減少していることだ。この二つの下降傾向は、戦争回避の「長い平和」の兆候にほかならない。こうした傾向の背景にある事象を理解するために、統計から物語へと視点を移していくことにするが、その前に、より広い範囲の戦争の推移にも同様の傾向が見られることを確認しておこう。

ヨーロッパの戦争の推移

大国が関わる戦争は、戦争の歴史的傾向を——限界はあるものの——じっくり観察できる舞台を提供する。もう一つの舞台はヨーロッパである。ヨーロッパは戦時の死者数のデータが最も豊富なだけではなく、世界全体に対して並外れた影響を及ぼしてきた。過去五〇〇年間、世界の多くの地域がヨーロッパ帝国に組み入れられ、それ以外の地域はヨーロッパ帝国と戦争をした。戦争と平和の潮流は、テクノロジーやファッション、思想など他の人間活動の領域と同様に、しばしばヨーロッパで生まれ、世界に広まったのである。

ヨーロッパの豊富な歴史的データはまた、大国が関わる国家間戦争から、より小規模な国同士の戦争、死者一〇〇〇人未満の戦闘、内戦、ジェノサイド、そして飢餓や病気による民間人の死にいたるまで、広範囲にわたる組織的戦闘を分析する機会も与えてくれる。これらさまざまな形態の暴力をすべて合わせたとき——大規模な戦争がつくる長い裾野であれ、小規模な戦闘がつくる高い峰であれ——そこから何が読み取れるのだろうか。

政治学者のピーター・ブレック☆85は「衝突のカタログ」という、殺しあいのケンカの究極のリストを作成中だ。ブレックは、一四〇〇年以降のあらゆる歴史的記録に残された武力衝突の情報をすべて拾い上げることを試みている。彼はまずリチャードソン、ライト、ソロキン、エックハルト、「戦争の関連要因プロジェクト」、歴史学者エヴァン・ルアード、政治学者カレヴィ・ホルスティによる戦争のリストを一つにまとめた。大半の資料は、衝突の基準を高く設定し、法的な定義に合致する国家を対象にしていた。そこでブレックは基準をゆるめ、年間の死者数三二人（リチャードソンの尺度では1・5等級）以上で、ある地域を実効支配するなんらかの政治的単位によるすべての戦闘の記録を採用することにした。次に図書館で、他国や他言語で出版されたものを含めて歴史書や地図帳を片っ端から調査した。べき分布のパターンから予想できるように、基準をゆるめたことによって、辺縁部には数例どころかきわめて多くの事例が加わり、見つかった戦闘の数は従来のデータの合計の三倍にものぼった。いまのところ「衝突のカタログ」には、一四〇〇年から二〇〇〇年までに勃発した四五六〇件の衝突（三七〇〇件は集計表に入力済）が含まれているが、最終的には六〇〇〇件に達する見込みである。そのうち約三分の一には死者数の推定値があり、ブレックはそれを軍事的死亡（戦死した兵士）と全体的死亡（戦争に起因する飢餓や病気による民間人の間接的死亡を含む）に分けている。ブレックの厚意により、二〇一〇年時点のデータを提供していただいた。

まず初めに、衝突の回数――大国が関与する戦争だけではなく、大小さまざまな殺しあいのケンカの数――を数えてみよう。その集計である図5-17は、ヨーロッパの戦争の歴史についての独立した視点を提供してくれる。

ここでもやはり、武力衝突のある面――戦争の起きる頻度――に減少が見られる。グラフの一番左の

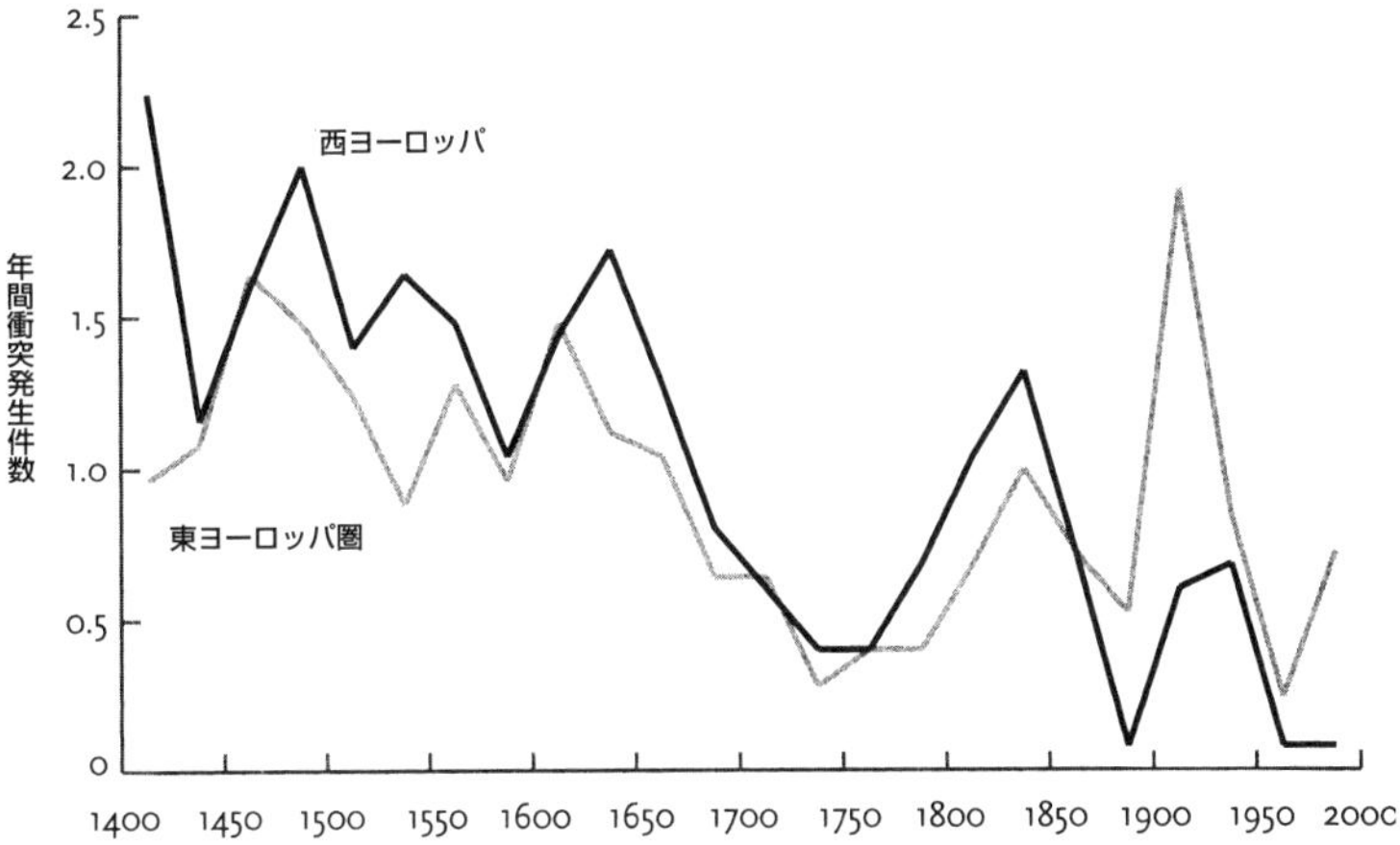

図5－17　ヨーロッパ圏における年間衝突発生件数（1400～2000年）.
出典：「衝突のカタログ」, Brecke, 1999, Long & Brecke, 2003. 衝突は25年間の合計で, 国家間戦争, 内戦, ジェノサイド, 反乱, 暴動を含む.「西ヨーロッパ」は現在のイギリス, アイルランド, デンマーク, スウェーデン, ノルウェー, フランス, ベルギー, ルクセンブルク, オランダ, ドイツ, スイス, オーストリア, スペイン, ポルトガル, イタリアの領土を含む.「東ヨーロッパ」は現在のキプロス, フィンランド, ポーランド, チェコ, スロバキア, ハンガリー, ルーマニア, 旧ユーゴスラビアに属する国々, アルバニア, ギリシャ, ブルガリア, トルコ（ヨーロッパとアジア）, ロシア（ヨーロッパ）, グルジア, アルメニア, アゼルバイジャン, その他のコーカサス地域の国々を含む.

一四〇〇年頃、ヨーロッパ諸国は年に三回以上の割合で武力衝突が起きていたが、その後、増減をくり返しながら、西ヨーロッパはほぼゼロに近づき、東ヨーロッパも年一回を下回るまでになった。だが増減というのは、やや誤解を招く恐れがあるかもしれない。というのも衝突の半数は、当時、オスマン帝国やソ連に属していたために「ヨーロッパ」としてデータに含まれている地域（トルコ、グルジア、アゼルバイジャン、ダゲスタン、アルメニアなど）で起きたもので、現在これらの地域の多くは中東や中央アジア、南アジアに分類されるからだ。[☆86]それ以外の東ヨーロッパでの衝突は、旧ユーゴやソ連で起きたものである。これらの国々――ユーゴスラビア、ロシア（ソ連）、トルコ――は、二〇世紀の最初の二五年間における衝突の急上昇にも関係している。

　武力衝突による犠牲者数はどうだろうか。

ここで「衝突のカタログ」の容量の大きさが役に立つ。べき分布の法則に従えば、あらゆる戦争——少なくともこれまであげたデータのように死者一〇〇〇人を超えるすべての戦争——の死者数の大部分は、大国による戦争のなかでも最大級のものによる死者のはずである。だがリチャードソンが指摘したように、従来の歴史書やデータで見落とされていた夥しい数の小衝突による死者数も、理論上、相当な数にのぼる可能性がある（図5-11のグレーの柱）。「衝突のカタログ」は、このグレーゾーンにまで踏み込み、従来の軍事的地平の下にある小衝突や反乱、虐殺などを扱った最初の長期的データである（初期の年代には、記録に残されなかった衝突がまだ多数あることは言うまでもないが）。残念ながらカタログはまだ作成中であり、現在、死者数がはっきりした戦闘は半数にも満たない。そこで、数値が不明な部分にはその四半世紀の死者数の中央値をあてはめれば、ヨーロッパの戦闘による死者数の変動の概観を眺めることは可能だ。私はブライアン・アトウッドの協力を得てその数値を割り出した。そして、あらゆる種類と規模の戦闘による直接的・間接的な死者数を合計して各時期のヨーロッパの人口で割り、均等目盛でグラフに表した。[☆87]図5-18は、ヨーロッパにおける武力衝突の歴史を（暫定的ではあるが）最大限に追求したグラフだといえる。

人口比で見ても、一九五〇年までの全体を見渡すと上昇傾向は変わらない。つまり、誕生するよりも多くの人が命を落としていたのである。だがこのグラフでもっとも目立つのは、三つの突出した部分——ヘモクリズム——だ。第二次世界大戦を含む二五年間を別にして、ヨーロッパで最も多くの命が失われたのは、一七世紀初頭の宗教戦争の時期、続いて第一次世界大戦が勃発した時期、そしてフランス革命とナポレオン戦争が起きた時期である。

ヨーロッパにおける組織的暴力の推移をまとめてみよう。一四〇〇年から一六〇〇年までは安定して衝

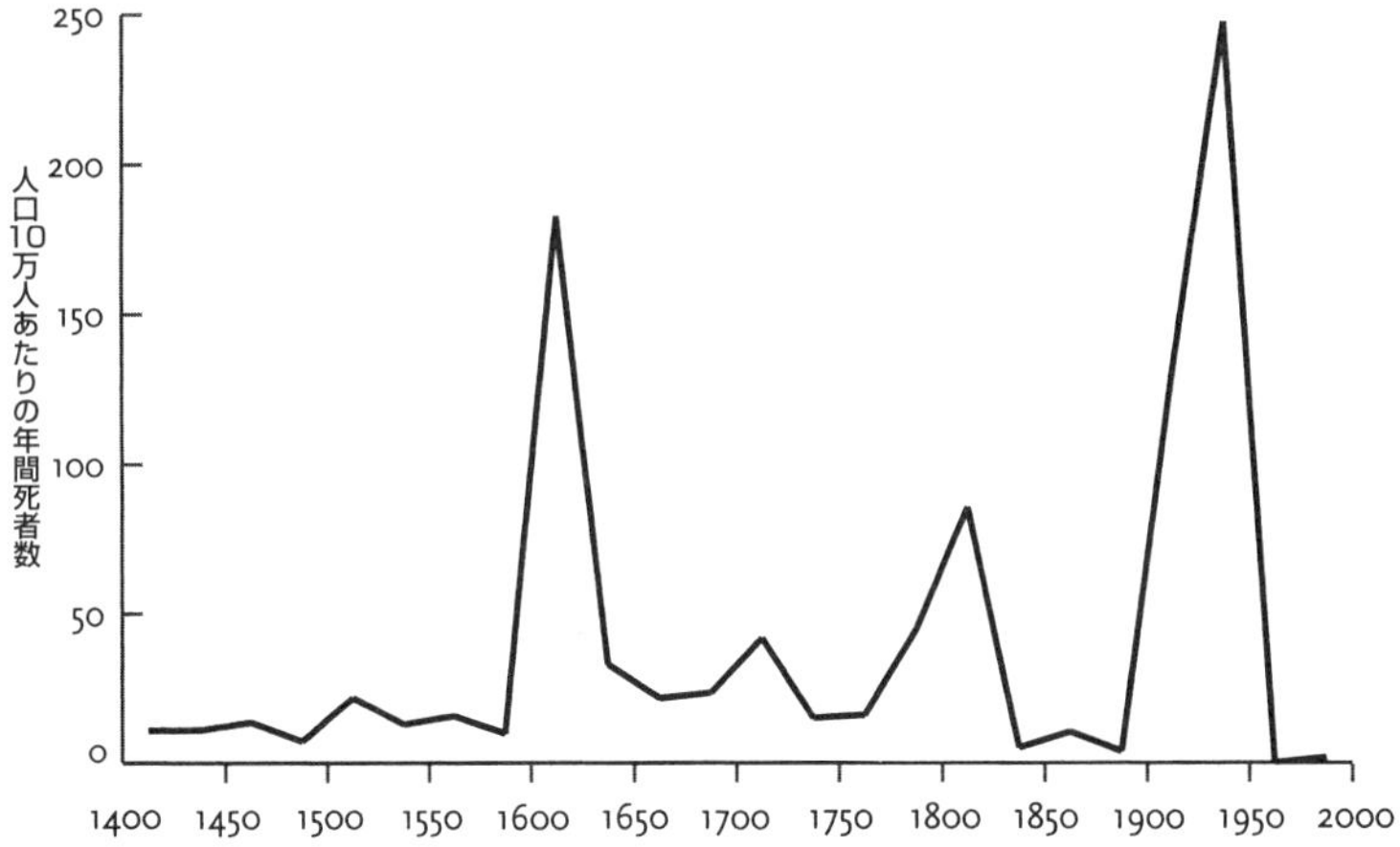

図5－18　ヨーロッパ圏における衝突による死亡率（1400～2000年）.
出典:「衝突のカタログ」, Brecke, 1999; Long & Brecke, 2003. 数字は25年間の合計で「全体的死者数」の列から取った．重複した項目は削除．不明な項目は当該四半世紀の中央値を取った．歴史的人口推定値は四半世紀末のものでMcEvedy & Jones, 1978による．「ヨーロッパ」の定義は図5-17と同じ．

突の少ない時期が続いたあと、宗教戦争が起きて血みどろの戦いが繰り広げられ、その後は一七七五年まで浮き沈みしつつも減少したが、フランス革命でふたたび大きく上昇。一九世紀半ばから後半にかけては顕著な小休止があったが、二〇世紀にへモクリズムが起こり、その後は死者数がほぼゼロレベルという、かつてない長い平和が到来した。

過去五〇〇年間の大国間およびヨーロッパにおける暴力には、ゆるやかな停滞と急激な上昇がくり返し現れた。これをどう解釈すべきなのだろうか。そろそろ統計から歴史の物語へとバトンタッチすべき時がきたようだ。次節では、デイヴィッド・ベル、ナイオール・ファーガソン、アザー・ガット、マイケル・ハワード、ジョン・キーガン、エヴァン・ルアード、ジョン・ミューラー、ジェームズ・ペイン、ジェームズ・シーハンらの歴史学者や政治学者の語る物語を統計の数字を関連づけながら、グラフの背後にある物語を語ることにする。

あらましは次のとおり。図5－18のジグザグ直線を四つの潮流が合わさったものと考える。近代ヨーロッパは、小さな戦争が頻発するホッブズの自然状態から始まった。次に政治的単位が合体して国家を形成すると、戦争の数は減少した。だが同時に、軍事革命によってより大規模で効率的な軍隊が生まれたため、いったん戦争になると大勢の死者が出るようになった。その後、ヨーロッパ諸国は個人の利益よりもユートピア的理想を優先する全体主義イデオロギーと、個人の利益に最大の価値を置く啓蒙主義的人道主義のあいだを、時代によって行ったり来たりしたのである。

背景としてのホッブズ哲学と王朝と宗教の時代

過去一〇〇〇年間のヨーロッパの歴史は、ほとんど戦闘に明け暮れていた。中世の騎士の襲撃や抗争を引きずるかのように、その後の時代に出現した政治的単位はことごとく戦争に巻き込まれていった。

ヨーロッパでは、気が遠くなるような数の戦争があった。ブレックが「衝突のカタログ」に先立つ前編として作成したリストには、九〇〇年から一四〇〇年までの一一四八件の衝突が掲載され、カタログ本体には一四〇〇年から現在までの一一六六件の衝突が掲載されている。つまり過去一一〇〇年間に、毎年約二件の新たな衝突が起きた計算になる。☆88 しかし大多数の衝突は、大国が絡む大きな戦争も含め、よほど生真面目な歴史学者でないかぎり知らないだろう。たとえば、デンマーク・スウェーデン戦争（一五一六～二五年）、シュマルカルデン戦争（一五四六～四七年）、フランス・サヴォア戦争（一六〇〇～一六〇一年）、トルコ・ポーランド戦争（一六七三～七六年）、ユーリッヒ継承戦争（一六〇九～一〇年）、オーストリア・

サルデーニャ戦争（一八四八〜四九年）などという戦争をご存じだろうか。高い教育を受けた人でもぽかんとするにちがいない。[☆89]

戦争は実際にありふれた出来事だったばかりでなく、理屈のうえでも人びとに受け入れられていた。ハワードによると、支配階級は「平和は戦争と戦争のあいだの束の間の休息」であり、戦争は「ほぼひとりでに起きると言っていい自然の秩序の一部」だと見なしていた。[☆90] またルアードによると、一五、六世紀の多くの戦争の死傷者数は比較的少なかったが、「たとえ大勢の死傷者が出たときでも、支配者や軍の司令官にとって、それが重大な意味をもったという証拠はほとんどない。多くの場合、犠牲は戦争につきもので、名誉で栄光あるものと考えられていた」という。[☆91]

彼らは何をめぐって争ったのだろうか。動機は、ホッブズがあげた争いの三つの主要な原因——略奪（おもに土地）、他者による略奪に対する先制攻撃、信頼できる抑止策あるいは名誉——である。戦争が部族や騎士、軍閥による襲撃や抗争と大きく違うのは、個人や一族ではなく組織化された政治的単位によって遂行されるという点だ。富の源泉が商業やイノベーションではなく土地や資源にあった時代には、征服と略奪こそが地位向上の主要な手段だった。今日では、職業選択として領土の支配に魅力を感じる人はあまりいないだろうが、「王のように暮らす《リブ・ライク・ア・キング》」（＝贅沢に暮らす）という慣用句があるように、数百年前には領土の支配こそが、ありあまるほどの食べ物と快適な住まい、美しい物品を手に入れ、遊びたいときに遊び、子どもが無事に育つための王道だったのだ。王族の私生児は長年にわたる厄介者だったということも、旺盛な性生活が——ハーレムにたくさんの女性を囲うスルタンだけではなく——ヨーロッパの王の特権でもあった（「女官」とは妾の婉曲表現である）ことを物語っている。[☆92]

とはいえ指導者たちは、物質的満足のみを求めていたわけではなく、その欲望は精神的な領域——優越性、栄光、威厳など――にもわたった。地図を眺めながら、自分の領土が他人の領土より広いことを見て悦楽にふけるといったことである。ルアードによると、支配者はたとえ実効支配していない名目上の領地であっても、「領土の保護と引き換えに忠誠を得るという大君主の理念上の権利」のために戦争をした。[☆93]原因は、たわいもないことが少なくなかった。一方の君主が称号や礼儀作法、席順などで他方の君主に敬意を表したかどうか（たとえば船の旗を下げて挨拶する、旗に向かって敬礼する、使節を上席に座らせるなど）をめぐって、象徴的な侮辱行為をきっかけに戦争が始まることもあった。[☆94]

支配的な政治的ブロックの主導権を握るという動機は、ヨーロッパの全歴史を通じて変わることはなかった。だが、そのブロックが具体的に何を指すかは変化し、またそれにともなって戦闘の性質や程度も変化した。ルアードの著書『国際社会における戦争』は、戦争の統計データと物語としての歴史を融合する、かつてない体系的な試みだといえる。彼はそのなかで、ヨーロッパの武力衝突の歴史を、支配権を求めて戦ったブロックの性質によって五つの「時代」に区分している。もっともこの時代区分は連結した貨車のようなものではなく、縄の撚糸のように一部が重なりあっている。このことを念頭に置けば、ルアードの枠組みは戦争の歴史的な変化を体系化するのに役立つ。

＊

第一の時代は一四〇〇年から一五九九年までで、これをルアードは「王朝の時代」と呼ぶ。この時代には、血縁関係にもとづく拡大連合体である「王家」が、ヨーロッパという縄張りをめぐって争っていた。ここで少々生物学的な見方を加えると、なぜ世襲制という考え方が果てしない継承戦争を生むのかが見えてくる。

支配者は、永遠に続く権力への渇望と自分の命が有限であることの自覚とのあいだで、つねにジレンマを抱えている。そのジレンマを自然なかたちで解消するのが、自分の子孫、通常は長男を後継者にすることだ。遺伝的子孫は自分の分身のように思えるし、親子の情愛は、後継者が即位を待ちきれずに国王殺しに走ることも抑止するはずだからである。もしこれが、死ぬ直前に自らのクローンのような成体を生むことのできる生物なら、それで後継者問題は解決するのだが、ホモサピエンスの生物学的特徴は、ことを混乱に陥れるのだ。

第一にヒトは晩成性の生物で、未熟な状態で生まれて成長期が長い。そのため息子がまだ幼くて王の務めをはたせない頃に父親が死亡することもある。第二に人格特性には多くの遺伝子が関与するため、平均への回帰という統計学的法則に従う。つまり親がどれほど勇気と知恵に傑出した人物でも、子は一般にそれを下回るのだ（批評家レベッカ・ウエストは、六四五年間に及ぶハプスブルク王朝は「一人の天才も［生み出さず］、わずかに二人の有能な支配者と……無数の愚か者、かなりの数の痴人と狂人」を生み出しただけだと書いている）[☆95]。第三にヒトは有性生殖であり、一つではなく二つの家系の血を受け継いでいるため、生きているあいだはその両方から忠誠を求められ、死ねば両方から遺産を求められる。第四に、ヒトは性的二型で男女で体格その他が異なり、平均的に見れば女性は男性より征服や独裁から精神的満足を得ることは少ないとはいえ、女性でも機会さえあればそうした性質が培われることも少なくない。第五に、ヒトは多少なりとも一夫多妻的な傾向があるため、男性が非嫡出子をもうけたとき、その子が継承者である嫡出子のライバルになるようなケースもありうる。第六に、ヒトは多産で生殖可能期間に複数の子をもうける。そのため父親がまだ生殖能力があるうちに子が権力を引き継ごうとして親子が対立したり、兄弟間で、あとから生まれた子が長子への惜しみない投資をねたんで対抗するといった争いが起きることがある。第七に、ヒトは縁故主義者であり、自分の子だけではなく甥や姪にも投資することがある。こうした生物学的な要因がしばしば複数重なって、君主の死による後継者選びに対立の余地を残し、その決着のために数え切れないほど多くの戦争が行われたのである。[☆96]

＊

ルアードは、一五五九年が「宗教の時代」の始まりであり、一六四八年のウェストファリア条約で三〇年戦争が終わるまで続くとした。この時代には、対立関係にある宗教連合体が「一つの信仰、一つの法律、一人の王」という原理のもとにそれぞれ政治的支配者と結びつき、都市や国家の支配をめぐって、少なくとも二五の国際戦争と二六の内戦を戦った。通常はプロテスタント対カトリックの戦いだったが、ロシアの動乱時代（ボリス・ゴドノフの統治からロマノフ王朝の成立までの空白期間）は、カトリックとロシア正教会が支配権をめぐって争った。この宗教的熱狂はキリスト教世界にとどまらず、キリスト教国がイスラム教国オスマントルコと戦ったり、オスマントルコとペルシャの間ではイスラム教スンニ派とシーア派が争う四つの戦争が起きたりもした。

宗教の時代の残虐行為は、三五七ページのリストの人口調整後の上位二一のうち一三、一四、一七位にランクされ、図5－15と図5－18の死者数のグラフには突出したピークとして表れている。この時代が死者数の記録を塗り替えた理由の一つに、マスケット銃、槍、大砲などの軍事技術の発達があげられる。だが次の時代では、さらに殺傷能力が向上したにもかかわらず死者数は激減しており、軍事技術の発達が主要な原因とはいえない。ルアードが主因としてあげるのは、宗教的情熱である。

何より戦争が一般市民にまで拡大し、とくに間違った神を信じる者は命を奪ってもかまわないと見なされたので、戦いは残忍さを増し、犠牲者も増えた。ゾッとするような凄惨な流血も神の呪いのせいにされた。カトリック教徒のアルヴァ公は、プロテスタントの町ナールデンの男の住民を捕縛して皆殺しにしたが（一五七二年）、これは頑なに反抗する者に対する神の裁きだと見なした。のちにクロムウェルも軍隊を率いてドロヘダの町で殺戮の限りを尽くしたが（一六四九年）、「神の正しい裁き」だと言ってはばからなかった。これは、信仰の名のもとに戦う者がしばしば誰よりも敵に無慈悲だという残酷なパラドックスだった。戦闘だけでなく、宗教的対立によって荒廃した地域に起こる飢餓や農作物の破壊による悲惨な死にも、同じことが見て取れた。[☆97]

「三〇年戦争」や「八年戦争」という名称にあらわれているように、また図5－14の際立って高い突起が示すように、宗教戦争は苛烈なだけではなく、延々と果てしなく続いた。外交史研究者ギャレット・マッティングリーは、この時代には戦争を終結させるための主要なメカニズムが機能していなかったと指摘する。「宗教問題が政治問題を凌駕すると、敵国との交渉はすべて異端信仰や背信行為のように思われる度合いが増し、カトリックとプロテスタントを分裂させた問題は、もはや交渉の余地のないものになった。その結果……外交的接触は減少していったのである」[☆98]。イデオロギー的熱狂が高じて大戦争に発展するのは、このときが最後ではなかったのだが。

王権の時代の三つの潮流

歴史学者によれば、一六四八年のウェストファリア条約は宗教戦争を終結させただけではなく、これによって最初の近代的国際秩序が確立したという。いまやヨーロッパは、教皇や神聖ローマ皇帝を名目上の監督とする法域がパッチワークのようにつぎはぎ状になった世界から、主権国家によって区切られた世界へと変わった。「王権の時代」では国家が台頭し、世襲制による王朝や宗教との結びつきは保持しつつも、その威信は政府、領土、商業帝国といったものにかかっていた。この、一六四八年のはるか以前から始まっていた主権国家の統合プロセスの終着点から始まったのが、これまで見てきたあらゆる統計的研究から立ちあらわれる二つの相反する傾向――戦争の頻度は減少する一方で破壊性は増大する――である。

戦争の減少のおもな原因は、戦争をする政治的単位の数が減ったことだ。第三章で述べたように、ヨーロッパにおける政治的単位の数は、三〇年戦争当時の約五〇〇から、一九五〇年代には三〇以下にまで減った。[☆99] だが戦争の数が減ったように見えるのは、数え方のトリックにすぎないと思う人もいるかもしれない。たとえば交戦中の当事者間の地図上の境界線を、外交官たちがまるで消しゴムで消すように消してしまえば、その衝突は「国家間戦争」から「内戦」へと移し替えられてしまうと。だが、戦争の数は実際に減っているのだ。リチャードソンが指摘したように、地域を固定して見ていくと、国境の内部で起きる内戦は国境をまたぐ国家間戦争よりもずっと少ないことがわかる。(たとえばイギリスではこの三五〇年間、多くの国家間戦争に参戦したが本格的な内戦は起きていない)。これもまたリヴァイアサンの論理を示す例の一つである。小さな男爵領や公爵領が合併して王国になると、国王は政府が市民同士の殺しあいを防ぐのと同じ理由で（あるいは農夫が家畜同士の殺しあいを防ぐのと同じ理由で）、貴族同士の戦争を防ごうとする。大君主にとって、領土内の私闘はまったく損失でしかない。戦争の頻度の減少は、エリアスのいう「文明化のプロセス」のあらわれの一つなのだ。

実際に戦争が起きたときの死亡率が上昇したのは、軍事革命が進んだ結果だといえる。☆100 国家は戦争に真剣に取り組むようになった。大砲や銃などの兵器が改良されたことも一つだが、それ以上に、より多くの人間が兵士として殺しあいに動員されることになったことが大きい。中世ヨーロッパや王朝の時代、支配者は多数の農民を武装させ、戦闘訓練を施すことに、もっともな不安感を抱いていた。そこで彼らは代わりに傭兵を雇ったり、借金で首が回らなくなったならず者を徴兵したりして、即席の民兵を組織した。チャールズ・ティリーは論文「組織犯罪としての戦争の遂行と国家の形成」で、次のように書く。

戦時には……、本格的な国家の支配者はしばしば私掠船〔敵国の艦船を襲撃し、拿捕する権利を認められた民間の船舶〕を認可し、ときにはならず者を雇って敵を襲撃し、正規軍にも略奪を奨励した。王の軍隊の兵士や水兵たちは多くの場合、乗っ取りやレイプ、略奪、戦利品を手に入れるなどして一般の人びとを食い物にし、自給自足することを期待されていた。彼らは除隊後も同じことを続けたが、もう王の保護は得られない。こうして復員船は海賊船になり、除隊した兵士の集団はならず者集団になったのである。

逆の場合もある。時には無法者の世界が、王を守る近衛兵の最高の供給源になった。ロビン・フッドが改心して王家の射手になったというのは伝説だとしても、伝説の下敷きには事実がある。国家の軍隊が比較的統一され、常設化されて、暴力の「正当な」行使者と「不当な」行使者との区別が明確

になるまでには長い年月を要した。[☆101]

軍隊が統一され、常設化されるにしたがい、その能力も向上した。かつて民兵を構成していた悪漢たちは多くの一般人を傷つけることはできても、勇敢さや規律には興味がないため、組織的戦闘ではとくに有能ということはなかった。ミューラーはこう説明する。

つまるところ犯罪者集団のモットーは、「つねに忠誠を」〔アメリカ海兵隊の標語〕でも「万人は一人のために、一人は万人のために」でも「義務、名誉、祖国」〔マッカーサーの言葉〕でも「万歳」でも「リメンバー・パール・ハーバー」でもなく、「金を奪って逃げろ」なのだ。それどころか犯罪者にとって戦闘で命を落とすことは、銀行強盗の最中に死ぬのと同じで、まったく馬鹿げたことでしかない。暴力をふるう興奮や、ましてや死んでしまえば自分ものにならない略奪品を命と引き換えにすることなど理不尽きわまりないのだ。[☆102]

だが一六世紀から一七世紀にかけての軍事革命で、国家は常備軍を形成しはじめた。軍には社会の底辺のならず者だけではなく、幅広い階層の人びとが数多く徴集され、教練や教化、そして残酷な懲罰などを通して組織的戦闘のための訓練が行われた。さらに、規律や禁欲、武勇などの行動規範も叩き込まれた。その結果、こうした軍隊同士が衝突した場合には、短期間に死体の山が築かれることになった。

軍事史研究者アザー・ガットは、これはあくまで徐々に起きた事態であって、「革命」と呼ぶのは適切ではないと指摘している。[☆103] 軍隊の効率化は、何世紀にもわたってあらゆるものを効率化した技術と組織の変化の一部にすぎないのだ。もしかすると、軍事革命そのものよりも戦場での死者数の増大に大きく貢献したのは、ナポレオンかもしれない。ナポレオン以前の戦闘では、兵力の浪費を極力避けるのが通常だったが、彼は可能な限りあらゆる資源を投入して大胆な攻撃をしかけ、敵を完膚なきまでに叩きのめした。☆104 さらにもう一つの「進歩」は、一九世紀に始まる産業革命の成果を利用することだった。これによってかつてない規模の兵士を動員し、迅速に戦地に輸送できるようになった。さながら消耗品のように新しい兵士が次々と送り込まれてくるので持久戦が持続し、べき分布の尻尾はさらに長く伸びることになった。

＊

こうして長い時間をかけて軍事力が徐々に強化される一方、戦争の頻度を引き下げる第二の力（第一の力は国家の形成）も働いていた。一八世紀を、ヨーロッパの長い戦争の歴史の中休みだと見なす歴史学者も少なくない。前章で述べたように、オランダ、スウェーデン、デンマーク、ポルトガル、スペインなどの帝国主義国家は列強同士の争いから手を引き、征服から商業へと方向転換した。図５－17ではＵ字型の窪みにあたり、図５－18では宗教戦争と、フランス革命・ナポレオン戦争という二つのピークに挟まれた少しいびつな浅いＷ字型の窪みにあたるこの時期を、ブレックは「相対的に平和な一八世紀」（少なくとも一七一三〜八九年）と呼んでいる。ルアードは、一六四八年から一七八九年の「王権の時代」には「戦争の目的は比較的限定的であることが多く、大半の戦争は引き分けで終わり、どの国も最大限に目的を達成しなかった」と書く。「長引く戦争もままあったが、戦闘の手段はしばしば意図的に抑制され、死傷者は前後の時代と比べても少なかった」。七年戦争のような多くの犠牲を出した世界大戦もあったが、デイヴィッド・ベルは次のように指摘する。「歴史学者は恐怖の濃淡を識別する必要がある。一八世紀が戦争を、獰猛な犬から〝芸のできるプードル〟に変えることはできなかったとしても……、この時期の戦争はヨーロッパの歴史において、恐ろしさのレベルが最も低かったのである」[☆105]。

第4章で見たように、この穏やかさは理性の時代、啓蒙主義、そして古典的自由主義の幕開けと結びついた人道主義革命の一端として位置づけられる。宗教的熱狂が沈静化すると戦争は終末的意味を失い、指導者たちは最後の一人になるまで戦うのではなく、交渉に応じるようになった。主権国家は経済的勢力となり、ゼロサムの征服よりもプラスサムの商取引のほうを選ぶ傾向が強まった。文学の世界でも、名誉を脱構築したり、戦争と殺人を同列と見なしたり、ヨーロッパの暴力の歴史を冷笑する作品や、兵士や被征服者の視点から描かれた作品があらわれた。哲学者は政府の定義を見直して、貴族の気まぐれを実行する手段ではなく、個人の生活や自由、幸福を向上させる手段だと見なそうとした。また、いかにして政治的指導者の権力を制限し、戦争を回避させるかを探ろうとした。こうした考え方は社会の上層へとじわじわ伝わり、当時の指導者の少なくとも一部に影響を与えた。彼らの「啓蒙的絶対主義」も絶対主義に変わりはなかったが、それでも非啓蒙的絶対主義よりは確実にましだった。そして自由民主主義（このあと見ていくように、平和化の力の一つだと考えられる）がアメリカとイギリスに、最初の足がかりを得たのである。

反啓蒙主義イデオロギーとナショナリズムの時代

だが言うまでもなく、その後、ヨーロッパはふたたび戦火に包まれた。フランス革命とそれに続くフランス革命戦争およびナポレオン戦争では、四〇〇万人もの死者が出た。この一連の動乱は、前述の二一の大罪の一つに数えられ、図5-18の戦死者のグラフでも大きなピークとしてあらわれている。

ルアードは、一七八九年を「ナショナリズムの時代」の始まりと規定する。それ以前の「王権の時代」のプレーヤーは、共通の領土、言語、文化を有する人びとの集団という意味での「国民《ネーション》」に固定されない、広大な王朝帝国だった。だがこの新しい時代においては、国家は国民と強く結びつき、他の国民国家《ネーション・ステーツ》と競いあった。ヨーロッパではナショナリスティックな熱望から三〇の独立戦争が勃発し、ベルギー、ギリシャ、ブルガリア、アルバニア、セルビアが独立国家となった。またイタリアやドイツでは、統一戦争が繰り広げられた。他方、アジアやアフリカはいまだに国民として自己表現する価値はないと見なされ、ヨーロッパの国民国家はこれらの地域を植民地化することによって、自らの栄光の拡大をもくろんだ。

こうした構図のなかで、ナショナリスティックな願望が頂点に達したのが第一次世界大戦だった。ハプスブルグ帝国に対抗するセルビアのナショナリズムが導火線に火をつけ、ゲルマン民族のスラブ民族に対するナショナルな対抗心（ほどなくイギリスとフランスに対する対抗心も加わった）によって炎が燃え上がった。そして最終的には、ハプスブルグ帝国とオスマン帝国という多民族国家が分解、中央および東ヨーロッパは新しい国民国家群に再編成されたのである。

ルアードは、一九一七年を「ナショナリズムの時代」の終焉と位置づける。これはアメリカが第一次世界大戦に参戦し、この戦争を専制国家に対する民主主義の戦いと再定義した年であり、ロシアでは革命が起こって人類史上初の共産主義国家が生まれた年でもある。世界はここから「イデオロギーの時代」に入り、第二次世界大戦では民主主義と共産主義がナチズムと戦い、冷戦時代には民主主義と共産主義が戦うことになる。一九八六年に執筆したルアードは、イデオロギーの時代の終わりを記していない。だが現代から見れば、終わりは一九八九年だったということになろう。

とはいえ「ナショナリズムの時代」というくくり方には、いささか無理がある。この時代はフランス革命戦争とナポレオン戦争から始まるが、これらの戦争を燃え上がらせたのはフランスのナショナルな精神の高揚だけではない。フランス革命のイデオロギーの残滓も大きな力となったのだが、いわゆる「イデオロギーの時代」までにはまだかなりの間があった。またこの時代は、二つの大規模な破壊的戦争のあいだにはさまれた巨大なサンドイッチのような時期であり、そこには空前の平和が訪れた期間が二つ（一八一五〜五四、一八七一年〜一九一四年）あった。

マイケル・ハワードは、一九〜二〇世紀は四つの勢力がせめぎあった時代だと見なすことで、よりよく理解できると主張する。啓蒙主義的人道主義、保守主義、ナショナリズム、ユートピア・イデオロギーという四つの勢力が、時に一時的な連携もしつつ、勢力争いを繰り広げた時代だというのである。[☆106] ナポレオン帝政はフランス革命の落とし子であることから、ヨーロッパではフランス啓蒙主義と関連づけられている。だが実際には、最初に実施されたファシズムと見なすほうが適切だ。たしかにナポレオンは、メートル法や民法典（フランスの影響を受けた多くの地域で今なお使用されている）の制定など、合理的改革もいくつか行ったが、大局的に見れば啓蒙主義による人道主義的進歩を逆行させたといえる。ナポレオンはクーデターで政権を掌握し、立憲政治を踏みにじり、奴隷制を復活させ、戦争を賛美した。戴冠式では教皇の面前で自ら冠を頭に載せ、カトリックを国教に復活させ、三人の兄弟と一人の義理の兄弟を外国の王座に就かせ、領土拡大のために人命をまったく軽視した非情な戦争を遂行したのである。

ベルが明らかにしているように、革命期とナポレオン時代のフランスは、フランス・ナショナリズムにユートピア・イデオロギーが組みあわさったものに、のみ込まれていた。[☆107] ユートピア・イデオロギーはそれ以前の時代のキリスト教や、以後の時代のファシズムや共産主義と同様、救世主待望的、終末論的、拡張主義的で、自らの正当性を固く信じていた。敵は救いがたい悪と見なされ、聖なる目的のために排除すべき、存在を脅かす脅威だった。戦闘的ユートピア主義は、啓蒙主義的人道主義的が歪められたものだと、ベルは指摘する。革命家たちが、「［カントの］永久平和という理念に価値を見出したのは、それが基本的な道徳律にかなうからではなく、文明の歴史的進展と一致するからだった。……そしてそれは、未来の平和という名のもとに、絶滅戦争も含めてあらゆる手段が正当化されるという思想に門戸を開いた」[☆108]。カント自身はそのような戦争は「全人類の墓場の上にしか永久平和を打ち立てられない」として、こうした逸脱への嫌悪をあらわにした。アメリカ合衆国憲法の起草者たちも同様に、この「人間性という曲がった木」［カントの言葉］について認識し、帝国主義的または救世主的指導者の出現を非常に恐れたのである。

フランスのイデオロギーが武力を盾にヨーロッパを席巻し、やがて膨大な犠牲を伴って駆逐されると、そのあとにはさまざまな反動が起きた。第4章で見たとおり、それらの反動的思想はしばしば反啓蒙主義と一括される。ハワードによれば、その共通分母は、「人間とは単に理性と観察によって、公正で平和な社会を築くための基盤となる法を策定することのできる個人ではなく、本人でも十分に理解できないかたちでその人物を形成した共同体の一員であり、その共同体にこそ、第一の忠誠が求められるとする思想」にある。

フランスの混乱を受けて、啓蒙主義に逆方向から異議を唱える二つの立場があったことを思い出してほしい。一つはエドマンド・バークの保守主義である。社会の慣習は、人間性の暗部を飼い馴らす文明化のプロセスとして時の試練をへてきたものであり、知識人や改革者の明示的で形式的な主張とともに尊重すべきだという考え方である。バークの保守主義そのものは理性の優れた適用であり、啓蒙主義的人道主義を微調整したものといっていい。だがその理想は、ヨハン・ゴットフリート・ヘルダーのロマン主義的ナショナリズムによって粉々に砕け散った。ヘルダーは一つの民族集団——ここではドイツ民族——には、人類の普遍性なるものに埋没することのない唯一無二の資質があり、それを結びつけるのは理性的な社会契約ではなく、血と土の絆であると主張した。

「この啓蒙主義と反啓蒙主義、個人と部族との間の弁証法は一九世紀のヨーロッパ史と二〇世紀の世界史に広く浸透し、かなりの部分、それを形づくった」とハワードは指摘する。[☆109] この二世紀の間、バーク的保守主義と啓蒙主義的自由主義、そしてロマン主義的ナショナリズムは、手を組む相手を変えながら（時には奇妙な仲間にもなって）互いに敵対しあった。

一八一五年のウィーン会議で、大国の政治家たちは、その後一世紀続くことになる国際秩序をつくり出したが、それは何よりも安定を重視するバーク的な保守主義の勝利だった。とはいえハワードは、次のように指摘する。この体制を構築した人びとは、「フランス革命の指導者に劣らず啓蒙主義の継承者でもあった。彼らは王の神聖な権利も、教会の神聖な権威も信じていなかった。ただ革命によってかき乱された国内秩序を回復し、維持する道具として必要だと判断したために、教会や王の権威の回復と維持が、あらゆるところで図られたのである」。[☆110] さらに重要なのは次の点だ。「彼らはもはや大国間の戦争が、国際秩序に不可避なものとは認めなかった。過去二五年間の出来事が、それがあまりに危険であることを証明したからである」。列強は平和と秩序（ほぼ同一のものと見なされた）を維持する責任を負い、こうして生まれた「ヨーロッパ協調」は、その後の国際連盟、国際連合、欧州連合の先鞭をつけた。この国際的リヴァイアサンは、一九世紀のヨーロッパに長い平和の期間が生まれたことに大きく貢献したのである。

とはいえ、その安定を維持すべき王が統治するのは、民族集団の寄りあい所帯であり、それらの民族集団は統治に関する発言権を声高に要求しはじめた。そして誕生したのがナショナリズムである。それは、「普遍的人権に依拠するというより、国民《ネーション》の成立のために闘い、成立後はそれを守るために闘うという国民の権利に依拠するものだった」とハワードは指摘する。短期的には、彼らにとって平和の魅力はそれほどなかった。平和とは、「すべての国民が解放されたときに初めて実現するものであり、それまでのあいだ、「国民は」解放のために必要な武力を行使する権利を主張し、まさにウィーン体制の確立によって阻止されようとした国民解放のための戦争を戦うのである」。[☆111]

やがてナショナリズム的感情は、他のあらゆる政治運動と融合していく。いったん国民国家が成立すると、保守主義者たちはその新たな体制を守ろうとした。国王は国民の象徴となり、保守主義とナショナリズムは徐々に一体化した。[☆112]また知識人のあいだでも、ロマン主義的ナショナリズムと、歴史は必然的な弁証法的発展であるとするヘーゲルの学説を結びつける思想が広まった。ルアードの要約によれば、その思想とは次のようなものだった。「歴史はすべて神の計画の所産である。戦争は、神の計画を体現する主権国家同士が互いの相違を解消し、より優れた国家（たとえばプロシア国）を築くための手段であり、それは聖なる目的の達成を意味している」。[☆113]やがてこの思想から、ファシズムやナチズムのような救世主待望的、軍国主義的、ロマン主義的なナショナリズム運動が生まれることになる。同様に、歴史を暴力による止めることのできない弁証法的解放のプロセスととらえ、その主体を国家ではなく階級に入れ替えたものが、二〇世紀共産主義の基盤となった。[☆114]

イギリスやアメリカ、そしてカント派啓蒙主義の自由主義者たちは、しだいに戦闘的になるナショナリズムに反対したのではないか、と思うかもしれない。だが彼らも苦境に陥っていた。専制的な君主国や帝国を擁護するわけにはいかず、「民族自決」――そこにはほのかな民主主義の香りがあった――という装いをまとったナショナリズムを支持したのである。だが不幸なことに、この語に漂うヒューマニズムの香りは、致命的な隠喩からくるものだった。すなわち「国民」「民族」という語が、国民を構成する個々の男女そして子どもをあらわし、政治的指導者が国民をあらわすようになったのだ。統治者、国旗、軍隊、領土、そして言語が、無数の生身の個人と等価のものとして認識された。一九一六年、ウッドロー・ウィルソン米大統領は演説で民族自決という自由主義的原則を提唱し、これが第一次世界大戦後の世界秩序の基盤になった。「民族自決」が内包する矛盾をいち早く看破した一人は、そのウィルソン政権の国務長官を務めたロバート・ランシングであった。彼は日記にこう記している。

この言葉は爆弾を抱えている。決して実現しない希望をかき立てるものだ。これによって、何万もの人命が犠牲になることを私は恐れる。最終的にこの言葉の信頼は失墜し、危険性を理解できずにそれを実行に移そうとした者を止められなかった理想主義者の夢と呼ばれるだろう。この言葉が口に出されたのはなんという災いか！　いったいどれほどの惨事が引き起こされることだろう。この言葉を発した人間が、そのために死んだ人の数を知ったとき、どんな気持ちになることか。[☆115]

ここには一つだけ誤りがある。犠牲になったのは何万ではなく、何千万単位の人命だった。「民族自決」が孕む危険の一つは、ある区切られた土地と完全に一致する民族文化的集団、という意味での「国民《ネーション》」など現実には存在しないということだ。人間は木や山とは違って足がある。人びとは最大のチャンスがある場所へと移住し、友人や親戚を呼び寄せる。この人口動態的な混合作用によって、マイノリティのなかにマイノリティが存在し、そのなかにまたマイノリティが存在するというフラクタル〔部分と全体が自己相似になっている図形〕な景観が生じる。つまり、ある領土が「国民」を統合していると主張するとき、その領土に主権をもつ政府は、そこに暮らす少なからぬ人びとの利益を実現することができない半面、他の領土に住む人びとに対して所有権をもつことになる。もし理想郷《ユートピア》が、政治的境界線と民族的境界線が完全に一致する世界のことであるなら、指導者たちはそれを早く実現しようと、民族浄化やイレデンティズム（民族統一主義）の誘惑にかられるだろう。また自由民主主義や人権擁護の断固たる決意を欠くところでは、民族は政治的支配者と同一視され、いかなる国際的な連盟の試み（たとえば国連総会など）も茶番と化す。そして粗悪な独裁者が「国民」によって歓迎とともに受け入れられ、市民を飢えさせたり、投獄したり、殺害する自由を与える白紙委任状を手渡されるのだ。

＊

一九世紀のヨーロッパの長い平和を解消することになったもう一つの動きは、ロマン主義的軍国主義だった。戦略的目標がどうあれ、戦争自体はいたって健全な活動であるという考え方である。戦争はヒロイズム、自己犠牲、男らしさといった精神的資質を喚起し、物質主義的で女々しいブルジョワ社会を浄化し、活性化させるまたとない処方箋だという考えが、リベラル派、保守派を問わず、社会に広まったのだ。今日でこそ、殺人と破壊を目的にした活動が本質的に称賛に値するなどという考えは常軌を逸していると見なされるが、当時の著作家たちはまさに諸手をあげてそれを称揚した。

戦争はほぼ必ず人間の精神を高め、人格を向上させる。

――アレクシ・ド・トクヴィル

［戦争とは］人生そのものだ。……食ったり食われたりしながら、この世界は存続する。好戦的な国

民だけが繁栄してきたのであり、武装を解いたとたんその国民は滅びる。

——エミール・ゾラ

戦争のすばらしさは、国家という偉大な概念によってちっぽけな人間が完全に消滅するところにある。またそれは、同胞同士が自己犠牲を払うことの荘厳さ……愛と友情、相互に抱く強い感情をよび覚ますのだ。

——ハインリッヒ・フォン・トライチケ

戦争はあらゆる芸術の礎である。それはまた、戦争は人間のあらゆる美徳と能力の礎であるという意味でもある。

——ジョン・ラスキン

戦争は悲惨だが必要である。社会を硬直や停滞から抜け出させ、国家を救うからだ。

——ゲオルク・ヴィルヘルム・フリードリヒ・ヘーゲル

［戦争とは］浄化であり、解放である。

——トーマス・マン

戦争は人類の進歩に欠かせない。

――イーゴリ・ストラヴィンスキー[116]

対する平和とは「夢にすぎず、しかも楽しい夢ではない」と、ドイツの軍事戦略家ヘルムート・フォン・モルトケは言う。「戦争がなければ、世界は物質主義に溺れてしまうだろう」[117]。フリードリヒ・ニーチェも「人類が戦争のやり方を忘れてしまったら、人類に多くを（それどころか、たとえわずかでも）望むことは幻想であり、甘ったるい感傷となる」と述べている。イギリスの歴史学者J・A・クラムによれば、平和は「鈍重な満足に埋没した世界……太陽の中心に氷が忍び込み、光を失った星々が軌道から外れたときに初めて現実となる悪夢だ」という[118]。

戦争に反対した思想家――カント、アダム・スミス、ラルフ・ウォルドー・エマーソン、オリバー・ウェンデル・ホームズ、H・G・ウェルズ、ウィリアム・ジェームズなど――でさえ、必ずしも戦争を悪く言っていたわけではない。ジェームズは一九〇六年に、「戦争と倫理的に等価なもの」という論考を発表しているが、それは戦争と同じぐらい悪いという意味ではなく、戦争と同じくらい善いという意味だった[119]。たしかに論考は、軍国主義的ロマン主義者の戦争観への皮肉から始まる。

> それは「恐怖」に満ちてはいるが、考えられるただ一つの選択肢から救い出されるための代価としては安いものである。事務員や教師たち、男女共学や動物愛護、「消費者連盟」や「慈善協会」、際限のない産業主義、臆面もないフェミニズムなどに支配される世界から抜け出せるのだから。もはや嘲笑も厳格さも武勇もいらない。そんな家畜場のような世界などくそくらえだ！

ところが次に彼はこう言うのだ。「私たちは新たな活力と忍耐力を奮い起こして、軍隊精神がかくも忠実に守ってきた男らしさを持続させなければならない。軍隊的美徳は固守すべきものである。豪胆さ、軟弱さに対する軽蔑、私益の放棄、命令への服従こそ国家を築く礎でありつづけなければならない」。そして「裕福な若者たちを徴集し……幼児性を叩き出すために」、炭鉱や鋳造所、漁船、建設現場で働かせる義務的な国家奉仕プログラムを提言するのである。

ロマン主義的ナショナリズムとロマン主義的軍国主義は、共存共栄の関係にあった。とりわけヨーロッパ国際社会の後発組で、自分たちも帝国になる資格があると思っていたドイツにおいてはそうだった。イギリスとフランスでは、ロマン主義的軍国主義のおかげで戦争の恐ろしさは薄められた。それどころか、イギリスの作家ヒレア・ベロックは「私は大戦争が待ち遠しい。戦争は箒のようにヨーロッパを掃き清めてくれるにちがいない！」[120]と書き、ポール・ヴァレリーも「とてつもない大戦争が起きてほしいとさえ思う」[121]と書いている。シャーロック・ホームズすら例外ではなかった。アーサー・コナン・ドイルは一九一四年の作品で、彼にこう言わせている。「きっと冷たく厳しい風になるよ、ワトソン君、そしてその突風を受けて多くの人が倒れるだろう。でもそれは神の吹かせる風なんだ。そして嵐が過ぎたあとには、以前より清らかで、より良く、より強い大地が輝く太陽のもとに広がるだろう」[122]。掃き清める箒、さわやかな風、いらないものを刈り込む大ばさみ、すべてを浄化する嵐、清めの炎……メタファーは尽きない。詩人ルパート・ブルックは英国海軍への入隊直前に、こう書いた。

私たちを御心の時に配したもう神に感謝せよ
私たちの青春をとらえ、眠りから呼び覚ましたもう神に

たしかな手、澄んだ瞳、研ぎ澄まされた力をもって
向きを変えた、泳ぎ手たちが清らかさのなかに飛び込むそのときに

「言うまでもなく、泳ぎ手は清らかな水に飛び込むのではなく、血の海を渡っていくのだ」——二〇〇四年、批評家アダム・ゴプニクは七冊の新刊書をまとめて評した文章のなかで、こう書いている。これらの本は第一次世界大戦から一世紀をへてもなお、なぜそれが勃発したのか厳密な検証を試みるものだった。[☆123] この大戦による死者の数は気の遠くなるほどだった——わずか四年間で、戦闘での死者が八五〇〇万人にのぼり、全体ではおそらく一五〇〇〇万人が死亡したのだ。[☆124] このすさまじさは、ロマン主義的軍国主義だけでは説明がつかない。著述家たちによる戦争賛美は少なくとも一八世紀から始まっていたが、ナポレオン戦争以後の一九世紀には、大国間の戦争のない空前の平和な期間が二つもあった。第一次世界大戦は、軍神マルスの鉄のサイコロによって、突如いくつもの破壊的潮流が一つになった〝最悪の状況《パーフェクト・ストーム》〟だったのだ。軍国主義とナショナリズムというイデオロギー的背景、列強各国の信頼性を脅かす名誉の争い、指導者たちを怯えさせ先制攻撃へと追い込んだホッブズの罠、勝利はたやすいと彼らを錯覚させた自己過信、大量の兵士を前線に運び、到着するやいなや彼らを掃討してしまう軍事力、そして両陣営に指数関数的な犠牲を払わせ破滅的状況に追い込む持久戦……運命の女神がセルビアの一ナショナリストに微笑んだとき、それらすべてに火がついたのである。

イデオロギーの時代の人道主義と全体主義

一九一七年に始まった「イデオロギーの時代」は、戦争の経過が、一九世紀の反啓蒙主義に見られる必然主義的な信念体系によって決定される時代だった。ロマン主義的な軍事ナショナリズムに触発され、ファシスト政権下のイタリアや大日本帝国、さらに人種主義的似非科学のエッセンスを加えたナチスドイツが、拡張主義的政策に走った。これらの国々の指導層は、近代自由主義的な西洋世界の退廃的な個人主義や普遍主義に反対して結集し、それぞれ自国こそが地中海、環太平洋、ヨーロッパ大陸という地球上の一定の領域を支配することを運命づけられているのだという確信に突き動かされていた。[☆125] 第二次世界大戦は、この運命を推し進めようという意図のもとになされた侵略によって始まったのだ。それと同時に、ロマン主義的な軍事共産主義に触発されたソビエト連邦と中国の拡張主義政策が台頭する。この両国が望んだのは、プロレタリアートや農民階級がブルジョアジーを打ち破り、独裁政権が続々と誕生する弁証法的プロセスに手を貸すことだった。冷戦は、第二次大戦終結にあたって、こうした動きをその限界の手前で抑止するという、アメリカの決意の産物だった。[☆126]

しかし、この物語からは、おそらく二〇世紀にもっとも永続的な影響を与えた重要な筋書きが抜け落ちている。ミューラー、ハワード、ペインをはじめとする政治史学者らは、一九世紀にはもう一つ別の動きが進行していたことを指摘している。[☆127] それは、啓蒙主義的な戦争批判の継続である。ナショナリズムの弱点をあぶり出した自由主義の流れとは異なり、この立場は個々の人間の利益が何よりも優先するとし、そうした主体としての人間に注目する。そして、カント哲学における民主主義や商業、普遍的市民権、国際法の原則こそが、平和を実現する実際的な手段であると主張するのだ。

一九世紀から二〇世紀初めにかけて、反戦運動のオピニオンリーダーとなったのはジョン・ブライトのようなクエーカー教徒や、ウィリアム・ロイド・ギャリソンのような奴隷制度廃止論者、ジョン・スチュアート・ミルやリチャード・コブデンなどの「穏やかな通商」理論の擁護者、レフ・トルストイ、ビクトル・ユーゴー、マーク・トウェイン、ジョージ・バーナード・ショウといった平和主義の作家、哲学者のバートランド・ラッセル、アンドリュー・カーネギーや（平和賞で有名な）アルフレッド・ノーベルなどの実業家、さらに多数のフェミニストや日和見的社会主義者（「銃剣は両端に労働者のいる武器」がモットー）たちだった。これら道徳事業家たちの一部が、ハーグの国際仲裁裁判所や、戦争の遂行に関する一連のジュネーブ条約など、戦争を事前回避したり抑止したりすることを目的とした新たな制度を創設したのである。

平和というものが初めて世間の注目を集めたのは、二冊のベストセラーがきっかけだった。一八八九年、オーストリアの小説家ベルタ・フォン・ズットナーが、一人称の語りで戦争の恐ろしさを描いた小説『武器を捨てよ！』を出版。次いで一九〇九年には、イギリスのジャーナリスト、ノーマン・エンジェルが戦争に経済効果はないと論じた小冊子『ヨーロッパの錯視』を発表し、これがのちに書籍に拡大され『大いなる幻想』として再出版された。略奪は、黄金や土地などの有限の資源や、自給自足の職人の手仕事に富が存在する原始的経済においては利益を生んだかもしれない。だが、富が交換や信用、分業から生じる世界では、征服したからといって征服者が豊かになるわけではない。鉱物は地面の下から飛び出てはこないし、穀物が自らを収穫することもないのだから、征服者は金を払って鉱山労働者に採掘させ、農民に耕作させなければならない。それどころか、征服したことで征服者は貧しくなる。征服には金と人命のコストがかかるうえに、信頼と協力のネットワーク――それは、すべての人が交易で利益を享受することを可能にする——を損なってしまうからだ。カナダのマニトバ州がサスカチェワン州を征服してもなんの得にもならないように、ドイツがカナダを征服したところで何も得るものはないのだ。

文学の世界では大いに人気を集めたものの、反戦運動はあまりにも理想主義的という印象を与え、当時の政治の主流では真剣に受け止められなかった。ズットナーは「馬鹿げたものという甘い匂いの香水」と呼ばれ、彼女が創設したドイツ平和協会は「おセンチな男女が寄り集まる滑稽なお裁縫クラブ」と揶揄された。エンジェルは友人らから、「その件にはふれるな。でないと変わり者の物好き呼ばわりされるぞ。サンダル履きで髭を伸ばし、木の実を食って生きているニューソート（新思想）かぶれと思われていいのか?」と諭されたという。[☆128] H・G・ウェルズはショウについて、「いまだに遊んでいる年をとった若造だ。……戦争の間中、このショウ流の伴奏は病院で白痴の子どもがあげる悲鳴のように鳴りつづけるだろう」と書いている。[☆129] しかもエンジェル自身、戦争が時代遅れだと主張したことは一度もない——経済的な目的には役に立たないと主張しただけであり、栄華に酔った指導者たちがうっかり戦争を始めることを恐れていた——にもかかわらず、そう言っていると解釈されたのだ。[☆130] 第一次世界大戦が終わるとエンジェルは物笑いの種にされ、以後今日にいたるまで、戦争はもうすぐなくなるという世間知らずの楽観主義の代表格のように見られている。本書を執筆中、私の評判を心配してこっそりエンジェルについてご教示くださった同僚も一人ならずいた。

＊

だがミューラーによれば、最後に笑うにふさわしいのはエンジェルだという。第一次大戦は、西洋の主流におけるロマン主義的軍国主義だけでなく、戦争はなんらかの意味で望ましい、あるいは避けられないものだという考え方にもピリオドを打ったのだ。ルアードは書く。「第一次世界大戦は、戦争に対するそれまでの見方を一変した。人類史上初めて、意図的な開戦はもはや正当化できないという、ほぼ普遍的な感覚が生まれたのだ」[☆131]。ヨーロッパが人命や資源の喪失に動揺していたというだけではない。ミューラーが指摘するように、ヨーロッパの歴史ではそれまでにも同じくらい破壊的な戦争は何度もあったし、多くの場合、各国はさっさと後始末をすると、まるで何事も学ばなかったかのように、すぐさま次の戦争に突入した。殺しあいのケンカの統計では、戦争による疲弊の痕跡は見られなかったことを思い出してほしい。けれども今回が今までと決定的に違うのは、大戦中にも背後では反戦運動がひそかに展開されていて、今や「それ見たことか」と声をあげられる点にあるとミューラーは主張する。

この変化は政治指導者にも、文化全般にも見て取れた。第一次大戦はその破壊性が明らかになったとき、「すべての戦争を終わらせる戦争」ととらえ直された。そして終戦を迎えると、世界の指導者は公式に戦争を放棄し、二度と戦争を起こさないために国際連盟を設立するという手段によって、この希望を現実化しようとした。いまふり返れば不十分きわまりない措置に思えるにしても、当時、これは何百年にもわたる歳月からの根源的な断絶を意味した。その間、戦争は栄光と名誉ある英雄的なものと見なされ、軍事理論家のカール・フォン・クラウゼヴィッツの有名な言葉を借りれば、「他の手段をもってする政策の継続にすぎない」と考えられていたのである。

また、第一次大戦は人類史初の「文学的戦争」とも呼ばれてきた。一九二〇年代後半には苦い省察というジャンルが生まれたことで、戦争の悲劇と無益さが広く一般に知られるようになった。この時代の卓越した作品には、ジークフリード・サスーンやロバート・グレーヴス、ウィルフレッド・オーウェンらの詩や回想録、ヒット映画にもなったベストセラー小説『西部戦線異状なし』、T・S・エリオットの詩「空ろな人間たち」、ヘミングウェイの小説『武器よさらば』、R・C・シェリフの戯曲『旅の終り』、キング・ヴィダー監督の映画『ビッグ・パレード』、ジャン・ルノワール監督の映画『大いなる幻影』（タイトルは先述のエンジェルの小冊子から取られた）などがある。人間性を描いたほかの芸術作品と同様、これらの物語は読む者や見る者に一人称の直接的な語りによるインパクトを与え、他者の苦しみに共感するよう促す。『西部戦線異状なし』には、若いドイツ人兵士がたったいま殺したフランス兵の死体をじっと見る、忘れがたいシーンがある。

この男の妻がいまもこいつのことを思っているのは疑いない。何が起こったかを彼女は知らないのだ。見かけからして、妻にしょっちゅう手紙を書きそうな男だ。まだ妻が受け取っていない手紙もあるだろう。届くのは明日か、一週間後か――どこかで迷子になって、ひと月後に届く手紙だってあるかもしれない。妻がそれを読むと、この男が文面から彼女に語りかけるのだ……

僕は男にこう話しかけた。「……戦友よ、許してくれ……なぜ誰も教えてくれなかったんだろう？君も僕と同じ哀れな人間だと。僕と同じように君の身を案じる母親がいて、同じ死の恐怖をもって、同じ断末魔の苦しみのなかで死んでいくのだということを」……

「僕は君の嫁さんに手紙を書くよ」と、僕は死んだ男に向かって早口で言った。……「いま言ったことを全部嫁さんにも伝えよう。嫁さんが困ったりしないように僕が力になろう。君の両親にも、子どもにも――」ためらいながら、僕は男の紙入れを手に取った。すると紙入れは手から滑り落ち、開いた。……。蔦の絡まる壁の前で女の人と小さい女の子の小さなポートレイト（と言っても素人が写したもの）が入っている。それと一緒に手紙が出てきた。☆132

こんな場面もある。別の兵士が、いったい戦争はどうして始まるんだろうと訊くと、こう答えが返ってくる。「まぁ大方は、一つの国が他の国をひどく侮辱したのがもとだな」。すると、兵士はこう言うのだ。「一つの国だって？　どうも俺にはそこんとこがわかんねえな。いってえ、ドイツの山がフランスの山をひどく侮辱するなんてこたぁできねえ話だろ。山に川にしろ、森にしろ麦畑にしろ——」。☆133この作品の結論は、戦争はもはや輝かしく英雄的で、神聖で、スリリングで、勇ましく、すべてを浄化するものとは見なされなくなったということだと、ミューラーは指摘する。いまや戦争は、不道徳で、不快で、野蛮で、無益で、愚かで、無駄ばかりで残酷なものになったのだ、と。

そして、それと同じぐらい重要なのは、馬鹿げているということだろう。第一次世界大戦の直接的な原因は、名誉をめぐる対決だった。オーストリア＝ハンガリー帝国政府がセルビアに対し、大公暗殺に対する謝罪と、オーストリア＝ハンガリー側に国内のナショナリズム運動の弾圧を要求する屈辱的な最後通牒を突きつけた。これに対して、セルビアと同じスラブ民族のロシアが腹を立てた。そのロシアの態度に、オーストリアと同じドイツ語圏のドイツが反発し、そこにイギリスとフランスが加担すると、面目と屈辱、恥辱、名声や信頼性をめぐる争いが、制御不能なところまでエスカレートした。「二流国に格下げされる」ことに対する不安が、各国を陰惨な脅しあいに駆り立てたのだ。

言うまでもなく、ヨーロッパではその血塗られた歴史全体を通じて、名誉の争いが数々の戦争を引き起こしてきた。だが、シェイクスピア劇に登場するフォルスタッフが言ったように、名誉とはただの言葉——今日では、社会的構築物とでもいうところだ——にすぎず、「世間の悪口屋が生かしておかん」（『ヘンリー四世』より）ものだ。悪口屋はすぐにあらわれた。おそらく史上最高の反戦映画といえば、マルクス兄弟の『我輩はカモである』（一九三三年）だろう。グルーチョ・マルクス演じるルーファス・T・ファイアフライは、フリードニア王国の新首相に任命され、隣国シルベニアの大使との和解を託される。

われらが愛するフリードニア王国の世界との和平を維持するために全力を尽くさなければ、私はこれまで寄せられてきた高い信頼にふさわしくないことになる。トレンティーノ大使にお会いできるのは願ってもないことだ。私はわが国を代表し、友好の右手を差し出そう。その右手に込められた気持ちを、大使もきっと受け入れてくれるだろう。

だが、受け入れなかったらどうなる？　そりゃあご立派なもんだな。私が差し出した手を拒否するというわけか？　面目丸つぶれじゃないか？　いやしくも一国の首相である私が、よその国の大使ごときに鼻であしらわれるとは。この国にやってきて、全国民の前で私に恥をかかせるなんて、何様のつもりだ？　考えてもみろ。私が手を差し出しているのに、あのハイエナ野郎が拒否するんだぞ。ケチで見栄っ張りのブタ野郎めが！　そんなことしたら、ただじゃすまさんからな！［大使登場。］それで、私との握手を拒否する気か？　え？」［ファイアフライが大使に平手打ちを食わせる。］

大使――ティズデイル夫人、我慢にも限度というものがありますぞ！　もう後戻りはできん！　戦争だ！

そこから圧巻のドタバタシーンが始まる。マルクス兄弟は集まった兵士たちのピッケルヘルメットを木琴みたいに叩き、銃弾や爆弾をよけながら、二人の制服が南北戦争時代の兵士からボーイスカウト、イギリスの近衛兵、アライグマの毛皮の帽子をかぶった国境警備兵へと次々と変わっていく。戦争は決闘になぞらえられるが、歴史において決闘はやがて笑いのタネにされ、ついには消滅したことを思い出してほしい。いまや戦争も、同じように縮小しつつあった。まさにオスカー・ワイルドの予言――「戦争は邪悪なものと見なされるかぎり、その魅力はいつまでも消えない。だが野蛮なものと見下されれば、人心は離れていくだろう」――が成就したと言っていいかもしれない。

この時代のもう一つの戦争風刺映画の名作は、チャールズ・チャップリンの『独裁者』（一九四〇年）だ。だが、ジョークの種になるのは、もはやどこともつかない架空の国ではない。いまやほとんどの人が、名誉を重んじる軍事文化に拒絶反応を示すようになっていたからだ。登場する道化役は、いまだにその理想を信奉する同時代の独裁者をモデルにしているが、誰がモデルかは一目瞭然だ。床屋で、ヒトラー風の男とムッソリーニ風の男が、互いに相手を見下ろそうと椅子をどんどん高くしていき、やがて二人とも天井に頭をぶつけてしまうというシーンは、とくに印象深い。

一九三〇年代には、ヨーロッパの戦争忌避はドイツの民衆や軍指導部にも浸透していたと、ミューラーは言う。[134] ベルサイユ条約の内容に対する憤りは強かったものの、それを修正するためには征服戦争も辞さないという者などほとんどいなかった。ミューラーは、首相になるチャンスのあったドイツの指導者たちをざっと見渡し、ヒトラー以外は誰一人ヨーロッパ征服のもくろみなど、もちあわせていなかったと主張する。たとえドイツ軍部によるクーデターが起きたとしても、第二次世界大戦にはいたらなかっただろうと歴史学者ヘンリー・ターナーは言う。[135] ヒトラーは、戦争疲れしていた世界を利用した。口ではくり返し平和への愛を公言しながら、まだ止められるうちに自分を止めようとする者など誰もいないことを見越していたのだ。ミューラーは複数のヒトラーの伝記を検証した結果、この世界最大の激変を引き起こした責任の大部分は、たった一人の男にあったとの見方――ほかの多くの歴史学者もそう主張する――を擁護している。

一九三三年に国の実権を握ったあと、[ヒトラーは]すばやく断固たる行動に出て、敵対者やそうなる恐れのある者を説得し、脅迫し、威圧し、出し抜き、降格し、また殺害することも少なからずあった。彼には桁外れの体力とスタミナがあるだけでなく、並外れた説得力と記憶力、強力な集中力、圧倒的な権力への渇望、自らの使命に対する狂信、とてつもなく大きな自信、比類のない豪胆さ、みごとなまでの嘘つきの才能、聞く者を魅了する演説術、そして自分の邪魔をしたり、意図するとおりに行動させせないようにする者に対しては徹底的に無慈悲になれる能力があった。……

ヒトラーには混乱と不満が必要だった――その多くは、彼自身がつくり出したのだが。そしてもちろん、助力も必要だった。畏れかしこまって服従する同僚や、自在に操り、鞭打って動かすことのできる優秀な軍隊、幻惑させ、虐殺へと導くことのできる集団、混乱し、秩序を失い、だまされやすく近視眼的で臆病な敵対国、戦うより餌食になったほうがましだ思っている近隣国などなど――そしてその多くも、彼自身がつくり出したのだった。ヒトラーは自分が見た世界の状況を取り上げ、それを自分自身の目的に合わせて形づくり、操ったのである。☆136

五五〇〇万人の命(東アジアの支配をもくろんだ日本の先祖返り的軍事行動による一二〇〇万以上の死者を含む)という犠牲をへて、世界はふたたび平和に向かうチャンスを取り戻したのである。

長い平和――いくつかの数字

本章では、戦争に関する統計に多くのページを割いてきた。だがここからは、一九四五年以降のもっとも興味深い統計に目を向けてみることにしよう。ゼロは、歴史上もっとも多くの人命を奪った戦争の終結から三分の二世紀間において、戦争に関わる驚くほどさまざまなカテゴリーにあてはまる数字だ。まずはもっとも重大なものから始めよう。

●紛争において核兵器が使用された回数は、ゼロ回である。五つの大国が核兵器を所有し、その五ヵ国すべてが戦争をした。しかし、怒りのあまり核兵器を爆発させた事例は一度もない。大国が全面核戦争による相互的自殺行為を回避したというだけではない。比較的規模が小さく、多くは通常爆弾と同等の「戦術的」核兵器でさえ、戦場でも敵の施設の爆撃にも使用されなかった。アメリカは一九四〇年代後半、核独占状態にあって相互確証破壊を心配する必要もなかったときに核兵器の使用を自粛した。本書では比率を使って暴力を数量化してきたが、各国が実際に行った破壊の量を、行いえた量に対する比率として計算するならば、各国が手にしている破壊能力を考えると、戦後の数十年間は歴史上の、どの時代と比べても桁違いに平和だということになるだろう。

だがこれは、決して必然の結果ではなかった。冷戦が突如として終結するまでは、多くの専門家（アルベルト・アインシュタイン、C・P・スノー、ハーマン・カーン、カール・セーガン、ジョナサン・シェルといった人びと）が、核融合爆弾による地球最後の日は不可避ではないにしても、十分ありうると主張していた。[☆137]たとえば、著名な国際政治学者ハンス・モーゲンソーは一九七九年に、「世界は避けがたく第三次世界大戦――戦略的核戦争――への道を進んでいる。それを防ぐためにできることが何かあるとは思えない」と書いている。[☆138]「原子力科学者会報」は、そのウェブサイトによれば、「核兵器に関する詳細な分析、論説、報告を通じて、公衆に情報提供し、政策に影響を与えること」を目的とするアメリカの科学誌で、一九四七年以来、有名な「世界終末時計」を発表しつづけている。これは、「人類が壊滅的破壊――その瞬間を午前〇時として――にどれだけ近づいているか」を示した時計だ。最初に発表されたとき、時計の長針は〇時七分前を指していた。その後六〇年の間に、針は二分前（一九五三年）から一七分前（一九九一年）の間を何度も行ったり来たりしたが、二〇〇七年、同誌は六〇年間で長針が二分しか進まないような時計は補正するべきだと考えたらしく、時計を調整した。ただし変わったのは時計のメカニズムではなく、「午前〇時」の定義のほうだった。「世界終末の日」には「生態系へのダメージ、洪水、暴風雨、大旱魃、極地の氷の融解」も含まれることになった。これはある種の進歩だといえよう。

●冷戦期に、二大超大国が戦場で相まみえた回数はゼロ回である。たしかに相手陣営の弱小国と戦ったり、従属国同士の代理戦争を煽ったりしたことは何度かある。だが、アメリカとソ連のどちらかが係争地域（ベルリン、ハンガリー、ベトナム、チェコスロバキア、アフガニスタン）に部隊を派遣した際は、いずれも他方の国は手を出さなかった。[☆139]この区別は非常に重要だ。なぜならこれまで見てきたように、一つの大規模戦争での死者数は、多数の小規模戦争をはるかに上回る可能性があるからだ。過去には、大国は敵対する国が中立国を侵略すると、不満を戦場で発散したものだ。ところが、一九七九年にソ連がアフガニスタンに侵攻したとき、アメリカはモスクワ夏季五輪への参加をボイコットすることで不満を表明した。そして一九八〇年代末、ミハイル・ゴルバチョフが権力を握って間もなく、冷戦が戦火を交えることなく終結したことに、誰もが驚いた。続いてベルリンの壁が平和的に崩壊し、ソビエト連邦もほぼ平和的に解体した。

●一九五三年以降、大国同士が戦争をした回数はゼロ回である（あるいは、朝鮮戦争後までは中国を大国とは見なさない政治学者も多いので、一九四五年以降といってもいいかもしれない）。戦争がなかった期間としては、一九世紀の三八年間と四四年間という二つの記録を余裕で破る長さだ。それどころか一九八四年五月一五日には、世界の主要大国同士の間で平和が維持された期間が、ローマ帝国時代以来最長となった。[140] 紀元前二世紀にテウトネス族がローマを攻撃して以来、どこかの軍隊がライン川を渡らずに過ぎた年数が、これほど長く続いたことはなかったのだ。[141]

●第二次世界大戦終結以来、西欧諸国間で戦われた国家間戦争の数はゼロである。[142] ヨーロッパ全体でも、一九五六年にソ連による短期間のハンガリー侵攻以来、国家間戦争が勃発した回数は同じくゼロだ。[143] 一四〇〇年以降この時点まで、ヨーロッパ諸国は年に二回ほどのペースで新たな武力紛争を起こしつづけてきたことをお忘れなく。

●一九四五年以来、主要先進諸国（一人あたり所得の上位四四ヵ国）間で戦われた国家間戦争の数は、発生した地域を問わずゼロである（ここでも一九五六年のハンガリー侵攻は除く）。[144] 今日私たちは、戦争とは小さくて貧しい、後進の国で起こるものだと思い込んでいるが、二度の世界大戦や、過去数百年間に幾度となくあった、ヨーロッパの主要な二国間の戦争（普仏戦争、普墺戦争、露瑞戦争、英西戦争、英蘭戦争）を考えれば、つねにそうだったわけではないことは明らかだ。

●一九四〇年代後半以来、他国を征服することによって領土を広げた先進国の数はゼロである。ポーランドのように地図から消し去られた国も、イギリスのようにインドを帝国に組み込んだ国も、オーストリアのようにバルカン半島の変わった名前の国を勝手に自分のものにした国もない。また一九七五年以降、たとえ一部分でも他国を征服した国の数もほぼゼロであり、一九四八年以降に他国を永続的に征服した国の数もほぼゼロに近い(この点については、このあと詳しく検証する)[☆145]。大国の拡張プロセスはむしろ逆行した。「世界史上最大の権力移譲」と呼ばれるように、ヨーロッパ諸国は帝国を廃業し、植民地の独立を――ときに平和的に、ときに植民地戦争に勝つ意思を喪失して――認めることによって、広大な領土を手放した[☆146]。次章で見ていくように、戦争の二つのカテゴリー――植民地獲得のための帝国主義戦争と、それを保持するための植民地戦争――が、丸ごと消えてなくなったのである[☆147]。

●第二次世界大戦以後、国際的に承認された国家が征服によって消滅した事例はゼロ件である[☆148](南ベトナムは唯一の例外かもしれないが、それは一九七五年の北ベトナムへの統合を征服と見なすか、国際化した内戦の終結と見るかによる)。これに対して二〇世紀前半には、そもそも国家の数がいまよりはるかに少なかったなかで、二二の国家が占領または吸収されている[☆149]。一九四五年以降、何十という国が独立し、分裂した国もいくつかあったものの、一九五〇年の世界地図にあった国境線の大部分は、二〇一〇年の世界地図にも存在している。かつて統治者たちが、帝国主義的拡張を自らの職務の一部と見なしていた時代があったことを考えれば、これもまた驚くべき進展だといえよう。

*

本章の論点は、これらの「ゼロ」――長い平和――は、暴力の減少をもたらす心理的回帰の結果だということだ。こうした心理的回帰は、歴史の流れのなかで時折見られるもので、この場合は、先進諸国の主流内で起きた(その他の国々でもしだいに起きつつある)、戦争の認知カテゴリー化における変化を指す。人類史の大半を通じて、権力や名声、あるいは復讐を渇望する有力者たちは、自らの政治的ネットワークがそうした渇望を是認し、それを満たすことによって生じた犠牲者への同情の念を消し去ってくれることをあてにできた。言いかえれば、彼らは戦争の正当性を信じていたのだ。戦争の心理的構成要素——支配、復讐、無慈悲、部族意識、集団思考、自己欺瞞——は、一九四〇年代末以降も消えてなくなったわけではない。だがそれは、ヨーロッパや他の先進諸国においてバラバラに分かれ、戦争の頻度を引き下げてきたのだ。

なかには、今でも発展途上国では戦争が起きていると言って、この驚くべき変化を軽んじる人たちもいる。暴力は減少したのではなく、行われる場所が変わっただけだというのだ。先進国以外の世界における武力紛争については次章で検証するが、さしあたり、この反論はほとんど意味をなさないことを指摘しておこう。エネルギーならぬ「暴力」保存の法則などというものはないし、世界のある地域で暴力を圧縮すれば、別のどこかで暴力が膨張するような油圧システムも存在しない。発展途上世界の領土ではこれまで何千年にもわたり、部族戦争や内戦、私闘、奴隷狩り戦争、帝国主義戦争、植民地戦争の炎が燃え上がってきた。一部の貧困国で戦争が続いたとしても、富裕国と貧困国の両方で戦争が起こる世界に比べればましである。裕福で強大な国がもたらしうる損害の途方もない大きさを考えれば、なおさらだ。

長い平和は、もちろん永遠の平和ではない。歴史を統計学的に見る能力がある人なら、大国間、先進国間、あるいはヨーロッパ諸国間の戦争は、もう二度と起こらないなどとは決して言えまい。だが確率は、ある一定の期間内に変化しうる。鉄のサイコロのオッズは下がるかもしれないし、べき分布のグラフが窪んだり傾いたりすることもありうる。そして世界の大部分の地域では、まさにそれが起きたと思われるのだ。

もっとも、これと同じ統計的な見方から別の可能性も浮上してくる。もしかすると戦争の起きる確率はまったく変わっていないのかもしれない。ただ、私たちが戦争や残虐行為がたまたま固まって起きた時期を過大解釈しがちなのと同じように、たまたま平和が続いている期間を過大解釈しているだけなのかもしれない。戦争への圧力は徐々に蓄積していて、いつそれが爆発してもおかしくない状態なのかもしれないのだ。

だが、おそらくそうではない。殺しあいのケンカの統計をみるかぎり、戦争は振り子でも、圧力鍋でも、突っ走る物体でもなく、毎回記憶が消えてしまうサイコロゲームであり、そのオッズも変わりうるのだ。そして多くの国の歴史が、国家間の平和は無期限に継続しうることを裏づけている。ミューラーが言うように、もし戦争熱が周期的なものだとすれば、「いまごろスイスやデンマーク、スウェーデン、オランダ、スペインの国民は声高に戦争を求めているはずだ」[150]。世界最長の非武装国境をはさんで隣りあうカナダとアメリカの国民にしたところで、相手がいい加減に侵略してくるのではと眠れぬ夜を過ごしている様子もない。

では、たまたま幸運に恵まれただけという可能性はどうだろうか？　それもありそうにない。第二次世界大戦後の期間は、五〇〇年前に大国が出現して以来、大国間の平和が突出して長く続いているのだ。[151]ヨーロッパ諸国間の平和も、その好戦的な歴史のなかで最も長く続いている。ほぼどんな統計を見ても、長い平和におけるゼロ、あるいはほぼゼロというのは、それ以前の時代の戦争の発生頻度を考えれば、きわめてありえない数字であることが確認できる。一四九五年から一九四五年までの大国間戦争の頻度を基準にすると、六五年間に大国間戦争がたった一度（朝鮮戦争という境界症例）しか起こらない確率は、一〇〇〇分の一である。[152]起点を一八一五年にずらし、ナポレオン以降の平和な一九世紀を基準にしたとしても、第二次大戦後の時期に大国が関与する戦争が四回以下になる確率は〇・〇〇四以下であり、ヨーロッパ諸国

間の戦争が一回（一九五六年のソ連のハンガリー侵攻）以下の確率は、たった〇・〇〇〇八なのだ。[☆153]

確率の計算は、言うまでもなく事象をどう定義するかに強く依存する。何が起こったかを十分に知ったうえで評価する場合（事後比較、または「データ・スヌーピング」）と、前もって予測を立てる場合（事前比較、またはアプリオリな比較）とでは、確率は大きく異なる。同じ部屋にいる五七人のうちの二人の誕生日が同じである確率は、一〇〇分の九九だったことを思い出してほしい。この場合、その誕生日がいつかは、その二人が誰かを特定したあとにならないと決まらない。一方、そのなかの誰かが私と誕生日が同じである確率は、七分の一に満たない。この場合は、誕生日の日付を事前に指定していることになる。株詐欺師はこの違いを悪用して、市場の推移に関して考えられるあらゆる予測を載せたニュースレターを配布するということもできる。数ヵ月後、たまたま幸運に恵まれたごく一部の読者が、この詐欺師は天才だと称賛するというわけだ。長い平和に懐疑的な人が、戦争のない状態が長く続いたあとになって大げさに言い立てるのは、データ・スヌーピングと同じずるいやり方だと主張してもおかしくないのだ。

だが実際には、いまから二〇年以上も前に、戦争のない年月が積み重なりつつあることに気づき、それをもたらした新しい意識が今後も長く続くと予測した研究者が何人もいた。今日、彼らの事前予測の正しさは確認されたと言うことができる。以下にその名前と著作のタイトルをあげてみよう。ワーナー・リーヴァイ著『来るべき戦争の終焉』（一九八一年）、カレヴィ・ホルスティ著『黙示録の騎士たち――門前か、迂回か、退却中か？』（一九八六年）、エヴァン・ルアード著『鈍った剣――近代世界政治における軍事力の衰退』（一九八八年）、ジョン・ミューラー著『地球最後の日からの撤退――大規模戦争の廃退』（一九八九年）、フランシス・フクヤマの「歴史の終わり」（一九八九年）、ジェームズ・リー・レイの「奴隷制廃止と国際戦争の終焉」（一九八九年）、カール・ケイセンの「戦争は廃れたのか？」（一九九〇年）。[☆154]一九八八年に政治学者ロバート・ジャーヴィスは次のように書き、この現象を簡潔に言い当てている。

戦後期の最も際立った特徴は、まさにここにある――一九四五年以降、大国間の戦争が起きていないからこそ、この時期を「戦後」と呼べるのだ。これほど長期にわたって、最も強大な国家間で平和が続いたことは人類史上未曾有のことである。[☆155]

これらの研究者たちは、自分たちはたまたま平和が続く幸運に惑わされているのではなく、その根底にある、将来を予測するうえで裏づけとなる変化を突きとめたのだと確信していた。一九九〇年初め、ケイセンは一九八九年に出版されたミューラーの著書の書評に、次のような一節を付け加えている。

ヨーロッパの――そして全世界の――国際構造に重大な変化が起こりつつあるのは明らかである。過去、このような変化は戦争によってもたらされるのが常だった。本書で提示された議論は、今回は変化が戦争なしで（ただし、関係国の国内での武力行為はないとはかぎらないが）起こりうるという予測を裏づけている。今のところは（一月半ば）順調だ。本書の著者と読者は、日々大いなる関心と期待をもって、この予測の正しさを見届けていくことだろう。[☆156]

国家間戦争はもはや廃れたと早々に断言する見解が軍事史家から出てきたとなれば、そのインパクトは強烈だ。軍事史家というのは戦争史料にどっぷり浸かって研究してきた人たちで、今回はいままでとは違う、などという考えにはうんざりしているはずだ。しかし、ジョン・キーガン（「卓越した」という形容詞が名前の一部かと思うほど常につけられる軍事史家）は一九九三年の大著『戦略の歴史』に、次のように書いている。

このテーマに関するさまざまな文献を読み、軍人たちとともに暮らし、戦争の舞台を訪れてその影響を調査することにこれまでの生涯を費やしてきた私から見ると、戦争とは人間の不満を調停するための合理的であるだけでなく、望ましく、建設的な手段であるという印象は、消滅しつつあるという気がする。[☆157]

同じくらい卓越した軍事史家のマイケル・ハワードは、その二年前の一九九一年にこう書いていた。

高度に発達した社会間の大規模な組織的武力紛争という意味での戦争は二度と起こらず、安定した国際秩序の枠組みがしっかりと確立される可能性がかなり高まっている。[☆158]

さらに、この二人に劣らず卓越し、本書で六世紀にわたる戦争の歴史の案内役となってくれたエヴァン・ルアードは、さらに前の一九八六年にこう記していた。

何より驚くのは、ヨーロッパにおいて生じた変化、すなわち国際戦争が事実上の休止状態にあることだ。……ヨーロッパで過去何世紀にもわたって続いてきた戦争の規模と頻度を考えれば、これは目を見張るほど大きな変化だ。おそらく、世界中の戦争の歴史に見られるもっとも顕著な不連続といえる

だろう。☆159

その後二〇年以上が経過しても、このなかで自分の見解を変える必要の生じた者は誰もいない。イスラエルの軍事史研究者アザー・ガットは、かつてないほど包括的であると同時に、進化心理学のホッブズ的リアリズムの味つけもほどこした二〇〇六年の著書『文明と戦争』のなかで、次のように指摘している。

……裕福な自由民主主義諸国の間では、戦争は事実上、選択肢としてすら排除されているという正真正銘の相互信頼にもとづく、真の平和の状態が生まれたように見える。このような状態が存在したことは、歴史上かつてない。☆160

長い平和——人びとの意識と出来事

ガットが「真の平和の状態」と傍点をふったのは、先進国間の戦争の数がゼロだったことだけでなく、これらの国々における意識の変化を強調するためでもあった。先進諸国が戦争をどう思い描き、どうそれに備えるか——それが劇的に変化したのだ。

一五〇〇年以降、戦争による死者数の増加（図5-16参照）をもたらしたおもな要因は徴兵制、すなわち国の軍隊に兵士の供給を再生可能な形で続ける仕組みである。ナポレオン戦争の時代には、ヨーロッパの国々の大半でなんらかの形の徴兵が行われていた。良心的兵役拒否というのは観念的なものでしかなく、新兵徴募の方法も、一九六〇年代にアメリカの若者に恐れられていた「Greetings（こんにちは）」で始ま

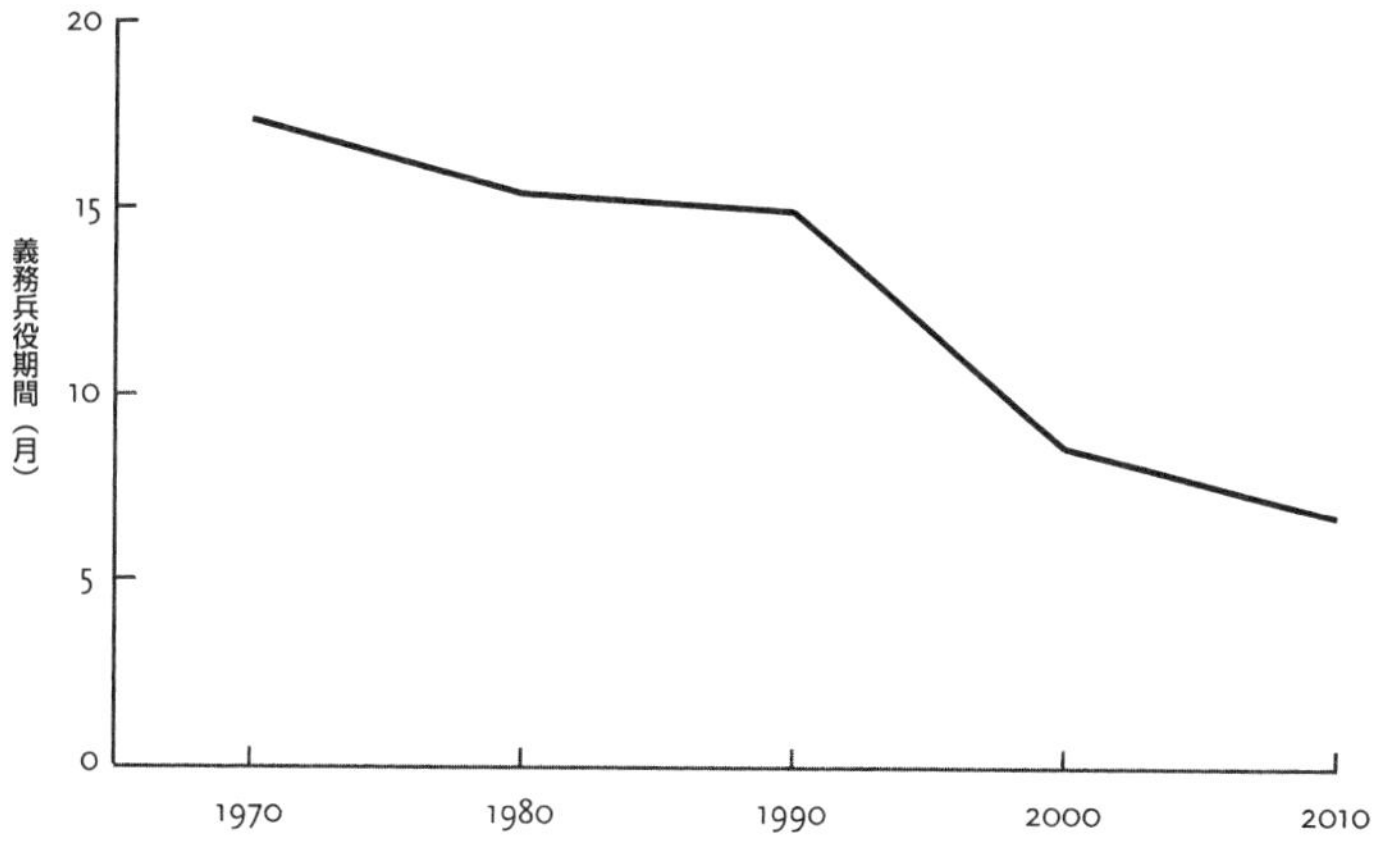

図5 − 19　世界の主要48ヵ国の徴兵期間（1970〜2010年）.
出典：1970〜2000年のグラフ　Payne, 2004, p.74. 国際戦略研究所（ロンドン）『ミリタリー・バランス』各年版のデータにもとづく. 2010年のデータは『ミリタリー・バランス』2010年版（国際戦略研究所, 2010年）より. 不完全な部分は『ザ・ワールド・ファクトブック』（アメリカ中央情報局［CIA］, 2010年）より補った.

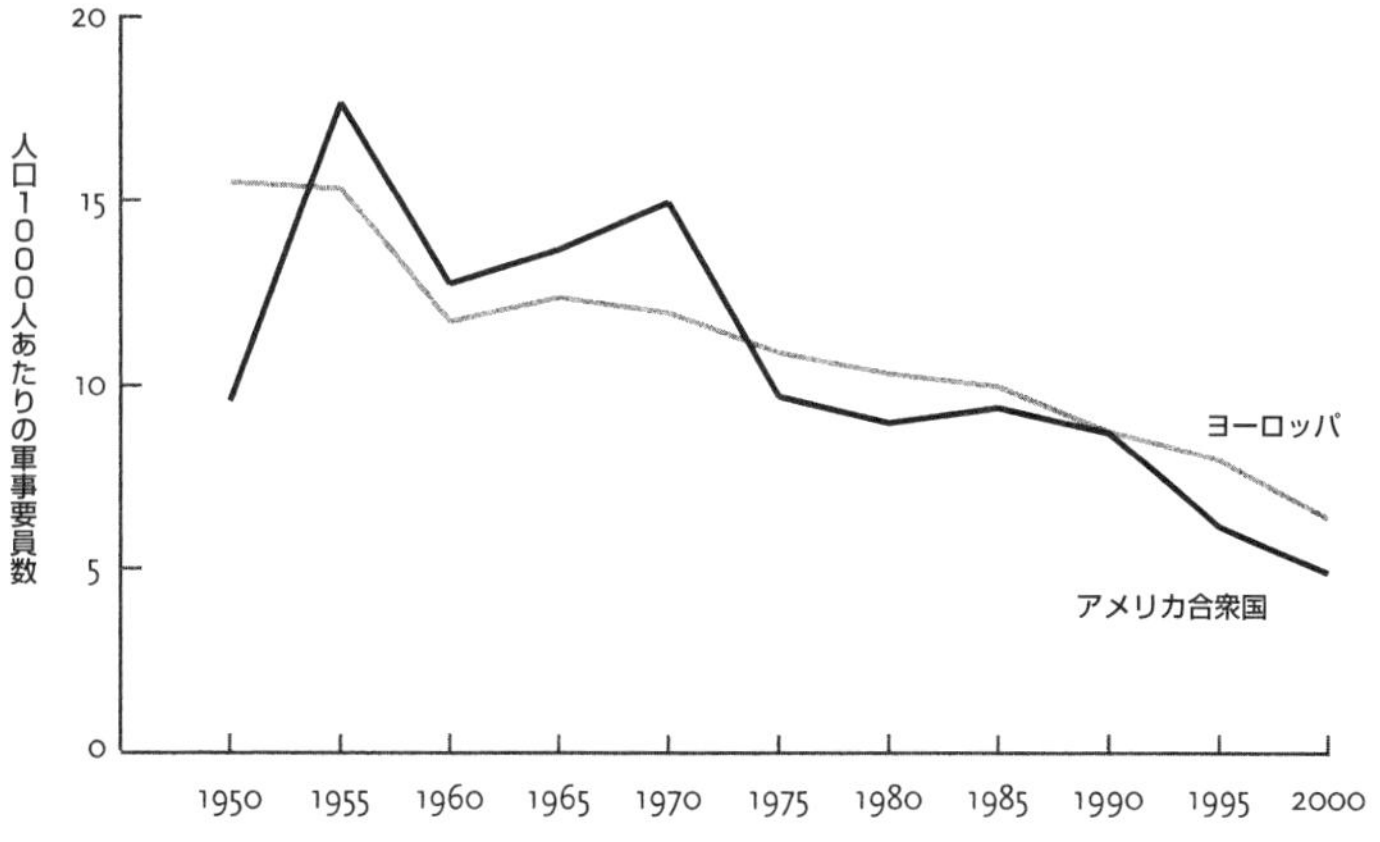

図5 − 20　アメリカ合衆国とヨーロッパの軍事要員（1950〜2000年）.
出典：Correlates of War National Material Capabilities Dataset (1816-2001); http:www.correlatesofwar.org, Sarkees, 2000. 5年ごとの非加重平均.「ヨーロッパ」に含まれる国はベルギー, デンマーク, フィンランド, フランス, ギリシャ, ハンガリー, アイルランド, イタリア, ルクセンブルク, オランダ, ノルウェー, ポーランド, ルーマニア, ロシア／ソ連, スペイン, スウェーデン, スイス, トルコ, イギリス, ユーゴスラビア.

る電報と比べればはるかに礼を失したものだった。「pressed into service（無理やり入隊させられる）」という慣用句は、路上で男性をさらって強制的に陸軍や海軍に送り込むために政府に雇われた荒くれ者の集団「強制徴募隊《プレス・ギャング》」からきている（アメリカ独立戦争時の大陸軍の兵士は、ほぼ全員が、この強制徴募隊によって集められた）。[☆161] 男性の人生のかなりの部分が義務兵役に費やされることもあり、長いものでは一九世紀ロシアの農奴の二五年という例がある。

徴兵制においては、強制力が二重に適用される。徴兵された者は、まず強制的に働かされ、さらにその労働につくことで、障害を負ったり殺される確率の高い状況にさらされるのだ。生存に対する脅威となるだけでなく、徴兵制の範囲は、その国が武力使用の是認にどこまで積極的かを示すバロメーターともなる。第二次世界大戦後数十年の間に、世界の義務兵役期間は着実に短縮された。アメリカ、カナダ、そしてヨーロッパの大部分の国々では、徴兵制は完全に廃止され、その他の国でも兵士の訓練の場というよりは、市民意識構築のための場として機能している。[☆162] ペインは、一九七〇年から二〇〇〇年までの間に歴史の長い四八の国において徴兵期間がどう推移したか、統計をとっている。それに私が二〇一〇年のデータを加えたのが図5－19である。これを見ると、徴兵制は冷戦終結前の一九八〇年代後半からすでに減少傾向にあったことがわかる。一九七〇年の時点では四八ヵ国のうち徴兵制のない国はわずか一九パーセントだったが、二〇〇〇年には三五パーセントに増え、二〇一〇年には五〇パーセントに達した。ほかにも少なくとも二ヵ国（ポーランドとセルビア）が二〇一〇年代前半に徴兵を廃止する予定になっており、近いうちに五〇パーセントを超えることになる。[☆163]

好戦度をあらわすもう一つの指標として、徴兵されたのか、「君の可能性に挑戦しませんか？」というテレビコマーシャルの文句に惹かれて志願したのかにかかわらず、国の兵力規模を対人口比で表した数値がある。ペインは、その国の兵士の割合は、軍国主義をイデオロギーとして受け入れる度合いを最も的確に示す指標であることを示している。[164] 第二次世界大戦後、米軍は戦時編制を解いたものの、冷戦で新たな敵と対峙することになったため、軍の規模は戦前の水準まで縮小されることはなかった。ところが図5－20に示すように一九五〇年代半ば以降、兵力は急激に縮小しつつある。ヨーロッパでは、軍事部門への人的資本投下の減少は、それより前から始まっている。

オーストラリア、ブラジル、カナダ、中国などその他の大国でも、一九五〇年からの五〇年間に兵力の縮小が進んだ。冷戦終結後、この傾向は世界規模に広がった。長い歴史をもつ国における人口一〇万人あたりの平均軍人数は、九人を超えた一九八八年のピーク時から、二〇〇一年には五・五人未満まで急減した。[165] こうした削減の一部は、洗濯や給食業務などの非戦闘機能を民間業者に委託したことや、最富裕諸国では前線要員をロボットや無人航空機に置き換えたことによる。とはいえロボット戦争の時代はまだ遠い未来のことであり、最近の出来事を見れば、どれだけ地上軍兵士を確保できるかが、依然として軍事計画の策定にとって主要な課題であることに変わりはない。さらにいえば、軍隊をロボット化するということ自体、本書で探ろうとしている傾向のあらわれである。各国は膨大な費用をかけて、こうした技術の開発に取り組んでいる。なぜなら、自国民（そして、このあと見ていくように外国の市民）の命が、かつてより大切になっているからだ。

＊

「戦争は人の心の中で生まれるものであるから、人の心の中に平和のとりでを築かなければならない」

――ユネスコ憲章

「長い平和」が偶然ではないことは、指導者と一般市民のメンタリティが変化したことを裏づける一連のサニティチェックによっても示される。二〇世紀後半、先進国ではナショナリズム、領土的な野心、名誉を重んじる世界共通の文化、戦争を受け入れる国民の心情、戦争の人的コストに対する無関心など、好戦的な意識を構成する要素はいずれも廃れてしまったのだ。

最初の示唆的な出来事は、一九四八年に四八ヵ国が「世界人権宣言」を採択したことである。初めの三条を次に示そう。

第一条　すべての人間は、生れながらにして自由であり、かつ、尊厳と権利とについて平等である。人間は、理性と良心とを授けられており、互いに同胞の精神をもって行動しなければならない。

第二条　すべて人は、人種、皮膚の色、性、言語、宗教、政治上その他の意見、国民的もしくは社会的出身、財産、門地その他の地位またはこれに類するいかなる事由による差別をも受けることなく、この宣言に掲げるすべての権利と自由とを享有することができる。

さらに、個人の属する国または地域が独立国であると、信託統治地域であると、非自治地域であると、または他のなんらかの主権制限の下にあるとを問わず、その国または地域の政治上、管轄上または国際上の地位にもとづくいかなる差別もしてはならない。

第三条　すべて人は、生命、自由および身体の安全に対する権利を有する。

こんなものは美辞麗句を並べただけの絵空事だと、つい片づけてしまいたくもなる。だが、この宣言に署名した国々は、政治的領域における究極の価値は一人ひとりの人間であるという啓蒙主義の理想を採択することで、それまで一世紀以上にわたって世界を支配してきたドクトリンを否定したのだ。すなわち、究極の価値とは国家、国民、文化、民族、階級、あるいはその他の集合体であるという考え方（究極の価値とは君主であり、人民はその動産だという、さらにその前の何世紀にもわたって支配的だったドクトリンは言うに及ばず）である。普遍的人権を擁護することの必要性は、一九四五〜四六年のニュルンベルク裁判で一部の弁護士が、ナチ党員を訴追できるのはポーランドなどの被占領国で行われた大量虐殺についてのみだ、と主張した際に明らかになった。自国の領土でやったことについて、他国の人間はとやかく言えないというのが、それまでの考え方だったのだ。

世界人権宣言がたわごと以上のものだったことを示すもう一つのあかしは、諸大国が調印に二の足を踏んでいたという事実そのものにある。イギリスは植民地のことを心配し、アメリカは国内の黒人、ソ連は傀儡国のことを心配していた。[166] しかし、エレノア・ルーズヴェルトが中心となって、八三回にわたる会合を重ねた結果起草された宣言は、反対票なしに採択された（ただし、ソビエト圏の八ヵ国はあてつけがましく棄権した）。

この時代に反啓蒙主義イデオロギーが否定されたことは、それから四五年後に劇作家ヴァーツラフ・ハヴェル（非暴力のビロード革命によって共産主義政権が打倒されたあとにチェコスロバキア大統領に就任した）によって明らかにされた。彼はこう書いている。「民主主義基盤にもとづくヨーロッパ統合構想の偉大さは、国民国家を国民生活の最も高次元の表出であるとする古いヘルダー的な〔ヨハン・ゴットフリート・ヘルダーは一八世紀ドイツの哲学者〕考え方を克服する能力にこそある[167]」。

「長い平和」に逆説的に寄与したものの一つに、国境の凍結がある。既存の国家とその国境は不可侵とする規範が、国際連合の主導で生まれたのである。これらを武力によって変えようとするあらゆる試みを「侵略」として断罪する新たな認識によって、領土拡張は国際関係のゲームにおける正当な行為だとする考え方は完全に駆逐された。意味をなさない国境もあるかもしれないし、その国境内にある政府が統治の資格を欠いていることもあるかもしれないが、それでも暴力によって国境を正当化することは、政治家にとってもはや有効な選択肢ではなくなったのである。既存の境界線を尊重することは、おおむね平和化の推進に役立った。その理由は、政治学者のジョン・バスケスが指摘しているとおりである。「戦争の論理的な原因となりうるあらゆる問題のなかで、領土問題はもっとも頻繁に戦争に関連づけられるものだと考えられる。ほとんどの国家間戦争には、領土問題がなんらかのかたちで関わっている」[168]

政治学者のマーク・ザッカーは、こうした変化を定量化した。[169]一九五一年以降、国境線の大きな変更につながった侵攻はわずか一〇件しかなく、すべて一九七五年以前に起きている。その多くは、住む人もまばらな奥地や島に国旗を立てたにすぎず、征服した側の領土を拡大するのではなく、新たな政治的主体が築かれた例（バングラデシュなど）もある。一〇件という数字は多いと思われるかもしれないが、図5－21に示すように、それ以前の三世紀から見れば急激な減少である。

例外のない規則はないが、イスラエルはまさに例外である。一九四九年、イスラエルとアラブ諸国が戦った、第一次中東戦争の休戦ラインとなった曲がりくねった「グリーンライン」は、当時はどちらの側にも――とくにアラブ諸国にとっては――喜んで受け入れられるものではなかった。しかしその後数十年のあ

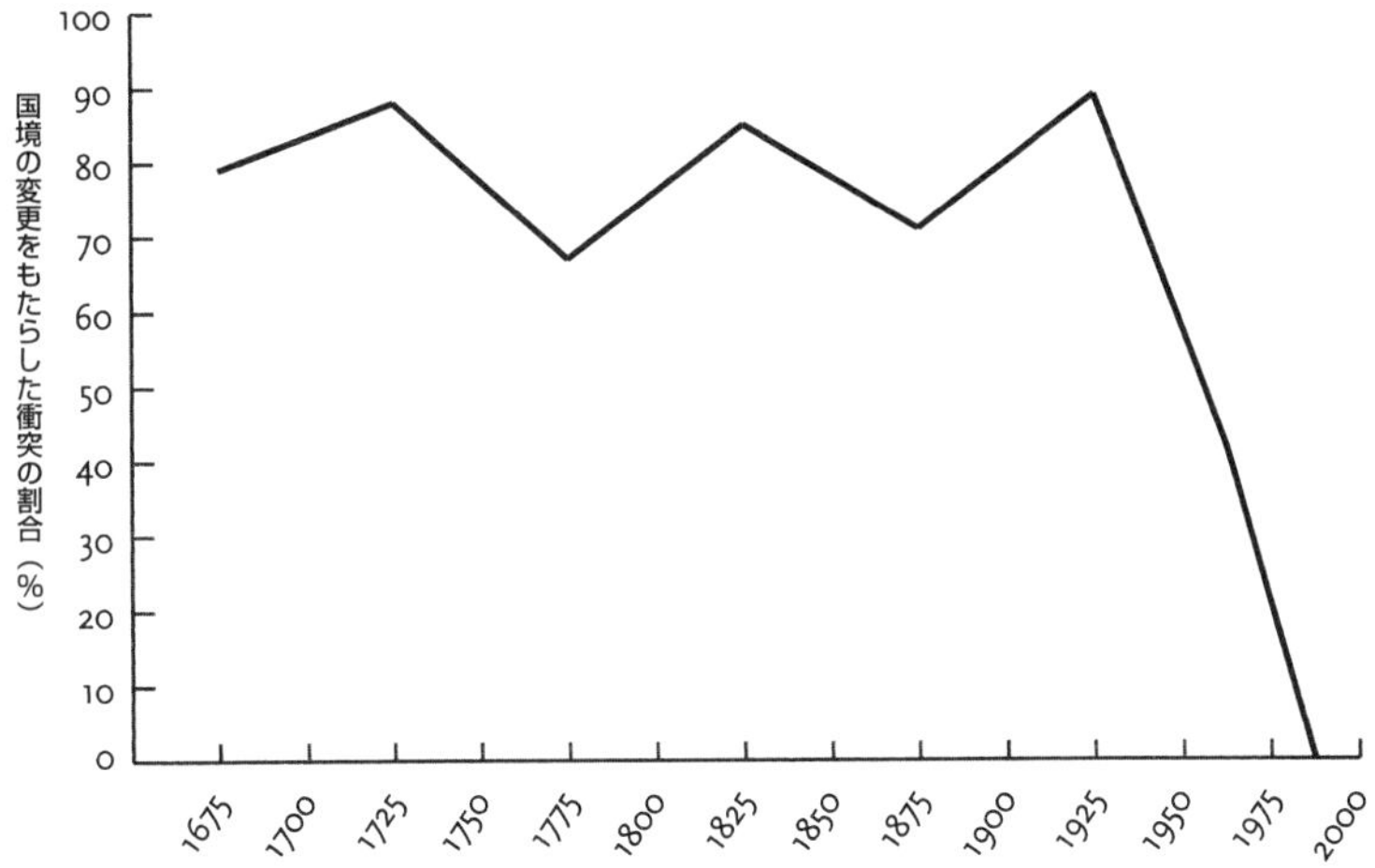

図5 − 21　国境の変更をもたらした領土戦争の割合（1651 〜 2000 年）.
出典：データは Zacher, 2001 の表 1 および 2 より . 半世紀ごとのデータポイントはその半世紀の中間点に置いた . ただし 20 世紀後半は , 各ポイントが 4 分の 1 世紀をあらわす .

いだに、この境界線はイスラエルの唯一の真正な国境として、国際社会で神秘的ともいえる地位を獲得した。イスラエルは、それ以降の度重なる戦争で占領した領土の大半を、国際的な圧力に従って放棄してきており、おそらく私たちが生きているあいだに残る占領地からも撤退するだろう——そのためには、ちょっとした領地の交換や、エルサレム（固定した国境の規範と都市非分割の規範とが衝突せざるをえない）については、込み入った取り決めが必要にはなるだろうが。インドネシアによる東ティモール占領をはじめとする征服と支配の大部分も、やはり無効にされた。近年の最も劇的な事例は、一九九〇年のサダム・フセインによるクウェート侵攻（一九四五年以降の世界で、国連加盟国が別の加盟国を丸ごと併合した唯一の事例）で、これに仰天した多国籍連合軍がイラクを爆撃し、あっという間にイラク軍を撤退させたのはご承知のとおりである。

国境不可侵の背後にある心理は、共感や道徳的論理というより、むしろ規範とタブーだ（この点については第9章で掘り下げる)。まともな国であれば、もはや他国を征服することは現実的な選択肢ではない。今日の民主国家の政治家が仮にも他国の征服をほのめしたしりすれば、反論に遭うどころか、怪訝に思われるか、困惑されるか、さもなければ笑い者になるだけだ。

領土保全の規範は征服だけでなく、それ以外の国境線の操作も排除してきた、とザッカーは指摘する。植民地解放の時代には、何十年も前にどこかの帝国行政官が地図の上に引いた線が、そのまま新たな独立国家の国境になった。そうした境界線には、民族の祖国を分断したり、敵対する部族同士を一緒にするものも少なくない。それでも、新しい指導者たちを一堂に集め、白紙の地図を前に一から国境線を引き直させようという動きはまったくなかった。ソ連やユーゴスラビアが解体されるときも、内部の共和国や州を区切っていた点線が、いっさい描き直されることなく実線となり、主権国家の国境線として確定されたのだ。

地図上の恣意的な境界線を神聖不可侵とすることは不合理とも思えるが、たとえ恣意的で正当化できないものであっても、規範を尊重することにはそれなりの根拠がある。ゲーム理論家のトーマス・シェリングによれば、交渉を決裂させるよりもある程度の妥協をしたほうが交渉者双方にとって都合がいい場合、顕著な認知的目印があれば、両者にとって利益になる合意に達しやすいという。[☆170] たとえば値引きの交渉をするとき、最も公正な値段を求めて際限なく交渉を続けるより、両者の言い値の中間をとるとか、切りのいい数字に丸めたりするほうが合意に達する可能性が高いというのだ。メルヴィルの『白鯨』に出てくる捕鯨船員たちは、「煩雑にして激烈な紛争」を避けるために、「しとめ鯨はしとめた者に属する」という規範にしたがった。弁護士はよく「占有は九割の法」〔所有権争いでは現にその物を占有しているほうが有利だということ〕と口にするし、諺にもあるとおり、良い垣根があれば近所づきあいもうまくいく(Good fences make good neighbors)のである。

領土保全の規範を尊重する立場から見れば、一九三〇年代にヨーロッパの指導者とヒトラーとのあいだで行われた協議など、とうてい考えられない。当時、ドイツの国境をドイツ民族の分布と一致させるために、オーストリアとチェコスロバキアの一部を併合するというヒトラーの主張は、まったく合理的と見なされていた。実際、領土保全の規範は、一九世紀後半から二〇世紀前半にかけて各国の指導者が強くこだわっていた国民国家と、その姉妹原則である民族自決の理想を徐々に崩壊させてきた。複雑に交じりあい、入れ子状態になった民族集団を突っ切って滑らかな国境線を引くことなど、解くことのできない幾何学問題であり、いまや既存の国境を甘んじて受け入れるほうがいいと考えられているのだ。無駄な努力を際限なく続け、あげくの果てに民族浄化や領土回復のための征服を引き起こすことを思えば、そのほうがずっとましだというわけである。

とはいえ領土保全の規範は、実にさまざまな不公平をもたらす。民族集団が、その集団の繁栄になんら好意的関心をもたない政治的主体のなかに押し込められる恐れがあるからだ。『白鯨』のイシュメールもこのことを気にかけ、「あの哀れなアイルランドも、恐るべき銛打ちたるジョン・ブル（＝イギリス）にとってのしとめ鯨じゃないのか？」とつぶやく。ヨーロッパの平和な国境のなかにも、第二次世界大戦による大規模な民族浄化（何百万人ものドイツ系住民とスラブ系住民が強制的に祖国から移住させられた）とその余波によって、都合よく均質化された国と国の境界となっているものがある。今日の発展途上世界では基準はもっと高くなり、社会学者のアン・ヒロナカが言うように、こうした地域での内戦が長引くのは、なんとしても国家を維持し国境は変えないという強固な姿勢のせいだと考えられる。とはいえ、すべてを斟酌すれば、国境不可侵の規範は世界にとってお得な取引であったようだ。次章で見ていくように、多くの小規模な内戦による死者数は、わずか数回の大規模な国家間戦争（世界戦争は言うに及ばず）による死者数より少なく、このことは殺しあいのケンカのべき分布と合致する。さらに、近代国家がナショナルな精神の貯蔵庫から人権の原則に則った多民族的な社会契約へと進化していくなかで、内戦もまた数が減り、損害も小さくなっているのである。

*

ナショナリズムや征服と並んで、第二次大戦後の数十年間に消えていったもう一つの理想、それは名誉だ。ルアードは控え目な調子でこう書いている。「おそらく今日では一般に、人間の命にはかつてより高い価値が置かれ、国の威信（あるいは『名誉』）に置かれる価値は低くなっている」[☆171]。冷戦が最も深刻な時期にソ連の指導者だったニキータ・フルシチョフは、この新しい意識を次のように表現した。「私は仮面舞踏会で屁をこいたら自害しなきゃならんような帝政時代の役人ではない。戦争をするより引き下がったほうがましだ」[☆172]。少なからぬ国の指導者がこれに同意し、かつての時代なら戦争に走ったであろうような挑発を受けても、引き下がって武器を収めるようになっている。

一九七九年、合衆国は立て続けに二つの侮辱行為――ロシアのアフガニスタン侵攻と、イランのアメリカ大使館占拠事件――に見舞われたが、オリンピックをボイコットしたことと、現地の様子を連日夜を徹して中継した以外には、対応らしい対応はしなかった。当時のジミー・カーター大統領はのちにこう語っている。「武力でイランを壊滅させることもできたが、そんなことをすれば人質の命が失われることになると思ったし、二万人ものイラン国民を殺したくはなかった。だから攻撃しなかったのだ」[☆173]。アメリカのタカ派はカーターの弱腰に激怒したが、彼らが担ぎ上げたロナルド・レーガンも、一九八三年に二四一人のアメリカ兵が死亡したベイルートの米海兵隊兵舎爆破事件の際には、レバノンから全米軍部隊を撤退させたにとどまり、一九八七年に米軍艦スタークがイラクのジェット戦闘機の攻撃を受けて乗員三七人が死亡したときも、事態を静観した。二〇〇四年にマドリードで起きたイスラムテロ組織による列車爆破事件では、スペイン国民は反イスラム感情でいきり立つどころか、イラク戦争に加担した現政権が事件を招いたとの見方に立つ者が少なくなく、直後の選挙で与党を退陣に追い込んだのだった。

世界史上最も重大な名誉の軽視は、一九六二年のキューバミサイル危機の解決にあった。危機を引き起こしたのは国の威信の追求だったかもしれないが、危機が深刻化するなか、フルシチョフとジョン・F・ケネディは面子を守るというお互いの必要性を考慮し、それを両者で解決すべき問題としたのだ。[☆174] 第一次世界大戦の経緯を描いたバーバラ・タックマン著『八月の砲声』を読んでいたケネディは、「個人的な劣等感や優越感」に突き動かされた国家間の脅しあいが、大惨事を招きうることを知っていた。当時大統領の側近だった弟のロバート・ケネディはキューバ危機の回顧録のなかで、次のようにふり返っている。

> 米ソともキューバをめぐる戦争は望んでいないという点では意見が一致した。しかし、どちらかの側が打った手段が、「安全保障」や「プライド」や「面子」などの理由で相手方の反発を招き、それがまた同じような安全保障、プライド、面子などの理由でさらなる反発を招き、ついには武力衝突にまでエスカレートする可能性はあった。大統領が回避したかったのはまさにこの点だった。[☆175]

帝政時代の役人になぞらえたフルシチョフの軽口は、彼が名誉の心理をよく認識し、ゲーム理論についても直観的な感覚をもっていたことを物語っている。緊張が高まるなか、フルシチョフはケネディに送った書簡でこんなたとえ話をしている。

あなた方が戦争という結び目をつくったロープの両端を、私たちはいま引くべきではない。ロープを強く引けば引くほど、結び目は固くなり、やがて固くなりすぎて、結んだ当人にも解けなくなるだろう。そうなれば、結び目を断ち切るしかなくなってしまう。☆176

二人は互いに譲歩することで、結び目を解いた――フルシチョフはキューバからミサイルを撤去し、ケネディはトルコに配備したミサイルを撤去したうえで、キューバに侵攻しないと約束した。危機が回避されたのは、単なる奇跡的な幸運だったわけでもない。ミューラーは冷戦期の超大国間の対立の歴史をふり返り、その経緯はエスカレーターに乗るというより、梯子を上るのに近かったと結論づけている。両国の指導者が危険な道を上りはじめたことは何度かあったが、一段上るたびに高所恐怖症がひどくなり、やがてこわごわ降りる方法を探るのが常だったというのである。☆177

冷戦期にあれほど居丈高に威張りちらしていたソ連だが、その指導者らはやがてまた世界を大惨事から救うことになる。ミハイル・ゴルバチョフがソビエト圏を、そしてソビエト連邦そのものを消滅に導いたのだ。歴史学者のティモシー・ガートン・アッシュは、これを「力の行使の驚異的なまでの放棄」であり「歴史における個の重要性を際立たせる明確な事例」だと評している。

この言葉は、歴史の偶然性はどちらの方向にもはたらくことを思い出させてくれる。サラエボで大公が乗った車の運転手が曲がる道を間違えず、あるいはミュンヘン一揆のときに警官が別の標的に銃を向け、結果として世界大戦が一つか二つ少なくてすむように歴史が展開した、パラレルワールドが存在するのだ。他方、アメリカ大統領が統合参謀本部の進言を聞き入れてキューバに侵攻し、あるいはベルリンの壁が崩壊した際にソ連の指導者が戦車を動員したために、第三次、第四次の世界大戦が起こっていた、別のパラレルワールドも存在する。だが、支配的な理念や規範によって確率が絶えず変化することを考えれば、今私たちが生きているこの世界において、二〇世紀前半の歴史がガヴリロ・プリンツィプやヒトラーのような人間によって、後半がケネディやフルシチョフ、ゴルバチョフのような人間によって方向づけられたことは、驚くに値しない。

＊

二〇世紀的価値観のランドスケープにおける、さらにもう一つの歴史的大変動は、民主国家の民衆が国の指導者による戦争の計画に抵抗したことである。一九五〇年代後半から六〇年代前半にかけて、核兵器廃絶を訴える大規模デモが数多く行われた。円の中に鳥の足跡のような三叉が描かれたピースマークはこの当時の遺産で、あらゆる反戦運動で使われるようになった。六〇年代後半、アメリカではベトナム戦争反対運動の嵐が吹き荒れた。反戦はもはやセンチメンタルなおばちゃん的感性の男女の専売特許ではなくなり、サンダル履きで髭をたくわえた理想主義者はもはやただの変わり者ではなく、一九六〇年代に大人になった世代のかなりの割合を占めていた。第一次大戦を批判した主だった芸術作品は、終戦から一〇年以上たってようやくあらわれたのに対し、一九六〇年代の大衆文化はリアルタイムで核軍備競争やベトナム戦争を糾弾した。『スマザーズ・ブラザーズ・コメディアワー』や『M＊A＊S＊H』といったゴールデンタイムのテレビ番組にも、多くの人気映画やヒット曲にも、反戦の訴えが織り込まれていた。ざっとタイトルをあげてみよう。

『キャッチ22』『博士の異常な愛情』『ハーツ・アンド・マインズ／ベトナム戦争の真実』『FTA』『ジョン・レノンの 僕の戦争』『ジョニーは戦場へ行った』『まぼろしの市街戦』『M＊A＊S＊H』『素晴らしき戦争』『スローターハウス5』

「アリスのレストラン」「風に吹かれて」「悲惨な戦争」「明日なき世界」「アイム・フィクシン・トゥ・ダイ・ラグ」「平和を我等に」「ハッピー・クリスマス（戦争は終わった）」「もう行進はしない」「天使のハンマー」「イマジン」「激しい雨が降る」「きのう見た夢（平和の誓い）」「マシンガン」「戦争の親玉」「スカイ・パイロット」「スリー・ファイブ・ゼロ・ゼロ」「ターン・ターン・ターン」「ユニバーサル・ソルジャー」「ホワッツ・ゴーイン・オン」「神が味方」「黒い戦争」「腰まで泥まみれ」「花はどこへ行った」

一七〇〇年代や一九三〇年代と同じく、アーティストたちは単に戦争を倫理に反するものとして批判しただけでなく、風刺によって戦争がいかに馬鹿げているかを表現しようとした。一九六九年のウッドストックコンサートで、カントリー・ジョー＆ザ・フィッシュが軽快に歌った「アイム・フィクシン・トゥ・ダイ・ラグ」のサビの歌詞はこんなふうだ。

それワン、ツー、スリー　俺たち何のために戦ってるんだ？
俺に聞くなよ、そんなこと知るか　次の行き先はベトナムだ！
ファイブ、シックス、セブン　さあ天国の門を開けろ

理由なんて考えてるヒマはない　わっほー！　俺たちみんな死んじまうんだ

アーロ・ガスリーの一九六七年のヒット曲「アリスのレストラン」では、徴兵の通知が届き、ニューヨークの徴兵検査場で軍の精神科医のもとに送られたことが語られる。

で、そこへ行って、こういったんだ。「先生よ、俺、殺したいんだ。つまりさ、ほ、ホントに本気で殺したいんだよ。ち、ち、血とか血糊とかを歯にべっとりつけてさ、内臓とか血管とかにかぶりつきてえ。焼け焦げた死体を食うんだ。殺すんだ、殺すぞ、殺せ、殺せ！」それでさ、「殺せ、殺せ！」って叫びながらぴょんぴょん飛び跳ねてたら、その先生も一緒に飛びはじめて、二人してぴょんぴょんしながら「殺せ！　殺せ！」って大騒ぎさ。そしたら軍曹が入ってきて、俺に勲章をつけて廊下に連れ出してさ、「おまえは俺たちの一員だ」だってよ。

この文化的な一時代を、ベビーブーマー世代のノスタルジーだと切り捨てるのは簡単だ。数学者でもあるシンガーソングライター、トム・レーラーが風刺したように、戦闘はすべてあちらの勝利に終わったが、われわれにはいい歌がたくさんあった。だが、ある意味では、われわれは戦闘に勝ったのだ。全米に広がった反戦運動を受けて、リンドン・ジョンソンは一九六八年の大統領選に出馬しないことを表明し、国民に衝撃を与えた。この年の選挙では、ますます激しさを増す反戦運動への反動が追い風となってリチャード・ニクソンが当選するが、ニクソンは戦争に対する政府方針を、軍事的勝利から面子を保つための撤退に転換した（ただし、それまでの間にさらに二万人の米兵と一〇〇万のベトナム人が戦死した）。一九七三年の停戦後、米軍部隊は撤退し、連邦議会は再介入の禁止と南ベトナム政府への資金援助の打ち切りにより、戦争を事実上終結させたのだ。

その後、アメリカは「ベトナム症候群」に陥ったと言われ、いっさいの軍事的関与を避けていた。一九八〇年代にはある程度回復して、いくつか小規模な戦争をしたり、代理戦争で反共産主義勢力の支援も行ったが、その軍事政策は明らかにそれまでとは変化した。「死傷者恐怖」「戦争忌避」「ドーバー・ドクトリン」（ドーバー空軍基地に送還される国旗で覆われた棺を最少限にすべしという指令）などと呼ばれる現象が起き、タカ派寄りの大統領でさえ、この国はもはや多数の死傷者を出す軍事的冒険を許容しないということを肝に銘じざるをえなかった。一九九〇年代になると、アメリカにとって政治的に許容できる戦争は、遠隔操作技術によって特定の標的を正確に攻撃することだけになった。何万という単位で兵士を犠牲にする消耗戦も、ドレスデンや広島、北ベトナムで行ったような外国の民間人を巻き込む空爆による大量破壊も、もはや受け入れられなくなったのだ。

こうした変化は、米軍そのものの内部に容易に見て取れる。軍の指導者はレベルを問わず、いたずらに殺害することは国内では広報活動に大きな失点をもたらし、国外でも同盟国の離反を招いて敵対国を勢いづけるという、望ましくない結果を生むとの認識をもつようになった。[☆178] 海兵隊では、隊員に「倫理を守る海の戦士」なる新たな道義規範を叩き込む武道プログラムが開始され、[☆179]「倫理的戦士は命の擁護者である。誰の命か？　自分と他者の命だ。他者とは誰か？　すべての他者だ」という教義のもとに訓練が行われている。この規範は、たとえばロバート・ハンフリーという軍人として申し分のない誠実さを備えた退役将校（第二次大戦中に硫黄島でライフル小隊を指揮した）が語った、「ハンティング・ストーリー」という物語にも見て取れる。[☆180] 物語の舞台はアジアの途上国で、そこに駐留している米軍部隊の面々がある日、気晴らしにイノシシ狩りに出かける。

彼らはモータープールにあったトラックに乗って奥地へと向かい、獲物探しとガイドをしてもらうために地元の男を何人か雇おうと、途中である村に立ち寄った。

そこはとても貧しい村だった。土を固めて造った小屋には、電気も水道もなく、道は未舗装の泥道で、あたり一面に悪臭が漂い、蝿がブンブン飛び回っている。男たちはむっつり顔に汚れた服。女たちは顔を布で覆い、ぼろをまとった子どもたちは鼻をたらしている。

やがてトラックに乗った一人が、「ひどい臭いだな」と言った。別の一人も「こいつら、まるでケダモノじゃないか」と言う。若い空軍兵も頷いた。「まったくだ。こいつらが生きてる意味なんて何もない。死んでるも同然だ」

なんと反論できるだろう？　そのとおりとしか思えない。

だがそのとき、年かさの軍曹が声をあげた。彼は口数の少ない物静かな男だった。それどころか、軍服を着ていることを除けば、この村の荒くれ男を思わせる風貌だ。その軍曹が、若い空軍兵のほうを見てこう言ったのだ。「生きてる意味がないだと？　本当にそう思うんなら、俺のナイフを貸すから、いますぐこのトラックを降りて一人殺してきたらどうだ？」

車内がしんと静まり返った……

軍曹は続けた。「あの連中にとって自分の命がどうして大切なのか、それは俺にもわからんよ。あの鼻たれ小僧や、ぶかぶかのズボンを履いた女たちがいるからかもな。だが理由はなんだろうと、あいつらだって自分の命や家族の命は大事なんだ。俺たちアメリカ人と同じように。やつらのことを悪く言ってばかりいると、そのうちこの国から追い出されちまうぞ！」

するとー人の兵士が軍曹に尋ねた。自分たち豊かなアメリカ人が、こんなに貧しい農民たちと人間として平等だと思っていることを、どうやったら証明できるのかと。軍曹はすぐさまこう答えた。「このトラックを飛び降りて、泥と羊の糞のなかに膝まで浸かって村中を歩き回る勇気をもつってことさ。笑顔を浮かべな。どんなに臭くて恐ろしげな男と出会っても、相手の顔をまっすぐ見て、目でこう伝えることだ——あんたも俺も同じように傷つき、同じように将来に希望をもち、同じように子どもの幸せを願う人間だってことをわかってるぞってな。それができなきゃ、俺たちの負けだ」

「倫理的戦士」の規範は、たとえ願望にすぎないとしても、兵士たちがベトナムの農民を「グーク」「スロープ」「スラント」などの蔑称で呼び、軍部がソンミ村虐殺事件などの一般市民に対する残虐行為の調査になかなか乗り出さなかった時代に比べれば、米軍が格段に進歩したことを物語っている。「倫理的戦士」プログラムの実施に携わったジャック・ホーバン元海兵隊大尉は、私宛ての手紙にこう書いている。「私が海兵隊に入隊した一九七〇年代は、まさに『殺せ、殺せ、殺せ！』でした。海兵隊員を『すべての他者——可能ならば敵も含めて——を守る者』として教育する道義規範ができる見込みなど、当時は皆無でした」

たしかに、二一世紀の最初の一〇年間にアメリカがアフガニスタンとイラクで主導した戦争を見れば、この国が戦争をすることに消極的とはほど遠い。だがこの二つの戦争も、過去の戦争とはまったく違うものだった。どちらも国家間戦争の局面はあっという間に終わり、戦闘による死者数も（歴史的な基準から見れば）少なかった。[☆181] イラクでの死者の大部分は、その後の無政府状態下での宗派間の武力衝突によるもので、二〇〇八年にはアメリカ兵の死者が四〇〇〇人にのぼった（ベトナム戦争の死者は五万八〇〇〇人）ことが新たな大統領の選出を後押しし、新大統領は就任後二年のうちに米軍の戦闘任務を終結させた。アフガニスタンでは、アメリカ空軍が二〇〇八年の対タリバン空爆作戦の真っ只中で一連の人道的規範を順守し、国際人権NGOヒューマン・ライツ・ウォッチから「民間人の被害を最小限に抑えた」と褒められた。[☆182]政治学者のジョシュア・ゴールドスティーンは、コソボ紛争と二度にわたるイラクでの戦争で、ハイテク兵器の使用によって民間人犠牲者が大幅に減少したことを論じる文章のなかで、二〇〇九年にアフガニスタンとパキスタンのタリバンおよびアルカイダの標的に対して使用された無人爆撃機について、次のように述べている。

かつては軍隊が何万人もの民間人を殺したり追い出したりしながら敵の戦闘員の潜伏場所まで強引に進軍し、数人の敵兵を倒すだけのために、大雑把な砲撃や空爆でいくつもの町や村が丸ごと瓦礫と化していたような場所に、現在は無人航空機が飛来し、戦闘員が集まっている一軒の家に一発のミサイルを撃ち込む。もちろん、時には間違った家に当たってしまうこともあるが、歴史的に比較すれば民間人の死亡率は劇的に減った。

この傾向がますます進み、われわれもそれが当然と思うようになっているだけに、二〇一〇年二月、アフガニスタンで一発のミサイル誤射によって民間人一〇人が死亡した事件はトップニュースになった。この出来事自体は大変な悲劇だが、いずれにしても全体としては民間人の被害率が低いなかで、八年に及ぶ戦争中の最大級の軍事攻撃の最中に起こった例外にすぎなかった。それでもこの一〇人の死亡を受けて、駐留米軍司令官はアフガニスタン大統領にくどいほどの謝罪の言葉を述べ、世界のニュースメディアはこの出来事を、軍事攻撃における大きな進展と喧伝した。重要なのは、民間人を一〇人殺してもかまわないということではなく、わずか数年前でも過去の戦争では、この種の民間人の死亡は露ほども注目を集めなかったという点だ。かつて民間人の死は、それが相当な数であったとしても、不幸ではあるが必要かつ不可避な戦争の副産物だと一般に考えられていた。このような前提がもはやあてはまらない時代に入ったということは、まさに吉報である。[183]

このゴールドスティーンの分析は、二〇一一年に「サイエンス」誌に掲載された、ウィキリークスの文書とそれまで機密情報とされていたアメリカ主導の連合軍の民間人死傷者数データベースから得られたデータによって裏づけられた。これらの文書が明らかにしたところによれば、二〇〇四〜二〇一〇年のアフガニスタンでの民間人死者は約五三〇〇人で、その大部分（約八〇パーセント）は連合軍ではなく、タリバン軍の手によるものだった。これを二倍したとしても、大規模軍事作戦の民間人死者数としてはきわめて低い数値になる。ちなみにベトナム戦争では、八〇万人以上の民間人が戦闘で死亡している。[184]

アメリカ人の戦争に対する意識が大きく変化したのと同様に、ヨーロッパでも様相は一変した。外交政策アナリストのロバート・ケーガンはこれを「アメリカ人は火星から、ヨーロッパ人は金星からやってきた」［ジョン・グレイ著のベストセラーのタイトル『男は火星から、女は金星からやってきた』をもじったもの］と言っている。[185] 二〇〇三年二月、アメリカ主導のイラク戦争開始前夜、これに反対する大規模デモがヨーロッパ各都市で行われ、ロンドン、バルセロナ、ローマでは一〇〇万人、マドリードとベルリンでは五〇万人以上が参加した。[186] ロンドンのデモでは、「石油のために血を流すな」「狂牛番病《マッド・カウボーイ》を撲滅せよ」「アメリカこそ真のならず者国家」「戦争するな、お茶にしよう」「こんなことやめちまえ」など書かれたプラカードが掲げられ、シンプルに「反対《ノー》」というのもあった。ドイツとフランスはアメリカとイギリスに加担するのをあからさまに拒否し、スペインはいったん派兵したが、まもなく撤退した。ヨーロッパでここまでの反対の声はあがらなかったアフガニスタン戦争も、主力はやはり米軍兵士だ。北米部隊は四四ヵ国が参加するNATO軍の半数以上を占めるだけでなく、武術に関しても一定の評価を得ている。あるカナダ軍の大尉は、二〇〇三年にカブールから私宛てに次のように書いてきた。

今朝、カラシニコフ銃の一斉砲撃に遭ったとき、わが陣営の監視兵たちはいつまでたっても発砲しませんでした。たぶん寝ていたのでしょう。それがいつものことなのです。監視塔要員はドイツ軍の受け持ちで、あまりいい働きはしていませんでした……実際に配置についているときでもです。というのも、監視塔を放棄したことも何度かありましたから。最初に放棄したのはロケット弾で攻撃されたときでしたが、ほかは塔の中が寒いからとかそんな理由でした。あるドイツ軍中尉に、道義心と兵士としての基本的な規範に欠けているという話をしたら、監視塔に暖房設備を入れるのはカナダの責任だと言うんです。私はカッとして、兵士に防寒着を支給するのはドイツの責任だろうと言い返しました。ついでに、カブールはスターリングラードじゃないぞとも言ってやりたくなりましたが、ぐっと我慢しました。

いまのドイツ軍は昔とは違います。あるいは、私がここで何度か耳にしたように、「こいつらはドイツ国防軍《ヴェールマハト》じゃない」のです。われわれカナダ人の歴史を考えれば、それは非常に良いことだと主張することもできます。けれども、今や私の身の安全は彼ら支配的民族《ヘーレンフォルク》の子孫たちがしっかり寝ずの番をしてくれるかどうかにかかっているのですから、控えめに言ってもちょっとばかり心配です。☆187

歴史学者のジェームズ・シーハンは著書『兵士はどこへ行った？　近代ヨーロッパの変容』（イギリス版のタイトルは『暴力の独占――ヨーロッパ人はなぜ戦争を嫌うか』）で、ヨーロッパ人の国家概念そのものが変わったと論じている。国の威信と安全保障を高めるのはもはや軍事力を握る者ではなく、社会保障と物資的幸福を提供する者なのだと。だが、いずれにしてもアメリカの〝狂ったカウボーイ〟とヨーロッパの〝降伏するサル〟との違いはあれ、過去六〇年間に両者の政治風土がともに戦争から遠ざかる方向へシフトしてきたことは、他の相違点より大きな歴史的重要性をもっているのである。

長い平和は核による平和か？

いったい何がうまく行ったのだろうか。さまざまな専門家の見解や、世界終末時計や、過去何百年ものヨーロッパの歴史にもかかわらず、第三次世界大戦が起きなかったのはどうしてなのか？　優れた軍事史家たちが「目を見張るほど大きな変化」だの、「戦争の歴史に見られる最も顕著な不連続」、「歴史上他に類を見ない」など、いささか有頂天になっているのは何ゆえか？

答えはわかりきっているという人も多いだろう。例の爆弾だ。戦争は考えるだけでも危険すぎるものとなり、各国の首脳たちは震え上がるほどの恐怖に襲われた。核の恐怖の均衡が、大量虐殺へとエスカレートし、人類そのものではなくとも文明の絶滅を招きかねない戦争を始めることを、首脳たちに思いとどまらせたのだ。☆188ウィンストン・チャーチルは最後の主要な議会演説でこう述べた。「崇高な皮肉のプロセスによって、私たちはこの物語のある段階に達する可能性は十分にある。そこでは、安全が恐怖から生まれた不屈の子どもとなり、生存が全滅の双子の兄弟となるのです」[☆189]。これと同じ脈絡で、外交政策アナリストのケネス・ウォルツは、われわれは「核の恩恵に感謝」していると示唆し、政治学者で米大統領補佐官も務めたエルスペス・ロストウは、核爆弾にノーベル平和賞を贈るべきだと提案した[☆190]。

そうならないことを願おう。もし「長い平和」が核による平和であるなら、それは愚か者の楽園だ。なぜならアクシデントや通信ミス、あるいは血に飢えた空軍将官の手によって、この世の終末が始まってしまう可能性があるからだ。けれどもありがたいことに、よく調べてみると、核による人類全滅の脅威は「長い平和」に大して貢献していないことがわかってくる[☆191]。

理由の一つは、大量破壊兵器が戦争に向かう動きに歯止めをかけたことは、かつて一度もなかったということだ。ノーベル平和賞の創設者は一八六〇年代に、自らが発明したダイナマイトについてこう書いている。「千回の世界会議よりも早く平和をもたらす。一瞬のうちに全軍が完全に破壊されうるとわかれば、人間は黄金の平和を持続させるにちがいないからだ[☆192]」。同様の予測は、潜水艦、大砲、無煙火薬、機関銃についてもなされてきた[☆193]。一九三〇年代には、航空機から投下される毒ガスが、文明と人類に終焉をもたらすのではないかとの不安が広がったが、この恐怖も戦争を終結させるには遠く及ばなかった[☆194]。ルアードが言うように、「歴史をふり返ってみれば、極度に破壊的な兵器が存在するだけで戦争を抑止できるという証拠はほとんどない。細菌兵器や毒ガス、神経ガス、その他の化学兵器が開発されたことが一九三九年の戦争勃発を抑止できなかったとすれば、いま、核兵器にそれができるといえる理由は容易に見当たらない」のである[☆195]。

また、核による平和説では、核兵器を持たない諸国も戦争を思いとどまった理由を説明できない。たとえば、一九九五年のカナダとスペインの漁業権紛争や、一九九七年のドナウ川ダム建設をめぐるハンガリーとスロバキアの争いが——過去には、ヨーロッパ諸国が関わる危機はしばしば戦争へとエスカレートしていたにもかかわらず——なぜ、いずれも戦争にいたらなかったのか？「長い平和」の間、先進各国の首脳はどの国なら攻撃しても大丈夫か（ドイツとイタリアはＯＫだが、イギリスとフランスはだめ、とか）計算しなくてよかった。そもそも軍事的攻撃を企てる先進国などなかったからだ。また、先進国は核を保有する強大国によって抑止されたわけでもない——カナダとスペインのカレイをめぐる言い争いが手に負えなくなったら、アメリカが核を振りかざして両国を脅すしかない、というようなことはなかったのだ。

一方、超大国自身はなぜ互いに戦争するのを避けたのかについては、ミューラーがもっと単純な説明をしている。超大国は通常戦争が起きる見通しによって、戦争を回避したというのである。第二次世界大戦で明らかになったのは、何千万という人間を殺し、都市を瓦礫の山にする能力のある戦車や大砲、爆撃機は、工場で大量生産できるということだった。この点はとりわけソ連において明白だった。第二次大戦で最大の損害を被ったのはこの国だったのだ。核戦争でもたらされる想像を絶する損害と、通常戦争でもたらされる、想像はつくがやはり甚大な被害とのほんのわずかな差が、超大国が戦争を思いとどまったおもな要因だとは考えにくい。

最後にもう一つ、核による平和説では、実際に起きた戦争では、非核武装国が核武装国を挑発した（あるいは、核武装国に譲歩しなかった）ケースが多々ある理由を説明できない。これこそまさに、核の脅威で抑止されるはずの対立ではないか。[☆196] 北朝鮮、北ベトナム、イラン、イラク、パナマ、ユーゴスラビアはいずれもアメリカに公然と逆らい、アフガニスタンやチェチェンの反政府武装勢力はソ連に逆らった。エジプトはイギリスとフランスに、エジプトとシリアはイスラエルに、ベトナムは中国に、そしてアルゼンチンはイギリスに反旗を翻した。さらにいえば、ソ連が東ヨーロッパに支配体制を築いたのも、アメリカが核兵器を保有し、ソ連は持っていなかった時期（一九四五～四九年）なのだ。核を持つ優位国を挑発した国は、自殺行為に走ったわけではない。存在そのものの危機にさらされないかぎり、核攻撃という暗黙の脅迫はこけおどしでしかないということを、正しく予想していたのだ。アルゼンチン政府がフォークランド諸島への侵攻を命じたのは、イギリスが報復としてブエノスアイレスを放射能で焼き尽くすことはないという絶対的な確信があってのことだった。同様にイスラエルも、一九六七年（第三次中東戦争）に続き一九七三年（第四次中東戦争）にも、エジプト政府はもとよりエジプト軍に対しても、確かな脅威を与えることはできなかった。

シェリングと政治学者のニーナ・タネンウォルドはそれぞれ、「核のタブー」――核兵器は唯一無二の恐ろしいカテゴリーに属するという認識――について書いている。[197] もし戦術核兵器が一個でも使用されれば、たとえ損害は通常兵器とあまり変わらなくても、それは歴史の断絶、すなわち想像を絶する結果をともなう新たな世界への道筋が開かれたと見なされる、と。このことは、あらゆる形態の核爆弾について言われてきた。たとえば中性子爆弾は爆風による損害は最小限だが、放射線被曝により兵士を殺傷する兵器で、政治学者のスタンリー・ホフマンの指摘によれば、道徳哲学者のいう公正な戦争を遂行するための要件を満たすものであるにもかかわらず、全世界的な憎悪の的になったため、軍の研究施設での開発は打ち切られた。[198] また、一九五〇～六〇年代に唱えられた「原子力の平和利用」という狂気じみた構想は、運河や港湾の掘削、宇宙ロケットの推進動力などに核爆発を利用しようというものだったが、いまでは暗愚な時代を疑わしげに思い出す材料でしかない。

とはいえ、核兵器が長崎の原爆投下以来使用されていないというだけでは、完全なタブーとなっているとは言いがたいのも確かだ。[199] 核爆弾は自然にできるわけではなく、世界の国々はその設計、製造、運搬、使用条件について考慮に考慮を重ねてきた。だが、それは実際の戦争の計画とはほとんど接点のない、仮説の領域に区分されている。また、そこにはタブーの心理――ある考えをもつこと自体が悪いことだという共通の認識――が関わっていることを示す明らかな兆候がある。その筆頭は、核戦争の可能性に最もよく使われる「考えられない」という形容詞だ。一九六四年の大統領選で、共和党の候補に指名されたバリー・ゴールドウォーターが、ベトナムでの戦術核兵器の使用をためらうべきではないと発言すると、民主党のリンドン・ジョンソン陣営は「ヒナギク」という有名なテレビコマーシャル――幼い少女がヒナギクの花びらを数える映像が、核攻撃へのカウントダウンに変わっていくというもの――を流した。ジョンソンの地滑り的勝利は、このCMのおかげもあったと言われている。☆200 核兵器には、宗教的な暗示も常にまとわりついてきた。その先鞭をつけたのは原爆開発を指揮したロバート・オッペンハイマーで、一九四五年に行われた世界初の核実験を見て、ヒンドゥー教の聖典『バガバッド・ギーター』の一節――「いまやわれは死となり、世界の破壊者となった」――を引用した。より一般的なものとしては、黙示録、ハルマゲドン、終わりの日、最後の審判といった聖書の言葉がある。ケネディ、ジョンソン両政権で国務長官を務めたディーン・ラスクは、もしアメリカが核兵器を使用していれば、「われわれはその後何世代にもわたってカインの刻印〔弟殺しの罪を犯したカインが誰にも殺されないように神がつけたしるし〕を負いつづけることになっただろう」と書いている。☆201 原爆の開発につながる研究を行った核物理学者のアルヴィン・ワインバーグは、一九八五年に次のような疑問を提示した。

ヒロシマはしだいに神聖化されていくのだろうか――すなわち、ヒロシマはやがて途方もなく神秘的な出来事、最終的には聖書に記された出来事と同じ宗教的な力をもつ出来事の地位にまで高められるのだろうか？　そうなると証明することはできないが、広島への原爆投下四〇周年の記念式典には、大きな懸念の高まりとともに、宗教的祝日の行事にも通じるものがあったと確信している。……このヒロシマの神聖化は、核時代の最も希望をもてる展開の一つだといえよう。[☆202]

核のタブーは、一朝一夕にできあがったわけではない。第1章で見たように、広島への原爆投下から少なくとも一〇年間は、原爆を魅力的だと考えていたアメリカ人も少なくない。一九五三年に、アイゼンハワー政権の国務長官ジョン・フォスター・ダレスは、核兵器にまつわる「誤った区別」と「タブー」について遺憾の意を表した。[☆203]　一九五五年の台湾海峡危機の際、アイゼンハワーは次のように述べた。「これらのもの〔＝核兵器〕を厳に軍事的な標的に対し、厳に軍事的な目的で使用できるのであれば、いかなる戦闘においても、それを弾丸や他の兵器のように使用してはならないと考える理由は何も見当たらない」[☆204]

ところがその後の一〇年間に、核兵器は不名誉な烙印を押され、右のような発言は非常識と見なされるようになる。核兵器の破壊力は歴史上のどんな兵器とも次元が異なり、それは戦争遂行におけるいかなる均衡性の概念にも反していることや、民間防衛の計画（裏庭の核シェルターや核爆弾対策の護身訓練など）は茶番にすぎないことが理解されはじめたのだ。核兵器が実際に爆発してから何十年間も、放射性降下物に残存する放射能が染色体損傷やガンを引き起こす恐れがあることも知られた。大気圏核実験の降下物により、すでに世界中の雨水がストロンチウム90で汚染されていた。ストロンチウム90はカルシウムに類似する放射性同位体で、子どもの骨や歯に吸収されるのだ（マルヴィナ・レイノルズのプロテストソング「雨を汚したのは誰」は、これに着想を得て書かれた）。

アメリカとソ連は恐るべきペースで核開発を続けながら、いかに偽善的とはいえ、各種の会議や声明において核軍縮への敬意を示すようになった。時を同じくして、核兵器反対を訴える根運動が始まった。デモや嘆願運動には、量子化学者のライナス・ポーリングやバートランド・ラッセル、アルベルト・シュヴァイツァーなどの著名人とともに、何百万という市民が参加した。こうした圧力の高まりの影響もあって、両超大国は大気圏核実験の凍結へ、続いて禁止へと動き、やがて一連の軍縮協定の締結へといたった。分岐点となったのは、一九六二年のキューバミサイル危機だった。リンドン・ジョンソンはこの変化を利用して「ヒナギク」のCMでゴールドウォーターを悪者に仕立てあげ、一九六四年の選挙戦中に行った演説で、通常兵器と核兵器を分ける絶対的な境界線があることを強調した。「間違えてはいけない。通常の核兵器などというものはないのです。危険に満ちた一九年の間、原子爆弾を他国に落とした国は一国もありませんでした。今それを行うことは、最も高次の政治的決断なのです」[☆205]

世界の運命がどうにかもちこたえ、核のない二〇年が三〇年になり、四〇年、五〇年、六〇年と延びるにつれてタブーは増幅の一途をたどり、やがて規範が常識となった。核兵器の使用は考えられないものになった――核兵器を使うことなど考えられないと誰もが知っていて、誰もが知っているということを、誰もが知っていたからだ。大規模な戦争（ベトナム）も小規模な戦争（フォークランド）も、有効性が減少しつつある核の脅威によっては抑止されなかったという事実は、ハルマゲドンが無期限に延期されたことから見れば小さな代償だったのである。

*

その規範の相互認識にのみよって立つ規範というものは、当然ながら突然崩壊してしまう危険をはらんでいる。インド、パキスタン、北朝鮮、そして近い将来、もしかしたらイランもだが、大国クラブに属しない核保有国は、「核兵器の使用は考えられない」という共通認識に与しないのではないかと心配したくもなる――というより、心配すべきだろう。もっと恐ろしいのは、テロ組織がたまたま核兵器を手に入れた場合だ。国際テロリズムのそもそもの目的は、想像しうるかぎりの恐ろしい光景を見せつけて世界に衝撃を与えることなのだから、彼らはタブーなどものともしない。いったん核爆発の前例ができれば、あらゆる制約がないがしろにされることも考えられる。悲観的な見方をすれば、たとえ「長い平和」がこれまでのところは核抑止に依存していなかったとしても、それは一時的な中断にすぎないのだとも考えられる。核兵器が拡散し、どこぞの発展途上国の狂信者がこれまで続いてきた幸運に終止符を打ち、小国でも大国でも一様にタブーが崩壊すれば、この休止期間が終わりを迎えるのは間違いない。

思慮分別のある人であれば、今日の世界における核の安全性がかくも危うい状態にあることに、平静ではいられまい。だがここでも、状況は多くの人が思うほど悪くはないのだ。核テロの可能性については次章で検証するが、ここではまず核保有国について見ていくことにしよう。

希望のもてる兆候のひとつは、核拡散は誰もが予想したような猛烈なペースでは進んでいないということだ。一九六〇年の大統領選の討論で、ジョン・F・ケネディは一九六四年までには「一〇ヵ国、一五ヵ国、あるいは二〇ヵ国」が核兵器を持つかもしれないと予測した。[☆206] 一九六四年に中国が初の核実験を行ったことで、二〇年足らずのうちに核保有国数が五ヵ国に達すると、この懸念はさらに増大した。トム・レーラーは「次はどの国？《フーズ・ネクスト》」と題した曲で、とめどない核拡散に対する人びとの不安を代弁し、やがて核保有国になるだろうと予想する国を並べあげた（「お次はたぶんルクセンブルク／いや、ひょっとしたらモナコかも？」）。

しかし、レーラーの予言どおりになった国はイスラエルだけだった（「『主はわが牧者なり』と聖書の詩篇はいうけど／念のために――持っておいたほうがいい！」）。専門家の予測では、日本は一九八〇年代までには「核兵器獲得へのプロセスに入ることは明白」であり、統一ドイツは「核兵器がなければ不安になるだろう」とされていたが、両国とも予測に反して核兵器開発に関心があるようには見えない。☆207 また信じがたいことに、一九六四年以降、核兵器を獲得した国と同じ数の国が、核兵器を放棄している。まさか、と言いたくなるが、現時点でイスラエル、インド、パキスタン、北朝鮮が核戦力を保有している一方で、南アフリカはアパルトヘイト廃止直前の一九八九年に秘密裏に保有していた核兵器を廃絶し、カザフスタン、ウクライナ、ベラルーシは、解体したソ連から引き継いだ核兵器を「ノーサンキュー」と言って返上したのだ。さらに信じられないことに、核兵器保有を目指す非核国の数は、一九八〇年代以降激減している。図5-22は政治学者のスコット・セーガンの計算にもとづき、一九四五年以降の各年について核兵器開発計画のあった非核国の数をグラフにしたものだ。

　このグラフの下り勾配を見ると、アルジェリア、オーストラリア、ブラジル、エジプト、イラク、リビア、ルーマニア、韓国、スイス、スウェーデン、台湾、ユーゴスラビアの各国が、それぞれ異なる時期に核開発に乗り出したものの、やがて考え直したことがわかる。イスラエルによる空爆の圧力に屈したケースもあるが、多くは自らの意志で断念している。

*

　核のタブーはどれくらいあてにならないものなのか？　「ならず者国家」は必然的にタブーを無視し、それを全世界にとって無効なものにしてしまうのか？　どんな兵器技術も遅かれ早かれ実用化され、やがてごく普通のものになることは、歴史が証明しているのではないか？

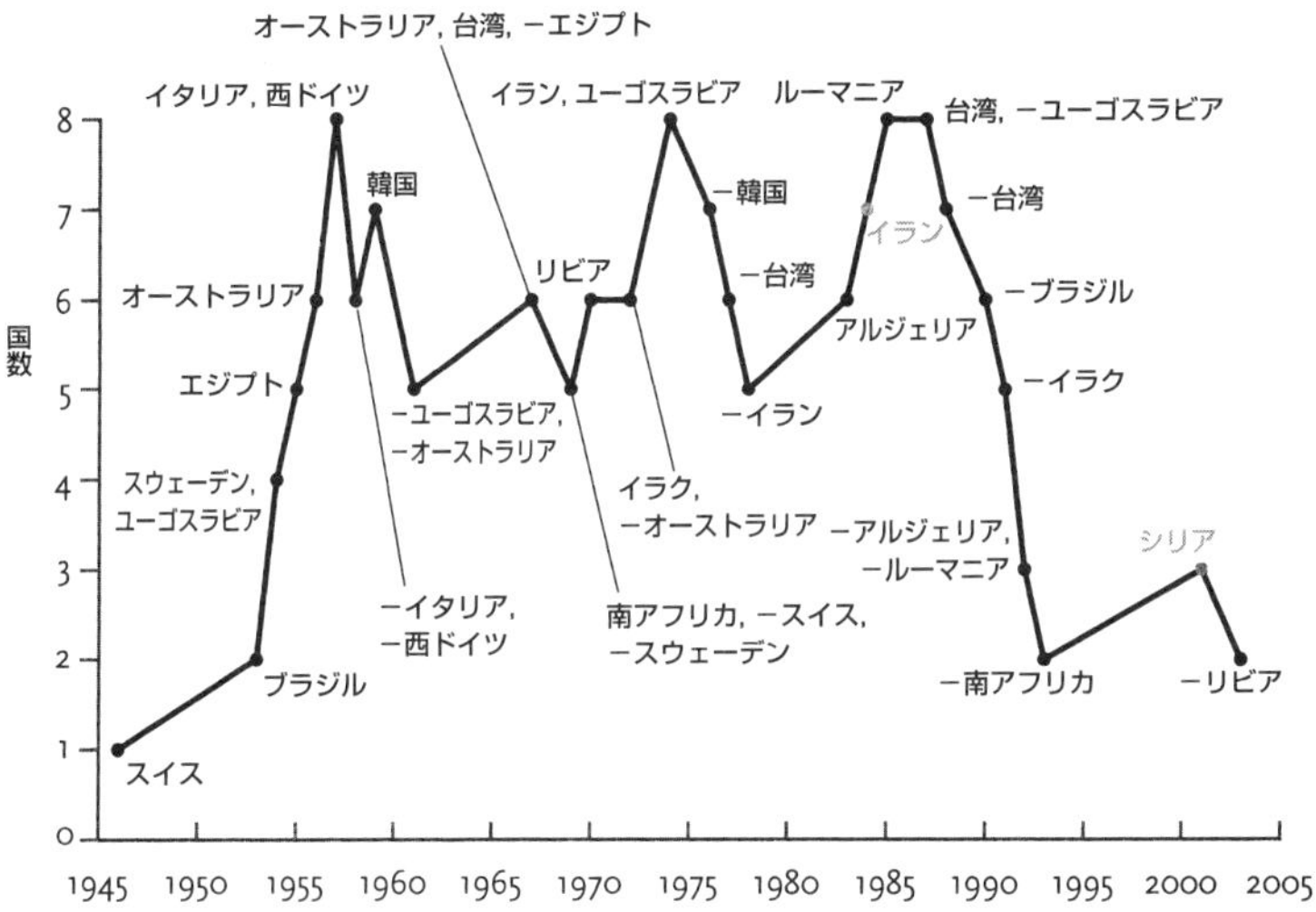

図5 − 22　核兵器開発を開始・中止した非核国（1945 〜 2010 年）.
「−」のついた国名は，その国がその年に核計画を中止したことを表す．グレーで示した国名は，2010 年時点で核兵器を開発中と見られる国．イスラエルは 2007 年にシリアの核施設と疑われる建物を空爆したが，2010 年現在，シリアは国際原子力機関の査察を拒否しているため，引き続き開発中の国に含めた．出典：グラフは Sagan, 2009, および Sagan, 2010 の最新情報（スコット・セーガンおよびジェーン・エスバーグより提供）をもとに作成．

その答えを探すために、毒ガス——第一次世界大戦がもたらした最大の恐怖——をめぐる経緯を見てみよう。政治学者のリチャード・プライスは著書『化学兵器のタブー』で、二〇世紀前半に化学兵器がいかにしてその汚名を背負うようになったかについて詳述している。

一八九九年のハーグ陸戦条約は、戦争遂行の規制を目的とした一連の国際協定の一つだが、この条約ではホローポイント弾、航空爆撃（飛行機が発明されるのはこの四年後なので、ここでは気球からの爆撃を指す）、毒ガスを運ぶ発射物が禁止された。これ以後どんな兵器があらわれたかを考えれば、この条約も実効のない美辞麗句を並べたものにすぎず、歴史のゴミ箱行き必定とも思える。

しかしプライスによれば、第一次大戦の交戦国も、この条約を尊重する必要性は感じていたという。ドイツは致死性ガスを初めて実戦に使用したとき、フランスが催涙ガス手榴弾を使用したことへの報復だと主張。さらに、ガスを砲弾で発射したのではなく、シリンダーを開けてガスが自然に風に乗って敵方へ流れるようにしただけなので、条約の文言には違反していないと主張した。実に下手な言い訳であるとはいえ、ドイツが自国の行動を正当化する必要性を感じていたことは確かだ。その後、英仏米が自国の行動をドイツの違法使用に対する報復だと主張し、やがてアメリカを含む非加盟国が参戦したのだから、ハーグ条約はもはや効力がないということで全陣営の意見が一致した。

戦争終結後、化学兵器に対する反感が世界中に広がり、一九二五年のジュネーブ議定書では、もう少し抜け穴の少ない化学兵器禁止が規定された。「窒息性ガス、毒性ガスおよびその他のガス、ならびにこれに類するすべての液体、物質、装置の戦争における使用は、文明世界の一般的見解により正当に非難されてきたことに鑑み……このような使用の禁止は……国際法の一部としてあまねく受容され、各国の良心と実践を等しく拘束するものとする」と、同議定書は謳っている。[☆208] 最終的に一三三ヵ国が調印したが、これらの兵器を抑止力として備蓄する権利を留保した調印国も少なくなかった。ウィンストン・チャーチルはこう説明する。「われわれはこの忌むべき兵器を、ドイツが先に使わないかぎり使用しないことを固く決意している。しかし、ドイツ野郎の性根を知っているからには、相当な規模で備えをしておくことを怠るわけにはいかない」[☆209]

この紙切れの効果だったのかどうかはともかくとして、国家間戦争における毒ガス使用禁止のタブーは確立された。両陣営ともに膨大な量の毒ガスを持っていたにもかかわらず、第二次世界大戦中に戦場で使われることは一度もなかったのは、驚嘆に値する。どちらの側も、戦場での毒ガス使用を先に再開したという非難を浴びたくなかったのだ。とりわけナチスが、ヨーロッパ大陸を征服することにイギリスが同意してくれる望みをもっている間はそうであり、また、どちらの陣営も相手からの報復を恐れてもいた。

もはや止められない戦闘拡大につながりかねない攪乱的な出来事が起きたときも、この抑制力はもちこたえた。ヨーロッパでは少なくとも二回、同盟軍の毒ガスが誤って放出される事故が起きた。釈明を伝えられたドイツ軍指揮官らは、それを信用し、報復しなかった。[☆210] そこには、認知の棲み分けのおかげという要素もあった。一九三〇年代に、ファシスト政権下のイタリアがアビシニア〔現エチオピア〕で毒ガスを使用し、旧大日本帝国も中国で使用した。だが、各国の指導者はこれらの事象を、自分たちの仲間うちではなく「非文明化」地域での出来事だとして、意識の外に遮断した。どちらの出来事も、タブーを無効にする違反としては銘記されなかったのだ。

一九三〇年代以降、戦争で毒ガスが使用されたのは、一九六七年にエジプトがイエメンで使用した事例と、一九八〇〜八八年のイラン・イラク戦争でイラクがイラン軍（および自国内のクルド人）に対して使用した事例の二回だけである。タブーを無視したことが、サダム・フセインの破滅の原因だったのかもしれない。フセインが毒ガスを使用したことに対する強い嫌悪感は、二〇〇三年にフセインを失脚させたアメリカ主導の戦争に対する反対論の一部を弱めるに足るものだった。また、二〇〇六年の死刑執行へといたる裁判でフセインが問われた七つの罪のうち、二つがこの毒ガス使用に関するものだった。[☆211] 一九九三年に世界の国々は公式に化学兵器を廃絶し、知られている備蓄分はすべて廃棄の過程にある。

あらゆる戦闘用兵器のなかで、なぜ毒ガスだけが特別に忌まわしいもの——ナチスでさえ戦場では使用しなかった（ほかの場所で使うことには明らかに何のためらいもなかったようだが）ほど野蛮なもの——として扱われたのか？　この問いに即答はできない。ガスで窒息させられるのが不快きわまりないのは確かだが、不快という意味では、金属のかけらが体を貫通し、それでずたずたにされるのも同じだ。数値で見るかぎり、ガスは弾丸や爆弾に比べて致死性ははるかに低い。第一次世界大戦で毒ガスによって負傷した者のうち、それが原因で死にいたったのは一パーセント未満で、総戦死者数のなかでも一パーセントに満たない。[☆212]化学兵器戦は軍事的に厄介ではある――風向きまかせをよしとする戦場司令官はいない――が、ドイツ軍がダンケルクで使っていればイギリス軍を叩き潰せたかもしれないし、米軍が環太平洋で洞窟に隠れている日本兵をいぶり出すのに役立ったかもしれない。また、化学兵器は配備がむずかしいとしても、だからといって化学兵器だけが特別なわけではない。たいていの新兵器技術は、導入当初は効率が悪いものだからだ。たとえば、最初の火薬兵器は装塡に時間がかかり、照準も定めにくく、兵士の鼻先で爆発することもよくあった。野蛮だと非難されたのも、化学兵器が初めてではない。長弓や槍が使われた時代には、火薬兵器は不道徳で女々しく卑怯な手段だと非難された。ではなぜ、化学兵器に対するタブーは根強く残ったのだろうか？

一つの可能性は、ヒトの心が毒に対して際立った嫌悪感を抱くということだ。戦場では、兵士がやりたいことができるように、通常の良識のルールが一時的に停止されるのだとしても、それはあくまで敵に対して不意に直接的な暴力をしかける（敵もそれと同じことをしてくる可能性がある）場合に限られていると思われる。たとえ反戦論者でも、戦争映画やビデオゲームで人が撃たれたり、刺されたり、吹っ飛ばされたりするのを見て快感を得ることはあるかもしれないが、緑がかった不気味な雲が戦場に垂れ込め、じわじわと人間を死体に変えていく光景を見て快感を覚える人は誰もいないだろう。毒殺者は昔から、このうえもなく卑劣で不実な殺し屋だと非難されてきた。毒は兵士ではなく魔術師の手法であり、男ではなく（恐ろしいことに台所と薬箱の管理権を握っている）女のやり方なのだ。英文学者のマーガレット・ハリシーは著書『毒をもつ女』のなかで、その原型を次のように説明している。

> 好敵手同士のフェアな決闘では、毒を剣や銃などの男らしい武器と同じ名誉ある武器として用いることは決してできない。そのような秘密の武器を使うような男は、軽蔑にも値しない。公に認められたライバル関係は、好敵手同士が優れた技量を発揮する機会を互いに与えあう一種のきずなである。……決闘者は率直かつ誠実で強いが、毒殺者は不正直でずるくて弱い。銃や剣を手にした男は脅威だが、そうであることを自ら表明するし、敵も武装することができる。……毒殺者は肉体的な劣等性を補うために、卓越した秘密の知識を利用する。毒を盛ろうと企む女は銃を持つ男と同じくらい破壊力が大きいが、その企みは秘密裏に練られるため、犠牲者はより無防備である。☆213

私たち人間が進化や文化の歴史から、毒を盛ることに対してどれほどの嫌悪感を継承してきたにせよ、それが戦争遂行におけるタブーとして確立されるには、歴史的な偶然による後押しが必要だった。プライスの推測によれば、決定的だったのは、第一次大戦中に、毒ガスが民間人に対して意図的に使用された例は一度もなかったことだという。少なくともそうした使い方に関して、タブーを崩壊させるような前例はつくられず、さらに一九三〇年代には、ガス散布航空機が都市を丸ごと全滅させうるという恐怖が広まり、あらゆる毒ガス兵器の使用に断固として反対する声があがった。

化学兵器のタブーと核兵器のタブーの類似性は十分に明らかだ。今日、この二種類の兵器は、核兵器のほうが比較にならないほど破壊的なのにもかかわらず、「大量破壊兵器」としてひとまとめにされている。一緒にすることで、二つのタブーが互いに強化されるからだ。二つの兵器はともに、健康を損なうことで緩慢な死を引き起こすことと、戦場と市民生活との境界がなくなることを特徴としており、それが恐怖をいっそう増幅するのだ。

化学兵器に関して世界が経験してきたことは、少なくとも核時代の空恐ろしい基準からすれば、多少なりとも希望のもてる教訓を提示している。必ずしもすべての致死的な技術が軍のツールキットに恒久的に収まるわけではないこと、瓶から出てきた魔物のなかには、中に戻せるものもいること、道徳的感情が国際規範として確立され、戦争遂行に影響を与える場合もあること。さらにそれらの規範は、たまに生じる例外には揺るがない堅固さをもちうるし、そのような例外は必ずしも制御不能な戦闘拡大を誘発するわけではない。この点は、とりわけ希望のもてる発見ではあるのだが、あまり多くの人が気づかないほうが世界にとってはいいのかもしれない。

*

世界が化学兵器を廃絶できたのであれば、核兵器でも同じことができるだろうか? 先頃、アメリカを代表する著名人のグループが、まさにそれを提唱する理想主義的な声明を出した。「核兵器のない世界」と題するこの声明に名を連ねたのは、ピーター・ポール&マリー〔一九六〇年代に反戦ソングで人気を集めたアメリカのフォークグループ〕ではなく、ジョージ・シュルツ、ウィリアム・ペリー、ヘンリー・キッシンジャー、サム・ナンの四人である。[☆214] シュルツはレーガン政権の国務長官。ペリーはクリントン政権の国防長官。キッシンジャーはニクソン政権とフォード政権の国家安全保障問題担当大統領補佐官および国務長官。ナンは元上院軍事委員会委員長で、長年、国防問題に最も精通した連邦議会議員と見なされてきた。夢想的な平和主義者と断罪できるような人物は一人もいない。

さらに彼らを支持しているのは、ジョン・F・ケネディ以降の民主党および共和党政権を担った、戦争慣れした政治家たちからなるドリームチームだ。そのなかには、元国務長官が五人、元国家安全保障担当補佐官が五人、元国防長官が四人含まれている。この三つのポストの存命の経験者のうち四分の三が、すべての核兵器の段階的で、検証された、拘束力のある廃絶（現在では「グローバル・ゼロ」とも呼ばれる）を求める声明に署名した。[☆215] オバマ米大統領とメドベージェフ・ロシア首相も、それぞれ演説のなかで支持を表明しており（オバマの二〇〇九年ノーベル平和賞受賞理由の一つ）、いくつかの政策シンクタンクはこれをどう実現するかについて検討を始めている。有力なロードマップでは、四段階に分かれた交渉、削減、検証を経て、二〇三〇年に最後の核弾頭を解体する計画を提唱している。[☆216]

支持者の経歴を見れば、「グローバル・ゼロ」の裏には何やら抜け目のない政治的現実主義があるのだろうと憶測したくもなる。冷戦終結後、大国の核兵器保有は愚行以外の何ものでもなくなった。核兵器は、敵対する超大国からの、存在を脅かす脅威を抑止するためにはもはや必要なく、核のタブーを考えれば、そのほかの軍事目的には役立たない。国に所属しないテロリストが持つ核兵器は出所が不明であるので、報復攻撃の威嚇は彼らを抑止することはできない。ましてやこの世には怖いものなしの宗教的狂信者なら、そもそも威嚇すること自体無意味である。これまでに結ばれた数々の核軍縮協定はたしかに称賛に値するが、いまだに何千という核兵器が存在し、新たに製造する技術も確保されているかぎり、グローバル安全保障にはほとんど意味をもたない。

「グローバル・ゼロ」の裏にあるのは、核兵器使用のタブーを、保有のタブーにまで拡大しようという考えだ。タブーとは、全か無かを区分する明白な線があるという共通理解に依存するが、そのなかでもゼロとゼロを上回るものを分ける線は最も明白である。どんな国も、核武装した隣国が存在しなければ、核武装した隣国から自国を守るためだとして核兵器の獲得を正当化することはできない。また、核の遺産をもつ国が核兵器を保持する権利を留保するのは、言行不一致だと主張することもできない。先進国が核兵器を時代遅れで忌まわしいものとして保持するのをやめれば、発展途上国が核兵器を持つことで先進国のフリをしようとすることもできなくなる。そして、ならず者国家やテロ集団が遊び半分で核兵器を手に入れようとしても、もはや恐るべき挑戦者ではなく堕落した犯罪者と見なされてしまい、世界からは相手にされなくなる。

問題は——言うまでもなく——どうやって現状からその状態に移行するかだ。核兵器解体のプロセスに入れば、脆弱性の窓を開けることになる。その間に残存するどこかの核保有国が、狂信的な拡張主義者に支配されることもありうるし、万が一敵対国が悪い考えを起こしたときに備えて、少々の核兵器を隠し持っておこうという誘惑に駆られる国もあるだろう。あるいは、ならず者国家が報復の標的にはならないという確信を得て、核テロリストを支援するかもしれない。それに、核兵器はなくても製造法の知識は保持している——こちらの魔物は当然ながら瓶の中には戻せない——世界では、なんらかの危機をきっかけに激しい再軍備競争が始まる可能性もあり、最初に準備ができた国が、敵に優位に立たれる前に先制攻撃をしようと考えたとしてもおかしくない。核戦略の専門家のなかには、シェリング、ジョン・ドイッチ、ハロルド・ブラウンなどのように、核のない世界は達成不可能だ（あるいは望ましくもない）という懐疑的な意見もある一方、そうした反論に応えるべく行動計画や対抗手段の策定に取り組んでいる人たちもいる。☆217

このようにさまざまな不確定要素がある現状では、核兵器が近い将来、毒ガスと同じ道をたどると予測することはできない。しかし、予見できる可能性として核廃絶を議論できるということ自体、「長い平和」の背後にある趨勢のあらわれだといえる。もしこれが実現すれば、それは究極の暴力の減少にほかならない。核のない世界！　どこの現実主義者が、そんなことを思い描いただろうか？

長い平和は民主的な平和か？

「長い平和」が、恐怖から生まれた頑健な子どもで絶滅の双子の兄弟ではないとすれば、それは何の子どもなのか？　第二次世界大戦後に開花し、戦争に逆行する包括的な力となったと十分考えられるような外因的な変数――平和そのものの一部ではないなんらかの変化――を見つけることはできるのだろうか？

「先進国は好戦的でなくなってきたので戦争をしなくなった」というよりもっと説得力のある、因果の物語が存在するのだろうか？

第4章で紹介した二〇〇年前の理論は、いくつかの予測を提示してくれる。イマヌエル・カントは小論『永遠平和のために』で、国家の指導者の戦争遂行の動機を――彼らがそれ以上情け深く、優しい人間になることなしに――低下させる三つの条件をあげている。

第一の条件は民主主義である。民主的な政府は、市民間の争いを合意にもとづく法の支配によって解決するように意図されており、したがって民主制は他国との対応においてもこの倫理原則を外在化するはずだという。第二に、民主制は個人崇拝や、救世主信仰、排外主義的な使命感などから生まれたのではなく、すべて同じ合理的な基礎の上に成り立っている。したがって、どの民主国家も他のすべての民主国家がどのように機能するかをわきまえている。その結果、民主国家間には信頼が生まれ、ホッブズ的な循環――すなわち、互いに相手が先制攻撃をするのではないかとの不安から、双方がともに先制攻撃へと駆り立てられることがなくなるというわけだ。第三に、民主国家の指導者は国民に対して説明責任があるため、国民の血や財産を犠牲にして己の名声を高めるような愚かな戦争を始めることは少ない。

今日では「民主的平和論」と呼ばれるこの理論には、「長い平和」の説明となる二つの要素が含まれている。第一は、傾向線は正しい方向に向かっているということだ。ヨーロッパの大部分では、民主主義の根はまだ驚くほど浅い。東半分は一九八九年まで共産主義独裁政権に支配されていたし、スペイン、ポルトガル、ギリシャは一九七〇年代までファシスト独裁政権下にあった。ドイツは軍国主義的君主制の時代に、同じく君主制国家のオーストリア・ハンガリー帝国とともに最初の世界大戦を起こし、ナチス独裁政権の時代にファシスト政権下のイタリアとともに次の世界大戦を起こした。フランスでさえ、民主主義を確立させるまでには君主制、帝政期、ビシー政権期を挟みながら五回の試みが必要だった。つい最近まで、民主主義は消えゆく運命にあると考える専門家も少なくなかった。一九七五年に、アメリカの政治家ダニエル・パトリック・モイニハンは、こう嘆いている。「アメリカモデルにもとづく自由民主主義は、一九世紀の君主制のような状態に次第に移行しつつある。あちらこちらの孤立した、または特異な場所に居座り、何か特殊な状況ではうまく機能することがあったとしても、なんら将来につながるような意味をもたない、旧世代の遺物のような政府だ。それは世界が過去にいた場所であって、今後向かっていく場所ではない」[☆218]

社会科学者は、将来の予測などすべきではない。過去を予測するだけでも十分むずかしいのだから。図5－23は、第二次世界大戦後の世界の民主国家、専制国家、アノクラシー（完全に民主的でも完全に専制的でもない国）の浮沈を示したものである。モイニハンが民主主義の死を宣告したのは、各統治形態の相対的な浮き沈みの転換点となった年で、民主主義はまさにその後の世界、とりわけ先進諸国が目指す先となった。南ヨーロッパは一九七〇年代に、東ヨーロッパは一九九〇年代前半にすべて民主国家になった。現在、専制国家に分類されるヨーロッパの国は唯一ベラルーシだけで、ロシアを除くすべての国がれっきとした

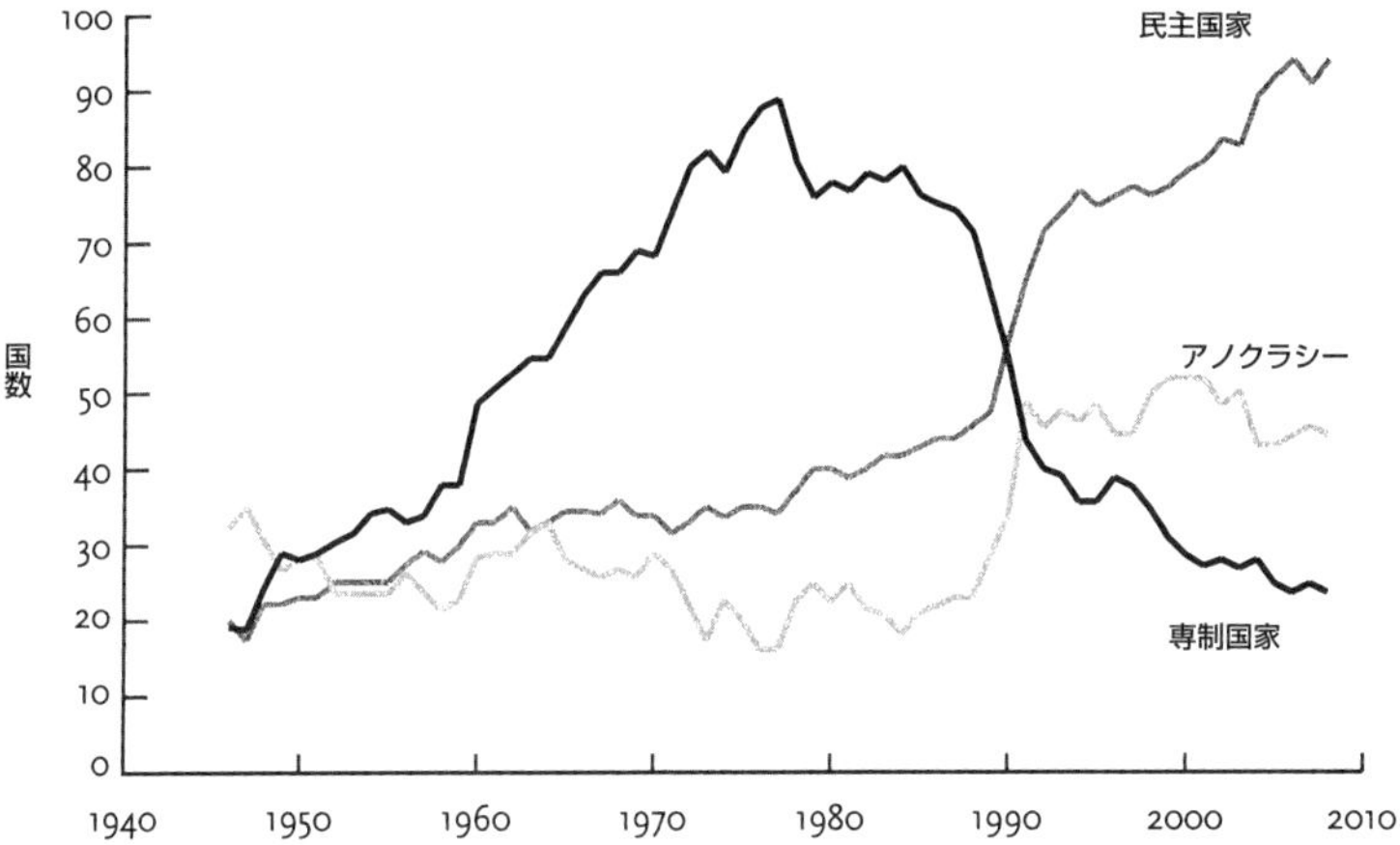

図5－23　民主国家，専制国家，アノクラシーの数の推移（1946～2008年）．
出典：グラフはMarshall & Cole, 2009をもとに作成．2008年時点で人口50万人以上の国のみをカウントした．

民主国家である。南北アメリカでも、韓国や台湾など太平洋地域の主要先進国も、民主国家が優勢だ。[☆219] 民主主義が国際平和にどれだけ貢献するかはさておき、それは国民に加える暴力を最小限に抑える政治形態であり、したがって民主主義の隆盛そのものが、歴史的な暴力の減少における、もう一つの画期的な出来事と見なされなければならないのだ。

　民主的平和論の第二のセールスポイントは、ときに歴史の法則にまでもち上げられることもある〝疑似事実〟である。二〇〇八年にイギリスのトニー・ブレア前首相は、コメディアンのジョン・ステュアートが司会を務めるアメリカのテレビ番組「ザ・デイリー・ショー」に出演した際、この点をいみじくも説明している。

ステュアート――わが国の大統領は……お会いになったことありますか？　彼は自由が大好きなんです。みんなが民主主義になれば、戦争はなくなると信じてるんですよ。

ブレア――たしかに歴史を見れば、民主国家同士が戦争になったことはありませんね。

ステュアート――じゃあ、一つ質問させてください。アルゼンチンは民主国家ですか？

ブレア――そうですね、民主国家です。選挙で大統領を選びますから。

ステュアート――それじゃ、イギリスは？　民主国家？

ブレア――どちらかといえばね。私がこのあいだまでいたときはそうでした。

ステュアート――えーっと……あなたがた、戦争しませんでしたっけ？

ブレア――いや実は、当時のアルゼンチンは民主国家じゃなかったんですよ。

ステュアート――ちくしょう、言い負かしたと思ったのに！

もし先進国が第二次世界大戦後に民主主義になったとすれば、そして民主国家同士は絶対に戦争をしないとすれば、なぜ第二次大戦後に先進国が戦争をしなくなったのか、説明がつくことになる。

スチュアートの懐疑的な質問が示唆するように、民主的平和論は――とりわけ二〇〇三年のブッシュとブレアによるイラク侵攻を正当化することに加担して以来――厳しい視線にさらされてきた。歴史通たちは嬉々として、反証と考えられる例を探し出した。マシュー・ホワイトがあげたリストの一部は、こんな具合だ。

- ●ギリシャ戦争（紀元前五世紀）　アテネ対シラクサ
- ●ポエニ戦争（紀元前二～三世紀）　ローマ対カルタゴ
- ●アメリカ独立戦争（一七七五～八三年）　アメリカ対イギリス

●フランス革命戦争（一七九三〜九九年） フランス対イギリス、スイス、オランダ
●米英戦争（一八一二年） アメリカ対イギリス
●フランス・ローマ戦争（一八四九年） フランス対ローマ共和国
●南北戦争（一八六一〜六五年） アメリカ合衆国対アメリカ南部連合
●米西戦争（一八九八年） アメリカ対スペイン
●ボーア戦争（一八九九〜一九〇一年） イギリス対トランスバール、オレンジ自由国
●第一次印パ戦争（一九四七〜四九年）
●レバノン内戦（一九七八、一九八二年） イスラエル対レバノン
●クロアチア紛争（一九九一〜九二年） クロアチア対ユーゴスラビア
●コソボ紛争（一九九九年） NATO対ユーゴスラビア
●カルギル紛争（一九九九年） インド対パキスタン
●イスラエルのレバノン侵攻（二〇〇六年）[☆220]

　こうしてあげられた反例について、当事国が本当に民主国家だったのかどうかが厳しく吟味された。ギリシャ、ローマ、そしてアメリカ南部連合には奴隷制度があった。イギリスは一八三二年まで、ごく限られた人にしか参政権が認められていない君主国だった。その他の当事国も、レバノン、パキスタン、ユーゴスラビア、一九世紀のフランス、スペインなど、よくいっても未成熟で、限定的な民主国家にすぎない。さらに二〇世紀の最初の数十年まで、女性に参政権は与えられていなかった。このあとで見ていくように、女性は男性よりハト派的な投票行動をする傾向が強い。だが、ほとんどの民主的平和論の擁護者たちは、

二〇世紀に入る前の時代を、新参の不安定な民主国家もろともなかったことにして、成熟し安定した民主国家同士が戦争をしたことはないという主張に終始している。

すると民主的平和論の批判派は、「民主国家」の定義を十分に狭めれば、それほど多くの国は残らないのだから、確率の法則からして民主国家同士の戦争が少ないのは当然だと指摘する。大国を除いては、二国間に戦争が起こるのはたいてい国境を接している場合に限られるから、いずれにしても理論上の組みあわせの大部分は、地理的に考えてありえない。ニュージーランドとウルグアイ、あるいはベルギーと台湾がなぜ戦争をしなかったのかを説明するのに、民主主義をもち出すまでもないのだ。さらにデータベースを限定して、時間軸の前のほうを取っ払えば（一部の人たちがするように、第二次大戦後の期間に限れば）、「長い平和」を説明するもっと皮肉な理由が出てくる。冷戦の開始以来、世界の覇権を握るアメリカの同盟国同士が戦争を起こしたことはないのだ。大国同士が戦争をしていないことなど、その他の「長い平和」の兆候は、そもそも民主的平和論では説明されたことがない。批判派によれば、それはおそらく相互抑止（核によるものであれ通常兵器によるものであれ）の結果だろうという。☆221

民主的平和論にとって、さらにもう一つの頭痛の種は（少なくとも戦争の起こりやすさ全般にあてはめた場合だが）、民主国家がカントが言うように行儀よくふるまうとはかぎらないという点だ。民主国家は、法にもとづく権力配分と争いの平和的解決という原則を外在化するという考え方は、イギリス、フランス、オランダ、ベルギーといった国々が植民地帝国を獲得し防衛するために行った数多くの戦争（一八三八年から一九二〇年にかけて少なくとも三三回、さらに一九五〇年代と六〇年代に入ってからも、フランスのアルジェリア戦争など数回あった）とは相容れない。同様に民主的平和論者たちを戸惑わせるのは、冷戦期にアメリカがイラン（一九五三年）、グアテマラ（一九五四年）、チリ（一九七三年）の各国に行った介入である。

これらの国々はおおむね民主的ではあったが、アメリカはその左傾化が気に入らず、政権の転覆に中央情報局（CIA）が手を貸したのだ。民主的平和論の擁護派は、こう主張する。ヨーロッパの帝国主義は、瞬時に消滅はしなかったが、ちょうど自国内で民主主義が台頭してきた時期、国外で急激に衰退した。また、アメリカの介入はすべてが見えるかたちで行われた戦争ではなく、国民から隠された隠密作戦であり、あくまでも例外である（したがって法則が存在することは間違いない）と。☆222

議論が次第に退化して、定義が微妙にずれたり、都合のいい例だけをあげたり、その場しのぎの弁解をしたり……となったときは、殺しあいのケンカの統計の出番だ。ブルース・ラセットとジョン・オニールの二人の政治学者は、定義の確定や交絡変数〔二つの変数の関係を調べるときに、その両方に影響を与えるため因果関係があるように見える第三の変数〕の調整、そして定量的な検証によって民主的平和論に新たな命を吹き込んだ。民主国家は絶対に戦争をしない（その場合、想定される反例はすべて核心的な問題になる）のではなく、他の条件がすべて等しければ、非民主国家に比べて戦争をする頻度が少ないとしたのである。☆223

ラセットとオニールは、交絡変数による影響を分離するために「多重ロジスティック回帰」と呼ばれる統計手法を用いた。たとえば、ヘビースモーカーは心臓発作を起こす確率が高いことが明らかになったとして、喫煙そのものによるリスクのほうが、喫煙にともなうことの多い運動不足によるリスクより大きいことを確かめたいとしよう。その場合はまず、できるだけ多くの心臓発作の原因を、交絡因子である運動量を使って説明することを試みる。男性の健康記録の大規模なサンプルデータを見ると、平均して運動量が週に一時間増えるごとに、心臓発作を起こす確率が一定の幅で下がることがわかるかもしれない。しかし、それだけでは相関関係は完全ではない。カウチポテト族のなかにも健康な心臓をもつ人はいるし、運動好きな人がジムで倒れることだってある。一定の運動量にもとづいて予測される心臓発作の発症率と、発症率の実測値との差を「残差」と呼ぶが、この一連の残差から、本当に確かめたい変数（この場合は喫煙）の影響を確認するのに使える数値が得られる。

次に、二つ目の変動要因に注目する。平均すればヘビースモーカーの運動量は比較的少ないが、なかにはたくさん運動する人もいるし、他方、非喫煙者でほとんど運動しない人もいる。ここから男性の喫煙率の実測値と、運動量にもとづく予測値との差という、もう一群の残差が得られる。さらに、喫煙と運動の関係から出てきた残差（運動量から予測した喫煙率と実際の喫煙率との差）が、運動と心臓発作の関係から出てきた残差（運動量から予測した心臓発作発症率と実際の発症率の差）とのあいだに相関関係があるかどうかを確かめる。残差同士に相関関係があれば、喫煙と心臓発作には、運動量との結合相関以上の相関があると結論づけることができる。さらに、比較的年齢の低い時点での喫煙率と、高齢になってからの心臓発作発症率を測定しておけば（喫煙が心臓発作の原因になるのではなく、その逆である可能性を排除するため）、喫煙そのものが心臓発作の原因だという主張にもう一歩近づける。多重回帰分析では、絡みあった予測因子を二つだけでなく、いくつでも使うことができるのだ。

多重回帰分析にともなう一般的な問題は、分離したい予測因子の数が多いほど、より多くのデータが必要になるということである。一つの交絡変数が吸い上げられる限りの変動を吸い上げるごとに、データ内の変動がどんどん「使い尽くされる」ため、肝心の仮説を検証するには、残りもので間に合わせるしかなくなるからだ。人類にとっては幸運だが、社会科学者にとっては不運なことに、国家間戦争はそれほど頻繁には起こらない。「戦争の相関関係プロジェクト」には、一八二三年から一九九七年までに起きた本格的な国家間戦争（年間死者数が一〇〇〇人以上）はわずか七九例、一九〇〇年以降では四九例しかあげられておらず、統計というにはあまりにも少なすぎる。そこでラセットとオニールは、国家間の武力衝突――

ある国が軍を警戒態勢に置く、警告射撃をする、戦闘機を緊急発進させる、剣を交える、武力で脅す、またはそれ以外の方法で武力行使を示唆した事例――を集めた、もっと大規模なデータベースを使うことにした。[☆224]実際に勃発する戦争一回につき、戦争にまではいたらないものの、同様の原因をもつ紛争が数多く起きると想定すれば、そうした紛争は戦争そのものと同じ原因によって生じると考えられ、したがって十分な数の戦争の代替物として使うことができる。「戦争の相関関係プロジェクト」には、一八一六年から二〇〇一年までに起きた国家間の武力衝突が二三〇〇件以上もあげられている。これなら、データに飢えた社会科学者でも満足できるだけの数だ。[☆225]

ラセットとオニールは分析の対象として、一八八六年から二〇〇一年までの各年に、隣国同士、あるいはどちらか一方が大国だったために、少なくともなんらかの戦争開始のリスクがあった二国のペアを集めた。二人が注目したのは、その年、実際にその二国間に武力衝突があったかどうかだ。次に、二国のうち民主主義度の低いほうの国が、その前年にどの程度民主的だったかを調べた。これは、戦争を回避する民主国家でも、自国より好戦的な（民主主義度もおそらくは低い）敵国によって戦争に引きずり込まれる可能性があるという仮定にもとづく。たとえば、一九四〇年に民主国家だったオランダが侵略者ドイツと戦争になったことでオランダを責めるのは、とうていフェアとは思えない。したがって、このオランダ・ドイツのペアでは、一九三九年のドイツに最低の民主主義度が与えられることになる。

ラセットとオニールはある国が民主的かどうかを判断する際、データ・スヌーピング（事後比較）の誘惑に陥らないようにするために（とりわけ茶番でしかない選挙を根拠に「民主国家」を標榜する国に関して）、「ポリティ・プロジェクト」から数値を取った。これは各国の民主主義度を、その国の政治プロセスがどのくらい競争的で、指導者の選出がどのくらいオープンに行われ、指導者の権力にどのくらい制約が課されているかにもとづいて、〇から一〇までの点数で評価したものだ。二人はさらに、純然たる政治的現実主義によって軍事紛争に影響すると予想されるいくつかの変数も考慮に入れた。すなわち、その二国は公式の同盟関係にあるか（同盟国同士が戦争する可能性は低いため）、どちらか一方が大国か（大国はトラブルに遭遇しがちなため）、一方が他方より著しく強大か（両国の力に大きな差があり、結果は目に見えていると考えられる場合、戦争になる確率は低いため）の三点である。

　では、ほかの要素がすべて一定の場合、民主国家は本当に武力衝突にいたる確率が低いのか？　答えは明らかにイエスと出た。民主主義度の低いほうの国が完全な独裁主義国である場合に両国がケンカをする確率は、衝突リスクのある平均的な二国に比べて二倍になる。逆に両国とも完全な民主国家の場合、衝突の確率は半分以下に減る。[☆226]

　それどころか、民主的平和論はその擁護派が考えている以上に正しいことがわかった。民主国家は互いに紛争になるのを避けるだけでなく、全面的に紛争に関わらない傾向があるのだ。[☆227]民主国家同士が戦争をしないのは、同類だという理由だけからではない。専制国家には「盗人の仁義」にあたるような、「専制的平和」などというものは存在しない。[☆228]民主主義的な平和は、これらのデータが取られた一一五年間に維持されただけでなく、一九〇〇〜三九年と一九八九〜二〇〇一年という期間も維持されている。[☆229]このことは、民主的平和は冷戦期のアメリカによる平和《パクス・アメリカーナ》の副産物ではないことを示している。それどころか、パクス・アメリカーナやイギリスによる平和《パクス・ブリタニカ》があったことを示すものは、いっさいないのだ。米英のいずれかが世界に冠たる軍事大国だった時代のほうが、多くの大国のうちの一つでしかなかった時代と比べて、とくに平和だったわけではない。[☆230]また、新生の民主国家は民主主義的な平和の例外だという形跡もない。ソ連崩壊後に民主主義を受け入れたバルト諸国や中欧諸国、あるいは一九七〇〜八〇年代に軍事政権を駆逐した南米諸国を考えてみても、その後戦争にいたったという例はない。[☆231] 民主主義的な平和に関してラセットとオニールが見つけた唯一の制約は、（一九世紀の反証例の数がきわめて多いことから予想できるとおり）民主主義的な平和が、一九〇〇年前後になってようやく効力を発揮しはじめたということだけである。[☆232]

というわけで、民主的平和論は厳しいテストを良好に乗り切った。けれどもだからといって、私たちがこぞって自由を振りかざし、侵略できそうな独裁国家に片っ端から民主主義政体を押しつけるべきだということではない。民主主義は社会にとって完全に外因的なものではない。政府が一定の手順に従って機能すれば、好ましい結果がすべて後からついてくるというものではないのだ。民主主義とは、文明化された意識や考え方に織り込まれたものであり、それにはまず何よりも政治的暴力の放棄が含まれる。思い出してみよう。イギリスもアメリカも、自国の政治指導者と敵対者の双方が互いに殺しあう習性から抜け出したときに、民主主義の土台の準備ができたのだ。この土台なしには、民主主義が国内に平和を保つ保証をもたらすことはいっさいない。生まれたての脆弱な民主国家は、国家間戦争に及ぶことはないものの、次章で見ていくように、内戦が起きる可能性は高いのである。

民主国家は国家間戦争を回避するという点についても、第一の理由は民主主義にあると断定するのは早計だ。民主主義を奉じる国は、「富める者はますます富む」という「マタイ効果」の恩恵を受ける側にいる。民主国家は専制君主がいないだけでなく、国民はより豊かで、健康であり、教育レベルも高く、国際貿易や国際機関を受け入れやすい傾向にある。「長い平和」を理解するには、これらの要素についても切り離して検討する必要がある。

長い平和は自由主義的な平和か？

民主主義的な平和は、ときに「自由主義的な平和」の特殊例と見なされる。ここでいう「自由主義的《リベラル》」とは、左翼的リベラリズムではなく、政治的自由と経済的自由に重きを置いた古典的な自由主義を意味する。☆233自由主義的な平和の理論は、「穏やかな通商」の原則も受け入れる。すなわち、通商は双方にプラスサムの利益をもたらすとともに、それぞれが相手の繁栄に対して利己的利害をもつ、互恵的利他主義の一形態だという考え方である。科学ジャーナリストのロバート・ライトは、歴史を通じた協力の拡大をテーマにした著書『ノンゼロ』で、互恵性を最高位に位置づけ、次のようにそれを表現している。「日本に爆弾を落とすべきではないと私が考える理由は多々あるが、その一つは私のミニバンが日本製だということだ」

最近流行りの「グローバル化」という言葉を聞くと、いまさらながらここ数十年間に国際貿易が急速に拡大したことに気づかされる。さまざまな外因的な要因によって、貿易はより容易かつ安価になった。ジェット機やコンテナ船などの輸送技術や、テレックス、長距離電話、ファックス、衛星、インターネットなどの電子通信技術の発展、貿易協定による関税や規制の緩和、国際金融や為替取引の円滑化によって国境を越えた貨幣の流れが容易になったこと、現代経済が単純労働や形のある物よりアイデアや情報への依存度を高めていることなどである。

歴史をふり返ると、自由貿易と平和の拡大には相関関係があることを示す例が数多くある。一八世紀には、戦争が一時的に途絶え、通商が歓迎された時期があった。国王の勅許状による独占が自由市場へと徐々に移行し、重商主義の「勝者総取り」が、国際貿易の「みんなが勝ち」の意識に取って代わられた。大国間のパワーゲームとそれにともなう戦争から手を引いた国々──たとえば一八世紀のオランダや二〇世紀後半のドイツと日本など──が、代わりに商業大国を目指すようになった例も多い。一九三〇年代に保護主義的な関税がかけられるようになると、国際貿易は減退し、おそらくは国際間の緊張の高まりにつながった。今日のアメリカと中国──片方からは製造品、もう片方からはドルが流れる以外、両者間に共通点はほとんどないが──のあいだに見られる「礼譲」は、貿易のもつ平和促進効果を思い起こさせる最近の例だ。そして、現代の紛争防止をめぐる〝疑似事実〟として民主的平和論と比肩しうるのが、「黄金のM型アーチ理論」だ。マクドナルドがある国同士は戦争をしない、というこの説の唯一の明らかな例外は、一九九九年、短期間ではあったがNATO軍によって行われたユーゴスラビア空爆である。[234]

逸話の類は別にして、一般論として貿易が平和に寄与するとする見方には、懐疑的な歴史学者も少なくない。たとえばジョン・ガディスは一九八六年に、「つい信じたくなることではあるが、それが正しいと立証できる歴史的な証拠はほとんど存在しない」と書いている。[235] たしかに古代や中世には、交易を支えるインフラの整備が、平和をもたらすレベルに達していなかった。船舶や道路といった交易を促進させた技術は、同時に略奪も促進し、時には交易相手である商人同士のあいだでも、「相手のほうが多勢なら、取引せよ。こちらのほうが多勢なら、略奪せよ」という掟に従って略奪が行われた。[236] もう少し世紀が下ると、交易で得られる利益の大きさに誘惑され、抵抗する植民地や弱小国に対して、砲艦を繰り出して交易を強要する場合もあった。なかでも悪名高いのが一九世紀のアヘン戦争で、イギリスはアヘンを禁止している清にアヘンを売りつけようとして清の抵抗に遭い、戦争へと発展した。また、大国間の戦争は、盛んに貿易が行われている二国間で勃発することもしばしばあった。

ジャーナリストのノーマン・エンジェルは、自由貿易により戦争は時代遅れのものになったと主張したと見なされていたところ、その五年後に第一次世界大戦が勃発したために、図らずも貿易が平和に寄与するという説の評判を落とすことになった。懐疑的な人びとはさらに、第一次大戦前の数年間には英独間の貿易の拡大を含めて、経済的な相互依存がかつてないレベルに達していたではないかと言い立てた。[☆237] エンジェル自身もわざわざ指摘しているように、戦争の経済的な無益さが戦争を回避する理由になるのは、その国がそもそも繁栄に関心をもっている場合に限られる。指導者のなかには、国威発揚や夢想的なイデオロギーの実現、あるいは自らが歴史的不正義だと見なすものを正すためであれば、多少の繁栄（多少ではないこともままあるが）を犠牲にすることも辞さない者が少なくない。そして国民も――たとえ民主国家であっても――それに追従する場合がある。

複雑な数値計算を駆使して民主的平和論の正しさを主張するラセットとオニールは、自由主義的平和論の検証も試みたが、こうした懐疑論には懐疑の目を向けている。国際貿易は第一次大戦直前に局地的なピークに達したが、対国内総生産（ＧＤＰ）比では、第二次大戦後の水準にはまだ遠く及ばなかったと、二人は指摘する（図５－24）。

また、貿易が平和をもたらす力として作用しうるのは、貿易を支える国際協定が存在している（それによって、ある国が突然保護主義色を強め、貿易相手国の息の根が止められるのを防いでいる）場合に限られる。軍事史研究者のアザー・ガットによれば、二〇世紀に入る頃、イギリスとフランスは植民地帝国内での交易だけで成り立つ帝国主義的アウタルキー（自給自足経済）になることをもくろんでいた。このことがドイツ指導部を慌てさせ、自分たちも帝国になる必要があると考えはじめたのだという。[☆238]

両方の側に証例と反例があり、交絡因子として他の好ましい要因（民主主義、国際機関への加盟、同盟へ

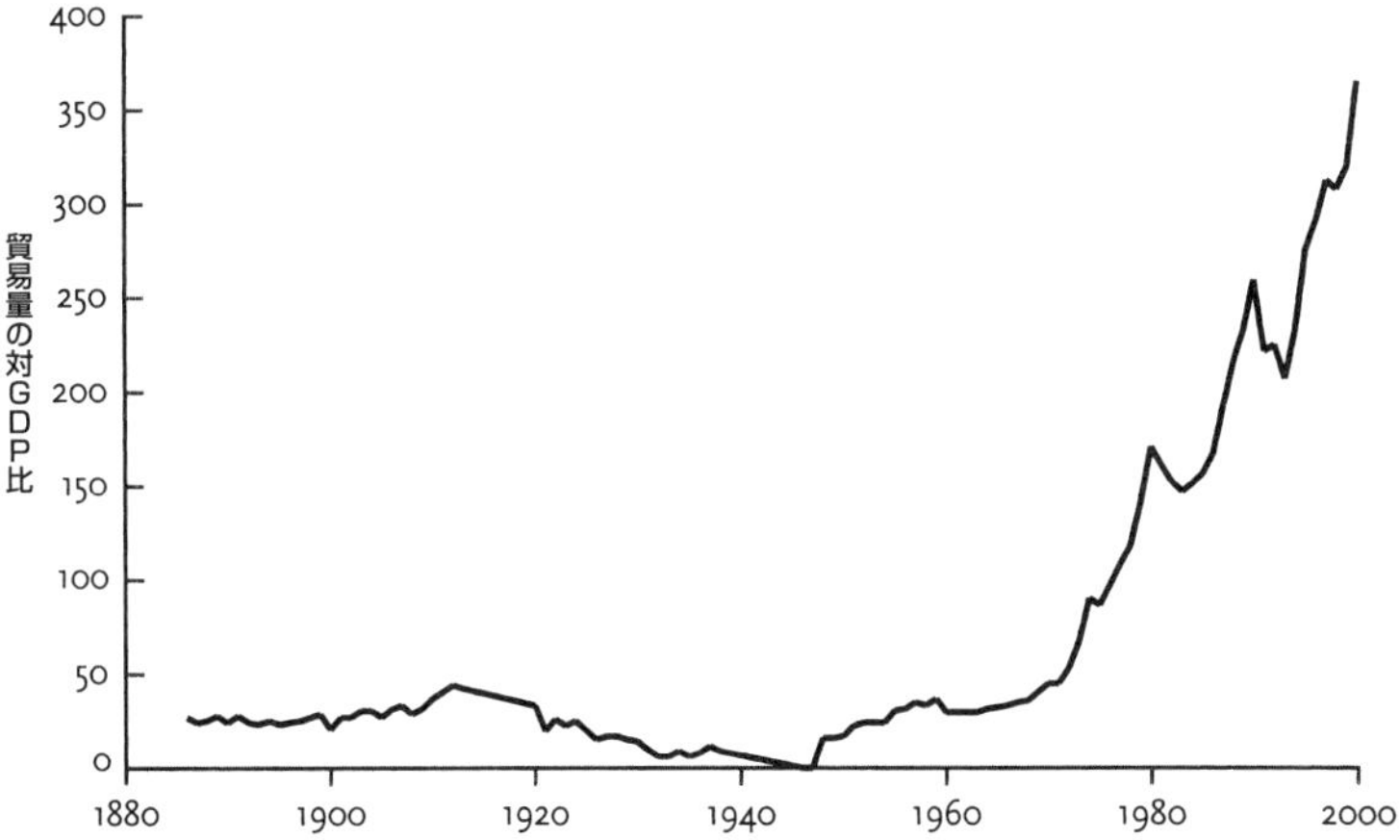

図５－24　国際貿易量の対 GDP 比（1885 ～ 2000 年）．
出典：グラフは Russett, 2008 より．Gleditsch, 2002 のデータにもとづく．

の参加、全体としての繁栄など）がいくつも存在することから、ラセットとオニールはふたたび多重回帰分析の助けを借りた。二人は、衝突のリスクのある二国のすべての組みあわせについて、貿易依存度の高いほうの国の貿易量（対GDP比）を計算に入れた。その結果わかったのは、ある年に貿易依存度が高かったほうの国は、次の年に軍事紛争を起こす確率が低い（民主主義度、国力、大国であるかどうか、経済成長で調整をかけた場合でも）ということだった。[☆239] ほかの研究では、貿易が平和をもたらす効果は、国の発展レベルによって異なることが示されている。財政的・技術的インフラによって貿易コストを下げることが可能な国は、軍事力を誇示することなく紛争を解決できる可能性が高いというわけだ。[☆240] このことは、広範囲にわたる歴史的変化によって、戦争より貿易による財政的メリットのほうが大きくなってきたというエンジェルやライトの見解と一致する。

　ラセットとオニールは、平和に寄与するのは二国相互間の貿易にとどまらず、それぞれの国の貿易全体のレベルであることを突きとめた。つまり、グローバル経済に開放的な国は、軍事紛争を起こす確率が低いのだ。☆241 ここから、「穏やかな通商」理論の拡大版ともいえる考え方が出てくる。国が行う商業のうち、国際貿易は一部にすぎない。それ以外にも海外投資に対する開放性、国民が法的強制力のある契約を締結する自由、自主的な経済取引（自給自足や物々交換、強奪とは異なる）への依存度などがある。こうした幅広い意味において商業が平和を促進する効果は、民主主義の平和効果よりもさらにパワフルなもののようだ。民主主義的な平和が効力を発揮するのは、対になる両国がともに民主国家である場合に限られるが、通商による効果は、両国のどちらかに市場経済があれば発揮されるのである。☆242

こうした発見から、「資本主義的な平和」という異端的な説を唱える政治学者もいる。☆243 自由主義的な平和の「自由主義」という言葉は、民主主義の政治的開放性と資本主義の経済的開放性の両方を指すが、資本主義的平和説によれば、平和をもたらす作用のほとんどは経済的開放性によるものだという。左派の人びとは間違いなく言葉を失うだろうが、この異説の支持者たちは、民主主義に関するカントの主張の多くは、資本主義にもあてはまると断言する。資本主義は、政府の指揮管理ではなく市民間の自主的な契約によって運営される経済に関連するものであり、したがってカントが民主的共和国についてあげたのと同じ利点の一部が、資本主義にももたらされるというのだ。一国内での自主的交渉の倫理は――法律にもとづく権限委譲の倫理と同様に――必然的に他国との関係へと外在化される。自由市場経済国の透明性と了解度は、近隣諸国に戦争を始めるつもりはないと安心させ、それが「ホッブズの罠」にはまる危険を減らし、指導者がリスキーな威嚇行為や瀬戸際政策に出る自由を制限することもできるのだ。さらに市場経済においては、指導者の権力は――それが選挙によって制限されているかどうかに関わりなく――生産手段を管理する立場にある利害関係者によって制限される。彼らは、事業に悪影響を及ぼす国際貿易の途絶には反対するからだ。こうした制約が、栄誉や威光や壮大な正義を手に入れようとする指導者の個人的野心や、挑発に乗って無謀な戦術の拡大に走ろうとする衝動にブレーキをかけるのだ。

民主国家は資本主義でもある場合が多く、逆もまた真だが、例外もある。たとえば、中国は資本主義だが専制国家であるし、インドは民主主義国だが、つい最近まで社会主義経済寄りの部分がかなりあった。何人かの政治学者はこのギャップを利用して、軍事紛争その他の国際危機に関するデータを分析する際に民主主義と資本主義を対抗させている。これらの学者たちは全員、ラセットとオニールと同様に、国際貿易量やグローバル経済への開放性など資本主義に関わる変数には、明らかに平和を促進する効果があるとしている。だが民主主義と資本主義との相関性を統計的に除去したとき、民主主義も平和に寄与するかどうかに関しては、二人と見解を異にする研究者もいる。☆244 というわけで、政治的および経済的自由主義の相対的な寄与については、いまのところ回帰分析オタクの論争に陥っている感があるものの、自由主義的平和論全体としては確固たる根拠があるといえる。

資本主義的な平和という概念自体、資本主義者が「死の商人」であり「戦争の達人」だと見なされた時代を知る者にとっては衝撃だ。著名な平和研究者であるニルス・ペター・グレディッチもこの皮肉に気づいていたようだ。二〇〇八年に行った国際関係学会の会長挨拶で、彼は一九六〇年代のスローガン「戦争をするより、愛しあおう《メイク・ラブ、ノット・ウォー》」をもじって、「戦争をするより、金を稼ごう《メイク・マネー、ノット・ウォー》」と締めくくったのである。☆245

長い平和はカント的な平和か？

第二次世界大戦終結後、名だたる思想家たちはなぜあのような戦争が起きてしまったのかを明らかにしたいという強い思いに駆られ、同じ間違いをくり返さないための方策をあれこれと論じた。ミューラーは、なかでももっとも多くの支持を得た説を次のように説明する。

一部の欧米の科学者は、かつてない効率で殺戮が可能な兵器の開発に関わったことへの罪悪感に苛まれていたと見え……実験室や研究室を離れて、人間社会の諸事について思索をめぐらせた。彼らはほどなく得た結論を、物理的世界のことを論じるときには決して見せたことのない熱烈なまでの確信をもって表明した。アインシュタインは、物理学分野で生涯最大の業績を成したときにはスイス国籍だったにもかかわらず、他の人たちと同じようにスイスの例には影響されなかった。「強大な力をもつ主権国家が存在するかぎり、戦争は避けられない」と彼は言明した。……幸いなことに、アインシュタインをはじめとする科学者たちは、問題を解決できる可能性のある仕組みを見つけ出した。「世界政府の創設のみが、迫りくる人類の自滅を防ぐことができる」。☆246

世界政府とは、リヴァイアサンの論理をそのまま拡張したものに思われる。国の政府による武力使用の独占が、個人対個人の殺人や党派間の抗争や内戦という問題の解決策であるとすれば、世界政府が軍事力の合法的使用を独占することが、国家間の戦争という問題の解決策なのではないか、というわけだ。バートランド・ラッセルは一九四八年、ソ連に対し、世界政府に即時降伏しないかぎりアメリカがソ連を核兵器で攻撃するという最後通牒を突きつけるべきだと提案した。☆247 ここまでの主張をした知識人はラッセル以外にはあまり見当たらないが、世界政府案を支持した著名人はアインシュタインのほかに、ウェンデル・ウィルキー〔アメリカの政治家、一九四〇年の共和党大統領候補〕、ヒューバート・ハンフリー〔ジョンソン政権の副大統領〕、ノーマン・カズンズ〔アメリカのジャーナリスト〕、ロバート・メイナード・ハッチンス〔アメリカの教育哲学者〕、ウィリアム・O・ダグラス〔アメリカ最高裁判事〕などがいた。国連が徐々に世界政府へ移行していくだろうと考えていた人も少なくなかった。

世界政府を目指す運動はその後下火になり、現在ではせいぜい変わり者かSFファンのあいだにしか生き残っていない。一つの問題は、政府が機能するためには、その統制下にある人びとの間に相互信頼と、一定程度の価値観の共有がなければならないが、世界全体にそれが行き渡ることはまずありえないということだ。また世界政府には、より良い統治のしかたを学んだり、不満をもつ市民の移住先になったりする代替的な存在がなく、そのため停滞や傲慢に陥ることを抑止するチェック機能がない。さらに国連が、すべての国がその統制下に入りたいと望むような政府に変容していくことも考えにくい。安全保障理事会は大国が握る拒否権に縛られて何もできないし、国連総会は世界市民のための議会というより、専制君主が自説をぶつための舞台のような状態だ。

カントが『永遠平和のために』で構想した「自由な国家の連合」は、国際的なリヴァイアサンとはほど遠い。それは全地球的規模をもつ巨大な政府ではなく、自由主義共和国の〝クラブ〟（それがしだいに拡大していく）であり、武力の独占的使用ではなく、道義的正当性というソフトパワーに依拠する。現代においてこれに相当するのは政府間組織（IGO）――すなわち、加盟国が共通の利害を有する特定の分野において、各国間の政策調整を行う限定的な権限を与えられた官僚機関である。世界平和の実現に最も優れた実績がある国際機関は、おそらく国連ではなく、欧州石炭鉄鋼共同体だろう。これは一九五〇年、石炭と鉄という二つの最も重要な戦略的産品に関する共通市場の監督と生産規制を目的として、フランス、西ドイツ、ベルギー、オランダ、イタリアによって設立された政府間組織だ。設立にあたっては、歴史的な敵対関係や野心（とりわけ西ドイツに関して）を隠すメカニズムとして、共通の営利事業を立ち上げるという意図があった。この石炭鉄鋼共同体は欧州経済共同体の土台を築き、やがては欧州連合の発足へと道を拓いた。☆248

多くの歴史学者は、こうしたIGOが、西ヨーロッパの集合的意識に戦争が入り込むのを防ぐのに役立ったと考える。これらの機関がヒト、カネ、モノ、そしてアイデアの国境を越えた行き来を可能にしたことで、国と国が好戦的な対立に向かおうとする衝動が――アメリカ合衆国の存在が、たとえばミネソタ州とウィスコンシン州が好戦的対立関係に向かおうとする衝動を抑えているのと同じように――抑えられたというのだ。多くの国がクラブに参加し、そこで指導者たちは互いに交わり、協働せざるをえない状態に置かれる結果、一定の協力の規範ができあがる。また、これらの機関は中立的な審判としての役目を担い、加盟国間の紛争を仲裁することもできた。さらには広大な市場というニンジンを目の前に吊るすことで、参加候補国に帝国を放棄させたり（たとえばポルトガル）、自由民主制の確立を約束させたり（たとえば旧ソ連の衛星国、そして近々トルコもそうなるかもしれない）することもできたのである。☆249

ラセットとオニールはこれらのIGOへの加盟を、民主主義と貿易に次いで、平和を促進する力の三角形の三つ目の頂点だと見る（カントは『永遠平和のために』では貿易をとくに取り上げていないが、別の著作では大いに礼賛しているので、ラセットとオニールはこの三角形をカントが提唱したものだとする見方をとる）。この場合の国際機関はユートピア的な目標はおろか、理想主義的な目標も掲げている必要はない。政府間の自主的な連合でさえあれば、その調整対象は防衛、通貨、郵便事業、関税、運河の通行、漁業権、環境汚染、観光、戦争犯罪、度量衡、道路標識など、なんでもかまわない。図5-25を見ると、こうした機関への加盟が二〇世紀のあいだに着実に増加し、第二次世界大戦後に急上昇したことがわかる。

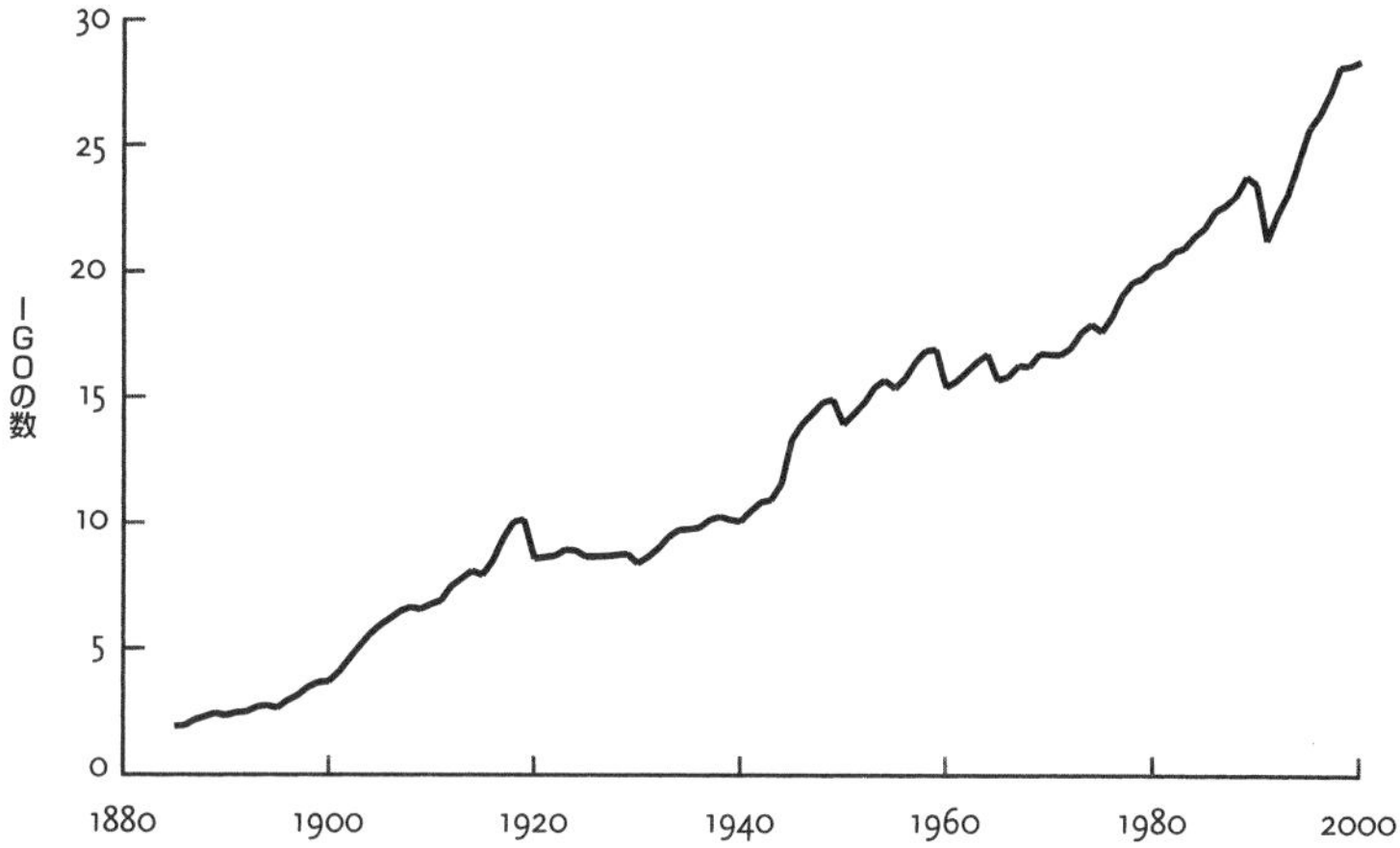

図5－25　衝突リスクのある2国がともに加盟するIGOの平均数（1885～2000年）．出典：Rusett, 2008より．

IGOへの加盟がそれだけで平和に寄与したのか、あるいは民主主義と貿易と一緒になって、相乗効果をもたらしただけなのかを検証するために、ラセットとオニールは対になる二国のすべてについて、両国がともに加盟するIGOの数を、民主主義と貿易の点数や現実政治の変数と一緒に回帰分析にかけた。二人が得た結論は、カントの主張は三つとも正しいというものだった。つまり、民主主義、貿易、IGOへの加盟の三つはともに、平和を促進するということだ。三つの変数すべてが上位一〇分の一に入る二国のペアは平均的なペアに比べ、ある年に武力衝突が起きる確率が八三パーセントも低かった。言いかえれば、その確率はきわめてゼロに近いということである。[☆250]

＊

カントが、もっと壮大な意味で正しかった可能性はあるのだろうか？　ラセットとオニールは、精緻な相関関係によってカントの三角形が正しいことを示した。だが、相関的データから導き出された因果の物語にはつねに、真の原因が別にあるという可能性——なんらかの隠れた実体が、説明しようとしている結果と、説明に用いられる変数の両方の真の原因である可能性——がつきまとう。カントの三角形でいえば、平和を促進するとされる要因はそれぞれ、もっと深遠で、よりカント哲学的な原因に依存しているかもしれない。それは、対立を弱い側に自らの意図を押しつける強い側の当事者によってではなく、影響を受けるすべての当事者に受け入れられる手段によって解決しようとする意志にほかならない。国家は、その政治的派閥が権力を与える手段としての殺人に嫌気がさしたときに、初めて安定した民主制となり、一人勝ちの栄華よりも相互の繁栄により大きな価値を置いたときに、初めて通商に従事する。そして、多少の相互利益のために多少の主権を手放すことをいとわなくなったときに、初めて政府間組織に加盟する。言いかえれば、国家とその指導者は、これら三つのカント哲学的な変数を承認することによって、その行為の根底にある原則が普遍的なものになるように行動しているのだ。はたして「長い平和」は、国際舞台における「定言命法」の優位を意味することになるだろうか[☆251]？

そんな発想自体を鼻であしらう国際政治学者は少なくあるまい。「現実主義《リアリズム》」といささか偏向した形で呼ばれる、影響力ある理論によれば、世界政府がない状況下では、国家は恒久的なホッブズ的無政府状態に追いやられるという。言いかえれば、指導者は精神病質者さながらに冷酷に行動し、自国の利益のみを考え、道徳性などという感傷的な（かつ自殺行為でもある）考えに惑わされてはならないということだ。[☆252]

現実主義はときに、人間の本性の帰結であるとして擁護される。その背後にあるのは、人間は利己的で理性的な動物だという考え方だ。だが、第8章と第9章で見ていくように、人間は道徳的な動物でもある。それは、人間の行動が公平無私な倫理的分析に照らして道徳的だという意味ではなく、感情や規範やタブーによって支えられた道徳的直観に導かれて行動するという意味である。さらに人間は認知的動物でもあり、さまざまな信念をつくり出し、それを行動の指針として用いる。これらの資質はどれも、私たち人類を自動的に平和へと押し進めてくれるものではない。けれども特定の歴史的瞬間が、指導者とその連合のもつ道徳的・認知的能力を結合し、そこから平和的な共存を希求する傾向を生み出しうると考えることは、決して感傷的でも非科学的でもない。「長い平和」は、もしかしたらその一例かもしれない。

だとすれば「長い平和」は、カント哲学的な三つの直接的な原因に加えて、究極のカント哲学的原因にも依存しているのかもしれない。すなわち先進諸国の影響力のある有権者のあいだには、戦争は人間の幸福を犠牲にするものであるゆえに本質的に不道徳であり、それを正当化できるのは、さらに大きな人間の幸福が犠牲になるのを確実に防げるまれな場合だけだ、という確信を組み込んだ規範が育ってきたのかもしれない。もしそうならば、先進国間の戦争も、奴隷制や農奴制、車裂きの刑、内臓をえぐり出す刑、クマいじめ、猫燃やし、異端者の火炙り、魔女の溺死刑、盗人の首吊り、公開処刑、さらし台、決闘、債務者監獄、鞭打ちの刑、船底くぐりなどなど、「人道主義革命」の時代に、ごく普通のものから意見の分かれるものへ、そして不道徳なもの、考えられないもの、ついには想像もできないものへと変わっていった、あまたの慣習と同じ道をたどることになるだろう。

では、こうした先進国間の戦争に対する新たな人道主義的忌避の外因的な原因を特定することはできるだろうか？　第4章では、人道主義革命が出版、識字率、長距離移動、科学など、人びとの知的・道徳的地平を広げるコスモポリタニズム的な力によって加速された可能性について述べた。二〇世紀の後半には、それと明らかな類似性がある。テレビ、コンピューター、衛星、電気通信、ジェット機が登場し、科学や高等教育は未曾有の発展を遂げた。コミュニケーション論の権威マーシャル・マクルーハンは、戦後世界を「グローバル・ビレッジ（地球村）」と名づけている。村では、周りの人たちの運命を直接感じることができる。村が人間の共感の輪の自然な大きさを表すのであれば、地球村という村では、村人たちが仲間の人間を気遣う思いは、一族や部族だけの集まりであったときより大きくなるにちがいない。朝、新聞を開けば、一万五〇〇〇キロも離れた国でナパーム弾攻撃から逃げてくる怯えきった全裸の少女と目が合ってしまう——そんな世界は、著述家たちが「戦争は人間のあらゆる美徳と能力の礎である」とか、「戦争は人間の精神を高め、人格を向上させる」などと述べる世界とはまったく別物なのだ。

冷戦の終結とソビエト帝国の平和的な解体もまた、二〇世紀の終盤にヒトやアイデアの移動が容易になったことに関連している。☆253 メディアや旅行に対する全体主義的な規制によって権力を保持しようとするソ連の思惑は、一九七〇〜八〇年代には大きな足かせになりつつあった。現代の経済国がコピー機やファックス、パソコン（萌芽期のインターネットは言うまでもなく）なしでやっていくなど、馬鹿げたことになりつつあっただけでなく、科学者や政策通の面々に、繁栄に向かって突き進む欧米社会の知識や考え方を学ばせないようにしたり、戦後世代の若者に、ロック音楽やブルージーンズなど個人の自由の特権を知らせないようにすることなど、もはや不可能だった。一九八五年に政権の座についたミハイル・ゴルバチョフはコスモポリタン志向型で、欧米留学経験のあるアナリストを多数起用した。ソ連首脳は一九七五年のヘルシンキ合意で人権擁護を口頭で誓約しており、国際的な人権ネットワークは一般市民が政権にその約束を守らせるよう、後押しした。ゴルバチョフは「グラスノスチ（情報公開）」政策を実施し、一九八九年には作家アレクサンドル・ソルジェニーツィンの『収容所群島』が国内で解禁された。人民代議員大会のテレビ中継も許可され、多くの国民が過去のソビエト指導部の残忍性と、現行指導部の愚かさを目の当たりにすることになった。☆254 シリコンチップ、ジェット機、電磁スペクトルを介して自由に行き交うようになったアイデアが、鉄のカーテンの崩壊を促進したのだ。共産党独裁下にある今日の中国は、技術や旅行が自

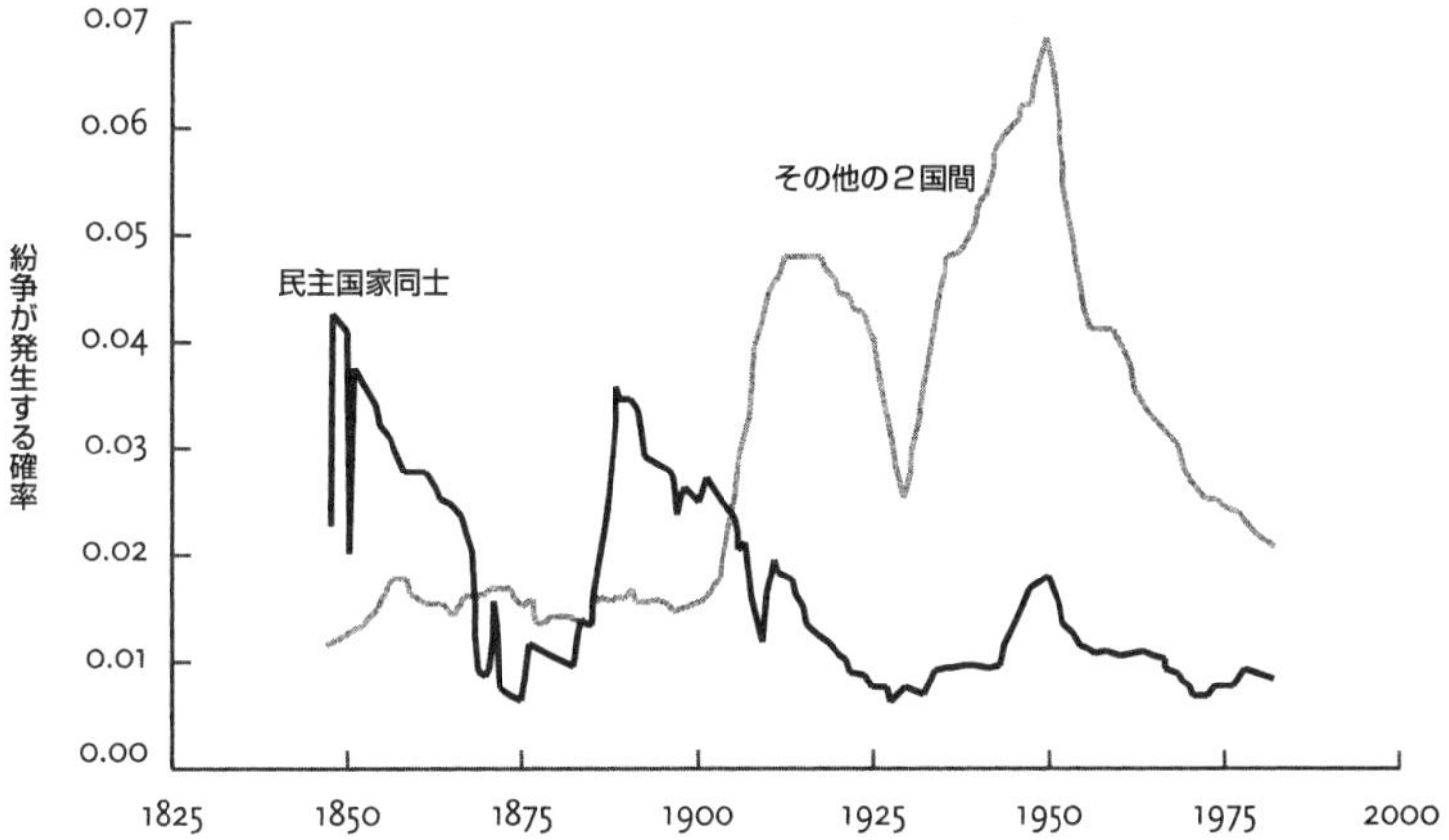

図５－26　民主国家同士およびその他の２国間での軍事紛争の推移（1825 ～ 1992 年）．出典：Cederman, 2001 より．衝突リスクのある２国の組みあわせの 20 年移動平均を示す．

由化をもたらすという仮説にはあてはまらないように見えるかもしれない。だが次章で紹介するデータが示すように、きわめて偏狭な毛沢東時代から見れば、今日の中国の残忍さは比較にならないほど小さい。

戦争を嫌う感情がようやく社会に根づいたのには、もう一つの理由が考えられる。図５－18で見たように、ヨーロッパにおける武力衝突による死者数の推移はジグザグのグラフとなり、三つのピーク（宗教戦争、フランス革命戦争とナポレオン戦争、二度の世界大戦）のあとにそれぞれ長い窪みがあり、しかもその高さがだんだん低くなっている。一つのヘモクリズムが終わるたびに、世界の指導者たちは同じことをくり返さないように努力し、ある程度は成功したのだ。もちろん、それらの条約や申しあわせは永久には続かなかったし、数学音痴な歴史解釈をすれば、「長い平和」の日々は終わりつつあり、この先さらに大きな戦争が起きるという結論にいたってもおかしくない。しかし、戦争はポアソン過程に従ってランダムに起きるものであり、そこには周期性も、高まりと放出の循環もない。世界が自らの過ちから学び、そのたびに戦争勃発の確率を下げていくことを妨げるものは何もないのだ。
政治学者のラース・エリック・シダーマンはカントの論考を改めて吟味したところ、その永遠平和の処方箋にある意外な発見をした。カントは、国家の指導者はそれなりに賢明で、第一命題から平和の条件を推定できるなどという幻想を抱いてはいなかった。それは苦い歴史的経験から学ぶしかないことを、カントは理解していたのだ。「世界市民という視点から見た普遍史の理念」という小論のなかで、カントは次のように書いている。

すなわち自然は戦争を通じて、そして戦争に備えて決して縮小されることのない過剰な軍事力を国家に準備させ、こうした軍備のために平時にあっても国内の窮迫を実感させるのである。そして当初はいくつかの不十分な試みを実行させて、さまざまな荒廃、政府の転覆、国力の徹底した消耗などを経験したあとになって、やっとのことで、理性があればこれほど痛ましい経験を積まなくても実現できたはずのこと、すなわち無法な未開の状態から抜け出すという課題を実現するようになるのである。☆255

カントが提唱する学習による平和論は、民主主義による平和論と結びつけて考えるべきだと、シダーマンは示唆する。すべての国家は民主国家を含め、最初は好戦国であり（多くの民主国家は初めから大国だったからだ）、突然激しい戦争に巻き込まれる可能性があるとはいえ、民主国家には情報を進んで受け入れる姿勢と指導者の説明責任があり、そのために大惨事から学ぶための態勢が整っていると考えられるという。☆256
シダーマンは、一八三七年から一九九二年までに起きた軍事紛争の数の推移を、民主国家同士の紛争と、その他の二国間の紛争に分けてグラフにした（図5－26）。民主国家同士の鋭いのこぎり歯のような形のグラフを見ると、これらの国々は最初から好戦的で、その後周期的に紛争発生率の急激な上昇が見られたことがわかる。ところが、そのピークを過ぎるたびに紛争発生率は再びガクンと底まで落ち込んでいる。さらにシダーマンは、新興の民主国家より成熟した民主国家のほうがこの学習曲線の傾斜が急であることも突きとめた。専制国家も、大規模戦争による急な激変のあとには平和的なレベルに戻るものの、そのペースはより緩やかで不規則である。二〇世紀のヘモクリズムのあと、しだいに民主化を進めていった世界は「戦争に嫌気がさし」、「過ちから学んだ」という、いささか漠然とした考えにも、いくらかの真実があるのかもしれない。[☆257]

一九六〇年代の反戦ソングにも、この過去から学ぶというテーマは多く見られる。戦争が愚かなものだという証拠はずっと前からあったのに、人びとは頑としてそれに目を向けることを拒んできた、と。「どれだけ多くの人の死が必要なのか／あまりに多くの人が死んだと気づくまでに／友よ、その答えは風に吹かれて／誰にもわからない」。「兵士たちは皆どこへ行ったの？／墓地に行ったのさ、一人残らず／人はいつになったら気づくのだろう？」 覇権をめぐる戦争、宗教戦争、主権をめぐる戦争、ナショナリズムやイデオロギーに突き動かされた戦争、そしてそのあいだを縫って起きた多くの小さな戦争と、終盤の二つのすさまじい大戦争が続いた五〇〇〇年をへて、もしかすると私たちはようやく気づきつつあるのかもしれない、とデータは示唆している。

第6章　新しい平和

マクベスの自己正当化は脆弱で、自らの良心に食い尽くされてしまった。そう、イアーゴですら小羊にすぎない。シェイクスピア劇の悪役たちは想像力と精神力のおかげで、殺した数はせいぜい一ダースにとどまる。それは彼らにイデオロギーがなかったからだ。

——アレクサンドル・ソルジェニーツィン

人類の歴史の最大の脅威が消え去れば、世界情勢の評論家たちも安堵の息をつくはずだと思うのが普通かもしれない。専門家の予想を裏切り、ソ連の戦車は西ヨーロッパに侵攻しなかったし、キューバ、ベルリン、中東の危機も、核のホロコーストに発展しなかった。[☆1]世界の都市が一瞬にして消滅し、死の灰が大気を汚染し、無数の瓦礫が太陽を覆い隠し、ヒトという種が恐竜と同じように絶滅するという事態にはならなかった。しかも再統一したドイツは第四帝国にはならず、民主主義は君主制のように衰退することはなく、列強や先進国は第三次世界大戦に突入しなかった。それどころか長い平和が始まり、その期間はどんどん延びている。たしかに専門家は二、三〇年前よりも世界の運命が改善しているのを認めるようになってきた。

ところがどうしたことか、評論家たちの顔色は以前にも増して冴えない。一九八九年にジョン・グレー[☆2]は「大国同士の対立という従来の歴史領域への回帰、……領土回復主義者の要求と戦争」を予想し、二〇〇七年のニューヨークタイムズ紙の社説は、「[一九八九年以後]、まもなくイデオロギー的暴力と絶対主義が新たに噴出し、血塗られた道へと転がり込んでいった」と、すでにこの回帰は起きてしまったと書いた。[☆3] 政治学者スタンリー・ホフマンは、冷戦終了以降、「聞こえてくるのはテロ、自爆攻撃、難民、ジェノサイドばかり」で、国際関係のコースを教える意欲がそがれると言っている。[☆4] 悲観論は左派と右派を問わない。二〇〇七年、保守派の著作家ノーマン・ポドレッツは『第四次世界大戦――イスラムファシズムとの長い戦い』を上梓し、リベラルなコラムニスト、フランク・リッチは、世界は「かつてなく危険な場所」だと述べた。[☆5] もしリッチの言うとおりなら、二〇〇七年の世界は二度の世界大戦より危険で、一九四九年と一九六一年のベルリン危機より、キューバ危機より、そしてたび重なる中東戦争より危険だということになる。もしそうなら、危険の度合いは相当なものだ。

　なぜこれほど陰鬱なのか。一つには楽観論よりも悲観論のほうが受けるという評論の市場原理のためだろう。もう一つは人間の性《さが》である。デイヴィッド・ヒュームが言うように「現在を批判し、過去を褒めたたえる傾向は、人間の本性に深く染みついたもので、優れた判断力と豊かな学識のある人もその影響を免れない」。だが私の思うに、最大の原因はジャーナリストや知識人の数学音痴ではないだろうか。ジャーナリストのマイケル・キンズリーは最近、「ベビーブーマーたちはアメリカ人が地球の反対側で殺し殺されている頃に成人したが、彼らが定年を迎える頃になっても、この国が同じことをしているのは大変残念だ」と書いている。[☆6] この発言の前提には、イラク戦争によるアメリカ人兵士五〇〇〇人の死とベトナム戦争によるアメリカ人兵士五万八〇〇〇人の死、または数十万人のイラク人の死と数百万人のベトナム人の死は同レベルだという認識がある。きちんと数字を見ないと、「血が流れればトップニュースになる」という報道番組のモットーが「記憶に残るものほど頻繁に感じる」という認知の短絡を助長し、「誤った不安感」と呼ばれるものをもたらすのだ。[☆7]

本章では、この新たな悲観論をかき立てた三つのタイプの組織的暴力について取り上げる。大国や先進国間の戦争に焦点をあてた前章ではほんのさわり程度にとどめたが、このタイプの対立は長い平和の時代に入っても止むことなく、そのため世界が「かつてなく危険な場所」だという印象を人びとに与えている。

組織的暴力の第一のタイプには、大国や先進国間の戦争以外の他のすべての種類の戦争が含まれる。とくに際立っているのは、途上国にはびこる内戦や民兵、ゲリラ、準軍組織間の戦争だ。これらの「新しい戦争」または「低強度の紛争」は、「長年にわたる憎悪」が動機になっているとされる。[☆8] カラシニコフ銃を抱えたアフリカの少年というおなじみのイメージは、世界の戦争の負荷は減ったのではなく、北半球から南半球へと移動したにすぎないという印象を裏打ちしている。

この新しい戦争には飢餓や病気がつきものであり、そのため民間人の犠牲者が数多く出ることになる。だがその犠牲者は戦死者としては数えられない場合がほとんどだ。広く知られた統計では、二〇世紀初頭の戦死者の九〇パーセントは兵士で民間人は一〇パーセントだったが、二〇世紀末ではこの比率が逆転した。コンゴ民主共和国のような戦乱で荒廃した国では、ナチスのホロコーストにも匹敵する、戦慄すべき規模の飢餓や伝染病による犠牲者が報告されている。

組織的暴力の第二のタイプは、民族集団や政治的集団に対する大量虐殺である。二〇世紀の一〇〇年間は、「ジェノサイドの時代」とか「ジェノサイドの世紀」などと呼ばれている。近代とともに出現した民族浄化は、超大国が覇権を争う時代には抑え込まれていたが、冷戦の終結とともにすさまじい勢いで復活し、現在はかつてないほどに蔓延していると指摘する評論家は少なくない。

第三のタイプはテロリズムだ。二〇〇一年九月一一日のアメリカ同時多発テロ事件以来、テロへの恐怖は大規模な新しい官僚機構、二つの対外戦争、そして執拗なまでの政治議論を生み出している。テロの脅威はアメリカの「存在を脅かすもの」であり、「これまでのライフスタイルを捨てる」か「文明そのもの」の終焉をもたらす可能性があるとまで言われている。[☆9]

以上三つの破壊的行為は、いまなお人命を奪いつづけているが、本章で問題にしたいのは、それが正確にはどのぐらいの規模であり、過去数十年間で増えたのか減ったのか、ということだ。政治学者たちが実際の数字を調べはじめたのは最近になってからだが、その結果は驚くべきものだ。すべてのタイプの殺戮が減少しているのである。[☆10] もっとも減少したといっても最近二〇年間のことであり、これが継続的なものであるとは確信できない。そのように暫定的なものであることを踏まえたうえで、この展開を「新しい平和」と呼ぶことにする。ともあれ純然たる減少傾向なのだから、これは注目に値する。この減少は大規模であるとともに、世間一般の通念とは正反対のものだ。そして、減少をもたらした要因は何なのか、将来私たちは何に力を入れればいいのかを明らかにするための方法も示唆してくれるのである。

大国や欧州以外の地域における戦争の推移

大国やヨーロッパの国々が王朝の時代、宗教の時代、主権の時代、ナショナリズムの時代、イデオロギーの時代をくぐり抜け、二つの世界大戦に苦しみ、長い平和へと突入した六〇〇年間に、世界の他の地域では何が起きていたのだろうか。残念ながら、ヨーロッパ中心の歴史記録では、その変動曲線を確信をもって描くことはできない。植民地時代に入る前のアフリカ、南北アメリカ大陸、アジアでは、歴史家の目にとまることのないまま、軍事的地平以下の略奪や縄張り争い、奴隷狩りなどが横行していた。植民地時代には、列強が植民地を獲得し、反乱を弾圧し、ライバルを蹴落とそうとして帝国主義戦争が行われた。この期間には多くの戦争が行われ、ピーター・ブレックの「衝突のカタログ」によると、一四〇〇年から一九三八年までに、南北アメリカで二七六件、北アフリカと中東で二八三件、サハラ以南のアフリカで五八六件、中央・南アジアで三一三件、東南・東アジアで六五七件の武力衝突が起きた。[☆11] 歴史的近視眼に陥ると、戦争の頻度や犠牲者数の傾向を信頼できるかたちで描き出せなくなるが、前章で見たように、破壊的な戦争が少なくなかったのは事実である。南北戦争、太平天国の乱、南米の三国同盟戦争、シャカ王のアフリカ侵略など、割合からいって（ものによっては絶対数でも）、ヨーロッパの戦争よりも多くの死者を出した内戦や国家間戦争があった。

ヨーロッパや大国、そして先進世界で戦死者ゼロの積み上げが始まった一九四六年、世界全体を対象とする歴史記録が初めて明確になった。オスロ国際平和研究所（ＰＲＩＯ）のベサニー・ラシーナ、ニルス・ペッター・グレディッチらがまとめた詳細な「ＰＲＩＯ戦闘死者数データ」の最初の年が一九四六年なのだ。[☆12] ＰＲＩＯデータには年間死者二五人以上のすべての武力衝突が含まれており、年間死者数一〇〇〇人以上になると「戦争」（「戦争の関連要因プロジェクト」で用いられるのと同じ定義）に格上げされるが、その他の点では同じ扱いをされる（本書ではこれまでどおり、この専門的な定義には縛られず、あらゆる武力衝突をその規模にかかわらず「戦争」と呼ぶことにする）。

ＰＲＩＯの研究者は、可能なかぎり信頼性の高い基準を使うことを目指した。世界の各地域を固定的な尺度で比較し、経時的な傾向を描くことができるようにするためだ。基準が厳密でないと（ある戦争では直接的な戦場の死者数だけなのに、別の戦争では疫病や飢饉などによる間接的な死者数も含めたり、ある地域では軍隊同士の戦争だけなのに、別の地域ではジェノサイドも含めるなど）比較の意味がなくなるし、さまざまな目的でプロパガンダに利用されやすくなってしまう。ＰＲＩＯの研究者は歴史書やメディア報道、政府や人権団体の報告書などを徹底的に調べ、可能なかぎり客観的に戦争による死者数を出そうとした。推測の入った死者数や、明確な原因が確認されていない死亡はすべて除外した結果、数字は実際のところ控え目であり、過小評価ですらある。同様の基準は他の衝突データでも使用されている。たとえば一九八九年以降のデータを対象にしたウプサラ紛争データ・プロジェクト（ＵＣＤＰ）、ＵＣＤＰのデータを調整したストックホルム国際平和研究所（ＳＩＰＲＩ）、ＰＲＩＯとＵＣＤＰの両方に依拠した「人間の安全保障報告プロジェクト」（ＨＳＲＰ）などだ。☆13

数学者ルイス・リチャードソンの場合と同じく、この新たな統計も「実体性のなさ」に対処する必要があり、ＰＲＩＯはきわめて厳密な基準で衝突を分類している。☆14 まず初めに、原因と（それに劣らず重要な）可算性により、集団暴力を三つに分類した。「戦争」（および、より緩やかな「武力衝突」）という概念が最も無理なくあてはまるのは、組織的で社会的に正当化された大量殺人である。そこから、「戦争」は少なくとも一方は国家で、なんらかの特定可能な資源（通常は領土や政治機構）をめぐって争うものという定義が得られる。これを明確にするため、ＰＲＩＯデータでは「国家を基盤とする武力衝突」という狭義においてのみ戦争と言い、一九四六年以降のすべての期間にわたってこの定義を適用している。

第二のカテゴリーは「非国家的」あるいは「社会集団間」の対立であり、具体的には軍閥や民兵、準軍組織（多くは民族的・宗教的集団と連携する）間の争いを指す。

第三のカテゴリーは「一方的暴力」と名づけられるもので、政府あるいは民兵組織によるジェノサイド、ポリティサイド（特定の政治的集団の抹殺）、その他の非武装民間人の虐殺が含まれる。ＰＲＩＯのデータは一方的暴力を除外しているが、これは原因による分類という方法論的選択のためでもあるが、ジェノサイドより戦争に魅力を感じる歴史学者の伝統がそうさせた面もある。ジェノサイドのほうが人間の命を大きく破壊してきたことが認識されるようになったのは、つい最近のことだ。[15] ルドルフ・ランメル、政治学者バーバラ・ハーフ、UCDPらはジェノサイドのデータを収集しており、それについては次節で検証していく。[16]

三つのうちの第一のタイプ、国家を基盤とした衝突は戦う相手によって、さらに分類することができる。最も典型的なのは二つの国家が対立する国家間戦争で、一九八〇～八八年のイラン・イラク戦争がそれにあたる。次に、国家と見なされない国外の存在と戦う国家外もしくはシステム外戦争がある。植民地獲得のために現地勢力と戦う帝国主義戦争や、植民地維持のために現地で戦う植民地戦争（一九五四年から一九六二年のフランスのアルジェリア戦争）などがこれにあたる。

さらには、国家が暴動や反乱、分離独立運動を攻撃する内戦もしくは国家内戦争がある。このなかにはさらに、完全に国内問題としての内戦（二〇〇九年に終結したスリランカ政府とタミル・イーラム解放の虎との内戦など）と、外国軍が介入して政府の反乱軍制圧を支援する国際化した国家内戦争がある。アフガニスタン戦争とイラク戦争はどちらも最初は国家間衝突だったが（アメリカを中心とする多国籍軍対タリバン支配下のアフガニスタン、アメリカを中心とする多国籍軍対バース党支配下のイラク）、政権転覆後も外国軍が駐留して新政府の反乱制圧を支援したため、新たに国際化された国家内戦争に分類されることになった。

次に、どのような死亡の数を数えるかという問題がある。PRIOとUCDPのデータは、直接的死亡、つまり戦闘に関連する死亡――加害者の側も傷つくおそれのある戦闘状況のなかで、銃で撃たれる、剣で切られる、こん棒で殴られる、毒ガスで殺される、爆弾で吹き飛ぶ、溺死する、故意に餓死させられるなど――を集計している。[17] ここに含まれるのは兵士や、砲撃を受けたり「巻き添え」になった市民だが、病気や飢餓、ストレス、インフラ崩壊などによる間接的死亡は除外される。戦争に起因するすべての死者数のなかに間接的死亡を加えた場合、過剰死亡と呼ぶこともある。

　データから間接的死亡を除外する理由はどこにあるのか。それは、こうした苦難を歴史書から抹消するためではなく、直接的死亡だけが確信をもって算定できる死だからだ。またそれは、主体が自らが引き起こした結果に対して責任を負うことの意味についての、私たちの基本的な直観にも合致している。つまり、主体が結果を予測したうえで意図的に事を起こし、しかも結果に連なる一連の出来事に制御不可能な要素が数多く介在することがない、ということである。[☆18] 間接的死亡の数を推定するには、もし戦争が起きなかった場合に世界がどうなっていたかを想像力を駆使して想定し、その世界で生じたであろう死者数を推測することが必要とされるという問題がある。これはいわば哲学的な課題であり、全知全能に近い能力がなければならない。もし戦争が起きなくても、愚劣な政権のせいで飢饉は起きただろうか？　もし旱魃があったらどうだろう？　餓死者が出たのは戦争のせいなのか、気候のせいなのか？　もし戦争前に飢餓による死亡率が徐々に減少していたのなら、戦争がなければもっと減少したのだろうか？　それとも戦争の前年のレベルのままだったと考えるべきなのか？　もしサダム・フセインが打倒されなければ、彼が殺害しつづけたであろう政敵の数は、彼の敗北以降に国内で起きた暴力による死者数を上回っただろうか？　一九一八年のインフルエンザ大流行による四〇〇〇万〜五〇〇〇万人の死者は、第一次世界大戦の戦死者一五〇〇万人に加えるべきか？　もしあれほど多くの兵士を塹壕にすし詰めにしなければ、インフルエンザウィルスの毒性は進化しなかったかもしれないのだ。[☆19] 間接的死亡数を推定しようとするなら、この手の疑問に、何百もの戦争について一貫性をもって答えなければならない。そんなことはとうてい不可能だ。

　一般に、戦争はさまざまな方面に同時に破壊をもたらす。戦場で多くの死者を出す戦争は、同時に飢餓や病気、公共サービスの途絶などによる死者も多く出るのだ。そうであるかぎりにおいて、戦闘による死の傾向は全体的な死者数の傾向に置き換えられるが、それはすべてのケースにあてはまるわけではない。本章の後半では、インフラが脆弱な途上国は先進国に比べて、この相関関係が色濃く見られるのか、さらに直接的死亡と間接的死亡の比率は時代とともに変化するのか（そうであれば、戦闘死を戦争の死者数の傾向を知るための指標とすることは誤った結論を招く）を考えていきたい。

*

さて、精度の高い衝突のデータが手に入ったわけだが、このデータから近年の世界全体の戦争の変動について何がわかるのだろうか。まず図6－1で、二〇世紀を俯瞰しよう。ラシーナ、グレディッチ、ラセットによるこのグラフは、「戦争の関連要因プロジェクト」の一九〇〇年から一九四五年までのデータを、PRIOの一九四六年から二〇〇五年までのデータに組み込み、世界人口で数値を割って、一人あたりの一世紀間の戦闘死のリスクをはじき出したものである。

グラフは二つの世界大戦の異様な破壊力を見せつける。二つの大戦はでこぼこの低地に突き出た巨大な尖塔のようであり、階段状でも振り子状でもない。戦闘死率は一九四〇年代前半をピークに（年間一〇万人中三〇〇人）急降下し、以降それに近いレベルには一度も戻っていない。

観察眼の鋭い読者は、終戦直後一〇年間の小さなピークから現在のゼロに近い状態にいたるまで減少のなかに、さらに減少があるのに気づくだろう。この部分を拡大したのが図6－2で、戦争の要因別に分けて死者数を示している。

図6－2は面積グラフであり、色分けされた層は要因別の戦闘死者数を表し、層を積み重ねた高さが全体の戦闘死者数を表す。まず全体的なグラフの形を見てみよう。戦闘死者数は第二次世界大戦の終結によ

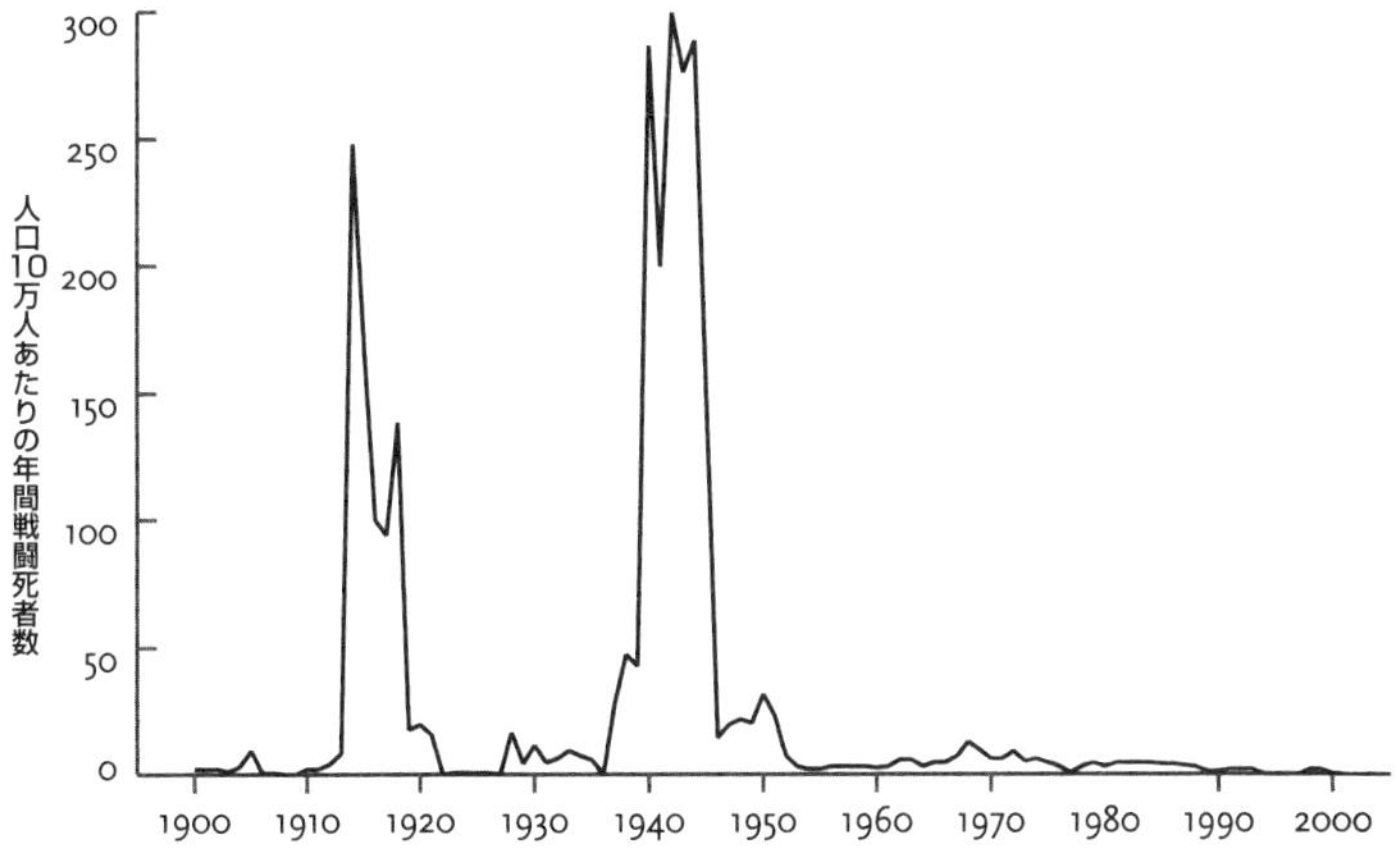

図 6 − 1　国家を基盤とする軍事衝突における戦闘死者数（1900 〜 2005 年）.
出典：Russett, 2008 のグラフ , Gleditsch & Russett, 2006 にもとづく .

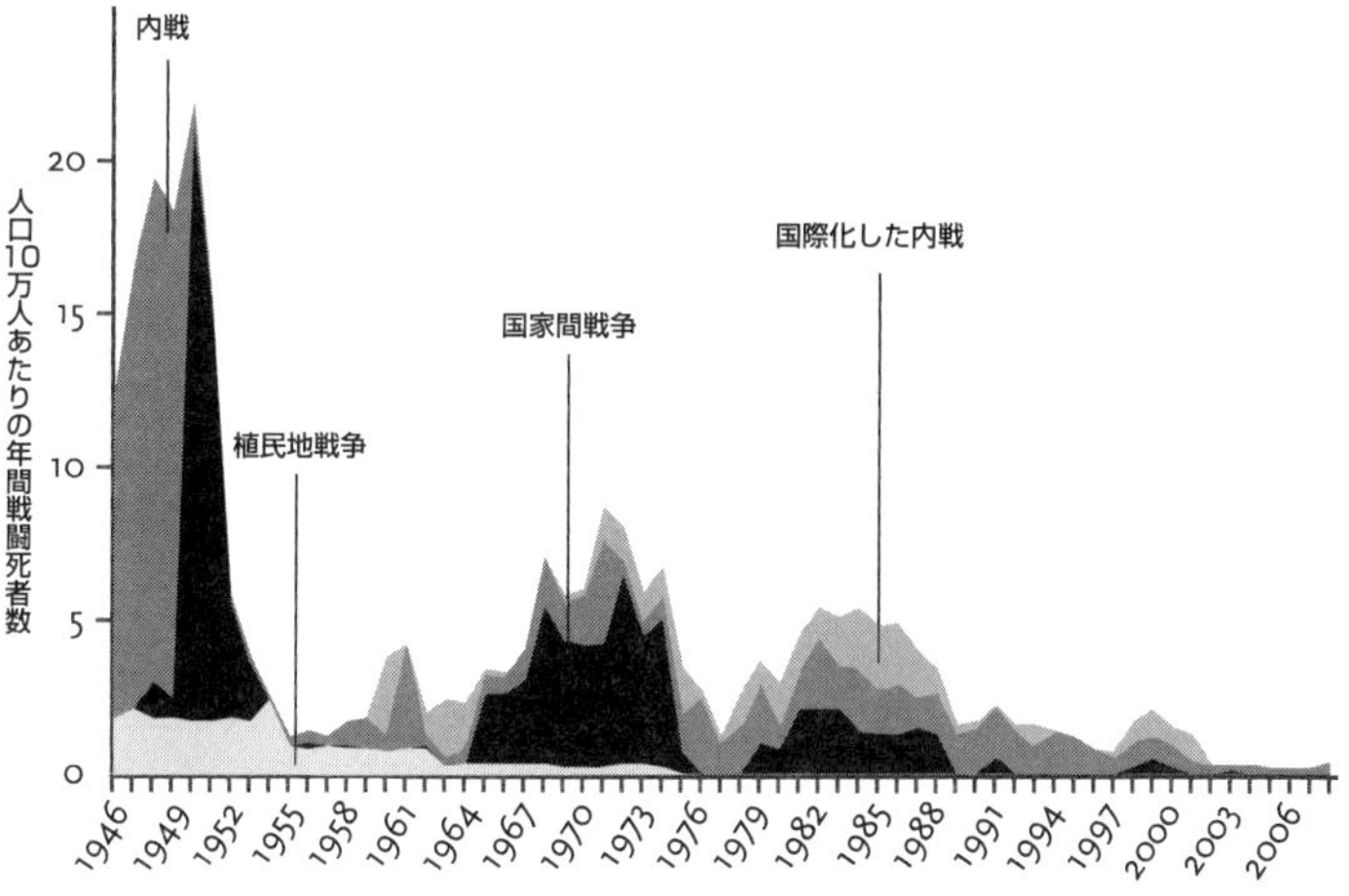

図 6 − 2　国家を基盤とする軍事衝突における戦闘死者数（1946 〜 2008 年）.
国家を基盤とする軍事衝突における民間人と軍人の戦闘死者数を世界人口で割ったもの .
出典：UCDP/PRIO Armed Conflict Dataset; Lacina & Gleditsch, 2005 のデータにもとづき , 2010 年に Tara Cooper により更新された Human Security Report Project, 2007 参照 . “Best” の推定を可能な場合には使用 ; それ以外は “High” と “Low” の推定の幾何平均を使用した . 世界人口数は U.S. Census Bureau, 2010c による . 1946-49 の人口データは McEvedy & Jones, 1978 から取った数値に , 他との釣りあいを取るために 1.01 を乗じた .

る劇的な減少のあと、さらに六〇年間に大幅に減少し、二一世紀の最初の一〇年間はほとんどあるかないか判別できないほどの状態であることは明らかだ。この一〇年間は中盤に三一件もの衝突（イラク、アフガニスタン、チャド、スリランカ、スーダンなど）があったにもかかわらず、年間一〇万人あたりの戦闘死者数は約〇・五人と驚くほど低く、最も治安のいい社会の殺人発生率よりも低い。[☆20]たしかに戦闘死の報告数だけなので低く見積もられてはいるが、それはほかの期間にもいえることだ。しかもこの数値を五倍にしても、なお世界全体の殺人発生率（年間一〇万人あたり八・八人）をはるかに下回る。[☆21]絶対数でいえば、年間戦闘死者数は一九四〇年代末の約五〇万人から、二〇〇〇年代初めの約三万人へと九〇パーセント以上も減少している。つまり信じようと信じまいと、世界的、歴史的、数量的な観点から見て、一九六〇年代のフォークソングの夢は実現している――世界は（ほぼ）戦争に終止符を打ったのだ。

次に（あんぐり開いた口は閉じて）、図6-2をカテゴリー別に細かく見ていこう。まずグラフの左寄り一番下の薄色の層は、国家外戦争もしくは植民地戦争で、現在は消滅している。列強が植民地支配を手放すまいとしてあがいた戦争は非常に破壊的で、フランスの一九四六年から一九五四年にかけてのベトナム戦争（戦死者三七万五〇〇〇人）や、一九五四年から一九六二年にかけてのアルジェリア戦争（戦死者一八万二五〇〇人）がその例だ。[☆22]このタイプの戦争は、「世界史上最大の権力の移譲」と呼ばれる植民地解放がなされたあとは、もはや存在しない。

黒い層は国家間戦争で、グラフ上には三つの大きな塊があるが、しだいに小さくなっている。この三つは、一九五〇年から一九五三年にかけての朝鮮戦争（四年間で戦死者一〇〇万人）、一九六二年から一九七五年にかけてのベトナム戦争（一四年間で戦死者一六〇万人）、イラン・イラク戦争（九年間で戦死者六四万五〇〇〇人）である。[☆23]冷戦終結以降の目立った国家間戦争は二件のみで、第一次湾岸戦争（戦死者二万三〇〇〇人）と一九九八年から二〇〇〇年にかけてのエリトリア・エチオピア国境紛争（戦死者五万人）である。二一世紀の最初の一〇年間では国家間戦争は少数で、多くは短期間で終結し、戦闘死者は比較的少なかった（インド・パキスタン戦争とエリトリア・ジブチ戦争は、どちらもテクニカルな定義による戦争〔年間戦死者一〇〇〇人以上〕には含まれず、アフガニスタンとイラクの政権転覆はすぐに片がついた）。二〇〇四年、二〇〇五年、二〇〇六年、二〇〇七年、二〇〇九年には国家間衝突は一つも起きていない。

長い平和（大国や先進国間の大規模な戦争の回避）は、世界の他の地域にも広がりつつある。たとえ野心的な大国でも、領土を広げ、弱小国を痛めつけることで威信を保とうとは考えなくなっている。中国は「平和的台頭」路線、トルコは隣国との「問題ゼロ外交」を目指し、ブラジル外相は最近、「一〇ヵ国と国境を接しながら一四〇年間一度も戦争をしていないと誇れる国はそう多くはない」と自慢げに語った。[☆24] 東アジアにもヨーロッパの厭戦感が伝染したように見える。第二次世界大戦後数十年間、中国や韓国、インドシナは世界で最も血なまぐさい地域だったが、一九八〇年から一九九三年までに衝突の回数も戦闘死者数も急減し、その後もかつてない低い数値が続いている。[☆25]

しかし国家間戦争が消える一方で、内戦の勢いは増している。図6－2の左端の濃いグレーの部分は、おもに一九四六年から五〇年にかけての中国内戦での戦闘死者一二〇万人で占められ、一九八〇年代の最上層の薄いグレーの部分には、ソ連の支援によるアフガニスタン内戦の戦闘死者四三万五〇〇〇人が含まれている。一九八〇年代から一九九〇年代にかけての濃いグレーのでこぼこした部分は、アンゴラ、ボスニア、チェチェン、クロアチア、エルサルバドル、エチオピア、グアテマラ、イラク、リベリア、モザンビーク、ソマリア、スーダン、タジキスタン、ウガンダでの小規模な内戦の死者の集積である。だがこの部分も、二〇〇〇年以降は細くなっている。

こうした数値の意味をより明確に理解するため、戦争の回数とタイプ別の死者数という二つの面からデータを分解してみよう。図6－3は二五人以上の死者を出した全タイプの衝突の回数の合計を表している（死者数は反映されない）。植民地戦争は消滅し、国家間戦争は先細りした。国際化した内戦は冷戦終結後、ソ連とアメリカが衛星国の戦争を支援しなくなると、束の間下火になったが、ユーゴスラビア、アフガニスタン、イラクなどの治安維持的な戦争により復活した。だが最も目を引くのは、一九六〇年頃から爆発的に増えた純粋な意味での内戦である。内戦のピークは一九九〇年代初頭で二〇〇三年まで減少したが、その後、やや反発している。

図6－2と図6－3で、どうしてグラフの色のついた部分の面積にこれほど違いが出るのか？　それは戦争がべき分布で、L字型の曲線の尾にあたる少数の戦争が、多くの戦闘死者を出しているからだ。一九四六年から二〇〇八年までの二六〇件の衝突による戦闘死者九四〇万人の半数以上は、たった五つの戦争――三つの国家間戦争（朝鮮戦争、ベトナム戦争、イラン・イラク戦争）と二つの内戦（中国内戦とアフガニスタン内戦）――の戦死者が占めている。死者数が減少したおもな原因は尾が縮んで、本当に破壊力のある戦争の数が減ったことである。

戦争によって出る戦死者の数は、規模によって違いがあるだけではなく、戦争のタイプによっても大きな違いがある。図6－4は戦争の第二の側面、つまり種類別に見た平均的な戦争の死者数を示している。

近年まで、最も死亡率の高い戦争は圧倒的に国家間戦争だった。兵士を集め、大砲を打ち、都市を吹き飛ばすようなリヴァイアサン同士の戦いほど、多くの死者を出す戦争はない。大差をつけられて二位、三位に入るのが、崩壊寸前の外国の政権に大国がテコ入れしたり、植民地を手放すまいとして起きる戦争である。最下位は国内にとどまる内戦で、一九四〇年代後半に血みどろの戦いを繰り広げた中国内戦以降、

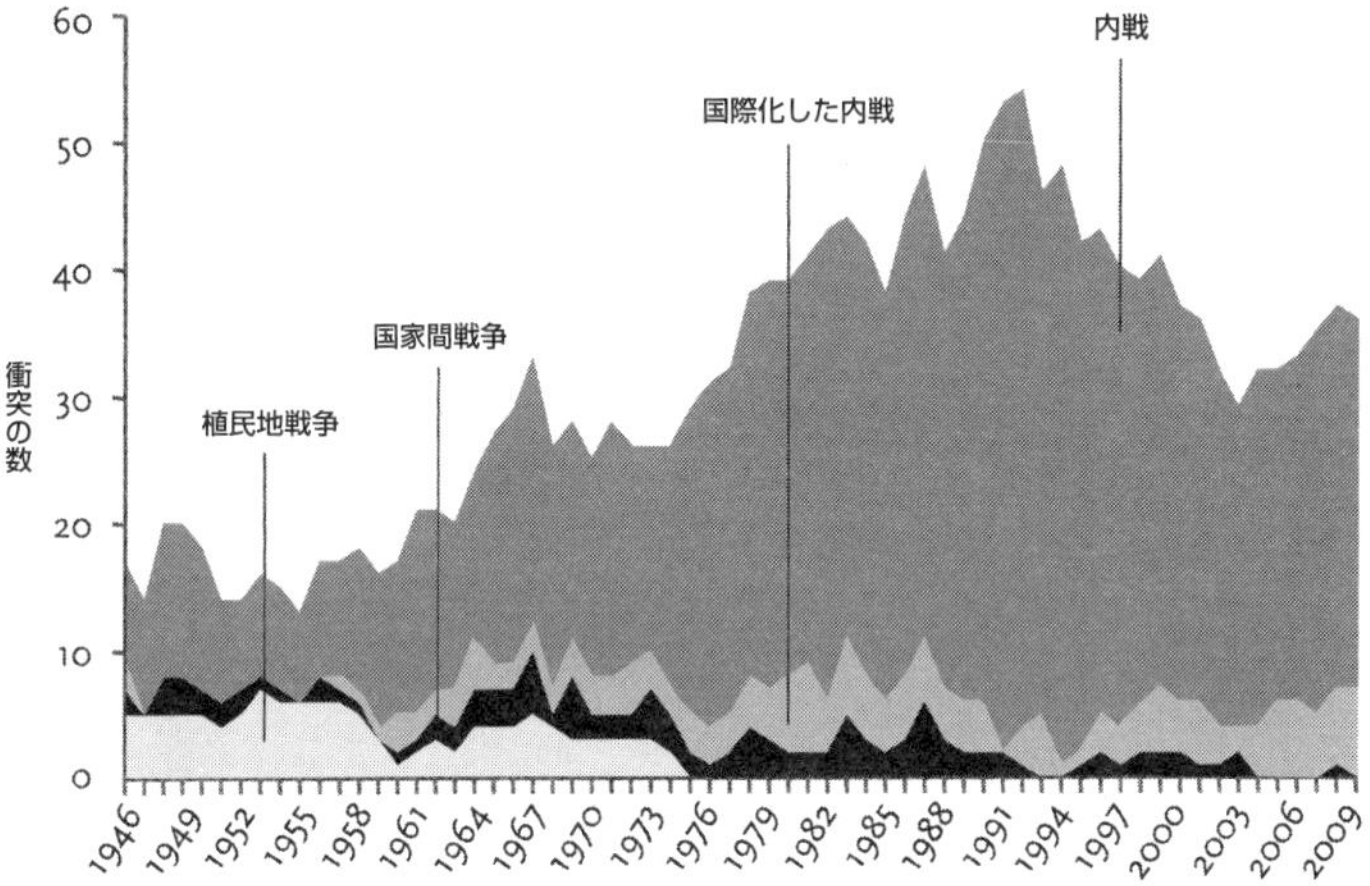

図6－3　国家を基盤とする武装衝突の数（1946～2009年）.
出典：UCDP/PRIO Armed Conflict Dataset; Lacina & Gleditsch, 2005のデータにもとづき, 2010年にTara Cooperにより更新されたHuman Security Report Project, 2007を参照.

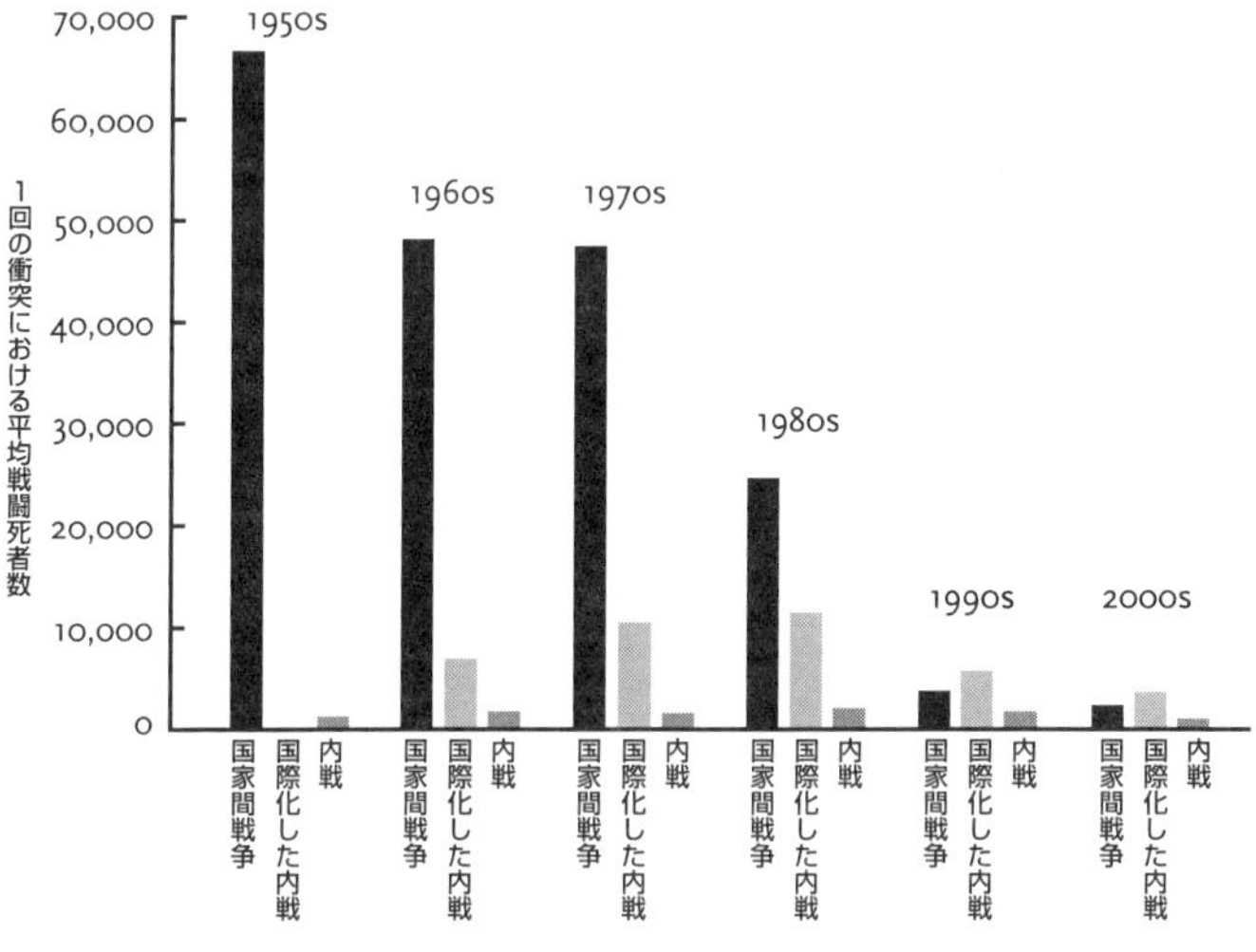

図6－4　国家間戦争および内戦による死者数（1950～2005年）.
出　典：UCDP/PRIO Armed Conflict Dataset, Lacina & Gleditsch, 2005; Human Security Report Projecにより編集 ; Human Security Centre, 2006.

戦死者は激減している。カラニコフ銃で武装した反乱軍が、列強が気にもとめないような小国の政権を襲ったケースも、被害は限定的だった。内戦による死亡率も四半世紀間で減少している。[☆26] 一九五〇年の平均的な武力衝突（種類を問わない）の死者数は三万三〇〇〇人だったが、二〇〇七年には一〇〇〇人未満にまで減っている。[☆27]

＊

第二次世界大戦の終結以降、「新しい平和」という小康状態へと収束していく劇的な変動を、どう理解したらいいのだろうか。武力衝突という舞台では、ある大きな変化が起きている。今日、戦争が勃発するのはおもに貧困国で、そのほとんどが中央・東アフリカから中東、西南アジア、インド北部を通って、東南アジアへと弧を描く地帯に分布している。図6－5は、二〇〇八年に起きた武力衝突を点で表し、所得の最も低い「最底辺の一〇億人」を含む国々を濃いグレーで示したものだ。衝突の約半数は、最貧国のなかでも下位六ヵ国で発生している。二〇〇〇年までの数十年間には、中米や西アフリカなど他の貧困地域でも武力衝突は散見された。歴史をふり返ると、経済的・地理的要因と戦争の関連性はつねに一様だったわけではない。ヨーロッパの富裕国が五〇〇年にもわたり、つねに角を突きあわせていたことを思い起こしてほしい。

今日の世界における貧困と戦争の間の相関関係は、滑らかではあるものの直線的とは言いがたい。たとえば、先進世界の富裕国では内戦のリスクはほぼゼロだが、一人あたりの年間ＧＤＰが一五〇〇ドル前後（二〇〇三年、単位米ドル）の国では五年以内に衝突が発生する可能性は約三パーセントになる。だがその先はリスクが急増し、一人あたりの年間ＧＤＰが七五〇ドルで六パーセント、五〇〇ドルでは八パーセント、二五〇ドルでは一五パーセントになる。[28]

この相関関係を最も単純に解釈すれば、貧困が戦争の原因となるのは、貧しい人びとは生存のためにわずかな資源をめぐって争わなくてはならないからだ、ということになる。たしかに水や農地をめぐる衝突が存在することは疑いないが、貧困と戦争の関連性は実際ははるかに複雑なものだ。[29]第一に、因果の矢を逆向きにして、「戦争が貧困の原因となる」場合もある。道路や工場、穀倉地帯が一瞬のうちに吹き飛ばされ、熟練労働者や管理職が恒常的に職場からいなくなったり、銃弾に倒れたりする状況では、富を生み出すことは困難だ。経済学者ポール・コリアーは戦争を「逆向きの発展」と呼び、内戦によって当事国は平均して五〇〇億ドルの損失を被ると見積もっている。[30]

また、貴重な地下資源があるからといって富や平和を享受できるわけではない。アフリカには、金、石油、ダイヤモンド、その他の戦略的金属をふんだんに保有しているにもかかわらず、戦争で荒廃した貧しい国々が少なくない一方、ベルギーやシンガポール、香港のように、これといった天然資源はなくても豊かで平和な国もある。とすれば富を生み、平和も生み出すような第三の変数――おそらくは洗練された産業社会の規範とスキル――があるにちがいない。仮に世相の原因が貧困にあるとしても、それはわずかな資源をめぐって争うからではなく、少々の富があれば得られる最も重要なもの、つまり国内の治安を維持する有能な警察や軍隊が存在しないからだ。経済が発展すれば、その成果の大部分はゲリラではなく政府へ流れる。発展途上世界のなかで急成長している国々が比較的、平穏な理由の一つはそこにある。[31]

貧困がどのような影響を及ぼすのであれ、貧困や他の「構造的変数」（若年層や男性が人口に占める比率など）の尺度は非常に緩やかにしか変化しないため、近年の発展途上世界における内戦の増減を十分には説明できない。[32]とはいえ、その影響はその国の統治形態と相互に作用する。一九六〇年代に内戦が多く勃発した背景には、脱植民地化という明白な誘因があった。ヨーロッパ諸国は植民地を征服し、反乱を弾圧した際に、現地の住民に暴虐をはたらいたとはいえ、全般的には警察や司法制度、公共インフラをかなりよく機能させていた。特定の民族集団を子飼いにすることもしばしばあったが、植民地全体を統制することを重視したので法と秩序を広く行き渡らせ、一般に一つの民族集団が別の民族集団を非人道的に扱えば、なんらかの罰を与えた。だが植民地政府が去ると同時に、有効な統治機構もなくなってしまった。一九九〇年代、中央アジアとバルカン半島の一部を長年支配した共産主義国家が突然崩壊したとき、同じような準無政府状態が生じた。あるクロアチア系ボスニア人はユーゴスラビア崩壊後、突如として民族間の暴力が発生した理由をこう語っている。「これまで平和に共存して生活してこられたのは、一〇〇メートルごとに警官がいて、私たちが互いに仲良くするようにしていたからなのです」[☆33]。

独立してまもない旧植民地では、独裁的指導者や国家財産と資源を私物化する政治家、時には精神に異常をきたした者が政権を握ることが少なくなかった。そのため国の大部分が無法状態に陥り、第3章で文化人類学者ポリー・ウィースナーがニューギニアの非文明化プロセスについて述べたような略奪や破壊、ギャングの抗争を招いた。独裁者は税収を自分や一族のために使い、そこから締め出された者たちが状況を変えようとすれば、クーデターか反乱を起こすしかなかった。独裁者は小さな騒動にも常軌を逸した形で反応し、暗殺部隊を送って村ごと絶滅させたが、かえって反対勢力は燃え上がった[☆34]。中央アフリカ共和国のジャン＝ベデル・ボカサはこの時代の象徴である。ボカサはこの小国を中央アフリカ帝国と呼び、一七人の妻をもち、政敵を自ら切り刻んで殺し（その肉を食べたという噂もある）、彼の肖像つきの高価な制服の義務化に学生が反対運動を起こすと、これを武力鎮圧し、小学生まで撲殺した。戴冠式では黄金の玉座に着いてダイヤを散りばめた王冠をかぶり、この最貧国の年間予算の三分の一を費やしたという。

冷戦期には、多くの独裁的支配者が大国の庇護の下に政権を維持した。フランクリン・ルーズヴェルトはニカラグアのソモサについて「あの男はク○野郎だ。どうしたってク○野郎のままだ」と言い訳している。[☆35]ソ連は、どんな政権であれ世界に共産主義革命を推進していると見なせば肩をもったし、アメリカは、どんな政権であれ共産圏に近づかないのであれば味方した。フランスなど他の大国は、どんな政権であれ石油や鉱物を提供してくれる国と仲良くしようとした。独裁者が一方の超大国の資金援助で武装すれば、反乱者はもう一方の超大国から支援を受け、パトロンたちは紛争を終結させることよりも自分が肩入れした側が勝つことを重視した。図6－3では、一九七五年前後に二度目の内戦の増加が見られるが、これはポルトガルの植民地廃止と、アメリカのベトナム戦争での敗北に勢いづいて世界各地で反乱が起きたためである。一九九一年に内戦の数（五五件）は頭打ちになるが、それはこの年にソ連が崩壊し、冷戦による代理戦争がなくなったことと決して無関係ではない。

とはいえ代理戦争の消滅による衝突の減少は、全体の五分の一でしかない。[☆36]世界の衝突をかき立てる要因で、共産主義の終焉によって取り除かれたものがもう一つある。ルアードの定義したイデオロギーの時代における、戦争を美化する非人道的な信条も終わりを告げたのだ（本章の後半ではイスラム主義という新たなイデオロギーに注目する）。宗教的か政治的かを問わず、イデオロギーによる戦争は、戦闘死者のべき分布の尾を長く延ばす。イデオロギーに駆り立てられた指導者は、どんな人的コストを払おうとも、敵より先に降服するまいと破滅的な消耗戦をするからだ。第二次世界大戦後に最も多くの死者を出した三つの戦争では、中国、朝鮮、ベトナムの共産主義政権が狂信的なまでに敵と戦いつづけた。とりわけ毛沢東は、人民の命など何ほどのものでもないと臆面もなく言っている。「これだけ多くの人民がいる。少々失ったからといって痛くも痒くもない[☆37]」。「少々」とは、時には当時の中国の人口の半分にあたる三億人を意味した。彼はまた、大義のためなら人類の半分でも道連れにするとも言ってのけた。「最悪の事態になり人類の半分が死に絶えたとしても、半分は生き残って帝国主義を壊滅させ、全世界は社会主義になるだろう」[☆38]

中国のかつての同志、ベトナムについては、ベトナム戦争で苦汁をなめたアメリカの政策決定者自身が、アメリカの誤算について多くを書き残している。致命的だったのは、北ベトナムとベトコンがどこまで犠牲を甘受するかを過小評価したことだった。戦争中、ディーン・ラスクやロバート・マクナマラなどの戦略家は、北ベトナムのごとき後進国が世界最強の軍隊に抵抗できるはずがないと考え、次の戦闘拡大で必ず降伏すると確信していた。ジョン・ミューラーはこう書いている。

一八一六年以降の国際戦争および植民地戦争に関わった何百もの国について、戦前の人口に対する比率として戦死率を算出すれば、ベトナムが極端な事例であることは明らかだ。……この共産主義勢力は、第二次世界大戦における日本のような、熱狂的で自殺的行為をいとわなかった国の二倍もの戦死率を甘受したのである。なおベトナムの共産主義勢力と同レベルの戦死率を経験した数少ない国は、第二次世界大戦中のドイツとソ連である。どちらも国の存亡をかけて死闘を繰り広げたのであり、北ベトナムのように膨張が目的ではない。アメリカがベトナムで対峙したのは突出して高機能な組織だった——忍耐強く、規律正しく、粘り強い指導者に率いられ、汚職や士気を低下させる放縦にはほとんど毒されていなかった。何度も大きな軍事的敗北を喫し、ストレスと消耗の期間を経験したが必ず持ち直し、再武装して戻ってきたのである。ある米軍将軍の言葉にあるように「実に彼らは、われわれが出会った史上最高の敵だった」と言っていい。[☆39]

「わが国の兵士が一〇人殺されたら、アメリカ兵を一人殺そう。だが最後に疲れ果てるのはおまえたちだ」というホー・チ・ミンの予言は正しかった。民主主義国アメリカが犠牲にすることを甘受したのは、北ベトナムの独裁者が犠牲にしていとわない人命（その一〇人に、このことをどう思うか訊いた者はいなかったが）の何分の一かにすぎなかった。やがてアメリカは他のあらゆる面で優位だったもかかわらず、消耗戦で敗北するにいたったのだ。だが一九八〇年代になると、中国もベトナムもイデオロギー国家から商業国家へと変貌し、それにともなって恐怖政治は希薄になり、不要な戦争で膨大な損失を出すのをためらうようになった。

人びとが名誉や栄光やイデオロギーより、物質的豊かさに誘惑されることのほうが多い世界、それは戦死する人の数が少ない世界でもある。二〇〇八年、グルジアは南オセチアとアブヘジアの小さな領土をめぐってロシアと軍事衝突し、五日間の戦闘の末に撤退したが、グルジアのミヘイル・サーカシヴェリ大統領はニューヨークタイムズ紙の記者に対し、撤退した理由をこう説明した。

選択肢はあった。チェチェンのようになるか――それが可能なだけの人も装備もあった――それとも抵抗せずに、近代ヨーロッパ国家でありつづけるか。抵抗しつづければ、やがてロシアを追い払うこともできたはずだが、そのためには山にこもって髭を伸ばさなければならない。それは国民にとって思想的にも感情的にも、途方もない負担になったにちがいない。[☆40]

この説明は少々芝居がかっており、誠実とはいえない――ロシアはグルジアを占領するつもりはなかったのだ。しかしここには、「新しい平和」の背後にある、発展途上世界の選択肢の一つ――山にこもって髭を伸ばすか、抵抗しないで近代国家でありつづけるか——が如実に表現されている。

＊

過去二〇年間で内戦の数が徐々に減少し、過去一〇年間では戦闘死者数が大幅に減少した理由には、冷戦終結とイデオロギーの衰退以外に、何があるのだろうか。また、先進世界では基本的に消滅した軍事衝突が、発展途上世界でいまなお続いている（二〇〇八年は三六件起き、一件以外はすべて内戦）のは、なぜなのだろうか。

手始めに、民主主義、開かれた経済、国際社会への参加というカントの三角形から考えてみよう。前章で取り上げたラセットとオニールの統計分析は世界全体を網羅しているが、国家間の対立しか扱っていない。平和の三要素は、今日の衝突の大半を占める発展途上国の内戦に、どの程度あてはまるのか。実はどの変数にも重大な偏りがある。

もし豊かな民主主義が戦争の抑制に貢献するのなら、レベルの低い民主主義でもないよりましだと思うかもしれない。だがそれは内戦にはあてはまらない。第5章では（第3章の世界各地の暴力の項でも取り上げたが）、完全に民主的でも完全に独裁的でもない「アノクラシー」という概念に出会った。[☆41] 政治学者はアノクラシーを準民主主義、腐敗政権、または無能政府（ある会議で耳にしたのだが、私のお気に入り）などとも呼んでいる。アノクラシーは何をやっても満足に実行できない政府である。独裁国家のように国民を恫喝して沈黙させるわけではないが、まともな民主主義社会がもつ、そこそこ公正な警察組織もない。それどころか犯罪が発生すると、しばしば地域社会全体に対する無差別的な報復で対応する。資源や財源を私物化する独裁国家時代の習慣をそのまま引き継ぎ、ばらまき政策を取り、身内を要職につける。要職にある者は警察の保護や有利な判決、何かをするための無制限の許可と引き換えに賄賂を強要する。貧困から抜け出す道は政府関係の職に就くしかないが、近親者に権力者がいなければ、それは不可能だ。政権を握るチャンスは「民主的選挙」により定期的にめぐってはくるが、貴重で分割不可能な利権をめぐる争いと同様、それは一か八かの賭けの様相を呈する。氏族や部族、民族集団は互いを投票に行かせないために威嚇しあい、気に入らない選挙結果が出れば、それを覆すために争う。『衝突、統治、国家の脆弱性に関する世界報告書』によれば、アノクラシー国家では民族間の内戦、革命戦争、クーデターなどの「社会的戦争が勃発する可能性は、民主主義の約六倍、独裁制の二・五倍」にのぼるという。[42]

前章の図5－23を見ると、アノクラシーにおける暴力への脆弱性がなぜ問題になったかが読み取れる。一九八〇年代後半に独裁国家の数が減るのと入れ替えに、アノクラシー国家が増えはじめたのだ。現在、アノクラシー国家は中央アフリカから中東、西アジアを通り、南アジアへと弧を描く地域に分布しているが、これは図6－5の示す戦闘地域とほぼ一致する。[43]

勝者がすべての利益を独占するような統治が行われている国で、石油や金、ダイヤモンド、戦略的鉱物などの偶発利益を生む資源を政府が統制すると、内戦の起こりやすさは倍増する。こうした資源は恩恵どころかいわゆる資源の呪い、あるいは豊かさの矛盾、愚か者の金などと呼ばれるものを生み出す。再生不能で独占されやすい資源が豊富な国は、経済成長が遅々として進まず、政府は無能で、暴力が多発する傾向にある。ベネズエラの政治家フアン・ペレス・アルフォンソがいみじくも言ったように、「石油は悪魔の排泄物」なのである。[44] こうした資源が国によっては呪いになりかねないのは、政府高官、時には地域軍閥など、それを独占する者の手に権力と富を集中させるからだ。指導者は金のなる木を独占するためにライバルを蹴落とすことに躍起となり、社会全体を潤して相互義務で結ぶような商業ネットワークを促進する動機も意欲もない。コリアーは経済学者ダンビサ・モヨや他の政治評論家とともに、これに関連するパラドクスに注意を喚起している。善意の有名人が大好きな海外援助もまた、第二の呪いになりかねない。援助をしても、持続可能な経済インフラの構築に役立つどころか、窓口となる指導者の富と権力を増すだけだからだ。さらに、コカイン、アヘン、ダイヤモンドなどの高価な禁制品は、冷酷な政治家や軍閥に不法な飛び地や流通経路を確保する隙を与えるので、第三の呪いになる。

コリアーは「最底辺の国々は二一世紀に属しているとはいえ、その現実は内戦と疫病と無知のはびこる一四世紀である」と書く。[☆45] 最底辺国の現実を、有効な統治機構が確立する前の、文明化プロセス直前の悲惨な世紀にたとえたのは適切である。ミューラーは『戦争の残滓』で、もはや今日の世界の軍事衝突の大半は、職業的軍隊による領土争奪の戦いではないと指摘している。中世の貴族が抗争のためにならず者を集めたように、軍閥や地方の政治家が職に就けない若者を集めて略奪や脅迫、復讐、レイプなどを繰り広げているのである。ミューラーはこう書いている。

こうした戦争の多くは「新しい戦争」、「民族対立」、あるいは大仰に「文明の衝突」と呼ばれている。だが実態はというと、すべてと言わないまでも大半が、驚くほど小規模な犯罪者や無法者やギャングの集団による機会便乗型の略奪と破壊である。彼らは八方ふさがりの政府の傭兵として、あるいは独立的・準独立的な軍閥や盗賊団として武力衝突に加わる。こうした暴力の請負人たちは民族的、ナショナリズム的、文明的、宗教的な大義を唱えるが、とりわけ標的にされた人びとに甚だしい被害を与え、ほとんど犯罪と区別がつかない。[☆46]

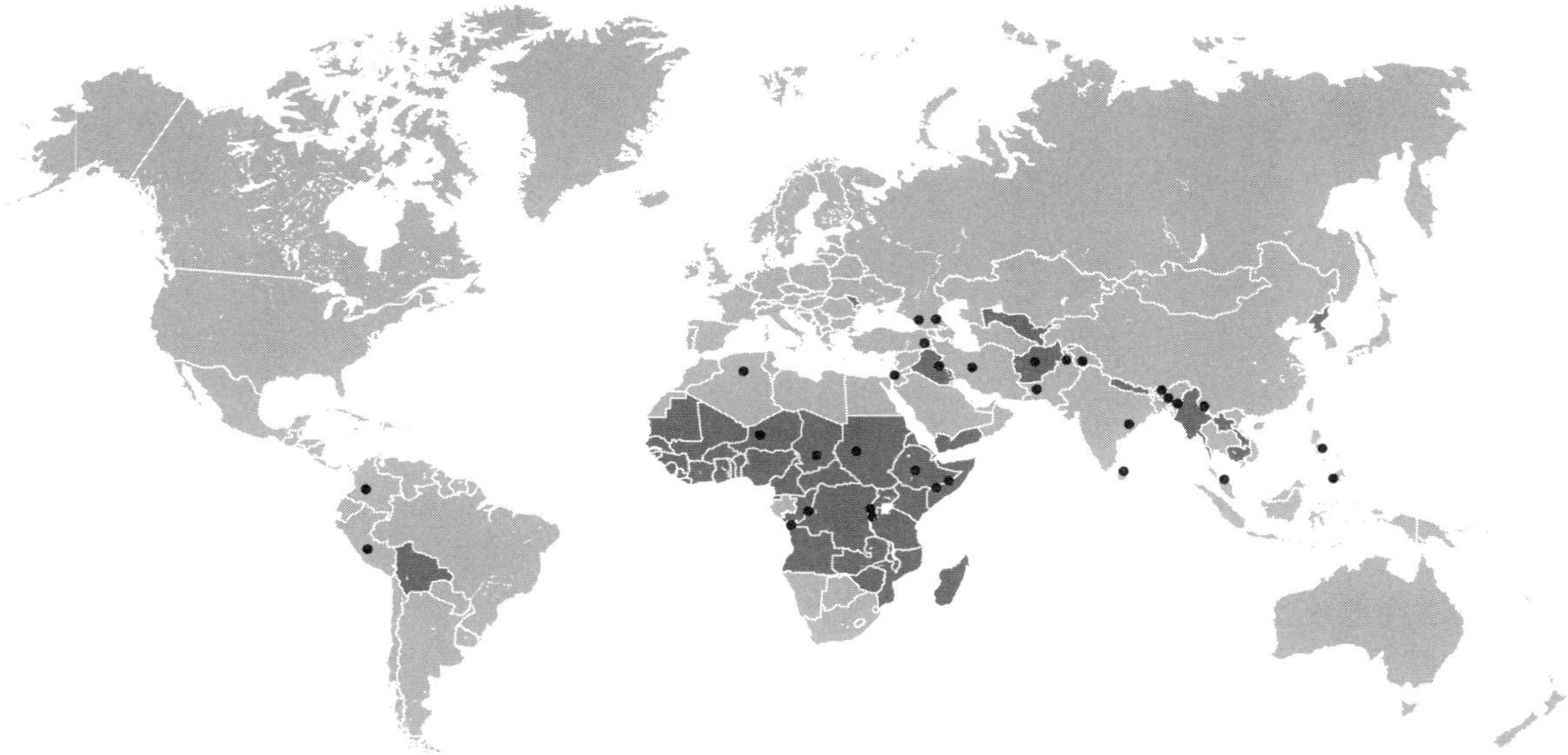

図6－5　世界の軍事衝突の発生地（2008年）
世界の最貧国「最底辺の10億人」を濃いグレーで示した．点は2008年に軍事衝突が起きた場所を示す．
出典：Havard Strand and Andress Foro Tollefsen, Peace Research Institute of Oslo(PRIO)のデータ；Halvard Buhaug and Siri Rustad in Gleditsch, 2008の地図による．

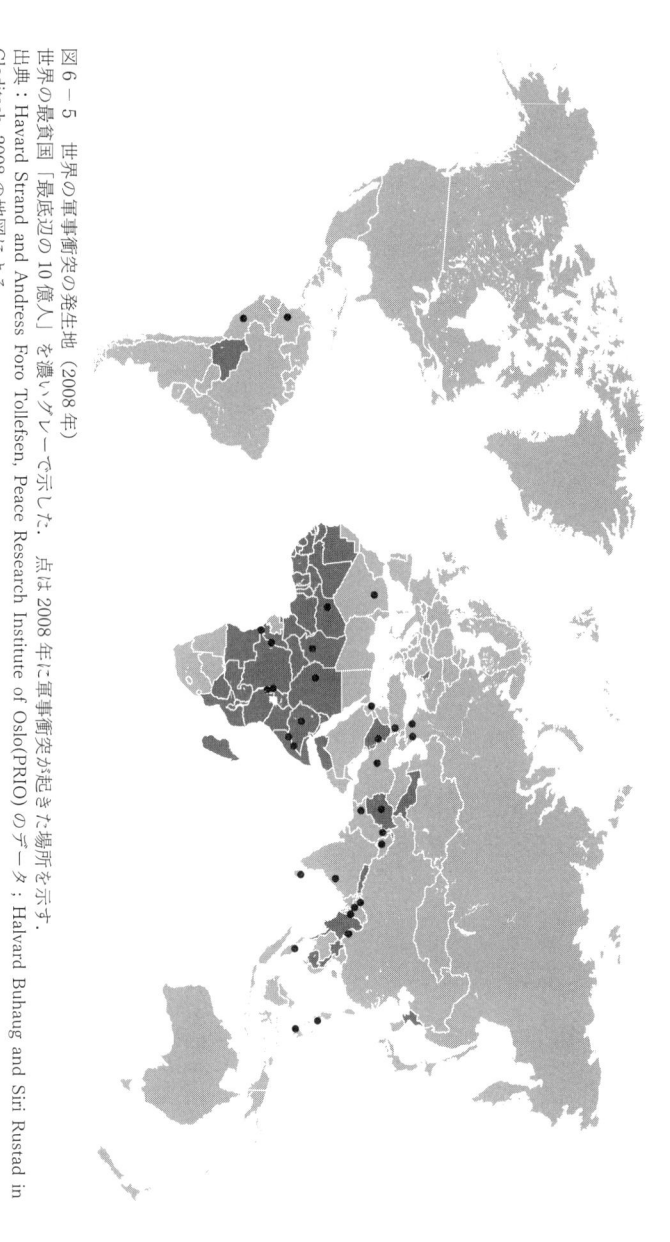

ミューラーは目撃者の報告を引用しながら、ボスニア、コロンビア、クロアチア、東ティモール、コソボ、リベリア、ルワンダ、シエラレオネ、ソマリア、ジンバブエ、そしてアフリカからアジアまで弧を描く紛争多発地帯の国々で、一九九〇年代に起きた悪名高い内戦や虐殺は、おもにドラッグ漬けの暴力団や酒に酔った暴徒によって行われたと述べている。一九八九年から九六年のリベリア内戦の「兵士」について、彼は次のように書く。

戦闘員たちは『ランボー』、『ターミネーター』、『ジャングル・キラー』などのアメリカの暴力的なアクション映画のヒーローの流儀を真似していた。そして多くの者が「カーネル・アクション」、「キャプテン・ミッション・インポッシブル」「ジェネラル・マーダー」「ヤング・カーネル・キラー」「ジェネラル・ジャングル・キング」「カーネル・イーブル・キラー」「ジェネラル・ウォー・ボスIII」「ジェネラル・ジーザス」「メジャー・トラブル」「ジェネラル・バット・ネーキッド」「ジェネラル・ランボー」などの奇をてらう偽名を使った。とくに初期には、正気とは思えない奇妙ないでたちをしていた。女の服を着たり、かつらやストッキング、人骨の模様の飾りを身につけたり、爪を染めたり、なかには（一人だけだとは思うが）花模様の便座を頭にかぶったりしていた。☆47

政治学者ジェームズ・フィアロンとデイヴィッド・ライティンはこうしたエピソードをデータによって裏づけ、現代の内戦では、軽武装の小規模集団が地元の地形や地理についての知識を利用して国軍から逃れ、密告者や政府の同調者を威嚇していることを確認した。こうした反乱や農村部のゲリラ戦の大義名分はいくらでもあるが、基本的には民族的、宗教的、イデオロギー的な戦いというより、ストリートギャングやマフィアの縄張り争いのようなものだ。フィアロンとライティンは一九四五年から一九九九年までに起きた一二二件の内戦の回帰分析を行い、一人あたりの国民所得（政府資源の代理的指標と解釈される）を一定にした場合、民族的・宗教的に多様な国、少数派の宗教や原語を差別する政策がある国、あるいは所得格差が著しい国では、内戦が比較的起こりにくいと結論している。逆に内戦が勃発しやすいのは、人口が多く、山岳地帯にあり、政権が新しいか不安定で、多くの石油を輸出し、（おそらく）若年男性の比率が高い国だった。「われわれの理論的解釈は、経済学的というよりもホッブズ的である。国家が比較的脆弱で不安定なとき、不安と可能性の大きさとが相まって、地域指導者になろうとする者があらわれやすくなる。彼らは荒削りの正義を掲げる一方で、権力を不当に独占して、自分たちと（多くの場合）より壮大な大義のために税金を使おうとするのである[☆48]」。

＊

脱植民地化による無政府状態のなかで非文明化が進み、内戦が増加したのと同様に、近年の内戦の減少は、有能な政府が国民を食い物にするのではなく保護し、サービスを提供するという、再文明化のプロセスを反映しているのかもしれない。[☆49]多くのアフリカ諸国では、今やボカサのような精神病質者ではなく、責任感のある民主主義者（なかにはネルソン・マンデラのような歴史上まれに見る偉大な政治家もいる）が統治している。[☆50]

こうした変化は当事国だけではなく、より広い国際社会のイデオロギー的変化を背景にしている。歴史家ジェラール・プリュニエは、一九六〇年代のアフリカでは、植民地支配からの独立が救世主的理想となったと指摘する。新しく独立した国々は、航空路線、宮殿、国家ブランドの施設など、主権の象徴になるものを何より優先した。第三世界はグローバル経済から撤退し、自給自足の産業と農業を育成すべきだという「従属理論」に影響された国家も少なくなかったが、現在は大半の経済学者が、それは貧困を招くだけだと考えている。経済的ナショナリズムは暴力革命を賛美するロマン主義的軍国主義と結びつきやすく、一九六〇年代の信念に燃える毛沢東の肖像画や情熱的なチェ・ゲバラのグラフィックには、それが象徴的にあらわれている。やがて革命の栄光を背景とした独裁政権の威信が失われると、民主的選挙が新たな基本原理となった。能力ある政府と警察、商業活動に必要なしっかりしたインフラといった文明化プロセスの地味なシステムに、大きなロマンを感じる人はいなかった。しかし歴史をふり返れば、こうしたシステムこそが慢性的暴力の低減に必要であり、あらゆる社会的善の前提条件であることは確かだ。

この二〇年間に大国や援助の供与国、国際組織（アフリカ連合など）は、このことの重要性を強調し、無能な暴君の支配する国を排斥したり、ペナルティを科したり、面目をつぶしたり、場合によっては侵攻したりしてきた。[☆51] 政府の腐敗を追及し、闘う手段がより一般的になり、国際貿易で発展途上国を不利な立場に陥れる障壁も特定されるようになった。こうした、とくに見栄えのしない手段が組みあわさり、一九六〇年代から九〇年代初頭にかけて発展途上世界で多くの内戦を発生させた政権や社会の病理が徐々に無効化してきたのかもしれない。

まともな政権は、それなりに民主的であり市場志向がある。内戦のデータを回帰分析することによって、「自由主義的な平和」の兆候を見出し、それによって先進国間の戦争の回避を説明しようという試みがいくつかなされてきた。すでに見てきたように、平和の第一の柱である民主主義は、必ずしも内戦の数を――とくにアノクラシーのような脆弱な形態では――減らすわけではない。だが、その激しさを低減するようである。政治学者ベサニー・ラシーナは、通常の変数を一定にした場合、民主主義国家の内戦の戦闘死者数は、非民主主義国家の内戦の半分以下であることを突きとめた。また、グレディッチは自由主義的な平和についての二〇〇八年の研究で、「民主主義国家では大規模な内戦はほとんど起こらない」と結論づけている。☆52 自由主義的な平和の第二の柱は、さらに堅固だ。貿易、外国からの投資、ひも付き援助、電子メディアへのアクセスなど、グローバル経済への開放性は、内戦が勃発する確率と激しさを両方とも減少すると考えられる。☆53

＊

カント的な平和の理論によれば平和には三つの柱があるが、その第三の柱は国際組織である。内戦の減少にとりわけ大きな貢献をした国際組織は、国際平和維持部隊だ。☆54 植民地時代以後数十年間にわたって内戦が増加したのは、発生率自体の増加というより、発生率が終結率を上回った（年間二・二件の発生に対し、終結は一・八件）ことによる。☆55 一九九九年までは、平均的な内戦は実に一五年も継続していた。ところが一九九〇年代から二〇〇〇年代にかけて、発生率よりも終結率が上回るようになり、徹底抗戦せずに決着をつけないまま交渉によって終結させる傾向があらわれる。かつては、そうしたくすぶっていた燃えさしが数年後に再燃することが多かったが、現在では完全に消えてしまうことのほうが多い。

この平和の爆発的広がりは、平和維持部隊の急増と軌を一にしている。図6－6が示すように、国際社会は一九八〇年代末から平和維持活動を強化し、さらにその使命を適切に果たせるように平和維持部隊の人員も増強した。冷戦の終結は大きなターニングポイントだった。ようやく大国は、代理戦争で自らが肩入れする国が勝つことより、衝突の終結そのものに関心をもつようになったのだ。☆56 平和維持活動の増大はまた、人道主義の時代の到来のあらわれでもあった。戦争は次第に忌まわしい、嫌悪すべきものと見なされるようになり、白人だけでなく浅黒い肌の人たちが犠牲になる戦争も例外ではなかった。

平和維持活動は、さまざまな欠点はあるものの、国連が成功している活動の一つに数えられる。（そもそも国連は、戦争の防止にはあまり成功しているとはいえない。）政治学者ヴァージニア・ページ・フォートナは著書『平和維持活動は有効か』で、その答えは「紛れもなくイエスだ」と断言する。[☆57] フォートナは一九四四年から一九九七年までに停戦した一一五件の内戦のデータから、平和維持活動の存在が内戦の再燃の可能性を低下させたかどうかを検証した。このデータには国連の活動だけではなく、NATOやアフリカ連合などの常設機関、一時的な国家の連合による活動も含まれる。結論は、平和維持活動の存在によって再燃のリスクは八〇パーセントも減少したというものだった。といっても、平和維持活動がつねに成功しているわけではなく（ボスニアとルワンダの虐殺は明らかな失敗例だ）、平均的に見て、戦争の再発を防止しているという意味である。平和維持部隊は、必ずしも実質的な軍隊でなくてもよい。痩せっぽちの審判でも乱闘中のホッケー選手を引き離せるように、軽武装か場合によっては丸腰の部隊が民兵のあいだに割って入り、武器を置くよう説得することもある。たとえ失敗しても、本格的な軍隊を導入するきっかけをつくることはできる。また、平和維持部隊は必ずしも青いヘルメットを被った兵士でなくてもいい。選挙を監視し、警察を改革し、人権や悪質な政府機能を監視する職員でも、大きな貢献をすることができる。

なぜ平和維持活動には効果があるのか。第一の理由は、まさしく『リヴァイアサン』に書いてあることだ。平和維持部隊は規模でも武力でも紛争当事者を上回っており、いずれの側でも平和合意に違反する者に直接的に報復できる。このため、攻撃のコストは高くつく。このコストとメリットは物質的なものだけではなく、名誉にも関係する。ある平和維持部隊の職員は、RENAMO（モザンビーク民族抵抗運動）の

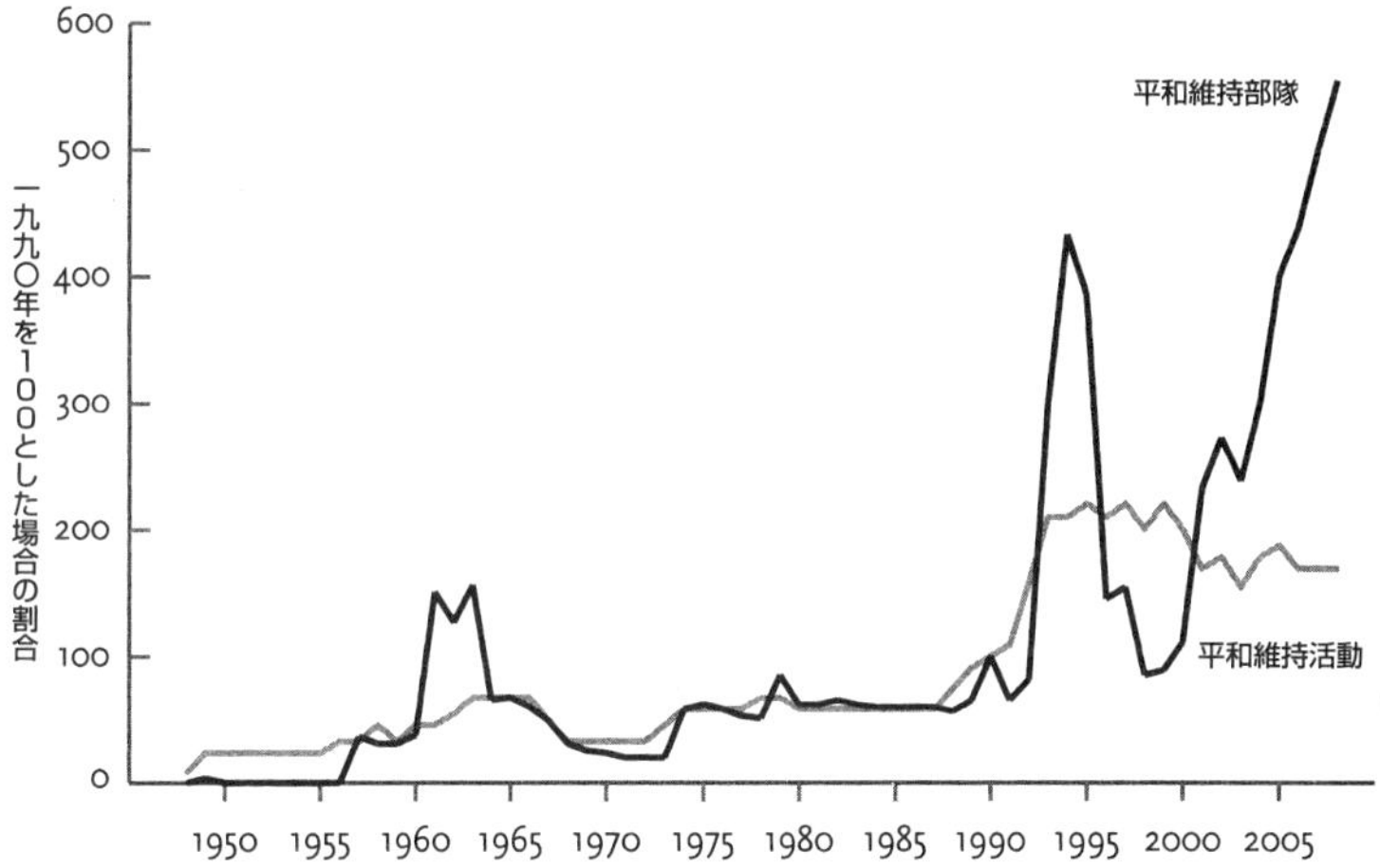

図６－６　平和維持活動の発展（1948 ～ 2008 年）.
出典：Gleditsch, 2008, Siri Rustad の調査にもとづく.

指導者アフォンソ・ドラカマが、モザンビーク政府との平和合意に調印した理由についてこう話す。「ドラカマにとって、まともな対応を受け、カクテルパーティーで丁重な扱いをされることには大きな意味があった。国連を通して、政府が彼らを〝武装強盗団〟呼ばわりするのをやめさせることができたのだ。懇願されれば、誰も悪い気はしない」[☆58]。

たとえ小規模な平和維持部隊でも、当事者たちをホッブズの罠――先制攻撃される不安から攻撃すること――から解放できるため、平和維持に効果がある。平和維持部隊という押しつけがましいよそ者を受け入れるという行為自体、攻撃の中止を真剣に考えているというコストの高い（だからこそ信用できる）サインとなるのだ。平和維持部隊が配置されると、平和協定の順守を監視して安全を高め、密かな再武装がないことを双方に保証できる。また日常的な警察活動によって、復讐の連鎖に発展しかねない小規模な暴力行為を阻止することもできるし、平和協定を覆そうとする急進派や妨害者を発見することもできる。たとえ挑発的な攻撃があっても、それはならず者の行為であって攻撃再開の幕開けではないことを、攻撃された側に保証できるのだ。

平和維持活動は、それ以外の形でも影響力を及ぼす。たとえば、反政府組織や軍閥（同一であることが多い）の資金源となる密輸の根絶にも取り組んでいる。また指導者が平和協定を順守するインセンティブとして、彼らの実力や有権者の人気を高めるような地方開発補助金を与えるという方法もある。あるシエラレオネ人は「カバー（前大統領選）が動けば、白人が動き、国連が動き、金が動く」と言う。[☆59]また第三世界では（近代以前と同様）兵士が略奪をしたときに報酬を得ることが多いので、地方開発補助金を「動員解除・武装解除・社会復帰」プログラムに使えば、残忍な将軍やその仲間を市民社会に復帰させることに役立つ。イデオロギー的傾向の強いゲリラの場合、金の出所が軽蔑すべき敵ではなく中立的機関であれば、身売りしたと感じずにすむ。また補助金はその国の指導者に、敵対する政治的・民族的集団にも政権を開放させるための手段にもなる。経済面でのメリットだけではなく、譲歩する相手が憎い敵ではなく中立的機関だという事実によって、面子も保つことができる。シエラレオネ駐在の国連職員デズモンド・マロイはこう話す。「平和維持部隊は交渉に必要な雰囲気をつくることができる。［譲歩の］核心はプライドにある――それが人間の特性なのだ。威厳を失墜したりプライドを傷つけたりせずに交渉できるメカニズムが必要だ[☆60]」。

＊

いくら希望のもてる統計があっても、ニュースでコンゴ民主共和国やイラク、スーダン、その他の危険地帯の大虐殺を見聞きしている人には、腑に落ちないかもしれない。これまで見てきたＰＲＩＯとＵＣＤＰのデータには、二つの限界がある。まず、少なくとも一方が政権である国家を基盤とした衝突しか含まれていないこと。そして戦場の武力衝突で犠牲になった戦闘関連の死者しか含まれていないことだ。この範疇に入らない部分を追求していくと、結論は変わるのだろうか。

統計から除外された第一は、非国家間衝突（社会集団間の暴力）である。これらの衝突は、多くは民族集団と関連のある軍閥、民兵、マフィア、反政府集団、準軍組織が互いに対立するもので、通常はその名のとおり失敗国家で発生する。政府を巻き込むこともないような戦争は、国家が暴力装置を独占することができなかった究極の失敗例だといえる。

非国家間衝突の問題点は、ごく最近まで戦争の専門家の関心を引かなかったことである。誰も記録を残していないので数値にもできないし、傾向もたどれない。「戦争の惨害」から人びとを救うことを使命とする国連ですら、社会集団間の暴力（やその他の形態の武装対立）の統計を取ろうとしない。なぜなら加盟国は、社会科学の専門家が国内を嗅ぎ回って、残虐な政権が引き起こした暴力や、無能な政府が防げなかった暴力を白日のもとにさらすのを嫌がるからだ。[61]

しかし歴史をふり返ると、現代の非国家間衝突は、国家の支配がいまほど広がっていなかった何十年何百年前に比べれば、はるかに少ないはずである。部族間抗争、奴隷の強奪、侵略者や騎馬民族の略奪、海賊の襲来、貴族や軍閥の私闘などの非国家間衝突は、何千年もの間、人類を苦しめてきた。中国の「軍閥時代」（一九一六〜一九二八年）には、軍閥の抗争によってわずか一〇年あまりで九〇万人以上が犠牲になった。[62]

非国家間衝突の統計がようやく取られるようになったのは、二〇〇二年になってからである。以来、UCDPは非国家間衝突のデータを取りつづけ、そこで三つのことが明らかになった。第一に、非国家間衝突の数は、年によっては国家を基盤とする衝突と同程度だということ。これは、社会集団間の抗争の蔓延というより、戦争の少なさを語っている。非国家間衝突の大半は、サハラ以南のアフリカで起きているが（これは驚くに値しない）、中東でも増加しつつある（最も顕著なのはイラク）。第二に、非国家間衝突による犠牲者は国家の関与する衝突よりもはるかに少なく、おそらく四分の一程度にすぎないこと。そもそも暴力は国家の専売特許なので、これも驚くに値しない。第三に、二〇〇七年にはイラクで最も多くの犠牲者を出したものの、社会集団間暴力の死者数は二〇〇二年から二〇〇八年にかけてほぼ減少傾向にあること。☆63 したがって非国家間衝突が、武力衝突の犠牲者が世界的に減少しているという「新しい平和」の反証となるほど多くの死者を出したとは言いがたい。

＊

それよりもっと重大な問題は、戦争によって悪化した飢餓、病気、無法状態による民間人の間接的死者数である。よく言われるのが、一〇〇年前の戦争では民間人が戦死者に占める割合はわずか一〇パーセントだったのに対し、今日では九〇パーセントにのぼるということだ。疫学研究者による最近の調査も同様に、戦慄すべき数の（直接的・間接的な）民間人の「過剰死亡」を報告している。ただしこうした調査では、メディアの報道やNGOの資料にもとづいて死者数を出すのではなく、あるサンプル集団に身近な人の死亡について質問し、その回答から人口全体の死亡率を推定するという手法を取る。二〇〇六年に医学雑誌「ランセット」に発表された調査によれば、イラク戦争では二〇〇三年から二〇〇六年にかけて、六〇万人が死亡したと推定されている。これはPRIOや「イラク・ボディ・カウント」などの信頼性の高いNGOによる同期間の戦闘死者数八～九万人よりも、桁違いに多い。☆64 別の調査では、コンゴ民主共和国の内戦の死者は五四〇万人とされているが、これはPRIOデータの約三五倍、PRIOの一九四六年以降のすべての戦争の死者数の半分以上にもあたる。[☆65] PRIOの数字は、戦争を死因とする条件が厳しいために下限であるとしても、この開きはあまりに大きく、はたして戦闘死者数の減少を平和の前進と解釈できるのかについて、疑問を生じさせる。

犠牲者の数は、つねに道徳的色彩を帯びる。右にあげた三つの数字――それぞれ二〇世紀の戦争、ブッシュのイラン侵攻、そしてアフリカへの無関心を告発するために使われてきた――が、広範囲に広められてきたのは当然といえば当然である。だが客観的に情報源を見ると、これらの数値はどうやら根拠が薄いことがわかってくる（もちろんだからといって、戦時の民間人犠牲者に無関心であっていいことにはならない）。

まず、よく言われる民間人死亡率の一〇パーセントから九〇パーセントへの逆転は、まったくのでたらめだった。政治学者アンドリュー・マック（HSRP）、ジョシュア・ゴールドスティーン、アダム・ロバーツの三人はそれぞれ別個に、この主張の情報源を突きとめようとした。三人とも、裏づけとなるデータが存在しないことがわかっていたからだ。[☆66] さらには、基本的なサニティチェック（整合性のチェック）をクリアしないこともわかっていた。人類の歴史の大部分では、農民は自給自足で生活し、余剰はほとんど生まれなかった。だから戦争が起きて兵士の大群がその土地の作物を食べてしまうと、農民はたちまち飢餓に陥った。三〇年戦争では多くの民間人が虐殺されたが、それだけではなく家屋や農作物、家畜、水道の意図的な破壊によって、すさまじいほど犠牲者が増えた。アメリカの南北戦争では、封鎖、農作物の焼却、焦土作戦によって膨大な数の民間人の犠牲が出た（『風と共に去りぬ』のスカーレット・オハラの「神様に誓って言うわ。私は二度と飢えたりしない」という誓いの歴史的背景である）[☆67] 第一次世界大戦中、戦線は人口集中地域を通過し、町や村に砲弾を浴びせ、封鎖によって敵方の民間人を飢餓に陥れようとした。先にも述べたように、もし一九一八年のインフルエンザの大流行による死者を、戦争の間接的死者に含めるならば、民間人の死亡は何倍にも膨れ上がるだろう。同じ二〇世紀前半の第二次世界大戦では、ドイツによるホロコーストや電撃作戦、『スローターハウス5』〔ドレスデン爆撃をテーマにしたカート・ヴォネガットによるSF小説〕のようなドイツと日本に対する都市空爆、そして一度ならず二度も落とされた原子爆弾により、民間人が大量に殺害された。今日の戦争がいかに民間人を犠牲にしているといっても、これよりも著しくひどいことはありそうにない。

ゴールドスティーン、ロバーツ、マックの三人は、一〇パーセント対九〇パーセントという説は、異なる種類の推定値をごちゃ混ぜにして事実を歪曲した結果であることを突きとめた。ある時代の戦闘死者数を別の時代の戦闘死者数、間接的死者数、負傷者数、難民の数と比較したりしていたのだ。マックとゴールドスティーンは、民間人の死亡者数は戦闘死者数の約半分で、個々の戦争によって比率の違いはあるが、長期的に見て増加していないと推定している。それどころかこのあと見るように、最近はかなり減少しているのだ。

最近の疫学研究で最も有名なのは、「ランセット」誌に発表されたイラク戦争の死亡者数の調査である。☆68 この調査では、八人のイラク人医療従事者のチームが一八の地域で戸別訪問を行い、最近死亡した親族について質問した。また二〇〇三年のイラク侵攻後の死亡率と侵攻前の死亡率の差を、戦争を原因とする死亡と見なして、その比率をイラクの全人口にあてはめた。するとイラク侵攻が起きなかったと仮定した場合より、死者は六五万五〇〇〇人多いことが示唆された。そしてこの過剰死亡の九二パーセントは、家族の話によると銃撃、空襲、車の爆破による直接的な戦闘死であり、病気や飢餓による間接的な死亡ではないことも示唆された。もしそのとおりであれば、標準的とされるイラク戦争の死者数は、実際の約七分の一に過小評価されていたことになる。

これらの方策が総合的に戦争の人的被害を大幅に減少させたため、間接的死者の増加が戦闘死者の減少を相殺または無効化してしまうという懸念は杞憂に終わった。HSRPの推計によると、朝鮮戦争の四年間では病気や飢餓による死亡は年間で人口の約四・五パーセントにのぼったのに対し、コンゴ民主共和国の内戦では、たとえ間接的死者が五〇〇万人という悲観的すぎる数値を受け入れたとしても、死者は年間で人口の一パーセントと、朝鮮戦争の四分の一以下に減っている。[☆77]

発展途上世界ではいまなお、戦争の残滓が膨大な惨劇を生んでいることを考えると、そこに明るい面を見出すのは容易ではないかもしれない。悲惨さを表す尺度となる数字を減らそうとすることは、ともすれば無情にも見える。犠牲者の数が人びとの注意を喚起し、援助資金を集める宣伝材料になることを考えれば、なおさらだ。しかし正確な事実を知ることは、信頼を得るためだけでなく、道徳的要請でもある。世界中で戦争で死ぬ人が減っているという事実を知ることは、日々のニュースからいささか同情疲れしている人びとのシニシズムを吹き飛ばし、貧困国は救いようのない地獄だという思い込みから遠ざけてくれる。また犠牲を減らすのに何が有効かについての理解が深まれば、自らの利他性に自己満足するのではなく、実際に状況の改善に役立つ行動へと向かうことができる。統計から導かれる驚くべき発見の一つは、即時の独立、天然資源、革命的マルキシズム（有効である場合）、選挙による民主主義（有効でない場合）など、一見派手でエキサイティングなものは暴力死を増加させる可能性があり、反対に、有能な警察、世界経済への開放性、国連平和維持活動、プランピーナッツなど、どちらかというと地味で退屈なものこそが暴力死を減少させる可能性をもっているということである。

ジェノサイドの推移

悲しき人類が起こしうるあらゆる暴力のなかでも、最も忌まわしいだけでなく、最も理解しがたいものとして群を抜くのがジェノサイドだ。人がなぜ、時として金や名誉、愛情をめぐって殺しあいのケンカをしたり、犯罪者を過剰なまでに罰したり、武装した相手には武装して闘うのかは容易に想像がつく。だが、女性や子ども、高齢者を含む何百万もの無実の人を虐殺したいと考える人がいるとなると、人間に対するいかなる理解をも裏切るものだと思える。ジェノサイド（人種、宗教、民族など、消すことのできない属性を理由とした虐殺）やポリティサイド（政治的殺人。政治集団への所属を理由とした虐殺）、あるいはデモサイド（民衆殺戮。政府または民兵による民間人の大量殺戮）など呼び名はさまざまだが、これらのカテゴリーによる殺人は、その人が何をしたかではなく何者であるかによって標的にするものであり、利益、恐怖、復讐といった通常の暴力行為の動機に合致するとは考えられない。[☆78]

またジェノサイドは、犠牲者の数だけでも想像を絶する。ジェノサイドによる犠牲者数の算出を初めて試みた歴史学者の一人ランメルが、二〇世紀に政府に殺害された国民の数を一億六九〇〇万人にのぼると推計したことは、広く知られている。[☆79] たしかにこの数は多過ぎるが、虐殺行為に関する大多数の研究者の間では、二〇世紀には戦死者よりもデモサイドによる死者のほうが多かったことで意見は一致している。[☆80] マシュー・ホワイトは公表されている推計数を包括的に概観した結果、デモサイドで八一〇〇万、人為的飢餓では四〇〇〇万人（大半はスターリンと毛沢東によるもの）、合計一億二一〇〇万人が殺害されたとしている。これに対して戦争では、戦闘で兵士三七〇〇万人と民間人二七〇〇万人、さらに戦後の飢餓で一八〇〇万人の合計八二〇〇万人が死亡したという。[81]（とはいえ、デモサイド犠牲者の約半数は戦時中に死亡しており、戦争がなければ生存していた可能性があるとホワイトは補足している）。[82]

ごく短期間にこれほど多くの人を殺害するには、大量殺戮の手段が必要であり、これにはまた別の恐怖を覚えずにいられない。ナチスのガス室や死体焼却炉は、ジェノサイドの最も衝撃的な目に見える象徴として、永遠に残るにちがいない。とはいえ、近代化学や鉄道が必ずしも大量殺戮に必要なわけではない。一七九三年、フランスのバンデー地方で反乱軍を鎮圧した革命政府軍は、捕虜を詰め込んだ荷船を水中に沈め、人間貨物が溺れたところで引き揚げてまた次を沈めるという方法を編み出した。[83]ホロコーストでも、ガス室が最も効率的な殺害方法だったわけではない。移動虐殺部隊《アインザッツグルッペン》——二輪馬車に乗ったアッシリア人や馬上のモンゴル人のように、弓を構えてすばやく移動する部隊の進化形ともいうべきもの——のほうが、より多くの人を殺害したのだ。[84]また、一九七二年にブルンジで発生したツチ族によるフツ族のジェノサイド（二二年後には立場が逆転し、ルワンダでフツ族によるツチ族のジェノサイドが発生した）では、加害者が次のように語っている。

方法はいくつかある。二〇〇〇人を一ヵ所、たとえば牢獄とかに集める。広いホールがいくつかあるんだ。鍵をかけて飲まず食わずのまま一五日間放置し、扉を開ければ死体が転がっている。殴るとかするわけじゃない。ただ死ぬんだ。[85]

「包囲攻撃」という一見平凡な軍事用語には、町や村を兵糧攻めにして、衰弱した生存者の息の根を止めるという方法が、古くから伝わる割のいい殺害方法であるという事実が隠されている。フランク・チョークとカート・ジョナソンが著書『ジェノサイドの歴史と社会学』のなかで指摘するように、「古代都市を壊滅させることが住民に何を意味したかは、歴史教科書にほとんど記述されていない」のだ。[☆86]とはいえ例外もある。旧約聖書の申命記には、アッシリアやバビロンの征服をもとにした遡及的預言が記されている。

あなたは敵に包囲され、追い詰められた困窮のゆえに、あなたの神、主が与えられた、あなたの身から生まれた子、息子、娘らの肉さえ食べるようになる。あなたのうちで実に大切に扱われ、贅沢に過ごしてきた男が、自分の兄弟、愛する妻、生き残った子らに対して物惜しみをし、そのなかの誰にも自分子の肉を与えず、残らず食べてしまう。あなたのすべての町が的に包囲され、追い詰められた困窮のゆえである。あなたのうちで大切に扱われ、贅沢に過ごしてきた淑女で、あまり贅沢に過ごし、大切に扱われたため、足の裏を地に付けようともしなかった者でさえ、愛する夫や息子、娘に対して物惜しみをし、自分の足のあいだから出る後産や自分の産んだ子どもを、欠乏の極みにひそかに食べる。あなたの町が敵に包囲され、追い詰められた困窮のゆえである。[☆87]

数と手段だけでなく、ジェノサイドはその加害者の身勝手なサディズムによっても、道徳的想像力を麻痺させる。時代と場所をを問わず、ジェノサイドを目撃した人びとの話では、犠牲者が罵りと苦痛に苛まれた末に、手足を切断されて死んでいく様子が語られている。[☆88]ドストエフスキーは『カラマーゾフの兄弟』のなかで、一八七七〜七八年の露土戦争のあいだ、妊婦の子宮から胎児を取り出したり、囚人の耳に釘を打って一晩柵にはりつけてから吊るし首にするなど、トルコがブルガリアで行った残虐行為について、次のように書いている。「実際、人間のもつ残酷さのことをよく『獣みたいだ』とか言うが、獣たちからすりゃこれは実に不当で、失礼千万な物言いだよ。だって獣は決して人間ほど残酷にはなれないし、これぐらい芸術的に残酷な仕打ちはできないからな。トラは単に相手に噛みついて、引きちぎるぐらいが関の山だ。これから一晩、人間の耳を釘で打ちつけたまま放置しておこうなんて、トラの頭が考えつくはずもない。たとえそれができるにしてもだ[☆89]」。私自身、ジェノサイドの歴史に関する文献を読んだ結果、一生安眠を妨げられそうなイメージが脳裏に焼きついてしまった。血なまぐささゆえでなく(そうした話は十分すぎるほどある)、あまりの冷血さに、頭から離れない二つの事例を紹介しよう。いずれも哲学者ジョナサン・グローヴァーの『人間性——二〇世紀の道徳史』からの引用である。

一九六六〜七五年の文化大革命で、毛沢東は紅衛兵に、教師や経営者、地主や「富裕農民」の子孫などの「階級の敵」を恐怖に陥れるよう指示を与え、その結果七〇〇万人もが殺害されたと見られる。[☆90]そのなかのある事件は、次のようなものだ。

老夫婦の家をあさっていた若い学生の男たちは、貴重なフレンチガラスが入った箱をいくつも見つけた。一人の男が割らないでくれと懇願する老人を棍棒で殴り、口から血が噴き出し、歯が砕け散った。グラスを粉々に叩き割る若者のそばで、老夫婦は膝をついて泣き崩れた。[☆91]

ホロコーストでは、ナチスの親衛隊将校クリスティアン・ヴィルトがポーランドの強制収容所総監を務めていた。ユダヤ人たちは殺害された同胞の衣服をより分ける仕事を与えられ、死ぬまで働かされた。親から引き離された子どもたちは、死の収容所へ送られた。

ヴィルトは一人だけ例外を認めた。……一〇歳くらいのユダヤ人少年に菓子を与え、小さなナチス親衛隊さながらの格好をさせた。ヴィルトと少年はそれぞれ白馬とポニーに跨り、近距離から捕虜（少年の母親もいた）を次々と機関銃で射殺して回った。[☆92]

グローバーはこう述懐する。「こうした究極の軽蔑や愚弄の表現に対し、嫌悪や怒りを示すだけではとうてい不十分である」

＊

どうして人間はこんなことができるのか？　カテゴリーによる殺害を理解するには（理解できれば、の話だが）、まずカテゴリーに関する心理について理解する必要がある。[☆93]

人は他者を、その帰属や慣習、外見、信念などにしたがって心理的に分類する。このように対象を型にはめ、ステレオタイプ化することは、精神的欠陥の一つだと考えたくなるところだが、カテゴリー化は知性にとってなくてはならないものだ。カテゴリーに分類することで、観察されるいくつかの資質から、観察されない多くの資質を推論することが可能になる。たとえば、ある果物を色と形からラズベリーだと分類すれば、それは甘くて空腹を満たしてくれ、毒ではないということが推測できる。政治的公正さに敏感な人は、人間の集団にも果物と同様に共通の特徴があるという考えに怒りを覚えるかもしれない。だが、もし共通の特徴がなければ、称賛すべき文化的多様性も、誇るべき民族的資質も存在しないことになってしまう。集団が結束し、まとまるのは、たとえ統計的にであれ同じ特性を共有しているからだ。したがって、カテゴリーにもとづいて人間について一般化する心理は、その事実によって欠陥だと言うことはできない。今日、アフリカ系アメリカ人のほうが白人よりも生活保護を受けることが多く、ユダヤ人のほうがアングロサクソン系白人新教徒《ワスプ》より平均所得が高く、ビジネス専攻の学生のほうが芸術専攻の学生より政治的に保守的――あくまで平均的にだが――なのは事実なのだ。[☆94]

ではカテゴリー化の何が問題なのか？　それは、往々にして統計という範囲を超えてしまうことにある。第一に、人はプレッシャーがかかったり、何かに気を取られたり、感情的になったりすると、カテゴリー化が大づかみなものであることを忘れ、まるでステレオタイプがすべての男女、子どもに例外なくあてはまるかのように行動してしまうことがある。[☆95]また、人は自身の属するカテゴリーを道徳的に解釈しようとする傾向があり、同類には称賛に値する特性を、敵には非難すべき特性をあてがう。たとえば第二次世界大戦中、アメリカ人はドイツ人よりソ連人の国民性の方が好ましいと考えていたが、冷戦期になると、その考えは一八〇度逆転した。[☆96]第三に、人は集団を本質的なものと見なす傾向がある。出生後すぐに親と別れた赤ん坊は、養父母と生物学上の親のどちらの言葉を話すようになると思うかを尋ねる実験がある。子どもの被験者は、生物学上の親の言葉を話すようになると考える傾向が強いが、成長するにつれ、特定の民族や宗教の集団に属する人びとは、生物学的本質に準ずるものを共有すると考えるようになる。それによって他の集団とは明確に区別できる、同質で変わることのない、予測のつく存在になるのだ、と。[☆97]

人をカテゴリーの一例と見なす認知習慣は、人と人とが衝突する場面では実に危険である。ホッブズの言う三つの暴力の誘因――利益、恐怖、抑止――が、個人間のケンカの原因から民族紛争の理由に変わってしまうのだ。ジェノサイドはこの三つの誘因に、さらに二つの〝毒素〟[☆98]が加わって引き起こされることが歴史的研究によって明らかになっているが、これについては後述する。

ジェノサイドのなかには、利便性の問題から始まるものもある。先住民が望ましい土地を占有したり、水や食物、鉱物といった資源を独占していると、侵入者は自分たちがそれを手に入れたいと考える。ある民族を抹殺することは、藪刈りや害虫駆除のようなものだ。相手をどのようにカテゴリー化するかによって、共感のスイッチをオンにしたりオフにしたりできるという人間心理以上に高度なものは必要としない。先住民に対するジェノサイドの多くは、犠牲者を人間以下のものと分類したうえで、土地や奴隷を利己的に強奪するのと大差なく行われる。アメリカ大陸での入植者や政府によるネイティブ・アメリカンの大規模な排除や虐殺しかり、コンゴ自由国でのベルギー国王レオポルドによるアフリカ部族の非道な殺害や、南西アフリカでのドイツ人入植者によるヘレロ族の虐殺、そして二〇〇〇年代に発生したスーダン西部ダルフールでの政府の支援を受けた民兵組織ジャンジャウィードによる民間人への攻撃しかりである。☆99

征服者が貢物や税金を手にするために、住民を生かしたほうが得だと考えた場合、ジェノサイドは第二の現実的な役目を果たすことになる。虐殺もいとわないという噂は、その町の住民に降伏しなければどうなるかを思い知らせる最後通告となり、征服者にとっては都合がいい。脅しを信頼できるものにするには、征服者は虐殺を実行に移す準備を整えておかなければならない。チンギス・ハン率いるモンゴル軍が西アジアの都市を壊滅させた背後にあったのは、この原理である。

征服者はいったん都市や領土を支配下に置けば、いかなる反乱にも猛攻を加えると脅すだけで、その状態を維持することができる。西暦六八年、アレクサンドリアの統治者はローマ軍を呼び寄せ、ローマ帝国の支配に対するユダヤ人の抵抗を鎮圧させた。歴史学者フラウィウス・ヨセフスによれば、「[ユダヤ人は]後退させられ、完膚なきまでに叩きのめされた。野原で捕えられた者もいれば、家に閉じ込められ、家財を略奪されのちに火を放たれた者もいた。ローマ軍は幼子にも高齢者にも容赦せずに、あらゆる年齢の人びとを虐殺した。あたり一面が血の海と化し、五万人のユダヤ人の死体で埋め尽くされた」という。☆100 同様の戦術は二〇世紀にも、アフガニスタンでの旧ソ連軍や、インドネシアや中央アメリカでの極右軍事政権による対反乱作戦でも取られている。

人間性を奪われた人びとが、自己防衛したり形勢逆転したりできる状況にある場合、集団対集団の恐怖というホッブズの罠に陥る可能性がある。どちらも相手を、先制攻撃によって排除しなければならない実存的脅威と見なすのである。一九九〇年代のユーゴスラビア崩壊後、ボスニア人とコソボ人に対するセルビア人民族主義者によるジェノサイドは、セルビア人側が自分たちが虐殺の犠牲者になるかもしれないという恐怖を抱いていたことで増幅された面もあった。[☆101]

同じ集団の仲間が犠牲者となるのを目撃したり、自分が間一髪で犠牲者になるのを免れたり、自分が標的にされたと被害妄想的な不安に襲われたりすると、人は道徳的な怒りをかき立てられ、加害者だと見なした相手に復讐しようとすることがある。あらゆる形態の復讐と同様、報復としての虐殺は、いったん実行されれば不毛なものでしかない。だが、いかに代償が大きかろうと、執念深い復讐を実行するという衝動は、進化や文化規範、またはその両方によって、信頼できる抑止力としてヒトの脳に組み込まれてきたのかもしれない。

だがホッブズの言うこれらの動機だけでは、略奪や先制攻撃、報復が、自分たちの邪魔になったり問題を起こしたりする個人ではなく、ある集団全体に向けられる理由を十分に説明することはできない。カテゴリー化という認知習慣も一つの理由かもしれないが、もう一つ別の理由が、映画『ゴッドファーザー2』に描かれている。若きヴィト・コルレオーネの母が、シチリアのマフィアのボス、ドン・フランチェスコ・チッチオに息子の命乞いをする場面だ。

母――ドン・フランチェスコ。夫はあなたに逆らったからと言って、あなたに殺されました。そして復讐を誓った長男パオロまでも。でもこの子はまだ九歳で、何もわかっていないんです。何も話したりしませんから。

フランチェスコ――何を話したって怖くはないさ。

母――まだ弱い子どもなんです。

フランチェスコ――だが、いずれ強くなる。

母――子どもにいったい何ができるっていうんですか。

フランチェスコ――大人になれば、復讐にくるだろう。

果たせるかな、ヴィトは復讐にやってきた。映画の後半、成長したヴィトはシチリアに戻り、年老いたドンとの面会を取りつける。ヴィトはドンの耳元でそっと名乗ると、チョウザメのように彼の腹を切り裂いたのだ。

家族や氏族、部族などの集団内の結束――とくに殺害の報復をする決意――があれば、集団の一人が恨みを買ったとき、集団全体が格好の標的にされる。接触する機会の多い同規模の集団同士は、復讐を「目には目を」式の相互的な範囲に抑える傾向があるが、それでも暴行がたび重なれば、一時的な怒りが慢性的な憎悪に変質することもある。アリストテレスが書いたように、「怒れる者は、怒りの対象が苦しむことを願うが、憎悪を抱く者は、憎悪の対象が存在しなくなることを願う」のだ。☆102 一方が、自分たちのほうが数や戦術で有利だとわかれば、機をとらえて大量虐殺を行う場合もある。反目しあう部族は、ジェノサイドの実際的な利点を十分に承知しているのだ。人類学者のラファエル・カーステンは、エクアドルのアマゾン川流域に暮らすヒバロ族（戦争による死者数を表す図2―2のグラフの長い棒の一つ）の調査を行った。

亜族内の小さな抗争は、公正な報復の原理にもとづく個人的な血の復讐といった性質のものだが、異なる部族間の争いとなると、基本的に皆殺しの戦いになる。こうした戦いでは、命と命を天秤にかけることは当然であり、敵の部族を一人残らず全滅させることが目的となる。……勝利した側は、たとえ小さな子どもでも、ゆくゆく復讐しにあらわれるのではないかという恐れから、一人の生存者も残さないようにする。[☆103]

人類学者のマーガレット・ダーラムは、エクアドルから地球を半周したアルバニアの、ある部族による類似のエピソードを紹介している。この部族は、通常は抑えた報復しかしないという。

一九一二年二月、驚くべき大規模な処罰の報告が入った。……ファンディ亜族のある一家は、長いあいだ、盗みや銃撃などの悪事で知られ、部族にとって厄介な存在だった。一家の長が全員出席する集会で、この一家の男たち全員を死刑に処することが決まった。ある日、指名された男たちが待ち伏せして一家の男を襲撃し、その日のうちに一七人全員を射殺した。なかにはまだ五歳と一二歳の子どももいた。私が罪のない子どもをこのように殺すことに抗議すると、「悪い血だから絶たなければならない」との言葉が返ってきた。遺伝が強く信じられていたため、男児が生まれて悪事をくり返すことのないよう、運悪く身ごもっていた女性を殺害することまで提案されていた。[☆104]

「悪い血」という本質主義的な概念は、幼児による復讐に対する恐怖から生じた、生物学的隠喩の一つである。人は、打ち負かした敵をたとえ数人でも生かしておけば、その子孫が増えていずれ問題の種になることを恐れるのだ。ヒトの認知はアナロジーによって機能することが多く、子孫を残す厄介な集団という概念は、しばしば害虫を連想させる。[☆105] 世界中でジェノサイドが発生するたびに加害者が一様に用いる隠喩は、いまやありふれた表現になっている——ネズミ、ヘビ、ウジムシ、シラミ、ハエ、寄生虫、ゴキブリ、あるいは（場所によっては有害とされる）サルやヒヒ、イヌなどなど。[☆106] 一六四一年、あるイギリス人司令官はアイルランドで何千人ものカトリック教徒を殺害する命令を正当化するのに、「卵を駆除すればシラミはわかない」と書いた。[☆107] 一八五六年、カリフォルニアで馬を一頭殺されたことの報復として、二四〇人のユキ族を殺害した開拓者のリーダーの頭に浮かんだのも、「卵はいずれシラミになる」という考えだった。[☆108] 一八六四年に何百人ものシャイアン族とアラパホー族が殺害されたサンドクリークの虐殺を指揮したジョン・チヴィントン大佐は、「卵はシラミになる」と言って殺害を命令した。[☆109] また、潰瘍やガン、病原菌、ウイルスなども、ジェノサイドの詩的表現において比喩として用いられている。ヒトラーはユダヤ人について語るときには複数の隠喩を使っていたが、どれも生物的なものばかりだった——ユダヤ人はウイルスであり、血を吸う寄生虫であり、雑種であり、有毒な血が流れている、と。[☆110]

ヒトの心は、生物的因子による汚染から身を守る手段を進化させてきた——それが嫌悪という感情だ。[☆111] 通常、体からの分泌物や、動物の身体の一部、寄生虫、病原体を媒介する動物などが引き金となって人は嫌悪感を覚え、汚染源となる物質やそれに似たもの、それと接触したものをすべて排除せずにいられなくなる。嫌悪感は道徳的な解釈が容易であり、一方の極に精神性や清廉、貞節、浄化、他方の極には獣性、穢れ、肉欲、汚染を置く連続体として既定される。[☆112] こうして人は、嫌悪すべきものを物質的に不快なだけでなく、道徳的に卑しむべきものと見なすのだ。人を裏切る危険人物の隠喩には、英語では病原体の媒介動物——ネズミ、シラミ、虫けら、ゴキブリ——を用いることが多い。一九九〇年代に強制退去やジェノサイドを表すのに使われた悪名高い言葉が、「民族浄化」である。

隠喩による思考には、二つの方向がある。嫌悪感の隠喩を、道徳的な価値が低いと見なす人間に対して用いるだけでなく、物理的な嫌悪感を抱かせる人間を、道徳的な価値が低いと見なしてしまうのだ（第4章で、ヨーロッパの衛生状態の改善が残酷な刑罰の減少につながったとするリン・ハントの理論について見た際に、このことを取り上げた）。連続体の一方の極で、浄化の儀式を受ける白い服を着た禁欲者が、聖人のような男女として崇められる一方、反対の極にいる、汚れにまみれて最下層で生きる人びとは人間以下だと罵られる。アウシュビッツから生還した化学者であり作家のプリーモ・レーヴィは、ユダヤ人が死のキャンプに移送されるさなかで目撃したことを次のように書く。

> 警備のSSたちは、男や女がプラットフォームや、線路の真ん中で、ところ構わずしゃがみ込むのを見て、愉快でしかたないという様子だった。一方、ドイツ人の乗客たちは嫌悪感をあらわにした。この連中はその運命にふさわしい。やつらの振る舞いを見ればいい。彼らは人間ではなく、豚、獣なのだ。それは太陽の陽射しのように明白だ。☆113

ジェノサイドにいたるまでの感情——怒り、恐怖、嫌悪——が、どのような経路をたどるかには、さまざまな組みあわせがありうる。政治学者のダニエル・ゴールドハーゲンは、二〇世紀のジェノサイドの歴史を概観する著書『戦争を超える惨事』で、ジェノサイドの発生理由はすべてが同じわけではないと指摘する。ゴールドハーゲンは、被害者集団に対する人間性の剥奪（道徳的嫌悪の標的となる）、悪魔扱い（道徳的怒りの標的となる）、その両方、どちらでもない、の四つにジェノサイドを分類している。[☆114] 人間性を剥奪された集団は害虫のように皆殺しにされる場合があり、その例にはドイツ人入植者にとってのヘレロ族や、トルコ人にとってのアルメニア人、スーダンのイスラム教徒にとってのダルフール地方の黒人住民、ヨーロッパからの入植者にとっての先住者などがある。これに対し、悪魔扱いされる集団は、人間としての標準的な論理的思考力をもつと見なされているため、異端を受け入れ、あるいは唯一絶対の信仰を拒否しているとして、いっそう激しい咎めの対象となる。こうした現代の異端者の例には、共産主義独裁政権の犠牲者や、チリやアルゼンチン、インドネシア、エルサルバドルの極右独裁政権の犠牲者などがいる。さらに、嫌悪すべき人間以下の存在であると同時に卑劣なまでに邪悪な存在と見なされ、純然たる悪魔のように扱われる集団がある。これがナチスから見たユダヤ人であり、フツ族とツチ族の互いに対する見方だった。そして四つ目が、悪魔とも人間以下とも見なされることはないが、潜在的な略奪者として恐れられ、先制攻撃により排除される集団で、ユーゴスラビア崩壊後のバルカン半島の混乱がその例である。

*

ジェノサイドについてのここまでの説明をまとめると、次のようになる。人間の思考のもつ本質主義という習慣によって、人を分類するというカテゴリー化が行われ、あるカテゴリーの総体に対して道徳的感情が振り向けられる。この組みあわせによって、ホッブズの言う個人または軍隊同士の争いが、民族のような集団間の争いへと変化する。だがジェノサイドには、もう一つ決定的な要因がある。ソルジェニーツィンが指摘するように、数百万人単位で人を殺害するには、イデオロギーが必要だ。[☆115] 個人を道徳的カテゴリーに埋もれさせるユートピア主義の信念は、強力な政治体制に根を下ろし、その破壊的な力を最大限に発揮する可能性がある。このため、ジェノサイド死者数分布に異常なほどの外れ値を生じさせるのは、イデオロギーの力にほかならない。対立を生むイデオロギーの例には、十字軍や宗教戦争(さらに、副産物としては中国での太平天国の乱)におけるキリスト教、フランス革命のポリティサイドにおける革命的ロマン主義、オスマントルコとバルカン半島のジェノサイドにおけるナショナリズム、ホロコーストにおけるナチズム、スターリン政権下の旧ソ連、毛沢東政権下の中国やポル・ポト政権下のカンボジアでの粛清、追放、大飢饉におけるマルクス主義などがあげられる。

なぜユートピア・イデオロギーが、これほど多くのジェノサイドを引き起こすのか。一見したところ、これは理解しがたい。現実にユートピア社会を建設することは、さまざまな実際的な理由から不可能であるとしても、完璧な世界を希求することによって、少なくともより良い世界を——完璧を一〇〇としたときの六〇パーセントでも、たとえ一五パーセントでも——実現することはできるのではないか? 人間とはそもそも、自分の能力を超えたものを手に入れようとするものだ。高い目標を掲げ、不可能な夢を見、存在したことのないものを思い描いて「なぜできないのか?」と問うのは自然ではないか。

ユートピア・イデオロギーがジェノサイドを招く理由は二つある。一つは、功利計算が致命的な結果をもたらすことだ。ユートピアとはすべての人が永遠に幸せになる社会であり、その道徳的価値は無限大である。五人を轢き殺す恐れのある暴走路面電車を、一人の命を犠牲にするだけですむ側線に迂回させることが倫理的に許容されるかと問われれば、大方の人は首を縦に振るだろう。だが、迂回させることで一億人、十億人、あるいは不確かな未来のことまで考えれば、無数の人を救えるとしたら? この無限の善と引き換えに、何人までなら犠牲にすることが許されるのか? 数百万人なら許容範囲だと考えられる可能性はある。

それだけではない。完璧な世界が約束することについて知りながらも、それに反対する人たちもいる。彼らは、無限の善を実現するための計画の前に立ちはだかる、唯一の邪魔者である。どのくらい悪者か？ちょっと考えればわかるだろう。

ユートピアがジェノサイドを引き起こす二つ目の理由は、ユートピアとは整然とした青写真に従うべきものだからだ。ユートピアでは、あらゆるものに存在する理由がある。人間の場合を考えてみると、一つの集団は多種多様な人間で構成されている。なかには完璧な世界には合致しない価値観に、断固として――おそらくは本質的な意味で――固執する人もいる。共同所有を基本とする社会で起業家的な考え方に立つ人もいれば、肉体労働を柱とする社会で本ばかり読みたがる人もいる。敬虔であることに価値を置く社会で図々しく生意気であったり、調和を重視する社会で排他的だったり、自然回帰的な社会で都会的で商業主義的であったりする人もいるかもしれない。まっさらな紙に完璧な社会を設計しようというとき、こうした目障りな存在は最初から消してしまったほうがいいではないか？

歴史家のベン・キールナンは著書『血と土――スパルタからダルフールまで、ジェノサイドと虐殺の世界史』のなかで、ユートピア・イデオロギーのもつ、もう一つの興味深い特徴について言及している。ユートピア・イデオロギーは、農業にもとづく失われた楽園にくり返し立ち戻っては、拡大する都市の退廃に代わる健全なあり方として復活させようとする。第4章で見たように、国際的な都市の知的バザールのなかから啓蒙主義が登場したあと、ドイツでは人間と土地との結びつき――キールナンの著書のタイトルにある「血と土」――を美化する反啓蒙主義が生まれた。住民が流動的で、民族や職業ごとの小集団が多数存在するために統治が困難な大都市は、調和や純粋さ、有機的一体性の保たれた世界を理想とする考え方にとはかけ離れている。一九〜二〇世紀初頭のナショナリズムの多くは、民族集団がそれぞれの祖国で繁栄するというユートピア的イメージを掲げ、太古にその土地を領土とした祖先の部族の伝説を根拠にしている。[☆116] ヒトラーの二つの強迫観念――商業と都市を連想させるユダヤ人に対する激しい嫌悪感と、ドイツ都市住民が移住する農地を確保するため、東ヨーロッパの人口を減らすという錯乱した計画――の背後にあったのは、こうした農業ユートピア思想だった。毛沢東が人民公社という大規模な集団農場を建設したのも、カンボジアでポル・ポトが都市住民を殺戮の地《キリングフィールド》である集団農場へと追放したのも、同様である。

多くは都市部に集中する商業活動は、それ自体が道徳的嫌悪感の引き金となりうる。第9章で見ていくが、人間の直観的な経済感覚は、具体的な物やサービスの等価交換――鶏三羽をナイフ一本と交換するなど――に根ざすものであり、貨幣や利益、利息、賃料といった近代経済の抽象的な数的尺度は簡単には把握できない。[☆117] 直観的な経済では、農民や職人が、価値のある具体的な物を生産する。物を生み出すことなく、ただ右から左へ動かして利益を得る商人などの中間業者は、知りあい同士ではない、あるいは距離を隔てた生産者と顧客の取引を成立させて価値を創造しているにもかかわらず、寄生虫のように見なされる。また金を貸し出し、見返りに利息を要求する貸金業者は、相手が金を最も有効に使える時期に提供するという貢献をしているにもかかわらず、さらなる軽蔑の対象となる。人は、商人や貸金業者の目に見えない貢献に気づかず、彼らをまるで血を吸うヒルのように（またしても生物学からの隠喩）見なす傾向があるのだ。個々の中間業者に対する嫌悪感は、容易に民族集団への嫌悪感に転嫁される。中間業者として成功するために必要な資本は土地や工場ではなく、主として専門知識であるため、親族や友人と共有しやすく、持ち運びも容易である。これらの理由から、ある特定の民族集団が中間業者の職を専門とし、中間業者がまだ存在しない社会に移住することで成功して裕福な少数民族となる――そして結果的に、ねたみや怒りの標的となるというのは、ありがちなことだ。[☆118] 差別や排斥、暴動、ジェノサイドの犠牲者の多くは、中間業者の職に就く社会集団や民族集団だった。旧ソ連や中国、カンボジアのさまざまな商人階級の少数集団、東アフリカやオセアニアの先住民、ナイジェリアのイボ族、トルコのアルメニア人、インドネシアやマレーシア、ベトナムの華僑、ヨーロッパのユダヤ人などがその例である。[☆119]

デモサイド（民衆殺戮）は、終末論的物語のクライマックスに、至福千年の到来を告げる最後の暴力の噴出として描かれることが多い。一九世紀および二〇世紀のユートピア・イデオロギーと伝統的宗教の黙示録的先見性の類似点は、ジェノサイドを研究する歴史家がたびたび指摘している。社会学者のダニエル・チロットは、社会心理学者のクラーク・マコーリーとの共著で次のように書く。

マルクス主義の終末論は、実際のところキリスト教の教義を模倣している。初めに、完璧な世界があった。私有財産も階級も搾取も疎外もない世界――「エデンの園」である。次に罪が生まれ、私有財産が発見され、搾取者が創造された。人類はエデンから追放され、不平等と欠乏に苦しめられる。その後、奴隷制から封建制、資本制へとさまざまな生産様式を試し、解決法を求めたが、見出すことはできなかった。そこへついに救いのメッセージをもった真の預言者カール・マルクスがあらわれる。彼は科学的真理を説き、贖罪を約束するが、多くの人はその言葉を聞こうとせず、身近な弟子だけが彼の科学的真理を発展させた。だがやがて、真の信仰をもつプロレタリアートたちが選民、すなわち党指導者によって改宗し、より完璧な世界を創造する活動に参加する。最後に起こる恐ろしい革命によって、資本主義と疎外、搾取、不平等はすべて消し去られる。その後、地上には完璧な世界が訪れ、真の信者が救われることによって歴史は終わりを迎えるのだ。[☆120]

二人は、ドイツの歴史学者でジャーナリストのヨアヒム・フェストとドイツ出身の社会学者ジョージ・モッセの著作をもとに、ナチスの終末論についても次のように述べている。

ヒトラーが、ヨハネの黙示録で約束された、悪魔が復活するまでの千年間の善の支配や善と悪の大いなる闘い、サタンに対する神の最終的な勝利に類似した千年間の完璧な世界、「千年王国」を約束したのは偶然ではなかった。ヒトラーが抱いていたナチ党やその政権の全体的なイメージは非常に神秘的で、宗教（多くはキリスト教の）典礼の象徴的表現に満ちており、道徳律に、そして運命により定められ、預言者ヒトラーに委ねられた使命に訴えかけるものであった。[121]

さらにジェノサイドには、それを実行するのに必要とされる資質がある。完璧な世界を取り仕切るために必要なストレスと責任を進んで担おうとするか否か、である。ユートピアを仕切る指導者には、桁外れのナルシシズムと冷酷さがなければならない。[122]彼らは、自らの大義の正しさに対する絶大な確信と、壮大な計画が民衆にもたらす影響を見ながら漸進的な改革や即断即決の調整を次々に断行する性急さを併せもつ。毛沢東は中国全土に自身の肖像画を掲げさせ、赤い小冊子『毛沢東語録』を人民に支給したが、主治医であり唯一の腹心の友だった李志綏によれば、毛は媚びへつらわれることを好み、過剰なまでの性欲の持ち主だったが、優しさや思いやりには欠けていたという。[123]一九五八年、毛沢東は、農民が裏庭に炉を造れば、一年で中国の鋼鉄生産量を倍増できるとの啓示を受けた。割り当て分を生産できなければ死刑になると脅された農民たちは、鍋や包丁から、シャベル、ドアノブまで溶かして、使いものにならない金属の塊に変えていった。毛はまた、苗を深く密集させて植えれば穀物の収量を増やすことができ、残りの土地は草地や庭にできるとの啓示も受ける。[☆124]こうした毛の計画を実践するために、農民は全国に五万ヵ所以上あった人民公社に集められ、ぐずぐずしたり、わかりきったことを口にしたりすれば、階級の敵だとして処刑された。しかし毛は、「大躍進政策」が実は大後退政策であることを告げる現実に目を向けようとせず、結果的に二〇〇〇万〜三〇〇〇万人が死亡する大飢饉を自ら招く結果となったのだ。

　ジェノサイドを理解するには、指導者の動機がきわめて重要な意味をもつ。心理学的要因——本質主義、ホッブズの言う欲得、恐怖、報復という力動、嫌悪感などの感情の道徳化、ユートピア・イデオロギーの魅力——が、すべての住民を一度に圧倒し、大量虐殺に駆り立てることはないからだ。たとえ互いに忌避し、信頼せず、軽蔑さえしあう人びとの集団でも、いつまでもジェノサイドにいたることなく共存することは可能だ。[☆125]人種隔離制度下のアメリカ南部のアフリカ系アメリカ人や、イスラエルおよび占領地でのパレスチナ人、アパルトヘイト下の南アフリカの非白人アフリカ人などがその例である。何世紀にもわたり反ユダヤ主義が根を下ろしていたナチスドイツでさえ、ヒトラーと一握りの狂信的な取り巻きを除けば、ユダヤ人を根絶すべきだと考える人がいた形跡はない。[☆126]実際にジェノサイドが行われる場合、手を下すのは、たいてい警察や軍隊、民兵といった一部の人間に限られる。[☆127]

　紀元一世紀にタキトゥスはこう書いた。「衝撃的な犯罪は、ほんの数人の恥知らずな指揮の下で行われ、それに多くの人が賛同し、全員が従順にしたがう」。政治学者のベンジャミン・ヴァレンティノは著書『最終的解決』で、こうした役割分担は二〇世紀のジェノサイドにもあてはまると述べている。[☆128]まず指導者または少数の指導者集団が、ジェノサイドを実行する時機を見きわめる。次に、熱狂的な信者や体制順応者、そして殺し屋（中世の軍隊のように、犯罪者や放浪者、その他の雇用に適さない若者から採用される場合が多い）

から成る比較的小規模の武装集団に、ゴーサインを出す。彼らは残りの住民から邪魔されることはないと確信しており、実際にそうなることはまずない（この社会心理学的特徴については、第8章で検証する）。本質主義、道徳化、ユートピア・イデオロギーというジェノサイドの心理的誘因は、殺戮に手を下す集団すべてに作用するが、そこには程度の差がある。指導者と熱狂的な信者の場合は、それで頭が一杯になるのに対し、それ以外の者は指導者の計画実行を助けるのに十分な影響を受けるにすぎない。二〇世紀のジェノサイドに指導者が不可欠であることは、指導者が死亡したり、失脚させられたときに殺害が止むことから明確に見て取れる。[☆129]

＊

以上の分析がもし正しいとすれば、ジェノサイドとは人間性（本質主義や道徳化、直観的経済など）、ホッブズの安全保障のジレンマ、至福千年思想、そして指導者が利用できるチャンスが毒性反応を起こした結果、生じるということになる。すると次の問いはこうだ――そうした相互作用は、歴史のなかでどのように変化してきたのか？

これは容易に答えられる問いではない。これまでジェノサイドに特別な関心を寄せた歴史学者は、いなかったからだ。古代から、戦争に関する研究書はあまた出版されてきたが、ジェノサイドに関する学術研究は――死者数から見れば戦争より多いにもかかわらず――ほとんど存在しない。チョークとジョナソンは古代の歴史について次のように指摘する。「帝国が姿を消し、都市が破壊されたことはわかっているし、結果としてジェノサイドといえる戦争もなかにはあったと思われる。だが、こうした事態に巻き込まれた人びとに何が起きたのかは、わかっていない。彼らの運命はあまりに軽視されてきた。たとえ言及されることがあっても、たいがいは牛や羊などの家畜の群れと一緒くたに扱われてきたのだ」[130]。

過去の歴史のなかで起きた略奪や破壊や虐殺が、今日のジェノサイドに匹敵するものであることを理解すれば、ジェノサイドが二〇世紀に限った現象ではないことは一目瞭然である。古代ギリシャやローマの歴史に精通した人なら、紀元前五世紀のペロポネソス戦争で、アテナイ人がメロス人を殺害したことは知っているだろう。トゥキュディデスの記述によれば、「そのうえアテナイ人は、軍人年齢の男性を残さず処刑し、女性と子どもを奴隷にした」という。また、紀元前三世紀の第三次ポエニ戦争で、ローマ人がカルタゴとその市民を全滅させたことも、よく知られている。永久に不毛の地にするために、ローマ人が塩を撒いたと言われるほどの徹底ぶりだった。そのほかの歴史的ジェノサイドには、『イリアス』や『オデュッセイア』、ヘブライ語聖書などで語られる大量虐殺に着想を与えた現実に起きた虐殺、十字軍時代の大虐殺と略奪、異端のアルビジョワ派弾圧、モンゴルの侵攻、ヨーロッパの魔女狩り、ヨーロッパの宗教戦争での大虐殺などがある。

近年の大量虐殺に関する歴史書の著者たちは、二〇世紀が未曾有の「ジェノサイドの世紀」だったというのは神話にすぎないと、断固として主張する。チョークとジョナソンは著書の最初のページに、「ジェノサイドは歴史を通じて世界のあらゆる地域で行われた」としたうえで、二〇世紀以前の一一件のジェノサイドに関する事例研究は、「すべてを網羅したものでも、典型を示そうとしたものでもない」と書いている[131]。キールナンもその著書で、同様の見解を示す。「本書の主要な結論の一つは、ジェノサイドが実際に二〇世紀以前にも広く起きていたということである」。目次の最初のページを見るだけで、彼の言わんとすることはすぐにわかる。

第一部：初期の帝国の拡大
1　古代のジェノサイドと近代前期の記憶
2　スペインによる新世界征服　一四九二～一六〇〇年
3　東アジアの銃とジェノサイド　一四〇〇～一六〇〇年
4　近代前期の東南アジアにおけるジェノサイド的虐殺

第二部：入植者の植民地主義
5　イギリスによるアイルランド征服　一五六五～一六〇三年
6　植民地時代の北アメリカ　一六〇〇～一七七六年
7　一九世紀オーストラリアのジェノサイド的暴力
8　アメリカ合衆国におけるジェノサイド
9　アフリカにおける入植者によるジェノサイド　一八三〇～一九一〇年[☆132]

ランメルは「皇帝、王、スルタン、汗《ハン》、大統領、総督、将軍、そのほか自らの国民や自らが保護したり支配する人びとを統治する者による大量殺人は、人類史の大きな部分を占めている」という自らの結論を、数字で裏づけている。二〇世紀以前に起きた一六件のデモサイド（インド、イラン、オスマン帝国、日本、ロシアでのデモサイドを含む）の犠牲者は合計一億二二一四万七〇〇〇人に達するとし、デモサイド犠牲者の総数は六億二五七一万六〇〇〇人にのぼると推測している。[☆133]

これらの著者たちは、多数の人が死んだ過去の事例すべてを無差別に収集して、リストを作成したわけではない。たとえば、ネイティブ・アメリカンの人口は、絶滅計画ではなく病死が原因で減少したが、いくつかの特定な事例については、明白なジェノサイドであったと指摘するなどである。古くは一六三八年、ニューイングランドで清教徒がピクォート族を虐殺し、その後牧師のインクリース・マザーは礼拝で、「私たちは今日、六〇〇人の異教徒を地獄に送ることができた」ことを神に感謝するよう説いた。[134] このジェノサイドへの賛辞で牧師のキャリアが傷つくことはなかった。マザーはのちにハーバード大学学長となり、私が現在関わっている学生寮には、彼の名前がつけられている（「マザーの精神を拡大《インクリース》せよ！」がモットーだ）。

　ジェノサイドを神に感謝した人は、マザーにかぎらない。第1章で見たように、ヤハウェはヘブライ人に何十回とジェノサイドを行うよう命じ、紀元前九世紀にはモアブ人が報復として、彼らの神ケモシュの名において複数のヘブライ人の都市の住民を虐殺した。[135]紀元四〇〇年頃に書かれたヒンドゥー教の聖典『バガバッド・ギーター』には、神クリシュナが、敵軍のなかに祖父や師も含まれることから、殺害を躊躇する人間アルジュナを叱責する一節がある。「ためらってはならない。義務にもとづく戦いに勝るものは、ほかにないのだから。……その魂は武器で断たれることなく、火によっても焼かれない。……おまえは嘆くべきでないものについて嘆いているのだ[136]」。清教徒革命の立役者オリヴァー・クロムウェルはアイルランド再征服の際、ヨシュア記に描かれている征服に触発されて、ある町の老若男女を皆殺しにし、イングランド議会にこう報告した。「ドロヘダでのわが軍の奮闘を、神も喜び祝福してくださいます。敵の数はおよそ三〇〇〇人。一人残らず斬り殺しました[137]」。議会は「ドロヘダで行われた処刑は、処刑された者には当然の報いであり、処刑を通告される可能性のある者には慈悲の行いと認める」との道義を満場一致で可決した。[138]

　衝撃的なのは、最近までほとんどの人が、ジェノサイドは自分の身に起こらないかぎり、とくに悪いことではないと考えていたことだ。だが、一六世紀のスペイン人神父アントニオ・デ・モンテシーノスは例外だった。彼はカリブ海地域でのスペイン人によるアメリカ先住民に対する残虐な仕打ちに抗議し、自らを「荒野で叫ぶ者の声」と呼んだ。[139] たしかに軍隊には、戦争での民間人の殺害を禁止する道徳規定が、古いものでは中世から存在した（効果はなかったが）。また、近代初期の思想家のなかにもエラスムスやグロティウスのように批判する者もいるにはいた。だが、ジェノサイドへの異議が一般的になったのは、アメリカ西部と大英帝国での残忍な殺害に、一般市民が抗議の声をあげはじめた一九世紀後半になってのことだった。[140] とはいうものの、のちに「進歩主義」の大統領となり、ノーベル平和賞を受賞するセオドア・ルーズヴェルトは、一八八六年にこう書いている。「善いインディアンは、死んだインディアンだけだとまでは思わないが、一〇人中九人はそうだろうし、一〇人目についても細かく問うつもりはない」[141]。批評家のジョン・ケアリーは、二〇世紀に入ってからも、イギリスの文人・知識階級が一般大衆を蔑み、低俗で卑劣な生きる価値のない存在と見なして、非人間的な扱いをしたと指摘する。彼らがジェノサイド的な空想をすることも珍しくなかった。たとえば一九〇八年、D・H・ロレンスはこう書いている。

私の思いどおりのことができるなら、水晶宮ほどの巨大なガス処刑室を造りたい。軍の音楽隊が静かに音楽を奏で、映写機が明るい映像を映し出す。そうしたら裏通りや大通りに出て、病人や足の悪い者や障害者をごっそり連れ帰る。優しく先導する私に、彼らは力ない感謝の笑みを浮かべるだろう。そして音楽隊が静かに「ハレルヤ・コーラス」を演奏しはじめるのだ。[142]

第二次世界大戦中のアメリカで、戦争に勝ったあと日本人をどうすべきか問う世論調査を行ったところ、

一〇〜一五パーセントが絶滅させるべきだと回答した。[☆143]

転機が訪れたのは、戦後になってからだった。一九四四年、それまで英語には「集団虐殺」を意味する語がなかったのだが、ユダヤ系ポーランド人の法律家ラファエル・レムキンが、ヨーロッパにおけるナチス支配に関する論文で「ジェノサイド」という彼の造語を初めて用いた。翌年、この語はニュルンベルグ裁判で検察側の起訴内容説明にも使われた。[☆144]ナチスによるヨーロッパのユダヤ人虐殺を受け、世界中が犠牲者の数の膨大さと、解放された収容所の背筋も凍る映像――ベルトコンベアー式の処刑室と遺体焼却炉、靴や眼鏡の山、薪のように積まれた遺体――に言葉を失った。一九四八年、レムキンの尽力で国連は「ジェノサイド犯罪の防止と処罰に関する条約」を採択し、ジェノサイドが歴史上初めて――犠牲者が誰かに関係なく――犯罪と認定された。ジェームズ・ペインは、これを屈折したかたちでの進展のあかしだと指摘する。今日のホロコースト否定論者は、少なくともホロコーストが起きたことを是が非でも否定しなければと感じている。なんといっても二〇世紀までは、ジェノサイドを行った者もその支持者も、それを自慢していたのだから。[☆145]

ジェノサイドの恐怖に対する新たな認識が生まれたのは、自らの体験を語ろうとするホロコースト生存者の存在によるところが少なくない。チョークとジョナソンは、こうした体験談は歴史的にはまれなことだと言う。[☆146]ホロコースト以前のジェノサイド生存者は、ジェノサイドを屈辱的敗北と見なし、その体験について語ることは、歴史の下した厳しい審判をただくり返すだけだと感じていた。人道主義的な感覚が強まったことでジェノサイドは人間性に対する犯罪となり、生存者は検察側の証人台に立った。ベルゲン・ベルゼン強制収容所に送られて死亡したアンネ・フランクが、アムステルダムの隠れ家での生活を記録した日記は、戦後間もなく父親により出版され、エリ・ヴィーゼルとプリーモ・レーヴィの強制移送と死の収容所の回想録は、一九六〇年代に出版された。『アンネの日記』とヴィーゼルの『夜』は今日、世界で最も広く読まれる本のなかに入る。これを追うように、アレクサンドル・ソルジェニーツィン、アンチー・ミン、ディス・プランがそれぞれ旧ソ連、中国、カンボジアにおける共産主義の悪夢のさなかでの悲惨な体験を綴った。さらにはアルメニア人やウクライナ人、ジプシーなどの生存者たちも、それぞれの体験を語りはじめ、最近ではボスニア人やツチ族、ダルフールの住民らがあとに続いている。これらの人びとの回想記は、私たちの歴史観の新たな方向づけと不可分である。チョークとジョナソンはこう指摘する。「歴史の大半を通じて、ニュースに取り上げられるのは支配する側だけだった。それが二〇世紀になって初めて、支配される側になったのだ」[☆147]。

身のまわりにホロコースト生存者がいる人なら誰でも、彼らが自身の体験を語るのにどんな心の葛藤があるか、よく知っているはずだ。戦後何十年間も、生存者たちは自らの体験を恥ずべき秘密だと考えてきた。被害者であることの屈辱に加え、彼らが味わった絶望的な苦しみは人間性を剝奪するものであり、忘れたいと望むのも無理からぬことなのだ。一九九〇年代のこと、私は親族の集まりで、アウシュビッツに収容されていた妻方の親戚の男性と初めて顔を合わせた。会ったとたんに彼は私の手首をギュッとつかみ、こんな話を始めた。収容所で何人かの男たちが無言で食事をしていたとき、一人が突然ガクッと前屈みになり、息絶えた。すると残りの男たちが下痢便を垂れ流している死体に飛びかかり、指からパンをむしり取った。そしてわずかなパンを分けるうちに、自分の取り分が少ないといって激しい言いあいが始まったという。こうした不名誉な話を打ち明けるには、並外れた勇気が必要なだけでなく、聞く側がそれは状況の問題であって、人格の問題ではないと理解してくれることへの確信がなくてはならない。

*

数多くのジェノサイドが過去何千年にもわたって行われてきたという事実は、二〇世紀がジェノサイドの世紀だという主張を否定するものだ。それでも、二〇世紀とその前後の時代に、ジェノサイドがどのように変動してきたかという疑問は残る。最初に統計をまとめようとした政治学者は、ランメルだった。二部作『政府による死』(一九九四年)と『デモサイドの統計学』(一九九七年)のなかで、ランメルは一九八七年までの二〇世紀にデモサイドを行った一四一の政府と、行わなかった七三の政府から成る対照群について分析した。彼は独立した死者数推計を集められるだけ集め(親政府系と反政府系による推計を含むが、ランメルはそれぞれの偏りは相殺されると考えた)、サニティチェックの助けを借りて、中間領域に近い妥当な値を選んだ。[148]ランメルが用いた「デモサイド」(民衆殺戮)の定義は、UCDPの「一方的暴力」、そして私たちが日常的に使う「殺人」の概念とおおよそ一致するが、実行者は個人ではなく政府であり、犠牲者は非武装で、故意に行われる殺害に限られる。したがって、デモサイドにはエスノサイド(民族抹殺)やポリティサイド(政治的殺人)、粛清、テロ、暗殺集団による民間人殺害(政府が見て見ぬふりをする民兵組織による殺害も含む)、封鎖や食物の没収による計画的飢饉、捕虜収容所での死、そしてドレスデンやハンブルグ、広島、長崎のような一般市民を標的にした爆撃が含まれる。[149]ランメルは一九九四年の分析対象から中国の大躍進政策を除外したが、これは悪意より、むしろ愚かさと無神経が招いたものだとの見解からである。[150]

「政府による死」という表現が、ランメルのジェノサイドの定義や著書のタイトルに用いられていることもあり、二〇世紀に一億七〇〇〇万人近くの人が政府によって殺害されたとするランメルの結論は、無政府主義者《アナキスト》や過激な自由至上主義者《リバタリアン》のあいだに受け入れられていった。だが、いくつかの理由から、「回避できる死のおもな原因は政府にある」という教訓をランメルのデータから導き出すことはできない。理由の一つは、ランメルによる「政府」の定義は厳密さに欠け、民兵や準軍事的組織、軍閥なども含むことだ。これらはいずれも、政府というには足りない部分が大きいと見なされてもしかたがない。ホワイトはランメルの生データを検証し、リストにある二四の疑似政府によるデモサイドの犠牲者数の中央値を約一〇万人と算出したが、主権国家の政府によるデモサイドの犠牲者数の中央値は三万三〇〇〇人だった。したがって、政府による死は、平均すると疑似政府による死の三分の一であるというのが、より正当性のある結論だといえよう。☆151 また、近年ではほとんどの政府がデモサイドとはまったく無縁であり、予防接種や公衆衛生、交通安全、警察活動などを促進することにより、デモサイドによる死よりはるかに多くの命が失われるのを防いでいる。☆152

だが、無政府主義者の解釈についての重要な問題は、多数の人を殺害しているのは一般的な政府ではなく、ある特定の種類の一握りの政府であるという点だ。正確には、デモサイドを行った全一四一政府による死者のうち、四分の三はたった四つの政府が殺害したもので、ランメルはこの四政府を「デカメガ（一〇〇〇万）殺害者」と呼ぶ。すなわち、六二〇〇万人を殺害した旧ソ連、三五〇〇万人の中国、二一〇〇万人のナチスドイツ、一〇〇〇万人の中華民国国民政府（一九二八〜四九年）だ。☆153 また一一パーセントは、六〇〇万人を殺害した大日本帝国、二〇〇万人のカンボジア、一九〇万人のオスマントルコをはじめとする一一の「メガ（一〇〇万）殺害者」によって殺害された。残りの一三パーセントは、一二六の政府によるものだった。ジェノサイドは、必ずしもべき分布とはいえない。というのも、グラフで小突起となるような比較的小規模な虐殺が「ジェノサイド」とは見なされにくいからだ。だが、分布は非常に不均衡であり、80対4の法則にしたがう――死者の八〇パーセントは、四パーセントの政府によって殺害されているのだ。

　また、デモサイドによる殺害は圧倒的に、全体主義政府が多い――共産主義政権、ナチス、軍国主義政権、イスラム主義政権など、統治する社会をあらゆる側面にわたり支配しようとする政権である。全体主義政権による死者は一億三八〇〇万人で全体の八二パーセントを占め、そのうち一億一〇〇〇万人（全体の六五パーセント）が共産主義政権によって殺害されている。[☆154] これに続くのが、企業や教会などの独立した社会的組織を容認する独裁主義政権で、二八〇〇万人が殺害されている。民主主義政権（ランメルの定義によれば、開放的で競争を重視し、権力が制限され、選挙によって選ばれる政府）も、二〇〇万人を殺害している（主として植民地帝国での殺害であり、世界大戦中の食物供給の遮断や民間人を標的にした爆撃も含む）。分布の歪みは、旧ソ連や中国のような全体主義の怪物のような国が、意のままにできた潜在的犠牲者の膨大な数だけによるのではない。数字ではなく割合に注目したランメルは、二〇世紀の全体主義政権によって殺害された人の数が人口の四パーセントを占めることを突きとめた。独裁政権では一パーセント、民主主義国では〇・四パーセントだった。[☆155]

　民主的平和論を最初に提唱したうちの一人であるランメルは、民主的平和の理論が、戦争よりさらにデモサイドにあてはまると論じている。「権力の最も極端な形である全体主義的共産主義政権は、何千万という単位で国民を殺害するのに対し、多くの民主主義政権は連続殺人犯さえ死刑にすることはめったにない」とランメルは書く。[☆156] 民主主義政権とは定義上、紛争解決に包括的で非暴力的な手段を用いることに専念する統治形態であり、デモサイドを行うことは少ない。さらに重要なことに、民主主義政府の権力は、制度上のさまざまな抑制の絡みあいによって制限されているため、指導者が思いつきで軍や民兵を動員し

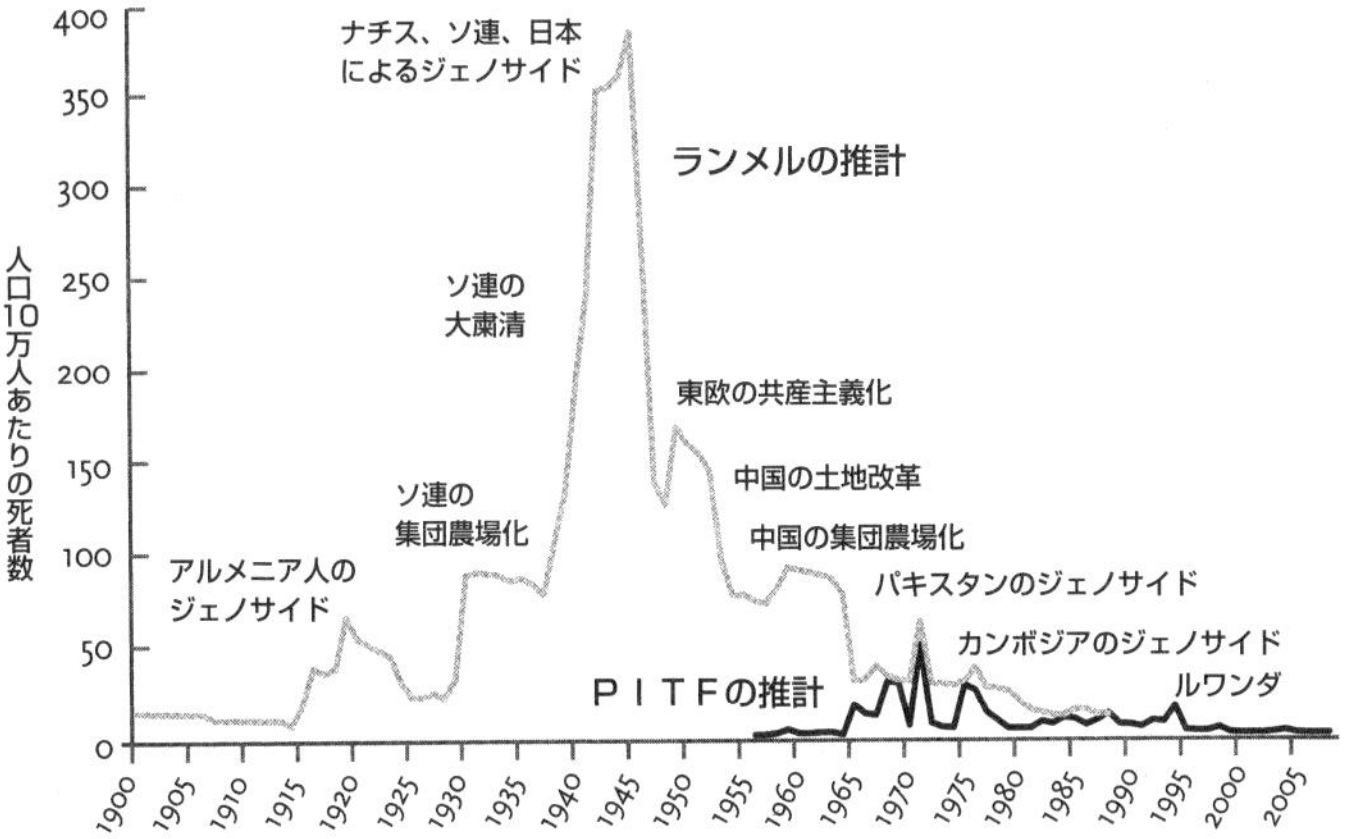

図6－7　ジェノサイドによる死者（1900 ～ 2008 年）
出典：1900 ～ 1987 年のグレーのグラフのデータは Rummel（1997）．1955 ～ 2008 年の黒のグラフのデータは Political Instability Task Force (PITF) State Failure Problem Set, 1955-2008, Marshall、Gurr, & Harff, 2009; Center for Systemic Peace, 2010. 後者の死者数は Harff の table8.1 にある分布範囲の幾何平均をエクセルのデータベースの比率にしたがい各年に分布したもの．世界人口数は U.S.Census Bureau, 2010c より．1900 ～ 1949 年の人口数は McEvedy& Jones, 1978 のデータに 1.01 を乗じて残りの数字と釣りあうようにした．

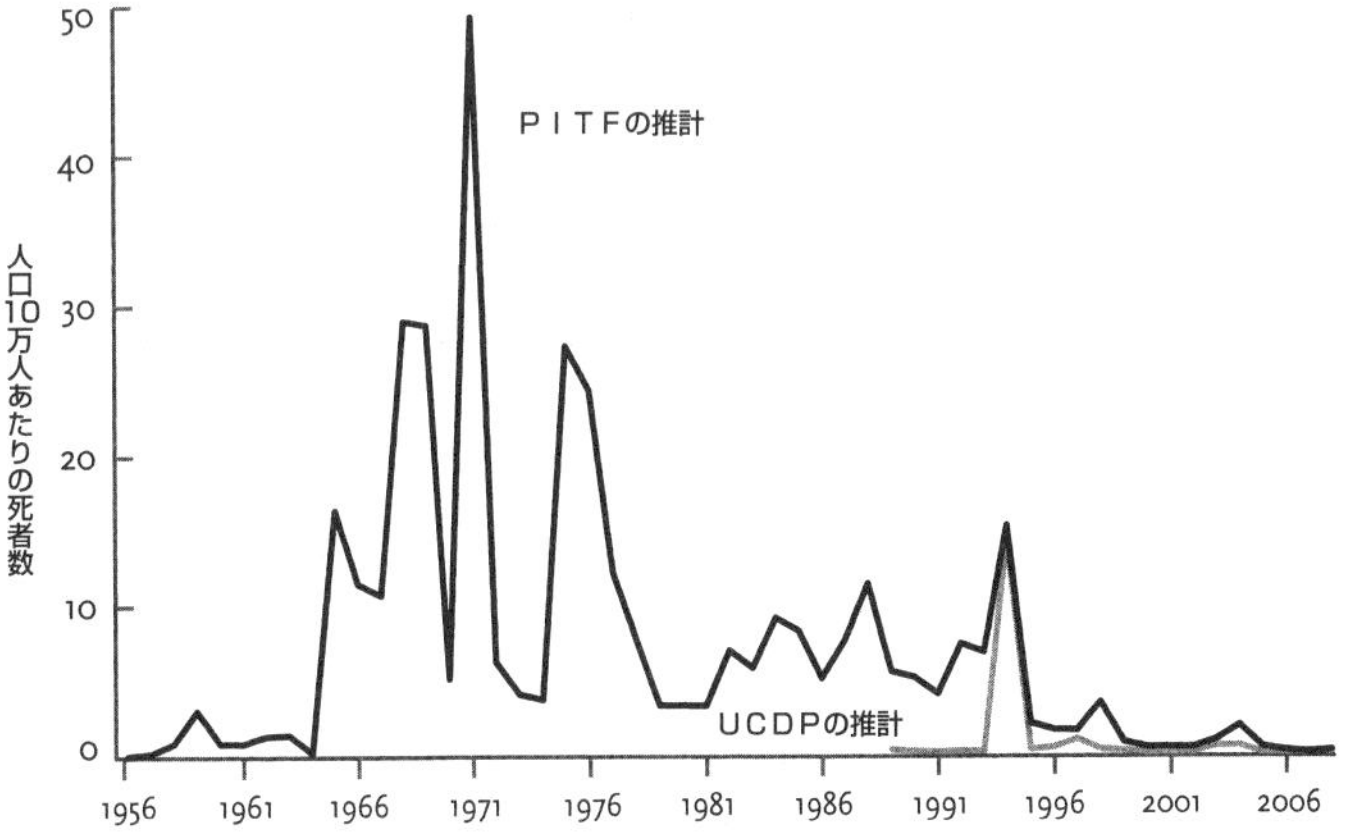

図6－8　ジェノサイドによる死者（1956 ～ 2008 年）
出典：PITF の推計，1955-2008: 図 6 － 7 と同じ．UCDP, 1989-2007: http://www.pcr.uu.se/research/ucdp/datasets/（Kreutz, 2008, Kristine & Hultman, 2007）の「高い死亡者数」推計を U.S.census Bureau, 2010C の世界人口で割った．

て国中に配備し、多数の市民を殺害するなどということはできない。ランメルは二〇世紀に存在した政権のデータについて一連の回帰分析を行った結果、デモサイドの発生が——国内の民族的多様性、豊かさ、発展のレベル、人口密度、文化（アフリカ、アジア、ラテンアメリカ、イスラム、アングロサクソンなど）を一定に保った場合でも——民主主義の欠如と相関関係にあることを示した。[157] ここから得られる教訓は明白だとランメルは言う——「問題は権力だ。解決策は民主主義にある。自由の促進こそ行動指針とすべきである」。[158]

では歴史的変動についてはどうか。ランメルは、二〇世紀に生じたデモサイドを年ごとの数値に直した。そのデータを世界人口に合わせてスケーリングしたのが、図6—7のグレーで示したグラフだ。戦争の場合と同様、デモサイドでの死者は、残虐行為が立て続けに発生した二〇世紀半ばのヘモクリズム（血の洪水）に集中していた。[159] ヘモクリズムにはナチスのホロコーストやスターリンの大粛清、日本による中国と韓国への侵略、戦時中のヨーロッパと日本の市街地への空爆などが含まれる。ヘモクリズムを境に左側の傾斜には、第一次世界大戦中のアルメニア人ジェノサイドや、ウクライナ人とクラーク（富農）数百万人を殺害した旧ソ連の集団農場化政策が含まれる。一方、右側の傾斜には、共産主義化したポーランドやチェコスロバキア、ルーマニアでの数百万人にのぼるドイツ系住民の殺害や、中国の強制的な集団農場化の犠牲者を含む。このグラフに示された動向に、明るい材料があるとはなかなか口にしにくいのだが、重要な意味で一つ存在するのはたしかだ。膨大な数の人びとが殺害された一九四〇年代以降、これに類する虐殺は世界中で起きておらず、その後の四〇年間、デモサイドによる死者の人口比と実数は、波こそあるものの急減しているのだ（小さな山は、一九七一年のバングラデシュ独立運動でのパキスタン軍による殺害と、一九七〇年代後半のカンボジアでのクメール・ルージュによる殺害を示す）。ランメルは、第二次世界大戦以降のデモサイドの減少は、全体主義の衰退と民主主義の台頭によるものとしている。[160]

ランメルのデータセットは、ふたたび興味深い事例が発生しはじめる一九八七年で終わっている。その後まもなく共産主義は崩壊し、世界中で民主主義が拡大、さらに世界はボスニアとルワンダでのジェノサイドという不意打ちに衝撃を受ける。これらの「新たな戦い」を見て、少なからぬ人びとは――そうでないことは明らかであるにもかかわらず――いまだにジェノサイドの時代が終わっていないとの印象をもってしまうのだ。

最近、ジェノサイドに関する歴史的統計は、政治学者バーバラ・ハーフがデータを追加したことによって延長された。ルワンダのジェノサイドでは、わずか四ヵ月のうちに約七〇万人のツチ族が、鉈《なた》を手にした約一万人のフツ族によって殺害された。加害者の多くは、アルコールまたは薬物依存者、クズ拾い、ギャング団のメンバーなど、フツ族の指導者に急きょ勧誘された男たちだった。[161] この「ジェノシデール」（虐殺者）の蛮行は、大国による軍事介入で容易に止められたはずだとする見方は少なくない。[162] とりわけビル・クリントン前米大統領は行動を起こさなかった自責の念にかられ、一九九八年、ハーフにジェノサイドの危険因子と前兆について分析するよう依頼した。[163] これを受け、ハーフは一九五五年（スターリンが死亡し、植民地の解放が始まった直後）から二〇〇四年までのジェノサイドとポリティサイド四一件のデータセットを集めた。ハーフの基準はランメルより制限的で、レムキンによる最初のジェノサイドの定義に近い。すなわち、国家や武装権力が、特定可能な集団の全体またはその一部を殺害しようともくろむ暴力の事例である。収集した事例のうち、一般的に理解されている意味での「ジェノサイド」、つまりある集団が民族的出自を理由に殺害の標的にされるエスノサイドであると判明したのは、五件だけだった。大部分はポリティサイド、またはエスノサイドと組みあわさったポリティサイドで、その民族集団に属する人びとは、標的とされる政治的党派と関連があると見なされていた。
図6－7の黒い線で示したのは、ハーフが政情不安タスクフォース（PITF）〔一九九四年に米政府の要請で設置された学者・方法論学者で構成する作業部会〕で分析したデータである。ハーフのグラフは、全体的にランメルのグラフよりもかなり低い位置で推移している。とくに一九五〇年代後半は顕著で、この期間に含まれる大躍進政策での処刑の犠牲者数はかなり少ない。だがその後は、二本の曲線は同じように推移し、一九七一年のピークを境に下降する。二〇世紀後半以降のジェノサイドの被害者数は、ヘモクリズムよりはるかに少ないため、図6－8にハーフのグラフを拡大して示した。ここには、三つ目のデータとなるUCDPの「一方的暴力データセット」のグラフも示している。これには、政府および他の武装権力が一年間に少なくとも二五人の民間人を殺害した事例をすべて含むが、必ずしも集団そのものの根絶が意図されたものとはかぎらない。[164]
グラフから、冷戦以降二〇年間、ジェノサイドの再燃はなかったことがわかる。一方、一九六〇年代半ばから一九七〇年代終わりまでが大量虐殺のピーク（一九五〇年代の中国は別とする）だった。この一五年間の出来事に、インドネシアでの共産主義者に対するポリティサイド（一九六五～六六年の「危険な年」〔当時の様子を描いた映画のタイトルにもなった〕、死者数七〇万人）、中国の文化大革命（一九六六～七五年、死者約六〇万人）、ブルンジでのツチ族とフツ族の対立（一九六五～七三年、死者一四万人）、バングラデシュでのパキスタンによる大虐殺（一九七一年、死者約一七〇〇万人）、スーダンでの南北内戦（一九五六～七二年、死者約五〇万人）、ウガンダのイディ・アミン政権（一九七二～七九年、死者約一五万人）、カンボジアのポル・ポト政権による大虐殺（一九七五～七九年、死者二五〇万人）、ボートピープルを生んだベトナムでの虐殺の一〇年（一九六五～七五年、死者約五〇万人）があげられる。[165] 冷戦終結後二〇年間に起きたジェノサイド

としては、一九九二〜九五年のボスニア（死者二二万五〇〇〇人）やルワンダ（死者七〇万人）、ダルフール（二〇〇三〜〇八年、死者三七万三〇〇〇人）の事例が際立つ。どれもぞっとする数字だが、グラフが示すように、間違いなく減少傾向にあるなかで例外的に突出している形だ（近年の研究から、これらの数字には多すぎると思われるものもあるが、私はデータセットをそのまま採用している）[☆166]。二一世紀の最初の一〇年間は、過去五〇年間で最もジェノサイドの少ない一〇年だった。UCDPの数字は時間窓が短く、推計全般に見られるようにより保守的だが、同様のパターンを示している——一九九四年のルワンダのジェノサイドは、一方的殺害の他のどの事例からも突出しており、以後、このようなジェノサイドは世界中どこを見ても起きていない。

ハーフには、ジェノサイドのデータ収集だけでなく、その危険因子を特定するという仕事も課せられていた。事実上、すべてのジェノサイドは内戦や革命、クーデターなど国家破綻の余波で生じたとハーフは指摘する。そこで、ハーフは国家破綻によってジェノサイドが起き**なかった**事例（ジェノサイドが起きた事例と可能なかぎり条件を適合させたもの）九三件を対照群としてロジスティック回帰分析を行い、発生前年の状況のどの側面が分岐点となったのかを突きとめようとした。

一般に重要だと思われる要因のなかには、そうでないことが判明したものもあった。民族多様性の度合いは重要ではないことがわかり、ジェノサイドは隣接して暮らす民族集団の間に古くからある憎悪感情が不可避的に爆発した結果だという一般通念は否定された。また、経済的発展の度合いも重要ではなかった。貧しい国のほうが、ジェノサイドの発生要件である政治危機に陥りやすいものの、実際に政治危機を経験した国のなかでは、貧しい国ほどジェノサイドにいたる確率が低かったのである。

ハーフは事例の四分の三で、ジェノサイドの危険性の有無を識別する六つの危険因子を突きとめた[☆167]。第一は、その国のジェノサイドの前歴である。おそらくどんな因子があろうと、最初の経験は一夜にして消えはしないのだ。第二は、その国の直近の政情不安——正確には、過去一五年間に経験した政権危機や民族・革命戦争の回数である。危機感を覚えた政府は、破壊分子または悪の根源と見なす集団への排除または報復に走り、反政府勢力が結集する前に、すでにある混乱に乗じて目的を達成しようとする傾向がある。☆168 第三は、少数民族出身の支配エリートの存在だ。そうした存在は指導者たちにとって、自らの支配が揺らぐかもしれないという危機感を増幅させるからだと考えられる。

残り三つの因子は、自由主義的平和論ですでにお馴染みのものだ。ハーフは、民主主義がジェノサイドを防ぐ主要な要因だとするランメルの主張の正当性を立証した。一九五五年から二〇〇八年までのあいだに、独裁政権がジェノサイドを起こす確率は（他の条件はすべて一定にした場合）、全面的または部分的な民主主義国の三・五倍だった。これは、民主主義のハットトリック——国家間戦争、大規模な内戦、ジェノサイドの三つを起こす可能性が低い——と呼べるものだ。フィアロンとライティンが行った内戦の分析が示すように、部分的な民主主義（アノクラシー）は独裁政治に比べて暴力的政治危機に陥りやすいのは事実だが、実際に政治危機が生じても、ジェノサイドにいたる可能性は低いのである。

あと一つは、通商に対する開放度である。国際貿易への依存度が高い国は、他国との戦争や内戦による分裂に陥りにくい傾向があるのと同様、ジェノサイドを犯す可能性が低いことを、ハーフは突きとめた。だが、ここでいう通商（輸出と輸入）は、被害者になる可能性の高い民族集団や政治組織と行うものではないため、ジェノサイドに対する通商の予防効果は、国家間の戦争の場合のように貿易自体のプラスサムの恩恵に依存することはない。では、なぜ貿易が重要なのか？　一つの可能性として、A国がB国内で生活している集団に、社会的ないしは道徳的関心をもっていることが考えられる。もしB国がA国との通商を望めば、B国はその集団を根絶したいと思っていたとしても、その衝動を抑えなければならない。もう一つの可能性は、貿易を行うには、国際基準や法規範を順守する態度、自国民の物質的幸福を増進しようという使命感（純粋さや栄光、完璧な正義などのビジョンの実行ではなく）といった、ある一定の平和的姿勢が求められるからだ。

ジェノサイドを起こしやすくする、さらにもう一つの因子は、排他的イデオロギーである。ある特定の集団が理想社会実現の障害になっているとの見方に凝り固まり、「認可された義務の世界の外側」に置くようなエリート支配層は、より実際的または折衷的な統治理念をもつエリート支配層に比べて、はるかにジェノサイドを起こしやすい。ハーフの分類によれば、排他的イデオロギーには、マルクス主義、イスラム主義（とくにイスラム法を厳格に順守する場合）、軍国主義的反共産主義、そして民族的・宗教的に対立する相手を悪魔扱いするナショナリズムの形態が含まれる。

ハーフはこうしたリスク要因がジェノサイドを起こす経緯を、次のようにまとめている。

> 過去五〇年間に発生したジェノサイドとポリティサイドはほぼすべて、カンボジアの事例などのイデオロギーによるものか、イラク［一九八八〜九一年のサダム・フセインによるクルド人弾圧］のような報復によるもののいずれかにあてはまる。イデオロギー的ジェノサイドにいたる筋書きは、通常は内戦や革命によって、新たなエリートが、不要または脅威となる因子を除去した新しい社会という転換ビジョンとともに権力を握ったときに始まる。報復目的のジェノサイドが長期化した内戦で発生するのは……一方（たいていは政府）が、敵の支持基盤を破壊しようとするとき、［あるいは］軍隊による反乱の鎮圧後である。☆169

したがって、過去三〇年あまりでジェノサイドが下火になったのは、国家間戦争や内戦の減少を促したのと同じ要因——安定した政権、民主主義、通商への開放度、そして個人の利益を集団間の闘いより重視する人道的な統治理念——が増大したことに起因すると考えられる。

＊

ロジスティック回帰分析が示す結果は厳密であるとはいえ、本質的にはインプットとして一連の変数を取り込み、アウトプットとして確率を吐き出す、いわば肉挽き器のようなものだ。そこに隠れているのは、さまざまなジェノサイドによる犠牲者の分布が、きわめて非対称であるということ——すなわち、ごく少数の人間が、ほんのいくつかのイデオロギーの支配を受け、歴史のある特定の瞬間に行動を起こした結果、桁外れの数の人が殺害されたということである。危険因子のレベルの変化が、数千、数万、あるいは数十万規模の死者を出したジェノサイドの可能性を高めたことは確かだ。しかし、数千万人という犠牲者をともなう大規模なジェノサイドは、政治勢力の段階的な変化より、偶発的に出現した思想や出来事に大きく依存していた。

なかでもマルクス主義の出現は、いわば歴史的な〝ツナミ〟ともいうべきもので、人間社会に及ぼした影響の大きさには息を飲むしかない。マルクス主義は、旧ソ連や中国のマルクス主義政権による大虐殺を招き、間接的にはドイツのナチス政権による大虐殺の一因にもなった。一九一三年にマルクスの著書を読んだヒトラーは、マルクスの社会主義を嫌悪したものの、階級を民族に置き換えることによって、ユートピアを目指す弁証法的闘争である国家社会主義を提唱したのである。一部の歴史学者が、二つのイデオロギーを「二卵性双生児」と呼ぶ理由はここにある。[170] さらにマルクス主義に対する反応は、インドネシアや中南米の暴力的反共政権によるポリティサイドや、一九六〇年代から八〇年代にかけて冷戦下の超大国に煽られる形で勃発した破壊的な内戦も引き起こした。重要なのは、マルクス主義がこれらの意図せぬ結果について道徳的な責めを負うべきだということではなく、どんな歴史の物語においても、このたった一つの思想が及ぼした広範囲にわたる影響を、認めなければならないということだ。ヴァレンティノは、ジェノサイドの減少のかなりの部分は共産主義の衰退によるものであり、したがって「二〇世紀における大量殺戮の最大の原因は、歴史のなかに消え去りつつあるようだ」と指摘する。[171] 共産主義が、ふたたび息を吹き返すこともありそうもない。マルクス主義全盛期には、共産主義政権による暴力は「卵を割らずにオムレツはつくれない」という諺によって正当化された。[172] 歴史学者のリチャード・パイプスは歴史が下した審判を次のように表現する。「人間は卵ではないことはさておき、問題は大量殺戮から一個のオムレツも生まれなかったということだ」。[173] ヴァレンティノはこう結論する。「『歴史の終焉』を祝うのは時期尚早かもしれないが、共産主義と同じくらい急進的な思想が、共産主義と同様に幅広く適用され、受容されることがなければ、来世紀には前世紀と比べて大量殺戮が大幅に減ることを期待できるかもしれない」。[174]

このきわめつきの破壊的なイデオロギーのさらに上を行ったのが、二〇世紀のある時期にスポットを浴びた数人の男たちが下した破滅的な決断である。多くの歴史学者が「ヒトラーがいなければ、ホロコーストはなかった」と声をそろえていることについては、すでにふれた。[175] だが、妄想に取りつかれて数千万人もの人を殺害した暴君はヒトラーだけではない。スターリンによるポリティサイドの研究で知られる歴史学者ロバート・コンクエストは、「大粛清全体の特性は、最終的にはスターリンの個人的・政治的衝動に依存するものだ」と結論づけている。[176] また中国については、大躍進政策という毛沢東の無謀な計画がなければ、未曾有の大飢饉が生じたとは考えられない。またその後に起きたポリティサイドについて、歴史学者ハリー・ハーディングはこう指摘する。「文化大革命という、数千万の中国人を巻き込んだ運動の主たる責任は一人の男にある。毛沢東という人間がいなければ、文化大革命はなかったはずだ」[☆177]。これほど少ない数のデータポイントが、これほど大規模な惨事を引き起こしたとすれば、二〇世紀の悲惨きわまりない出来事を明確に説明することは不可能かもしれない。たしかにイデオロギーが素地をつくるとともに虐殺の実行者たちを魅了し、民主主義の欠如が格好の機会を提供はした。しかし結局のところ、数千万人の人びとの死は、わずか三人の人間の決断にかかっていたのである。

テロリズムの推移

テロリズムは、被害と恐怖の比率に極端な歪みがあるため、特異な暴力に分類される。殺人や戦争、ジェノサイドによる死者数と比較すると、世界のテロによる死者数はさほど多くない。一九六八年以降、国際テロ（ある国の実行犯が他の国に損害を与えるもの）による死者数は年間四〇〇人に満たず、一九九八年以降の国内テロによる死者数は、年間約二五〇〇人で推移している[☆178]。これまで本章で見てきた他の暴力による死者数とは、少なくとも二桁の違いがある。

だが、二〇〇一年九月一一日のテロ攻撃以来、「テロ」は人びとの頭にこびりついて離れなくなった。評論家や政治家はレトリックを最大限に駆使し、「実存的」（たいがいは「脅威」や「危機」を修飾する）という言葉がサルトルやカミュの全盛期以来、あちこちで頻繁に用いられた。専門家は、このテロ攻撃によってアメリカは「攻撃されやすく」、「テロに弱い」国になり、「近代国家の優位性」やら「アメリカ的ライフスタイル」やら「文明そのもの」を捨て去るよう脅されているのだと語った。[179] たとえば、ホワイトハウスの元テロ対策担当官は二〇〇五年の「アトランティック」誌に寄せた一文で、9・11テロ事件から一〇年のうちにカジノや地下鉄、ショッピングモールへの爆撃が常態化し、携行型ミサイルによる民間航空機の撃墜も頻発、化学工場では大規模な破壊工作が行われる結果、アメリカ経済は機能停止に陥るだろうと、自信満々に予言している。[180] 政府は国土安全保障省という巨大組織を一夜にして設置し、見せかけばかりで実効性のないテロ対策――〝セキュリティ・シアター〟と揶揄された――でなんとか国民を安心させようとした。たとえば、テロの危険度を色分けして表示したり、ビニールシートやダクトテープを〔生物兵器などから自宅を守るために〕備蓄するよう勧告したり、身分証明書の提示を過剰なまでに求めたり（偽造が多く、ブッシュ大統領の未成年の娘もマルガリータを注文するのに使って逮捕された）、空港で爪切りを没収したり、地方の郵便局をコンクリート壁で囲んだり、全米八万ヵ所の「潜在的テロ標的」（ガラスの巨大水槽の中で人魚に扮した女性が泳ぐフロリダの観光施設〈ウィーキ・ワチー・スプリングス〉も含まれる）を指定したり、などなどである。

　これだけのことが、テロという、ごく少数のアメリカ人が殺害された脅威への反応として行われたのだ。テロのなかでは、9・11テロ事件の約三〇〇〇人という犠牲者の数は、文字通り飛び抜けている――テロ攻撃はべき分布になるが、その裾の先のほうにあたる。[181] 米テロおよびテロ対応研究コンソーシアムのグローバル・テロリズム・データベース（テロ攻撃に関する大規模な公開データセット）によると、一九七〇～二〇〇七年に世界で起きた死者五〇〇人レベルのテロ攻撃は、9・11を除けば一件しかない。[182] アメリカでは、一九九五年のティモシー・マクベイを主犯とするオクラホマシティ連邦政府ビル爆破事件で一六五人、一九九九年のコロンバイン高校での生徒二人による銃乱射事件で一七人が殺害されているが、このほかに死者が一二人に達した事件は起きていない。9・11を除外すると、過去三八年間にアメリカでテロによって殺害されたのは三四〇人であり、9・11以降、いわゆる「テロの時代」に突入してからの死者は一一人である。そのほかに国土安全保障省は阻止したテロ計画もいくつかあるが、その多くは「ゾウ忌避剤」のジョーク〔ゾウ忌避剤を売ろうとするセールスマンが、セールストークに「この近辺にゾウが一頭もいないのは、この薬がよく効くからだ」と言うというもの〕のようなものだった。テロが起きない日が続くことが、対策の有効性を証明しているというのである。[☆183]

アメリカのテロによる死者数を（9・11テロ事件を含めても含めなくても）、それ以外の防止可能な死因による死者数と比較してみよう。毎年アメリカでは、交通事故で四万人以上、転倒で二万人、殺人で一万八〇〇〇人、水難事故で三万人（浴槽での溺死三〇〇人を含む）、火事で三〇〇〇人、中毒事故で二万四〇〇〇人、手術の合併症で二五〇〇人、就寝中の窒息で三〇〇〇人、胃内容物の誤嚥で三〇〇〇人、「その他不特定の交通事故以外の事故およびその後遺症」で一万七〇〇〇人が死亡している。[☆184] 実のところ、一九九五年と二〇〇一年を除けば、毎年、落雷や鹿、ピーナツアレルギー、ハチに刺される、「寝間着が燃えたり溶けたりすること」など原因で死亡する人のほうが、テロ攻撃で死亡する人よりも多いのだ。[☆185] テロ攻撃による死者数は非常に少ないため、テロに対する軽度の回避策をとることで、かえって死のリスクを増大させることにもなりかねない。認知心理学者ゲルト・ギーゲレンツァーの推定によれば、9・11テロ事件の翌年一年間に、飛行機がハイジャックされたり破壊されることを恐れて車での移動を選択したために、一五〇〇人ものアメリカ人が自動車事故で死亡したという。実は、ボストンからロサンゼルスまで飛行機に乗った場合に死亡する確率が、車で約二〇キロ移動する場合と同じだということを彼らは知らなかったのだ。言いかえれば、飛行機移動を避けて命を落とした人の数が、9・11に飛行機に乗りあわせて死んだ人の六倍にものぼったことになる。[☆186] そしてもちろん、9・11テロ攻撃を機にアメリカは二つの戦争に突入し、アフガニスタンやイラクの人びとはいうまでもなく、アメリカ人やイギリス人の命も、テロ実行犯より多く奪うことになったのである。

テロが引き起こす恐怖と死者数が一致しないのは偶然ではない。恐怖こそ、テロリズム（terrorism）という語そのものが明示するように〔terror は「恐怖」の意〕、テロリズムの本質なのだ。テロの定義はさまざまだが（「ある人にとってのテロリストは、他の人にとっては自由の闘士だ」という常套句もある）、一般的には、政治的・宗教的・社会的目的のもと、非国家主体が非戦闘員（市民または非番の兵士）に対して、政府を力で抑えたり、多数の人びとを威嚇、またはメッセージを伝えるために行う計画的な暴力行為とされる。テロリストは政府に対して要求にしたがうよう強要したり、政府が自分を庇護してくれるという国民の信頼を揺るがそうとすることもあれば、大規模な弾圧を誘発することによって、国民が政府に反感をもつよう仕向けたり、テロリストが勝利を得るような暴力的混沌を引き起こそうとする場合もある。テロリストは、個人的利益より大義が動機となっているという意味で利他主義的であり、不意打ちと人目を忍んでこっそり活動することから、「臆病者」というレッテルを貼られる。またテロリストは恐怖という手段を使って自らの存在を知らしめ、注目を集めようとするという点において、伝達者《コミュニケーター》でもあるのだ。

テロとは非対称な戦争の一形態――弱者が強者に対してしかける戦略――であり、恐怖の心理を利用して、それが生命や財産にもたらす被害とは釣りあわない、過度の精神的被害をもたらす。トヴェルスキーやカーネマン、ギーゲレンツァー、スロヴィックらの認知心理学者によれば、リスクの危険度を過度に認識するのは、ヒトの心にすむ二匹の〝小鬼〟の仕業だという。[☆187] 一つ目は、そのリスクを推測できるかどうか。未知の悪魔より、既知の悪魔に対処するほうがずっと楽だ。前例がなく、探知不可能で、影響が出るまでに時間を要し、今日の科学では十分に理解できないリスクに対し、人は神経を尖らせる。もう一つは不安だ。人は、とかく最悪のシナリオ――自分の意志によらない、コントロール不可能で、壊滅的、不公平な（リスクにさらされる人とリスクから利益を得る人が別々）もの――を想像して心配する。心理学者によれば、こうした妄想はヒトの脳に、捕食者や毒、敵、嵐などの自然界のリスクから身を守るために、大昔から進化してきた回路の遺産だという。二〇世紀に各種の統計データベースが整備されるまでは、人間の暮らしはおおむね前数量的なものであり、そうした社会を警戒状態に置くには、妄想に訴えるのが最良の方法だったのかもしれない。また、科学的無知の時代には、これらの心理の奇癖が二次的なメリットをもたらした可能性もある。すなわち、敵からの脅威を誇張することによって、敵に補償を強要したり、敵と戦うための同志を集めたり、先制攻撃による敵の抹殺（第4章で論じた迷信による殺人）を正当化したりすることができたのだ。[☆188]

一方、リスク認識における誤謬が公共政策を歪めることは、よく知られている。健康に及ぼすリスクは限りなく小さいにもかかわらず、食品添加物や水道水に残留する化学物質をなくすために法律がつくられ、資金が投じられる一方で、高速道路の制限速度を下げるなど、確実に人命を救う対策は講じられない。[☆189]また、広く報じられた事故が預言的な寓話――破滅的な危険を告げる不吉な前兆――となる場合もある。一九七九年、スリーマイル島の原子力発電所の事故では死者は出ず、おそらくガンの発生率にも影響はなかったと思われるが、アメリカの原子力開発は中断を余儀なくされ、今後しばらくのあいだは、化石燃料の使用による地球温暖化が促進されることになるだろう。

9・11テロ事件は、国民の意識にも重大な影響を及ぼした。大規模なテロ計画は前例がなく、探知不可能で、壊滅的（過去の事例と比較して）、そして不公平なものだったため、そのはかり知れなさと恐怖は極限に達した。国土安全保障省は、テロリストがいかに少ない投資で大きな心理的効果を得るかについての十分な認識を欠き、「今日のテロリストは、いつでも、どこでも、事実上どんな武器を使っても攻撃してくる可能性がある」と警告する声明を出すなどして、かってないほどに国民の恐怖や不安を煽ったのだ。一方、オサマ・ビン・ラディンは十分な見返りを得た。「アメリカの東西南北全土が恐怖に慄き」、五〇万ドルを投じて実行した9・11テロ攻撃によって、事件直後のアメリカに五〇〇〇億ドル以上の経済損失を負わせることができたと、ビン・ラディンはほくそ笑んだのである。[☆190]

責任ある指導者が、つねにテロの影響を的確に把握しているとはかぎらない。二〇〇四年の大統領選挙戦中、民主党候補のジョン・ケリーは油断があったのか、ニューヨークタイムズ紙の取材に次のように答えた。「テロリストが私たちの生活の中心ではなく、単なる厄介者だった、そういう時代に戻さなければならない。法執行機関に携わった者として、売春がなくならないことも、違法賭博がなくならないこともわかっている。だが、組織犯罪を増加しない程度に抑えることは必要だ。組織犯罪は人びとの生活を日々脅かしているわけではない。基本的にはそれと闘いつづけなければならないが、人びとの生活の骨組みそのものを脅かしているわけではない」。[☆191]ワシントンでの失言とは「政治家が言う真実」だとする定義を裏づけるように、共和党候補のジョージ・ブッシュとディック・チェイニーは、このケリーの発言に飛びつき、「指導者にふさわしくない」と非難、ケリーはすぐに発言を撤回した。

以上見てきたように、テロが増えるか減るかは、暴力の歴史においてきわめて重要な部分を占める。それは死者数の多少ではなく、恐怖の心理を通して社会に及ぼす影響の大きさゆえである。もちろん、もし将来、核兵器を用いたテロ攻撃の可能性が仮にも現実になることがあれば、テロはとてつもない数の死者を出すことになろう。核テロについては次の節で論じるが、ここでは過去に実際に起きた暴力の形態について見ていこう。

＊

テロの歴史は浅くない。二〇〇〇年前、ローマ帝国がユダヤを征服したが、その後抵抗する兵士の軍団がローマ人を追い出そうと、ローマ人将校やユダヤ人協力者たちをひそかに剣で刺し殺した。一一世紀にはイスラム教シーア派の信者が、信仰から逸脱したと思われる指導者に近づき——すぐに護衛に殺害されるのを覚悟のうえで——公の場で刺し殺したが、これは自爆テロの原型ともいえるものだ。一七〜一九世紀のインドでは、破壊の女神カーリーを信奉する狂信的な集団が、生贄にするために旅人を何万人も絞殺した。これらの集団はなんら政治的変化を起こすことはなかったが、ゼロテ党、アサシン教団、タグというその名前は、zealot（狂信者）、assasin（暗殺者）、thug（殺し屋）の語源となって今日に残る。[192] もしanarchist（アナキスト、無政府主義者）という言葉を聞いて、爆弾を投げる黒ずくめの人物を連想する人がいたら、それは一九世紀末にカフェや議会、領事館、銀行の爆破や、ロシア皇帝アレクサンドル二世、フランスのサディ・カルノー大統領、イタリア国王ウンベルト一世、アメリカのウィリアム・マッキンリー大統領ら政治指導者数十人を暗殺した「行為によるプロパガンダ」を思い浮かべたからだ。こうした言葉やイメージの持続性は、テロが文化的意識に長くとどまる力をもつあかしにほかならない。

テロが二一世紀の現象だと考える人がいたら、記憶力にいささか問題がある。一九六〇〜七〇年代には政治的暴力の嵐が吹き荒れ、さまざまな軍隊や同盟、連合、旅団、分派、戦線などによる何百回もの爆撃、ハイジャック、狙撃が行われた。[193] 当時、アメリカでは黒人解放軍、ユダヤ防衛同盟、ウェザー・アンダーグラウンド（「ウェザーマン」とも呼ばれ、ボブ・ディランの曲の歌詞「風向きを知るのに予報官《ウェザーマン》はいらない」から命名された)、プエルトリコ民族解放軍(FALN)、シンバイオニーズ解放軍(SLA)などの過激派組織が活動していた。SLAは、七〇年代に起きた現実離れした事件の一つを起こしたことで知られる。一九七四年、SLAは新聞王の娘パティ・ハーストを誘拐し、洗脳された末にメンバーとなったパティは「タニヤ」という名を与えられ、銀行強盗にも加担した。七つの頭を持つコブラが描かれたSLAの旗を背に、ベレー帽に機関銃という戦闘姿でポーズをとる彼女の写真は、ニクソン大統領がホワイトハウスを去る際にヘリコプターから別れの挨拶する写真や、白いポリエステルのディスコスーツにドライヤーでセットしたヘアスタイルのビージーズの写真とともに、七〇年代を象徴する画像の一つとなった。

同じ時代に、ヨーロッパではイギリスのIRA暫定派とアルスター自由戦士団、イタリアの赤い旅団、ドイツのドイツ赤軍、スペインのバスク祖国と自由(ETA)、日本では日本赤軍、カナダではケベック解放戦線(FLQ)が活動していた。もっともヨーロッパでは、テロは人びとの生活とは縁遠く、一九七七年のルイス・ブニュエルの恋愛映画『欲望のあいまいな対象』では、車や店舗が爆破されても登場人物は誰も気づかないというシーンが、くり返しまるでジョークのように描かれる。

ではいま、テロリストはどこにいるのか? 大半の先進国では、国内テロはポリエステルのディスコスーツと同じ運命をたどった。ほとんど知られていないが、大部分のテロ組織は目的をはたせず、すべてのテロ組織は消滅する。☆194 信じられないという方は、周りの世界に目を向けて考えてみてほしい。イスラエルは今も存在しているし、北アイルランドはいまだにイギリスの一部であり、カシミール地方はインドの一部である。クルジスタンやパレスチナ、ケベック、プエルトリコ、チェチェン、コルシカ島、タミル・イーラム、バスク自治州などは主権国家になっていない。フィリピンやアルジェリア、エジプト、ウズベキスタンはイスラム神政国家ではないし、日本やアメリカ、ヨーロッパ、ラテンアメリカも、宗教ユートピアやマルクス主義ユートピア、無政府主義ユートピア、あるいはニューエイジのユートピアにはなっていない。

数字もこれを裏づけている。政治学者のマックス・エイブラムズは、二〇〇六年の論文「なぜテロはうまくいかないのか」で、二〇〇一年にアメリカ国務省が外国のテロ組織に指定した二八の組織（大部分は、数十年にわたって積極的に活動していた）について検証している。純粋に戦術的勝利（メディアへの露出、支持者の増加、獄中の同志の解放、身代金の獲得など）は別にして、本来の目的を達成したのは三つ（七パーセント）にすぎない。ヒズボラは一九八四年に多国籍平和維持軍、二〇〇〇年にはイスラエル軍をレバノン南部から撤退させ、タミル・イーラム解放のトラ（ＬＴＴＥ）は一九九〇年に、スリランカ北東部沿岸地域の支配に成功した。だがこの勝利も二〇〇九年、ＬＴＴＥの敗北宣言により無に帰したため、テロの成功率は四二件中二件、わずか五パーセント未満となっている。テロの成功率は、他の形態の政治的圧力の成功率（たとえば経済制裁の成功率は約三分の一）に比べて、かなり低い。エイブラムズは近年のテロを概観し、テロが領土に関連する限定的な目的のために行われた場合には、成功することも時にはあると指摘する。たとえば、占領に嫌気がさした外国勢力をその土地から追い払うといった場合だ。テロによるものであるかどうかは別にして、一九五〇〜六〇年代にヨーロッパの大国が、植民地からいっせいに手を引いたのはその一例である。☆195 だが、国家にイデオロギーを強要するとか、国家を完全に消滅させるといった過激な目的が、テロによってはたされることはない。また、一般市民ではなく軍隊を標的とし、その結果として純粋なテロリストというよりもゲリラ化するような活動では、成功例はほとんど見られなかった。一方、一般市民をおもな標的とする作戦も、つねに失敗に終わっている。

政治学者のオードリー・クローニンは著書『テロはいかにして終わるか』で、エイブラムズより多いデータセット――一九六八年以降に活動しているテロ作戦四五七件――を対象に検証を行っている。クローニンもエイブラムズと同様、テロが実質的にすべて失敗に終わることを明らかにした。テロ組織は時間の経過とともに指数関数的な割合で消滅し、その平均存続期間は五～九年だという。「国際システムにおいて、国家はある一定の永遠性をもっているが、テロ組織はそうではない」とクローニンは指摘する。[196]

また、テロ組織は望むものを手にすることもない。小規模なテロ組織が国家を占拠した前例はなく、九四パーセントは戦略的目的を一つとして達成できない。[197] テロ作戦は、指導者が殺害または逮捕されたり、国家によって根こそぎにされたり、ゲリラや政治運動へと転換したりして終わりを迎える。また内部抗争や創設メンバーからの世代交代の失敗、市民生活や家庭生活を優先する若手メンバーの脱退によって消滅するケースも少なくない。

テロ組織は別のかたちで自滅することもある。状況に進展がないことに欲求不満を募らせ、支持者も離れていくなかで、戦術をエスカレートさせる。注目を集めようと、有名人や世間から尊敬されている人物、あるいは単に数多くの人を標的にしはじめるのだ。その結果、たしかに注目は集まるものの、事はテロリストのもくろみとは違う方向に進む。支持者は「無分別な暴力」に嫌悪感を抱いて資金や避難場所の提供をやめ、警察への協力も辞さなくなる。たとえばイタリアの赤い旅団は一九七八年、人気の高かったアルド・モロ元首相を誘拐して二ヵ月間監禁した末に一一発の銃弾を撃ち込んで殺害し、遺体を車のトランクに放置するという事件を起こし、自滅した。遡って一九七〇年に発生したカナダの一〇月危機では、FLQがケベック州の労働大臣ピエール・ラポルトを拉致し、彼のロザリオで首を絞めたあと、やはりトランクに遺体を放置したが、これもやり過ぎだった。また一九九五年、ティモシー・マクベイがオクラホマシティの連邦政府ビルを爆破し、子ども一九人を含む一六五人を殺害した事件は、アメリカの極右の反政府民兵運動を弱体化させることになった。クローニンの言葉を借りれば、「暴力は万国共通の言語だが、良識もまたそうである」のだ。[☆198]

一般市民を標的にした攻撃は、潜在的支持者を遠ざけるだけでなく、国民に徹底的したテロ弾圧を支持させることになり、テロリストにとって命取りになりかねない。エイブラムズは、テロ活動が活発なイスラエルやロシア、アメリカで世論の推移を追ったところ、市民に対する大規模攻撃後に、テロ組織に対する受けとめ方が一気に悪化していることが明らかになった。テロ組織と和解したり、その不満の正当性を理解しようという気も、すっかり消えていた。国民はテロリストを実存的脅威と見なし、彼らを永久に消滅させる手段を支持するようになったのだ。非対称戦争とは、当然ながら、一方が他方をはるかに上回る力を有するということである。世に言うように、足の速い者が必ずレースに勝つわけではないし、強い者が必ず闘いに勝つわけではない。だが、その確率のほうがずっと高いのだ。

*

テロ活動は失敗に向かう本来的な傾向をもっているとはいえ、一つが失敗するとすぐ次の動きが出てくるというのも事実である。世界には無数の不満が存在する。そしてテロは効果があるという認識が現実に先行するかぎり、テロリストのミームは虐げられた人びとに感染しつづける可能性がある。

テロの歴史的推移はとらえがたい。一九七〇年前後からようやく少数の機関が統計を取りはじめたが、記録の基準も範囲もそれぞれ異なる。テロ攻撃を事故や殺人、不満を抱えて自暴自棄になった人と区別するのはむずかしく、紛争地帯では、テロと反政府活動との線引きが曖昧なこともある。また、統計は政治の影響を大きく受けやすく、政治的立場によっては、テロへの恐怖心を植えつけようと数字を大きく見せようとしたり、テロとの闘いに成功したと喧伝するため小さく見せようとすることがある。さらに、世界中が国際テロを危惧する一方で、各国政府は国内テロ（その犠牲者数は国際テロの六～七倍にのぼる）を自国のみの問題として片づけようとすることもしばしばだ。今日利用できる、最も包括的な公開データベースは、過去のデータセットの多くを統合した、前述のグローバル・テロリズム・データベース（GTD）である。グラフに見られる山と谷は、コーディング基準が異なるデータベース間の継ぎ目や重複を表す場合もあり、額面通りに読み取ることはできないが、いわゆる「テロの時代」に本当にテロが増加しているのか否かを、大まかにとらえる一助とすることはできる。[☆199]

なかで最も信頼できるのは、アメリカに対するテロ攻撃の記録である。というのも、そもそも数が非常に少なく、個々のテロ攻撃を精査することができるからだ。図6－9は、一九七〇年以降にアメリカで発生したすべてのテロをグラフにしたものである。小刻みな変動のなかで9・11だけが大きく突出するのを避けるため、対数目盛で示している。その結果として、一九九五年のオクラホマシティと一九九九年のコロンバイン高校（「テロ」の例とは言い切れない部分もあるが、このあと指摘する唯一の例外を除き、グラフの作成にあたってデータセットについてあれこれ言うのは差し控える）の二つの事件を表す山が確認できる。この三つの突起は別として、一九七〇年以降は、どちらかといえば上昇よりも下降傾向にある。

図6－10は西ヨーロッパにおけるテロの推移を示したもので、ここからほとんどのテロ組織が目的を果たせないまま消滅することが見て取れる。二〇〇四年にはマドリッドで起きた列車爆破テロ事件による突起があるものの、赤い旅団やドイツ赤軍の栄光の時代から続く下降傾向は隠しようもない。

では、世界全体としてはどうだろう？　二〇〇七年にブッシュ政権が公開した統計は、世界規模でテロが増加しているという同政権の警告を裏づけているように見えたが、ＨＳＲＰの調査チームは、このデータにイラクとアフガニスタンでの戦争で死亡した市民——本来であれば、内戦の犠牲者に分類されるべきもの——が含まれことに気づいた。基準を同一に保ち、これらの死者数を除外すると、様相は異なってくる。図6-11は、これらの死者数を除外したテロによる年間死者数（前出と同様人口一〇万人あたり）を示したものである。世界全体の死者数は、複数のデータセットを統合したものであり、元となるデータセットで参照した情報源の数に違いがあるために増減が見られることから、読み取りには注意が必要だ。それでも、ニュース価値が大きく、元のデータセットすべてに含まれた可能性の高い大規模なテロ事件（死者数二五人以上）だけを対象にした場合でも、曲線の形状は変わらなかった。

　国家間の戦争や内戦、ジェノサイドのグラフと同様、このグラフにも意外な事実が示されている。二一世紀の最初の一〇年——「テロの時代」の夜明け——には上昇曲線も高止まり傾向も見られず、一九八〇～九〇年代初めのピーク以降は下降傾向にあるのだ。国際テロは、内戦やジェノサイドが同じ時期に増減したのと同じ理由で一九七〇年代後半に増加し、一九九〇年代に減少している。植民地の解放後に起きたナショナリズム運動は、冷戦の代理戦争として大国からの支援を受けたが、ソ連の崩壊とともに衰退した。一九七〇年代後半から八〇年代前半にかけての大きな山は、おもにラテンアメリカ（エルサルバドル、ニカラグア、ペルー、コロンビア）におけるテロ行為によるもので、一九七七～八四年のテロによる死者数の六一パーセントを占めている（標的になったのは多くは軍隊や警察だが、テロが直接的な被害を与えることではなく、人びとの注意を引くことを目的としたものであるかぎり、GTDはこれらもデータベースに含めている）。[☆200]一九八五～九二年に見られる二つ目の山も、ラテンアメリカのテロがおもな原因であり（死者数の約三分の一を占める）、それ以外にはスリランカのLTTE（一五パーセント）、インドやフィリピン、モザンビークのテロ組織による活動も含まれる。インドとフィリピンにおけるテロ活動の一部はイスラム組織による

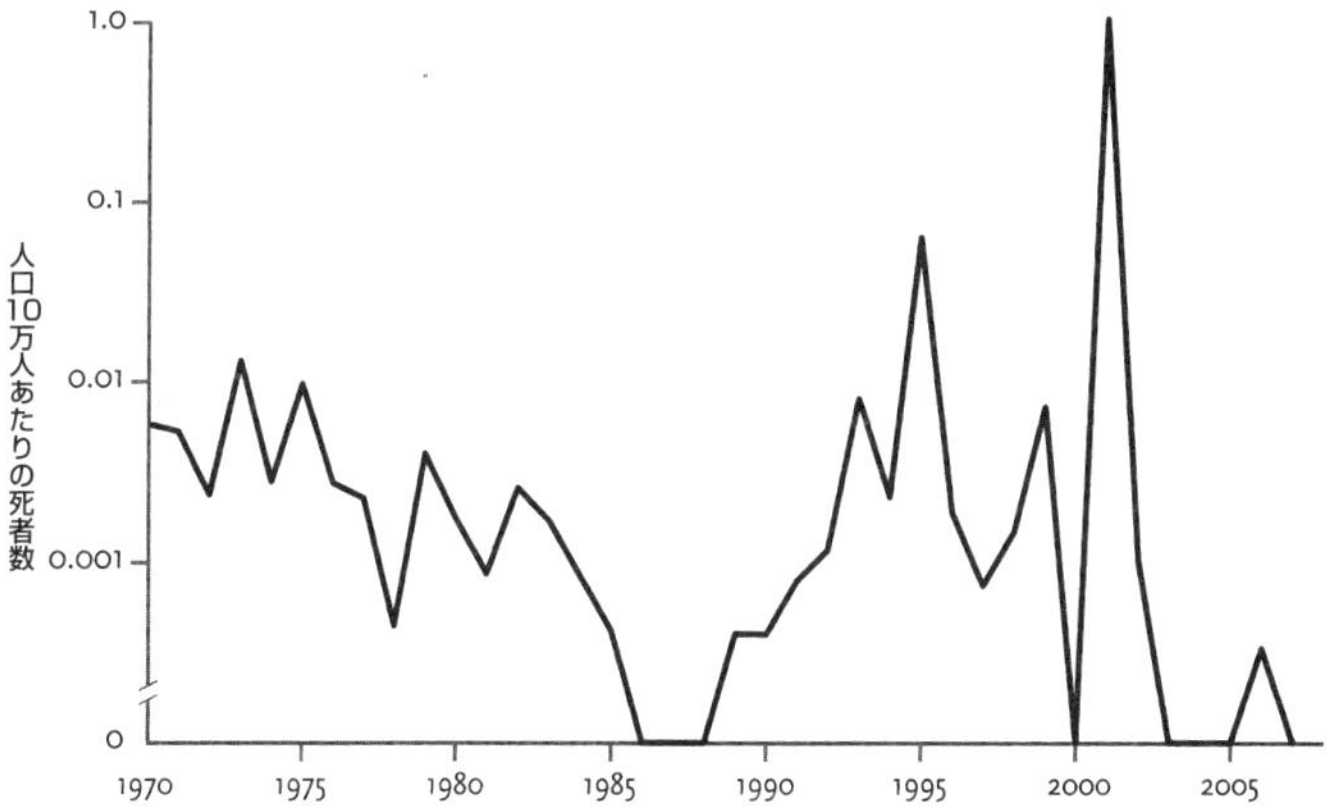

図6－9　アメリカにおけるテロによる死者（1970～2007年）.
出典：START (National Consortium for the Study of Terrorism and Responses to Terrorism, 2010, http://www.start.umd.edu/gtd/) の Global Terrorism Database を2010年4月6日に参照. 1993年の数値はNational Consortium ofr the Study of Terrorism and Responses to Terrorism, 2009の付録から引用. 0の対数は定義できないため、死者ゼロの年は0.0001で示している.

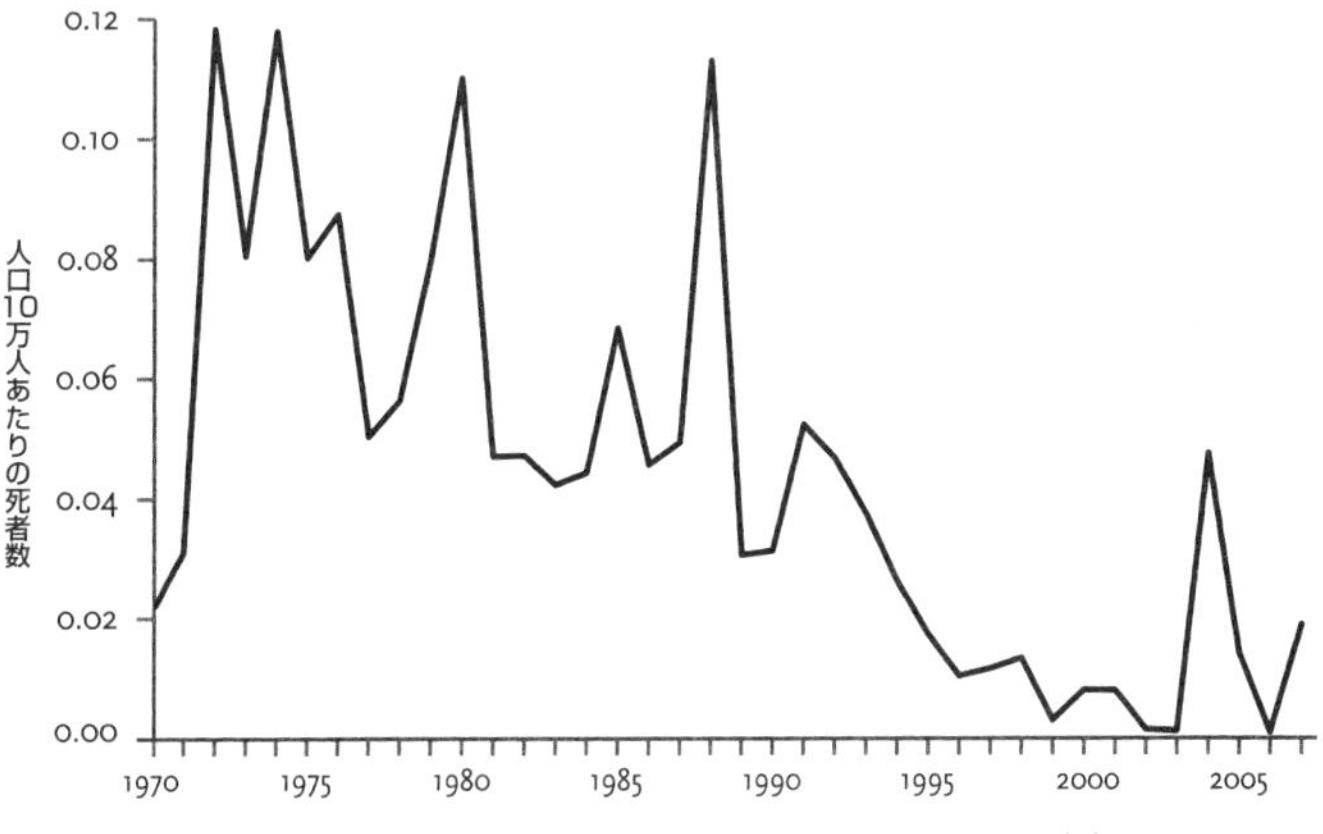

図6－10　西ヨーロッパにおけるテロによる死者（1970～2007年）.
出典：START (National Consortium for the Study of Terrorism and Responses to Terrorism, 2010, http://www.start.umd.edu/gtd/) の Global Terrorism Database を2010年4月6日に参照. 1993年のデータは補間したもの. 人口数は国際連合のWorld Population Prospect（国連、2008年）を2010年4月23日に参照；下1桁が0または5ではない年の数値は補間したもの.

ものだが、イスラム教国での死者数は、レバノンで約二パーセント、パキスタンで一パーセントなど、ほんのわずかにすぎない。一九九七年以降テロは減少傾向にあるが、それを中断するのが9・11の突起と、近年のパキスタンにおける上昇（おもに不明瞭な国境沿いでの、アフガニスタン戦争からの影響によるもの）である。

つまり数字は、私たちが新たなテロの時代を生きているわけではないことを示している。それどころか、イラクとアフガニスタンでの戦争を除けば、テロは――人びとの集合意識のなかで、テロがさほど大問題ではなかった時期から見て――減少しているのだ。また最近まで、テロはとくにイスラム教に関連した現象でもなかった。

だがいまは違うのではないか？　今後は、アルカイダやハマス、ヒズボラの自爆テロが増加することを予測すべきではないのか？　イラクやアフガニスタンでの民間人犠牲者（自爆テロの犠牲者も少なくない）を数から除外することで、何が見えなくなっているのか？　これらの問いに答えるには、イスラム世界のテロ、とりわけ自爆テロについてより詳しく見ていく必要がある。

＊

9・11は、新たなテロの時代の幕開けではなかったが、イスラム教徒による自爆テロの時代を予言していたと言うことはできるかもしれない。9・11の実行犯は目的達成の過程で死ぬことをよしとしていなければ、実行に移すことはなかったはずだ。事件以降、自爆テロの発生率は急上昇し、一九八〇年代には年間五件未満、一九九〇年代には年間一六件だったものが、二〇〇一～〇五年には年間一八〇件にも達した。これらの攻撃の大部分はイスラム組織によるもので、明かされている動機は少なくとも何かしら宗教に関

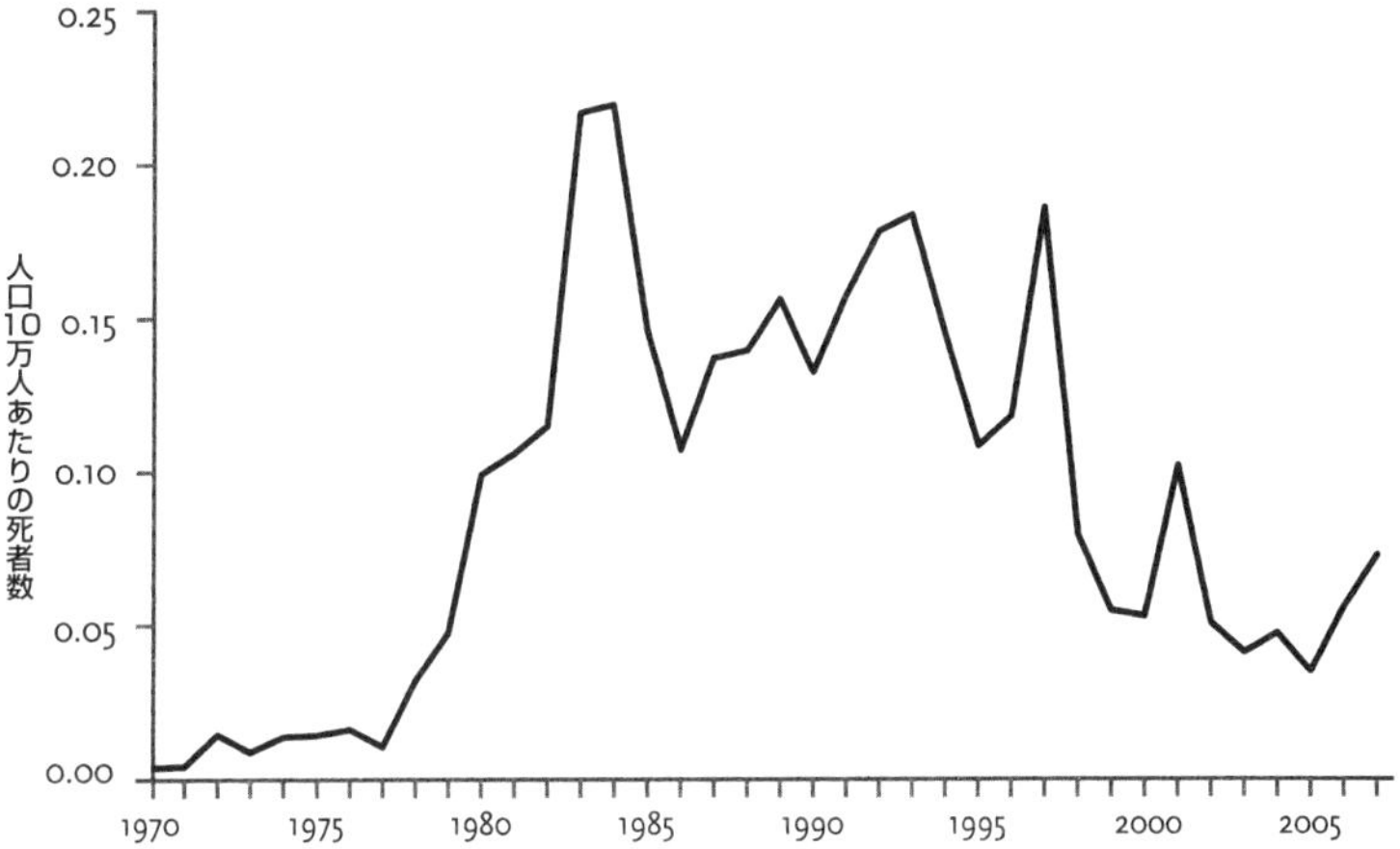

図6－11　世界のテロによる死者（2001年以降のアフガニスタンおよび2003年以降のイラクを除く）．
出典：START (National Consortium for the Study of Terrorism and Responses to Terrorism, 2010, http://www.start.umd.edu/gtd/) の Global Terrorism Database を2010年4月6日に参照。1993年のデータは補間したもの．世界人口はアメリカ合衆国国勢調査局2010C を参照；2007年の人口推計は外挿による．

連していた。[☆201] アメリカ国家テロ対策センターの最近のデータによると、二〇〇八年にテロ組織が起こしたと見られる事件の死者のほぼ三分の二は、イスラム教スンニ派過激組織によるテロで死亡している。[☆202]

市民を殺害する手段としての自爆テロは、悪魔的な創意に満ちた戦術だといえる。それは武器の究極の運搬方法――人間の目と脳で制御する手足という名の操縦者と移動手段――と、究極のステルス――大勢の人のなかに紛れ込む実行犯――を組みあわせた方法なのだ。その技術的な精巧さには、どんな戦闘ロボットも遠く及ばない。そうした理論的なメリットだけではなく、実際に自爆テロは――テロ攻撃全体に占める割合はごく一部だが――テロ犠牲者の大部分を生み出しているのだ。[☆203] この効果の高さゆえ、テロ組織の指導者たちはそこに抗いがたい魅力を見出す。あるパレスチナ当局者によれば、自爆テロを成功させるには、「志願する若者……

釘、火薬、点火スイッチと短いケーブル、水銀（温度計から簡単に入手可）、アセトン」だけあれば事足りるという。「一番高くつくのは、イスラエルまでの旅費だ[☆204]」。技術面での唯一の大きな障害は、若者に進んで死ぬ気があるかということだ。人間は通常、自ら死を望むものではない――それは五億年に及ぶ自然選択の遺産である。ではテロ組織指導者は、どうやってこの障害を乗り越えてきたのだろうか？

　戦争の歴史と同じだけ長いあいだ、人間は戦争で死ぬリスクにさらされてきたが、キーワードはこのリスクだ。自然選択とは平均的なものであり、適応度が大きくなる見返り――より広い土地、より多くの女性、より大きな安全――が高い確率で得られれば、攻撃的な連合の一員として、多少の死のリスクを冒してでも行動しようとする意志が進化の過程で選択されることはありうる[☆205]。しかし選択されることがありえないのは、確実に死ぬことを選ぶ意志である。そんな意志をもたらす遺伝子があっても、本人が死ねば遺伝子ごと消えてしまうからだ。戦争の歴史に自爆作戦がめったに見られないことは、驚くに値しない。襲撃部隊は計画的な戦闘は危険だとして嫌い、より安全な急襲や待ち伏せのほうを好む。そのうえ、兵士たちは夢を見たとかお告げがあったとなどと言って、仲間が計画した危険の大きい交戦に巻き込まれるのを都合よく避けようとするのだ[☆206]。

　近代の軍隊は、勇気ある行動をたたえる評価や勲章などをインセンティブにして、兵士がより多くのリスクを負うよう促し、臆病な行動に対する辱めや処罰を与えたり、脱走兵を即決処刑するなどして、兵士がリスクを回避するのを抑止しようとする。時には後尾監督者と呼ばれる特殊な任務をもつ兵士が、前進しない兵士を殺害することを命じられ、部隊の後をついていくこともある。こうした戦争の指導者と歩兵との利害の対立から生まれるのが、軍事的な表現に見られる偽善だ。第一次世界大戦における大量殺戮について、あるイギリス陸軍大将はこう語る。「怒涛の集中砲火のなかの前進を拒む者も、機関銃やライフルの弾丸から逃げ出す者も、一人としていず、最終的には敵は全滅した。……勇敢さや自制、決意があれほどみごとに発揮された場面は目にしたことがないし、実のところ想像すらできなかった」。他方、軍曹の言い分は異なる。「出発する前から無意味だとわかっていた。あんな開けた場所を横切るなんて。でも行くしかなかない。にっちもさっちも行かない状況だった。前進すれば撃たれるし、後退すれば軍法会議にかけられ射殺される。どうしようもない」[☆207]。

兵士はまた別の理由で、戦死のリスクを受け入れることもある。進化生物学者のJ・B・S・ホールデンは、兄か弟のために自分の命を犠牲にするかと問われたとき、「ノー」と答え、こう続けた。「だが二人の兄弟か、八人のいとこのためだったらイエスだ」。このホールデンの返答には、のちに血縁選択、包括適応度、身びいき利他主義などと呼ばれるようになった事象が関わっている。自然選択では、その生物が払う犠牲よりも血縁者の利益が大きいかぎりにおいて、血縁者の利益（関係性の度合いによって割り引かれる）となる犠牲を払おうとさせる遺伝子が選択される。なぜなら、その遺伝子は血縁者の体内にある自分自身のコピーを助け、長期的には狭い利己的な選択をするより大きな利益をもたらすからである。この説を意図的にねじ曲げて理解し、批判する人びとは、生物が血縁者との遺伝的重複を意識的に計算し、自分のDNAにどんな利益をもたらすかを予測できなければ、この説は成り立たないという[☆208]。だが当然ながら、この説に必要なのは、生物は統計的に血縁者である確率の高い生物の利益となる目的を、追求しようとする傾向をもつことだけだ。人間のように複雑な生物の場合、この傾向は兄弟愛という感情として組み込まれているのである。

人類が進化の歴史の大半を過ごしてきた小規模な群れは血縁関係で結ばれ、近隣に暮らす同士は親類関係であることが多かった。たとえばヤノマミ族の間では、村から無作為に選び出した二人は、ほぼいとこ程度の近い血縁関係にあり、互いに親類だと考えている人たちは、概して自覚しているよりもっと近い関係にある。[☆209] リスクをともなう行動が仲間の兵士の利益になる場合、遺伝的重複によって、進化の利得はより大きな生命のリスクを負う方向へと傾くのだ。チンパンジーは他の霊長類とは違って協力して襲撃するが、その理由の一つは、チンパンジーではオスではなくメスが性的に成熟すると群れを離れるため、群れのオス同士が血縁関係にある場合が多いことにある。[☆210]

進化論によって明らかにされてきた人間心理のあらゆる側面と同様、重要なのは実際に遺伝的関係があるかどうかではなく（チンパンジーはもちろん、狩猟採集民は口の中を綿棒でこすって遺伝子検査機関に送ってくるわけではない）、血縁関係があると感じているかどうか――その認識が十分に長い期間における現実と相関性があるかぎりにおいて――である。[☆211] 血縁関係があるという認識は、成長期をともに過ごした経験、自分の母親が相手を世話する様子を見たこと、一緒に食事すること、共通の祖先の神話、血肉を分けた同士という本質主義的直観、儀式や厳しい試練をともに体験すること、身体的類似（しばしば髪型や刺青、スカリフィケーション〔皮膚に傷をつけて模様を描くこと〕、切除などで強調される）、そして同胞愛、兄弟愛、家族、祖国、母国、血といった隠喩など、さまざまな要因によってもたらされる。[☆212] 軍の指導者はあらゆる策を講じて、兵士たちが互いに遺伝的血縁者のように感じ、生物学的に予測可能なリスクを負うようにさせる。シェイクスピアは『ヘンリー五世』のなかで、このことを戦争文学のなかでもっとも有名な激励の言葉で表現している。聖クリスピンの祝日、ヘンリー五世は民衆にこう語りかける。

かくしてクリスピン・クリスピアンのお祭りの日には、
今日以後未来永劫に、

必ずやわれわれのことが憶い出されることとなろう。
小人数のわれわれは、この幸せな小人数のわれわれは、すべて兄弟の一団である。
何となれば今日この日、私とともに血を流す者は、
以後私の兄弟となるからだ。

（大山俊一訳）

現代の軍隊も、兵士を数人から数十人で構成される班や分隊、小隊といった兄弟集団に分け、戦いに向かわせるうえでもっとも重要な感情である兄弟愛のるつぼにしようと懸命になる。軍事心理学の研究では、兵士は何よりも小隊の仲間への忠誠心によって戦うことが明らかになっているのだ。[☆213] 作家のウィリアム・マンチェスターは、第二次世界大戦中の海軍での経験を、次のように回想する。

同じ隊列の男たちは私の家族であり、家庭だった。言葉にできないぐらい近く、どんな友人よりも近い存在だった。決して私をがっかりさせることはなく、私も彼らにそんなことはできるはずもなかった。……彼らを死なせたり、彼らを救えたかもしれないと悔やみながら私だけが生きるのではなく、彼らとともに生きなければならなかった。いまならわかるが、兵士は国旗や国、海兵隊、あるいは名誉といった抽象的なもののために戦うのではない。お互いのために戦うのだ。[☆214]

二〇年後、やはり元海兵隊の作家ウィリアム・ブロイルズはベトナムでの経験をふり返り、同様の感想を述べている。

ほかのすべてが消え去っても、戦時の仲間意識だけは永遠に続く。ともに戦う仲間は、何をおいても信頼できる。たとえ命に代えても。……かなり右翼的に聞こえるだろうが、戦争はほとんどの兵士にとって、かけがえのないユートピア的経験だ。個人の所有物とか利益とかはなんの意味もない。集団がすべてなのだ。自分のものは友のもの、互いに分かちあう。それは選択的なプロセスではなく、理由など必要のない愛であり、平時であれば意味のある人種や人格、教育といったものを超越した愛なのだ。☆215

極限状態では、小隊の仲間である事実上の兄弟を助けるために、自分の命を投げ捨てることもあるかもしれない。だが、将来のある日に、彼らのために自殺しようと冷静に計画を立てることはまずない。たとえあったとしても、戦争の遂行はまったく違うものになるだろう。パニックや敗走（少なくとも後尾監督者のいない場で）を避けるため、戦闘計画は通常、生命の危険のある任務に選ばれていることを兵士に知られないよう、考慮されている。たとえば第二次世界大戦中の爆撃基地では戦略を練る際に、パイロット全員が往復の燃料を積んだ戦闘機で飛ぶという賭けに出るより、くじ引きで決めたほんの数人が絶体絶命の片道の突撃に出れば、パイロット全体の生存確率が高くなると考えた。だがパイロットたちは、長く続く運命の日々の先にある死という、より小さいリスクではなく、予測不能な死という、より大きいリスクのほうを選んだ。☆216 自爆テロの立案者は、この障害をどうやって克服するのか？

そこに、死後の世界というイデオロギーが一役買っているのは間違いない――9・11のハイジャック犯に、死後は天国に行き、処女に囲まれて豪邸で生活できると約束されていたように（日本のカミカゼ特攻隊の場合は、そこまで具体的なイメージはないまま、偉大な精神世界へとのみ込まれていった）。だが、現代の自爆テロの形態は、スリランカのタミル・イーラム解放のトラ（ＬＴＴＥ）が完成させたもので、メンバーは輪廻転生を信じるヒンドゥー教のもとで育った者たちだが、組織のイデオロギーは世俗的である。そこには二〇世紀の第三世界における解放運動を活気づけたナショナリズム、ロマン主義的軍国主義、マルクス・レーニン主義、反帝国主義が混在している。さらに、自爆テロリスト志望者がなぜ志願したのか問われたとき、死後の世界（処女がいるかどうかにかかわらず）への期待が際立っていることはめったにない。したがって、楽しい死後の世界への期待は、費用対効果率を多少変えることはあっても（無神論者の自爆テロリストを想定するのはむずかしくなるが）、テロリストにとっての唯一の心理的誘因とはいえないのである。

人類学者スコット・アトランは、自爆テロに失敗した、または今後実行する可能性のある人物との面談をもとに、自爆テロリストをめぐる多くの誤解に反論している。彼らは無知や貧困、虚無主義、精神疾患などとはほど遠く、教育を受けた中産階級出身者で、道徳観念をもち、明らかな精神病理とは無縁である場合が多いという。[☆217] アトランは結論として、その動機の多くは身びいき利他主義にある可能性が高いと指摘する。

ＬＴＴＥの場合は、比較的容易に事が進む。彼らは、軍でいえば後尾監督者に相当する者を使って自爆テロ作戦に適した工作員の選び出し、やめれば家族を殺すと脅迫する。[☆218] ハマスやほかのパレスチナ人テロリスト組織の手法も似たようなものだが、こちらは自爆テロリストの家族に、ムチではなくアメを与える――月々手厚い給付金を払ったり、まとまった金を支払ったり、コミュニティ内で高い名声を与えるなどだ。[☆219] 一般に、極端な行動が生物学的適応度における利得をもたらすことは期待できないが、人類学者のアーロン・ブラックウェルとローレンス・スギヤマは、パレスチナの自爆テロの場合には、利得が期待できるという。ヨルダン川西岸とガザ地区の男性の多くは、配偶者を見つけるのに苦労する。親に婚資を支払う金銭的余裕がない、平行いとこ婚が優先される、多くの女性が一夫多妻婚をしたりイスラエル側に住む裕福なアラブ人と結婚したりして花嫁候補者が少ない、などがその理由である。ブラックウェルらは、パレスチナ人自爆テロリストの九九パーセントが男性で、八六パーセントが未婚、八一パーセントは少なくとも六人のきょうだいをもち、パレスチナ人の平均より家族が多い点に注目する。これらをほかの数字とともに単純な人口モデルにあてはめると、自爆テロリストがテロを実行した場合、その金銭的見返りで兄弟たちに花嫁を迎えることができ、払った犠牲が生殖の点では価値ある行為となることがわかった。

またアトランは、こうした直接的なインセンティブがなくても、自爆テロリストを勧誘できることを明らかにしている。おそらく大義のための死に誘い込むのにもっとも効果的なのは、幸福な兄弟集団への参加だろう。テロリストの下部組織は多くの場合、正規の仕事に就いていない若い独身男性の集まりに端を発する。彼らはカフェや寮、サッカークラブ、理髪店、インターネットのチャットルームなどに集まり、新たな小隊に身も心も捧げることで、にわかに人生に意味を見出すのだ。どんな社会でも、若者は勇気と献身を示そうとして馬鹿なことをする。集団内ならなおさらのこと、他の仲間からクールだと思われるという理由で、愚かだとわかっていても敢えてするのだ（このことについては第8章で再度取り上げる）[☆220]。集団への献身は、宗教――単なる文字通りの楽園への約束だけではなく、聖戦や召命、ビジョンの探求、ジハードなどに身を捧げることから生じる霊的な畏怖の念――によってさらに強化される。また宗教によって、大義への献身は神聖な価値のあるもの――命そのものを含めて何ものにも代えがたい善へと変わりうる[☆221]。献身は、報復への渇望にかき立てられることがあり、イスラム過激派の場合には、過去に世界中のイスラム教徒が被った危害や屈辱、あるいは神聖なイスラムの地に異教徒の兵士が存在するといった象徴的な侮辱に対する復讐というかたちをとる。アトランはアメリカ上院小委員会で証言した際、自らの研究結果をふまえて次のように述べている。

二〇〇四年のマドリードでの列車爆破や、二〇〇五年のロンドンの地下鉄での大量殺人、二〇〇六年と二〇〇九年のアメリカ行旅客機爆破未遂に関与した若者、そして遠くイラクやアフガニスタン、パキスタン、イエメン、ソマリアまで赴き、不信心者を殺害して命を落とした若者、そしてこれらの若者が誰を崇拝し、その組織がどのようにつくられ、彼らが何によって結びつき、何に突き動かされているかに目を向ければ、今日世界でもっとも破壊的なテロリストを奮い立たせているものは何かが理解できる。それはコーランや宗教の教えというより、名誉や友人たちからの敬意、そして友人を介して得られる(自分が決して生きて享受することのない)より広い世界での永遠の尊敬と記憶を約束する心躍る大義、そして行動への誘いなのだ。……ジハードは平等主義の機会均等雇用主であり……兄弟愛にあふれ、展開が早く、ワクワクする興奮があり、栄光に満ち、カッコいい。カッターでゴリアテの頭を切り落としてやろうという者は、誰でも歓迎されるのだ。[☆222]

*

こうした急進化において、地元の導師《イマーム》の存在はほとんど重要性をもたない。ひと騒動を起こそうという若者は、まずコミュニティの年配者に助言を求めようとはしない。しかもアルカイダはもはや中央集権的な勧誘組織というより、拡散した社会ネットワークを活用する世界的なブランドとなっているのだ。

自爆テロリストについて見ていくと、最初はいささか気が滅入ってくる。というのも、まるで多頭のヒドラ――指導者を殺害しようが、拠点を攻撃しようが、首を切り落とすことができない――を相手にしているような気になるからだ。だが忘れてならないのは、あらゆるテロ組織は失敗へと向かう弧を描いているということである。とすれば、イスラム過激派によるテロが、燃え尽きはじめている兆しはあるのだろうか？

答えは紛れもなくイエスだ。イスラエルでは、一般市民への攻撃が止まないため、世界中のそれ以外の場所と同じことが達成されている[☆223]――テロ組織への共感も、何とか妥協してやっていこうという意思も、いっさい消え去ったのだ。二〇〇〇年、パレスチナ自治政府のヤセル・アラファト議長がキャンプ・デービッド会談で最終合意文書への調印を拒否した直後に第二次インティファーダが発生すると、パレスチナの政治的・経済的見通しは暗くなる一方だった。クローニンによれば、長期的に見ると自爆テロはこのうえなく馬鹿げた戦術だという。なぜなら標的にされた国では、誰が歩く爆弾なのか判別しようがないため、国内のマイノリティ社会に対する寛容度が低くなるからだ。イスラエルは防護壁を建設したことで国際社会から非難を浴びたが、自爆テロに直面する他の国も、同様の策を講じているとクローニンは指摘する[☆224]。ヨルダン川西岸のパレスチナ指導部は、最近になって暴力を否定する姿勢を示し、有能な統治の実現に力を注いでおり、一方のパレスチナ活動家組織も、ボイコットや市民的不服従、平和的抗議などの非暴力的抵抗へと舵を切っている[☆225]。さらにはラジモハン・ガンディー（マハトマ・ガンディーの孫）やマーティン・ルーサー・キング三世にも、象徴的な意味での協力を求めている。パレスチナ側の戦術がこれで転換すると見るのはまだ時期尚早だが、テロからの撤退は歴史的に前例のないことではない。

だが、もっと大きな物語といえるのは、アルカイダの命運だ。アルカイダの動きを監視してきた元ＣＩ

A職員のマーク・セイジマンによると、欧米を標的とする本格的な計画は二〇〇四年に一〇件（多くはイラク侵攻に触発されたもの）あったが、二〇〇八年には三件に減少したという。[☆226] アフガニスタンにあるアルカイダの拠点が一掃され、指導部が殺害された（二〇一一年のビン・ラディン殺害も含む）だけでなく、イスラム世界においてもアルカイダ支持派は長らく減少傾向にあり、否定派が増加しつつある。[☆227] この六年間に、イスラム教徒はテロ活動を虚無主義的な残虐性と見なし、嫌悪感を覚えるようになった。このことは、暴力だけでなく、良識もまた万国共通の言語だというクローニンの見解に合致する。アルカイダは、汎イスラム主義によるカリフ支配、弾圧的な神政政権に代わる、それを上回る弾圧的な神政政権の樹立、不信心者の大量殺戮などといった戦略的目標を掲げてきた。だが、人びとがその本当の意味を考えるようになれば、それらの目標はとたんに色褪せはじめる。さらにアルカイダは、あらゆるテロ組織にとって致命的となる誘惑に屈した——世間の注目を集めつづけるために、これまでより同情的な犠牲者（アルカイダの場合には、イスラム教徒の同胞数万人を含む）に、これまでにないほど残虐な攻撃をしかけることだ。二〇〇〇年代半ばに、バリのナイトクラブやヨルダンの結婚披露宴、エジプトのリゾート、ロンドンの地下鉄、イスタンブールやカサブランカのカフェなどを標的に行われた攻撃は、明確な目的もなしにイスラム教徒と非イスラム教徒を一様に虐殺した。「イラクのアルカイダ」（ＡＱＩ）と呼ばれる分派組織は、モスクや市場、病院、バレーボールの試合会場、葬儀会場を爆破したり、抵抗する者に手足切断や斬首などの仕打ちを行うなど、さらに悪質な残虐行為をはたらいた。

ジハード戦士を敵に回した〝聖戦〟は、いまやさまざまなレベルで繰り広げられている。かつてイスラム過激派を甘やかしていたサウジアラビアやインドネシアなどのイスラム教国は、もうたくさんとばかりに見切りをつけ、厳しい取り締まりを開始している。テロ組織の指導者さえ、反対に転じている。

二〇〇七年、ビン・ラディンの師の一人であるサウジアラビアの聖職者サルマン・アル＝オダーは、「自爆という文化を助長することで流血の惨事と苦悩を引き起し、全イスラム社会とその家族に破滅をもたらした」として、ビン・ラディンを非難する公開書簡を出した。☆228 彼はさらに個人的な領域にまで踏み込んで、こう語りかける。「わが兄弟オサマよ、どれだけの血が流れただろう？ アルカイダの名のもとに……どれだけの罪のない人びと、子ども、老人、女性が殺害されたか？ こうした無数の罪を背負った自らの姿を、全能の神の前に曝すことができるのか？☆229」この非難は人びとの共感を呼び、イスラム系組織やテレビ局のウェブサイトに寄せられた投稿の三分の二は、好意的なものだった。彼はまた、イギリス系イスラム教徒の熱狂的な若者集団にも語りかけている。☆230 一方、サウジアラビアのイスラム教指導者アブドゥラジズ・アル・アッシュ＝シャイフは、サウジアラビア人が外国のジハードに参加することを公式に禁止し、ビン・ラディンとその仲間を、「自分たちの政治的および軍事的目的を達成するために、わが国の若者を歩く爆弾に変えた」と糾弾するファトワ（宗教的決定）を出した。☆231 アルカイダのもう一人の知識人であるエジプトの学者サイード・イマム・アル・シャリフ（別名「ファドル博士」）は、同年に出版した著書『ジハードの正当化』で、執筆の動機についてこう書いている。「ジハードは……近年、シャリア法典の重大な違反により汚されてしまった。……いまやジハードの名において、女性や子ども、イスラム教徒、非イスラム教徒を含む何百人もの人びとを殺す者がいるのだ！☆232」

アラブの一般民衆の考えも同じだ。二〇〇八年、ジハード戦士のウェブサイト上で行われた、アルカイダの当座の指導者アイマン・アル＝ザワヒリとの質疑応答で、ある参加者がこう質問した。「ザワヒリ師に伺いますが、閣下の許可を得てバグダッドやモロッコ、アルジェリアの罪のない人たちを殺しているのは誰なのでしょうか？☆233」イスラム世界で行った世論調査では、激しい怒りが噴出している。二〇〇五〜

一〇年の間に、ヨルダンやパキスタン、インドネシア、サウジアラビア、バングラデシュでは、市民に対する自爆テロなどの暴力を支持すると回答した人の数は激減し、一〇パーセント前後になることも多かった。この数値でも野蛮なほど高いと思われることのないよう、データ収集を行った政治学者ファワズ・ガーゲスは釘を刺す——アメリカでは二四パーセントもの人が、「意図的に市民を狙った爆破などの攻撃は、時には正当化される」と回答している、と。[☆234]

さらに重要なのは、テロリストが住民の支持に依存する戦闘地域での世論だ。[☆235]パキスタンの北西辺境州では、バナジール・ブット元首相が自爆テロ犯に暗殺されたこともあり、二〇〇七年後半のわずか五ヵ月間でアルカイダの支持率は七〇パーセントから四パーセントに急減した。同年の選挙では、イスラム主義者の得票率は二パーセントで、二〇〇二年の五分の一に減少した。二〇〇七年、アフガニスタンでABCとBBCが実施した世論調査では、ジハード主義の過激派の支持率は一パーセントにまで急落した。[☆236]イラクでは二〇〇六年、スンニ派の大多数とクルド族およびシーア派の圧倒的多数がAQIを拒否し、翌年一二月には市民に対する攻撃に一〇〇パーセントが反対の意思を示した。[☆237]

たしかに世論は重要だ。しかしこれが暴力の減少につながるのだろうか？　テロリストは国民の支持に依存しており、その可能性は高い。イスラム世界のテロに対する見方の転換期となった二〇〇七年は、イラクにおける自爆テロ攻撃の転換期でもあった。イラクでテロや軍事行動により死亡した民間人の数を集計するプロジェクト、イラクボディーカウント（IBC）によると、一日あたりの自動車爆弾と自爆テロ件数は、二〇〇七年の二一件から二〇一〇年には八件未満に減少した。まだ多すぎるものの、進展の兆しが見られるのは確かだ。[☆238]その背景には、イスラム教徒の受けとめ方の変化だけでなく、二〇〇七年前半の米軍の増派やほかの軍事的調整もある。だが軍事的変化自体も、イスラム教徒の考え方の変化によってもたらされた面もある。二〇〇七年、ムクタダ・アル＝サドル率いるシーア派民兵組織マフディ軍は休戦を宣言し、数万人の若者がアメリカの支持するイラク政府に対する反政府活動から離脱（「スンニ派の覚醒」と呼ばれる）、ＡＱＩの弾圧に参加している。[☆239]

テロはイデオロギーでも政治体制でもなく、戦術にほかならない。だから、「テロとの戦い」に勝つことは決してありえない――ジョージ・Ｗ・ブッシュが9・11後の演説で高らかに掲げた「世界から悪を追放する」という、より大きな目標が決して達成しえないのと同様に。グローバルメディアの時代には、テロの投資がもたらす膨大な利益――わずかな暴力の支出によって得られる恐怖の大金――に誘惑される、不満を抱いたイデオローグがつねにどこかに存在するし、約束された仲間同士の友愛と栄誉のためにすべてを危険にさらすこともいとわない兄弟集団が、つねにどこかに存在する。テロが大規模な反乱における戦術として採用されれば、国民や市民生活に測り知れないダメージをもたらし、核兵器テロという仮説としての脅威（最後の節で取り上げる）は「恐怖《テロ》」という言葉に新たな意味を加えることになるだろう。だがそれ以外の、歴史が教え、近年の出来事が裏づけるあらゆる状況において、テロ行為は自ら破滅の種を蒔いているのである。

天使も踏むを恐れるところ

「新しい平和」とは、二〇年以上前に冷戦が終結して以降、間欠的に進んできた戦争やジェノサイド、テロの量的減少を指している。それは長い平和ほど長期間ではなく、人道主義革命ほど革命的でもなく、文明化のプロセスのように文明化が一気に進んだわけでもない。明白な問いは、はたしてこれが今後も続くのかということだ。私が生きている間には、フランスとドイツが開戦することも、猫を燃やす見世物や車裂きの刑が復活することも、食事客がしょっちゅうステーキナイフで互いを刺したり、鼻を削ぎ落したりすることもないことは、かなりの自信をもって言える。だがどんな賢明な人も、世界全体の武力衝突がどうなるかとなると、同様の自信をもって答えることはできない。

ときどき、「明日、あなたの主張をそっくり覆す戦争（かジェノサイドかテロ）が起きないと、なぜ言えるのか？」と尋ねられることがある。だがこの問いは、本書の要点を見落としている。私が本書で言いたいのは、地上の人間が一人残らず永遠に平和に暮らす「水瓶座の時代」に入ったということではなく、暴力が現実にかなり減少しているということであり、それを理解することが重要なのだ。暴力の減少をもたらすのは、ある特定の時期に、特定の文化に定着した政治的、経済的、思想的条件である。それらの条件が逆転すれば、暴力はふたたび増加することもありうる。

また、世界には多くの人が存在する。べき分布の統計と過去二世紀に起きた事例が物語るのは、ごく少数の実行犯が甚大な被害をもたらしうるということだ。全人口が六〇億人を超えるこの地球のどこかに核爆弾を一個手に入れた狂信者が一人いれば、その人間だけで統計数値を跳ね上がらせることができてしまう。だがそれはそれとしても、なぜ殺人発生率が百分の一に減少し、奴隷市場や債務者監獄が姿を消したのか、そしてカナダとスペインのヒラメをめぐる争いはいうまでもなく、ソ連とアメリカがキューバをめぐって戦争を起こさなかったのか、その理由をやはり解明する必要があるはずだ。

本書の目的は、過去と現在の事実について説明することであり、将来について仮説的な予言をすることではない。それでも、こう反論されるかもしれない。反証可能な予測をすることが科学の真髄ではないのか？　過去を理解しているというどんな主張も、将来を推測する能力で評価されるべきではないか？　なるほど。では私の予測を言うと、今後一〇年間に大きな武力衝突——年に一〇万人の犠牲者が出るか、一〇年間で総計一〇〇万人の犠牲者が出るようなもの——が発生する確率は九・七パーセントと見ている。どうやって出した数字かって？「おそらく起きないだろう」という直観からはみ出さないぐらい小さいが、仮にそうした事件が起きたとしても、まったく間違っていたと言われるほど小さくはない、そういう数字だ。私が言いたいのは、単独の事件——ここでは向こう一〇年間に大規模な武力衝突が発生すること——について考えたとき、科学的予測という概念は意味をもたないということである。複数の世界が並行して存在し、事件が起きたり起きなかったりするなら話は別だが、とりあえず私たちの世界は、これ一つしか存在しないのだ。

実のところ、この先数十年間に世界中で何が起こるかは私にはわからないし、わかる人は誰一人いない。それでも皆、私のように予測を差し控えているわけではない。インターネットで「次の戦争《カミング・ウォー》」と、「イスラムとの」、「イランとの」、「中国との」、「ロシアとの」、「パキスタンでの」、「イランとイスラエル間の」、「インドとパキスタン間の」、「サウジアラビアとの」、「ベネズエラとの」、「アメリカでの」、「欧米世界内の」、「地球資源をめぐる」、「地球温暖化をめぐる」、「水をめぐる」、「日本との」を組みあわせて検索すると、なんと二〇〇万件もヒットする（『日本との次の戦争』と題する本が一九九一年に出ていることを見ると、この種のことにはもう少し控え目になるべきだという気がしてくる）。『文明の衝突』や『燃え上がる世界』（邦訳『富の独裁者——驕る経済の覇者：飢える民族の反乱』）、『第四次世界大戦』、そして（私のお気に入り）『われわれは破滅する』といった本は、どれも一様に自信たっぷりだ。

さあ？ことによると彼らの予測は当たっているのかもしれない。本章ではこの先、これらの予測が間違っている可能性があると指摘していくつもりだ。これまでにも、確実な破滅の警告はくり返し行われてきた。専門家は、毒ガス攻撃で文明が終焉するとか、世界熱核戦争が起きるとか、ソ連が西ヨーロッパに侵攻するとか、中国が人類の半分を消滅させるとか、核保有国が何十ヵ国になるとか、ドイツが報復するとか、日本が軍国主義になるとか、暴力的な一〇代の若者「スーパープレデター」が都市を制圧するとか、枯渇する石油をめぐって世界大戦が起きるとか、インドとパキスタン間で核戦争が起きるとか、9・11規模のテロが毎週のように発生するとか……さまざまな予測をしてきた。☆240 ここでは新しい平和にとっての脅威を、イスラム世界との文明の衝突、核テロ、イランの核武装、地球温暖化の四つに絞り、それぞれが現実になる可能性が「あるかもしれないが、たぶんないだろう」ということを論じていく。

＊

イスラム世界はどう見ても、暴力の減少とは無縁のように思われる。これまで二〇年以上にわたって、欧米社会はイスラムの名のもとに行われる残虐行為のニュースに衝撃を受けてきた。一九八九年、作家のサルマン・ラシュディがムハンマドの生涯を描いた『悪魔の詩』で殺人の脅迫を受けたり、二〇〇二年にナイジェリアで未婚の妊婦が石打ちの刑を言い渡されたり、二〇〇四年に虐待されるイスラム女性を描いたアヤン・ヒルシ・アリ脚本の映画を制作したオランダ人映画監督テオ・ファン・ゴッホが暗殺されたり、二〇〇五年にデンマークの新聞が預言者を冒瀆する漫画を掲載したとして破壊的暴動が起きたり、スーダンでイギリス人教師が、生徒にテディベアにムハンマドという名前をつけることを許可したために投獄され、鞭打ちの刑に処すると脅されたり……そしてもちろん、一九人のイスラム教徒が三〇〇〇人近い一般市民を殺害した、9・11テロ攻撃もある。

イスラム世界は、欧米社会がすでに脱却した類の暴力にいまだにふけっているという印象は、イスラム嫌悪やオリエンタリズムのあらわれではなく、数字に裏づけられたものだ。イスラム教徒は世界人口の約五分の一であり、イスラム教徒が過半数を占める国は全世界の四分の一にすぎないが、二〇〇八年に発生した武力衝突の半分以上はイスラム教国またはイスラム教徒の反乱に関連するものだった。[241] ほかの条件を一定に保って比べた場合、イスラム教国のほうが非イスラム教国より市民が軍に組み入れられる比率が高い。[242] 米国務省の海外テロ組織リストの三分の二はイスラム組織で占められており、前述したように、二〇〇八年には実行犯が特定できる世界中のテロ犠牲者のほぼ三分の二が、スンニ派テロリストに殺害されている。[243]

民主主義が拡大している世界の潮流とは反対に、イスラム国家のうちで選挙が行われているのは四分の一にすぎず、民主主義であるかどうかも疑わしい国がほとんどを占める。[244] 指導者は滑稽なほど高い得票率で当選し、反対勢力を投獄したり、野党を非合法化したり、議会を中断したり、選挙を中止したりする権利を意のままに行使している。[245] イスラム国家が独裁国家になるリスク要因——比較的大きい、貧しい、石油が豊富にある——をたまたま備えているというだけではない。これらの因子を一定に保った回帰分析でも、イスラム教徒の割合が高い国では、国民の有する政治的権利が少ない傾向にある。[246] 政治的権利は当然ながら、自由に発言したり、書いたり、集会を開いたりしても当局に連行されないということを意味するため、暴力と深く関わっている。

イスラム教国のなかには、法律や慣習が人道主義革命の機会を阻んできたケースが少なくないと思われる。アムネスティ・インターナショナルによれば、死刑が執行されている国は、非イスラム教国では三分の一であるのに対し、イスラム教国ではほぼ四分の三にのぼり、多くは石打ちの刑や焼き印、目つぶし、舌や手の切断、さらには磔《はりつけ》といった残忍な方法がとられる。[247] イスラム国家で女性器を切除された少女は一億人以上にのぼり、父親や兄弟、無理やり結婚させられた夫の機嫌を損ねたために、顔面に酸をかけられたり、問答無用で殺されるイスラム女性も後を絶たない。[☆248] 最後まで奴隷制が残っていたのもイスラム国家で（サウジアラビアは一九六二年まで、モーリタニアは一九八〇年まで）、人身売買が続く国の過半数はイスラム教国だ。[☆249] 魔術が単に法律で禁止されているだけでなく、実際に犯罪として訴追されるイスラム教国も少なくない。たとえばサウジアラビアでは二〇〇九年、エリトリア出身の男性が母国語の文字で書かれた電話帳を所持していたところ、警察に魔術の記号だと誤解され有罪になった。この男性は三〇〇回鞭で打たれ、三年以上服役させられたという。[☆250]

イスラム世界で暴力が正当化されるのは、宗教的迷信だけでなく、名誉の文化が過剰なまでに発達しているせいでもある。政治学者のハレド・ファタとK・M・フィエルケは、「屈辱の言説」がイスラム組織のイデオロギーにいかに浸透しているかを詳細に分析している。[☆251] 十字軍から欧米諸国による植民地化の歴史、イスラエルの存在、アラブの地における米軍のプレゼンス、イスラム国家の低迷にいたるまで、屈辱に次ぐ屈辱の連鎖は、イスラムそのものに対する侮辱と受け取られ、イデオロギー的純粋さに欠けるイスラム指導者だけでなく、その責任を負うと見なされる西洋文明世界に対する無差別の報復を正当化する道具として利用されてきた。イスラム教徒のなかでも過激派のイデオロギーは古来、大量虐殺を認めてきた。歴史は、救いがたいほど邪悪な人間を征服する輝かしい成功で終わる、暴力的な闘争ととらえられているのだ。アルカイダやハマス、ヒズボラ、そしてイラン政府の広報担当者たちは、敵対する集団（シオニスト、不信心者、「十字軍」、多神論者）を悪魔扱いし、千年王国思想を語り、ユダヤ人やアメリカ人をはじめ、イスラムを侮辱していると見なされる人びとの殺害を正当化している。[☆252]

これに対し、「何がうまくいかなかったのか？」と問いかけたのは中東史を専門とする歴史学者バーナード・ルイス〔ルイスは『何がうまくいかなかったのか?』(邦訳『イスラム世界はなぜ没落したか?』)という著書を二〇〇二年に上梓している。〕だけではない。二〇〇二年には国連の主導により、アラブ人の有識者委員会が「アラブ人のためにアラブ人によって作成された」とされる『アラブ人間開発報告』を発表した。[☆253] ここには、政治的弾圧、経済的後進性、女性の抑圧、高い非識字率、自ら招いた思想世界からの孤立など、アラブ諸国が抱える問題が具体的に記述されている。この報告が出された時点で、アラブ世界全体の製造品輸出量はフィリピンより少なく、インターネット接続環境はサハラ以南のアフリカ地域より悪く、年間の特許登録件数は韓国の二パーセント、アラビア語に訳された書籍の数はギリシャ語に訳された書籍の約五分の一だった。[☆254]

昔からずっとこうだったわけではない。中世には、イスラム文明のほうがキリスト教文明より間違いなく洗練されていた。ヨーロッパ人が、その創意工夫の才を拷問道具の開発に向けているあいだに、イスラム教徒は古代ギリシャの文化を保持しながら、インドや中国の文明がもたらした知識を吸収し、天文学や建築術、地図製作法、医学、化学、物理学、数学などを発展させた。この時代を象徴する遺産が「アラビア数字」(インド数字が起源)であり、alcohol(アルコール)、algebra(代数)、alchemy(錬金術)、alkali(アルカリ)、azimuth(方位角)、alembic(蒸留器)、algorithm(アルゴリズム)などのアラビア語に由来する単語である。科学では西洋世界がイスラム世界を追い越す側だったのに対し、人権に関してはイスラム世界が後れを取っていた。ルイスは次のように書く。

寛容を試されると、そのほとんどにおいて、イスラムは過去二、三世紀の間に発展してきた西洋の民主主義国に理論においても実践においても劣っているが、それ以外の大部分のキリスト教および脱キリスト教社会や体制には勝っている。イスラムの歴史には西洋社会のように、他の宗教の信徒や信仰をもたない者の解放や受容、彼らとの統合に匹敵するものは存在しない。しかし同時にイスラムの歴史には、スペインによるユダヤ教徒およびイスラム教徒の追放、宗教裁判所、異端者の火刑，宗教戦争、そして言うまでもなく、より最近の犯罪であるコミッションや黙認に相当するものも存在しないのである。[☆255]

なぜイスラム世界は、それまでの優位な立場を台無しにして、「理性の時代」や「啓蒙主義」、「人道主義革命」を逃してしまったのか？　歴史学者のなかには、コーランに好戦的な部分が含まれていることを指摘する向きもある。だが、大量殺人の話だらけの聖書と比べれば、それは賢明な解釈や規範の進化による情報操作で容易に消し去れる程度のものだ。

ルイスは、これまで宗教と国家の分離がなされてこなかった点を指摘する。ムハンマドは精神的指導者であるだけでなく、政治的・軍事的指導者でもあったし、イスラム国家に聖と俗を区別する概念が生まれたのは最近のことにすぎない。どんなに可能性のある知的貢献も、宗教的な眼鏡を通して見られるため、新しいアイデアを吸収したり、結合したりする機会が失われてしまったのだ。ルイスによれば、哲学書や数学書は古代ギリシャ語からアラビア語に翻訳されていたが、詩や戯曲、歴史書は翻訳されなかった。また、イスラム教徒は豊かに発展した文明の歴史をもっていたが、近隣のアジアやアフリカ、ヨーロッパの国々や、異教の先祖については無関心だった。古代イスラム文明を継承するオスマントルコは、機械時計や標準的な度量衡、実験科学、近代哲学、詩や小説の翻訳、資本主義の金融商品などを取り入れず、そしておそらく最も重要なことに、印刷機の導入を拒否した（コーランが書かれた言語であるアラビア語を印刷することは、冒瀆に値する行為だと考えられた）。[☆256] 第4章で、私はヨーロッパにおける人道主義革命が、洗練されたコスモポリタニズムを触媒としてもたらされ、それが人びとの間に共感の輪を広げ、またアイデアの市場がつくられて、自由主義的人道主義が生まれる素地となったのではないかと推測した。おそらくは宗教の圧力が、新しい思想がイスラム文明の中心へ流れ込むのを妨げ、相対的に反自由主義的な段階で発展を立ち止まらせたのだろう。この推測が正しいことを証明するかのように、二〇一〇年、イラン政府は、大学の人文課程に入学する学生の数を制限した。最高指導者アヤトラ・ハメネイはその理由について、人文科学の学問は「宗教原理や信仰に対する懐疑主義と疑念を助長する」からだと説明している。[☆257]

歴史的な理由がどうあれ、今日、西洋文化とイスラム文化のあいだには大きな溝があるように見える。政治学者サミュエル・ハンチントンの有名な学説によれば、この溝によって私たちは「文明の衝突」という世界史の新たな時代に突入しているのだという。「ユーラシア大陸では、文明間の深い歴史的断層線がふたたび炎に包まれている」とハンチントンは書く。「とくにアフリカの突き出た部分から中央アジアまで、イスラム国家が集まる三日月形の地帯の境界線沿いがそうである。さらに、イスラム教徒とバルカン半島のセルビア正教徒、イスラエルのユダヤ人、インドのヒンドゥー教徒、ミャンマーの仏教徒、フィリピンのカトリック信者とのあいだでも、武力紛争が発生している。イスラムの国境は血に染まっているのだ」。[☆258]

文明の衝突という大仰な概念は、評論家受けはしたものの、これを真剣に受けとめる国際問題研究者はまずない。世界中の流血の惨事は、イスラム国家の国内または国家間（たとえば一九八〇年代のイラン・イラク戦争や一九九〇年のイラクによるクウェート侵攻）、あるいは非イスラム国家の国内または国家間で発生している比率がきわめて高く、今日の世界の暴力の大半が文明の断層線に沿って起きているとは言えないのだ。また、ニルス・ペッター・グレディッチとハルヴァルド・ブハウグによれば、過去二〇年間に世界

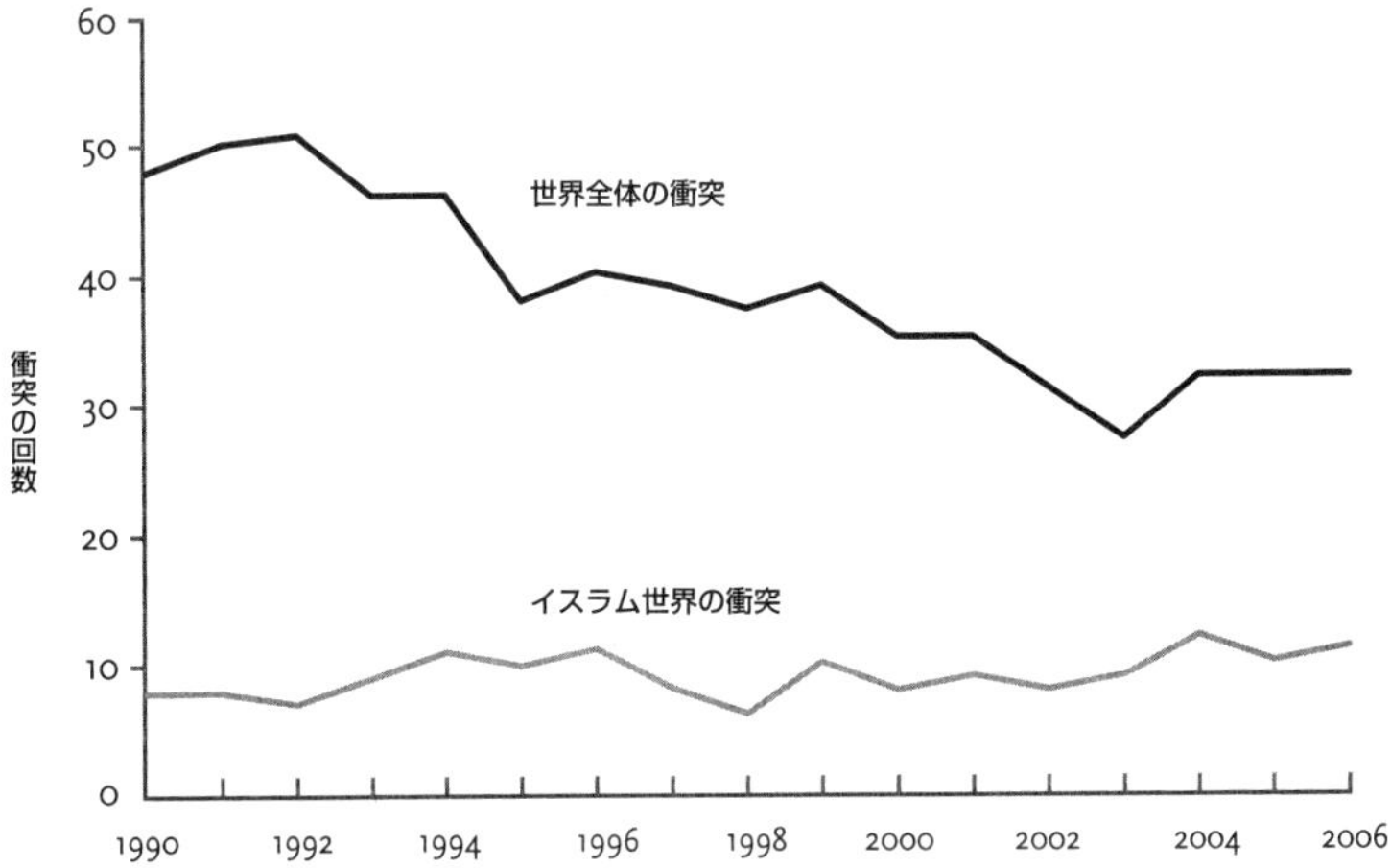

図6－12　イスラム世界と世界全体における衝突（1990～2006年）．
出典：Gleditsch, 2008のデータ．「イスラム世界の衝突」にはイスラム教国，イスラム教徒による反政府運動，あるいはその両方を含む．データはHalvard BuhangによってUCDP/PRIO Armed Conflict Datasetおよび彼自身のイスラム圏の衝突についてのコーディングから収集したもの．

の武力衝突に占めるイスラム教国やイスラム教徒の反乱の比率は、二〇パーセントから三八パーセントに増加しているとはいえ、その原因はそれらの衝突が増加したためではないという。図6－12が示すように、イスラム世界での衝突はほぼ同じ数で推移しているが、世界のほかの場所では平和が増進し、本書で「新しい平和」と呼ぶ現象が起きていたのである。

何より重要なのは、「イスラム文明」という概念全体が、マリやナイジェリア、モロッコ、トルコ、サウジアラビア、バングラデシュ、インドネシアなどさまざまな国に暮らし、自らをイスラム教徒と称する一三億人の人びとに不利益をもたらしているということだ。また、イスラム世界の境界線を越えて大陸や国に分割することは、もっと重大な境界線を生むことになる。欧米人にとって、イスラム教徒について知るのは、往々にして二つの怪しげな例――ファトワやジハードでニュースを賑わせる狂信者と、彼らを支配する石油に取り憑かれた独裁者――を介してである。これまで沈黙してきた（多くの場合、沈黙させられてきた）大多数の人びとが考えていることは、私たちが抱くイスラムのステレオタイプにはあまり関連をもたないのだ。この数十年間に世界のほかの地域を席捲した自由化の潮流に、一三億人のイスラム教徒は、はたして無関係でいられるのだろうか？

その答えの一部は、二〇〇一年から二〇〇七年にかけて、世界三五ヵ国で全世界のイスラム教徒の九〇パーセントを対象に行われた大規模なギャラップ調査に見出せるかもしれない。[☆259] 調査の結果、ほとんどのイスラム国家は当面、非宗教的な自由民主主義国に変わることはないことが確実に示された。エジプトやパキスタン、ヨルダン、バングラデシュのイスラム教徒の大半が、自国の法律はイスラム法（シャリア）にのみもとづくべきだと回答し、ほとんどの国で大半の人が、少なくとも一部はシャリアにもとづくべきだと回答したのだ。他方、アメリカ人の大半は、聖書はあくまで法律の数ある情報源の一つであるべきだと考えており、日曜日に働くことが石打ちの刑に値するなどと考える人はおそらくいないだろう。宗教は、非現実的な寓話や、誰も読みもしない聖典への感情的なのめり込み、慈悲深い偽善などを糧にして発展する。アメリカ人と聖書の関係と同様、ほとんどのイスラム教徒とシャリアの関係は、姦婦が石打ちの刑に処されて死ぬのを見たいという文字通りの願望というより、彼らの文化の最良の部分と関連づけられている道徳的姿勢との象徴的な関わりなのだ。実際には、リベラルな目的に即したシャリアの創造的かつ便宜的な解釈のほうが、抑圧的なイスラム原理主義的な解釈に勝つこともしばしばである（たとえば、先のナイジェリアの女性の処刑は行われなかった）。ほとんどのイスラム教徒が、シャリアと民主主義のあいだに矛盾を感じないのは、おそらくそのためだろう。それどころか、シャリアの理念には強い思い入れがあると明言していても、憲法の起草には宗教指導者が直接関わるべきではないと考える人が大多数を占めている。

大部分のイスラム教徒はアメリカに不信感を抱いているが、それは西洋社会に対する一般的な憎悪や民主主義への敵意によるものではないかもしれない。アメリカはイスラム社会に民主主義を広めたいとは思っていないと考えるイスラム教徒は少なくないが、たしかにそれには一理ある。なんといってもアメリカは、エジプトやヨルダン、クウェート、サウジアラビアなどの独裁政権を支持し、パレスチナにおけるハマス政権を認めず、一九五三年にはイランで民主的に選出されたモサデグ政権の転覆に手を貸している。一方、フランスとドイツに対する見方はより好意的で、二〇~四〇パーセントが西洋社会の「公正な政治制度、人間の価値の尊重、自由、平等」を評価している。さらに九〇パーセント以上が、自国の憲法でも言論の自由が保証されることを望み、多くの人が信仰の自由と集会の自由も支持している。主要なイスラム教国では男女を問わず圧倒的多数が、女性も男性の影響を受けずに投票し、男性と平等な法的権利を享受し、政府高官を含むどんな仕事にも就けるようになるべきだと考えている。さらには前述したように、イスラム教徒の圧倒的多数がアルカイダの暴力を認めていない。全回答者のうち、9・11テロ攻撃を肯定したのはわずか七パーセントにすぎず、しかも調査が行われたのは二〇〇七年にアルカイダの人気が急降下する前のことだった。

政治的暴力への関与についてはどうか。メリーランド大学のグループが、北アフリカと中東のイスラム教徒による草の根組織一〇二団体の目標について調査したところ、一九八五~二〇〇四年のあいだに暴力を是認する組織は五四パーセントから一四パーセントに減少していた。[☆260] 一方、非暴力的抗議に関与する割合は三倍に、選挙による政治に参加する割合は二倍に増加している。こうした変化が、図6-11のテロによる死者の曲線が下降している一因であり、数年ほど前に比べ、エジプトやアルジェリアのテロリストによる暴力を告げる見出しが大幅に減っているのも、このためである。

イスラム世界の偏狭さも、打ち砕かれはじめている。アルジャジーラのような独立系ニュースネットワーク、湾岸諸国におけるアメリカの大学キャンパス、SNSなどインターネットの普及、グローバル経済の誘惑、女性の権利をめぐる国内からの要求と非政府組織や欧米の同盟国からの圧力など、自由化への大きな波がイスラム世界を襲っているのだ。保守派のイデオローグは、こうした流れに抵抗し、中世そのままの世界を永遠に維持しようとするかもしれない。だがおそらく、それは叶わないだろう。

本書の執筆が終わって印刷に回されようという二〇一一年前半、チュニジアとエジプトでは拡大する反政府運動が指導者を退陣に追い込み、ヨルダンやバーレーン、リビア、シリア、イエメンなどの政権を脅かしている。結末は予測不能だが、抗議行動に参加している人びとはほぼ完全に非暴力的な非イスラム教徒であり、国際ジハードやカリフ制の復活、不信心者の殺害ではなく、民主主義や公正な政府、経済力を求める強い思いに駆り立てられている。どんなにこうした変化の風が吹こうと、イスラムの暴君や過激な改革派が、激変をもたらす戦争に無理やり民衆を巻き込むことは、考えられないことではない。それでも、「イスラムとの次の戦争」は決して起こらないという可能性のほうが高そうだ。すべてのイスラム国家が結束し、欧米諸国に戦いを挑むことはありそうもない。イスラム国家とは言ってもきわめて多様であり、西洋社会に対する憎悪が文明全体に広がっているわけではないのだ。トルコやインドネシア、マレーシアのように、すでに自由民主主義への道をかなり進んでいるイスラム教国もある。ク〇野郎に支配されつづける国もあるだろうが、その連中はどうしたってク〇野郎のままだ。シャリア民主主義という矛盾語法で、どうにか乗り切ろうとする国もあるだろう。だが、アルカイダのイデオロギーに支配される国はなさそうだ。とすると、「新しい平和」を脅かす危険のなかで十分予測できるのは、核テロ、イランの政権、地球温暖化の三つとなる。

＊

ジョン・ケリー上院議員の失言のように、従来のテロは、生活の基盤への脅威というより、むしろ取り締まるべき迷惑行為だが、大量破壊兵器を用いるテロはまったくの別物だ。数百万人の死者を出すテロ攻撃の可能性は、理論的にありうるというだけでなく、テロの統計とも一致する。コンピューター科学者のアーロン・クローゼットとマックスウェル・ヤング、および政治学者のクリスティアン・グレディッチによれば、一万一〇〇〇件のテロ攻撃による死者数を両対数グラフにしたところ、きれいな直線になったという。[☆261]テロ攻撃はべき分布に従う——つまり、極端な事象が発生する確率は低いが、天文学的にありえないほど確率が低くはないメカニズムで発生するということだ。

三人が提示した単純なモデルは、ジャン＝バティスト・ミシェルと私が戦争について提示したものとやや似ている。テロの準備に二倍の時間をかければ、死者数は四倍になるように、攻撃の計画にかける時間が長くなれば、死者数も指数関数的に増加する。具体的には、通常一桁の死者を出す単独自爆テロの場合、計画にかける時間は数日または数週間だ。死者約二〇〇人を出した二〇〇四年のマドリードの列車爆破事件と三〇〇〇人を殺害した9・11テロ事件は、計画にそれぞれ六ヵ月と二年を要している。[☆262]だが、テロリストの生活に明日はない。計画が長引けば、それだけ妨害や中断、見切り発車の確率は増す。こうした確率が一定である場合、計画の継続期間は、指数分布になる（ほとんどのテロ組織は、時間とともに指数関数的カーブを描いて消滅するとクローニンも指摘していた）。指数関数的に増加する被害と指数関数的に減少する成功の見込みを組みあわせると、不安を覚えるほどのファットテールをともなう、べき分布になる。現実世界の大量破壊兵器や、崇高な目的のために甚大な被害をもたらすこともいとわない狂信者の存在を考えると、恐ろしい数の死者を生み出す長期的な陰謀が実現する可能性は、現実的な範囲内にあるのだ。

もちろん統計モデルは、将来を占う水晶玉ではない。たとえ既存のデータポイントの軌跡をもとに推定することができるとしても、テール部分の大規模なテロ攻撃は、やはりきわめて（天文学的にとまでは言わないが）可能性が低い。さらにいえば、そもそも推定するのは不可能なのだ。実際には、べき分布のテールに達すると、データポイントは曲線の周辺に散らばったり、非常に低い確率まで減少するなど、予想外の動きを見せはじめる。テロ被害の統計的な分布は、最悪の場合を無視すべきでないことを警告するが、それがどれだけの確率で起こりうるかは教えてくれないのである。

では実際に、どれほどの確率なのか？　今後五年間に、次のシナリオが現実になる可能性は、どれくらいあると思うだろうか？　(1)主要先進国の首脳の一人が暗殺される。(2)核兵器が戦争またはテロ行為で使用される。(3)ベネズエラとキューバが、一ヵ国以上のラテンアメリカの国で起こるマルクス主義の反政府活動に協力し、資金援助する。(4)イランがテロ組織に核兵器を提供し、その一つがイスラエルやアメリカに対して使用される。(5)フランスが核兵器を廃棄する。

このような一五のシナリオをウェブページ上に示し、一七七人のインターネットユーザーに、それぞれの実現可能性を予測してもらった。推定中央値は、核爆弾が利用される（シナリオ2）が〇・二〇、イランから調達した核爆弾がテロ組織によってアメリカまたはイスラエルで使用される（シナリオ4）が〇・二五だった。回答者の約半数がシナリオ4の方がシナリオ2より実現の可能性が高いと予測していた。だがその際、回答者は可能性の計算における初歩的なミスを犯している。事象の同時発生（AとB両方が生じる）の確率は、それぞれが単独で発生する確率より大きくなることはありえない。トランプの赤のジャックを引く確率は、引いたジャックが赤でない可能性もあるため、単にジャックを引く確率より低いのだ。

トヴェルスキーとカーネマンは、統計学者や医学研究者も含めて非常に多くの人が、よくこのミスを犯すと指摘する。[☆263] 三四歳のビルという男性がいるとする。ビルは高い知能をもつが想像力が乏しく、強迫的な面があり、面白味に欠ける。学生時代は数学が得意だったが、芸術と人文科学は平凡な成績だった。では、ビルがサックスでジャズを演奏する確率はどれくらいあるだろうか？　サックスでジャズを演奏する会計士である確率は？　後者のほうが確率が高いとする人が少なからずいるが、それはおかしい。というのも、サックス奏者より、サックスを演奏する会計士のほうが少ないからだ。可能性を判断する際、人は法則にしたがって考えるのではなく、イメージに頼ってしまう。ビルはサックス奏者ではなく会計士のステレオタイプに合致し、私たちの直観はステレオタイプに同調するのだ。

これは心理学で「連言錯誤」と呼ばれるもので、さまざまな種類の推論に影響を及ぼす。たとえば裁判で、陪審員は怪しげな商売をする男が従業員を殺したという説より、従業員が警察に密告するのを防ぐために殺したという説を信じる傾向がある（裁判弁護士はこの錯誤で儲けている）。数学的にいえば、情報が加わるごとに確率は下がるはずだが、憶測上の情報をシナリオに加え、より鮮明な印象を陪審員に与えているのだ）。また、予測の専門家は、同じ結果でも、ありのままに示された結果（石油消費量が減少する）より、もっともらしい理由とともに示された起こりそうもない結果（石油価格が上昇し、石油消費量が減少する）の方が確率は高いと考える。[☆264] そして人はすべての理由に対するフライト保険よりも、テロに特化したフライト保険により高い金額を払おうとする。[☆265]

私の言わんとしていることはもうおわかりだろう。爆弾を闇市場や無法国家から調達し、人口密集地で爆発させるイスラムテロ組織の姿は、私たちも難なく想像できる。たとえできなくても、娯楽産業が『トゥルーライズ』や『トータル・フィアーズ』、『24』といった核テロを扱った映像で見せてくれる。グイグイ引き込まれる物語の面白さのあまり、そうした惨事が発生するまでにたどる全段階を熟考し、各段階の可能性を乗じた場合に得られる確率より高い確率で起こりうると考えてしまいがちだ。私が行った調査で、イランが支援する核テロ攻撃のほうが、核兵器による攻撃より起こりそうだと考えた回答者が非常に多かったのもそのためだ。核テロがありえないとか、天文学的に起こりそうにないということが言いたいのではない。重要なのは、系統的なリスク分析を行わずに出した確率は、高すぎる傾向があるということである。

では、「高すぎる」とはどういうことか？「確実に」とか「起こらないよりは起こる可能性のほうが高い」という表現では高すぎると私は思う。一九七四年、心理学者のセオドア・テイラーは、テロリストによる核攻撃を防ぐには、一九九〇年ではもう遅すぎると断言した。[☆266]一九九五年、世界に先駆けて核テロの危険性を訴えてきたグレアム・アリソンは、現状ではアメリカ国内の標的を狙った核攻撃が一〇年以内に起こる可能性が高いと予測した。[☆267]一九九八年、テロ対策専門家リチャード・フォルケンラースは、「今後ますます多くの非国家主体が、核兵器や生物兵器、化学兵器を入手し、使用するようになるのは確実だ」と書いている。[☆268]二〇〇三年、国連大使ジョン・ネグロポンテは、二年以内に大量破壊兵器を用いた攻撃が発生する「可能性が高い」と予測した。二〇〇七年には物理学者リチャード・ガーウィンが、核テロ攻撃の発生確率は年二〇パーセントであり、二〇一〇年までなら約五〇パーセント、一〇年以内ならほぼ九〇パーセントだと推測している。[☆269]

テレビの天気予報士のように、評論家や政治家、テロの専門家は、最悪のシナリオを強調したがる。政府を脅して、武器や核分裂性物質を厳重に取り締まり、これらを入手しようともくろむ恐れのある組織を監視したり、捜査員を潜入させる措置を取らせることはたしかに賢明だ。さらにリスクの過大評価は、過小評価より安全である。それでも、存在しない大量破壊兵器の捜索のためにイラクに侵攻し、多大な犠牲を払ったことが示すように、限度というものがある。専門家が起こらない惨事を予測しても、名前に傷つくことはないのがすでに証明ずみだが、危険はなくなったと宣言して、放射能入りの卵を顔に浴びるはめになる賭けに出ようという者はまずいないのだ。[☆270]

だが、ミューラーやジョン・パラチーニ、マイケル・リーヴァイら数少ない勇気ある人びとは、惨事のシナリオについて部分ごとに分析するという〝賭け〟に出ている。[☆271] まず、四つのいわゆる大量破壊兵器のうち、三つは旧型の兵器の破壊力には遠く及ばない。[☆272] 従来の爆薬で放射性物質（たとえば医療廃棄物から入手したもの）をまき散らす「汚い《ダーティー》」爆弾《ボム》は、ごく短期間に小規模の放射能上昇をもたらすにすぎない。化学兵器は、地下鉄のような閉鎖的空間（それでも従来の爆発物ほどの被害はもたらさない）で放出されないかぎりすぐに消散し、風に運ばれ、日光に破壊される（第一次世界大戦の毒ガスによる犠牲者が、ごく少数だったことを思い起こしてほしい）。疫病を発生させうる生物兵器は、開発と配備に法外な費用がかかるだけでなく、通常は手際の悪い素人の実験室で開発されるため大きな危険をともなう。そう考えると、核兵器よりずっと〝手軽な〟[☆273] 生物兵器や化学兵器が、三〇年間でたった三回のテロ攻撃でしか使われていないのも不思議ではない。一九八四年、カルト教団ラジニーシがオレゴン州の複数のレストランでサラダにサルモネラ菌を混入し、七五一人が食中毒になったが、死者は出なかった。一九九〇年、武装組織ＬＴＴＥはスリランカ軍駐屯地攻撃中に弾薬が底をついたため、付近の製紙工場にあった塩素シリンダーの蓋を開け、六〇人が負傷したが死者は出なかった。その後ガスは風にのってＬＴＴＥ陣営の上空に戻ってきたため、二度と同じ手は使わないことにしたという。日本のカルト教団オウム真理教は生物兵器を使用する企てに一〇回失敗したあと、東京の地下鉄でサリンを散布し、一二人を殺害した。四回目の攻撃は二〇〇一年、アメリカで炭疽菌入り封書が送りつけられた事件で、マスコミや政府機関の五人が死亡したが、のちにこれはテロ行為ではなく連続殺人であることが判明している。

本当の意味で大量破壊兵器と呼べるのは、核兵器だけである。ミューラーとパラチーニが、テロリストが核爆弾の入手に「あと一歩」のところまで迫ったというさまざまな報告の事実確認を行ったところ、いずれも疑わしい情報であることが判明した。闇市場での核兵器調達に「関心」を示したという報告が、実際に交渉したという話になったり、なんの変哲もないスケッチが詳細な青写真に変わったり、不十分な手がかり(たとえば二〇〇一年に、イラクがアルミニウム管を購入したことなど)が開発計画の証拠であると過剰に解釈されたりしていたのだ。

核テロにいたる道筋を一つひとつ注意深く検証すると、それがいかに起こりそうもないかが明らかになってくる。ロシアの核兵器保管に脆弱性の窓があった可能性はたしかにあるが、いまではほとんどの専門家が、その可能性はなくなり、核兵器の闇市場で流出核が売られていることはないと請けあう。ロスアラモス国立研究所の元核兵器研究責任者スティーブン・ヤンガーは、「ニュースで報じられている内容がどうあれ、すべての核保有国は、自国の核兵器の安全管理に真剣に取り組んでいる」と語る。[☆274]ロシアは、チェチェンをはじめとする民族分離主義勢力の手に核武器を渡さないよう肝に銘じ、パキスタンも最大の敵アルカイダに対して同様の懸念を抱いている。噂とは反対に、防衛の専門家はパキスタン政府や軍司令部がイスラム過激派の支配下に入る確率は、実質的にゼロだと見る。[☆275]核兵器には、不正配備を防ぐため複雑な連動装置が装備されているうえ、ほとんどの核兵器はメンテナンスをしなければ「放射性の金属くず」になってまうのだ。[☆276]こうした理由から、二〇一〇年に核テロ防止を目的にバラク・オバマ大統領の主導で開かれ、四七ヵ国が参加した核セキュリティ・サミットでは、完成した核兵器ではなく、プルトニウムや高濃縮ウランなどの核分裂性物質の安全性に焦点を絞った議論が行われた。

盗まれた核分裂性物質の危険は現実のものであり、サミットで推奨された対策は間違いなく賢明で信頼できる半面、遅すぎるともいうべきものだった。とはいえ、ガレージで製造される核兵器のイメージに取りつかれて、もはやそれは不可避だとか、可能性がきわめて高いなどと心配しすぎる必要はない。すでにある、または間もなく整う防護措置によって核分裂性物質の盗難や密輸は困難になるし、万が一流出したとしても、世界規模での犯人追跡が行われるはずだ。実用的な核兵器の製造には、素人の力量をはるかに超える精密工学と製造技術がなくてはならない。大量破壊兵器テロに関して大統領と米連邦議会に助言を行うギルモア委員会は、これに挑むことは「きわめて困難」だとし、アリソンは核兵器を「大きくてかさばるうえ、危険で信頼できず、予測不能かつ非効率的」なものだと言う[277]。さらに、材料や専門家、適切な施設を確保するまでの過程には、見つかることや裏切り、おとり捜査、失敗、不運など数々の危険が潜んでいる。リーヴァイは著書『核兵器テロについて』で、核テロ攻撃を成功させるためにクリアしなければならない条件をすべてあげたうえで、「核兵器テロのマーフィーの法則――失敗する可能性のあるものは失敗する」と述べている[278]。ミューラーはその過程には二〇の障害があるとし、テロ組織がその一つひとつをクリアする可能性がたとえ五分五分だとしても、全体としての成功確率は一〇〇万分の一しかないと言う。一方リーヴァイは、一〇の障害しかなく、それぞれを切り抜ける確率が八〇パーセントあったとすると、核テロ組織が成功する確率は一〇分の一になると推定する。しかしこれらは、私たちが犠牲者になる確率ではない。テロ組織は、仮にこうした極度に楽観的な当て推量をしたとしても、最終的にはもっと成功率が高い計画に資源をふり向けるほうが得策だと判断する可能性は十分ある。だが、くり返しになるが、これらはいずれも核テロが不可能だということを意味するわけなはない。少なからぬ人が主張するように、それが切迫した不可避の——あるいはきわめて可能性の高い——ものではない、ということを意味しているにすぎないのだ。

＊

今日の識者たちの言うことを鵜呑みにすれば、いままさにあなたがこれを読んでいるあいだにも、新しい平和は、おそらくは核兵器を用いたイランとの大規模な戦争によって打ち砕かれていることだろう。本書を執筆している時点で、イランの核エネルギー開発をめぐる緊張は高まりつつある。イランは現在、核兵器の製造に十分なウラン濃縮を進めており、査察を受け入れ、核不拡散防止条約の他の条項にしたがうべきだという国際社会の要求を拒否している。イランのマフムード・アフマディネジャド大統領は、欧米諸国の首脳を愚弄し、テロ組織を支援、さらには9・11テロ攻撃を画策したとしてアメリカを非難したばかりかホロコーストを否定し、イスラエルを「地図から抹消」するよう要求している。また彼は、平和と正義の時代の到来を告げるイスラム教の救世主「一二人目のイマーム」の再来を願っているが、一部のシーア派の解釈によれば、この救世主は世界中が戦争と混沌に包まれたあとにあらわれると言われている。

控えめに言っても、これらすべては不安をかき立てるものであり、アフマディネジャドをヒトラーの再来だと結論づける書き手も少なくない——近い将来核兵器を開発し、イスラエルに対して使用するか、ヒズボラに提供するかするだろう、と。そこまで悲惨ではないシナリオでも、アフマディネジャドは中東諸国に、イランによる支配に屈するよう強要するという。そうした見通しに立てば、イスラエルやアメリカには、たとえ長年におよぶ戦争や報復としてのテロを招くことになっても、先手を取ってイランの核施設を爆撃する以外に選択の余地はないのかもしれない。いみじくも、二〇〇九年のワシントンタイムズ紙の社説はこう書いている。「イランとの戦争はもはや不可避である。あとは、いつそれが起きるかということだけだ」[☆279]。

イランの狂信者による核攻撃というこの背筋も凍るシナリオは、たしかにありえない話ではない。だがそれは不可避なのか？　あるいは高い確率で起こりうるのだろうか？　アフマディネジャドという人物や彼の動機には同じく疑いの目を向けながら、今後の世界にとって、それほど悲惨ではないシナリオを描くことは可能だ。ジョン・ミューラーやトーマス・シェリングをはじめ少なからぬ外交アナリストは、そうしたシナリオを想定し、イランの核開発計画は世界の終わりを意味しないという結論に達している[☆280]。

イランは核不拡散条約に加盟しており、アフマディネジャドはこれまでくり返し、イランの核開発はエネルギーや医学の研究を意図したものにすぎないと言明している。二〇〇五年、最高指導者ハメネイ（アフマディネジャドより強い権力を保持する）は、イスラム教は核兵器を禁じると明言するファトワを出した[☆281]。それにもかかわらずイラン政府が核兵器開発へと突き進んだとしても、国家の指導者が白々しい嘘をつくのは歴史上前例がないわけではない。だが、自らを窮地に追い詰めたうえに、ロシアや中国、トルコ、ブラジルなどイランが頼りにする大国を含め、全世界が見守るなかで完全に信頼を失うことに対して、少なくともためらいを覚えるはずである。

アフマディネジャドが一二人目のイマームの再来を待ち望んでいるのは、必ずしも核兵器による大量虐殺でそれを早めようと画策していることを意味するわけではない。アフマディネジャドが大惨事を起こすと、書き手たちが自信満々に書き立てていた二つの期限——二〇〇七年と二〇〇九年——は、もうとっくに過ぎている[☆282]。どれほどの意味があるかはさておき、二〇〇九年にNBCの記者アン・カリーとのテレビインタビューで、彼は自らの信条について次のように説明している。

カリー――あなたの生きているあいだに、イマーム、つまり終末が到来すると信じているとおっしゃていますが、彼の到来を早めるには何をすべきだとお考えですか?

アフマディネジャド――私はそんなことは言っていない。……平和について話しただけだ。……破滅的戦争、世界規模の戦争、そういった類のことに関して言われていること。それはシオニストが主張していることだ。イマームは……論理、文化、科学とともに訪れる。彼が到来すれば戦争はなくなる。敵も憎しみもなくなる。紛争もなくなる。彼はすべての人に兄弟のように愛しあうよう呼びかけるだろう。もちろん、彼はイエス・キリストとともに再来する。ともに戻ってきて、力を合わせ、この世界を愛で満たすだろう。大規模な戦争、破滅的な戦争などに関する話が世界中に広がっているが、そんな話はすべて嘘だ。[☆283]

ユダヤ系であり無神論者である私は、この発言に心底から安心したとは言えない。だがこれは、明らかな違いは一つあるものの、敬虔なキリスト教徒の考えと大きく異なってはいない。それどころか、多くのキリスト教徒が世界を破滅に導く戦争を信じ、ベストセラー小説でその空想を膨らませていることを考えると、むしろ穏便でさえある。「イスラエルを地図から抹消する」と翻訳された語句を含む発言については、どういう文脈でこの語句が使われていたのか、ニューヨークタイムズ紙の記者イーサン・ブロナーがペルシャ語翻訳者とイラン政府の修辞分析官に意見を聞いたところ、アフマディネジャドは長期的な政権交代について夢想にふけっていただけで、近い将来ジェノサイドを行うなどという意味ではないという見解で一致した。[☆284] 外国語の大げさな物言いを翻訳する際の危険といえば、フルシチョフが「おまえらを地中に埋めてやる」と発言したという有名なエピソードがある。あとになって、これは「埋葬する」ではなく、ソ連のほうがアメリカより「長く生き延びる」という意味だったことが判明した。

イランの行動に対するかなり控え目な解釈もある。二〇〇二年、ジョージ・W・ブッシュ大統領は、イラク、北朝鮮、イランを「悪の枢軸」と名指しし、イラクに侵攻してフセイン政権を崩壊させた。明日のわが身と見て取った北朝鮮の指導者は、すぐさま核開発に取り組み、(間違いなく彼らが期待していたとおり)北朝鮮にも侵攻するというアメリカの思惑に歯止めをかけた。その後ほどなくイランは核開発計画を本格化し、核兵器保有の有無や、すぐに組み立てが可能かを曖昧にして、〝大悪魔〟の頭の中から侵攻の二字を消し去ろうとしたというのである。

もし実際に、イランが核保有国であることが確定、あるいは疑わしいとなったとしても、核の時代の歴史から導き出される最もありそうな結果は、何も起こらないということだ。これまで見てきたとおり、核兵器は全人類の破滅を抑止する以外、なんの役にも立たないことが明らかになっている。核保有国がくり返し、核を持たない国から盾突かれているのもそのためだ。直近の核拡散に関する出来事がそれを裏づけている。二〇〇四年の時点では、北朝鮮が核能力を持てば二〇一〇年末までに核兵器がテロリストの手に渡り、韓国や日本、台湾との核兵器競争に突入するだろうと広く予想されていた。[☆285] ところが蓋を開けてみれば、北朝鮮はたしかに核能力を手にしたが、二〇一〇年を過ぎても何も起きていない。また、核兵器をテロ組織の危険人物に提供し、それがどう使われるかの管理を放棄する一方で、結果には責任を負わされる国もなさそうである。[☆286]

イランの場合、考えられる利益はなんらないにもかかわらず、イスラエルを爆撃する(あるいは不利を招く偶然というかたちでヒズボラに爆撃の許可を与える)ことを決断するとすれば、指導者はその前に、イスラエル軍司令官（短気な点ではイランに引けを取らない）による核の報復だけでなく、核のタブーを侵したことに怒った大国の連合による侵攻も覚悟しなければならない。イランの政権はたしかに忌まわしく、多くの面で理性を欠いている。だがその指導者たちは、放射能で汚染されたパレスチナにおける完全な正義とか、（イエス・キリストと一緒であろうとなかろうと）一二人目のイマームの到来といったものを追求することで自滅の道を選択するほど、権力の保持には無関心なのだろうか。二〇〇五年のノーベル経済学賞を受賞したトーマス・シェリングは、受賞祈念講演でこう述べている。「イランは核弾頭をいくつか持つことで、ひょっとしたら自国の体制を崩壊させてしまう以外に、何を達成できるのか？　核兵器とは、蓄えておけばアメリカやロシア、あるいはどんな国に対しても、軍事力の行使をためらわせることができる貴重なものだ。誰かにあげたり、売ったり、人を殺して無駄にしたりするにはあまりにもったいない」[☆287]。

　最悪のシナリオに代わるものを考えるのは危険だと思われるかもしれないが、危険は諸刃の剣だ。二〇〇二年秋、ジョージ・W・ブッシュは国民にこう警告した。「アメリカに対して増大しつつある脅威を無視してはならない。危険の明らかな証拠に直面するいま、決定的な証拠が出てくるのを待ってはいられない。それはきのこ雲となって出てくるかもしれないのだ」。そしてこの「明らかな証拠」が、一〇万人以上の命とほぼ一兆ドルという代償をともなう戦争を導き、しかも世界は少しも安全な場所にならなかったのだ。過去六五年間、大惨事は不可避だと権威をもって下される予測が誤っていたことが幾度となく証明されてきたにもかかわらず、イランの核兵器使用を過剰な確信をもって予測することは、さらに大きな代償をともなう危険な冒険につながりかねない。

*

今日、人びとの頭を悩ませる憂鬱なシナリオがもう一つある。地球の温度の上昇により、数十年後には海抜の上昇、砂漠化、そして地域によっては旱魃、あるいは洪水やハリケーンが多発することが危惧されているのだ。そうなれば経済が混乱して資源をめぐる競争が起き、暮らしやすい地域へと大勢の人が流入して、受け入れを歓迎しない人びととのあいだに軋轢が生じる。二〇〇七年のニューヨークタイムズ紙の論説はこう警告する。「気候ストレスは国際安全保障にとって、冷戦期の米ソ軍拡競争や、今日の無法国家間の核兵器の拡散と同じくらい危険な──そしてより手に負えない──難題となりうる」[☆288]。同年、気候変動が国際安全保障を脅かすとして、地球温暖化への対策を呼びかけたアル・ゴアと気候変動に関する政府間パネルがノーベル平和賞を受賞した。不安が高まれば、誰しもが懸念を募らせる。ある軍当局者グループは、地球温暖化は「不安定性を増強させる要因」だとしたうえで、「気候変動は対テロ戦争を拡大する条件をもたらすだろう」と予測している[☆289]。

だがこれについても、私見では「そうなるかもしれないが、ならないかもしれない」というのが適切な反応だろう。気候変動は多大な苦難を引き起こす可能性があり、そのためだけでも軽減する価値があることは確かだが、必ずしも武力衝突につながるわけではない。ハルヴァード・ブホウやアイディーン・サレヒャン、オリ・テイセン、ニルス・グレディッチら戦争と平和について研究する政治学者は、人びとが希少資源をめぐって戦争を起こすという一般通念には懐疑的だ[☆290]。飢えや資源不足は、マラウィやザンビア、タンザニアといったサハラ以南の国々に悲惨なまでに広がっているが、だからといってこれらの国々が戦争に巻き込まれているわけではない。ハリケーンや洪水、旱魃、津波（二〇〇四年にインド洋で発生した壊滅的な大津波など）は通常、武力衝突につながることはない。別の例をあげれば、一九三〇年代にアメリカで発生した砂塵嵐は甚大な損失をもたらしたが、内戦は起きなかった。また、過去一五年間にアフリカでは年々気温が上昇しているが、内戦も戦死者数も減りつづけている。土地や水の利用に対するストレスは、たしかに地域内の小競りあいを引き起こすこともあるが、本格的な戦争には敵対する勢力が組織化され武装することが必要であり、単なる土地や水の利用よりも悪政、閉鎖的経済、好戦的なイデオロギーなどが原因となる。いうまでもなくテロの場合は、どんなことでもテロと結びつく可能性がある——テロリストは多くの場合、中流下層階級の失業者で、自作農ではないのだ。[☆291] ジェノサイドに関していえば、スーダン政府はダルフールでの残虐行為を都合よく砂漠化のせいにし、政府が民族浄化を黙認または奨励したことの責任から世界の注意をそらそうとしている。

一九八〇～九二年に発生した武力衝突について回帰分析を行ったテイセンは、武力衝突は貧しくて人口が多く、政治的に不安定な石油産出国で起こりやすいが、旱魃や水不足、土地の緩やかな劣化などに苦しむ国では起こりにくいことを突きとめた（深刻な土地の劣化が影響する場合もある）。都合のいいデータが得られる一、二ヵ国だけではなく、多数の国を対象にして分析を行ったテイセンは、こう結論する。「資源不足と多数の人が殺害される内戦との関係を理由にして破滅を予測する者もいるが、サンプル数の多い文献がそれを裏づけることはまずない」。サレヒャンはさらにこう指摘する。発展途上世界において、比較的少ない費用で水使用と農業実践の進歩が実現すれば、使用できる土地が変わらないか少なくなっても生産性を大幅に向上させることができ、先進民主主義国と同様、より良い統治によって環境被害の人的コストを軽減できる。環境の状態は、政治や社会組織によってはるかに大きな影響を受けるさまざまな要因の一つにすぎず、たとえ気候変動が起きた世界においても、資源をめぐる戦争は不可避なものとはほど遠いのである。

理性的な思考のできる人であれば、「新しい平和」が長い平和になると——ましてや永続する平和になると——予言したりはしないだろう。今後数十年間に、戦争やテロ攻撃は確実に起こるだろうし、大規模なものが起こる可能性もある。既知の未知——好戦的なイスラム主義、核テロリスト、環境の悪化——に加え、未知の未知も少なからず出てくるにちがいない。中国の新しい指導者が台湾囲い込みの最終決断を下すかもしれないし、ロシアが旧ソ連を構成していた共和国を一、二ヵ国吸収してアメリカの怒りを買うかもしれない。攻撃的なチャベス主義がベネズエラの外へも広がり、発展途上世界のいたるところでマルクス主義による反政府活動や、それに対する容赦ない鎮圧作戦が起きるかもしれない。いまこの瞬間にも、誰も聞いたことのない解放運動のテロリストが未曾有の破壊攻撃を企てているかもしれないし、大国を乗っ取って世界を戦争状態に引き戻そうとする卑劣な狂信者の頭の中で、終末論的イデオロギーがふつふつと沸いているかもしれない。「サタデーナイトライブ」のコメンテーター、ロザンヌ・ロザンナダが言うように、「つねに何かが起きている。これでなければ、また別のことが起きる」のだ。

だが、背筋の寒くなるような想像に左右されて可能性を判断するのは、あまりにも愚かだ。つねに何かが起きるかもしれないが、その数は少なくなるかもしれないし、起こることが必ずしも悪いこととはかぎらない。戦争、ジェノサイド、テロが過去二〇年で減少している——ゼロにはなっていないが、大幅に減っている——ことを、数字は如実に物語っている。暴力は世界中に一定量存在していて、たとえ休戦しても必ず別の場所で新たな戦争に姿を変えて発生し、合間に訪れる平和も高まった好戦的な緊張を解放するための小休止にすぎない——というメンタルモデルは、事実から見て誤りである。もし世界が一九六〇年代、七〇年代、八〇年代のままでありつづければ起きたかもしれない内戦やジェノサイドが起きなかったおかげで、何百万という人びとが今日生きている。この好ましい結果をもたらした条件——民主主義、繁栄、まっとうな政府、平和維持活動、開放的な経済、反人道主義的イデオロギーの衰退——は、当然ながら永遠に続く保証があるわけではいない。けれども一晩にして消えてしまうことも、ありそうもない。

もちろん私たちは危険な世界に生きている。これまで強調してきたように、歴史を統計的に評価すれば、暴力的な大惨事は起こりそうだとは考えられないが、天文学的確率でありえないというわけでもない。これを、もっと希望的なかたちで言い直してみよう。暴力的な大惨事は、天文学的確率でありえないわけではないかもしれない——だがそれは起こりそうではないのだ、と。

注

はじめに

1. Slovie, 1987; Tversky & Kahneman, 1973.
2. 命名は Gaddis, 1986.
3. 暴力の減少について過去に論じた拙著は以下のとおり。Pinker, 1997, pp. 518-19; Pinker, 2002, pp. 166-69, 320, 330-36.
4. 暴力の減少に関する他の著作は以下のとおり。Elias, 1939/2000; Human Security Report Project, 2011; Keeley, 1996; Muchembled, 2009; Mueller, 1989; Nazaretyan, 2010; Payne, 2004; Singer, 1981/2011; Wright, 2000; Wood, 2004.

第1章　異国

1. Bennett Haselton と私は265人のインターネットユーザーを対象に、前史時代の狩猟採集社会と初期の国家、今日の狩猟採集社会と近代西洋社会、14世紀と20世紀のイギリスの殺人、1950年代と2000年代の戦争、1970年代と2000年代のアメリカの殺人について、それぞれどちらが暴力死の数が多いと思うか質問した。それぞれについて回答者は後者のほうが死者数が多いと答え、その比率は1.1から4.6だった。実際には本書で述べるとおり、前者のほうが死者数が多く、その比率は1.6から30である。
2. B. Cullen, "Testimony from the Iceman," *Smithsonian,* Feb. 2003; C. Holden, "Iceman's final hours," *Science,* 316, Jun. I, 2007, p. 1261.
3. McManamon, 2004; C. Holden, "Random samples," *Science,* 279, Feb. 20, 1998, p. 1137.
4. Joy, 2009.
5. "2000-year-old brain found in Britain," *Boston Globe,* Dec. 13, 2008.
6. C. Holden, "A family affair," Science, 322, Nov. 21, 2008, p. 1169.
7. Gottschall, 2008.
8. Homer, 2003, p. 101.
9. Gottschall, 2008, p. 1.
10. Gottschall, 2008, pp. 143-44.
11. *Iliad* 9.325-27, quoted in Gottschall, p. 58.
12. Kugel, 2007.
13. Genesis 34:25-31.
14. Numbers 31.
15. Deuteronomy 20:16-17.
16. Joshua 6.
17. Joshua 10:40-41.

18. 1 Samuel 15:3.
19. 1 Samuel 18:7.
20. 1 Chronicles 20:1-3.
21. 1 Kings 3:23-28.
22. Schwager, 2000, pp. 47, 60.
23. 聖書を文字通り解釈する人たちは大洪水は紀元前2300年頃に起きたと見る。McEvedy & Jones, 1978の推測によれば、紀元前3000年の世界の人口はおよそ1400万人、紀元前2000年にはおよそ2700万人だったという。
24. Kugel, 2007.
25. Ehrman, 2005.
26. B. G. Walker, "The other Easters," *Freethought Today,* Apr. 2008, pp. 6-7; Smith, 1952.
27. Kyle, 1998.
28. Edwards, Gabel, & Hosmer, 1986.
29. Gallonio, 1903/2004; Kay, 2000.
30. Quoted in Gallonio, 1903/2004, p. 133.
31. Lehner & Lehner, 1971.
32. Grayling, 2007; Rummel, 1994.
33. Quoted in Bronowski, 1973, p. 216.
34. Rummel, 1994.
35. Grayling, 2007 p. 25.
36. John 15:6.
37. Kaeuper, 2000, p. 24.
38. Quoted in Kaeuper, 2000, p. 31.
39. Quoted in Kaeuper, 2000, p. 30.
40. *Henry V,* Act 3, Scene III.
41. Tatar, 2003, p. 207.
42. Tatar, 2003.
43. Schechter, 2005, pp. 83-84.
44. Davies, Lee, Fox, & Fox, 2004.
45. Chernow, 2004.
46. Krystal, 2007.
47. Krystal, 2007; Schwartz, Baxter, & Ryan, 1984.
48. Pinker, 1997 chap. 8.
49. Stevens, 1940, pp. 280-83, quoted in Mueller, 1989, p. 10.
50. Sheehan, 2008; van Creveld, 2008.
51. A.Curry, “Monopoly killer,” *Wired,* Apr. 2009.
52. Cooney, 1997.
53. Ad Nauseam, 2000. Chase & Sanborn の広告は *Life* magazine on Aug. 11, 1952に掲載。
54. 著者宛ての Tom Jones の e-mail, Nov. 19, 2010を本人の許可を得て転載した。
55. イギリス人やカトリック教徒の友人からの私信による。また以下も参照。S. Lyall, "Blaming church, Ireland details scourge of abuse: Report spans 60 years," *New York Times,* May 21, 2009.

第2章　平和化のプロセス

1. Bob Mankoff のマンガより。
2. Maynard Smith & Szathmáry, 1997.
3. Dawkins, 1976/1989, p. 66.
4. Williams, 1988; Wrangham, 1999a.
5. Hobbes, 1651/1957, p. 185.
6. Darwin, 1874; Trivers, 1972.
7. Pinker, 1997, 2002.
8. Schelling, 1960.
9. Rousseau, 1755/1994, pp. 61-62.
10. Van der Dennen, 1995, 2005.
11. Goodall, 1986; Wilson & Wrangham, 2003; Wrangham, 1999a; Mitani, Watts, & Amsler, 2010.
12. Maynard Smith, 1988; Wrangham, 1999a.
13. Goodall, 1986.
14. Wilson & Wrangham, 2003; Wrangham, 1999a; Wrangham, Wilson, & Muller, 2006.
15. Wilson & Wrangham, 2003; Wrangham, 1999a; Wrangham & Peterson, 1996; Mitani et al, 2010.
16. ボノボ：de Waal & Lanting, 1997; Furuichi & Thompson, 2008; Wrangham & Peterson, 1996. ボノボと大衆文化：I. Parker, "Swingers," *New Yorker,* Jul. 30, 2007; M. Dowd, "The Baby Bust," *New York Times,* Apr. 10, 2002.
17. de Waal, 1996; de Waal & Lanting, 1997.
18. Furuichi & Thompson, 2008; Wrangham & Peterson, 1996; I. Parker, "Swingers," *New Yorker,* Jul. 30, 2007.
19. Wrangham & Pilbeam, 2001.
20. Plavcan, 2000.
21. White et al., 2009.
22. Plavcan, 2000; Wrangham & Peterson, 1996, pp. 178-82.
23. Diamond, 1997; Gat, 2006; Otterbein, 2004.
24. Cavalli-Sforza, 2000; Gat, 2006.
25. Gat, 2006.
26. Diamond, 1997; Gat, 2006; Kurtz, 2001; Otterbein, 2004.
27. Modern chiefdoms: Goldstein, 2011.
28. Gat, 2006; Kurtz, 2001; North, Wallis, & Weingast, 2009; Otterbein, 2004; Steckel & Wallis, 2009; Tilly, 1985.
29. Daly & Wilson, 1988, p. 152.
30. Freeman, 1999; Pinker, 2002, chap. 6; Dreger, 2011; C. C. Mann, "Chagnon critics overstepped bounds, historian says," *Science,* Dec. 11, 2009.
31. Keeley, 1996.
32. Eckhardt, 1992, p. 1.
33. Keeley, 1996; LeBlanc, 2003; Gat, 2006; Van der Dennon, 1995; Thayer, 2004; Wrangham & Peterson, 1996.
34. Chagnon, 1996; Gat, 2006; Keeley, 1996; LeBlanc, 2003; Thayer, 2004; Wrangham &

Peterson, 1996.
35. Keeley, 1996.
36. Quoted in Schechter, 2005, p. 2.
37. Valero & Biocca, 1970.
38. Morgan, 1852/1979, PP. 43-44.
39. Burch, 2005, p. 110.
40. Fernández-Jalvo et al., 1996, Gibbons, 1997.
41. E. Pennisi, "Cannibalism and prion disease may have been rampant in ancient humans," *Science,* Apr. 11, 2003, pp. 227-28.
42. A. Vayda's *Maori warfare* (1960), quoted in Keeley, 1996, p. 100.
43. Chagnon, 1988; Daly & Wilson, 1988; Gat, 2006; Keeley, 1996; Wiessner, 2006.
44. Quoted in Wilson, 1978, pp. 119-20.
45. Daly & Wilson, 1988; McCullough, 2008.
46. Bowles, 2009; Gat, 2006; Keeley, 1996.
47. Keeley, 1996; McCall & Shields, 2007; Steckel & Wallis, 2009; Thorpe, 2003; Walker, 2001.
48. Bowles, 2009; Keeley, 1996.
49. Bowles, 2009.
50. Gat, 2006; Keeley, 1996.
51. Keeley, 1996.
52. 3% の推定は *A study of war*: Wright, 1942, p. 245より。同書の初版は第二次世界大戦の最も死者が多く出た期間より前の1941年11月に書かれた。だがその数字は1965年の改訂版(Wright, 1942/1965, P. 245)や1964年の簡約版(Wright, 1942/1964, p. 60)でも変わっていないが、後者はドレスデン、ヒロシマ、ナガサキについて同じ段落でふれている。推定の数字が変わっていないのは意図的なものであり、死者数の増加分は戦後の数十年間に生まれた10億人によって相殺されたと考えられる。
53. Keeley, 1996, from Harris, 1975.
54. 戦闘による死者数は Correlates of War datasets (Inter-State, Extrastate, and Intrastate) の1900年から1945年までの合計で、"State Deaths" と "Total Deaths" (Sarkees, 2000; http://www.corretatesofwar.org) の大きいほうの数字を取った。あわせて PRIO Battle Deaths Dataset (Gleditsch, Wallensteen, Eriksson, Sollenberg, & Strand, 2002; Lacing & Gleditsch, 2005; http://www.prio.no/Data/) の "Battle Dead Low" と "Battle Dead High" の1946年から2000までの推定の幾何平均も用いた。
55. 60億人という数字は、20世紀にこの世に生を受けた人間がおよそ120億人と推定され(Mueller, 2004b, p. 193)、世紀末に生存していた人がおよそ57億5000万人いたことによる。
56. White, in press; 3%という数字は、総死者数を推定6億2500万人としたことによる。注55も参照。
57. Iraq Coalition Casualty Count, www.icasualties.org.
58. Human Security Report Project, 2008, p. 29. 世界中の死者数の推定5650万人という数字は、WHO による。20倍の乗数は2000年の「戦争関連死」が310,000という WHO の推定にもとづく。これは *World report on violence and health.* で得られる最も新しい数字である。以下も参照。Krug, Dahlberg, Mercy, Zwi, & Lozano, 2002, p. 10.
59. Steckel & Wallis, 2009.

60. Eisner, 2001.
61. Daly & Wilson, 1988.
62. Keeley, 1996, table 6.1, p. 195.
63. Keeley, 1996, table 6.1, p. 195.
64. Leland & Oboroceanu, 2010, "Total Deaths" column. 人口数はアメリカの国政調査による。http://www.census.gov/compendia/statab/hist_ stats.html.
65. White, in press が推定する死者数1億8000万人、および20世紀の平均年間世界人口30億人という数字にもとづく。
66. アメリカの数字：www.icasualties.or. 世界の数字：UCDP/PRIO Armed Conflict Dataset, Human Security Report Project, 2007. 以下も参照。Human Security Centre, 2005, based in part on data from Gleditsch et al., 2002, and Lacina & Gleditsch, 2005.
67. Divale, 1972; Ember, 1978; Keeley, 1996. 以下も参照。Chagnon, 1988; Gat, 2006; Knauft, 1987; Otterbein, 2004. Van der Dennen, 2005は、戦争を全くしないかほとんどしない非国家社会の比率の推定を8つあげている。中央値は15%。
68. "Noble or savage? The era of the hunter-gatherer was not the social and environmental Eden that some suggest," *Economist,* Dec. 19, 2007.
69. Keeley, 1996; Van der Dennen, 2005.
70. Goldstein, 2001, p. 28.
71. Knauft, 1987.
72. Gat, 2006; Lee, 1982.
73. Fox & Zawitz, 2007; Zahn & McCall, 1999; Pax Botswaniana: Gat, 2006.
74. Chirot & McCauley, 2006, p.114.
75. Quoted in Thayer, 2004, p. 140.
76. Ericksen & Horton, 1992.
77. Wiessner, 2006.
78. Steckel & Wallis, 2009; Diamond, 1997.
79. Kugel, 2007.
80. Gat, 2006; North et al., 2009; Steckel & Wallis, 2009.
81. Steckel & Wallis, 2009.
82. Betzig, 1986; Otterbein, 2004; Spitzer, 1975.

第3章　文明化のプロセス

1. Fletcher, 1997.
2. Gurr, 1981.
3. 第1章の注1を参照。
4. Cockburn, 1991; Eisner, 2001, 2003; Johnson & Monkkonen, 1996; Monkkonen,1997; Spierenburg, 2008.
5. Eisner, 2003.
6. Cockburn, 1991.
7. Eisner, 2003, pp. 93-94; Zimring, 2007; Marvell, 1999; Daly & Wilson, 1988.
8. Keeley, 1996, pp. 94-97; Eisner, 2003, pp. 94-95.
9. Eisner, 2003, 2009; Daly & Wilson, 1988.

10. Eisner, 2003; Clark, 2007a, p. 122; Cooney, 1997.
11. Daly & Wilson, 1988; Eisner, 2003; Eisner, 2008.
12. Elias, 1939/2000, pp. 513-16; discussion on pp. 172-82; Graf zu Waldburg Wolfegg, 1988.
13. Tuchman, 1978, p. 8.
14. Elias, 1939/2000, p. 168.
15. Hanawalt, 1976, pp. 311-12, quoted in Monkkonen, 2001, p. 154.
16. Tuchman, 1978, p. 135.
17. Groebner, 1995.
18. Groebner, 1995, p. 4.
19. Elias, 1939/2000, pp. 168-69.
20. Tuchman, 1978, p. 52.
21. D. L. Sayers, introduction, *The song of Roland* (New York: Viking, 1957), p. 15, quoted in Kaeuper, 2000, p. 33.
22. Elias, 1939/2000, p. 123.
23. Elias,1939/2000, p. 130.
24. Curtis & Biran, 2001; Pinker, 1997, chap. 6; Rozin & Fallon, 1987.
25. Pinker, 2007b, chap. 7.
26. Hughes, 1991/1998, P. 3.
27. Daly & Wilson, 2000; Pinker, 1997, chap. 6; Schelling, 1984.
28. Brown, 1991; Duerr, 1988-97. 以下も参照。Mennell & Goudsblom, 1997.
29. Elias, 1939/2000, pp. 135, 181, 403, 421.
30. Wright, 1942, p. 215; Richardson, 1960, pp. 168-69.
31. Levy, Walker, & Edwards, 2001.
32. Tilly, 1985.
33. Daly & Wilson, 1988, p. 242.
34. Daly & Wilson, 1988, pp. 241-45.
35. Tuchman,1978, p.37.
36. Tuchman, 1978, P. 37.
37. Cosmides & Tooby, 1992; Ridley, 1997; Trivers, 1971.
38. Mueller, 1999, 2010b.
39. Quoted in Fukuyama, 1999, p. 254.
40. Maynard Smith & Szathmáry, 1997. For a review, see Pinker, 2000.
41. Wright, 2000.
42. de Swaan, 2001; Fletcher, 1997; Krieken, 1998; Mennell, 1990; Steenhuis, 1984.
43. Eisner, 2008.
44. Eisner, 2003.
45. Eisner, 2003; Roth, 2009.
46. Ellickson,1991; Fukuyama,1999 Ridley, 1997.
47. Fiske, 1992; 本書第9章の「道徳とタブー」も参照。
48. Roth, 2009, p. 355.
49. Cooney, 1997; Eisner, 2003.
50. Quoted in Wouters, 2007, p. 37.
51. Quoted in Wouters, 2007, p. 37.

52. S. Sailer, 2004, "More diversity = Less welfare?" http://www.vdare.com/ sailer/diverse.htm.
53. Spierenburg, 2008; Wiener, 2004; Wood, 2004.
54. Black, 1983; Wood, 2003.
55. Black, 1983; Daly & Wilson, 1988; Eisner, 2009.
56. Black, 1983, P. 39.
57. Pinker, 2002, chap. 17を参照。
58. Wakefield, 1992.
59. Black, 1980, 134-41, quoted in Cooney, 1997, p. 394.
60. Cooney, 1997, p. 394.
61. MacDonald, 2006.
62. Wilkinson, Beaty, & Lorry, 2009.
63. Eisner, 2003; Gat, 2006.
64. Mueller, 2004a.
65. LaFree, 1999; LaFree & Tseloni, 2006.
66. 個々の国の殺人件数はUN Office on Drugs and Crime, 2009による。WHOの推定があげられている場合はそれを使用し、ない場合は高い数字と低い数字の幾何平均をとった。
67. Krug et al., 2002, p. 10.
68. Elias, 1939/2000, p. 107.
69. 独裁体制と民主主義が確立した国：LaFree & Tseloni, 2006; Patterson, 2008; O. Patterson, "Jamaica's bloody democracy," *New York Times*, May 26, 2010. アノクラシーにおける内戦：Gleditsch, Hegre, & Strand, 2009; Hegre, Ellingsen, Gates, & Gleditsch, 2001; Marshall & Cole, 2008. 内戦と犯罪の区別の曖昧化：Mueller, 2004a.
70. Wiessner, 2006.
71. Wiessner, 2006, p. 179.
72. Spierenburg, 2008; Wiener, 2004; Wood, 2003, 2004.
73. Wiessner, 2010.
74. Pinker, 2002, pp. 308-9を参照。
75. Monkkonen, 1989, 2001. Approximately 65 percent of American homicides are committed with firearms, Cook & Moore, 1999, p. 279; U.S. Department of Justice, 2007, Expanded Homicide Data, Table 7, http://www2.fbi.gov/ucr/cius2007/offenses/expanded_information/data/shrtable_07.html. これは、銃器によるものを除いたアメリカの殺人件数がヨーロッパのほとんどの国の全殺人件数より高いことを意味する。
76. 注66を参照。
77. Fox & Zawitz, *Homicide trends in the US*, 2007.
78. Skogan, 1989, pp. 240-41.
79. Courtwright, 1996, p. 61; Nisbett & Cohen, 1996.
80. Gurr, 1981; Gurr, 1989a; Monkkonen, 1989, 2001; Roth, 2009.
81. Gurr, 1981, 1989a; Monkkonen, 1989, 2001.
82. Gurr, 1981,1989a.
83. 人種間の差の歴史：Monkkonen, 2001; Roth, 2009. ニューヨークの黒人と白人の殺人件数の差の拡大：Gurr, 1989b, p. 39.
84. Anderson, 1999.

85. Spierenburg, 2006.
86. Monkkonen, 2001, p. 157.
87. Monkkonen, 1989, p. 94.
88. quoted in Courtwright, 1996, p. 29.
89. Monkkonen, 2001, pp. 156-57; Nisbett & Cohen, 1996; Gurr, 1989a, Pp. 53-54, note 74.
90. Nisbett & Cohen, 1996.
91. Cohen & Nisbett, 1997.
92. Cohen, Nisbett, Bowdle, & Schwarz, 1996.
93. 賠償をまとめる：Ellickson, 1991. 牧畜と暴力：Chu, Rivera, & Loftin, 2000.
94. Nabokov, 1955/1997, pp. 171-72.
95. Courtwright, 1996, p. 89.
96. ワイルドウエストの殺人件数：Courtwright, 1996, pp. 96-97. ウィチタ：Roth, 2009, p. 381.
97. Courtwright, 1996, p. 100.
98. Courtwright, 1996, p. 29.
99. Courtwright, 1996, p. 92.
100. Umbeck, 1981, p. 50.
101. Courtwright, 1996, pp. 74-75.
102. Daly & Wilson, 1988; Eisner, 2009; Wrangham & Peterson, 1996.
103. Buss, 2005; Daly & Wilson, 1988; Geary, 2010; Gottschall, 2008.
104. Daly & Wilson, 1988, p. 163.
105. Bushman, 1997; Bushman & Cooper, 1990.
106. Courtwright, 1996.
107. Sampson, Laub, & Wiener, 2006.
108. Eisner, 2003; Eisner, 2008; Fukuyama, 1999; Wilson & Herrnstein, 1985.
109. U.S. Bureau of Justice Statistics, Fox & Zawitz, 2007.
110. Zahn & McCall, 1999.
111. Courtwright, 1996.
112. Zimring, 2007, pp. 59-60; Skogan,1989.
113. Wilson, 1974, PP. 58-59, quoted in Zimring, 2007, pp. 58-59.
114. Zimring, 2007, pp. 58-59.
115. Clove, 2001; Pinker, 2007b, chap. 8.
116. Lieberson, 2000. Informalization in forms of address: Pinker, 2007b, chap. 8.
117. Fukuyama, 1999.
118. 「プロレタリア化」はArnold Toynbee;「逸脱行為の基準の引き下げ」はDaniel Patrick Moynihan; quoted in Charles Murray, "Prole Models;" Wall Street Journal, Feb. 6, 2001.
119. Elias, 1939/2000, p. 380.
120. たとえばPinker, 2002, pp. 261-62を参照。
121. Brownmiller, 1975, pp. 248-55, and chap. 7に多数の例があげられている。
122. Cleaver, 1968/1999, P. 33. 以下も参照。Brownmiller, 1975, PR 248-53.
123. Cleaver, 1968/1999.
124. Wilson & Herrnstein, 1985, PP. 424-25. 以下も参照。Zimring, 2007, figure 3.2, p. 47.
125. Fukuyama, 1999.

126. Kennedy, 1997.
127. Wilkinson et al., 2009.
128. Massey & Sampson, 2009.
129. Fukuyama, 1999; Murray, 1984.
130. Pinker, 2002, chap. 19; Wright & Beaver, 2005.
131. FBI *Uniform crime reports,* 1950-2005, U.S. Federal Bureau of Investigation, 2010b.
132. Gartner, 2009.
133. Eisner, 2008.
134. U.S. Bureau of Justice Statistics, *National crime victimization survey,* 1990 and 2000, reported in Zimring, 2007, p. 8.
135. Quoted in Zimring, 2007, p. 21.
136. Quoted in Levitt, 2004, p. 169.
137. Quoted in Levitt, 2004, p. 169.
138. Quoted in Gardner, 2010, p. 225.
139. Zimring, 2007, pp. 22, 60-62.
140. Zimring, 2007.
141. Eisner, 2008.
142. Zimring, 2007, p. 63; Levitt, 2004; Raphael & Winter-Ebmer, 2001.
143. Quoted in A. Baker, "In this recession, bad times do not bring more crime (if they ever did)," *New York Times,* Nov. 30, 2009.
144. Daly, Wilson, & Vasdev, 2001; LaFree, 1999.
145. U.S. Census Bureau, 2010b.
146. Neumayer, 2003, 2010.
147. Donohue & Levitt, 2001.
148. Levitt, 2004.
149. 中絶と犯罪の関係についての問題：Joyce, 2004; Lott & Whitley, 2007; Zimring, 2007; Foote & Goetz, 2008; 5. Sailer & S. Levitt, "Does abortion prevent crime?" *Slate,* Aug. 23, 1999, http://www.slate.com/id/33569/entry/33571/. Levitt の返答：Levitt, 2004; *Slate* に掲載の Sailer への Levitt の返答も参照。
150. Lott & Whitley, 2007; Zimring, 2007.
151. Joyce, 2004.
152. Harris, 1998/2008, chaps. 9, 12, 13; Wright & Beaver, 2005.
153. Foote & Goetz, 2008; Lott & Whitley, 2007; S. Sailer & S. Levitt, "Does abortion prevent crime?" Slate, Aug. 23, 1999, http://www.slate.com/id/33569/entry/33371/.
154. Blumstein & Wellman, 2006; Eisner, 2008; Levitt, 2004; Zimring, 2007.
155. J. Webb, "Why we must fix our prisons," *Parade,* Mar. 29, 2009.
156. Zimring, 2007, figure 3.2, p. 47; J. Webb, "Why we must fix our prisons," Parade, Mar. 29, 2009.
157. Wolfgang, Figlio, & Sellin, 1972.
158. Gottfredson & Hirschi, 1990; Wilson & Herrnstein; 1985.
159. Levitt & Miles, 2007; Lott, 2007; Raphael & Stoll, 2007.
160. "City without cops," *Time,* Oct. 17, 1969, p. 47; reproduced in Kaplan, 1973, p. 20.
161. Eisner, 2008; Zimring, 2007.
162. Johnson & Raphael, 2006.

163. Levitt, 2004.
164. F. Butterfield, "In Boston, nothing is something," *New York Times,* Nov. 21, 1996; Winship, 2004.
165. MacDonald, 2006.
166. Wilson & Knifing, 1982.
167. Zimring, 2007; MacDonald, 2006.
168. Zimring, 2007, p. 201.
169. Levitt, 2004; B.E. Harcourt, "Brattons' brokenwindows: No matter what you've heard, the chief's policing method wastes precious funds," *Los Angeles Times,* Apr. 20, 2006.
170. Keizer, Lindenberg, & Steg, 2008.
171. Eisner, 2008; Rosenfeld, 2006. 以下も参照。Fukuyama,1999.
172. Anderson, 1999; Winship, 2004.
173. Winship, 2004; P. Shea, "Take us out of the old brawl game," *Boston Globe,* Jun. 30, 2008; F. Butterfield, "In Boston, nothing is something," *New York Times,* Nov. 21, 1996.
174. M. Cramer, "Homicide rate falls to lowest level since '03," *Boston Globe,* Jan. 1, 2010.
175. J. Rosen, "Prisoners of parole," *New York Times Magazine,* Jan. 10, 2010.
176. Daly & Wilson, 2000; Hirschi & Gottfredson, 2000; Wilson & Herrnstein, 1985. 本書第9章の「セルフコントロール」も参照。
177. Hake, 1991, 1992, 2004a. 本書第9章の「道徳とタブー」も参照。
178. J. Rosen, "Prisoners of parole," *New York Times Magazine,* Jan. 10, 2010.
179. J. Seabrook, "Don't shoot: A radical approach to the problem of gang violence," *New Yorker,* Jun. 22, 2009.
180. J. Seabrook, "Don't shoot: A radical approach to the problem of gang violence;" *New Yorker,* Jun. 22, 2009, pp. 37-38.
181. Fukuyama, 1999, p. 271; "Positive trends recorded in U.S. data on teenagers," *New York Times,* jut. 13, 2007.
182. Wouters, 2007.

第4章　人道主義革命

1. http://www.torturamuseum.com/this.html.
2. Held, 1986; Puppi,1990.
3. Held, 1986; Levinson, 20o4b; Mannix, 1964; Payne, 2004; Puppi, 1990.
4. Pope Paul IV a sainted torturer: Held, 1986, p. 12.
5. Mannix, 1964, pp. 123-24.
6. Davies, 1981; Mannix, 1964; Payne, 2004; Spitzer, 1975.
7. 批判理論家 : Menschenfreund, 2010. 保守派神学者 : Linker, 2007.
8. Bourgon, 2003; Kurlansky, 2006; Sen, 2000.
9. Davies, 1981; Mannix, 1964; Otterbein, 2004; Payne, 2004.
10. "that no one might burn": 列王記下 23:10.
11. Number of Aztec sacrifices: White, in press.
12. White, in press.

13. Payne, 2004, pp. 40-41.
14. Quoted in M. Gerson, "Europe's burqa rage," *Washington Post,* May 26, 2010.
15. Shortchanging the gods: Payne, 2004, p. 39.
16. Chagnon, 1997; Daly & Wilson, 1988; Gat, 2006; Keeley, 1996; Wiessner, 2006.
17. Atran, 2002.
18. Daly & Wilson, 1988, pp. 237, 260-61.
19. Willer, Kuwabara, & Macy, 2009. 以下を参照 McKay, 1841/1995.
20. Mannix, 1964; A. Grafton, "Say anything," *New Republic,* Nov. 5, 2008.
21. 魔女狩りの犠牲者6万人：White, in press. 犠牲者10万人：Rummel, 1994, p. 70.
22. Rummel, 1994, p. 62; A. Grafton, "Say anything;" *New Republic,* Nov. 5, 2008.
23. Rummel, 1994, P. 56.
24. Mannix,1964, pp. 133-34.
25. Mannix, 1964, pp. 134-35, 以下でも詳述。 McKay, 1841/1995.
26. Thurston, 2007; Mannix, 1964, p.137.
27. Rummel, 1994; Rummel, 1997; White, in press; White, 2010b.
28. White, in press. White の死者数推定は以下のとおり。十字軍300万人。アルビ派弾圧100万人。ユグノー戦争200～400万人。30年戦争750万人。異端審問での死者数については、White 自ら複数のソースを使って推定してはいないが、1808年の異端審問所総書記の報告から、推定3万2000人という数字を引用している。
29. 世界人口4億人：Estimate of world population in 1200 CE *from Historical estimates of world population,* U.S. Census Bureau, 2010a.
30. Rummel, 1994, p. 46.
31. Chalk & Jonassohn, 1990; Kiernan, 2007; Rummel, 1994.
32. Mannix, 1964, pp. 50-51.
33. Rummel, 1994, p. 70.
34. Grayling, 2007.
35. Lull, 2005.
36. Quoted in Grayling, 2007, p. 41.
37. Grayling, 2007.
38. Payne, 2004, p. 17.
39. Wright, 1942, p. 198.
40. 同様の推定値として、Matthew White による本書357頁の比較表を参照。
41. Schema, 2001, p. 13. Schama はここで、当時のイギリス諸島の人口500万人のうち、イングランド、ウェールズ、スコットランドで「少なくとも25万人」が死亡していると引用、さらにアイルランドで20万人が死亡したと推測している。
42. Holsti, 1991, p. 25.
43. Perez, 2006.
44. Popkin, 1979.
45. Grayling, 2007.
46. *Concerning heretics, whether they are to be persecuted,* quoted in Grayling, 2007, pp. 53-54.
47. Quoted in Grayling, 2007, p. 102.
48. Quoted in Payne, 2004, p. 126.
49. Quoted in Clark, 2007a, p. 182.

50. Mannix, 1964, pp. 132-33.
51. Mannix, 1964, pp. 146-47. 以下も参照 Payne, 2004, chap. 9.
52. Payne, 2004, p. 122.
53. Payne, 2004, p. 122.
54. Mannix, 1964, p. 117.
55. *Trewlicher Bericht eynes scrocklichen Kindermords beym Hexensabath.* Hamburg, Jun. 12, 1607. http://www.borndigital.com/wheeling.htm.
56. Hunt, 2007, pp. 70-76.
57. Hunt, 2007, p. 99.
58. Quoted in Hunt, 2007, p. 75.
59. Montesquieu, 1748/2002.
60. Quoted in Hunt, 2007, pp. 112, 76.
61. Quoted in Hunt, 2007, p. 98.
62. Quoted in Hunt, 2007, p. 98.
63. Beccaria: Hunt, 2007.
64. Hunt, 2007, chap. 2.
65. Gross, 2009; Shevelow, 2008.
66. Rummel, 1994, p. 66; Payne, 2004.
67. Payne, 2004, p. 120.
68. Rummel, 1994, p. 66.
69. Payne, 2004, p. 119.
70. E. M. Lederer, "UN General Assembly calls for death penalty moratorium," *Boston Globe*, Dec. 18, 2007.
71. 死刑が廃止されているのは、アラスカ、ハワイ、イリノイ、アイオワ、メイン、マサチューセッツ、ミシガン、ミネソタ、ニューハンプシャー、ニュージャージー、ニューメキシコ、ニューヨーク、ノースダコタ、ロードアイランド、バーモント、ウェストバージニア、ウィスコンシンの17州、およびコロンビア特別区。カンザス州で軍事関連以外の死刑が最後に執行されたのは1965年。
72. 2000年代は毎年約1万6500人が殺害され、約55人が死刑執行された。
73. Death Penalty Information Center, 2010b.
74. Death Penalty Information Center, 2010a.
75. Payne, 2004, p. 132.
76. Davis, 1984; Patterson, 1985; Payne, 2004; Sowell, 1998.
77. Rodriguez, 1999.
78. Quote from "Report on the coast of Africa made by Captain George Collier, 1918-19," reproduced in Eltis & Richardson, 2010.
79. Slave trade statistics: Rummel, 1994, pp. 48, 70. White, in press, の推定では、大西洋奴隷貿易で約1600万人、中東奴隷貿易でさらに1850万人が死亡した。
80. Smith, 1776/2009, p. 281.
81. Mueller, 1989, p. 12.
82. Fogel & Engerman, 1974.
83. Nadelmann, 1990, p. 492.
84. Nadelmann, 1990, p. 493; Ray, 1989, P. 415.
85. Davis, 1984; Grayling, 2007; Hunt, 2007; Mueller, 1989; Payne, 2004; Sowell, 1998.

86. Thomas Jefferson, "To Roger C. Weightman," Jun. 24, 1826, in *Portable Thomas Jefferson*, p. 585.
87. Payne, 2004, pp. 193-99.
88. Quoted in Payne, 2004, p. 196.
89. Payne, 2004, p. 197.
90. Feingold, 2010, p. 49.
91. 疑わしい統計：Free the Slaves (http://www.freetheslaves.net/, accessed Oct.19, 2010) によれば、「現在、世界中で2700万人の奴隷がいる」が、この数字はユネスコの人身売買統計プロジェクトが出している数字より何桁も高い。; Feingold, 2010. ベイルズの見解：S. L. Leach, "Slavery is not dead, just less recognizable," *Christian Science Monitor*, Sept. 1, 2004.
92. Betzlg, 1986.
93. Davies, 1981, p. 94.
94. Payne, 2004, chap. 7; Woolf, 2007.
95. Eisner, 2011.
96. Rummel, 1994, 1997.
97. Decline of political murder: Payne, 2004, pp. 88-94; Eisner, 2011.
98. Hobbes, 1651/1957, p. 190.
99. Locke, *Two treatises on government*, quoted in Grayling, 2007, p.127.
100. Pinker, 2002, chap. 16; McGinnis, 1996, 1997.
101. Federalist Papers No, 51, in Rossiter, 1961, p. 322.
102. Federalist Papers No. 51, in Rossiter, 1961, pp. 331-32.
103. McGinnis, 1996, 1997.
104. Quoted in the epigraph of Kurlansky, 2006.
105. Isaiah 2:4.
106. Luke 6:27-29.
107. G. Schwarzenberger, "International law," *New Encyclopaedia Britannica*,15th ed., quoted in Nadelmann, 1990.
108. Peter Brecke の Conflict Catalog にもとづく本書の図5-17を参照。詳細は第5章で。Brecke, 1999, 2002; Long & Brecke, 2003.
109. Kurlansky, 2006.
110. *Henry IV*, Part 1, Act 5, scene 1.
111. *Idler*, No. 81 [82], Nov. 3, 1759, in Greene, 2000, pp. 296-97.
112. *Gulliver's travels*, part II, chap. 6.
113. "Justice and the reason of effects,' *Pensées*, 293.
114. Bell, 2007a; Mueller, 1989, 1999; Russett & Oneal, 2001; Schneider & Gleditsch, 2010.
115. Kant, 1795/1983.
116. Mueller, 1989 p. 25.
117. Kant, 1795/1983.
118. Luard, 1986, 346-47.
119. Mueller, 1989, p. 18, based on research in Luard, 1986.
120. Mueller, 1989, pp. 18-21.
121. Levy, 1983.

122. Payne, 2004, p. 29.
123. Payne, 2004, 2005.
124. Nadelmann, 1990.
125. Buss, 2005; Symons, 1979.
126. Haidt, Björklund, & Murphy, 2000; Rozin, 1997.
127. Glover, 1999.
128. Langbein, 2005.
129. Payne, 2004, p. 28.
130. Clark, 2007a, pp. 251-52.
131. Keen, 2007, p. 45.
132. Clark, 2007a, pp. 178-80; Vincent, 2000; Hunt, 2007, pp. 40-41.
133. フランスの識字率：Blum & Houdailles, 1985. 他のヨーロッパ諸国：Vincent, 2000, pp. 4, 9.
134. Darnton, 1990; Outram, 1995.
135. Darnton, 1990, p. 166.
136. Singer, 1981.
137. 小説の歴史：Hunt, 2007; Price, 2003. 小説の出版数：Hunt, 2007 p. 40.
138. Quoted in Hunt, 2007, pp. 47-48.
139. Quoted in Hunt, 2007, p. 55.
140. Quoted in Hunt, 2007, p. 51.
141. Keen, 2007.
142. Lodge, 1988, pp. 43-44.
143. P. Cohen, "Digital keys for unlocking the humanities' riches," *New York Times*, Nov. 16, 2010.
144. Pinker, 1999, chap. 10; Pinker, 1997, chap. 2; Pinker, 2007b, chap. 9.
145. Goldstein, 2006.
146. E. L, Glaeser, "Revolution of urban rebels;" *Boston Globe*, Jul. 4, 2008.
147. Popkin, 1979.
148. Nagel, 1970; Singer, 1981.
149. Bourgon, 2003; Sen, 2000. 以下も参照 Kurlansky, 2006.
150. Burke, 1790/1967; Sowell, 1987.
151. Payne, 2005; Rindermann, 2008.
152. Federalist Papers No. 51, in Rossiter, 1961, p. 322. 以下も参照 McGinnis, 1996, 1997; Pinker, 2002, chap. 16.
153. Quoted in Bell, 2007a, p. 77.
154. Tragic and Utopian visions: この見解はもともと、Sowell, 1987, によるもので、そこでは「制約のある」(constrained) ビジョン、「制約のない」(unconstrained) ビジョンと称されている。以下を参照 Pinker, 2002, chap 16.
155. Berlin, 1979; Garrard, 2006; Howard, 2001, 2007; Chirot, 1995; Men-schenfreund, 2010.
156. Berlin, 1979, p. 11.
157. Berlin, 1979, p. 12.
158. Quoted in Berlin, 1979, p. 14.
159. Berlin, 1979, p. 18.

160. Quoted in Bell, 2007a, p. 81.
161. Claeys, 2000; Johnson, 2010j Leonard, 2009. 社会ダーウィニズムの神話の源泉は、政治史家リチャード・ホフスタッターの以下の本にある。Richard Hofstadter, Social Darwinism in American Thought.(邦訳『アメリカの社会進化思想』、研究社出版、1973年)
162. Mueller, 1989, p. 39.

第5章　長い平和

1. *War and civilization* (1950), p. 4, quoted in Mueller, 1995, p. 191.
2. Mueller, 1989, 1995.
3. Hayes, 2002; Richaidson, 1960; Wilkinson, 1980.
4. Richardson, 1960, p. 133.
5. White, 2004.
6. Menschenfreund, 2010. 主要な例は以下のとおり。Sigmund Freud, Michel Foucault, Zygmunt Bauman, Edmund Husserl, Theodor Adorno, Max Hork-heimer, and Jean-François Lyotard.
7. Gaddis, 1986, 1988. Gaddis は米ソ間の戦争がないことに言及しているが、私は大国および先進国間の平和という意味に拡大している。
8. 通常は management scholar の Nassim Nicholas Taleb の言葉とされる。
9. McEvedy & Jones, 1978の歴史的人口の推測より。
10. Tversky & Kahneman, 1973, 1974.
11. Gardner, 2008; Ropeik & Gray, 2002; Slovic, Fischof, & Lichtenstein, 1982.
12. White, 2010a. 事象の解説やもっと新しい推定については White, in press も参照。ウェブサイトには彼の推定のもとになった数字や出典が掲載されている。
13. White はこの数字には議論があると指摘する。専門家のあいだには、移民や人口調査の破綻によるとする見方も、農民は潅漑施設の崩壊にきわめて脆弱であるため、これは信頼できる数字だとする見方もある。
14. Keegan, 1993, p. 66.
15. Saunders, 1979, p. 65.
16. Gat, 2006, p. 427のほか多くの文献に引用されている。
17. Zerjal et al., 2003.
18. Rummel, 1994, P. 51.
19. White, in press.
20. Eckhardt, 1992.
21. Eckhardt, 1992, p. 177.
22. Payne, 2004, p. 69.
23. Payne, 2004, pp. 67-70.
24. Taagepera & Colby, 1979.
25. Keegan, 1993, pp. 121-22.
26. Richardson, 1960, p. xxxvii.
27. Richardson, 1960, p. xxxv.
28. Richardson, 1960, p. 35.

29. Richardson, 1960, p. 113.
30. Richardson, 1960, pp. 112, 135-36.
31. Richardson, 1960, p. 130.
32. Richardson, 1960; Wilkinson, 1980.
33. Feller, 1968.
34. Kahneman & Tversky, 1972; Tversky & Kahneman, 1974.
35. Gould, 1991.
36. 戦争の偶発性については、以下でも言及されている。Singer and Small's Correlates of War Project, Singer & Small, 1972, pp. 205-6 (Helmbold, 1998も参照); Quincy Wright's *A study of war* data-base, Richardson, 1960, p. 129; Pitirim Sorokin's 2,500-year list of wars, Sorokin, 1957, p. 561; and Levy's Great Power War database, Levy, 1983, pp. 136-37.
37. 戦争の継続期間の指数関数的な分布については、以下でも言及されている。the Conflict Catalog, Brecke, 1999, 2002.
38. Wilkinson, 1980でも詳述されている。
39. Richardson, 1960, pp. 140-41; Wilkinson, 1980; pp. 30-31; Levy, 1983, pp. 136-38; Sorokin, 1957, pp. 559-63; Luard, 1986, p. 79.
40. Sorokin, 1957, P. 563.
41. White, 1999.
42. Lebow, 2007.
43. quoted in Mueller, 2004a, p. 54.
44. Mueller, 2004a, p. 54.
45. Goldhagen, 2009; Himmelfarb, 1984, p. 81; Fischer, 1998, p. 288; Valentino, 2004.
46. Keller, 1986. 統計学者でマジシャンでもあるPersi Diaconisは、10回連続で表を出すことができる。以下も参照。E. Landuis, "Lifelong debunker takes on arbiter of neutral choices," *Stanford Report*, Jun. 7, 2004.
47. *Science and method*, quoted in Richard son, 1960, p. 131.
48. Richardson, 1960, p. 167.
49. Sorokin, 1957, P. 564:「ここに提示したデータが戦争が消滅したという主張を全く支持していないのと同様、戦争が増加する着実な傾向がある(あるいは将来出てくる)という主張を支持するものも――20世紀の数字が例外的に高いにもかかわらず――何もない。ただグラフが上下に変動する、それだけだ」。Singer & Small, 1972, p. 201:「多くの学者やわれわれの世代の一般の人びとが信じているように、戦争は増加傾向にあるのか？　その答えはきわめて明確なノーである」。Luard, 1986, p. 67:「[1917年から1986年までの]戦争の全般的な頻度はその前の時代[1789年から1917年まで]とあまり変わらない。……一国あたりの平均的な戦争の数は1789年から1914年までの全期間と比較すれば現在のほうが少ない。だが1815年から1914年の期間と比較した場合にはほとんど減少は見られない」。
50. Richardson, 1960, p. 142.
51. 通常は非ゼロの切片があるため厳密には「比例」しているとはいえないが、「直線的な相関関係」にはある。
52. Cederman, 2003.
53. Newman, 2005.
54. Newman, 2005.

55. Zipf, 1935.
56. Francis & Kucera, 1982.
57. Hayes, 2002; Newman, 2005.
58. Newman, 2005.
59. Newman は直線グラフや対数グラフにおいてユニットを通約できるようにするため、人口数の範囲ではなく正確な人口数によって都市の割合を提示している。(私信 , February 1, 2011).
60. Levy & Thompson, 2010; Vasquez, 2009.
61. Mitzenmacher, 2004; Newman, 2005.
62. Richardson, 1960, pp. 154-56.
63. Cederman, 2003; Roberts & Turcotte, 1998.
64. Maynard Smith, 1982, 1988; 以下も参照。Dawkins, 1976/1989.
65. 損失の回避 : Kahneman & Renshon, 2007; Kahneman & Tversky, 1979. 1984; Tversky & Kaheman, 1981. 自然界におけるサンクコスト : Dawkins & Brockmann, 1980.
66. Richardson, 1960, p. 130; Wilkinson, 1980, pp. 20-30.
67. The death tolls of the 79 wars in the Correlates of War Inter-State War Dataset (Sarkees, 2000) の79の戦争の死者数は、期間そのものより期間の指数関数によるほうが正確に予測できる。
68. Richardson,1960, p. 11.
69. Slovic, 2007.
70. Wilkinson, 1980, pp. 23-26; Weiss,1963; Jean-Baptiste Michel からの私信。
71. Newman, 2005.
72. Richardson, 1960, pp. 148-50.
73. Fox & Zawitz, 2007; 2006-2009年のデータを年間17,000人と推定すると、合計は955,603人と推定される。
74. Krug et al., 2002, p. 10; 注76も参照。
75. Richardson, 1960, p. 153.
76. WHO *World report on violence and health* によれば、2000年には520,000件の殺人と310,000件の「戦争に関連する死」があった。全死亡者数が約5600万人であることから、暴力死全体の比率は約1.5%となる。Richardson の1820-1952年の時期の推定は非常に不十分であるため、この数字と彼の数字を直接比較することはできない。
77. Richardson が死者数のデータをもつ 4-7等級の94の戦争にもとづく。
78. Levy et al., 2001.
79. Levy, 1983, p. 3.
80. Gleditsch et al., 2002; Lacina & Gleditsch, 2005; http://www.prio.no/Data/.
81. Levy, 1983, p. 107.
82. Correlates of War Inter-State War Dataset, 1816-1997 (v3.0), http://www.correlatesofwar.org/, Sarkees, 2000.
83. Levy は、大国が植民地政府と戦う反政府勢力を相手に戦う場合以外の植民地戦争を除外していることを思い起こしてほしい。
84. Correlates of War Inter-State War Dataset, 1816-1997 (v3.0), http://www.correlatesofwar.org/, Sarkees, 2000; コソボ紛争についてはPRIO Battle Deaths Dataset, 1946-2008, Version 3.0, http://www.prio.no/CSCW/Datasets/Armed-Conflict/ Battle-Deaths/, Gleditsch et al., 2002; Lacina & Gleditsch, 2005.

85. Brecke, 1999, 2002; Long & Brecke, 2003.
86. 私は一貫して the Conflict Catalog のコードを使用しているが、他のデータセットではこれらの国々をアジアに分類している(たとえば Human Security Report Project, 2008)。
87. 同じデータを対数目盛で表すと、大国(ほとんどはヨーロッパの国)が関わる最大規模の戦争が死者の大多数を占めるべき分布を反映して、図5-15のようなグラフになる。だが1950年以降、ヨーロッパの戦争における死者数が大幅に減少しているため、対数目盛では直近の四半世紀の小さな変動が拡大される。
88. Long & Brecke, 2003; Brecke, 1999, 2002.
89. インターネットユーザー100人を対象に私が行った調査で、知っている戦争をできるだけ多くあげるように求めたところ、1000あまりの回答のなかにこれらの戦争は一つも含まれていなかった。
90. Howard, 2001, pp. 12,13.
91. Luard, 1986, p. 240.
92. Betzig, 1986, 1996a, 2002.
93. Luard, 1986, p. 85.
94. Luard, 1986, pp. 85-86, 97-98, 105-6.
95. *Black lamb and grey falcon* (1941), quoted in Mueller, 1995, p. 177.
96. Betzig, 1996a, 1996b, 2002.
97. Luard, 1986, pp. 42-43.
98. Mattingly, 1958, p. 154, quoted in Luard, 1986, p. 287.
99, Wright, 1942, p. 215; Gat, 2006, p. 456.
100. Levy & Thompson, 2010; Levy et al., 2001; Mueller, 2004a.
101. Tilly, 1985, p. 173.
102. Mueller, 2004a, p. 17.
103. Gat, 2006, pp. 456-80.
104. Bell, 2007a.
105. Brecke, 1999; Luard, 1986, p. 52; Bell, 2007a, p. 5. Bell の「芸のできるプードル」はichael Howard からの引用。
106. Howard, 2001.
107. Bell, 2007a.
108. Bell, 2007a, p. 77.
109. Howard, 2001, p. 38.
110. Howard, 2001, p. 41; 以下も参照。Schroeder, 1994.
111. Howard, 2001, p. 45.
112. Howard, 2001, p. 54.
113. Luard, 1986, p. 355.
114. Glover, 1999.
115. Quoted in Moynihan, 1993, p. 83.
116. Quotes are from Mueller, 1989, pp. 38-51.
117. Quoted in Mueller, 1995, p. 187.
118. Quotes are from Mueller, 1989, PP. 38-51.
119. James, 1906/1971.
120. Mueller, 1989, p. 43.

121. Bell, 2007a, p. 311.
122. Gopnik, 2004.
123. Ferguson, 1998; Gopnik, 2004; Lebow, 2007; Stevenson, 2004.
124. 850万人：Correlates of War Inter-State War Dataset, Sarkees, 2000; 1500万人：White, in press.
125. Chirot, 1995; Chirot & McCauley, 2006.
126. Mueller, 1989, 2004a.
127. Howard, 2001; Kurlansky, 2006; Mueller, 1989, 2004a; Payne, 2004.
128. Mueller, 1989, p. 30.
129. Quoted in Wearing, 2010, p. viii.
130. Ferguson, 1998; Gardner, 2010; Mueller, 1989.
131. Luard, 1986, p. 365.
132. Remarque, 1929/1987, pp. 222-25.
133. Remarque, 1929/1987, p. 204.
134. Mueller, 1989, 2004a.
135. Turner, 1996.
136. ヒトラーの悪魔的才能：Mueller, 1989, p. 65. ヒトラーによる世界の操作：Mueller, 1989, p. 64.
137. Mueller, 1989, p. 271, notes 2 and 4, and p. 98を参照。
138. Quoted in Mueller, 1995, p. 192.
139. これには韓国も含む。ソ連は同盟国である北朝鮮に限定的な空軍支援しか提供せず、前線から100キロ以内には近づかなかった。
140. Mueller, 1989, pp. 3-4; Gaddis, 1989.
141. B. DeLong, "Let us give thanks (Wacht am Rhein Department)," Nov.12, 2004,http://www.j-bradford-delong.net/movable_type/2004-2_archives/000536.html.
142. Correlates of War Inter-State War Dataset (v3.0), Sarkees, 2000.
143. Correlates of War Inter-State War Dataset (v3.0), Sarkees, 2000. これは年間1000人以上の犠牲者を出し、両サイドに国家間システムのメンバーがいる武力衝突というCoWの「国家間戦争」の定義にしたがう。1999年のNATO軍によるユーゴスラビア空爆は、1997年で終わっている現在のCoWデータベースには含まれていない；the PRIO Dataset ではNATO軍がコソボ解放軍を支援したことから、これを国際化された国家間戦争（内戦）と見なしている。Levyの基準によれば、これは大国が関与する戦争に含まれることに注意。
144. Mueller, 1989, pp. 4 and 271, note 5.
145. 政治学者Mark Zacher（Zacher, 2001）は徹底した調査の結果、7つの例をあげている：インドによるゴア征服（1961），インドネシアによる西イリアン征服（1961-62），中国による東北辺境地帯征服（1962），イスラエルによるエルサレム／ヨルダン川西岸／ガザ／ゴラン高原征服（1967），北ベトナムによる南ベトナム征服（1975），イランによるホルムズ海峡征服（1971），中国による西沙諸島征服（1974）である。これ以外にも侵攻が成功した結果、小規模な変化が起きたり新しい政体が確立された例も少数ある。
146. Sheehan, 2008, pp. 167-71.
147. Human Security Centre, 2005; Human Security Report Project, 2008.
148. Zacher, 2001.
149. Russell & Oneal, 2001, p. 180.

150. Mueller, 1989, p. 21.
151. Levy et al., 2001, p. 18.
152. 1991年、Levy は第二次世界大戦終結後の大国間戦争の確率はわずか0.005であると計算するために朝鮮戦争を除外した(Levy et al., 2001, note ii を参照)。20年後の現在、大きな統計的意味を得るためにそうした判断を下す必要はもはやなくなった。
153. 1495年から1945年までの、1年間に大国間戦争が起こる確率と、少なくとも一方が大国の戦争が起こる確率は、Levy, 1983, table 4.1, pp. 88-91による。1815年から1945年までの、1年間にヨーロッパ諸国間に戦争が起こる確率は、Correlates of WarDataset, Sarkees, 2000による。
154. Levi, 1981; Gaddis, 1986; Holsti, 1986; Luard, 1988; Mueller, 1989; Fukuyama, 1989; Ray, 1989; Kaysen, 1990.
155. Jervis, 1988, p. 380.
156. Kaysen, 1990, p. 64.
157. Keegan, 1993, P. 59.
158. Howard, 1991, p.176.
159. Luard, 1986, p. 77.
160. Gat, 2006, p. 609.
161. Payne, 2004, p. 73.
162. Sheehan, 2008, p. 217.
163. Payne, 2004; International Institute for Strategic Studies, 2010; Central Intelligence Agency, 2010.
164. Payne, 1989.
165. 全期間に存在した63ヵ国の加重平均でない平均値は Correlates of War National Material Capabilities Dataset (1816-2001), Sarkees, 2000, http://www.correlatesofwar.org からとった。
166. Hunt, 2007 pp. 202-3.
167. V. Havel, "How Europe could fail," *New York Review of Books*. Nov. 18, 1993, p. 3.
168. Vasquez, 2009, pp. 165-66.
169. Zacher, 2001.
170. Schelling, 1960.
171. Luard, 1986, p. 268.
172. Quoted in Mueller, 2004a, p. 74.
173. "Carter defends handling of hostage crisis," *Boston Globe*, Nov. 17, 2009.
174. Glover, 1999, p. 202.
175. Kennedy, 1968/1999, p. 49.
176. Quoted in Glover, 1999, p. 202.
177. Mueller, 1989.
178. Hoban, 2007; Jack Hoban, 私信 , Nov. 14, 2009.
179. The Ethical Marine Warrior: Hoban, 2007, 2010.
180. Humphrey, 1992.
181. PRIO dataset (Lacina & Gleditsch, 2005) によれば、2001 ～ 2008年までのアフガニスタンでの戦闘での死者は14,200人、イラクでの戦闘よる死者は13,500人である。社会集団間の衝突による死者数のほうが多いが、これについては次章で論じる。
182. N. Shachtman, "The end of the air war," Wired, Jan. 2010, pp. 102-9.

183. Goldstein, 2011.
184. Bohannon, 2011. 2004-10年の民間人死者5300人という私の推定は、2004-9年(p.1260)に報告された民間人死者4,024人と、2010年の推定死者数1,152人(2009年と2010年の合計死者数2,537人の55%, p. 1257)を足したものである。ベトナム戦争での戦闘による民間人死者数はRummel(1997), table 6.1.Aにより、843,000人と推定されている。この数字はPRIO New War Dataset(Gleditsch et al., 2002; Lacina, 2009)による全戦闘死者数の推定160万人と、6章で論じる、戦闘死の約半数が民間人だという推測を合わせたものと合致する。
185. Kagan, 2002.
186. Sheehan, 2008.
187. Kabul, Dec. 11, 2003からのeメール。
188. Mueller, 1989, p. 271, note 3を参照。最近の例については、van Creveld, 2008を参照。
189. W. Churchill, "Never Despair," speech to House of Commons, Mar. 1, 1955.
190. Quoted in Mueller, 2004a, p. 164.
191. Mueller, 1989, chap. 5; Ray, 1989, pp. 429-31.
192. Quoted in Ray, 1989, p. 429.
193. Ray, 1989, pp- 429-30.
194. Mueller, 1989.
195. Luard, 1986, p. 396.
196. Ray, 1889, p. 430; Huth & Russett, 1984; Kugler, 1984; Gochman & Maoz, 1984, pp. 613-15.
197. Schelling, 2000, 2005; Tannenwald, 2005b.
198. Tannenwald, 2005b, p. 31.
199. Paul, 2009; Tannenwald, 2005b.
200. "Daisy: The Complete History of an Infamous and Iconic Ad," http://www.conelrad.com/daisy/index.php.
201. Quoted in Tannenwald, 2005b, p. 30.
202. Quoted in Schelling, 2005, p. 373.
203. Schelling, 2005; Tannenwald, 2005b. Dulles の言葉は Schelling, 2000, p. 1から引用
204. Schelling, 2000, p. 2.
205. Schelling, 2000, p. 3.
206. Mueller, 2010a, p. 90.
207. Mueller, 2010a, p. 92を参照。
208. Quoted in Price, 1997, p. 91.
209. Quoted in Mueller, 1989, p. 85.
210. Mueller, 1989, p. 85; Price, 1997, p. 112.
211. "Charges facing Saddam Hussein," BBC News, Jul. 1, 2004, http://news.bbc.co.uk/2/hi/middle_east/3320293.stm.
212. Mueller, 1989, p. 84; Mueller, 2004a, p. 43.
213. Hallissy, 1987, pp. 5-6, quoted in Price, 1997, p. 23.
214. Perry, Shultz, Kissinger, & Nunn, 2008; Shultz, Perry, Kissinger, & Nunn, 2007.
215. 国防長官、国務長官、国家安全保証担当補佐官の経験者の4分の3: Shultz, 2009, p. 81. 核兵器のない世界 : www.globalzero.org.
216. Global Zero Commission, 2010.

217. 核のない世界の懐疑派 : Schelling, 2009; H. Brown & J. Deutch, "The nuclear disarmament fantasy," *Wall Street journal,* Nov. 19, 2007, p. A19. 核のない世界に向けての計画や手段の策定 : B. Blechman, "Stop at Start," New York Times, Feb. 19, 2010.
218. D. Moynihan, "The American experiment," *Public Interest,* Fall 1975, Mueller, 1995, p. 192に引用 . 他の例は Gardner, 2010を参照。
219. Marshall & Cole, 2009.
220. Mueller, 1989, 2004a; Ray, 1989; Rosato, 2003; White, 2005b.
221. Rosato, 2003.
222. Russett & Oneal, 2001; White, 2005b.
223. Russett & Oneal, 2001.
224. Gochman & Maoz, 1984; Jones, Bremer, & Singer, 1996.
225. Russett & Coral, 2001に提示された分析は Correlates of War Project's Militarized Interstate Dispute 2.1 Dataset (Jones et al., 1996) (期間は1885 ~ 1992年)にもとづく(Gochman & Maoz, 1984も参照)。Russets, 2008はその後3.0 database (Ghosn, Palmer, & Bremer, 2004)のデータ(期間は2001年まで)によってこれを拡張した。
226. Russett & Coral, 2001, pp. 108-11; Russett, 2008, 2010.
227. Russett & Oneal, 2001, p. 116.
228. Russett & Oneal, anon, p. 115.
229. Russett & Oneal, 2001, p. 112.
230. Russett & Oneal, 2002, pp. 188-89.
231. Russett & Oneal, 2001, p. 121.
232. Russett & Oneal, 2001, p.114.
233. Gleditsch, 2008; Goldstein & Pevehouse, 2009; Schneider & Gleditsch, 2010.
234. この説は通常ジャーナリストのトーマス・フリードマンのものとされる。小規模な例外として1989年のアメリカによるパナマ攻撃があるが、その死者数は標準的な戦争の定義に必要とされる最小値に届かない。もう一つの例に1999年にパキスタンとインドが戦ったカーギル戦争があげられるかもしれないが、そう見なすかどうかはパキスタン勢力を独立したゲリラとするか政府軍の兵士とするかによって決まる。White, 2005b を参照。
235. Gaddis, 1986, p. 111; Ray, 1989.
236. Keegan, 1993, e.g., p. 126.
237. Ferguson, 2006.
238. Gat, 2006, pp. 554-57; Weede, 2010.
239. 貿易が軍事衝突を減らす : Russell & Oneal, 2001, pp. 145-48. 経済成長で調整 : p.153.
240. Hegre, 2000.
241. Russett & Oneal, 2001, p. 148.
242. McDonald, 2010; Russett, 2010.
243. Gartzke, 2007; Gartzke & Hewitt, 2010; McDonald, 2010; Mousseau, 2010; Mueller, 1999, 2010; Rosecrance, 2010; Schneider & Gleditsch, 2010; Weede, 2010.
244. Gartzke & Hewitt, 2010; McDonald, 2010; Mousseau, 2010; Russett, 2010も参照。
245. Gleditsch, 2008.
246. Mueller, 1989, p. 98.
247. Mueller, 1989, pp. 109-10; Sowell, 2010, chap. 8.
248. Sheehan, 2008, pp. 158-59.

249. Sheehan, 2008.
250. Russett, 2008.
251. Cederman, 2001; Mueller, 1989, 2004a, 2007; Nadelmann, 1990; Payne, 2004; Ray, 1989.
252. 以下を参照。Goldstein & Pevehouse, 2009; Ray, 1989; Thayer, 2004.
253. Bennett, 2005; English, 2005; Tannenwald, 2005a; Tannenwald & Wohlforth, 2005; Thomas, 2005.
254. A. Brown, "When Gorbachev took charge," *New York Times*, Mar. 11, 2010.
255. Kant, 1784/1970, p. 47, quoted in Cederman, 2001.
256. Cederman, 2001.
257. Dershowitz, 2004a も参照。

第6章　新しい平和

1. Gardner, 2010; Mueller, 1995, 2010a.
2. Quoted in S. McLemee, "What price Utopia?" (review of J. Gray's *Black mass*), *New York Times Book Review*, Nov. 25, 2007, p. 20.
3. S. Tanenhaus, "The end of the journey: From Whittaker Chambers to George W. Bush," *New Republic*, Jul. 2, 2007, p. 42.
4. Quoted in C. Lambert, "Le Professeur," *Harvard Magazine*, Jul.-Aug., 2007, p. 36.
5. Quoted in C. Lambert, "Reviewing 'reality,' " *Harvard Magazine*, Mar.-Apr. 2007, p. 45.
6. M. Kinsley, "The least we can do," *Atlantic*, Oct. 2010.
7. Leif Wenar, quoted in Mueller, 2006, p. 3.
8. Kaldor, 1999.
9. 引用した言葉については以下を参照。Mueller, 2006, pp. 6, 45.
10. Melander, Oberg, & Hall, 2009; Goldstein, 2011; Human Security Report Project, 2011.
11. Brecke, 1999, 2002; Long & Brecke, 2003.
12. Lacina & Gleditsch, 2005; http://www.prio.no/CSCW/Datasets/Armed-Conflict/Battle-Deaths/.
13. UCDP: http://www.prio.no/CSCW/Datasets/Armed-Conflict/UCDP-PRIO/. SIPRI: www.sipri.org, Stockholm International Peace Research Institute, 2009. Human Security Report Project: http://www.hsrgroup.org/; Human Security Centre, 2005, 2006; Human Security Report Project, 2007, 2008, 2009.
14. Human Security Report Project, 2008, p. 10; Hewitt, Wilkenfeld, & Gurr, 2008; Lacina, 2009.
15. 20世紀には戦争で殺された人間よりもジェノサイドで殺された人間のほうが多いことを初めて計算で示したのが、Rummel, 1994 で、この計算は White, 2005a でも再現され、ジェノサイドに関する Goldhagen の2009年の著作 *Worse than war.* のタイトルにもあらわされた。White (in press) によれば、この比較は、ジェノサイドの死者数の半分を占める戦時中のジェノサイドの犠牲者をどう分類するかによって変わるという。たとえばホロコーストにおける死者の大半は、ドイツのヨーロッパ侵攻に依存した。戦時中のジェノサイドを戦闘死者数に加算すれば、1億500万と4000万で、戦争のほうが深刻となる。しかし平時のジェノサイドとひとまとめにすれば、8100万と6400万で、

ジェノサイドのほうが深刻となる（どちらも餓死者は含んでいない）。

16. Eck & Hultman, 2007; Harff, 2003, 2005; Rummel, 1994,1997; "One-Sided Violence Dataset" in http://www.pcr.uu.se/research/ucdp/datasets/.
17. PRIO Documentation of Coding Decisions, Lacina, 2009, pp. 5-6; Human Security Report Project, 2008.
18. Pinker, 2007b, pp. 65-73, 208-25.
19. Oxford et al., 2002.
20. 2000 ～ 2005年の国家主導の戦争での死者数平均値。出典は以下。 Human Security Report Project, 2007 based on the UCDP/PRIG dataset, Gleditsch et al., 2002. 人口の数字は以下より。 *International Data Base,* U.S. Census Bureau, 2010c.
21. Krug et al., 2002, p. 10.
22. このパラグラフの死者数の出典はすべてPRIOのデータ。Gleditsch et al., 2002; Lacina, 2009; Lacina & Gleditsch, 2005. PRIOデータは、3つのグラフの出典としたUCDP/PRIO データとはわずかに違っている。Human Security Centre, 2006; Human Security Report Project, 2007.
23. PRIOの新しい戦争のデータは戦闘死者数の「最良推定値」とされる。 Gleditsch et al., 2002; Lacina, 2009.
24. 中国の平和的台頭 : Bijian, 2005; Weede, 2010; Human Security Report Project, 2011. トルコの「問題ゼロ外交」: "Ahmet Davutoglu," *Foreign Policy,* Dec. 2010, p. 45. ブラジルの自慢 : S. Glasser, "The FP Interview: The Soft-Power Power" (interview with Celso Amorim), *Foreign Policy,* Dec. 2010, p. 43.
25. Human Security Report Project, 2011, chaps. 1, 3.
26. Marshall & Cole, 2009, p. 114.
27. Human Security Report Project, 2009, p. 2.
28. Human Security Centre, 2005, p. 152, using data from Macartan Humphreys and Ashutosh Varshney.
29. Fearon & Laitin, 2003; Theisen, 2008.
30. Human Security Report Project, 2008, p. 5; Collier, 2007.
31. Human Security Report Project, 2011, chaps. 1, 3.
32. Human Security Report Project, 2007, p. 27.
33. Quoted in Goldhagen, 2009, p. 212.
34. Fearon & Laitin, 2003; Mueller, 2004a.
35. ルーズヴェルトはこの表現の元祖ではなかったかもしれない。以下を参照。http://message.snopes.com/showthread.php?t=8204.
36. Human Security Centre, 2005, pp. 153.
37. Quoted in Glover, 1999, p. 297.
38. Quoted in Mueller, 2010a.
39. ベトナムの事例 : Mueller, 2004a, pp. 76-77. アメリカの誤算 : Blight & Lang, 2007.
40. C. J. Chivers & M. Schwirtz, "Georgian president vows to rebuild army," *New York Times,* Aug. 24, 2008.
41. Human Security Report Project, 2007, 2008; Marshall & Cole, 2009.
42. Marshall & Cole, 2008. 以下も参照。Pate, 2008, p. 31.
43. Human Security Report Project, 2008, pp. 48-49.
44. Collier, 2007; Faris, 2007; Ross, 2008.

45. Collier, 2007, p. 1.
46. Mueller, 2004a, p. 1.
47. Mueller, 2004a, p. 103.
48. Fearon & Laitin, 2003, p. 76.
49. Human Security Report Project, 2007, pp. 26-27.
50. R. Rotberg, "New breed of African leader," *Christian Science Monitor*, Jan. 9, 2002.
51. Human Security Report Project, 2007, pp. 28-29; Human Security Centre, 2005, pp. 153-55.
52. Gleditsch, 2008; Lacina, 2006.
53. Blanton, 2007; Bussman & Schneider, 2007; Gleditsch, 2008, pp. 699-700.
54. Fortna, 2008; Goldstein, 2011.
55. 内戦の蓄積 : Hewitt et al., 2008, p. 24; Human Security Report Project, 2008, p. 45. 発生率と終結率 : Fearon & Laitin, 2003.
56. Human Security Centre, 2005, pp. 153-55; Fortna, 2008; Gleditsch, 2008; Goldstein, 2011.
57. Fortna, 2008, p. 173.
58. Fortna, 2008, p. 129.
59. Fortna, 2008, p. 140.
60. Fortna, 2008, p. 153.
61. Human Security Centre, 2005, p. 19.
62. Rummel, 1994, p. 94.
63. Human Security Report Project, 2007, pp. 36-37; Human Security Report Project, 2011.
64. Fischer, 2008.
65. コンゴ民主共和国の1998 ~ 2008年の「最良推定」戦闘死者数の合計は147,618人。すべての戦争の死者数940万人は、推定死者数の最高値と最低値の和の幾何平均。ともに出典は以下。the PRIG Battle Deaths Dataset, 1946-2008, Version 3.0, http://www.prio.no/CSCW/Datasets/Armed-Conflict/Battle-Deaths/, Lacina & Gleditsch, 2005.
66. Human Security Centre, 2005, p. 75; Goldstein, 2011; Roberts, 2010; White, in press.
67. Faust, 2008.
68. Burnham et al., 2006.
69. Human Security Report Project, 2009; Johnson et al., 2008; Spagat, Mack, Cooper, & Kreutz, 2009.
70. Bohannon, 2008.
71. Obermeyer, Murray, & Gakidou, 2008.
72. Spagat et al., 2009.
73. Coghlan et al., 2008.
74. Human Security Report Project, 2009.
75. Human Security Report Project, 2009.
76. Human Security Report Project, 2009, p. 3.
77. Human Security Report Project, 2009, p. 27.
78. 呼び名の定義 : Rummel, 1994, p. 31. ジェノサイドの概説 : Chalk & Jonassohn, 1990; Chirot & McCauley, 2006; Glover, 1999; Goldhagen, 2009; Harff, 2005; Kiernan, 2007; Payne, 2004; Power, 2002; Rummel, 1994; Valentino, 2004.

79. Rummel, 1994, 1997.
80. White, 2010c, note 4; Dulic, 2004a, 2004b; Rummel, 2004.
81. White, 2005a, in press.
82. White, in press; 本章の注15も参照。
83. Bell, 2007a, pp. 182-83; Payne, 2004, p. 54.
84. ガス室よりも致死的な移動虐殺部隊 : Goldhagen, 2009, p.124. 昔の移動虐殺部隊 : Keegan, 1993, p. 166.
85. Goldhagen, 2009, p. 120.
86. Chalk & Jonassohn, 1990, p. 7.
87. 申命記28:52-57; translation from Kugel, 2007, pp. 346-47.
88. Goldhagen, 2009; Power, 2002; Rummel, 1994.
89. Dostoevsky, 1880/2002, p. 238.
90. Rummel, 1994, p. l00. ただし、もっと控えめな推定値もある。以下を参照。Harff, 2003.
91. Glover, 1999 p. 290.
92. Glover, 1999, p. 342.
93. Pinker, 1997, pp. 306-13; Pinker, 1999/2011, chap. 10.
94. Jussim, McCauley, & Lee, 1995;Lee, Jussim, & McCauley, 1995; McCauley, 1995.
95. Jussim et al., 1995.
96. Jussim et al., 1995; Lee et al., 1995; McCauley,1995.
97. Gelman, 2005; Gil-White, 1999; Haslam, Rothschild, & Ernst, 2000; Hirschfeld, 1996; Prentice & Miller, 2007.
98. Chalk & Jonassohn, 1990; Chirot & McCauley, 2006; Goldhagen, 2009; Harff, 2003; Valentino, 2004.
99. Goldhagen, 2009.
100. Kiernan, 2007, p. 14.
101. Glover, 1999; Goldhagen, 2009.
102. Quoted in Chirot & McCauley, 2006, pp. 72-73.
103. Quoted in Daly & Wilson, 1988, p. 232.
104. Quoted in Daly & Wilson, 1988, pp. 231-32.
105. Pinker, 2007b, chap. 5.
106. Chirot & McCauley, 2006; Goldhagen, 2009; Kane, 1989; Kiernan, 2007.
107. Kane, 1999. Quote from Kiernan, 2007, p. 606.
108. Quoted in Chalk & Jonassohn, 1990, p. 198.
109. Quoted in Kiernan, 2007, p. 606; Kane, 1998.
110. Chirot & McCauley, 2006, pp. 16,42; Goldhagen, 2009.
111. Curtis & Biran, 2001; Rozin & Fallon, 1987; Rozin, Markwith, & Stoess, 1997.
112. Moralization of disgust: Haidt, 2002; Haidt et al., 2000; Haidt, Koller, & Dias, 1993; Rozin et al., 1997; Shweder, Much, Mahapatra, & Park, 1997. 本書第9章の「道徳とタブー」も参照。
113. Primo Levi, *The drowned and the saved,* quoted in Glover, 1999, pp. 88-89.
114. Goldhagen, 2009. 以下も参照。Haslam, 2006.
115. 本章のエピグラフを参照。Solzhenitsyn, 1973/1991, pp. 173-74.
116. Geary, 2002.

117. Caplan, 2007; Caplan & Miller, 2010; Fiske, 1991, 1992, 2004a; Sowell, 1980, 2005.
118. Sowell, 1996.
119. Chirot, 1994; Courtois et al., 1999; Glover, 1999; Horowitz, 2001; Sowell, 1980, 2005.
120. Chirot & McCauley, 2006, pp. 142-43.
121. Chirot & McCauley, 2006, p. 144. 以下も参照。Ericksen & Heschel, 1999; Goldhagen, 1996; Heschel, 2008; Steigmann-Gall, 2003.
122. Chirot, 1994; Glover, 1999; Oakley, 2007.
123. Glover, 1999, P. 291.
124. Chirot & McCauley, 2006, p. 144; Glover, 1999, pp. 284-86.
125. Brown, 1997; Fearon & Laitin, 1996; Harff, 2003; Valentino, 2004.
126. Valentino, 2004, p. 24.
127. Mueller, 2004a; Payne, 2005; Valentino, 2004.
128. Valentino, 2004. 以下も参照。Goldhagen, 2009.
129. Valentino, 2004.
130. Chalk & Jonassohn, 1990, p. 58.
131. Chalk & Jonassohn, 1990, p. xvii.
132. Kiernan, 2007, p. 12.
133. Rummel, 1994, pp. 45, 70; 生データとして以下も参照。Rummel, 1997. ランメルの推定値の数字上の精度は数の正確さを期すことよりもソースと計算の信頼性を示すことを意図している。
134. Chalk & Jonassohn, 1990, p. 180.
135. Payne, 2004, p. 47.
136. Bhagavad-Gita, 1983, pp . 74, 87, 106, 115, quoted in Payne, 2004, p. 51.
137. Quoted in Payne, 2004, p. 53.
138. Quoted in Payne, 2004, p. 53.
139. Quoted in Kiernan, 2007, pp. 82-85.
140. 軍隊の道徳規定：Chirot & McCauley, 2006, pp. 101-2. ジェノサイドは悪いことでない：Payne, 2004, pp. 54-551 Chalk & Jonassohn, 1990, pp.199, 213-14; Goldhagen, 2009, p. 241.
141. Courtwright, 1996, p. 109.
142. Carey, 1993, p. 12.
143. Mueller, 1989, p. 88.
144. Chalk & Jonassohn, 1990.
145. Payne, 2004, p. 57.
146. Chalk & Jonassohn, 1990, p. 8.
147. Chalk & Jonassohn, 1990, p. 8.
148. Rummel, 1994, pp. xvi-xx; Rummel, 1997. 念を入れるなら以下も参照。White, 2010c, note 4.
149. Definition of "democide": Rummel, 1994, chap 2.
150. ランメルはその後、中国の大躍進政策が荒廃をもたらすことを毛沢東が知りながら実行したことがわかって考えを変えているが(Rummel, 2002)、ここでは彼の最初の数字を採ることにする。
151. White, 2010c, note 4.
152. White, 2007.

153. Rummel, 1994, p. 4.
154. Rummel, 1997, p. 367.
155. Rummel, 1994, p. 15.
156. Rummel, 1994, p. 2.
157. Rummel, 1997, pp. 6-10. 以下も参照。Rummel, 1994.
158. Rummel, 1994, p. xxi.
159. Rummel は民間人の戦闘死の多くをデモサイドに分類しているため、図6-7は図6-1の死者の一部を重複して数えていることに注意。同じく357ページの Matthew White の表の死者数の一部も、戦争中のジェノサイドを戦争による総死者数に組み入れているために重複して数えられている。
160. Rummel, 1997, p. 471. だが、この点を裏づける Rummel の回帰分析には問題がある。
161. Mueller, 2004a, p. l00.
162. Goldhagen, 2009; Mueller, 2004a; Power, 2002.
163. Harff, 2003, 2005; Marshall et al., 2009.
164. Kreutz, 2008; Kristine & Hultman, 2007; http://www.pcr.uu.se/research/ucdp/datasets/.
165. 死者数はダルフールを除き、Harff, 2005の table 8.1の値域の幾何平均である。ダルフールの数字は、データベースの magnitude entries を Marshall et al., 2009に詳述された値域の幾何平均に変換したうえで2003 ～ 2008年の分を合計したもの。
166. たとえばボスニアの虐殺による死者は、おそらく20万人より10万人に近い；Nettelfield, 2010. 衝突の回数については、Andreas & Greenhill, 2010を参照。
167. Harff, 2003, 2005.
168. Harff, 2003, p. 62.
169. Harff, 2003, p. 61.
170. マルクスの著書を読んだヒトラー：Watson, 1985. 二卵性双生児：P. Chaunu, cited in Besançon, 1998. 以下も参照。Bullock, 1991; Courtois et al., 1999; Glover, 1999.
171. Valentino, 2004, p. 150.
172. オムレツはつくれない：1930年代にソ連特派員だった *New York Times* の記者 Walter Duranty の言葉とされることもあるが，*Bartlett's Familiar Quotations*, 17th ed. に「名前不詳のフランス人」の言葉であると明記されている。
173. Pipes, 2003, p.158.
174. Valentino, 2004, p. 151.
175. Himmelfarb, 1984.
176. Quoted in Valentino, 2004, p. 61.
177. Quoted in Valentino, 2004, p. 62.
178. Human Security Centre, 2006, p. 16に報告されている Memorial Institute for the Prevention of Terrorism (データセットは現在は非公開)。
179. 引用は Mueller, 2006を参照。
180. R. A. Clarke, "Ten years later," *Atlantic*, Jan-Feb. 2005.
181. Clauset, Young, & Gleditsch, 2007.
182. Global Terrorism Database, START (National Consortium for the Study of Terrorism and Responses to Terrorism, 2010; http://www.start.umd.edu/gtd/), Apr. 21, 2010に閲覧。ルワンダのジェノサイドに関連するテロ攻撃は除外されている。
183. Mueller, 2006.

184. National Vital Statistics for the year 2007, Xu, Kochanek, & Tejada-Vera, 2009, table 2.
185. Mueller, 2006, note 1, pp. 199-200; National Safety Councilk の統計は http://danger.mongabay.com/injury death.htm に要約されている。
186. Gigerenzer, 2006.
187. Slovic, 1987; Slovic et al., 1982. 以下も参照。Gigerenzer, 2006; Gigerenzer & Murray, 1987; Kahneman, Slovic, & Tversky,1982, Ropeik & Gray, 2002; Tversky & Kahneman, 1973.1974, 1983.
188. Daly & Wilson, 1988, pp. 231-32, 237, 260-61.
189. Mueller, 2006; Slovic, 1987; Slavic et al., 1982; Tetlock, 1999.
190. "Timeline: The al-Qaida tapes," *Guardian*, http://www.guardian.co.uk/alqaida/page/0,i2643.839823,co.html. Mueller, 2006, p. 3も参照。
191. Quoted in M. Bai, "Kerry's undeclared war," *New York Times*, Oct. 10, 2004.
192. Payne, 2004, pp. 137-40; Cronin, 2009, p. 89.
193. Abrahms, 2006; Cronin, 2009; Payne, 2004.
194. Most terrorist groups fail; all die: Abrahms, 2006; Cronin, 2009; Payne, 2004.
195. Cronin, 2009, p. 91も参照。
196. States immortal, terrorist groups not: Cronin, 2009, p. 91.
197. テロ組織は国家を乗っ取らない：Cronin, 2009, p. 93. 成功率は6%：Cronin, 2009, p. 215.
198. Cronin, 2009, p. 114. オクラホマシティ連邦政府ビル爆破の死者165人という数字は the Global Terrorism Database（注182参照）から取った。
199. Global Terrorism Database, START (National Consortium for the Study of Terrorism and Responses to Terrorism), 2010; Apr. 6, 2010に閲覧。
200. National Consortium for the Study of Terrorism and Responses to Terrorism, 2009.
201. Atran, 2006.
202. National Counterterrorism Center, 2009.
203. 自爆テロの致死性：Cronin, 2009, p. 67; note 145, p. 242. 数の少なさと犠牲者の多さ：Atran, 2006.
204. Quoted in Atran, 2003.
205. Tooby & Cosmides, 1988.
206. Chagnon, 1997.
207. Valentino, 2004, p. 59.
208. Gaulin & McBurney, 2001; Lieberman, Tooby, & Cosmides, 2002.
209. Chagnon, 1988, 1997.
210. Wilson & Wrangham, 2003.
211. Daly, Salmon, &Wilson, 1997; Liebermanetal, 2002; Pinker, 1997.
212. Johnson, Ratwik, & Sawyer, 1987; Lieberman et al., 2002; Salmon, 1998.
213. Mueller, 2004a; Thayer, 2004.
214. Quoted in Thayer, 2004, p. 183.
215. Broyles, 1984.
216. Rapoport, 1964, pp. 88-89; Tooby & Cosmides, 1988.
217. Atran, 2003, 2006, 2010.
218. Atran, 2006.

219. Atran, 2003; Blackwell & Sugiyama, in press.
220. Willer et al., 2009.
221. Atran, 2006, 2010; Ganges et al., 2007; McGraw & Tetlock, 2005.
222. Atran, 2010.
223. Cronin, 2009, pp. 48-57, 66-67.
224. Cronin, 2009, p. 67. その他の例にバグダッドの米軍当局、北アイルランド、キプロス、レバノンの各国政府などがある。
225. E. Bronner, "Palestinians try a less violent path to resistance," *New York Times*, Apr. 6, 2010.
226. S. Shane, "Rethinking which terror groups to fear," *New York Times*, Sept. 26, 2009.
227. Human Security Report Project, 2007.
228. Quoted in F. Zakaria, "The jihad against the jihadis," *Newsweek*, Feb. 12, 2010.
229. Quoted in P. Bergen & P. Cruickshank, "The unraveling: Al Qaeda s revolt against bin Laden," *New Republic*, Jun. 11, 2008.
230. P. Bergen & P. Cruickshank, "The unraveling: Al Qaeda's revolt against bin Laden," *New Republic*, Jun. 11, 2008.
231. F. Zakaria, "The jihad against the jihadis," *Newsweek*, Feb. 12, 2010.
232. Quoted in P. Bergen & P. Cruickshank, "The unraveling: Al Qaeda's revolt against bin Laden," *New Republic*, Jun. 11, 2008.
233. Quoted in P. Bergen & P. Cruickshank, "The unraveling: Al Qaeda's revolt against bin Laden," *New Republic*, Jun. 11, 2008.
234. Quoted in F. Zakaria, "The jihad against the jihadis," *Newsweek*, Feb. 12, 2010.
235. Human Security Report Project, 2007, p. 19.
236. F. Zakaria, "The only thing we have to fear . . . ," *Newsweek*, Jun. 2, 2008.
237. Human Security Report Project, 2007 p. 15.
ot subsistence farmers: Atran, 2003.
238. Iraq Body Count, http://www.iraqbodycount.org/database/, accessed Nov. 24, 2010. 以下も参照。Human Security Report Project, 2007, p. 14.
239. Human Security Report Project, 2007, p. 15.
240. Gardner, 2010; Mueller, 1995, 2010a.
241. PRIO データベースにおける2000年代の武力衝突36件のうち19件はイスラム教国が関与している。イスラエルとハマス、イラクとマフディ軍、フィリピンとモロ・イスラム解放戦線(MILF)、スーダンと「正義と平等運動」(JEM)、パキスタンとバルチスタン解放軍(BLA)、アフガニスタンとタリバン、ソマリアとアル・シャバーブ、イランとジュンダラ、トルコとクルド労働者党(PKK)、インドとカシミール武装組織，マリと ATNMC、アルジェリアと「イスラム・マグレブ諸国のアルカイダ」(AQIM)、パキスタンと TIP、アメリカとアルカイダ、タイとパッタニ武装組織、ニジェールと「正義のためのニジェール運動」(MNJ)、ロシアとコーカサス首長国、インドとPULF、ジブチとエリトリア。
242. Payne, 1989.
243. 米国国務省の2008年のテロ報告による44の外国テロ組織のうち30がイスラム系組織。http://www.state.gov/s/ct/rls/crt/2008/122449.htm. 2010年4月21日アクセス。
244. Esposito & Mogahed, 2007, p. 30.
245. Esposito & Mogahed, 2007, p. 30.

246. Pryor, 2007 pp. 155-56.
247. Payne, 2004, p. 156.
248. Esposito & Mogahed, 2007, p. 117.
249. Payne, 2004, p. 156.
250. A. Sandels, "Saudi Arabia: Kingdom steps up hunt for 'witches' and 'black magicians,'" *Los Angeles Times,* Nov. 26, 2009.
251. Fattah & Fierke, 2009; Ginges & Atran, 2005.
252. 以下を参照。Goldhagen, 2009, pp. 494-504; Mueller, 1989, pp. 255-56.
253. United Nations Development Programme, 2003; 以下も参照。R. Fisk, "UN highlights uncomfortable truths for Arab world," *Independent,* Jul. 3, 2002.
254. "A special report on the Arab world," *Economist,* Jul. 23, 2009.
255. Lewis, 2002, p. 114.
256. Lewis, 2002, p. 142.
257. "Iran launches new crackdown on universities," *Radio Free Europe/Radio Liberty,* August 26, 2010; http://www.rferl.org/content/Iran_Launches_New_Crackdown_On_Universities/2138387.html.
258. Huntington, 1993.
259. Esposito & Mogahed, 2007.
260. Asal, Johnson, & Wilkenfeld, 2008.
261. Clauset & Young, 2005; Clauset et al., 2007.
262. Mueller, 2006, p. 179.
263. Tversky & Kahneman, 1983.
264. Slavic et al., 1982.
265. Johnson et al., 1993.
266. Mueller, 2010a, p. 162.
267. Mueller, 2010a, p. 181.
268. Quoted in Parachini, 2003.
269. Mueller, 2010a, p. 181.
270. Gardner, 2010.
271. Levi, 2007; Mueller, 2010a; Parachini, 2003; Schelling, 2005.
272. Mueller, 2006; Mueller, 2010a.
273. Parachini, 2003.
274. Quoted in Mueller, 2010a, p.166.
275. Human Security Report Project, 2007, p. 19.
276. Mueller, 2010a, p.166.
277. Quoted in Mueller, amen, p.185.
278. Levi, 2007, p. 8.
279. J. T. Kuhner, "The coming war with Iran: Real question is not if, but when," Washington Times, Oct. 4,2009.
280. Mueller, 2010a, pp. 153-55; Lindsay & Takeyh, 2010; Procida, 2009; Riedel, 2010; P. Scoblic, "What are nukes good for?" *New Republic,* Apr. 7, 2010.
281. "Iran breaks seals at nuclear plant," CNN, Aug. 10, 2005, http://edition.cnn.com/2005/WORLD/europe/08/10/iran.iaea.1350/index.html.
282. C. Krauthammer, "In Iran, arming for Armageddon," *Washington Post,* Dec. 16, 2005.

By 2009: Y. K. Halevi & M. Oren, "Contra Iran," *New Republic*, Feb. 5, 2007.

283. M. Ahmadinejad, interview by A. Curry, NBC News, Sept. 18, 2009, http://www.msnbc.msn.com/id/32913296/ns/world news-mideastri_africa/print/i/displaymode/1098/.

284. E. Bronner, "Just how far did they go, those words against Israel?" *New York Times,* Jun. 11, 2006.

285. Mueller, 2010a, p. 150.

286. Mueller, 2010a; Procida, 2009.

287. Schelling, 2005.

288. T. F. Homer-Dixon, "Terror in the weather forecast," *New York Times,* Apr. 24, 2007.

289. Quoted in S. Giry, "Climate conflicts," *New York Times,* Apr. 9, 2007; 以下も参照。Salehyan, 2008.

290. Buhaug, 2010; Gleditsch, 1998; Salehyan, 2008; Theisen, 2008.

291, Atran, 2003.

著者紹介
スティーブン・ピンカー　Steven Pinker
認知科学者、進化心理学者。ハーバード大学心理学教授。ヒトの言語獲得や脳機能としての言語能力について従来の説をこえて、「本能」あるいは生物的適応であるという新説を唱え衝撃を与える。ダニエル・デネットらとともに意識の進化を研究する最先端の論者。2004年に「タイム」誌の「世界で最も影響力のある100人」のひとりに選ばれた。主著『言語を生みだす本能』『人間の本性を考える：心は「空白の石版」か』上・中・下、『心の仕組み：人間関係にどう関わるか』上・中・下、『思考する言語：「ことばの意味」から人間性に迫る』上・中・下（以上NHKブックス)。

訳者紹介
幾島幸子 (いくしま さちこ)
翻訳家。早稲田大学政経学部卒業。訳書にスティーブン・ピンカー『思考する言語』、ネグリ＝ハート『マルチチュード』(ともにNHKブックス)、ナオミ・クライン『ショック・ドクトリン』(岩波書店)、スーザン・ブラウンミラー『レイプ：踏みにじられた意思』(勁草書房)、アズビー・ブラウン『江戸に学ぶエコ生活術』(CCCメディアハウス)など(共訳含む)。

塩原通緒（しおばら・みちお）
翻訳家。訳書にマルコ・イアコボーニ『ミラーニューロンの発見』(早川書房)、ジェフリー・A・コイン『進化のなぜを解明する』（日経ＢＰ社)、アレグザンダー・ウォー『ウィトゲンシュタイン家の人びと』（中央公論新社)、リサ・ランドール『ワープする宇宙：5次元時空の謎を解く』、アルバート＝ラズロ・バラバシ『バースト！』（ともにNHK出版）など(共訳含む)。

The Better Angels of Our Nature:
Why Violence Has Declined
by Steven Pinker

Copyright © Steven Pinker, 2011
All rights reserved

暴力の人類史 上巻

2015年1月25日 第1刷印刷
2015年2月10日 第1刷発行

著者――スティーブン・ピンカー
訳者――幾島幸子＋塩原通緒

発行者――清水一人
発行所――青土社
東京都千代田区神田神保町1－29市瀬ビル 〒101-0051
［電話］03-3291-9831（編集） 03-3294-7829（営業）
［振替］00190-7-192955
印刷製本――クリード

装幀――菊地信義＋水戸部 功

ISBN978-4-7917-6846-2 Printed in Japan